제대로 배우는 MATLAB® & Simulink® 2판

방성완 지음

JN442385

한빛아카데미
Hanbit Academy, Inc.

지은이 **방성완**

서강대학교 전자공학과에서 학사 과정을 마친 뒤 다우기술에서 UNIX 기반의 메인 프레임 시스템에 관한 기술 영업으로 근무했다. 미국 메인주립대학교(University of Maine) 전기 및 컴퓨터공학과에서 석사 학위를 받고, 2006년 미국 러트거스 뉴저지주립대학교(The State University of New Jersey) 전기 및 컴퓨터공학과에서 광통신 시스템 분야로 박사 학위를 받았다. 2011년부터 2021년 7월까지 중앙대학교 전자전기공학부에서 C 프로그래밍, 공업수학, 물리전자, 수치해석을 영어로 강의했으며, 이후 중앙대학교 차세대반도체 혁신공유대학에서 근무하였다. 관심 분야는 인공지능을 이해하는 데 필요한 기초 과목(파이썬, 통계 등)이다. 저서로는 『처음 배우는 매트랩』(한빛아카데미, 2023), 『MATLAB으로 배우는 공학수치해석(3판)』(한빛아카데미, 2023), 『처음 만나는 회로이론(2판)』(한빛아카데미, 2021)이 있다.

제대로 배우는 MATLAB & Simulink 2판

초판발행 2025년 11월 17일

지은이 방성완 / **펴낸이** 전태호

펴낸곳 한빛아카데미(주) / **주소** 서울시 서대문구 연희로 2길 62 한빛아카데미(주) 2층

전화 02-336-7112 / **팩스** 02-336-7199

등록 2013년 1월 14일 제2017-000063호 / **ISBN** 979-11-7340-041-4 93560

총괄 박현진 / **책임편집** 김평화 / **기획 · 편집** 송유림 / **교정** 박진영

디자인 표지 이아란, 내지 윤혜원 / **전산편집** 임희남 / **제작** 박성우, 김정우

영업 김호철, 김태진, 김성삼, 이정훈, 임현기, 이성훈, 김주성, 심지연

이 책에 대한 의견이나 오탈자 및 잘못된 내용은 출판사 홈페이지나 아래 이메일로 알려주십시오.

파본은 구매처에서 교환하실 수 있습니다. 책값은 뒤표지에 표시되어 있습니다.

홈페이지 www.hanbit.co.kr / 이메일 question@hanbit.co.kr

Published by HANBIT Academy, Inc. Printed in Korea

기초부터 응용까지, 따라하면서 익히는 MATLAB과 Simulink

MATLAB은 공학의 기초인 행렬을 이용하여 데이터와 함수를 시각화하고 고품질의 그래프로 나타낼 수 있는 프로그래밍 언어이다. 내장함수와 사용자정의함수를 이용하여 공학 문제를 빠르고 효율적으로 실행할 수 있는 최적화된 라이브러리를 제공한다. 확장된 기능을 갖춘 MATLAB 툴박스를 사용하면 과학 및 공학 분야의 많은 문제를 더욱 편리하고 효과적으로 해석할 수 있다.

2020년에 초판을 출판했을 때는 국내 대학교에서도 외국 대학교와 같이 MATLAB을 이용한 강의와 과제의 비율이 증가하던 시기였다. 저학년일 때 MATLAB 프로그래밍을 학습하면 MATLAB 응용 비중이 늘어나는 고학년의 심화 과목을 배우거나 대학원에서 연구를 수행할 때 훨씬 더 수월하기 때문이다. 또한 인류가 제임스 웹(James Webb)의 우주 망원경을 통해 우주의 신비에 대한 갈증을 해소했던 것처럼, MATLAB을 통해 공학의 난해함에 대한 의문을 해결할 수 있었기 때문이기도 했다.

나날이 발전하는 인공지능(AI)으로 인해 MATLAB 및 다른 프로그래밍 언어를 배우려는 초보자는 구글의 AI 검색 결과 요약 기술인 AI 오버뷰(Overview)를 통해 유용한 코딩 정보를 손쉽게 얻을 수 있다. 그러나 MATLAB에 대한 기본적인 이해 없이 곧바로 인공지능에서 제안하는 설명을 실제 프로그래밍에 적용하는 것은 어려운 일이다. 따라서 이 책의 기초부터 응용까지 차근차근 직접 실행하고 학습하면서 AI를 함께 이용한다면 MATLAB과 Simulink를 다룰 때 상당한 시너지 효과를 얻을 수 있을 것이다.

2판에서 달라진 점

이번 개정에서는 MATLAB의 최신 버전인 R2024b를 적용하여 내용을 새롭게 다듬고, 인공지능 관련 내용을 13장으로 새롭게 추가하였다. 그리고 MATLAB을 이용하여 점, 선, 평면, 원, 다각형과 3D 도형을 그리는 방법을 온라인 부록으로 제공한다. MATLAB에 관심이 있는 모든 독자들이 부담 없이 배울 수 있도록 600여 개의 그림으로 실행 결과를 확인하도록 구성했으며, 학습자의 편의를 위해 예제에서 활용된 스크립트 및 라이브 스크립트 파일을 온라인으로 제공한다.

감사의 글

2014년에 출간된 『제대로 배우는 MATLAB』을 기반으로 2020년에 Simulink를 추가한 『제대로 배우는 MATLAB & Simulink』를 출간한 후 이렇게 2판까지 출간하게 되어 감사하다. 심도 있는 유학 생활을 하는 박종익 군, 내실 있는 직장 생활을 하는 최은수 군, MATLAB 도서 출간에 많은 도움을 주었고 깊이 있는 미래를 구상하는 윤해인 양에게 감사함을 전한다.

2025년 11월

지은이 **방성완**

학습 목표/Keyword

해당 절에서 학습할 내용을 소개하고
핵심 주제를 키워드로 제시합니다.

본문

MATLAB과 Simulink를
익히는 데 꼭 필요한 내용을
간결하게 설명합니다.

TIP

참고로 알아두면 좋은 내용과
실습 시의 주의사항을 설명합니다.

LESSON 01

심벌릭 툴박스 사용하기

MATLAB에서 제공하는 심벌릭 툴박스를 사용하면 수학 계산을 편리하게 할 수 있다. 심벌릭 툴박스를 이해하고 심벌릭 툴박스를 시작하는 데 이용하는 sym, syms 명령어를 알아보자.

Keyword | 심벌릭 툴박스 | sym | syms |

심벌릭 툴박스

MATLAB은 다양한 공학 및 과학 분야에 매우 유용하게 사용되는 심벌릭 툴박스(Symbolic Math Toolbox)를 제공한다. 심벌릭 툴박스를 이용하면 수식을 복잡하게 계산하지 않고 문자를 사용하여 계산하거나 수식을 간단하게 만들어 계산하므로 매우 편리하다.

심벌릭 툴박스는 미분, 정적분 및 부정적분, 한계 계산, 테일러 급수 생성, 라플라스 변환, 푸리에 변환 등 미적분 계산에 도움이 되며, 특성방정식, 고윳값, 고유 벡터를 구하는 선형대수에도 폭넓게 쓰인다. 대수 방정식과 상미분방정식의 풀이에도 사용할 수 있다.

sym, syms

심벌릭 툴박스를 시작하려면 주어진 수식에서 사용할 변수를 지정해야 한다. sym 명령어는 수식에서 사용하는 변수를 1개 지정할 때 이용한다.

```
x = sym('x')
```

- **x** : 심벌릭 툴박스에서 사용할 변수를 지정할 변수
- **'x'** : 심벌릭 툴박스에서 사용할 변수

TIP 일반적으로 sym 명령어의 인자 'x'와 심벌릭 변수를 지정하는 변수 x는 같은 변수를 사용한다.

syms 명령어는 수식에서 사용하는 변수를 여러 개 지정할 때 이용한다.

```
syms x y z
```

- **x, y, z** : 심벌릭 툴박스에서 사용할 변수

xlsread

엑셀 파일을 읽어와 MATLAB 명령 창에서 사용할 수 있는 행렬로 변환하는 xlsread 함수의 기본 형태는 다음과 같다.

```
[A, C] = xlsread('file')
```

- **A** : 변환한 엑셀 파일이 저장될 MATLAB 행렬의 변수
- **C** : 변환한 엑셀 파일이 저장될 MATLAB 행렬의 셀형 배열
- **'file'** : 변환할 엑셀 파일 이름

예제 7-3 File Xls-data.xls

[그림 7-6]은 bin 디렉터리에서 생성된 엑셀 파일(Xls-data.xls)이다. 이 파일을 MATLAB의 명령 창으로 불러와 사용할 수 있는 행렬변수 Xls_read로 변환하라.

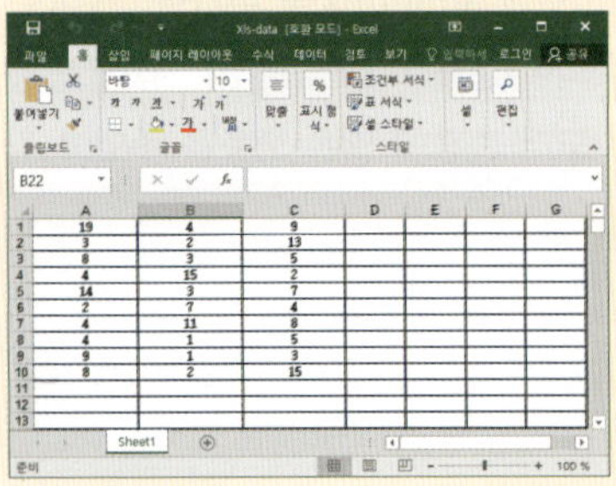

그림 7-6 엑셀 파일(Xls-data.xls)

주요 함수/명령어

반드시 알아야 하는 함수와 명령어를
한눈에 알 수 있도록 보여줍니다.

예제소스 파일

해당 예제 학습에 필요한 실습 파일로,
온라인에서 다운로드할 수 있습니다.

PART 01~03 : MATLAB 활용

예제 11-24 M-File I_Bio_Sav.m

비오-사바르 법칙을 이용하여 무한 z축상에 놓여 있는 선전류 I로부터 자기선속 밀도 **B**를 구하고 그 결과를 pretty 명령어를 사용하여 나타내라.

배경지식

- **int**

주어진 수식을 적분하는 int 함수의 기본 형태는 다음과 같다.

> **int(f, var, a, b)**
> - **f** : 피적분함수
> - **var** : 적분변수
> - **a, b** : 적분의 하한값과 상한값

풀이

```
I_Bio_Sav.m
a_z = [0 0 1];
r = [x y 0];
r_prime = [0 0 z_prime];
R = r-r_prime;
norm_R = sqrt(R(1)^2+R(2)^2+R(3)^2);
a_R = R/norm_R;
dB = (mu0*I)/(4*pi)*cross(a_z,a_R)/norm_R^2;  ❶
disp('Magnetic Flux Density [T]')
B = int(dB,z_prime,-inf,inf);  ❷
pretty(B)  ❸
```

그림 11-37 비오-사바르 법칙을 이용한 자기선속 밀도 구하기 코딩 결과

❶ 식 (11.47)을 이용하여 $d\mathbf{B}$를 지정한다.
❷ 식 (11.46)과 int 함수를 이용하여 자기선속 밀도 **B**를 구한다. 이때 $d\mathbf{B}$는 피적분함수, z_prime은 적분변수, −inf와 inf는 무한한 z축에 놓여 있는 전류에 대한 적분의 하한값과 상한값을 나타낸다.
❸ pretty 명령어를 이용하여 자기선속 밀도 **B**를 조판 형태로 나타낸다.

```
Command Window
>> I_Bio_Sav
Magnetic Flux Density [T]
/       I mu0 y           I mu0 x        \
| - --------------, --------------, 0 |
|           2    2            2    2      |
\   2 pi (x  + y )  2 pi (x  + y )       /
```

그림 11-38 비오-사바르 법칙을 이용한 자기선속 밀도 구하기 실행 결과

| MATLAB 예제 |
대표적인 공학 예제를 제시하고, MATLAB 함수/명령어를 사용하여 해결하는 과정을 실습합니다.

| 배경지식 |
예제를 해결하기 위해 필요한 전공 지식 및 함수/명령어의 사용법을 제시합니다.

| 풀이 |
완성된 MATLAB 코드와 결과 화면을 제시하고, 이를 구현하기 위한 상세한 설명을 제시합니다.

PART 04 : Simulink 활용

| Simulink 예제 |
대표적인 공학 예제를 제시하고, Simulink를 활용하여 설계하는 과정을 실습합니다.

| 배경지식 |
Simulink 설계를 위해 필요한 사전 지식을 제시합니다.

| 풀이 |
Simulink를 활용한 설계 과정을 따라해볼 수 있는 상세한 설명을 제시합니다.

예제 14-10

복소수의 크기가 $r = 2$이고 편각이 $\theta = \frac{\pi}{6}$일 때 시뮬링크를 이용하여 복소수 z를 시뮬링크 모델로 생성하고 그 결과를 나타내라.

배경지식

삼각함수의 기본 성질을 이용하면 복소수의 직교 형식 $z = x + iy$를 x와 y로 나타낼 수 있다.

$$x = r\cos\theta, \quad y = r\sin\theta$$

따라서 복소수는 다음과 같이 극 형식(polar form)으로 나타낼 수 있다.

$$z = r(\cos\theta + i\sin\theta)$$

풀이

❶ Constant 블록을 생성하고([Commonly Used Blocks]−[Constant]) 블록의 이름을 r-theta로 바꾼다.
❷ 블록 r-theta를 더블클릭하여 [Constant value:]에 [2 pi/6]을 입력하고 [OK] 버튼을 클릭한다.

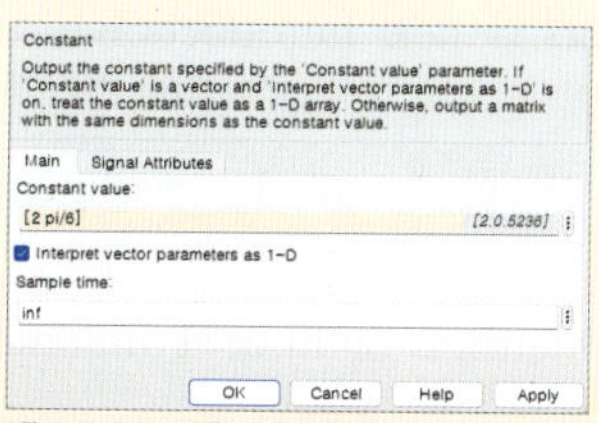

그림 14-47 Constant 블록 r-theta에 상수 지정

■ 강의 보조 자료

한빛아카데미 홈페이지에서 '교수회원'으로 가입하신 분은 인증 후 교수용 강의 보조 자료를 제공받을 수 있습니다. 한빛아카데미 홈페이지 상단의 〈교수전용공간〉 메뉴를 클릭하세요.

http://www.hanbit.co.kr/academy

■ 온라인 자료 안내

이 책의 부록 및 예제소스는 다음 경로에서 다운로드할 수 있습니다.

부록 암호 : HANBIT_MATLAB

한빛아카데미 홈페이지 접속 → [도서명] 검색 → 도서 상세 페이지의 [부록/예제소스]

■ 온라인 독자 설문

좌측의 QR 코드를 스캔하여 오탈자 및 책에 대한 의견을 보내주세요.
보내주신 의견을 반영하여 더 좋은 책을 만들겠습니다.

■ 참고문헌

1. William. J. Palm III,『Introduction to Matlab 7 for Engineers』, McGraw-Hill, 2004.
2. Kendall E. Atkinson & W. Han,『Elementary Numerical Analysis, 3rd ed.』, Wiley, 2003.
3. Rao V. Dukkipati,『Analysis and Design of Control Systems Using MATLAB』, New Age International, 2006.
4. Farid Golnaraghi & Benjamin C. Kuo,『Automatic Control Systems, 9th ed』, Wiley, 2009.
5. Alan V. Oppenheim, Alan S. Willsky & S. H. Nawab,『Signals & Systems, 2nd ed』, Prentice Hall, 1997.
6. David K. Cheng,『Field and Wave Electromagnetics, 2nd ed』, Addison-Wesley Publishing Company, 1989.
7. Arlon T. Adams & J. K. Lee,『Electromagnetics, 2nd ed』, Cognella Academic Publishing, 2018.
8. Michael P. Fitz,『Fundamentals of Communications Systems』, McGraw-Hill Companies, 2007.
9. Simon Haykin & Michael Moher,『Introduction to Analog and Digital Communications, 2nd ed』, Wiley, 2006.
10. Stuart J. Russel & Peter Norvig,『Artificial Intelligence: A Modern Approach, 3rd ed』, Prentice Hall, 2009.
11. Charles Alexander & Matthew Sadiku,『Fundamentals of Electrical Circuits, 4th ed』, McGraw-Hill Higher Education, 2008.
12. James W. Nilsson & Susan A. Riedel,『Electric Circuits, 10th ed』, Pearson Education, 2014.

지은이 소개 • 2
미리보기 • 4
지은이 머리말 • 3
이 책의 사용 설명서 • 6

PART 01 MATLAB 기본 기능 익히기

CHAPTER 01 처음 만나는 MATLAB 17
"저는 MATLAB을 처음 배워요"

LESSON 01 MATLAB 소개 18
LESSON 02 MATLAB 설치하기 20
LESSON 03 MATLAB 실행하고 종료하기 27
LESSON 04 MATLAB 화면 살펴보기 28
LESSON 05 자료 저장하기 34
LESSON 06 도움말 명령어 사용하기 35

CHAPTER 02 명령어를 담는 스크립트 파일 39
"코딩 내용의 기록은 저한테 주세요"

LESSON 01 스크립트 파일 생성하고 실행하기 40
LESSON 02 현재 폴더 변경하기 47

PART 02 MATLAB 핵심 기능 익히기

CHAPTER 03 데이터를 저장하는 배열과 변수 51
"수식 표현은 이것만 이용하면 OK"

LESSON 01 산술 연산자 사용하기 52
LESSON 02 내장함수와 변수 사용하기 56
LESSON 03 배열 입력하기 61
LESSON 04 규칙적인 배열 표시하기 67
LESSON 05 배열 원소 다루기 69
LESSON 06 배열 특성 확인하기 75
LESSON 07 출력 서식 변경하기 77

Contents

CHAPTER 04 데이터를 한눈에 보는 그래프 ···· 79
"자료를 시각적으로 표현하고 싶어요"

LESSON 01 2차원 그래프 그리기 ···· 80
LESSON 02 그래프 속성 지정하기 ···· 84
LESSON 03 3차원 그래프 그리기 ···· 94

CHAPTER 05 흐름을 바꾸는 프로그래밍 ···· 103
"프로그램의 구성을 한눈에"

LESSON 01 관계 연산자 사용하기 ···· 104
LESSON 02 논리 연산자 사용하기 ···· 107
LESSON 03 조건문 사용하기 ···· 109
LESSON 04 순환문 사용하기 ···· 112
LESSON 05 사용자정의함수 작성하기 ···· 115

CHAPTER 06 수식 계산이 편한 심벌릭 툴박스 ···· 119
"컴퓨터도 수식을 쓸 수 있어요"

LESSON 01 심벌릭 툴박스 사용하기 ···· 120
LESSON 02 수식 표현하기 ···· 122
LESSON 03 조판 형태로 출력하기 ···· 129
LESSON 04 심벌릭 그래프 그리기 ···· 130
LESSON 05 대수방정식과 초월방정식 계산하기 ···· 132
LESSON 06 심벌릭 미적분함수 사용하기 ···· 134
LESSON 07 상미분방정식 계산하기 ···· 140
LESSON 08 라플라스 변환하기 ···· 143
LESSON 09 행렬의 특성 다항식 계산하기 ···· 145

CHAPTER 07 외부 파일 불러오기/내보내기 ···· 147
"서로 도우면서 지내요"

LESSON 01 그림 파일 불러오기/내보내기 ···· 148
LESSON 02 엑셀 파일 불러오기/내보내기 ···· 152

PART 03 MATLAB 활용하기

CHAPTER 08 수치해석 ··· 157

"정확한 수치해석은 MATLAB의 능력을 빌리세요"

LESSON 01 2진수와 10진수 변환 ··· 158
LESSON 02 역행렬 ··· 163
LESSON 03 선형연립방정식 ··· 166
LESSON 04 가우스 소거법 ··· 170
LESSON 05 상하행렬 분해 ··· 172
LESSON 06 선형 보간법과 스플라인 보간법 ··· 176
LESSON 07 함수의 근 구하기 ··· 180
LESSON 08 함수의 근을 구하는 다양한 방법 ··· 183
LESSON 09 수치 적분법 ··· 189
LESSON 10 수치 미분법 ··· 194

CHAPTER 09 제어 ··· 199

"MATLAB 사용의 시초는 제어 분야예요"

LESSON 01 닫힌 루프 시스템 ··· 200
LESSON 02 전달함수 ··· 205
LESSON 03 상태방정식 ··· 210
LESSON 04 시간 응답 ··· 217
LESSON 05 안정도 ··· 222
LESSON 06 근궤적 ··· 225
LESSON 07 주파수 응답 ··· 230
LESSON 08 나이퀴스트선도 ··· 235
LESSON 09 니콜스선도 ··· 237

Contents

CHAPTER 10 신호 및 시스템 ········· 239

"신호의 개념은 MATLAB 그래프로 이해하세요"

LESSON **01** 신호 ········· 240
LESSON **02** 이산 시스템 ········· 247
LESSON **03** 컨벌루션 ········· 251
LESSON **04** 샘플링 ········· 255
LESSON **05** 신호 복원 ········· 259
LESSON **06** 연속 신호의 주파수 표현 ········· 261
LESSON **07** 이산 신호의 주파수 표현 ········· 267
LESSON **08** 라플라스 변환 ········· 272
LESSON **09** z 변환 ········· 275
LESSON **10** 디지털 필터 ········· 281

CHAPTER 11 전자기학 ········· 285

"어려운 벡터 해석도 MATLAB이 쉽게 해주네요"

LESSON **01** 벡터 ········· 286
LESSON **02** 벡터 좌표계 ········· 292
LESSON **03** 벡터 적분 ········· 296
LESSON **04** 벡터의 발산 ········· 300
LESSON **05** 벡터의 회전 ········· 303
LESSON **06** 가우스 법칙 ········· 306
LESSON **07** 커패시터와 커패시턴스 ········· 308
LESSON **08** 인덕터와 인덕턴스 ········· 312
LESSON **09** 전위 ········· 314
LESSON **10** 경계 조건 ········· 316
LESSON **11** 비오-사바르 법칙 ········· 320
LESSON **12** 암페어 법칙 ········· 322
LESSON **13** 맥스웰 방정식 ········· 324

CHAPTER 12 통계 및 통신 ········ 327
"스마트 통신은 스마트한 MATLAB이 최고죠"

LESSON 01 확률 ········ 328
LESSON 02 확률변수와 확률함수 ········ 334
LESSON 03 아날로그 변조와 복조 ········ 346
LESSON 04 신호 잡음 ········ 353
LESSON 05 디지털 변조 ········ 357
LESSON 06 아날로그-디지털 변환 ········ 363

CHAPTER 13 인공지능 ········ 365
"인공지능과 MATLAB을 함께 만나보시죠"

LESSON 01 인공지능의 개요 ········ 366
LESSON 02 머신러닝 및 딥러닝의 기본 개념 ········ 370
LESSON 03 MATLAB 예제로 이해하는 신경망 ········ 374

PART 04 Simulink 설계하기

CHAPTER 14 시뮬레이션을 위한 시뮬링크 ········ 401
"다양한 블록을 이용하면 시뮬레이션이 가능해요"

LESSON 01 시뮬링크 실행하기 ········ 402
LESSON 02 기본 블록을 활용하여 설계하기 ········ 406
LESSON 03 그림 창에 결과 나타내기 ········ 415
LESSON 04 사칙연산 활용 및 1차 함수 입출력 그래프 설계하기 ········ 418
LESSON 05 복소수 활용하기 ········ 426

CHAPTER 15 미분방정식 ········ 433
"복잡한 수식을 한 번에 줄여나가요"

LESSON 01 1차 미분방정식 시뮬링크 모델 설계하기 ········ 434
LESSON 02 2차 미분방정식 시뮬링크 모델 설계하기 ········ 442

Contents

CHAPTER 16 삼각함수 ········ 453

"기하해석을 위해서 필요하군요"

LESSON 01 사인 파형 이해하기 ········ 454
LESSON 02 코사인 함수 생성하기 ········ 461
LESSON 03 정현파 응용 설계하기 ········ 467

CHAPTER 17 제어 ········ 471

"제어 시스템의 분석 및 설계를 체계적으로 도와줘요"

LESSON 01 닫힌 루프 시스템 ········ 472
LESSON 02 전달함수 ········ 477
LESSON 03 상태방정식과 신호흐름선도 ········ 483
LESSON 04 다양한 제어기 설계 및 비교하기 ········ 488
LESSON 05 보드선도와 니콜스선도 설계하기 ········ 498

CHAPTER 18 신호 및 시스템 ········ 507

"신호 처리 및 분석 수행을 시각적으로 볼 수 있어요"

LESSON 01 다양한 함수의 신호 나타내기 ········ 508
LESSON 02 신호를 전달하는 모델 설계하기 ········ 518
LESSON 03 필터 설계하기 ········ 524

CHAPTER 19 벡터 ········ 529

"크기와 방향을 블록으로 이해하세요"

LESSON 01 벡터와 행렬 연산하기 ········ 530
LESSON 02 벡터를 활용하여 설계하기 ········ 540

CHAPTER 20 통신 ········ 547

"시뮬레이션을 통해 통신 시스템을 검증할 수 있어요"

LESSON 01 확률 나타내기 ········ 548
LESSON 02 아날로그 변조 및 복조 설계하기 ········ 554
LESSON 03 디지털 변조 설계하기 ········ 563

CHAPTER 21 회로 ········ 569

"복잡하게 보이는 회로 설계에 쉽게 접근해요"

LESSON **01** 회로의 기초 도입하기 ········ 570
LESSON **02** 저항, 인덕터, 커패시터 조합하기 ········ 575
LESSON **03** 연산 증폭기 이해하기 ········ 583
LESSON **04** 전력 사용하기 ········ 588

찾아보기 ········ 593
함수/명령어/블록 찾아보기 ········ 599

APPENDIX 도형 그리기 ········ [온라인 제공]

PART

01

MATLAB 기본 기능 익히기

CONTENTS

CHAPTER 01 처음 만나는 MATLAB
"저는 MATLAB을 처음 배워요"

CHAPTER 02 명령어를 담는 스크립트 파일
"코딩 내용의 기록은 저한테 주세요"

PART 01에서는 무엇을 배울까?

MATLAB 소개

MATLAB은 MATrix LABoratory를 줄인 말로, 미국 매스웍스(MathWorks)에서 개발한 고급 테크니컬 프로그래밍 언어이다. 이름에서 알 수 있듯이 MATLAB은 행렬을 이용하여 데이터와 함수를 쉽게 처리하고, 그래프로 표현할 수 있으며, 다른 프로그래밍 언어와 연결하여 신속하게 프로그램을 개발할 수 있다. 따라서 과학 또는 공학을 공부하는 사람들에게 훌륭한 개발 환경을 제공하는 유용한 프로그래밍 언어이다.

MATLAB은 데이터 분석, 알고리즘 개발, 모델 작성을 위한 다양한 수치 연산 메소드를 제공한다. 일반적인 공학 및 과학 연산을 지원하는 수학함수가 포함되어 있으며, 핵심적인 수학함수는 벡터와 행렬 연산을 빠르게 실행할 수 있도록 프로세서 최적화 라이브러리를 사용한다. 필요에 따라 툴박스 패키지를 추가하면 더욱 확장된 기능을 사용할 수 있다.

MATLAB 기본 기능 익히기

좋은 자동차가 있어도 운전하는 방법을 모르면 그 자동차는 쓸모없는 물건이 되고 만다. 1부에서는 앞으로 운전할 MATLAB의 시동을 거는 방법과 유용한 운행 방법을 학습한다.

1장에서는 MATLAB을 설치하는 방법부터 화면 구성과 함수/명령어의 쓰임을 알아볼 수 있는 도움말 명령어까지 MATLAB을 시작할 때 꼭 알아야 하는 기능을 다룬다.

2장에서는 MATLAB의 코딩 작업을 편리하게 해주는 스크립트 파일 및 라이브 스크립트 파일에 대해 배운다. 또한 스크립트 파일을 사용하기 위해 현재 파일의 경로를 추가하고 변경하는 방법을 살펴본다.

⚠ **이 책을 이용하여 MATLAB을 실습하려면 MATLAB R2024b 이후 버전을 사용하기 바란다.**

CHAPTER

01

처음 만나는 MATLAB

CONTENTS

LESSON 01 MATLAB 소개

LESSON 02 MATLAB 설치하기

LESSON 03 MATLAB 실행하고 종료하기

LESSON 04 MATLAB 화면 살펴보기

LESSON 05 자료 저장하기

LESSON 06 도움말 명령어 사용하기

LESSON 01

MATLAB 소개

MATLAB은 미국 매스웍스(MathWorks)에서 개발한 고급 테크니컬 프로그래밍 언어이다. MATLAB을 사용하는 이유를 이해하고, MATLAB으로 할 수 있는 작업에 대해 알아보자.

Keyword | MATLAB | 수치 계산 | 데이터 분석 | 데이터 시각화 |

MATrix LABoratory

MATLAB은 MATrix LABoratory를 줄인 말로, 공학의 기초인 행렬을 만들고 조작하는 프로그래밍 언어이다. 행렬을 이용하여 데이터와 함수를 쉽게 처리하고, 그래프로 표현할 수 있으며, 다른 프로그래밍 언어와 연결하여 사용할 수 있다. 또한 MATLAB 내장함수와 사용자정의함수를 이용하여 과학 및 공학 분야의 문제를 빠르고 효율적으로 해결할 수 있다. 즉, 공학자에게 강력하면서도 유용한 프로그래밍 언어와 개발 환경을 제공한다. 최초의 MATLAB은 프로그래밍 언어가 아니라 단순한 대화형 행렬 계산기 역할을 했으며, 지금처럼 프로그램을 작성하거나 필요에 따라 툴박스(toolbox) 패키지를 추가하여 더욱 확장된 기능을 사용할 수 있는 환경은 지원하지 않았다.

MATLAB의 장점

MATLAB을 사용했을 때의 장점은 다음과 같다.

- 대화형(interactive) 인터페이스를 사용하므로 쉽고 효율적으로 개발할 수 있다.
- 행렬을 이용하여 데이터와 함수를 쉽게 처리하고, 고품질의 그래프로 시각화할 수 있다.
- 일반적인 공학 및 과학의 연산을 지원하는 내장(built-in)함수가 광범위하게 포함되어 있어 연산을 빠르게 실행할 수 있도록 최적화된 라이브러리를 제공한다.
- 수학 연산을 더 편하게 할 수 있는 심벌릭 툴박스(symbolic toolbox)와 데이터 분석, 알고리즘 개발, 모델 작성을 위한 다양한 수치 연산 메소드(method)를 제공한다.
- 플랫폼(platform) 간에 호환이 가능한 C 언어, 파이썬(python) 언어와 연결하여 프로그램을 개발하고 확장하기 쉽다.

MATLAB으로 무엇을 할까?

신호 처리 및 통신, 이미지와 비디오 처리, 제어 시스템, 테스트 및 측정 등의 다양한 응용 분야에서 MATLAB을 사용할 수 있다. MATLAB을 사용하면 수치 계산, 데이터 분석 및 시각화, 프로그래밍 및 알고리즘 개발, 응용 프로그램 개발 및 배포 등의 다양한 작업을 할 수 있다.

▲ 이미지 처리

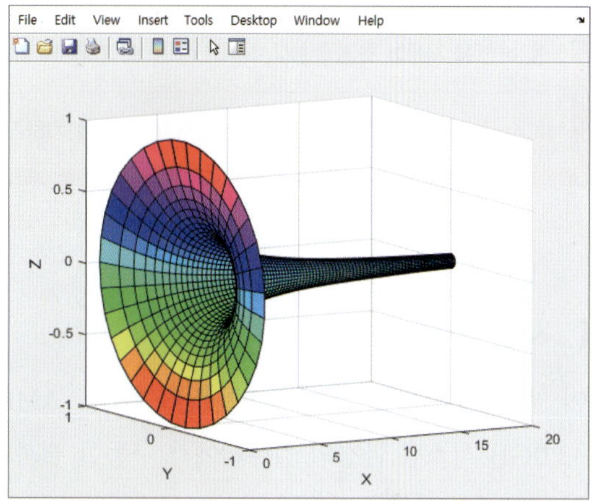

▲ 데이터 시각화

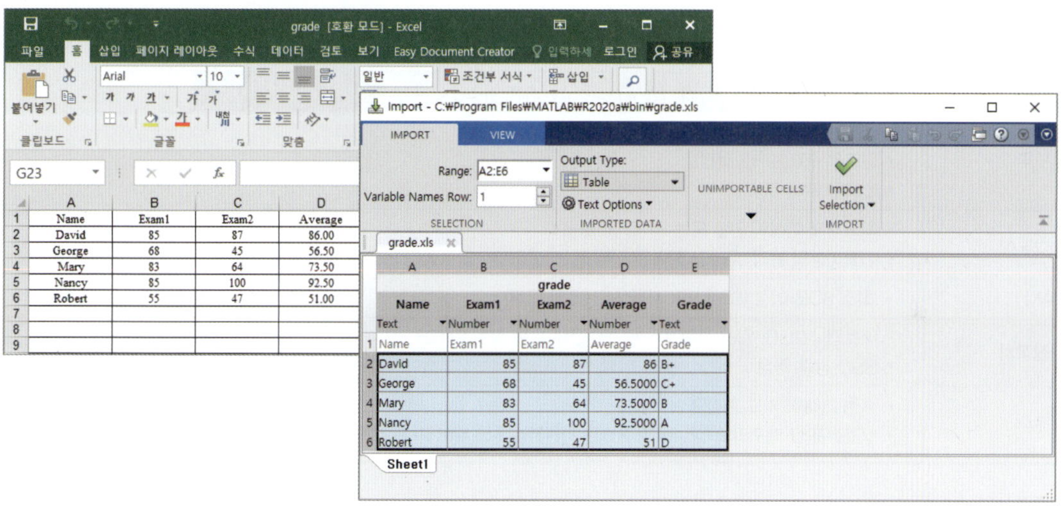

▲ 데이터 수집

LESSON 02

MATLAB 설치하기

MATLAB을 정식으로 구매하기 전에 30일 무료 평가판을 시험적으로 사용해볼 수 있다. 매스웍스 홈페이지에 접속하여 다운로드 요청 양식을 작성하면 제품 전문가에게 시험 사용에 대한 지원을 받을 수 있다. 학생이라면 'MATLAB 및 Simulink 학생용 버전'을 사용할 것을 권한다. MATLAB을 실행하기에 앞서 설치하는 방법을 알아보자.

Keyword | 사용 환경 | 설치 버전 | 설치하기 |

사용 환경

이 책에 실린 모든 실행 화면은 윈도우 11, AMD Ryzen 5 5600G(Radeon Graphics) CPU, RAM 32.0GB 시스템 환경의 컴퓨터에서 구동한 결과이며, 설치 버전은 MATLAB R2024b이다. 운영체제별 시스템 권장 사양은 다음과 같다.

표 1-1 운영체제별 시스템 권장 사양

(a) 윈도우

구분	사양
윈도우	• 윈도우 11 (22H2 버전 이상) • 윈도우 10 (22H2 버전) • 윈도우 서버 2022
매킨토시	• 최소 2개 이상의 인텔 또는 AMD x86-64 • 4개 이상의 논리 core가 장착된 인텔 또는 x86-64 및 AVX2 instruction 세트 권장
RAM	• 최소 8GB 이상 (Simulink 사용 시 16GB 이상)
저장장치	• 매트랩 4.2GB, 일반 설치 4 ~ 6GB, 전체 제품 설치 24GB • SSD 강력 권장
리눅스	• 특정 그래픽 카드 불필요 • 1GB GPU 메모리와 OpenGL 3.3을 지원하는 하드웨어 가속 그래픽 카드 권장

(b) 매킨토시(맥)

구분	사양
운영체제	• MacOS Sequoia(15) • MacOS Sonoma(14) • MacOS Ventura(13.7)
프로세서	• 최소 2개 이상의 인텔 x86-64 • 4개 이상의 논리 core가 장착된 인텔 또는 x86-64 및 AVX2 instruction 세트 권장
RAM	• 최소 8GB 이상 (Simulink 사용 시 16GB 이상)
저장장치	• 매트랩 3.8GB, 일반 설치 4 ~ 6GB, 전체 제품 설치 17GB • SSD 강력 권장
그래픽	• MacOS Ventura가 실행되는 Mac은 GPU 내장되어 있음 • 병렬 계산 툴박스는 GPU 가속 사용 불가

(c) 리눅스

구분	사양
운영체제	• 우분투 20.04 LTS, 22.04 LTS, 24.04 LTS • 데비안 11 및 12 • 레드햇 엔터프라이즈 리눅스 8.6 및 9 • SUSE 리눅스 엔터프라이즈 데스크탑 15 및 서버 15
프로세서	• 최소 2개 이상의 인텔 또는 AMD x86-64 • 4개 이상의 논리 core가 장착된 인텔 또는 x86-64 및 AVX2 instruction 세트 권장
RAM	• 최소 8GB 이상 (Simulink 사용시 16GB 이상)
저장장치	• 매트랩 4.1GB, 일반 설치 4 ~ 6GB, 전체 제품 설치 25GB • SSD 강력 권장
그래픽	• 특정 그래픽 카드 불필요 • 1GB GPU 메모리와 OpenGL 3.3을 지원하는 하드웨어 가속 그래픽 카드 권장 • 공급업체가 제공하는 독점 드라이버 사용을 권장 • 병렬 계산 툴박스를 사용하는 GPU 가속은 특정 범위의 계산 기능을 갖춘 GPU 필요

설치 버전

이 책의 모든 실습은 MATLAB R2024b 버전에서 진행하였다. MATLAB을 설치할 때 MATLAB R2024b 이후 버전을 사용하기 바란다.

NOTE　MATLAB 소프트웨어 버전의 차이점

소프트웨어 버전에서 영문자 a는 알파(alpha) 버전, b는 베타(beta) 버전을 나타낸다. 일반적으로 동일 연도의 b 버전은 a 버전보다 새로운 기능이 추가된 최신 버전을 의미한다. 다만, 소프트웨어의 신뢰성은 a 버전이 b 버전보다 높다. 즉, a 버전은 완전하게 발표된 상태이고 b 버전은 여전히 안정성을 검토하는 단계로서 1년 후 출시될 새 a 버전의 준비 상태라고 볼 수 있다. 실제로 2024a 버전과 2024b 버전은 연도만 동일하게 표시할 뿐 기본적인 성격은 다르며, 2024b 버전은 2025a 버전을 미리 출시한 버전이라고 할 수 있다. 따라서 2024a 버전이 좀 더 안정적이기 때문에 2024b 버전보다 프로그래밍 오류(bug)가 적을 수 있다.

설치하기

학교에 MATLAB 캠퍼스 라이선스가 있다면 해당 학교 도메인으로 생성된 이메일 주소를 사용하여 매스웍스 계정을 만든 후 학생용 MATLAB을 다운로드하여 MATLAB 및 Simulink에 접속할 수 있다. 라이선스가 없다면 매스웍스 홈페이지에서 최신 버전을 구매하거나 평가판을 다운로드하여 설치하면 된다. 여기서는 평가판을 다운로드하여 설치하는 방법을 소개한다.

1 평가판 다운로드하기

❶ 매스웍스 홈페이지(https://kr.mathworks.com/products/matlab.html)에 접속하여 [무료 평가판 받기] 버튼을 클릭한 후 ❷ 계정을 생성하여 로그인한다. ❸ 이어지는 화면에서 [MATLAB 설치] 버튼을 클릭한 후 ❹ 자신이 사용 중인 운영체제를 클릭하여 설치 파일을 실행하거나 저장한다.

2 로그인하기

설치 파일을 실행한 후 다시 로그인한다.

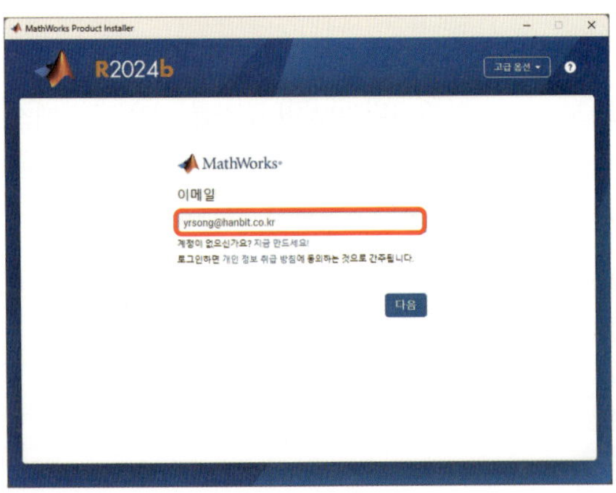

3 소프트웨어 라이선스 동의서 확인하기

❶ 소프트웨어 라이선스 동의서(Software License Agreement)의 내용을 살펴보고 그 내용에 동의한다면 '예'를 선택한 후 ❷ [다음] 버튼을 클릭한다.

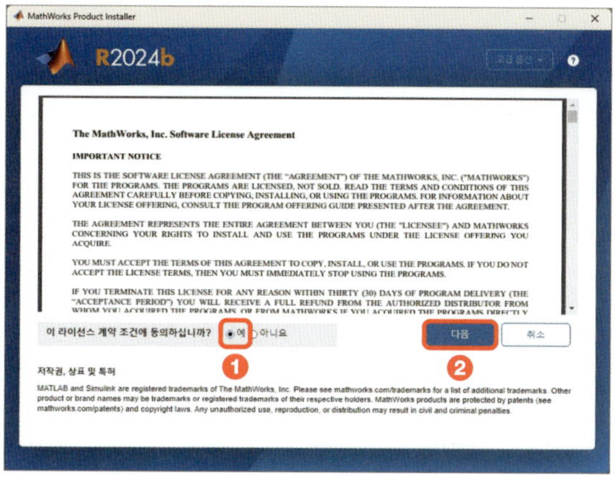

4 설치 정보 확인하기

❶ 다운로드한 평가판의 라이선스 정보가 나타나면 내용을 확인한 후 ❷ [다음] 버튼을 클릭한다. ❸ 이어지는 화면에서 사용자 정보가 맞는지 확인한 후 ❹ [다음] 버튼을 클릭한다.

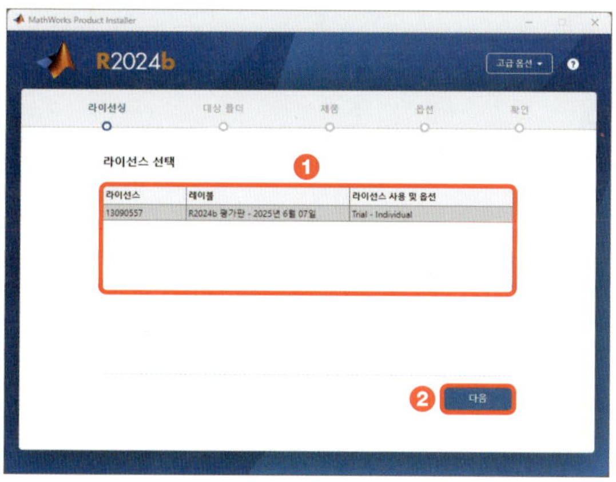

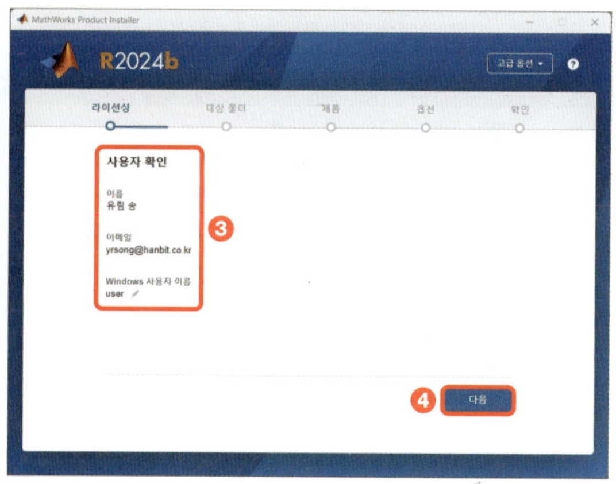

5 설치 경로 지정하기

MATLAB을 설치할 경로를 지정한다. 기본 설치 경로는 [C:\Program\Files\MATLAB\R2024b]이지만 이는 사용자의 편의에 따라 변경할 수 있다. ❶ [찾아보기] 버튼을 클릭하고 설치 경로를 지정(또는 직접 입력)한 후 ❷ [다음] 버튼을 클릭한다. 여기서는 기본 설치 경로로 설치 폴더를 지정했다.

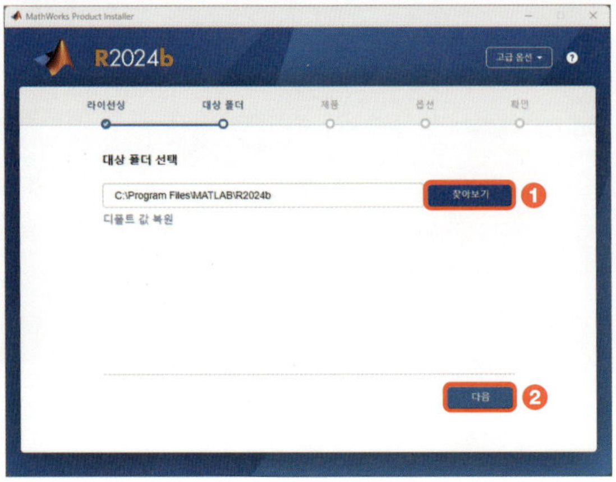

6 설치할 제품 선택하기

❶ 설치할 제품을 선택한 후 ❷ [다음] 버튼을 클릭한다.

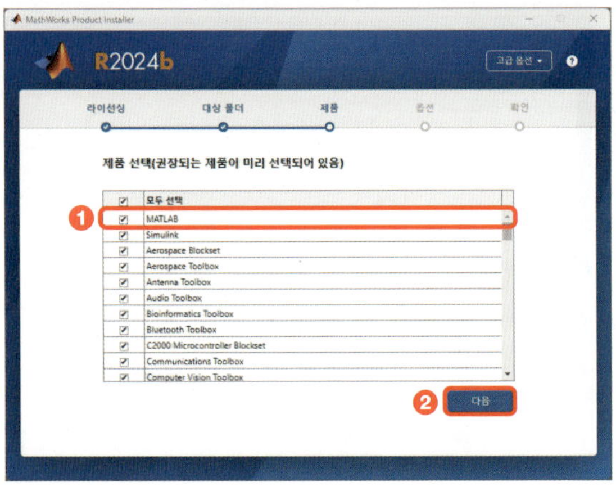

7 설치 옵션 선택하기

❶ '바탕 화면에 바로 가기 추가'를 선택한 후 ❷ [다음] 버튼을 클릭한다.

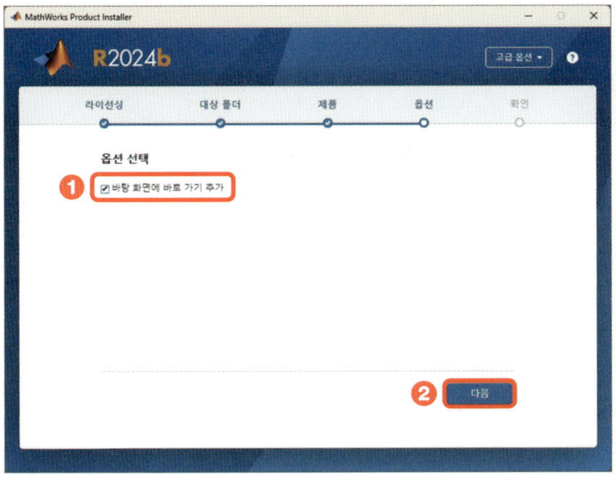

8 선택 사항 확인하기

❶ 지금까지 선택한 내용을 확인한 후 ❷ 설치를 진행하기 위해 [설치 시작] 버튼을 클릭한다.

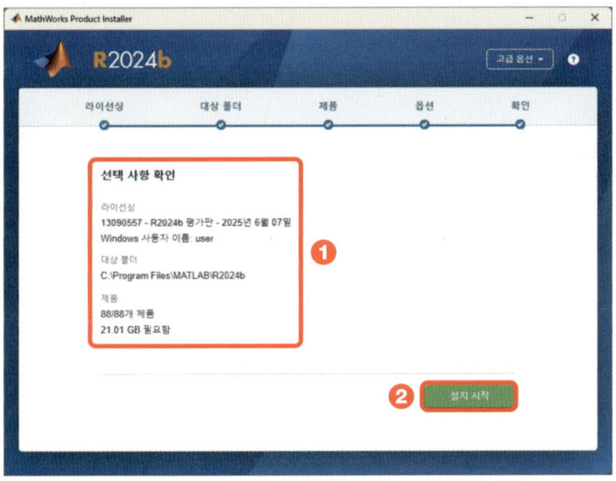

9 설치 완료 후 MATLAB 실행하기

프로그램이 모두 설치될 때까지 기다린 후 설치 완료 창이 나타나면 [닫기] 버튼을 클릭한다.

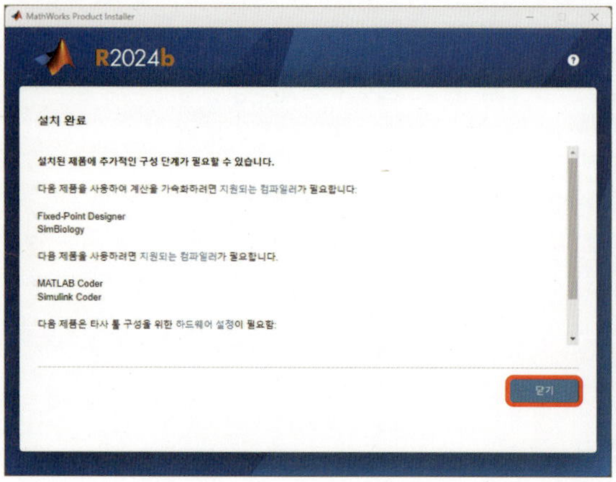

LESSON 03

MATLAB 실행하고 종료하기

MATLAB이 컴퓨터에 설치되어 있다면 다른 응용 프로그램을 실행할 때와 마찬가지로 MATLAB을 실행하고 종료할 수 있다. 설치한 MATLAB을 실행 및 종료하는 방법을 알아보자.

Keyword | [내 PC] 메뉴에서 실행 | 바탕 화면에서 실행 | MATLAB 종료 |

MATLAB 실행하기

MATLAB을 실행하려면 방법 1 [내 PC] 메뉴에서 [MATLAB] 디렉터리 그룹을 찾아서 선택하거나 방법 2 바탕 화면에 있는 바로 가기 아이콘을 선택하면 된다.

[내 PC] 메뉴에서 실행하기

[내 PC]-[로컬 디스크(C:)]-[Program Files]-[MATLAB]-[R2024b]-[bin] 메뉴를 클릭한다. MATLAB 로고(matlab)를 더블클릭하면 MATLAB 실행 화면이 나타난다.

바탕 화면에서 실행하기

MATLAB을 컴퓨터에 설치하면 바탕 화면에 바로 가기 아이콘이 자동으로 생성된다. 바로 가기 아이콘을 더블클릭하면 MATLAB 실행 화면이 나타난다.

MATLAB 종료하기

MATLAB을 종료하려면 방법 1 실행 화면 오른쪽 상단의 [닫기(✕)] 버튼을 클릭하거나 방법 2 Alt + F4 또는 Ctrl + Q를 누른다. 방법 3 명령 창의 프롬프트(>>)에서 quit 또는 exit 명령어를 입력하여 MATLAB을 종료할 수도 있다.

```
>> quit
```

```
>> exit
```

LESSON 04

MATLAB 화면 살펴보기

MATLAB 실행 화면을 구성하는 요소들의 이름과 역할을 잘 알아야 MATLAB을 제대로 사용할 수 있다. MATLAB을 배우기 앞서 MATLAB 화면을 익혀보자.

Keyword | 전체 화면 구성 | 세부 화면 구성 |

MATLAB 전체 화면 구성

MATLAB을 실행하면 [그림 1-1]과 같은 전체 화면이 나타난다. MATLAB의 전체 화면은 명령 지시줄, 현재 폴더 창, 명령 창, 작업 공간 창으로 나눌 수 있다.

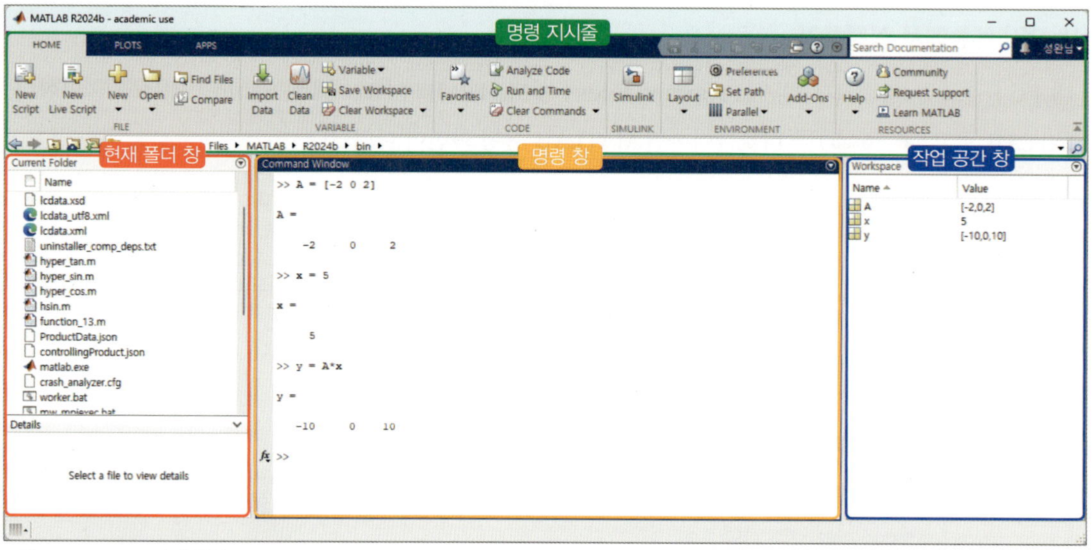

그림 1-1 MATLAB 전체 화면

명령 지시줄

명령 지시줄은 제목 표시줄, 메뉴 표시줄, 도구 모음, 현재 폴더 상자 등으로 구성되어 있다. 대표적인 구성 요소의 기능은 다음과 같다.

❶ **제목 표시줄** : 현재 사용하는 MATLAB 버전을 보여준다.

❷ **메뉴 표시줄** : MATLAB에서 사용하는 명령어가 메뉴별로 구분되어 있다.

❸ **도구 모음** : 많이 사용되는 메뉴를 아이콘 형태로 보여준다.

❹ **현재 폴더 상자** : 현재 폴더 경로를 보여준다. 경로는 간단한 방법으로 변경할 수 있다.

❺ **문서 검색 창** : MATLAB에서 사용하는 문서의 내용을 찾을 수 있다.

❻ **로그인 상태 확인** : 사용자 계정의 접속 상태를 보여준다.

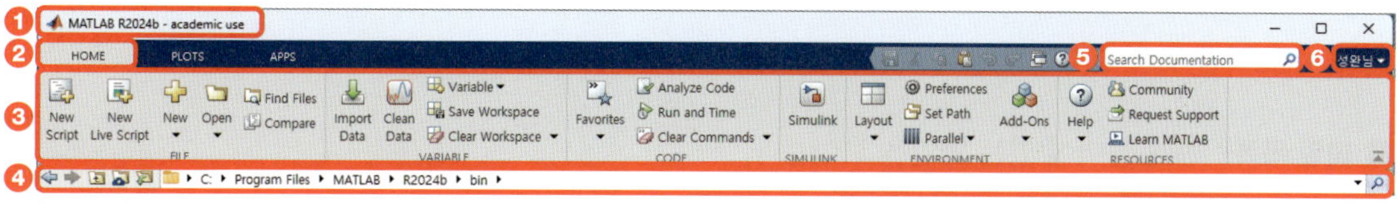

그림 1-2 명령 지시줄

NOTE MATLAB 실행 화면의 언어 설정

MATLAB을 작업할 때의 기본 언어 설정은 다음과 같이 변경할 수 있다.

❶ 명령 지시줄에서 [기본 설정] 메뉴를 클릭한다.

❷ [기본 설정] 창에서 [일반]을 클릭한다.

❸ '데스크탑 언어'에서 '한국어' 또는 'English'를 선택한다.

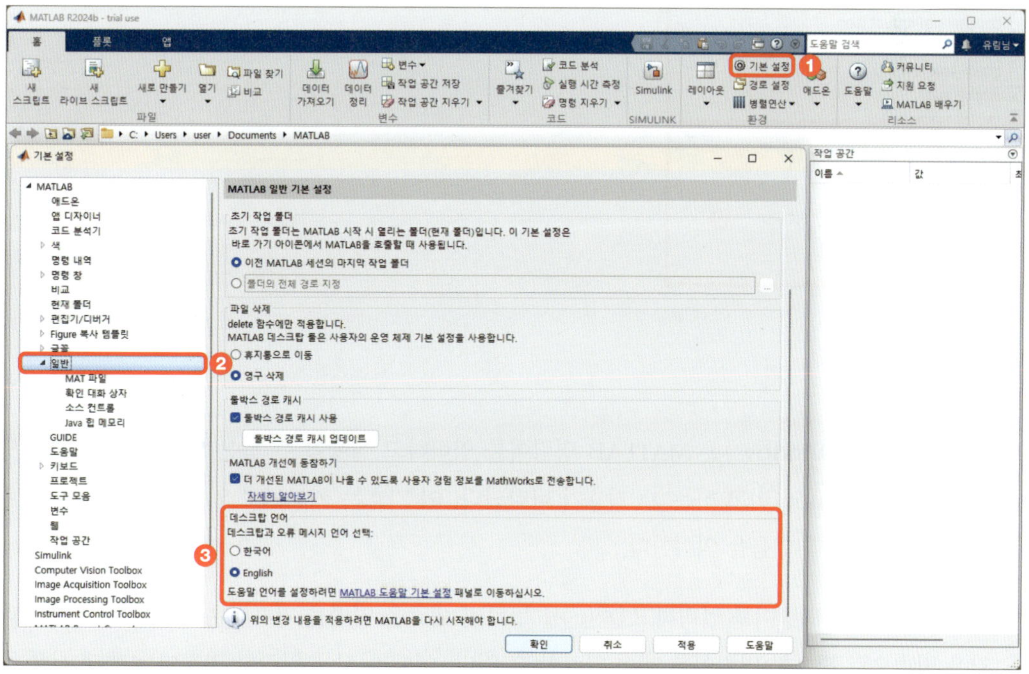

그림 1-3 MATLAB 실행 화면의 언어 설정

TIP 사용하기 편한 언어를 선택하면 된다. 이 책에서는 언어를 영어로 설정하는 것을 추천한다.

현재 폴더 창

현재 폴더(Current Folder) 창은 MATLAB 작업을 실행하고 저장한 파일을 보여주고 그 파일을 찾는 데 사용한다. 현재 폴더에 있는 파일을 보여주는 영역과 선택된 파일의 정보를 보여주는 영역으로 구성되어 있다. 대표적인 구성 요소의 기능은 다음과 같다.

❶ **파일 목록** : 현재 폴더에 있는 파일을 보여준다.

❷ **정보** : 선택된 파일의 정보를 보여준다.

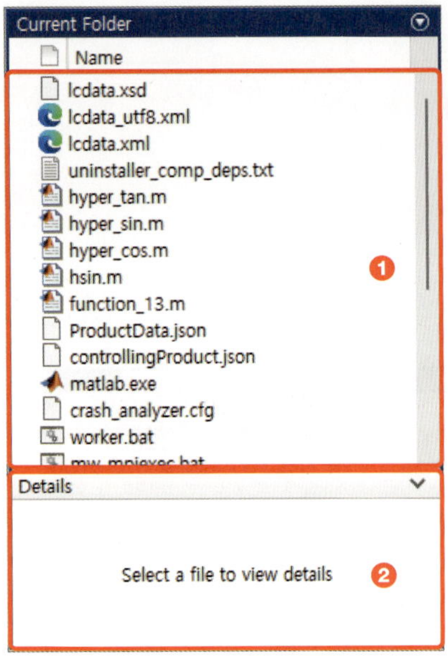

그림 1-4 현재 폴더 창

명령 창

명령 창(Command Window)은 MATLAB 명령어를 입력하고 실행할 수 있는 영역을 보여준다. 명령 창에는 프롬프트(prompt)라고 하는 >> 기호가 나타난다. 이 기호는 키보드로 입력한 MATLAB 명령어를 즉시 실행할 준비가 되었음을 의미한다.

프롬프트 뒤에 실행할 명령어를 입력하고 Enter 를 누르면 새로운 입력을 기다리는 프롬프트가 다시 나타난다. 같은 방법으로 필요한 명령어를 계속 입력할 수 있다. 이때 이전에 입력한 명령어는 현재 사용 중인 명령 창에 계속 보관되고 유지된다.

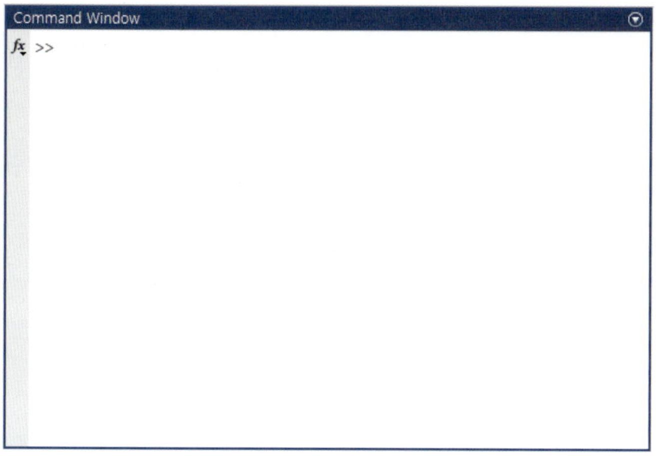

그림 1-5 명령 창

TIP 명령 창에 clc 명령어를 입력하면 명령 창의 모든 내용을 지울 수 있다.

NOTE 명령 창의 기록 보기

MATLAB을 종료한 후 다시 MATLAB을 실행하면 이전에 작업한 명령 창의 내용이 보이지 않는다. 그러나 명령 창에서 키보드의 ↑를 누르면 이전 명령 창에 보관된 기록을 보여주며, ↑를 누를 때마다 이전에 입력한 명령어를 역순으로 볼 수 있다. ↓를 한 번씩 누를 때마다 최근에 입력한 명령어를 볼 수 있다. 키보드의 ←, →는 일반 문서 편집기와 마찬가지로 글자 앞뒤로 이동하는 데 사용한다.

작업 공간 창

작업 공간(Workspace) 창은 현재 진행 중인 MATLAB 작업에서 사용하는 임의의 변수 및 배열의 이름과 값을 보여준다. 대표적인 구성 요소의 기능은 다음과 같다.

❶ **작업 공간 정보** : [그림 1–6]과 같이 현재 작업에서 사용하는 모든 변수 및 배열의 이름과 값을 보여준다.

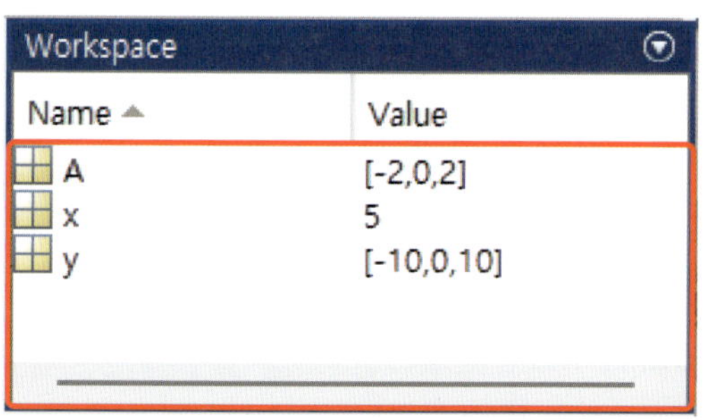

그림 1-6 작업 공간 창

❷ 작업 공간 표시 버튼 : 마우스 오른쪽 버튼을 클릭하면 다양한 선택 메뉴를 포함하는 슬라이드 창이 열리며, 이 메뉴들 중 [Choose Columns]에 마우스를 가져가면 입력된 Value를 다양하게 통계적으로 분석할 수 있는 또 다른 메뉴가 나타난다. 만약 입력한 값에 대한 최솟값 및 최댓값을 작업 공간 창에 표시하고 싶은 경우 Min 또는 Max를 클릭하여 마크할 수 있다. [그림 1-7]은 Min과 Max를 설정한 후의 작업 공간 창을 다시 보여준다.

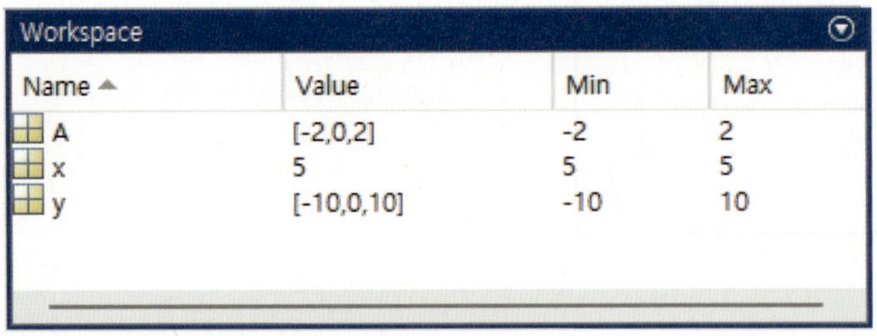

그림 1-7 최솟/최댓값 작업 설정을 마친 작업 공간 창

TIP 명령 창에서 clear 명령어를 입력하면 작업 공간 창의 모든 내용을 지울 수 있다.

- clear : 작업 공간 창에서 모든 변수를 지운다.
- clear 변수 이름 : 작업 공간 창에서 해당 변수를 지운다.
- clear all : 작업 공간 창에서 모든 변수, 광역변수, 함수 등 모든 정보를 지운다.

MATLAB 세부 화면 구성

MATLAB에서는 기본 실행 화면과는 별도로 그림(Figure) 창, 편집(Editor) 창, 시뮬링크 라이브러리 브라우저(Simulink Library Browser), 변수 편집(Variable Editor) 창, 비교 툴(Comparison Tool) 창 등이 사용된다. 이 책에서는 주로 그림 창, 편집 창, 시뮬링크 라이브러리 브라우저를 사용한다. 이 중에서 그림 창과 편집 창을 간략히 살펴보자(시뮬링크 라이브러리 브라우저는 14장에서 설명할 것이다).

그림 창

그림 창은 그림 파일 또는 그래프를 출력하기 위한 창으로, 그림 창을 여는 방법은 4장에서 설명할 것이다. 대표적인 구성 요소의 기능은 다음과 같다.

❶ 제목 표시줄 : 그림 창의 이름을 보여준다.

❷ 메뉴 표시줄 : 그림 창에서 사용하는 명령어가 메뉴별로 구분되어 있다.

❸ 독(Dock) 버튼 : 그림 창을 MATLAB 실행 화면에 포함하여 보여준다.

❹ 도구 모음 : 많이 사용되는 메뉴를 아이콘 형태로 보여준다.

❺ 그래프 결과 : 그래프의 결과를 보여준다.

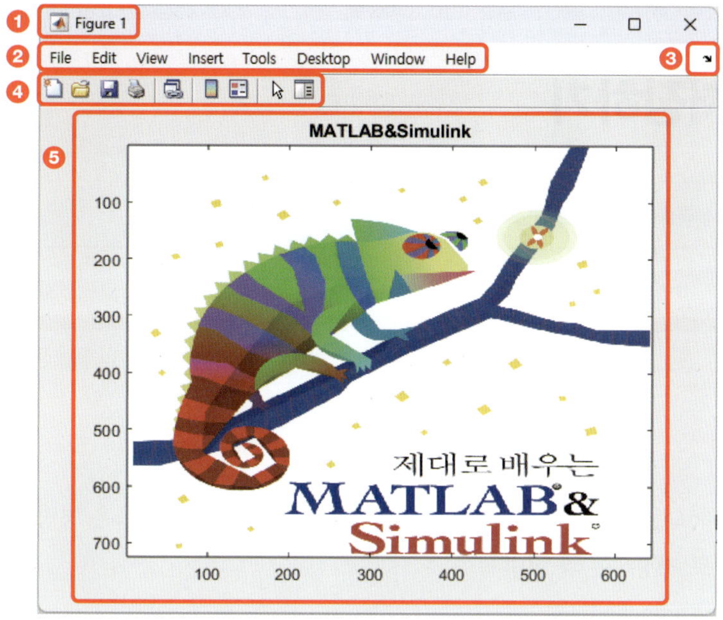

그림 1-8 그림 창

편집 창

편집 창은 스크립트 파일을 작성하기 위한 창으로, 편집 창을 여는 방법은 2장에서 설명할 것이다. 대표적인 구성 요소의 기능은 다음과 같다.

❶ **제목 표시줄** : 편집 창의 이름을 보여준다.

❷ **입력 부분** : 스크립트 파일의 내용을 입력한다.

그림 1-9 편집 창

LESSON 05

자료 저장하기

명령 창에 입력한 자료를 임시로 저장하고 불러올 때 사용하는 명령어를 살펴보자.

Keyword | save | load |

save

현재 작업 공간 창에 나타나는 모든 자료를 임시로 저장할 때는 save 명령어를 사용한다. 다음은 명령 창에서 data라는 이름으로 자료를 임시로 저장하는 과정이다.

Command Window

```
>> A = [-2 0 2]

A =

    -2     0     2

>> y = 5*A

y =

   -10     0    10

>> save data
```

Workspace

Name ▲	Value	Min	Max
A	[-2,0,2]	-2	2
y	[-10,0,10]	-10	10

그림 1-10 save 명령어 실행 결과와 작업 공간 창

load

임시로 저장한 자료를 불러올 때는 load 명령어를 사용한다. load 명령어를 사용하면 명령 창에는 다음 입력을 기다리는 프롬프트(>>)가 나타나고 작업 공간 창에는 불러온 자료가 나타난다. 다음은 명령 창에서 임시로 저장한 data라는 자료를 불러오는 과정이다.

Command Window

```
>> load data
>>
```

Workspace

Name ▲	Value	Min	Max
A	[-2,0,2]	-2	2
y	[-10,0,10]	-10	10

그림 1-11 load 명령어 실행 결과와 작업 공간 창

LESSON 06

도움말 명령어 사용하기

MATLAB은 다른 컴퓨터 프로그래밍 언어에 비해 다양한 내장함수를 제공하는 것이 가장 큰 장점이다. 이런 함수의 정보를 알고 싶을 때 사용하는 도움말 명령어를 살펴보자.

Keyword | help | doc | lookfor |

help

함수명은 알지만 함수의 기본 정보를 모를 때 help 명령어를 사용한다.

예제 1-1

직각삼각형에서 빗변의 길이에 대한 밑변 길이의 비율을 나타내는 코사인(cosine) 함수의 MATLAB 함수명은 cos이다. help 명령어를 사용하여 코사인 함수의 기본 정보를 확인하라.

풀이

다음과 같이 입력하고 Enter 를 누르면 cos 함수의 기본 정보가 명령 창에 나타난다. 기본 정보에는 cos 함수의 기본 입력 형태, cos 함수와 관련된 함수 등이 포함된다.

```
Command Window
>> help cos
 cos - Cosine of argument in radians
    This MATLAB function returns the cosine for each element of X.

    Syntax
      Y = cos(X)

    Input Arguments
      X - Input angle in radians
        scalar | vector | matrix | multidimensional array | table |
        timetable

    Output Arguments
      Y - Cosine of input angle
        scalar | vector | matrix | multidimensional array | table |
        timetable

    Examples
      Plot Cosine Function
      Cosine of Vector of Complex Angles

    See also cosd, acos, acosd, cosh, cospi
```

그림 1-12 help 명령어 실행 결과

doc

함수의 기본 정보뿐만 아니라 더 상세한 설명과 간단한 예제를 보려면 doc 명령어를 사용한다.

예제 1-2

doc 명령어를 사용하여 cos 함수의 상세 정보를 확인하라.

풀이

명령 창에 'doc cos'를 입력하고 [Enter]를 누르면 다음과 같이 cos 함수의 상세 정보가 인터넷 브라우저에 나타나며, 활용할 수 있는 관련 예제도 함께 보여준다.

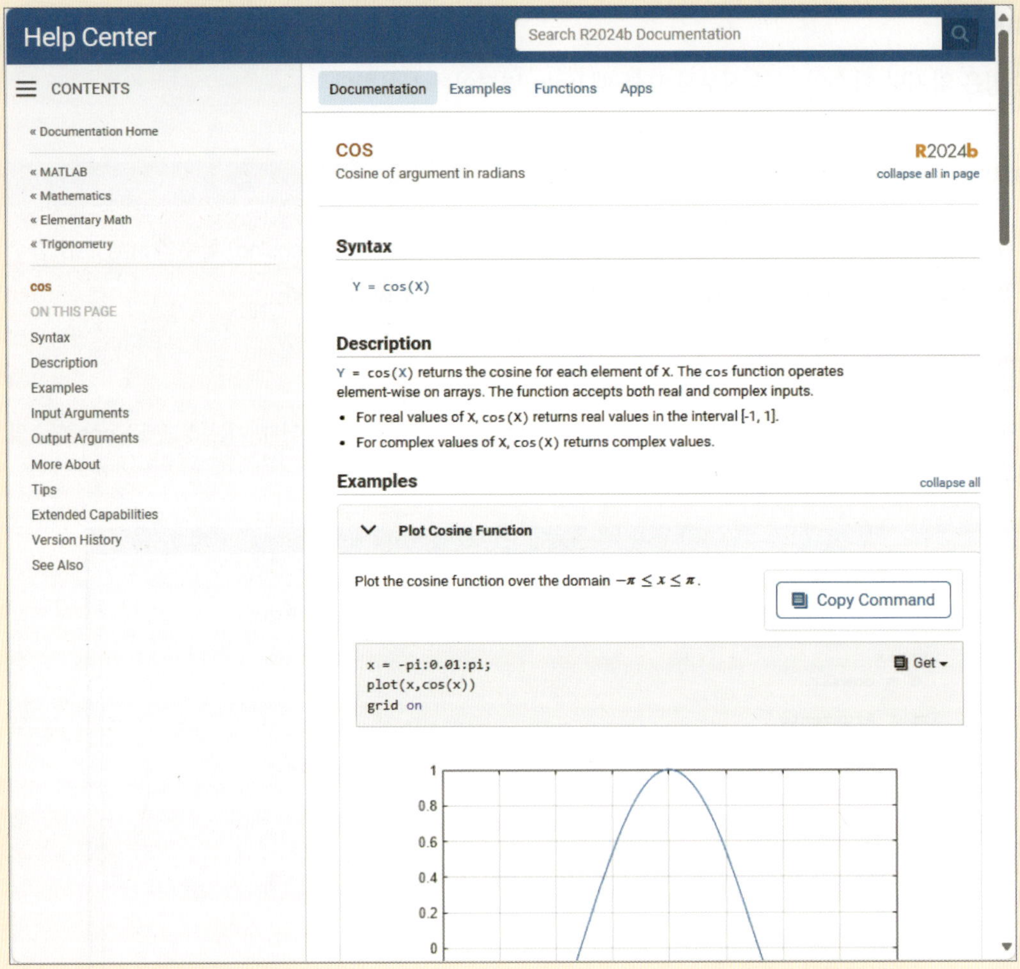

그림 1-13 doc 명령어 실행 결과

lookfor

앞서 배운 help 명령어나 doc 명령어의 경우와 달리 찾으려는 함수명을 정확히 알지 못할 때 lookfor 명령어를 사용한다. 이 명령어는 매스웍스 설명서의 모든 참조 페이지의 요약 줄과 함수 이름, 그리고 제3자 및 사용자가 작성한 MATLAB 프로그램 파일의 도움말 문서에서 지정된 핵심어를 검색한다. lookfor 명령어를 사용하면 찾으려는 정확한 함수명은 물론이고 입력된 영문 철자가 포함된 함수도 함께 나타난다. 마치 카드놀이의 조커처럼 와일드카드(wild-card) 기능을 하는 것이다.

예제 1-3

시컨트(secant)는 코사인(cosine) 함수의 역수로, $\sec\theta = \frac{1}{\cos\theta} = \frac{\text{빗변}}{\text{밑변}}$으로 나타낸다. lookfor 명령어를 사용하여 관련 함수를 찾아라.

풀이

시컨트에 대한 정확한 함수명을 모른다는 가정하에 다음과 같이 입력하고 Enter 를 누르면 '-sec-'라는 철자가 포함된 함수가 명령 창에 나타난다. 기본적으로 MATLAB에서 사용하는 각도의 단위는 라디안이므로 double.sec가 MATLAB에서 사용되는 secant 함수명임을 알 수 있다.

```
Command Window
>> lookfor secant
double.acsc              - Inverse cosecant in radians
double.acscd             - Inverse cosecant in degrees
double.acsch             - Inverse hyperbolic cosecant
double.asec              - Inverse secant in radians
double.asecd             - Inverse secant in degrees
double.asech             - Inverse hyperbolic secant
double.csc               - Cosecant of input angle in radians
double.cscd              - Cosecant of argument in degrees
double.csch              - Hyperbolic cosecant
double.sec               - Secant of angle in radians
double.secd              - Secant of argument in degrees
double.sech              - Hyperbolic secant
trainoss                 - One-step secant backpropagation
sym.acsc                 - Symbolic inverse cosecant function
sym.acsch                - Symbolic inverse hyperbolic cosecant function
sym.asec                 - Symbolic inverse secant function
sym.asech                - Symbolic inverse hyperbolic secant function
sym.csc                  - Symbolic cosecant function
sym.csch                 - Symbolic hyperbolic cosecant function
sym.sec                  - Symbolic secant function
sym.sech                 - Symbolic hyperbolic secant function
```

그림 1-14 lookfor 명령어 실행 결과

double은 MATLAB의 기본 수치 데이터 유형(클래스)으로, 대부분의 계산 작업에 충분한 정밀도를 제공하고 있음을 의미한다. double.sec를 클릭하면 그 함수의 기본 정보가 lookfor 명령어 실행 결과의 아래쪽에 이어서 나타난다. 실제 시컨트 함수의 함수명은 sec를 사용한다.

```
Command Window
sym.sech                          - Symbolic hyperbolic secant function

--- help for sec ---

 sec - Secant of angle in radians
    This MATLAB function returns the secant of the elements of X.

    Syntax
      Y = sec(X)

    Input Arguments
      X - Input angle in radians
        scalar | vector | matrix | multidimensional array | table |
        timetable

    Output Arguments
      Y - Secant of input angle
        scalar | vector | matrix | multidimensional array | table |
        timetable

    Examples
      Plot Secant Function
      Secant of Vector of Complex Angles

    See also secd, sech, asec, asecd, asech
```

그림 1-15 double.sec를 클릭한 결과

TIP MATLAB의 명령어와 함수는 다음과 같이 구분한다.

- 명령어는 기본적으로 괄호 없이 단독으로 사용한다.
- 명령어에 괄호를 사용하는 경우는 문자열을 작은따옴표 사이에 지정하고 이 문자열을 출력한다.
- 함수는 괄호 안에 입력 인자(숫자 또는 배열로 지정된 변수)를 입력하여 해당 함수를 계산한 결과를 출력한다.
- 함수에서 여러 개의 입력 인자를 지정할 때는 콤마로 분리한다.

CHAPTER

02

명령어를 담는 스크립트 파일

CONTENTS

LESSON 01 스크립트 파일 생성하고 실행하기
LESSON 02 현재 폴더 변경하기

LESSON 01

스크립트 파일 생성하고 실행하기

스크립트 파일을 생성하려면 메모장이나 편집 창을 이용한다. 이후 명령 창에서 스크립트 파일명을 입력하면 생성한 스크립트 파일을 실행할 수 있다. 스크립트 파일을 생성하고 실행하는 여러 가지 방법을 알아보자.

Keyword | 스크립트 파일(M-파일) | 편집 창 | 메모장 | 주석 | 라이브 편집 창 | 디버깅 |

자료와 명령어를 입력하는 방법은 두 가지이다. 먼저 방법 1 명령 창에 직접 자료와 함수/명령어를 입력하면 작업이 완전히 끝나기 전에 중간 결과를 볼 수 있어 작업의 정확성을 높일 수 있다. 또한 방법 2 스크립트 파일을 작성하여 입력하면 모든 함수/명령어를 알고리즘(algorithm)에 맞게 코딩한 후 MATLAB 파일에 저장하고 한꺼번에 실행할 수 있다.

스크립트(script) 파일은 MATLAB 함수/명령어를 포함하는 텍스트 파일로, 확장자는 .m이다. 따라서 스크립트 파일을 M-파일이라고 부르기도 한다. 스크립트 파일을 생성하려면 방법 1 MATLAB 명령 창 안에서 제공하는 편집 창을 이용하거나 방법 2 일반 문서를 편집할 수 있는 메모장을 이용하면 된다.

스크립트 파일은 [그림 2-1]과 같이 두 가지로 분류된다. 먼저 스크립트 M-파일은 MATLAB 명령어, 수식, 변수, 내장함수, 사용자정의함수 등을 포함하며, 명령 창에서 스크립트 M-파일을 실행하면 해당 파일에 작성된 순서대로 명령을 수행한다. 함수 M-파일(사용자정의함수)은 입력값에 대해 원하는 값을 출력하도록 사용자가 직접 함수를 만든 것이다. 함수 M-파일을 생성하는 방법은 5장에서 설명할 것이다.

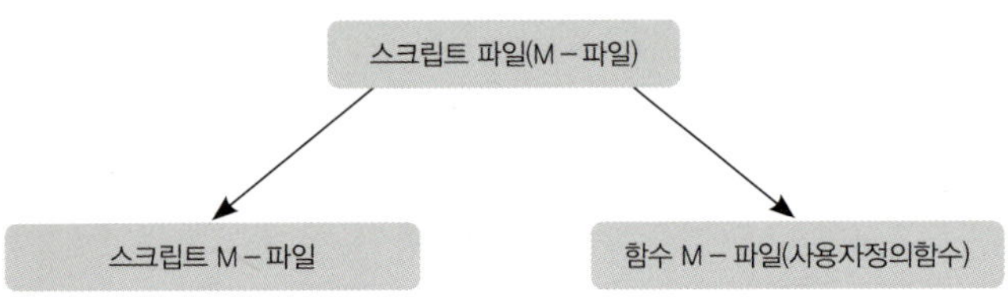

그림 2-1 스크립트 파일의 종류

편집 창을 이용하여 스크립트 파일 생성하기

편집 창 열기

편집 창을 열려면 MATLAB 명령 창이 열려 있는 상태에서 방법 1 [HOME]-[New Script] 메뉴를 클릭하거나 방법 2 [HOME]-[New]-[Script] 메뉴를 클릭한다. 방법 3 Ctrl + N 을 누를 수도 있다. 이렇게 하면 명령 창에 편집(Editor) 창이 자연스럽게 열린다.

스크립트 파일 저장하기

저장된 파일이 없는 새로운 편집 창이 열리면 편집 창 안에 스크립트 파일 내용을 입력하고 [Save]–[Save As...] 메뉴를 클릭한 후 새롭게 열리는 [Select File for Save As] 창의 [파일 이름(N):]에 저장할 파일명 file을 직접 입력한다. 그러면 확장자가 자동으로 생성되어 [Current Folder] 창에 file.m 파일이 저장된다.

스크립트 파일 불러오기

저장된 스크립트 file.m 파일을 다시 불러내어 확인하거나 수정할 때는 **방법 1** [HOME]–[Open] 메뉴를 클릭한 후 'file.m'을 선택하거나 **방법 2** [Current Folder] 창에 있는 'file.m'을 더블클릭한다.

예제 2–1 　M–File script1.m

편집 창에 다음과 같이 입력한 후 스크립트 파일로 저장하라. 단, 저장할 때 파일명은 'script1'로 하라.

```
x = 3
y = 2
z = x + y
```

풀이

스크립트 파일을 저장할 때는 파일명 뒤의 확장자가 .m인지 확인한다.

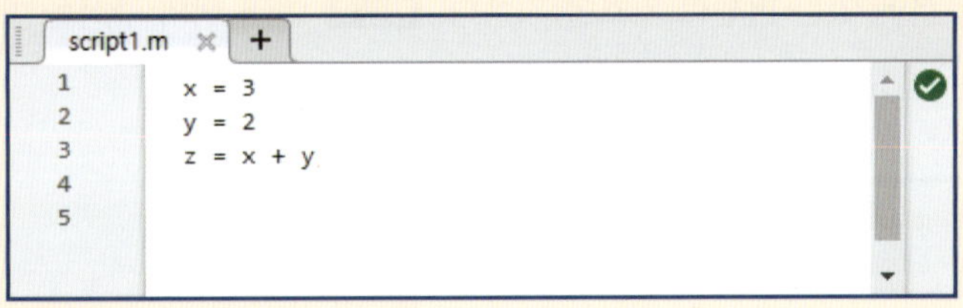

그림 2–2 　script1.m 실행 결과

TIP 명령 창과 편집 창에서 명령어와 함수를 입력할 때는 다음 사항을 주의한다.

❶ MATLAB은 대문자와 소문자를 구별하여 사용해야 한다.

❷ 변수 이름을 입력하면 현재 변숫값을 명령 창에 보여준다.

❸ 명령문 끝에 세미콜론(;)을 입력하면 변숫값이 명령 창에 나타나지 않는다.

❹ 변수 또는 함수 이름을 입력하던 중 Tab 을 누르면 작성된 이름으로 시작하는 변수명과 함수명의 목록이 보이는 자동 완성 기능이 실행된다.

메모장을 이용하여 스크립트 파일 생성하기

메모장을 실행하려면 사용하는 컴퓨터 사양에 따라서 지원하는 [메모장] 메뉴를 클릭한다. 메모장이 열리면 스크립트 파일 내용을 작성한 다음 파일명 뒤에 MATLAB 확장자(.m)를 붙여 저장한다(예 file.m). 저장한 파일을 컴퓨터에 보관하는 디렉터리(directory)를 확인하는 것도 중요하다. M-파일은 MATLAB을 설치할 때 자동으로 설정되는 서브 디렉터리(subdirectory)인 [시작]-[컴퓨터]-[로컬 디스크(C:)]-[Program Files]-[MATLAB]-[R2024b]-[bin]-'file.m'으로 보관되거나 [문서]-[MATLAB]-'file.m'으로 보관된다.

주석 작성하기

스크립트 파일의 내용을 쉽게 이해하도록 풀어 쓴 글을 주석(comment)이라고 한다. 주석은 명령어 실행에 영향을 미치지 않으며, 다른 명령어와 달리 초록색으로 나타난다.

주석 처리하기

주석의 성격에 따라 처리하는 방법이 다르다. **방법 1** 한 행 또는 한 행의 일부를 주석으로 처리하려면 주석이 시작되는 위치에 퍼센트(%) 기호를 삽입한다. **방법 2** 여러 행을 주석으로 처리하려면 주석으로 처리할 코드를 마우스로 드래그한 후 [Ctrl] + [R]을 누른다.

주석 해제하기

주석을 해제하려면 **방법 1** 주석 시작 부분에 있는 퍼센트 기호를 지운다. **방법 2** 여러 행의 주석을 한 번에 해제하려면 주석을 해제할 코드를 마우스로 드래그한 후 [Ctrl] + [T]를 누른다.

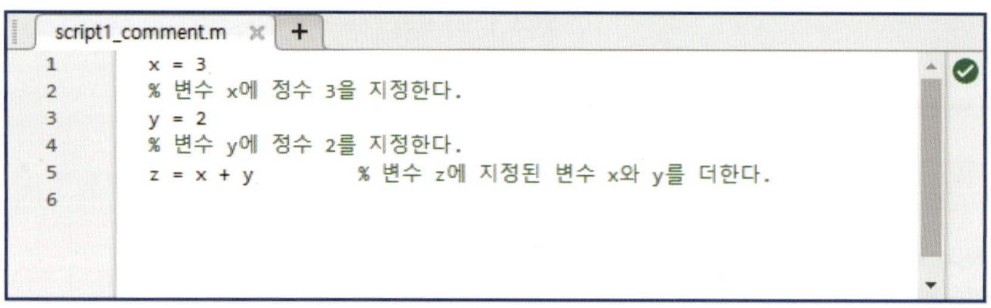

그림 2-3 주석 처리를 한 스크립트 파일

스크립트 파일 실행하기

스크립트 파일을 실행하려면 먼저 스크립트 파일이 저장된 경로를 현재 폴더로 변경해야 한다(현재 폴더를 변경하는 방법은 다음 절에서 자세히 설명할 것이다). **방법 1** 저장된 스크립트 파일을 명령 창에서 실행할 때는 확장자(.m)를 제외한 파일명만 입력하고 [Enter]를 누르거나 **방법 2** [Editor] 창을 열고 [Run(▶)] 버튼을 클릭한다. **방법 3** 편집 창에서 [F5]를 눌러 원하는 스크립트 파일을 실행해도 된다.

예제 2-2

[예제 2-1]에서 저장한 스크립트 파일 script1.m을 명령 창에서 실행하라.

풀이

저장된 스크립트 파일을 실행할 때는 먼저 현재 폴더에 해당 스크립트 파일이 있는지를 확인해야 한다. 만약 스크립트 파일이 현재 폴더에 없다면 스크립트 파일이 저장된 경로로 현재 폴더를 변경해야 한다. 저장된 스크립트 파일을 명령 창에서 실행할 때는 확장자(.m)를 제외한 파일명 'script1'만 입력하면 된다.

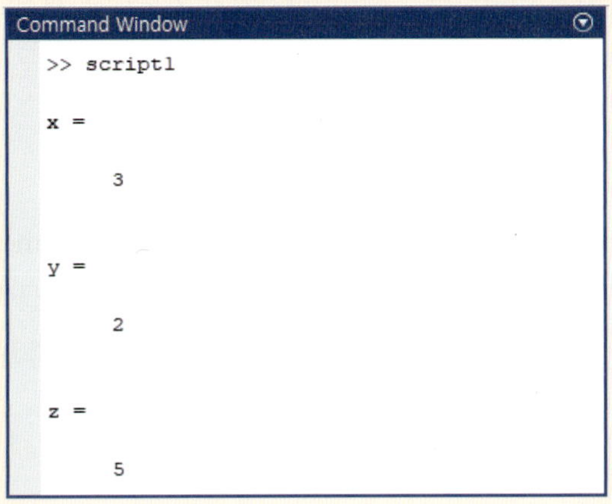

그림 2-4 script1.m 실행 결과

라이브 편집 창을 이용하여 라이브 스크립트 파일 생성하기

일반적인 스크립트 파일과 달리 라이브 스크립트(live script) 파일은 코드를 작성하고 생성된 출력 및 그래픽을 라이브 편집 창에서 단일 대화형 환경에 함께 포함시켜 볼 수 있다. 즉 다른 사용자와 서로 공유하기에 적합하다.

라이브 편집 창 열기

라이브 편집 창을 열려면 MATLAB 명령 창이 열려 있는 상태에서 **방법 1** [HOME]-[New Live Script] 메뉴를 클릭하거나 **방법 2** 라이브 스크립트 파일명을 직접 입력한다. 예를 들어 라이브 스크립트 파일명이 'live_file'이면 명령 창에서 >>edit live_file.mlx를 입력한다.

기존 스크립트 파일을 이용하여 라이브 스크립트 파일 변환하기

스크립트 파일 file.m과 동일한 내용의 코드를 라이브 스크립트 파일로 생성할 때는 **방법 1** [Current Folder] 창에 있는 'file.m'에서 마우스 오른쪽 버튼을 클릭하고 [Open as Live Script] 메뉴를 클릭하면 file.mlx 파일이 명령 창에 자동으로 생성된다. 또는 **방법 2** [Current Folder] 창에 있는 'file.mlx'를 더블클릭한 후 [Save]-[Save As...] 메뉴를 클릭한 다음 새롭게 열리는 [Selected File for Save As]

창의 [파일 이름(N):]에 저장할 파일명 'file.mlx'를 직접 입력한다. 라이브 스크립트 파일을 생성한 후에는 추가하려는 코드를 입력하여 실행할 수 있다.

TIP 기존 스크립트 파일의 이름을 유지하고 확장자 .m을 .mlx로 바꾸는 방법은 효과가 없다. 오히려 파일이 손상될 수 있다.

라이브 스크립트 파일 저장하기

저장된 파일이 없는 새로운 라이브 편집 창이 열리면 라이브 편집 창 안에 라이브 스크립트 파일 내용을 입력하고 [Save]–[Save As...] 메뉴를 클릭한 다음 새롭게 열리는 [Selected File for Save As] 창의 [파일 이름(N):]에 저장할 파일명 'live_file'을 직접 입력한다. 그러면 확장자가 자동으로 생성되어 [Current Folder] 창에 live_file.mlx 파일이 저장된다.

라이브 스크립트 파일 불러오기

저장된 라이브 스크립트 파일 live_file.mlx를 다시 불러내어 확인하거나 수정할 때는 **방법 1** [Home]–[Open] 메뉴를 클릭하여 열리는 [Open] 창에서 'live_file.mlx'를 선택하고 [열기(O)] 버튼을 클릭한다. 또는 **방법 2** [Current Folder] 창에 있는 'live_file.mlx'를 더블클릭한다. **방법 3** Ctrl + O를 눌러 실행할 수도 있다.

라이브 스크립트 파일 실행하기

라이브 스크립트 파일을 실행하려면 **방법 1** 입력된 코드 왼쪽에 있는 세로 줄무늬 막대를 클릭하거나 **방법 2** [Live Editor] 창을 열고 [Run(▶)] 버튼을 클릭한다. 프로그램이 실행되는 동안 라이브 편집 창의 왼쪽 상단에 상태 표시기( )가 나타난다. 이때 코드 줄 왼쪽의 회색으로 깜빡이는 막대는 MATLAB에서 평가 중인 행을 표시하며, 이 행으로 이동하려면 상태 표시기를 클릭하면 된다.

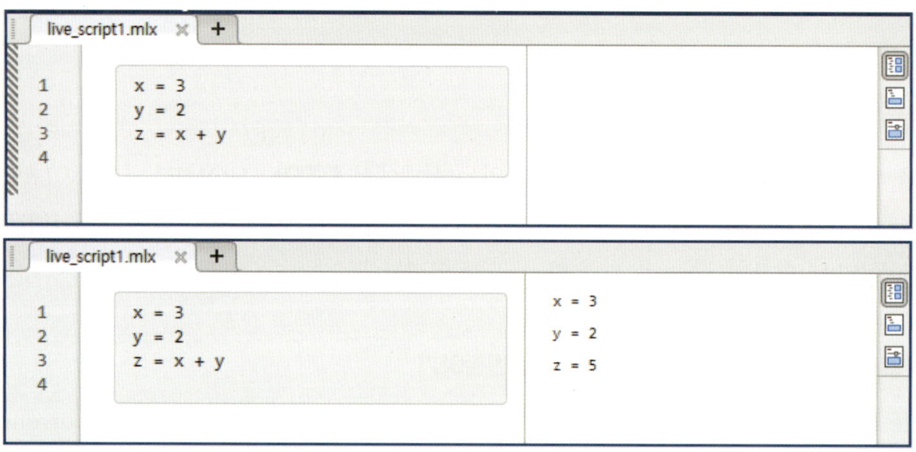

그림 2-5 live_script1.mlx 파일 실행

TIP 상태 표시기는 라이브 스크립트 파일의 실행 시간에 따라 파란색 원의 크기가 다르게 표시된다.

예제 2-3 M-File live_script2.mlx

라이브 편집 창에 다음과 같이 입력한 후 라이브 스크립트 파일로 저장하고 실행하라. 저장할 때 파일명은 'live_script2'로 하라.

```
x = 0:pi/180:2*pi;
y = cos(x);
plot(x,y);
axis([0 2*pi -1 1]);
title('Cosine Function')
```

풀이

라이브 스크립트 파일명을 저장할 때는 파일명 뒤의 확장자가 .mlx인지 확인한다.

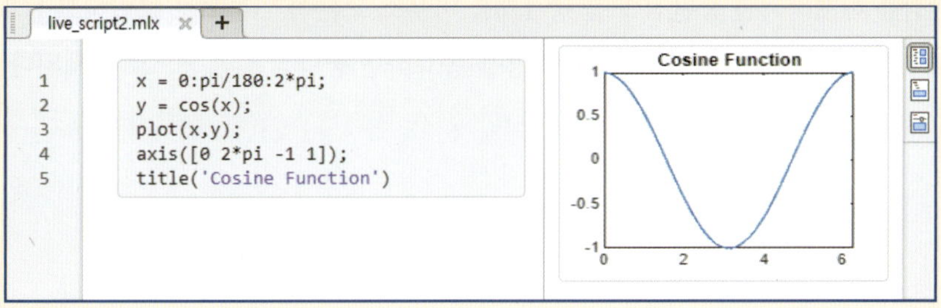

그림 2-6 live_script2.mlx 파일 저장 및 실행

스크립트 파일 디버깅하기

디버깅(debugging)은 일반적으로 프로그램의 오류를 발견하고 수정하는 작업을 말한다. 스크립트 파일을 디버깅하려면 검사할 행을 표시하는 중단점(breakpoint)을 설정해야 한다. MATLAB 2021b 버전부터 디버깅 및 중단점 설정 방법이 새로워졌다.

중단점을 설정하면 오류가 발생했을 수 있는 코드의 행에서의 프로그램 실행이 일시 중지되어 코드를 조사할 수 있다. 편집 창 또는 라이브 편집 창에서 대화형으로 중단점을 설정할 수도 있고 명령 창에서 함수를 사용하여 중단점을 설정할 수도 있다. 중단점을 설정하는 세 가지 방법으로는 표준, 조건, 오류가 있다. 이 교재에서는 표준 중단점 설정만 설명한다.

표준 중단점은 파일의 특정 행에서 일시 중지하는 경우를 말한다. 표준 중단점을 설정하려면 **방법 1** 중단점을 설정할 행의 왼쪽에 있는 번호 영역을 클릭하거나 **방법 2** F12를 누른다. 중단점이 설정되면 그 행의 번호에 빨간 상자가 나타난다. [Editor] 창을 열고 [Run(▶)] 버튼을 클릭하거나 F5를 누르면 스크립트 파일을 실행하고 디버깅할 수 있다. 실행할 수 없는 주석이나 공백 줄에 중단점을 설정했다면 건너뛰고 실행 가능한 다음 줄에 중단점을 설정한다. 실행을 중단하려면 [Editor] 창을 열고 [Stop(■)] 버튼을 클릭한다.

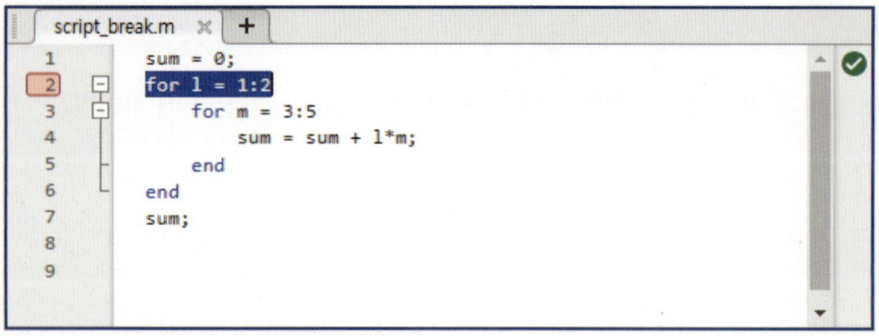

그림 2-7 중단점이 설정된 스크립트 파일

중단점을 해제하려면 **방법 1** 중단점 아이콘에서 마우스 오른쪽 버튼을 클릭하고 [Clear Breakpoint]를 선택하거나 **방법 2** F12를 누른다(켜기/끄기).

모든 중단점은 사용자가 해제하거나 실행이 종료될 때 자동으로 제거될 때까지 파일에 남아 있게 된다. 파일에 지정된 모든 중단점을 해제하려면 중단점 모음 중 1개를 마우스 오른쪽 버튼으로 클릭하고 [Clear All Breakpoints in File]을 선택하면 된다. MATLAB 이용을 종료하면 중단점은 자동으로 해제된다.

LESSON
02 현재 폴더 변경하기

특정한 위치에 저장된 스크립트 파일을 실행하려면 현재 폴더의 경로를 스크립트 파일이 저장된 경로로 변경하거나 추가로 지정해야 한다. 현재 폴더 경로를 변경하거나 추가로 지정하는 방법에 대해 알아보자.

Keyword | cd | addpath | rmpath | 현재 폴더 상자 | 현재 폴더 창 |

MATLAB 명령 창 이용하기

현재 폴더 경로 변경하기

cd 명령어를 명령 창에 입력하면 현재 폴더의 경로를 USB 드라이브에 생성된 MyMatlab 폴더의 위치 D로 변경할 수 있다.

```
>> cd D:\MyMatlab
```

현재 폴더 경로 추가 지정하기

명령 창에 addpath 명령어를 입력하면 현재 폴더의 경로를 추가로 지정할 수 있다. 이때 현재 폴더는 변경되지 않는다. rmpath 명령어를 입력하면 추가로 지정한 현재 폴더의 경로를 해제할 수 있다.

```
>> addpath D:\MyMatlab
```

```
>> rmpath D:\MyMatlab
```

현재 폴더 상자 이용하기

명령 지시줄에 위치한 현재 폴더 상자를 이용하여 현재 폴더를 변경할 수 있다. 현재 폴더 상자에서 현재 폴더를 변경하기 위해서는 **방법 1** 경로가 표시된 경로 표시줄을 클릭하고 변경할 경로를 입력하거나 **방법 2**  버튼을 클릭하면 나타나는 [Select a new folder] 창에서 현재 폴더를 원하는 경로로 변경할 수 있다. 또는 **방법 3**  버튼을 클릭하여 현재 폴더를 상위 폴더로 변경한다.  버튼을 클릭하면 현재 사용 중인 컴퓨터에서 MATLAB 드라이브 파일에 접근할 수 있다. 이를 그림으로 간단히 나타내면 다음과 같다.

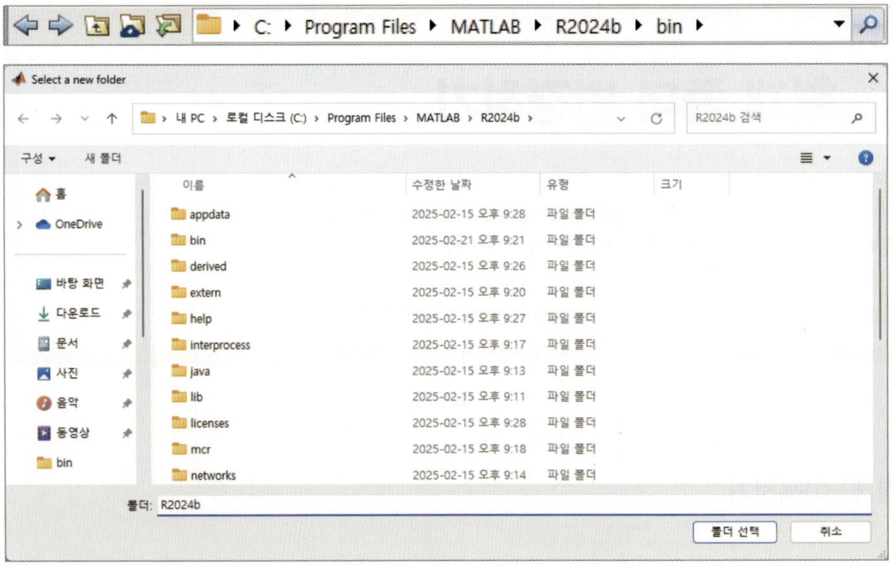

그림 2-8 현재 폴더 상자와 폴더 찾아보기 창

TIP 명령 창에 pwd 명령어를 입력하면 현재 폴더의 경로를 확인할 수 있다.

현재 폴더 창 이용하기

실행 화면에 위치한 현재 폴더 창에서 현재 폴더를 변경할 수도 있다. 이는 폴더 이동으로 가능하며, **방법 1** 현재 폴더보다 상위 폴더로 이동하려면 버튼이나 버튼을 클릭하고 하위 폴더로 이동하려면 버튼을 클릭한다. 또는 **방법 2** 경로가 표시된 경로 표시줄을 클릭한 후 변경할 경로를 직접 입력하여 현재 폴더를 변경한다. 이를 그림으로 간단히 나타내면 다음과 같다.

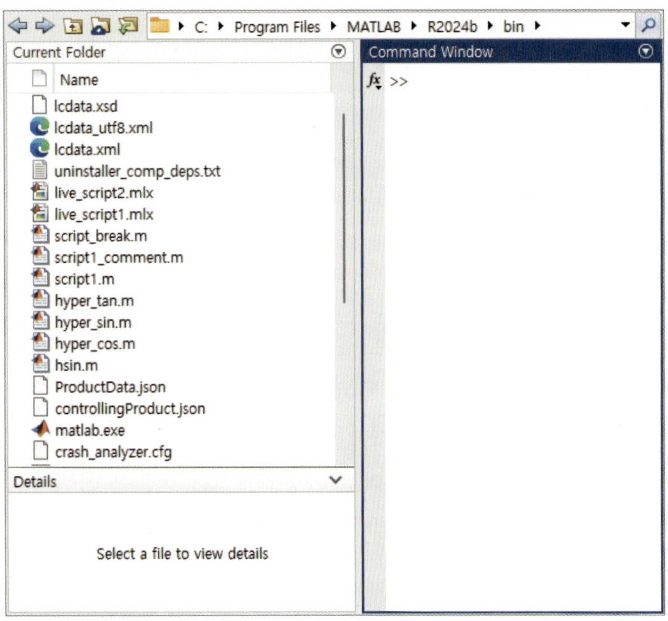

그림 2-9 현재 폴더 창

PART 02

MATLAB 핵심 기능 익히기

CONTENTS

CHAPTER 03 데이터를 저장하는 배열과 변수
"수식 표현은 이것만 이용하면 OK"

CHAPTER 04 데이터를 한눈에 보는 그래프
"자료를 시각적으로 표현하고 싶어요"

CHAPTER 05 흐름을 바꾸는 프로그래밍
"프로그램 구성을 한눈에"

CHAPTER 06 수식 계산이 편한 심벌릭 툴박스
"컴퓨터도 수식을 쓸 수 있어요"

CHAPTER 07 외부 파일 불러오기/내보내기
"서로 도우면서 지내요"

PART 02에서는 무엇을 배울까?

MATLAB 핵심 기능 익히기

2부에서는 MATLAB의 핵심 기능을 배운다. 초보 운전자가 교통이 혼잡한 도심에서 빨리 운전하여 목적지까지 가는 것은 쉬운 일이 아니다. MATLAB도 핵심 기능을 이해하지 않고 활용하려고 한다면 고전을 면치 못할 것이다.

MATLAB은 배열을 이용하여 빠르게 연산할 수 있다는 것이 특징이다. 3장에서는 배열이 무엇인지 알아보고 배열을 입력하는 방법과 배열 연산자를 사용하여 연산하는 방법을 살펴본다. MATLAB 내장함수의 의미와 활용법도 배운다.

MATLAB은 실험이나 수식으로 얻은 복잡한 수치와 자료를 그래프로 표현하여 쉽게 이해할 수 있도록 돕기도 한다. 4장에서는 2차원 그래프와 3차원 그래프를 그리는 방법, 그래프의 속성을 지정하는 방법을 익힌다.

5장에서는 관계 연산자, 논리 연산자와 조건문, 순환문을 학습하여 프로그래밍하는 방법을 익히고 사용자의 필요에 따라 직접 함수를 만들어 사용하는 사용자정의함수도 학습한다.

MATLAB의 심벌릭 툴박스를 사용하면 복잡한 수식을 간편하게 계산하고 계산 과정을 자세히 표현할 수 있다. 6장에서는 심벌릭 툴박스에 대해 이해하고 심벌릭 툴박스로 수행할 수 있는 계산법을 알아본다.

마지막으로 7장에서는 MATLAB에서 생성되지 않은 일반 그림 파일과 엑셀 파일을 MATLAB 작업 공간으로 불러오거나 외부로 내보내는 방법을 살펴본다.

CHAPTER

03

데이터를 저장하는 배열과 변수

CONTENTS

LESSON 01 산술 연산자 사용하기
LESSON 02 내장함수와 변수 사용하기
LESSON 03 배열 입력하기
LESSON 04 규칙적인 배열 표시하기
LESSON 05 배열 원소 다루기
LESSON 06 배열 특성 확인하기
LESSON 07 출력 서식 변경하기

LESSON 01

산술 연산자 사용하기

MATLAB은 계산 기능을 수행하는 데 가장 많이 쓰인다. 덧셈, 뺄셈, 곱셈, 나눗셈 연산자를 의미하는 산술 연산자를 사용하여 기본적인 사칙연산을 수행하는 방법을 살펴보자.

Keyword | +, − | *, /, \ | ^, exp | 소괄호(( )) | 산술 연산자 우선순위 |

덧셈과 뺄셈(+, −)

MATLAB에서 덧셈과 뺄셈은 +와 −를 사용한다. 예를 들어 '4 + 3'과 '4 − 3'을 계산하는 방법은 다음과 같다.

```
Command Window
>> 4+3                      % 덧셈

ans =

     7

>> 4-3                      % 뺄셈

ans =

     1
```

그림 3-1 덧셈과 뺄셈

곱셈과 나눗셈(*, /, \)

MATLAB에서 곱셈은 *(별표)를 사용하고 나눗셈은 /(오른쪽 나눗셈 연산자)와 \(왼쪽 나눗셈 연산자)를 사용한다. A/B의 결과는 A를 B로 나눈 값이고 A\B의 결과는 B를 A로 나눈 값이다. /와 \를 이용하여 계산하는 방법은 다음과 같다.

```
Command Window
>> 12/4           % 오른쪽 나눗셈(12를 4로 나눈 값)

ans =

     3

>> 2\10           % 왼쪽 나눗셈(10을 2로 나눈 값)

ans =

     5
```

그림 3-2 두 가지 형태의 나눗셈

TIP 왼쪽 나눗셈 기호 \는 키보드에서 [₩]를 눌러 입력할 수 있다.

예제 3-1

MATLAB에서 사용하는 곱셈 연산자를 이용하여 3×4를 계산하라. 또한 두 가지 형태의 나눗셈 연산자를 이용하여 3÷6을 계산한 다음 결과를 비교하라.

풀이

```
Command Window
>> 3*4  ❶

ans =

    12

>> 3/6  ❷

ans =

    0.5000

>> 3\6  ❸

ans =

     2
```

그림 3-3 곱셈과 나눗셈 실행 결과

❶ 곱셈은 * 연산자를 이용하여 계산한다.

❷ 오른쪽 나눗셈은 /(오른쪽 나눗셈 연산자)를 이용하여 계산한다.

❸ 왼쪽 나눗셈은 \(왼쪽 나눗셈 연산자)를 이용하여 계산한다.

TIP 별도로 출력 형식을 지정하지 않으면 결과는 소수점 아래 네 자리까지만 나타난다.

지수승(^), 지수함수(exp)

MATLAB에서 어떤 밑수에 대한 지수승을 표현할 때는 ^을 사용하고 지수함수를 표현할 때는 exp 명령어를 사용한다. exp 명령어를 사용할 때는 반드시 소괄호 안에 지수승을 적어야 하며, 사용하지 않으면 오류가 발생한다. 예를 들어 밑수가 2이고 지수승이 5인 2^5과 지수함수 e^{-2}을 계산하는 방법은 다음과 같다.

```
Command Window
>> 2^5          % 밑수가 2이고 지수승이 5

ans =

    32

>> exp(-2)      % 지수함수 e의 -2승

ans =

    0.1353
```

그림 3-4 지수승과 지수함수

예제 3-2

지수승 1.2×10^{-5}, 4^{-3}과 지수함수 e^3을 명령 창에 입력하여 결과를 확인하라.

풀이

```
Command Window
>> 1.2e-5 ❶

ans =

   1.2000e-05

>> 4^-3

ans =

    0.0156

>> exp3 ❷
Unrecognized function or variable 'exp3'. ❸

Did you mean:
>> exp(3) ❹

ans =

   20.0855
```

그림 3-5 지수승과 지수함수 실행 결과

❶ e를 이용하여 1.2×10^{-5}을 간략하게 입력한다.

❷ exp 명령어를 입력한다(소괄호 없이 사용하면 오류 메시지(❸)가 나타난다.

❹ e^3를 입력한다.

TIP 밑수가 10이고 지수승이 $\pm n$인 $10^{\pm n}$을 표현할 때는 10의 거듭제곱을 뜻하는 e를 이용하여 $1e\pm n$으로 나타낼 수 있다. 이런 경우 소괄호를 사용하지 않아도 된다.

소괄호( )

MATLAB에서 소괄호는 가장 중요한 연산자 중 하나이다. 수식을 입력할 때 소괄호를 사용하면 복잡한 수식을 간결하게 만들어 코딩(coding) 오류를 줄일 수 있다. 또한 소괄호를 적절히 사용하면 연산 순서를 명확히 하여 계산 오류를 방지할 수 있다.

산술 연산자 우선순위

연산자의 우선순위에 따라 연산의 결과가 바뀌기 때문에 연산의 순서를 정하는 연산자의 우선순위는 매우 중요하다. 산술 연산자의 우선순위는 소괄호, 지수함수, 곱셈 또는 나눗셈, 덧셈 또는 뺄셈 순서로 진행된다. 소괄호가 중첩된 경우 가장 안쪽부터 바깥쪽으로 확장하여 해석하며, 우선순위가 같다면 왼쪽에 위치한 연산자부터 해석한다.

( ) → exp → *, /, \ → +, −

우선순위를 고려하지 않고 연산자를 사용하여 사용자가 의도한 것과 다른 결과가 나오더라도 MATLAB에서는 경고나 오류 메시지를 표시하지 않는다. 따라서 연산자를 사용할 때 우선순위를 고려하지 않으면 전체 프로그래밍의 결과에 심각한 영향을 미칠 수 있으며, 때로는 부정확한 결과가 나타나므로 주의해야 한다.

LESSON 02

내장함수와 변수 사용하기

MATLAB에서 변수를 사용하는 방법을 익히고 내장함수의 의미와 자주 사용하는 내장함수를 알아보자.

Keyword | 변수 | 허수 단위 변수 | 내장함수 |

변수

MATLAB에서는 변수를 이용하여 정보를 저장하고 계산한다. 변수(variable)는 정보를 임시로 저장할 메모리 공간을 의미하며, 변수에 정보를 저장하는 것을 '지정한다'라고 한다.

MATLAB에서 수식을 계산하거나 변수 또는 배열의 값을 지정할 때는 등호를 사용한다. 등호의 오른쪽에는 지정할 값(숫자), 변수명, 수식 등을 입력한다. 왼쪽에는 반드시 변수명을 적어야 한다. 변수명은 반드시 영문자로 시작해야 하고 이후에는 다른 영문자, 숫자를 사용할 수 있으며, 특수문자 중에서는 밑줄(_)만 사용할 수 있다. MATLAB에서는 소문자와 대문자를 구분하므로 'a'와 'A'는 전혀 다른 변수명이다. 변수명은 영문자, 숫자, 밑줄을 혼합하여 최대 63문자까지 가능하다.

변수명(variables) = 값(숫자)
변수명(variables) = 변수명
변수명(variables) = 수식(expression)

예를 들어 등호를 이용하여 변수 x에 1을 지정하는 방법은 다음과 같다.

```
Command Window
>> x = 1           % 변수 x에 숫자 1을 직접 입력

x =

     1

>> x = 3-2         % 변수 x에 수식을 입력하여 1을 지정

x =

     1
```

그림 3-6 변수 x에 1을 지정하는 방법

허수 단위 변수

MATLAB에서 i와 j는 복소수의 허수 단위 $\sqrt{-1}$을 의미하는 예외적 내장 변수이며, 일반 변수명으로도 사용할 수 있다. 만약 허수 단위 변수로 i와 j를 사용한다면 미리 값을 지정하지 않아도 되지만 변수로 사용할 경우에는 반드시 값을 미리 지정해야 한다.

예제 3-3

실숫값 1과 허숫값 −2를 가진 복소수 z를 입력하라. 또한 변수 $i = 2$, $j = -5$일 때 $w = \sqrt{i + j}$를 계산하라.

풀이

```
Command Window
>> z = 1 -2*y ❶
Unrecognized function or variable 'y'. ❷

>> z = 1 -2i ❸

z =

   1.0000 - 2.0000i

>> i = 2;
>> j = -5;
>> w = sqrt(i+j) ❹

w =

   0.0000 + 1.7321i
```

그림 3-7 허수 단위 변수 실행 결과

❶ 일반 변수 y를 미리 지정하지 않았으므로 오류 메시지(❷)가 나타난다.

❸ i, j를 허수 단위 변수로 사용할 때는 변수를 미리 지정하지 않아도 된다. 이 경우 i, j는 일반 변수가 아니므로 곱셈 연산자를 사용하지 않아도 된다.

❹ 값을 지정한 이후에 i, j를 사용하면 $\sqrt{-1}$의 값을 가진 내장 변수가 아닌 일반 변수로 취급된다.

변수에 문자열 지정하기

일반적으로는 변수에 숫자나 배열 등을 지정하지만 경우에 따라 문자열을 지정할 수도 있다. 변수에 문자열을 지정할 때는 작은따옴표(' ') 또는 큰따옴표(" ") 안에 문자열을 입력한 후 등호를 이용하여 지정한다. 이때 작은따옴표 또는 큰따옴표를 생략하면 오류가 발생한다.

예를 들어 변수 String에 문자열 'sequence of characters'를 지정하는 방법은 다음과 같다.

```
Command Window
>> String = 'sequence of characters'

String =

    'sequence of characters'
```

그림 3-8 변수에 문자열을 지정하는 방법

예제 3-4

변수명이 Var인 변수에 문자열 'MATLAB'을 지정하라.

풀이

```
Command Window
>> Var = MATLAB ❶
Unrecognized function or variable 'MATLAB'.

Did you mean:      ⎤
>> Var = matlab    ⎦─❷
Execution of script matlab as a function is not supported:
C:\Program Files\MATLAB\R2024b\toolbox\matlab\general\matlab.m

>> Var = 'MATLAB' ❸

Var =

    'MATLAB'

>> Var = "MATLAB" ❹

Var =

    "MATLAB"
```

그림 3-9 변수에 문자열 지정하기 실행 결과 ①

❶ 문자열에 대한 변수명을 지정할 때 작은따옴표 또는 큰따옴표를 생략하면 입력된 내용을 확인하는 명령줄(❷)이 나온다. 이때 Enter 를 누르면 오류 메시지가 나온 후 실행을 중단한다.

❸ 작은따옴표를 문자의 앞뒤에 붙여 변수에 문자열을 지정한다.

❹ 큰따옴표를 붙여 문자열을 지정할 수도 있다.

예제 3-5

변수명이 Num인 변수에 작은따옴표 또는 큰따옴표를 사용하여 숫자 123을 지정하라.

풀이

```
Command Window
>> Num = 123 ❶

Num =

   123

>> Num = '123'

Num =

    '123'

>> Num = "123"

Num =

    "123"
```

그림 3-10 변수에 문자열 지정하기 실행 결과 ②

❶ 수와 수식의 경우 기술적으로는 따옴표 여부와 무관하게 오류 메시지가 나타나지 않고 같은 결과가 나온다. 따옴표를 사용하지 않은 경우의 결과는 영어로 숫자를 읽는 것처럼 'one hundred twenty three'가 되고 따옴표가 있는 변수 Num의 결과는 문자열처럼 읽어서 'one two three'가 된다.

내장함수

내장함수란 자주 사용하는 연산 또는 계산을 함수로 만들어 MATLAB에 정의해둔 것이다. 내장함수는 항상 소문자로 표기하며, 소괄호 안에 필요한 인자를 넣어서 사용한다. 모든 내장함수를 알고 있을 필요는 없으며, 도움말 명령어를 이용하여 필요한 내장함수를 찾아서 사용하면 된다. [표 3-1]에 자주 사용하는 내장함수를 정리했다.

표 3-1 자주 사용하는 내장함수

함수명	기능	사용 예	결과
abs	절댓값 계산함수	abs(−1)	1
cos	코사인 함수	cos(0)	1
Log	자연로그 계산함수	log(exp(1))	1
log10	밑수가 10인 로그 계산함수	log10(1e+1)	1
sin	사인 함수	sin(pi/2)	1
sqrt	제곱근 계산함수	sqrt(4)	2

예제 3-6

$x = 30°$일 때 cos, sec 함수를 이용하여 $y_1 = \cos(x)$, $y_2 = \sec(x)$를 구하라.

풀이

```
Command Window
>> x = pi/6; ❶
>> y1 = cos(x) ❷

y1 =

    0.8660

>> y2 = sec(x) ❸

y2 =

    1.1547

>> y1 = cos(x), y2 = sec(x) ❹

y1 =

    0.8660


y2 =

    1.1547
```

그림 3-11 내장함수 실행 결과

❶ cos, sec 함수는 라디안 값을 인자로 사용하므로 30°를 $\pi / 6$ 라디안으로 변환하여 x에 지정한다.

❷ cos 함수를 이용하여 $x = 30°$에 대한 코사인 값을 y1에 지정한다.

❸ sec 함수를 이용하여 $x = 30°$에 대한 시컨트 값을 y2에 지정한다.

❹ 명령줄 하나에 여러 문장을 입력할 때는 문장과 문장 사이에 콤마(,) 또는 세미콜론(;)을 사용한다.

LESSON 03

배열 입력하기

MATLAB에서는 주로 배열을 이용하여 연산한다. 배열이 무엇인지 이해하고 배열을 입력하는 방법을 알아보자.

Keyword | 배열 | 대괄호([ ]) | 세미콜론(;) | 콤마(,) | eye | zeros | ones | 콜론(:) | 전치 연산자(') |

배열

배열(array)은 문자, 기호, 자료 등 같은 성격을 가진 수치 정보가 순서에 따라 무리지어 표시되는 것을 말한다. 그중 하나의 행으로 구성된 배열을 행벡터(row vector), 하나의 열로 구성된 배열을 열벡터(column vector), 2차원 배열을 행렬(matrix)이라고 한다. 공학에서는 배열과 행렬을 자연스럽게 교환하여 사용한다.

배열 입력하기

배열을 입력할 때는 대괄호([ ]) 안에 원소를 넣는다. 배열의 행을 바꿀 때는 대괄호 안에 세미콜론(;)을 넣고 열을 바꿀 때는 한 칸을 띄우거나 콤마(,)를 넣는다.

예를 들어 배열 $x = [1 \;\; 2]$는 다음과 같이 입력한다. 배열을 지정한 후 세미콜론을 사용하면 결과가 명령 창에 나타나지 않는다.

```
Command Window
>> x = [1 2];
>> x = [1 2]

x =

     1     2

>> x = [1,2]

x =

     1     2
```

그림 3-12 배열 입력

예제 3-7

다음과 같은 3행 3열 배열 **A**를 입력하라.

$$\mathbf{A} = \begin{bmatrix} 11 & 12 & 13 \\ 21 & 22 & 23 \\ 31 & 32 & 33 \end{bmatrix}$$

풀이

```
Command Window
>> A =[11 12 13;21 22 23;31 32 33]

A =

    11    12    13
    21    22    23    ❶
    31    32    33

>> A = [11,12,13;21,22,23;31,32,33]

A =

    11    12    13
    21    22    23    ❷
    31    32    33
```

그림 3-13 3행 3열 배열 입력하기 실행 결과

❶ 원소를 공백으로 구분하여 입력한 배열의 결과가 명령 창에 나타난다.

❷ 원소를 콤마로 구분하여 입력한 배열의 결과가 명령 창에 나타난다.

특정 배열 만들기

특정한 명령어를 사용하면 특수한 형태의 배열을 만들 수 있다. eye 명령어를 사용하면 배열의 주 대각선(main diagonal)에 놓이는 원소는 모두 1이고 그 외 배열의 원소는 모두 0인 단위행렬(identity matrix)을 생성한다. zeros 명령어는 배열의 크기와 상관없이 모든 원소를 0으로 지정하고 ones 명령어는 모든 원소를 1로 지정한다.

특수한 형태의 $m \times n$ 배열을 만드는 eye, zeros, ones 명령어의 기본 형태는 다음과 같다.

```
eye(m,n)
zeros(m,n)
ones(m,n)
```

TIP 행의 수와 열의 수가 같은 $n \times n$ 배열을 만들 때는 명령어의 인자 값 (n, n) 대신 (n)만 입력하면 된다.

예제 3-8

대각선 원소의 값이 모두 1인 3행 3열 배열과 모든 원소의 값이 0인 2행 2열 배열, 모든 원소의 값이 1인 2행 2열 배열을 나타내라.

풀이

```
Command Window
>> eye(3) ❶

ans =

     1     0     0
     0     1     0
     0     0     1

>> zeros(2) ❷

ans =

     0     0
     0     0

>> ones(2) ❸

ans =

     1     1
     1     1
```

그림 3-14 특정 배열 만들기 실행 결과

❶ eye 명령어를 이용하여 대각선 원소가 1인 3×3 배열을 지정한다.
❷ zeros 명령어를 이용하여 모든 원소가 0인 2×2 배열을 지정한다.
❸ ones 명령어를 이용하여 모든 원소가 1인 2×2 배열을 지정한다.

배열 원소 다루기

콤마(,)

배열의 동일한 행에 포함되는 원소들을 분리하려면 콤마(,)를 사용한다. 배열의 색인을 생성할 때와 각각의 차원에 해당하는 행과 열에 대한 색인을 분리할 때도 콤마를 사용한다. 콤마의 왼쪽에는 지정하는 행의 번호를, 오른쪽에는 지정하는 열의 번호를 입력한다. 예를 들어 배열 **A**의 1행 2열 원소를 분리하려면 **A(1, 2)**를 입력한다.

콜론(:)

콜론(:)은 주어진 배열에 대한 각 원소, 행, 열 및 부분 배열을 다양한 방법으로 표시하는 데 사용한다. 또한 콜론은 전체 행 또는 열에 대해 와일드카드 역할을 한다. 예를 들어 **v(:)**은 벡터 **v**의 모든 행과 열의 원소를 나타내고 **v(2:5)**는 벡터 **v**의 두 번째부터 다섯 번째 원소인 **v(2)**, **v(3)**, **v(4)**, **v(5)**를 나타낸다.

예제 3-9

배열 **A**가 다음과 같을 때 콤마를 이용하여 배열 **A**의 3행 2열 원소를 찾아라. 또한 콜론을 이용하여 배열 **A**의 3열 모든 원소와 2행 모든 원소를 찾아라.

$$\mathbf{A} = \begin{bmatrix} 11 & 12 & 13 \\ 21 & 22 & 23 \\ 31 & 32 & 33 \end{bmatrix}$$

풀이

Command Window

```
>> A = [11 12 13;21 22 23;31 32 33]; ❶
>> A(3,2) ❷

ans =

    32

>> A(:,3) ❸

ans =

    13
    23
    33

>> A(2,:) ❹

ans =

    21    22    23
```

그림 3-15 콤마와 콜론을 이용한 배열 원소 찾기 실행 결과

❶ 배열 **A**를 지정한다.

❷ 배열 **A**의 3행 2열 원소를 나타낸다.

❸ 배열 **A**의 3열 원소를 나타낸다. 이때 콜론은 배열 **A**의 모든 행, 3은 배열 **A**의 3열을 의미한다.

❹ 배열 **A**의 2행 원소를 나타낸다. 이때 2는 배열 **A**의 2행, 콜론은 배열 **A**의 모든 열을 의미한다.

예제 3-10

콜론을 이용하여 배열 **A**의 2행과 3행 사이의 모든 원소와 2열과 5열 사이의 모든 공통 원소를 찾아라. 또한 배열 **A**의 2행과 4행 사이의 모든 원소, 1열과 5열의 공통 원소를 찾아라.

$$\mathbf{A} = \begin{bmatrix} 11 & 12 & 13 & 14 & 15 \\ 21 & 22 & 23 & 24 & 25 \\ 31 & 32 & 33 & 34 & 35 \\ 41 & 42 & 43 & 44 & 45 \end{bmatrix}$$

풀이

```
Command Window
>> A = [11 12 13 14 15;21 22 23 24 25;31 32 33 34 35;41 42 43 44 45];
>> A(2:3,2:5) ❶

ans =

    22    23    24    25
    32    33    34    35

>> A(2:4,[1 5]) ❷

ans =

    21    25
    31    35
    41    45
```

그림 3-16 콜론을 이용한 배열 원소 찾기 실행 결과

❶ 배열 **A**의 2행과 3행 사이의 모든 원소 중 2열과 5열 사이의 모든 공통 원소를 지정한다.

❷ 배열 **A**의 2행과 4행 사이의 모든 원소 중 1열과 5열의 공통 원소를 지정한다.

TIP 행이나 열을 연속해서 지정하는 경우가 아니라면 대괄호를 이용하여 개별적으로 선택할 수 있다.

전치 연산자(')

전치 연산자는 입력한 배열의 행과 열을 서로 바꿔주는 역할을 하며, 배열에 아포스트로피(apostrophe, ')를 붙인다.

예제 3-11

배열 **A**를 입력하려다가 실수로 행과 열을 서로 바꾸어 >> B = [11 21 31 ; 12 22 32 ; 13 23 33]을 입력했다고 가정하자. 배열 **B**를 지정하고 배열 **B**에 전치 연산자를 이용하여 배열 **A**를 입력하라.

$$\mathbf{A} = \begin{bmatrix} 11 & 12 & 13 \\ 21 & 22 & 23 \\ 31 & 32 & 33 \end{bmatrix}$$

풀이

```
Command Window
>> B = [11 21 31;12 22 32;13 23 33]; ❶
>> A = B' ❷

A =

    11    12    13
    21    22    23
    31    32    33
```

그림 3-17 전치 연산자 실행 결과

❶ 행과 열을 서로 바꾸어 입력한 배열 **B**를 지정한다.

❷ 배열 **B**에 전치 연산자를 이용하여 행과 열을 바꾼 배열 **A**를 지정한다.

LESSON

04 규칙적인 배열 표시하기

MATLAB에서 규칙적으로 나열되는 배열의 원소를 쉽게 지정하기 위해 사용하는 콜론 연산자와 linspace 함수에 대해 알아보자.

Keyword | 콜론 연산자 | linspace |

콜론 연산자

콜론 연산자는 규칙적으로 증가하거나 감소하는 배열의 원소를 지정하는 데 사용한다. 예를 들어 1부터 1000까지 1씩 규칙적으로 증가하는 자료를 입력해야 하는 경우 수많은 자료를 하나씩 입력하는 대신 콜론 연산자를 이용하면 훨씬 쉽게 배열을 지정할 수 있다.

벡터 **x**를 생성하기 위한 콜론 연산자의 기본 형태는 다음과 같다.

x = i : j : k

- **i** : 초깃값
- **j** : 규칙적으로 증가하거나 감소하는 값
- **k** : 최종값

TIP 규칙적으로 감소하는 원소들을 지정할 때는 반드시 초깃값이 최종값보다 큰 수여야 하며, 규칙적으로 감소하는 값이 음수여야 한다.

linspace

초깃값, 최종값, 원소 개수를 입력받아 벡터에 규칙적인 원소를 지정하는 linspace 함수의 기본 형태는 다음과 같다.

linspace(x1, x2, n)

- **x1** : 초깃값
- **x2** : 최종값
- **n** : 초깃값과 최종값 사이의 원소 개수

예를 들어 수치해석에서 사다리꼴 적분법을 사용할 때는 간격 크기 $h = \frac{1}{2}$인 $\int_1^3 \ln x dx$를 구하기 위해 linspace 함수를 사용하여 배열을 지정한다. 다음은 linspace 함수를 사용하여 초깃값 2와 최종값 4 사이의 원소 개수 5를 다루는 코드이다.

```
Command Window
>> x = linspace(2,4,5)

x =

    2.0000    2.5000    3.0000    3.5000    4.0000
```

그림 3-18 linspace 함수 입력

예제 3-12

콜론 연산자를 이용하여 원소 값이 0에서 $\frac{\pi}{2}$까지 $\frac{\pi}{6}$씩 규칙적으로 증가하는 벡터 **u**를 지정한 결과와 linspace 함수를 이용하여 벡터 **u**를 지정한 결과를 확인하라.

풀이

```
Command Window
>> u = 0:pi/6:pi/2 ❶

u =

         0    0.5236    1.0472    1.5708

>> u = linspace(0,pi/2,4) ❷

u =

         0    0.5236    1.0472    1.5708
```

그림 3-19 규칙적인 배열 지정 결과

❶ 콜론 연산자를 이용하여 일정하게 증가하는 벡터를 지정한다. 0은 초깃값, pi/6는 규칙적으로 증가하는 값, pi/2는 최종값이다.

❷ linspace 함수를 이용하여 일정하게 증가하는 벡터를 지정한다. 0은 초깃값, pi/2는 최종값, 4는 초깃값과 최종값 사이의 원소 개수이다.

LESSON 05

배열 원소 다루기

배열 연산에 사용하는 배열 연산자를 알아보고 배열 원소를 추가, 삭제, 대체하는 방법과 두 배열을 연쇄, 덧붙이는 방법을 살펴보자.

Keyword | 배열 연산자 | 배열 원소의 추가, 삭제, 대체 | 배열의 연쇄, 덧붙이기 |

배열 연산자

행과 열의 수가 같은 두 배열은 배열 연산자를 이용하여 항목별 연산을 할 수 있다. 배열 연산자는 곱셈, 나눗셈, 지수승 바로 앞에 마침표(.)를 붙여서 사용한다. 배열 연산자를 이용하면 평가하려는 자료를 더욱 쉽게 생성하고 읽고 문서로 작성할 수 있다.

표 3-2 배열 연산자

연산자	의미	연산자	의미
.*	항목별 곱셈	./	항목별 오른쪽 나눗셈
.\	항목별 왼쪽 나눗셈	.^	항목별 지수승

Command Window

```
>> A = [2 4 6]; B = [1 2 3];
>> A.*B                          % A, B의 항목별 곱셈

ans =

     2     8    18

>> A./B                          % A, B의 항목별 오른쪽 나눗셈

ans =

     2     2     2

>> A.\B                          % A, B의 항목별 왼쪽 나눗셈

ans =

    0.5000    0.5000    0.5000

>> A.^B                          % A, B의 항목별 지수승

ans =

     2    16   216
```

그림 3-20 배열 연산자

예제 3-13

벡터 **u** = [1 2 3]과 **v** = [2 1 9]에 대한 배열 연산의 항목별 곱셈과 오른쪽 나눗셈을 실행하라.

풀이

```
Command Window
>> u = [1 2 3];
>> v = [2 1 9];
>> m1 = u*v ❶
Error using  *  ❷
Incorrect dimensions for matrix multiplication. Check that the number of columns
in the first matrix matches the number of rows in the second matrix. To operate
on each element of the matrix individually, use TIMES (.*) for elementwise
multiplication.

Related documentation

>> m2 = u.*v ❸

m2 =

     2     2    27

>> d1 = u/v ❹

d1 =

    0.3605

>> d2 = u./v ❺

d2 =

    0.5000    2.0000    0.3333
```

그림 3-21 배열 연산자 실행 결과

❶ 배열 연산인 **m**1의 연산에서 산술 연산자를 이용했으므로 오류 메시지(❷)가 나타난다.

❸ 3 배열 연산자를 이용한 **m**2의 연산은 벡터 **u**와 **v**의 같은 자리에 있는 원소들을 항목별로 곱한 결과가 출력된다.

❹ 오른쪽 나눗셈 산술 연산자를 이용한 **d**1의 연산은 원래 의도한 항목별 오른쪽 나눗셈의 결과가 출력되지 않는다.

❺ 배열 연산자를 이용한 **d**2의 연산은 벡터 **u**와 **v**의 같은 자리에 있는 원소들을 항목별로 오른쪽 나눗셈한 결과가 출력된다.

TIP 벡터와 배열의 원소를 표시할 때는 **x**(2), **A**(4, 5)와 같이 쓴다. 각 원소의 자리 번호는 반드시 1번부터 지정해야 한다.

배열 원소의 추가, 삭제, 대체

배열 원소의 추가, 삭제, 대체는 배열의 특정 행 또는 열에 원소를 지정하는 것으로, 배열 원소 다루기와 동일한 방법을 사용한다.

배열 원소를 추가할 때는 콤마와 콜론을 이용하여 추가하려는 행 또는 열의 색인을 주어진 배열에 지정하고 추가하려는 새로운 배열을 등호의 오른쪽에 지정하여 실행한다. 배열 원소를 삭제할 때는 삭제할 행 또는 열의 색인을 주어진 배열에 지정하고 콤마의 오른쪽에 대괄호([ ])를 지정하여 실행한다. 마지막으로 배열 원소를 다른 원소로 대체할 때는 배열 원소의 추가와 같은 방법으로 실행하며, 주어진 배열의 크기 변화 없이 생성된 원소의 내용만 수정한다.

Command Window

```
>> A = [11 12;21 22];
>> A(3,:) = [31 32]          % 배열 원소 추가

A =

    11    12
    21    22
    31    32

>> A(3,:) = []               % 배열 원소 삭제

A =

    11    12
    21    22

>> A(2,:) = [31 32]          % 배열 원소 대체

A =

    11    12
    31    32
```

그림 3-22 배열 원소 추가, 삭제 및 대체

예제 3-14

콜론을 이용하여 배열 **A**의 5열에 원소 [−1; −2; −3]을 추가한 결과와 3행의 모든 원소를 삭제한 결과를 확인하라. 또한 3열의 원소를 [−7; −8]로 대체한 결과를 확인하라.

$$\mathbf{A} = \begin{bmatrix} 1 & 2 & 3 \\ 4 & 5 & 6 \\ 7 & 8 & 9 \end{bmatrix}$$

풀이

```
Command Window
>> A = [1 2 3;4 5 6;7 8 9];
>> A(:,5) = [-1;-2;-3] ❶

A =

     1     2     3     0    -1
     4     5     6     0    -2
     7     8     9     0    -3

>> A(3,:) = [] ❷

A =

     1     2     3     0    -1
     4     5     6     0    -2

>> A(:,3) = [-7;-8] ❸

A =

     1     2    -7     0    -1
     4     5    -8     0    -2
```

그림 3-23 배열 원소의 추가, 삭제, 대체 실행 결과

❶ 배열 **A**는 3×3 배열이므로 5열에 원소를 추가할 경우 4열의 모든 원소는 0으로 지정된다.

❷ 수정된 배열 **A**의 3행에 [ ]를 지정하여 3행을 삭제한다.

❸ 수정된 배열 **A**의 3열 원소를 [−7; −8]로 대체한다.

배열의 연쇄, 덧붙이기

배열의 연쇄(concatenate)와 덧붙이기(append)는 두 배열을 하나로 묶는 것이다. 배열의 연쇄는 크기가 같은 두 배열을 하나로 묶는 데 사용하므로 두 배열의 행과 열의 수가 반드시 같아야 한다. 반면에, 배열의 덧붙이기는 배열의 크기와 상관없이 두 배열을 하나로 묶는 데 사용한다.

```
Command Window
>> A = [1 2;3 4]; B = [5 6;7 8]; c = [-1 -2]';
>> D = [A,B], E = [A;B]              % 배열 원소 연쇄

D =

     1     2     5     6
     3     4     7     8


E =

     1     2
     3     4
     5     6
     7     8

>> F = [B,c]                         % 배열 원소 덧붙이기

F =

     5     6    -1
     7     8    -2
```

그림 3-24 배열의 연쇄, 덧붙이기

예제 3-15

배열 **A**와 **B**를 연쇄하여 새로운 4행 2열의 배열 **C**로 나타내라. 또한 배열 **A**와 **B**를 연쇄하여 새로운 2행 4열의 배열 **D**로 나타내라.

$$\mathbf{A} = \begin{bmatrix} 1 & 2 \\ -3 & -4 \end{bmatrix}, \quad \mathbf{B} = \begin{bmatrix} -5 & -6 \\ 7 & 8 \end{bmatrix}$$

풀이

```
Command Window
>> A = [1 2;-3 -4]; ❶
>> B = [-5 -6;7 8];
>> C = [A;B]

C =

     1     2
    -3    -4
    -5    -6
     7     8

>> D = [A,B] ❷

D =

     1     2    -5    -6
    -3    -4     7     8
```

그림 3-25 배열 연쇄 실행 결과

❶ 세미콜론을 이용하여 2개의 2×2 배열을 2×4 배열 **C**로 연쇄한다.

❷ 콤마를 이용하여 2개의 2×2 배열을 4×2 배열 **D**로 연쇄한다.

예제 3-16

배열 **A**에 벡터 **b**와 **c**를 차례로 덧붙이기하여 새로운 2행 5열의 배열 **B**로 나타내라. 또한 벡터 **b**에 배열 **c**와 벡터 **A**를 덧붙이기하여 새로운 2행 5열의 배열 **D**로 나타내라.

$$\mathbf{A}=\begin{bmatrix}1 & 2 & 3\\4 & 5 & 6\end{bmatrix},\quad \mathbf{b}=\begin{bmatrix}7\\8\end{bmatrix},\quad \mathbf{c}=[-1\quad -2]$$

풀이

```
Command Window
>> A = [1 2 3;4 5 6]; ❶
>> b = [7;8];
>> c = [-1 -2]';
>> B = [A,b,c] ❷

B =

     1     2     3     7    -1
     4     5     6     8    -2

>> D = [b,c,A] ❸

D =

     7    -1     1     2     3
     8    -2     4     5     6
```

그림 3-26 배열 덧붙이기 실행 결과

❶ 배열 **A**와 벡터 **b**, **c**를 지정한다.

❷ 배열 **A**에 벡터 **b**, **c**를 덧붙인 2×5 배열 **B**를 지정한다.

❸ 벡터 **b**에 배열 **c**와 벡터 **A**를 덧붙인 2×5 배열 **D**를 지정한다.

LESSON 06

배열 특성 확인하기

명령어를 사용하면 배열의 행과 열의 개수를 쉽게 알 수 있다. 배열의 특성을 알기 위해 사용하는 find, size, length 명령어에 대해 알아보자.

Keyword | find | size | length |

find

주어진 배열 중 0이 아닌 값을 갖는 원소의 자리 번호를 표시하는 find 함수의 기본 형태는 다음과 같다. 이때 자리 번호는 1부터 시작한다.

find(A)

- **A** : 0이 아닌 원소의 자리 번호를 구할 행렬

예제 3-17

배열 b = [1 0 −1 −4 0 3 0]에서 값이 0이 아닌 원소의 자리 번호 p를 찾아라.

풀이

```
Command Window
>> b = [1 0 -1 -4 0 3 0]   ①

b =

     1     0    -1    -4     0     3     0

>> p = find(b)   ②

p =

     1     3     4     6
```

그림 3-27 find 함수 실행 결과

① 배열 b를 지정한다.

② find 함수를 이용하여 배열 b에서 0이 아닌 값 1, −1, − 4, 3의 자리 번호인 1, 3, 4, 6을 출력한다.

size

행 m개와 열 n개로 구성된 $m \times n$ 배열에 size 함수를 사용하면 m, n 값을 출력한다. 따라서 size 함수는 시뮬레이션 또는 무작위로 생성된 새로운 배열에 대한 자료의 개수를 확인하는 데 유용하게 사용할 수 있다. size 함수의 기본 형태는 다음과 같다.

size(A)

- **A** : 행과 열의 개수를 구할 행렬

length

행 m개와 열 n개로 구성된 $m \times n$ 배열에 length 함수를 사용하면 m과 n 중 더 큰 값만 출력한다. length 함수의 기본 형태는 다음과 같다.

length(A)

- **A** : 행과 열의 개수 중 더 큰 하나의 값을 구할 행렬

예제 3-18

배열 **A**가 각각 몇 개의 행과 열로 구성되어 있는지 구하라. 또한 배열 **A**의 행과 열의 수 중 큰 값을 나타내라.

$$\mathbf{A} = \begin{bmatrix} 7 & 6 & 3 & 2 & -1 \\ 4 & -5 & 1 & 8 & 0 \\ -3 & 9 & -3 & 1 & 3 \end{bmatrix}^T$$

풀이

❶ 전치 연산자(')를 사용하여 배열 **A**를 지정한다.

❷ size 함수를 이용하여 배열 **A**의 행과 열의 개수를 출력한다.

❸ length 함수를 이용하여 5×3 배열 **A**의 행 개수 5와 열 개수 3 중 더 큰 수인 5를 출력한다.

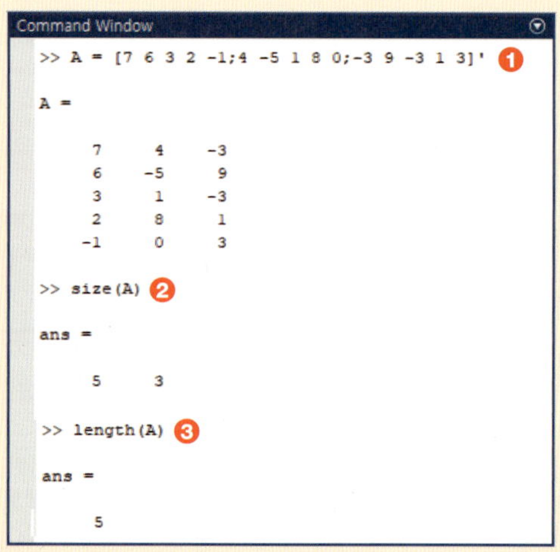

그림 3-28 size, length 함수 실행 결과

TIP 배열 **A**는 3×5 배열의 전치(transpose) 형태이므로 5×3 배열이 된다.

LESSON 07

출력 서식 변경하기

MATLAB에서 출력 서식을 변경하기 위해 사용하는 명령어를 알아보자.

Keyword | format short | format short e | format long | format long e |

출력 서식

숫자 또는 숫자가 저장된 배열을 출력할 때는 출력 서식을 변경하여 사용자가 원하는 형태로 숫자를 나타낼 수 있다. MATLAB에서 기본 출력 서식을 적용하면 일반적으로 반올림한 소수점 아래 네 자리까지 나타나며, 이는 format short 명령어를 이용한 결과와 같다.

대표적인 출력 서식 명령어와 그 기능을 [표 3-3]에 정리했다.

표 3-3 출력 서식 명령어

명령어	기능	pi를 출력한 예
format short	소수점 아래 네 자리까지 출력	3.1416
format short e	지수승 e를 이용하여 소수점 아래 네 자리까지 출력	3.1416e+00
format long	소수점 아래 15자리까지 출력	3.141592653589793
format long e	지수승 e를 이용하여 소수점 아래 15자리까지 출력	3.141592653589793e+00

예제 3-19

배열 **c**를 지정한 후 format short, format long, format short e를 이용하여 출력 서식을 변경하라.

$$\mathbf{c} = \begin{bmatrix} -2 & \frac{1}{6} & 1.23456 \times 10^{-5} \end{bmatrix}$$

풀이

```
>> format short ❶
>> c = [-2 1/6 1.23456e-5]

c =

   -2.0000    0.1667    0.0000

>> format long ❷
>> c

c =

  -2.000000000000000   0.166666666666667   0.000012345600000

>> format short e ❸
>> c

c =

  -2.0000e+00   1.6667e-01   1.2346e-05
```

그림 3-29 출력 서식 변경하기 실행 결과

❶ format short를 이용하면 기본 출력 서식을 적용한 경우와 동일하게 소수점 아래 네 자리까지의 결과가 출력된다.

❷ format long을 이용하면 소수점 아래 15자리까지의 결과가 출력된다.

❸ format short e를 이용하면 지수승 e를 이용하여 소수점 아래 네 자리까지의 결과가 출력된다. 이때 배열의 세 번째 값에서 소수점 아래 다섯 자리 숫자인 6은 반올림이 적용되어 소수점 아래 네 자리의 값은 1이 증가한 6을 출력한다.

TIP 모든 원소가 정수일 때는 소수점 없이도 표현되지만 만약 원소 중 하나라도 실수가 있다면 지정된 출력 서식에 따라 소수점 자리가 자동으로 표시된다. 또한 이미 지정한 배열을 재지정할 필요 없이 배열 이름만 입력해도 배열의 내용이 표시된다.

CHAPTER

04

데이터를 한눈에 보는 그래프

CONTENTS

LESSON 01 2차원 그래프 그리기

LESSON 02 그래프 속성 지정하기

LESSON 03 3차원 그래프 그리기

LESSON 01

2차원 그래프 그리기

그래프를 이용하여 결과를 시각적으로 표현하면 실험이나 수식으로 얻은 복잡한 수치와 자료를 명쾌하게 해석할 수 있다. MATLAB에서 선형 xy 그래프(2차원 그래프)를 그리기 위해 사용하는 기초 명령어를 알아보자.

Keyword | plot | hold | semilogx | semilogy | 2차원 그래프의 모양과 종류 |

plot

plot 명령어는 x축(가로축)에 지정되는 입력 자료 벡터 **x**에 대응하여 y축(세로축)에 지정되는 출력 자료 벡터 **y**의 그래프를 생성한다. plot 명령어의 기본 형태는 다음과 같다.

plot(x, y)

- **x** : 입력값이 지정된 벡터
- **y** : 입력값에 대응하는 출력값이 지정된 벡터

plot 명령어는 확장하여 여러 개의 입력값(x1, x2, …)에 대응하는 출력값(y1, y2, …)의 그래프를 함께 그릴 수 있다. 확장된 plot 명령어의 기본 형태는 다음과 같다.

plot(x1, y1, 's', x2, y2, 's', …)

- **x1, x2, …** : 입력값이 지정된 벡터
- **y1, y2, …** : 출력값이 지정된 벡터
- **'s'** : 자료 기호, 선 형태, 색상 지정(생략 가능하며 순서는 상관없음)

실행 결과 ▶ 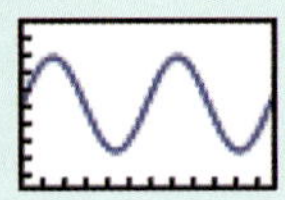

표 4-1 다양한 자료 기호와 선 형태 및 색상

자료 기호		선 형태		색상	
동그란 점(.)	.	실선	-	검은색	k
별표(*)	*	일점쇄선	--	파란색	b
×표(×)	×	쇄선-점선 혼합	-.	청록색	c
원형(○)	○	점선	:	초록색	g
플러스 부호(+)	+			자홍색	m
정사각형(□)	s			빨간색	r
다이아몬드(◇)	d			흰색	w
별 모양(★)	p			노란색	y

hold

2개 이상의 선을 그림 창 하나에 나타내는 경우 그래프 하나를 먼저 그린 다음 hold 명령어를 사용하면 그려진 그림을 확인한 후 그릴 그래프를 추가할 수 있다. hold 명령어를 번갈아 입력하면 hold 명령어 기능을 켜고 끌 수 있다.

예제 4-1

0부터 6까지 증가하는 입력 자료에 대한 3개의 출력 자료 **y1**, **y2**, **y3**가 있다. 이때 입력변수 **x**에 대한 출력변수 **y1**과 **y2**를 그래프로 나타내라. 또한 hold 명령어를 이용하여 입력변수 **x**에 대한 출력변수 **y3**를 그래프로 나타내라.

$$\mathbf{y1} = [0.2\ \ 0.5\ \ 1\ \ 0.8\ \ 0.6\ \ 0.3\ \ 0.1]$$
$$\mathbf{y2} = [0.5\ \ 0.2\ \ 0.3\ \ 0.7\ \ 1\ \ 0.8\ \ 0.4]$$
$$\mathbf{y3} = [0\ \ 0.5\ \ 0.8\ \ 1\ \ 0.9\ \ 0.6\ \ 0.1]$$

풀이

```
Command Window
>> x = [0 1 2 3 4 5 6]; ❶
>> y1 = [0.2 0.5 1 0.8 0.6 0.3 0.1];
>> y2 = [0.5 0.2 0.3 0.7 1 0.8 0.4];
>> y3 = [0 0.5 0.8 1 0.9 0.6 0.1];
>> plot(x,y1,'-*b',x,y2,'-.og'); ❷
>> hold ❸
Current plot held
>> plot(x,y3,'--r'); ❹
>> hold ❺
Current plot released
```

그림 4-1 2차원 그래프 그리기 코딩 결과

❶ 등호를 이용하여 입력변수 x와 출력변수 y를 지정한다.

❷ plot 명령어를 이용하여 2차원 그래프를 그린다(한 번의 입력으로 2개의 그래프를 그려 서로 비교할 수 있다). **x1**, **x2**의 값은 **x**로 동일하므로 **y1**과 **y2**의 입력 순서가 바뀌어도 된다. 두 선을 구분하기 위해 **y1**은 파란색 실선으로 나타내고 각 자료점을 별표로 표시한다. **y2**는 초록색 쇄선-점선 혼합으로 나타내고 각 자료점을 원형으로 표시한다.

❸ hold 명령어가 활성화되어 현재 그림 창의 그래프를 계속 나타낸다. 이 경우 현재 그림 창에 다른 그래프를 추가할 수 있다.

❹ 벡터 **x**, **y3**를 이용하여 빨간색 일점쇄선 그래프를 그린다.

❺ hold 명령어가 비활성화되어 현재 그림 창에 다른 그래프를 추가할 수 없다.

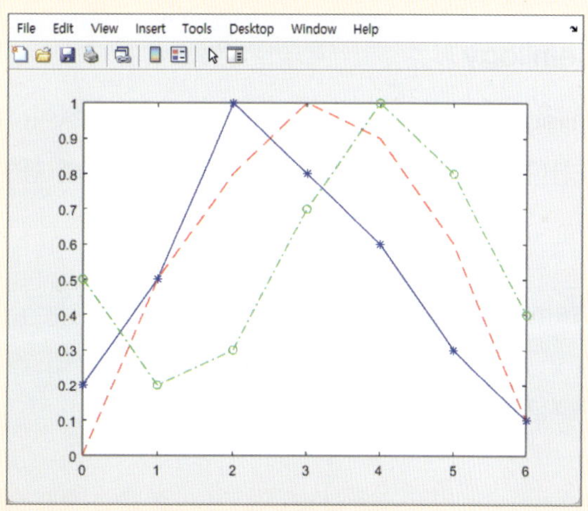

그림 4-2 2차원 그래프 그리기 실행 결과

semilogx

semilogx 명령어는 x축을 로그 눈금으로 설정하여 그래프를 그린다. x축에 밑수가 10인 로그 눈금을 사용한다는 점을 제외하면 plot 명령어와 기능이 동일하다. semilogx 명령어의 기본 형태는 다음과 같다.

semilogx(x, y)

- **x** : 입력값이 지정된 벡터
- **y** : 출력값이 지정된 벡터

실행 결과 ▶ 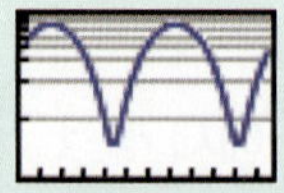

[그림 4-3]은 입력 자료 x = [0.01 0.1 10 100 1000]에 대한 출력 자료 y = [1.5 3 4.5 5.5 8]을 plot 명령어와 semilogx 명령어를 사용하여 그린 그래프이다. plot 명령어를 이용하면 각각의 입력 자료값 사이의 간격이 크기 때문에 입력값 1000에 비해 상대적으로 아주 작은 입력값인 0.01과 0.1은 나타낼 수 없다. 그러나 광범위한 x 값에 놓여 있는 데이터를 보여줄 때 로그 스케일을 적용하는 semilogx 명령어를 이용하면 plot 명령어보다 그래프를 좀 더 촘촘히 최적화해 보여줄 수 있다.

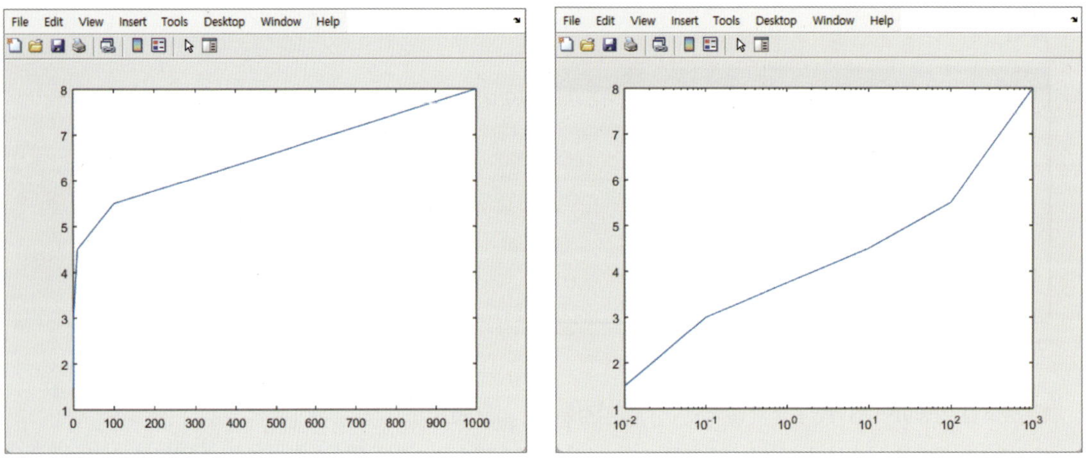

그림 4-3 plot 및 semilogx 명령어를 이용한 그래프 그리기 실행 결과

semilogy

semilogy 명령어는 y축을 로그 눈금으로 설정하여 그래프를 그린다. y축에 밑수가 10인 로그 눈금을 사용한다는 점을 제외하면 plot 명령어와 기능이 동일하다. semilogy 명령어의 기본 형태는 다음과 같다.

semilogy(x, y)

- **x** : 입력값이 지정된 벡터
- **y** : 출력값이 지정된 벡터

실행 결과 ▶ 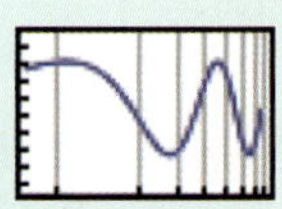

2차원 그래프의 모양과 종류

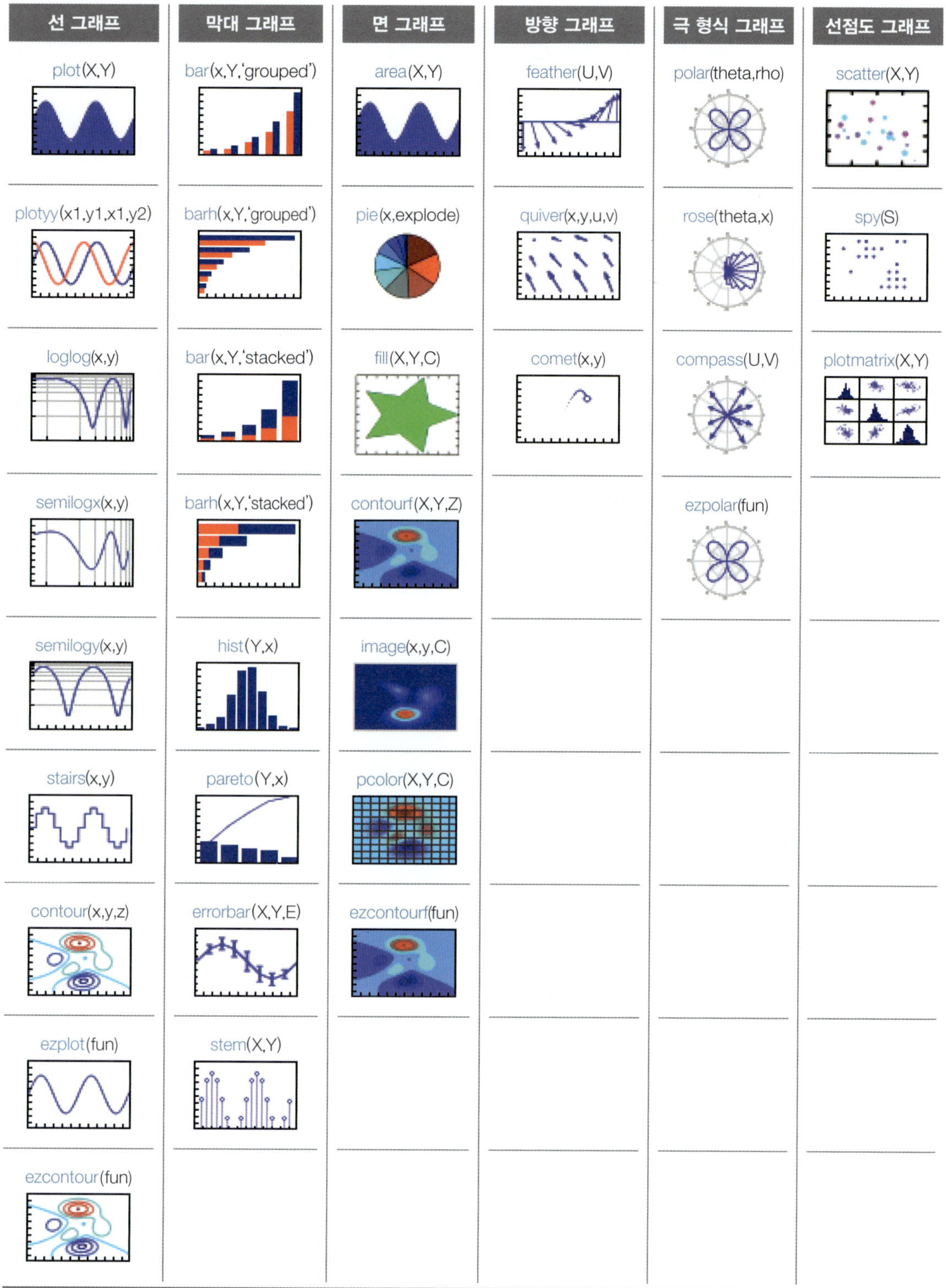

LESSON 02

그래프 속성 지정하기

그래프의 속성을 지정하면 그래프의 정보를 명확히 전달하는 데 도움이 된다. 이러한 그래프 속성 지정 명령어를 살펴보자.

Keyword | title | xlabel, ylabel | axis | grid | gtext | text | legend | subplot | figure | 그래프 저장하고 불러오기 |

title

그래프 제목을 지정하는 title 명령어의 기본 형태는 다음과 같다.

title('text')

- **'text'** : 그래프 제목

xlabel, ylabel

x축(가로축)과 y축(세로축)의 축 이름을 나타내는 xlabel, ylabel 명령어의 기본 형태는 다음과 같다.

xlabel('text')
ylabel('text')

- **'text'** : x축 및 y축에 지정할 축의 이름

axis

그림 창에서 각 축의 크기를 조절하는 axis 명령어의 기본 형태는 다음과 같다.

axis([xmin xmax ymin ymax])

- **xmin, xmax** : x축의 시작점에 해당하는 최소 크기와 끝점에 해당하는 최대 크기
- **ymin, ymax** : y축의 시작점에 해당하는 최소 크기와 끝점에 해당하는 최대 크기
- **axis tight** : 주어진 자료의 제한 범위 사이에서 좌표축을 조절

grid

그래프에 모눈을 생성할 때는 grid 명령어를 사용한다. grid 명령어를 번갈아 입력하여 기능을 켜고 끌 수 있으며, grid on 명령어를 입력하여 모눈을 생성하고 grid off 명령어를 입력하여 생성한 모눈을 지울 수 있다.

예를 들어 신호에서는 실제 파형을 그래프로 그려서 확인하는 것이 매우 중요하다. MATLAB에서는 **plot, axis, grid, xlabel, ylabel, title** 명령어를 사용하여 실제 파형을 그래프로 그리고 속성을 추가할 수 있다. 다음은 10장의 [예제 10-1]에서 다룰 스크립트 파일과 그 결과이다.

```
t = -4:0.03:4;
A = 2;
f = 0.5;
omega = 2*pi*f;
phi = pi/6;
xt = A*cos(omega*t+phi);
plot(t,xt);
axis([-4 4 -2.5 2.5]);
grid;
xlabel('Time (sec)');
ylabel('x(t)', 'rot', 360);
title('Sinusoidal Signal: Acos(\omegat+\phi)');
```

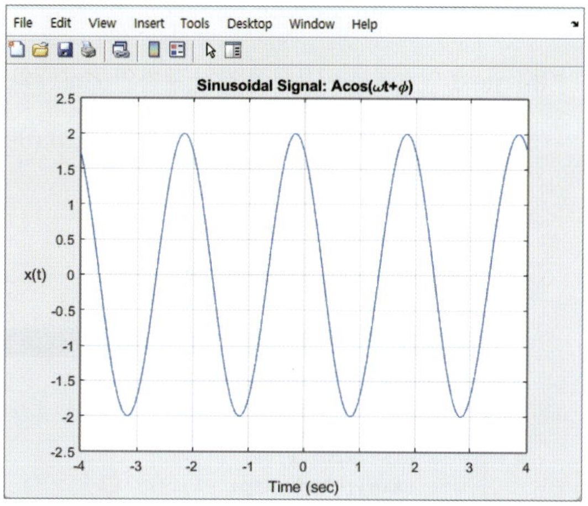

▲ 실행 결과

gtext

마우스를 이용하여 원하는 위치에 문자열을 삽입하는 **gtext** 명령어의 기본 형태는 다음과 같다. 그림 창에 십자선의 커서가 표시되면 클릭하여 문자열의 위치를 지정한다.

gtext('s')

- **'s'** : 삽입할 문자열

text

그래프를 그리기 전에 미리 삽입할 문자열의 가로와 세로의 좌표 위치를 설정하기 위한 **text** 명령어의 기본 형태는 다음과 같다. **text** 명령어를 사용하면 그래프가 그려지는 동시에 해당 위치에 문자열 's'가 표시된다.

text(x, y, 's')

- **x** : 문자열이 위치할 x 좌표
- **y** : 문자열이 위치할 y 좌표
- **'s'** : 삽입할 문자열

두 명령어 모두 문자열을 사용하는 데 활용된다. 단, **gtext** 명령어는 그래프를 그린 후 문자열을 지정하고 (유동 문자열) **text** 명령어는 그래프를 그리기 전 문자열을 지정한다(고정 문자열)는 점에서 차이가 있다.

예제 4-2

$-2\pi \le x \le 2\pi$ 에 위치한 사인 함수 $y_1 = \sin(x)$와 코사인 함수 $y_2 = \cos(x)$에 대한 그래프를 그리려고 한다. 주기의 샘플 간격은 $\pi / 180$라디안이며, x축 이름은 'Radian', y축 이름은 'Amplitude', 그래프 제목은 'sin(x) & cos(x)'로 지정하라.

(a) gtext 명령어를 이용하여 각각 문자열 'sin(x)'와 'cos(x)'를 표시하라.

(b) text 명령어를 이용하여 좌표 위치 (3.0, 0.6)에 'sin(x)'를, 좌표 위치 (−2.5, 0.6)에 'cos(x)'를 표시하라.

풀이

(a)

Command Window

```
>> x = -2*pi:pi/180:2*pi;
>> y1 = sin(x);
>> y2 = cos(x);
>> plot(x,y1,x,y2,':');
>> axis([-2*pi 2*pi -1 1]);      ❶
>> xlabel('Radian');             ┐
>> ylabel('Amplitude');          ┘❷
>> title('sin(x)&cos(x)');       ❸
>> grid;                         ❹
>> gtext('sin(x)');              ┐
>> gtext('cos(x)');              ┘❺
```

그림 4-4 gtext 명령어를 이용한 코딩 결과

❶ axis 명령어를 이용하여 x축의 범위를 -2π 라디안부터 2π 라디안으로, y축의 범위를 −1부터 1로 지정한다.

❷ xlabel, ylabel 명령어를 이용하여 x축과 y축의 이름을 지정한다.

❸ title 명령어를 이용하여 그래프의 제목을 지정한다.

❹ grid 명령어를 이용하여 그래프에 모눈을 생성한다.

❺ gtext 명령어를 이용하여 사인 함수와 코사인 함수를 나타내는 두 선이 쉽게 구별되도록 한다. 필요한 수만큼 gtext 명령어를 입력하면 [그림 4-5]와 같이 문자열의 위치 선정을 위한 십자선이 나타난다. 문자가 위치할 곳을 클릭하면 [그림 4-6]과 같이 문자가 삽입된다.

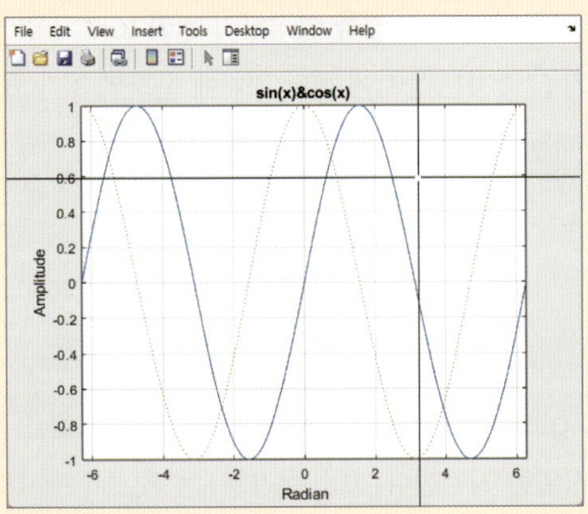

그림 4-5 문자열의 위치 선정을 위한 십자선

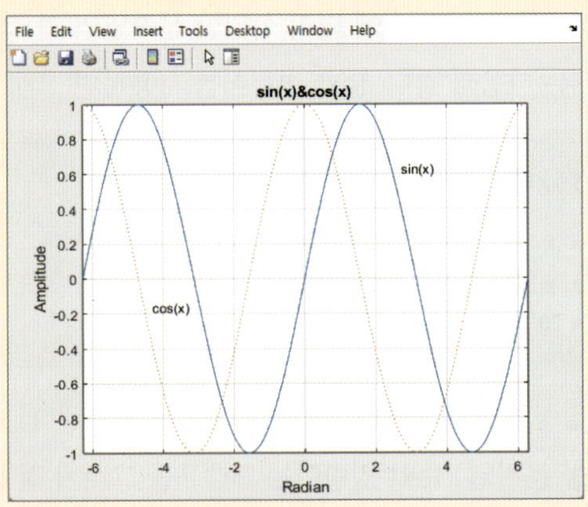

그림 4-6 gtext 명령어를 이용한 실행 결과

(b)

```
Command Window
>> x = -2*pi:pi/180:2*pi;
>> y1 = sin(x);
>> y2 = cos(x);
>> plot(x,y1,x,y2,':');
>> axis([-2*pi 2*pi -1 1]);
>> title('sin(x)&cos(x)');
>> xlabel('Radian');
>> ylabel('Amplitude');
>> grid;
>> text(3.0,0.6,'sin(x)'); ❶
>> text(-2.5,0.6,'cos(x)'); ❷
```

그림 4-7 text 명령어를 이용한 코딩 결과

❶ text 명령어로 x 좌표 3.0과 y 좌표 0.6을 지정하여 좌표 위치 (3.0, 0.6)에 문자열 'sin(x)'를 표시한다.

❷ text 명령어로 x 좌표 −2.5와 y 좌표 0.6을 지정하여 좌표 위치 (−2.5, 0.6)에 문자열 'cos(x)'를 표시한다.

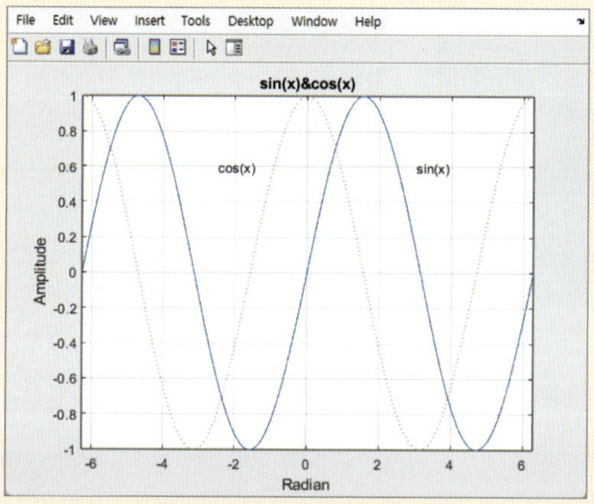

그림 4-8 text 명령어를 이용한 실행 결과

legend

각 그래프에 대한 내용을 's1', 's2', ⋯ 등 문자열 형태로 지정하여 범례 형태로 표시하는 legend 명령어의 기본 형태는 다음과 같다.

legend('s1', 's2', ⋯, 'Location', 'Legend location')

- **'s1', 's2'** : 범례로 표시할 그래프의 이름
- **'Location'** : 기본 정의 설정
- **'Legend location'** : 그림 창 안에서 범례의 위치를 자동으로 지정하는 역할을 한다. 예를 들어 왼쪽 아래(남서쪽)는 'sw', 왼쪽 위(북서쪽)는 'nw', 오른쪽 아래(남동쪽)는 'se', 오른쪽 위(북동쪽)는 'ne'로 지정한다.

TIP 범례의 위치를 지정할 때는 대문자나 소문자 어느 것을 사용해도 무방하며, 전체 이름('NorthEast') 또는 약어('ne' 또는 'NE')를 사용해도 된다.

legend 명령어를 사용할 때는 plot 명령어에 사용한 순서대로 문자열을 지정하며, 반드시 plot 명령어를 사용한 후에 사용해야 한다. text 명령어처럼 고정 문자열의 선 지정이지만 그래프를 그린 후 범례를 옮기고 싶다면 드래그하여 언제든지 원하는 위치로 이동할 수 있다. legend 명령어를 사용하지 않고도 그림 창의 [범례 삽입( )] 버튼을 클릭하면 범례를 표시할 수 있다.

예를 들어 제어공학에서 감쇠비 값의 변화에 따른 계단 응답의 결과를 비교할 때 MATLAB에서 legend 명령어를 사용하면 범례를 표시하여 여러 그래프를 비교할 수 있다. 다음은 9장의 [예제 9-7]에서 다룰 스크립트 파일의 일부와 그 결과이다.

```
t = 0:0.1:15;
…(생략)
plot(t,y(1:151,1),'r-');
hold on;
plot(t,y(1:151,2), 'b-', t,y(1:151,3),'g-');
…(생략)
legend('\zeta = 0.0', '\zeta = 0.25', '\zeta =
0.5', … '\zeta = 0.57', '\zeta = 1.0', 'Location',
'NE');
```

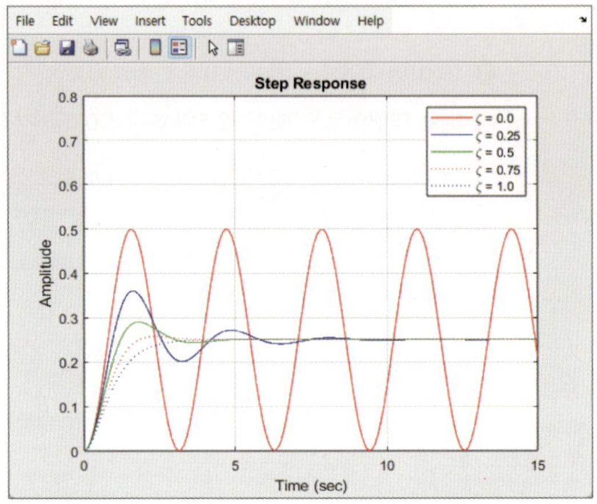

▲ 실행 결과

예제 4-3

$-2\pi \le x \le 2\pi$ 에 위치한 코사인 함수 $y_1 = \cos(x)$와 사인 함수 $y_2 = \sin(x)$에 대한 그래프를 그리려고 한다. 주기의 샘플 간격은 $\pi/180$라디안이며, x축 이름은 'Radian', y축 이름은 'Amplitude', 그래프 제목은 'cos(x)&sin(x)'로 지정하라. legend 명령어를 이용하여 그래프의 오른쪽 위에 $\cos(x)$와 $\sin(x)$의 범례를 표시하라.

풀이

```
Command Window
>> x = -2*pi:pi/180:2*pi;
>> y1 = cos(x);
>> y2 = sin(x);
>> plot(x,y1,x,y2,':');  ❶
>> axis([-2*pi 2*pi -1 1]);
>> grid;
>> xlabel('Radian');
>> ylabel('Amplitude');
>> title('cos(x)&sin(x)');
>> legend('cos(x)','sin(x)','Location','ne');  ❷
```

그림 4-9 legend 명령어를 이용한 코딩 결과

❶ 벡터 **y1**은 실선으로 그래프를 그리고 벡터 **y2**는 점선으로 그래프를 그린다.

❷ plot 명령어와 동일한 순서로 legend 명령어를 입력하고 범례의 위치를 오른쪽 위로 지정한다.

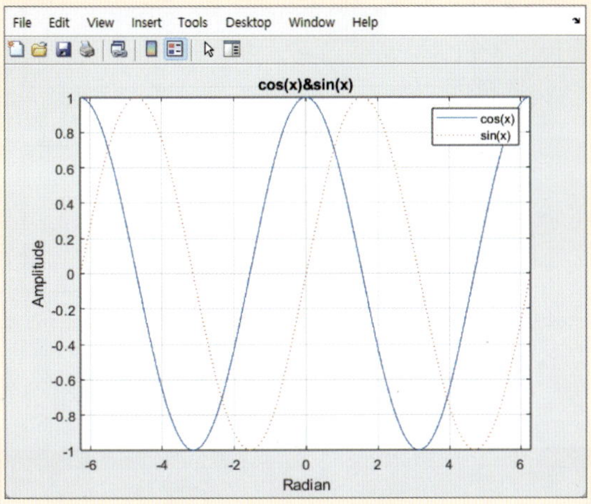

그림 4-10 legend 명령어를 이용한 실행 결과

subplot

주어진 그래프 결과를 차례대로 쉽게 비교하기 위해 그림 창을 분할하여 그리는 subplot 명령어의 기본 형태는 다음과 같다.

subplot(mnp)

- **m** : 그림 창 안에서 분할하려는 행의 최대 개수
- **n** : 그림 창 안에서 분할하려는 열의 최대 개수
- **p** : 그래프가 나타날 분할된 칸들의 위치

subplot 명령어를 사용할 때 p는 행과 열을 곱한 수보다 큰 수를 지정할 수 없으며, 반드시 plot 명령어 이전에 실행되어야 한다.

예를 들어 제어공학에서 임펄스 응답의 결과와 계단 응답의 결과를 비교할 때 MATLAB에서 subplot 명령어를 사용하면 1개의 그림 창에서 두 그래프를 비교할 수 있다. 다음은 9장의 [예제 9-2]에서 다룰 스크립트 파일의 일부와 그 결과이다.

```
t = 0:0.01:7;
…(생략)
Gs = tf(num,den);
y_imp = impulse(Gs,t);
y_st = step(Gs,t);
subplot(211);
plot(t,y_imp);
…(생략)
subplot(212);
plot(t,y_st);
…(생략)
```

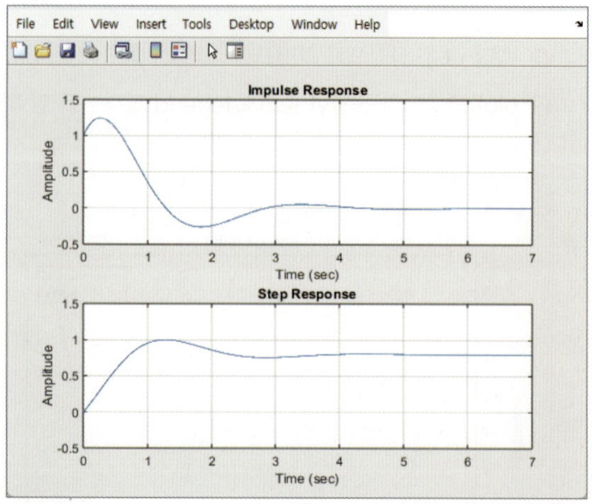

▲ 실행 결과

예제 4-4

$-2\pi \le x \le 2\pi$ 에 위치한 코사인 함수 $y_1 = 2\cos(x)$와 사인 함수 $y_2 = \sin(x)$에 대한 그래프를 한 그림 창 안에 각각 분할된 2개의 그래프로 그리려고 한다. 주기의 샘플 간격은 $\pi/180$ 라디안이며, x축 이름은 'Radian', y축 이름은 'Amplitude', 그래프 제목은 '2cos(x)'와 'sin(x)'로 지정하고 다음을 구하라.

(a) subplot 명령어를 이용하여 두 그래프를 좌우로 분할하여 그려라.

(b) subplot 명령어를 이용하여 두 그래프를 상하로 분할하여 그려라.

풀이

(a)

```
Command Window
>> x = -2*pi:pi/180:2*pi;
>> y1 = 2*cos(x);
>> y2 = sin(x);
>> subplot(121); ❶
>> plot(x,y1);
>> axis([-2*pi 2*pi -2 2]); ❷
>> xlabel('Radian');
>> ylabel('Amplitude');
>> title('2cos(x)');
>> subplot(122); ❸
>> plot(x,y2);
>> axis([-2*pi 2*pi -2 2]);
>> xlabel('Radian');
>> ylabel('Amplitude');
>> title('sin(x)');
```

그림 4-11 subplot 명령어를 이용한 코딩 결과

❶ subplot(121) 명령어를 이용하여 함수 $y1$의 그래프를 그림 창 왼쪽에 그린다.

❷ 코사인 함수의 진폭이 2배로 증가하므로 y축의 시작점에 해당하는 최소 크기와 끝점에 해당하는 최대 크기를 각각 2배 증가하여 지정한다.

❸ subplot(122) 명령어를 이용하여 함수 $y2$의 그래프를 그림 창 오른쪽에 그린다.

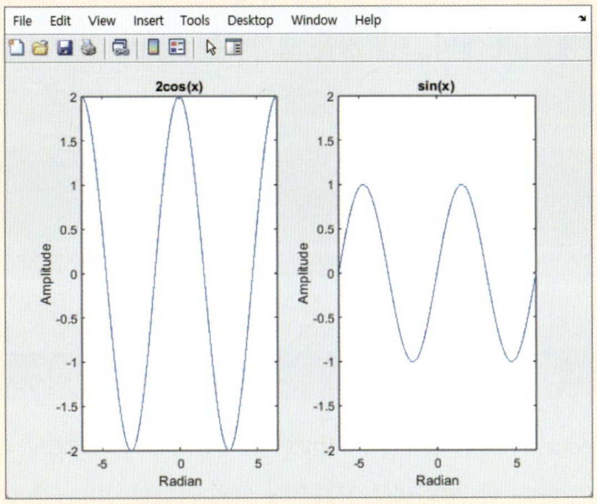

그림 4-12 좌우로 나타낸 subplot 명령어 실행 결과

(b)

```
Command Window
>> x = -2*pi:pi/180:2*pi;
>> y1 = 2*cos(x);
>> y2 = sin(x);
>> subplot(211); ❹
>> plot(x,y1);
>> axis([-2*pi 2*pi -2 2]);
>> xlabel('Radian');
>> ylabel('Amplitude');
>> title('2cos(x)');
>> subplot(212); ❺
>> plot(x,y2);
>> axis([-2*pi 2*pi -2 2]);
>> xlabel('Radian');
>> ylabel('Amplitude');
>> title('sin(x)');
```

그림 4-13 subplot 명령어를 이용한 코딩 결과

❹ subplot(211) 명령어를 이용하여 함수 $y1$의 그래프를 그림 창 위쪽에 그린다.

❺ subplot(212) 명령어를 이용하여 함수 $y2$의 그래프를 그림 창 아래쪽에 그린다.

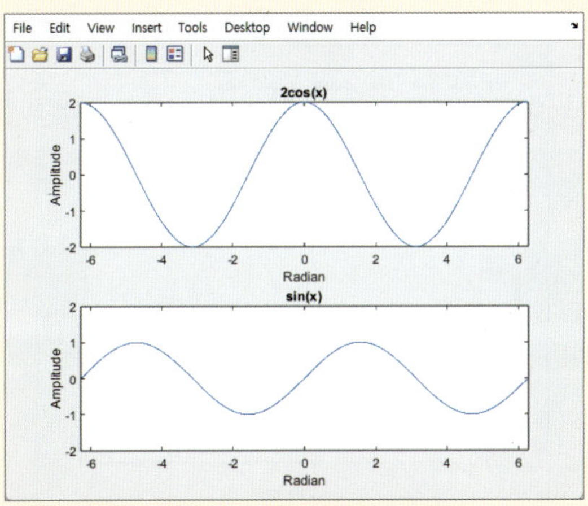

그림 4-14 상하로 나타낸 subplot 명령어 실행 결과

figure

여러 그래프를 각각 다른 그림 창에 그리기 위해 여러 개의 그림 창을 생성하는 figure 명령어의 기본 형태는 다음과 같다.

figure(n)

- **n** : 그림 창의 번호(지정하지 않으면 자동으로 지정)

예제 4-5

$-2\pi \le x \le 2\pi$ 에 위치한 코사인 함수 $y_1 = 2\cos(x)$와 사인 함수 $y_2 = \sin(x)$에 대한 2개의 그래프를 figure 명령어를 이용하여 두 그림 창에 각각 그리려고 한다. 주기의 샘플 간격은 $\pi / 180$라디안이며, x축 이름은 'Radian', y축 이름은 'Amplitude', 그래프 제목은 '2cos(x)'와 'sin(x)'로 지정하라.

풀이

```
Command Window
>> x = -2*pi:pi/180:2*pi;
>> y1 = 2*cos(x);
>> y2 = sin(x);
>> figure(1);  ❶
>> plot(x,y1);
>> axis([-2*pi 2*pi -2 2]);
>> xlabel('Radian');
>> ylabel('Amplitude');
>> title('2cos(x)');
>> figure(2);  ❷
>> plot(x,y2);
>> axis([-2*pi 2*pi -2 2]);
>> xlabel('Radian');
>> ylabel('Amplitude');
>> title('sin(x)');
```

그림 4-15 figure 명령어를 이용한 코딩 결과

❶ figure 명령어를 이용하여 그림 창(figure 1)을 생성한다.

❷ figure 명령어를 이용하여 그림 창(figure 2)을 생성한다.

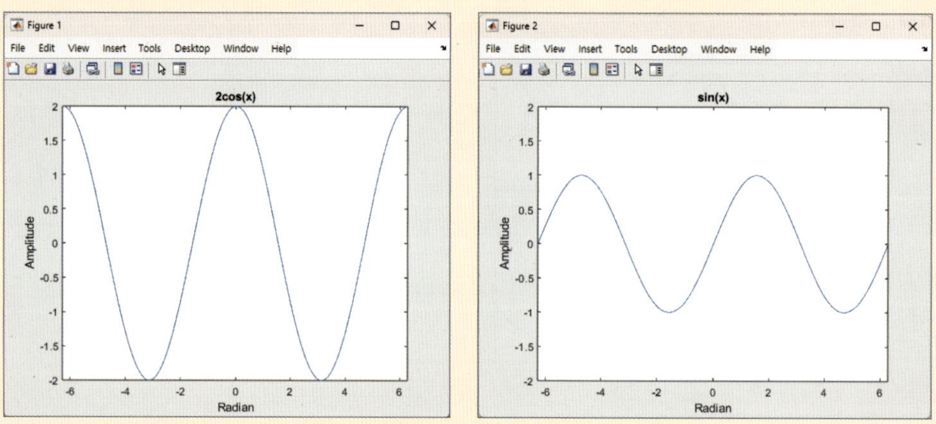

그림 4-16 두 그림 창에 나타난 figure 명령어 실행 결과

그래프 저장하고 불러오기

MATLAB에서는 그림 창에 나타낸 그래프를 저장할 수 있다. **방법 1** 그림 창의 메뉴 표시줄에서 [File]-[Save As...] 메뉴를 클릭하여 새롭게 열리는 창에서 [파일 이름(N):]에 저장할 파일 이름 'Figure'를 입력하고 저장하거나 **방법 2** 명령 창에서 saveas 명령어를 사용하여 그래프를 저장할 수 있다.

그래프를 저장하는 saveas 명령어의 기본 형태는 다음과 같다.

saveas(gcf, 'Filename', 'fig')

- **gcf** : 저장할 파일이 그래프임을 지정하는 파일 형식
- **'Filename'** : 저장할 파일 이름
- **'fig'** : MATLAB의 그림 파일의 확장자 형식

현재 폴더에 저장되어 있는 'Filename.fig'를 불러올 수도 있다. **방법 1** 현재 폴더에 저장되어 있는 'Filename.fig'를 두 번 클릭하면 된다. 만약 그림 창이 이미 열려 있다면 **방법 2** 그림 창의 메뉴 표시줄에서 [File]-[Open...] 메뉴를 클릭하여 불러오려는 그림 파일을 클릭하거나 **방법 3** 명령 창에서 openfig 명령어를 사용하여 그래프를 불러올 수도 있다.

저장된 그래프를 불러오는 openfig 명령어의 기본 형태는 다음과 같다.

openfig('Filename')

- **'Filename'** : 저장할 파일 이름

LESSON 03

3차원 그래프 그리기

MATLAB에서 3차원 그래프를 그리기 위해 사용하는 명령어를 알아보자.

Keyword | plot3 | meshgrid | mesh | surf | contour | meshc | meshz | waterfall | 3차원 그래프의 모양과 종류 |

plot3

x축, y축, z축의 직선을 서로 연결하여 3차원 공간에 차례로 그리는 plot3 명령어의 기본 형태는 다음과 같다.

plot3(x, y, z)

- **x, y, z** : 세 방향으로 동일한 원소의 수를 가진 벡터

출력 그래프 ▶

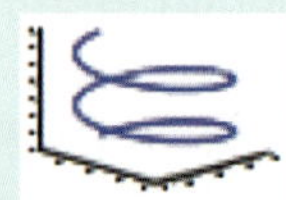

예제 4-6

다음 방정식들은 시간 변수 t의 변화에 따라 3차원 곡선을 생성한다. t가 -5π에서 5π까지 $\pi/30$씩 증가할 때 plot3 명령어를 이용하여 3차원 그래프를 그려라. 축 이름은 각각 'x-axis', 'y-axis', 'z-axis'로 지정하라.

$$x = 2\cos t,\ y = \sin t,\ z = 0.5t$$

풀이

Command Window

```
>> t = -5*pi:pi/30:5*pi;
>> x = cos(t);
>> y = sin(t);
>> z = 0.5*t;
>> plot3(x,y,z); ❶
>> xlabel('x-axis');  ┐
>> ylabel('y-axis');  ├❷
>> zlabel('z-axis');  ┘
>> grid on; ❸
```

그림 4-17 plot3 명령어를 이용한 코딩 결과

❶ plot3 명령어를 이용하여 3차원 그래프를 그린다.

❷ xlabel, ylabel, zlabel 명령어를 이용하여 x, y, z축의 이름을 지정한다.

❸ 그래프에 모눈을 그린다.

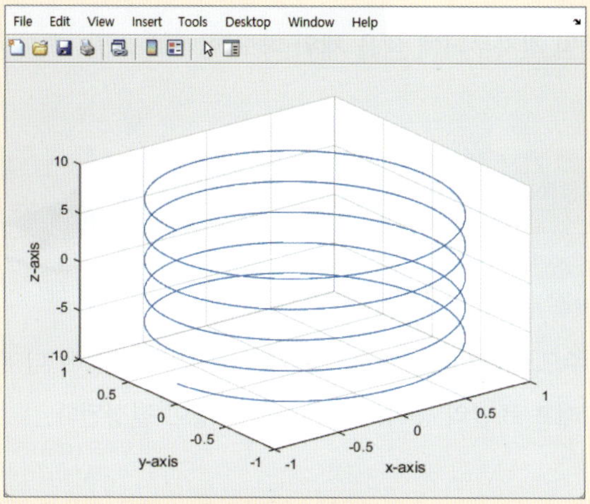

그림 4-18 plot3 명령어를 이용한 실행 결과

meshgrid

벡터 **x**와 **y**로 지정된 영역을 3차원 그래프로 나타내려면 두 변수 x와 y를 행렬 **X**와 **Y** 형태로 변환해야 한다. meshgrid 명령어의 기본 형태는 다음과 같다. 이때 행렬 **X**와 **Y**는 **y**의 원소 개수와 동일한 행 크기와 **x**의 원소 개수와 동일한 열 크기를 갖는다.

[X, Y] = meshgrid(x, y)

- **X** : 각 행이 x의 복사인 행렬로 나타난 결과
- **Y** : 각 열이 y의 복사인 행렬로 나타난 결과
- **x, y** : 배열로 나타낼 벡터 또는 변수

mesh

벡터 **x**와 **y**의 함수로 구성된 **z**의 그래프($z = f(x, y)$)를 그물망(mesh) 형태로 그리는 mesh 명령어의 기본 형태는 다음과 같다.

mesh(x, y, z)

- **x, y** : 축 정보가 저장된 벡터
- **z** : 배열 x, y의 값으로 이루어진 벡터

출력 그래프 ▶

mesh 명령어를 이용하면 3차원으로 된 격자무늬를 그릴 수 있다. 이때 z에 비례하여 그래프 표면의 높이와 그래프의 색상이 결정된다.

surf

surf 명령어는 mesh 명령어와 기능이 같지만 3차원 격자무늬에 색을 채워 파도 형태로 그릴 때 사용한다. surf 명령어의 기본 형태는 다음과 같다.

surf(x, y, z)

- **x, y** : 표면의 구성 요소를 정의하는 벡터
- **z** : x, y로 표현된 식 또는 벡터

출력 그래프 ▶

surf 명령어는 함수의 모든 곡면에 색을 채워 그려주므로 mesh 명령어를 사용했을 때보다 색이 더 뚜렷하다. mesh 명령어와 마찬가지로 z에 비례하여 그래프 표면의 높이와 그래프의 색상이 결정된다.

예제 4-7

$-2 \le x \le 2$와 $-2 \le y \le 2$에 0.05 간격으로 놓여 있는 함수 $Z = X^2 + Y^2$이 있다. 축 이름은 각각 'x-axis', 'y-axis', 'z-axis'로 지정하고 다음을 구하라.

(a) mesh 명령어를 이용하여 3차원 격자무늬를 그려라.

(b) surf 명령어를 이용하여 3차원 격자무늬 사이에 색을 채워 그려라.

풀이

(a)

```
Command Window
>> [X,Y] = meshgrid(-2:0.05:2); ①
>> Z = X.^2 + Y.^2;
>> mesh(X,Y,Z); ②
>> xlabel('x-axis');
>> ylabel('y-axis');   ③
>> zlabel('z-axis');
```

그림 4-19 mesh 명령어를 이용한 코딩 결과

① meshgrid 명령어를 이용하여 x, y 의 범위를 벡터로 표현한다.

② mesh 명령어를 이용하여 3차원 격자무늬를 그린다.

③ xlabel, ylabel, zlabel 명령어를 이용하여 x, y, z축의 이름을 지정한다.

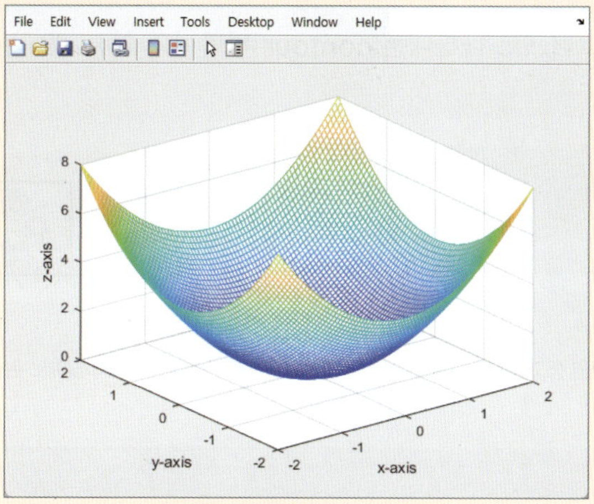

그림 4-20 mesh 명령어를 이용한 실행 결과

(b)

```
Command Window
>> [X,Y] = meshgrid(-2:0.05:2);   ❹
>> Z = X.^2 + Y.^2;
>> surf(X,Y,Z);   ❺
>> xlabel('x-axis');  ┐
>> ylabel('y-axis');  ├─ ❻
>> zlabel('z-axis');  ┘
```

그림 4-21 surf 명령어를 이용한 코딩 결과

❹ meshgrid 명령어를 이용하여 x, y의 범위를 벡터로 표현한다.

❺ surf 명령어를 이용하여 3차원 격자무늬에 색을 채워 그린다.

❻ xlabel, ylabel, zlabel 명령어를 이용하여 x, y, z축의 이름을 지정한다.

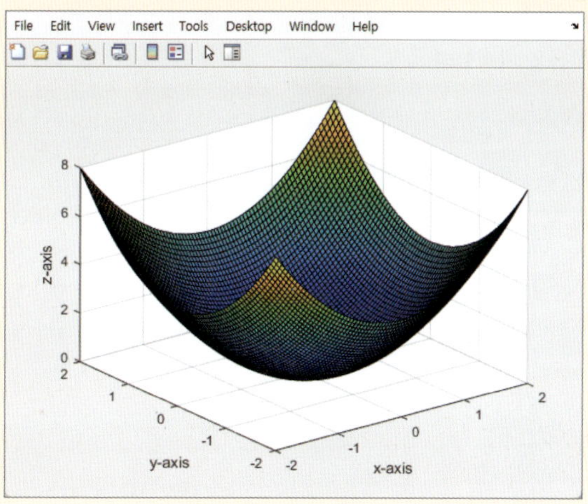

그림 4-22 surf 명령어를 이용한 실행 결과

contour

x와 y를 이용하여 z의 값을 2차원 등고선 그래프로 나타내는 contour 명령어의 기본 형태는 다음과 같다.

contour(x, y, z)

- **x, y** : x축과 y축의 한계를 결정하는 벡터
- **z** : x, y로 표현된 식 또는 벡터

출력 그래프 ▶

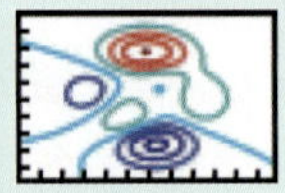

TIP contour는 3차원 그래프를 그리는 명령어이지만 2차원 등고선 그래프를 묘사하므로 zlabel 명령어를 사용하지 않아도 된다.

예제 4-8

$-2 \le x \le 2$와 $-2 \le y \le 2$에 0.05 간격으로 놓여 있는 함수 $Z = X^2 + Y^2$이 있다. contour 명령어를 이용하여 2차원 등고선을 그려라. 축 이름은 각각 'x-axis', 'y-axis', 'z-axis'로 지정하라.

풀이

Command Window

```
>> [X,Y] = meshgrid(-2:0.05:2);   ❶
>> Z = X.^2 + Y.^2;
>> contour(X,Y,Z);   ❷
>> xlabel('x-axis');  ┐
>> ylabel('y-axis');  ┘❸
```

그림 4-23 contour 명령어를 이용한 코딩 결과

❶ meshgrid 명령어를 이용하여 x, y의 범위를 벡터로 표현한다.

❷ contour 명령어를 이용하여 2차원 등고선을 그린다.

❸ xlabel, ylabel 명령어를 이용하여 x, y축의 이름을 지정한다.

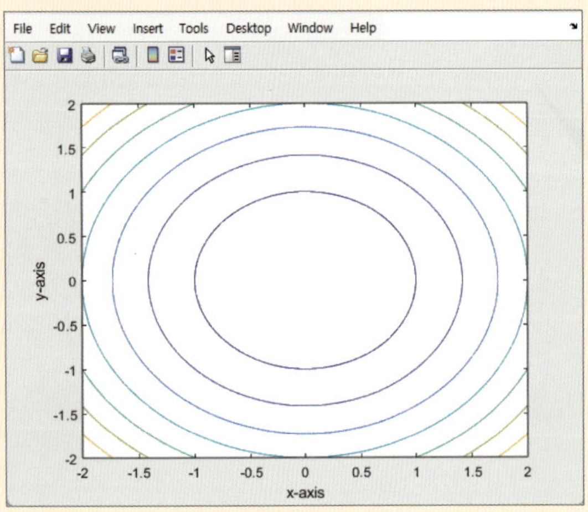

그림 4-24 contour 명령어를 이용한 실행 결과

meshc

3차원 격자무늬 그래프와 등고선을 함께 그리는 meshc 명령어의 기본 형태는 다음과 같다.

meshc(x, y, z)

- **x, y** : 축에 대한 정보가 저장된 벡터
- **z** : 배열 x, y의 값으로 이루어진 벡터

출력 그래프 ▶ 

전자기학에서는 특정한 점에서의 전기에너지 분포인 전위의 형태를 알아보기 위해 전위를 그래프로 나타낸다. MATLAB에서는 meshc 명령어를 이용하여 전위의 형태를 3차원 그래프로 나타낼 수 있다. 다음은 11장의 [예제 11-21]에서 다룰 스크립트 파일의 일부와 그 결과이다.

```
…(생략)
[X,Y] = meshgrid(x,y);
…(생략)
V = (1/(4*pi*epsilon0))*(q1./r1 + q2./r2);
meshc(X,Y,V);
xlabel('x-axis');
ylabel('y-axis');
zlabel('z-axis');
```

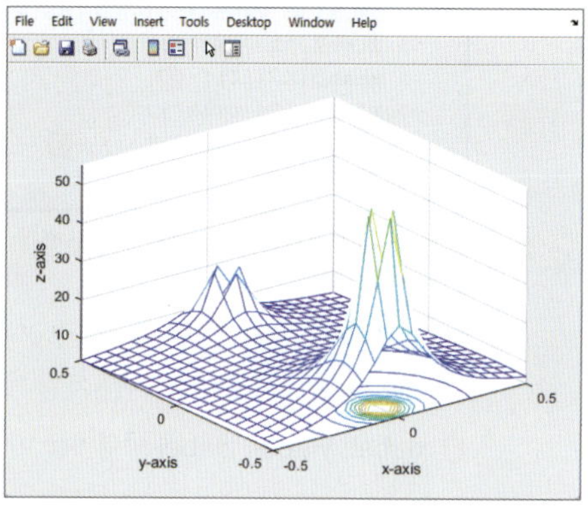

▲ 실행 결과

meshz

x축과 y축 양방향으로 수직선을 그리는 3차원 격자무늬 그래프와 장막 형태를 함께 그리는 meshz 명령어의 기본 형태는 다음과 같다.

meshz(x, y, z)

- **x, y** : 축에 대한 정보가 저장된 벡터
- **z** : 벡터 x, y의 값으로 이루어진 벡터

출력 그래프 ▶ 

waterfall

x축 또는 y축 한 방향으로 수직선을 그리며 폭포 형태를 생성하는 waterfall 명령어의 기본 형태는 다음과 같다.

waterfall(x, y, z)

- **x, y** : 축에 대한 정보가 저장된 벡터
- **z** : 벡터 x, y의 값으로 이루어진 벡터

출력 그래프 ▶ 

예제 4-9

$-4 \le x \le 4$와 $-4 \le y \le 4$에 0.05 간격으로 놓여 있는 함수 $Z = X^2 + Y^2$이 있다. 축 이름은 각각 'x-axis', 'y-axis', 'z-axis'로 지정하라.

(a) meshc 명령어를 이용하여 3차원 격자무늬 그래프와 등고선을 함께 그려라.

(b) meshz 명령어를 이용하여 3차원 격자무늬 그래프와 장막 모양을 함께 그려라.

(c) waterfall 명령어를 이용하여 3차원 수직선 그래프와 폭포 형태를 함께 그려라.

풀이

(a)

```
Command Window
>> [X,Y] = meshgrid(-4:0.05:4); ❶
>> Z = Y.^2 - X.^2;
>> meshc(X,Y,Z); ❷
>> xlabel('x-axis');
>> ylabel('y-axis');   ❸
>> zlabel('z-axis');
```

그림 4-25 meshc 명령어를 이용한 코딩 결과

❶ meshgrid 명령어를 이용하여 x, y의 범위를 벡터로 표현한다.

❷ meshc 명령어를 이용하여 3차원 격자무늬 그래프와 등고선을 함께 그린다.

❸ xlabel, ylabel, zlabel 명령어를 이용하여 x, y, z축의 이름을 지정한다.

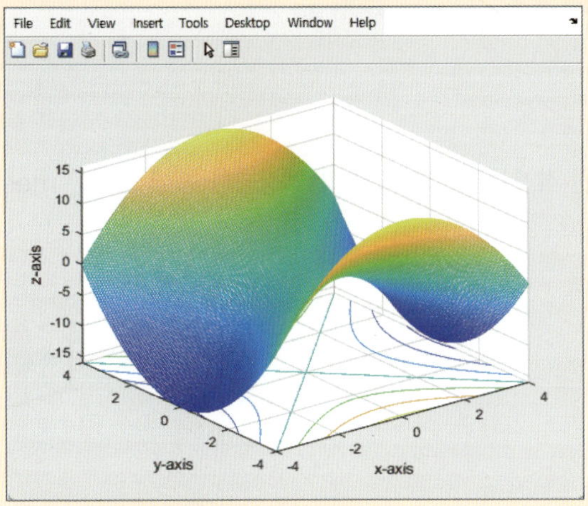

그림 4-26 meshc 명령어를 이용한 실행 결과

(b)

```
Command Window
>> [X,Y]=meshgrid(-4:0.05:4); ❹
>> Z = Y.^2 - X.^2;
>> meshz(X,Y,Z); ❺
>> xlabel('x-axis');
>> ylabel('y-axis');   ❻
>> zlabel('z-axis');
```

그림 4-27 meshz 명령어를 이용한 코딩 결과

❹ meshgrid 명령어를 이용하여 x, y의 범위를 벡터로 표현한다.

❺ meshz 명령어를 이용하여 3차원 격자무늬 그래프와 장막 모양을 함께 그린다.

❻ xlabel, ylabel, zlabel 명령어를 이용하여 x, y, z축의 이름을 지정한다.

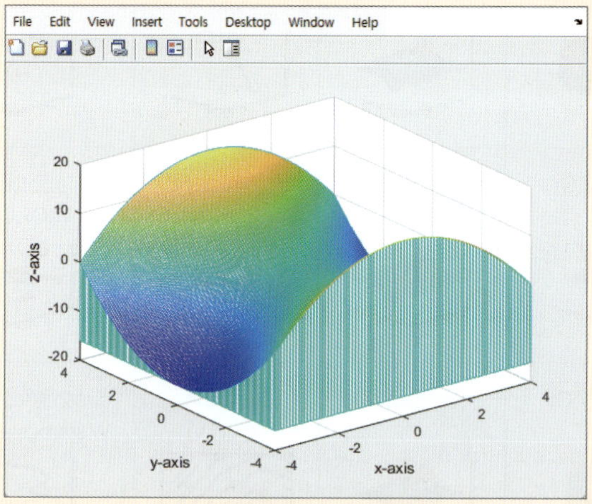

그림 4-28 meshz 명령어를 이용한 실행 결과

(c)

```
Command Window
>> [X,Y] = meshgrid(-4:0.05:4); ❼
>> Z = Y.^2 - X.^2;
>> waterfall(X,Y,Z); ❽
>> xlabel('x-axis');
>> ylabel('y-axis');   ❾
>> zlabel('z-axis');
```

그림 4-29 waterfall 명령어를 이용한 코딩 결과

❼ meshgrid 명령어를 이용하여 x, y의 범위를 벡터로 표현한다.

❽ waterfall 명령어를 이용하여 3차원 수직선 그래프와 폭포 형태를 함께 그린다.

❾ xlabel, ylabel, zlabel 명령어를 이용하여 x, y, z축의 이름을 지정한다.

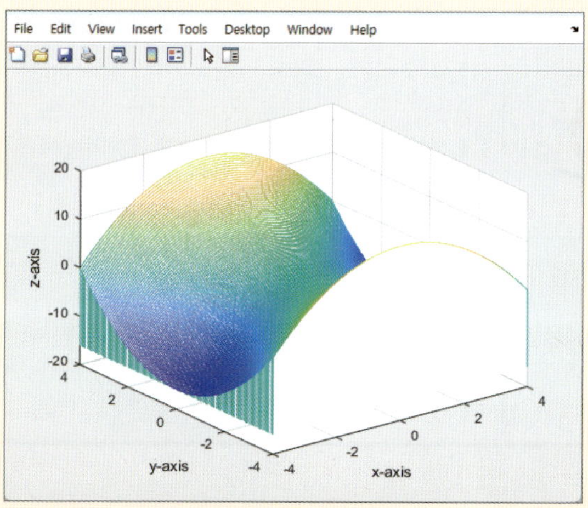

그림 4-30 waterfall 명령어를 이용한 실행 결과

3차원 그래프의 모양과 종류

선 그래프	격자무늬 그래프와 막대 그래프	공간 그래프	면 그래프	방향 그래프	체적 그래프
plot3(X,Y,Z) 	mesh(X,Y,Z) 	pie3(X,explode) 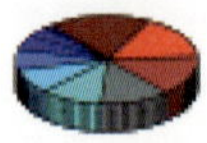	surf(X,Y,Z) 	quiver3(x,y,z,u,v,w) 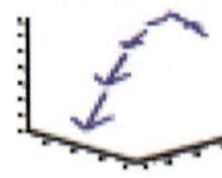	scatter3(X,Y,Z,S,C) 
contour3(X,Y,Z) 	meshc(X,Y,Z) 	fill3(X,Y,Z,C) 	surfl(X,Y,Z) 	comet3(x,y,z) 	coneplot(X,Y,Z,U,V,W,Cx,Cy,Cz) 
contourslice(X,Y,Z,V,Sx,Sy,Sz) 	meshz(X,Y,Z) 	patch(X,Y,C) 	surfc(X,Y,Z) 	streamslice(X,Y,U,V) 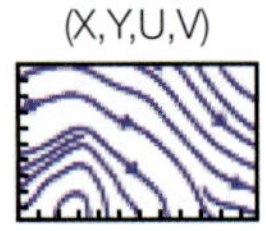	streamline(X,Y,Z,U,V,W,startx,starty,startz) 
ezplot3(funx,funy,funz) 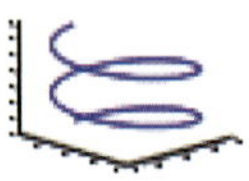	ezmesh(fun) 	cylinder [X,Y,Z] = cylinder(r) 	ezsurf(fun) 		streamribbon(X,Y,Z,U,V,W,startx,starty,startz) 
waterfall(X,Y,Z) 	stem3(X,Y,Z) 	ellipsoid [x,y,z] = ellipsoid(xc,yc,zc,xr,yr,zr) 	ezsurfc(fun) 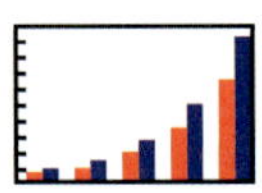		streamtube(X,Y,Z,U,V,W,startx,starty, startz) 
	bar3(Y) 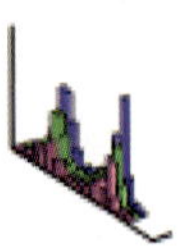	sphere(n) 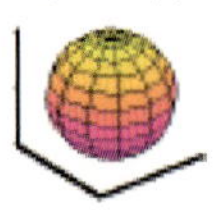			
	bar3h(Y) 				

CHAPTER

05

흐름을 바꾸는 프로그래밍

CONTENTS

LESSON 01 관계 연산자 사용하기

LESSON 02 논리 연산자 사용하기

LESSON 03 조건문 사용하기

LESSON 04 순환문 사용하기

LESSON 05 사용자정의함수 작성하기

LESSON 01

관계 연산자 사용하기

관계 연산자는 논리적인 수식을 표현할 때 쓰인다. 논리는 결과를 '참'과 '거짓'으로 출력하며, 출력된 결과는 논리적인 수식을 표현하는 데 활용할 수 있다. MATLAB에서 프로그래밍을 할 때 조건문 또는 순환문의 '조건'으로 자주 사용되는 관계 연산자에 대해 알아보자.

Keyword | A〈B | A〈=B | A〉B | A〉=B | A=B | A~=B

관계 연산자

관계 연산자(relational operator)는 두 벡터의 같은 위치에 놓인 원소를 비교하는 연산자이다. 관계 연산자의 결과는 '참'이면 '1'로, '거짓'이면 '0'으로 나타난다. 부등호와 등호를 함께 쓰는 관계 연산자를 사용할 경우 반드시 부등호를 먼저 사용하고 부등호와 등호를 붙여서 써야 한다. 변수와 부등호 사이에는 공백을 넣어도 상관없다.

관계 연산자의 우선순위는 모두 동일하므로 함께 쓰인 경우에는 왼쪽에서 오른쪽으로 실행한다. 단, 부등호를 포함하지 않는 관계 연산자는 부등호를 포함하는 관계 연산자보다 우선순위가 아래이다. 관계 연산자와 그 의미를 [표 5-1]에 정리했다.

표 5-1 관계 연산자

연산자	의미	연산자	의미
A〈B	A가 B보다 작다.	A〈=B	A가 B보다 작거나 같다
A〉B	A가 B보다 크다.	A〉=B	A가 B보다 크거나 같다.
A == B	A와 B는 같다.	A ~= B	A와 B는 같지 않다.

예제 5-1

각각 원소 5개를 포함하는 벡터 **a** = [3, 2, 4, −1, 7]과 **b** = [0, 2, 1, −2, 7]을 지정하고 관계 연산자를 이용하여 다음 연산 결과를 확인하라.

(a) 벡터 **b**에서 1보다 큰 원소를 찾아라.
(b) 벡터 **b**가 벡터 **a**보다 작거나 같은 원소를 찾아라.
(c) 벡터 **a**가 벡터 **b**와 같은 원소를 찾아라.
(d) 벡터 **a**가 벡터 **b**와 같지 않은 원소를 찾아라.

풀이

```
Command Window
>> a = [3,2,4,-1,7];   ❶
>> b = [0,2,1,-2,7];
>> b > 1   ❷

ans =

  1×5 logical array

   0   1   0   0   1

>> b <= a   ❸

ans =

  1×5 logical array

   1   1   1   1   1

>> a == b   ❹

ans =

  1×5 logical array

   0   1   0   0   1

>> a ~= b   ❺

ans =

  1×5 logical array

   1   0   1   1   0
```

그림 5-1 관계 연산자 실행 결과

(a) 등호를 이용하여 **a**, **b**를 지정한다(❶). 벡터 **b**의 원소 중 1보다 큰 원소라면 그 자리에 1을 지정하고 1보다 작거나 같은 원소라면 0을 지정한다(❷).
(b) 벡터 **b**의 원소 중 **a**의 원소보다 작거나 같은 원소라면 그 자리에 1을 지정하고 큰 원소라면 0을 지정한다(❸).
(c) 벡터 **a**의 원소 중 **b**의 원소와 값이 같으면 그 자리에 1을 지정하고 값이 다르면 0을 지정한다(❹).
(d) 벡터 **a**의 원소 중 **b**의 원소와 값이 다르면 그 자리에 1을 지정하고 값이 같으면 0을 지정한다(❺).

NOTE 관계 연산자의 실행 오류

관계 연산자를 사용할 때는 잘못된 입력으로 오류가 발생하지 않도록 주의해야 한다. 다음 그림은 [예제 5-1]의 문제를 바탕으로 한 관계 연산자의 다양한 실행 오류를 보여준다.

```
Command Window
>> a = [3,2,4,-1,7];
>> b = [0,2,1,-2,7];
>> b < = a  ❶
Unrecognized function or variable 'b'.

>> b =< a  ❷
 b =< a
   ↑
Invalid use of operator.

>> a = = b  ❸
 a = = b
    ↑
Incorrect use of '=' operator. Assign a value to a variable using '=' and compare
values for equality using '=='.

>> -1 = -1  ❹
 -1 = -1
   ↑
Incorrect use of '=' operator. Assign a value to a variable using '=' and compare
values for equality using '=='.
```

그림 5-2 관계 연산자의 실행 오류

❶ 부등호와 등호가 함께 쓰이는 관계 연산자를 사용하는 경우 부등호와 등호 사이에 공백이 있으면 오류 메시지가 나타난다.

❷ 부등호와 등호가 함께 쓰이는 관계 연산자를 사용하는 경우 등호를 부등호 앞에 표기하면 오류 메시지가 나타난다.

❸ 등호와 등호 사이에 공백이 있는 경우 오류 메시지가 나타난다.

❹ 등호는 지정 연산자이므로 하나만 사용하면 오류 메시지가 나타난다.

LESSON 02

논리 연산자 사용하기

논리 연산자는 관계 연산자와 함께 논리적인 수식을 표현할 때 사용한다. 특히 MATLAB에서 프로그래밍을 할 때 조건문 또는 순환문의 '조건'에 자주 사용하므로 유의하여 알아보자.

Keyword | A & B | A | B | ~A | A XOR B |

논리 연산자

논리 연산자(logical operator)는 벡터의 원소가 0이 아닌(nonzero) 경우에는 '참'인 값으로, 0인(zero) 경우에는 '거짓'인 값으로 지정한다.

예를 들어 &(AND) 논리 연산자는 두 벡터의 같은 위치에 놓인 원소가 모두 0이 아닌 경우에만 '1'의 값을 지정한다. |(OR) 논리 연산자는 원소들이 모두 0인 경우를 제외하고 '1'로 지정한다. ~(NOT) 논리 연산자는 벡터 원소의 '참', '거짓'을 반전한 결과를 지정한다. XOR 연산자의 경우 | 연산자와 & 연산자를 활용한다. 예를 들어 XOR(A, B)는 (A|B)-(A&B)와 같은 결과를 지정한다. 이를 다음 [표 5-2]에 정리하였다.

표 5-2 논리 연산자의 값 지정

A	B	A & B	A | B	~A	A XOR B
zero	zero	0	0	1	0
zero	nonzero	0	1	1	1
nonzero	zero	0	1	0	1
nonzero	nonzero	1	1	0	0

TIP |(OR) 논리 연산자는 키보드에서 Shift + ₩를 눌러 입력할 수 있다.

TIP XOR 논리 연산자를 실행하려면 소문자 xor를 사용하여 소괄호 내부에 두 숫자 또는 두 벡터를 지정해야 한다.

예제 5-2

벡터 $\mathbf{a} = [3, 2, 4, -1, 7]$과 $\mathbf{b} = [0, 2, 1, -2, 7]$이 있다. 논리 연산자를 이용하여 다음을 구하라.

(a) 벡터 **a**와 벡터 **b**에 & (AND) 논리 연산자를 실행하라.

(b) 벡터 **a**와 벡터 **b**에 XOR 논리 연산자를 실행하라.

(c) 벡터 **a**에 ~(NOT) 논리 연산자를 실행한 결과 중에서 벡터 **b**보다 작은 원소를 찾아라.

풀이

```
Command Window
>> a = [3,2,4,-1,7];
>> b = [0,2,1,-2,7];
>> a&b ❶

ans =

  1×5 logical array

   0   1   1   1   1

>> xor(a,b) ❷

ans =

  1×5 logical array

   1   0   0   0   0

>> b<~a ❸

ans =

  1×5 logical array

   0   0   0   1   0
```

그림 5-3 논리 연산자 실행 결과

(a) 벡터 **a**, **b**를 &(AND) 연산한 값의 결과를 확인한다(❶).

(b) 벡터 **a**, **b**를 XOR 연산한 값의 결과를 확인한다(❷).

(c) 벡터 **a**를 ~(NOT) 연산한 값이 벡터 **b**보다 큰 원소의 자리에 1을 나타내고 결과를 확인한다(❸).

LESSON 03

조건문 사용하기

조건은 실제로 0(거짓) 또는 1(참) 값으로 표현할 수 있다. MATLAB에서 조건의 참과 거짓을 판단하여 흐름을 변경하는 if, if-else, elseif 조건문에 대해 알아보자.

Keyword | if문 | if-else문 | elseif문 | end |

if문

if문은 순차적 알고리즘의 흐름을 변경할 때 사용한다. 영어에서 'if'가 들어 있는 문장은 '만약 …한다면 …할 것이다'로 해석되는데, MATLAB의 if문도 이와 같은 의미로 사용한다. 즉, 제시된 조건이 '참'이면 알고리즘 변경 없이 차례대로 순차적 알고리즘이 진행되지만 '거짓'이면 더 이상 순차적 알고리즘을 진행할 수 없다. if문의 기본 형태는 다음과 같다.

```
if logical expression
   statement
end
```

'logical expression' 조건이 '참'이면 'statement'를 실행하고 if문을 종료한다. 그러나 'logical expression' 조건이 '거짓'이면 'statement'를 실행하지 않고 end 명령어 밖으로 빠져나간다.

if 명령어에서는 관계 연산자 또는 논리 연산자 등을 이용한 논리적인 수식을 사용한다. 또한 함수를 표현할 때 여는 괄호로 시작하고 닫는 괄호로 끝내는 것처럼 if 명령어로 시작하면 반드시 end 명령어로 종료해야 한다.

if-else문

if-else문은 제시된 조건의 '참' 또는 '거짓'을 구별한 후 그 결과에 따라 프로그램을 수행한다. if-else문은 if 명령어, else 명령어, end 명령어 순으로 진행되어야 한다. if-else문의 기본 형태는 다음과 같다.

```
if logical expression
   statement1
else
   statement2
end
```

만약 'logical expression' 조건이 '참'이면 'statement1'을 실행한 후 end 명령어 밖으로 빠져나가지만 'logical expression' 조건이 '거짓'이면 'statement2'를 실행한 후 end 명령어 밖으로 빠져나간다.

elseif문

논리적인 수식 조건이 2개 이상인 경우에는 알고리즘의 흐름을 다양하게 제어하기 위해 if-else문에 elseif문을 덧붙여 사용할 수 있다. elseif문은 if문처럼 새로운 논리 수식을 통해 조건을 비교하는 데 쓰인다. if문과 else문 사이에는 여러 개의 elseif문을 사용할 수 있으며, 이때 else문은 반드시 맨 마지막에 사용하는 elseif문 다음에 작성해야 한다. elseif문의 기본 형태는 다음과 같다.

```
if logical expression1
  statement1
elseif logical expression2
  statement2
else
  statement3
end
```

'logical expression1' 조건이 '참'이면 'statement1'을 실행한다. 하지만 'logical expression1' 조건이 '거짓'이면 elseif문의 'logical expression2' 조건을 살펴봐야 한다. 'logical expression2' 조건이 '참'이면 'statement2'를 실행한다. 만약 elseif문의 'logical expression2' 조건마저 '거짓'이면 'statement3'를 실행한 후 end 명령어 밖으로 빠져나간다.

예제 5-3 M-File **P_ElseIf.m**

연도를 나타내는 입력변수 year를 입력하여 해당 연도가 윤년(leap year) 또는 평년(common year)인지를 판별하는 스크립트 파일을 elseif문을 사용하여 작성하라. 나눗셈의 계수에 대한 계산은 mod 함수를 이용하면 된다. 출력변수 verify를 지정하여 해당 연도가 윤년이면 'leap year', 평년이면 'common year'로 나타내고 2024년과 2025년을 지정하여 윤년 또는 평년 여부를 확인하라. 이때 input 명령어를 이용하여 시험 연도를 입력받아라.

그레고리력(Gregorian calendar)에서 윤년을 결정하는 규칙은 다음과 같다.

- 연도가 400으로 나누어 떨어지면 윤년이다.
- 연도가 100으로 나누어 떨어지지만 400으로 나누어 떨어지지 않으면 윤년이 아니다.
- 연도가 100으로 나누어 떨어지지 않지만 4로 나누어 떨어지면 윤년이다.
- 앞선 세 조건에 적합하지 않은 모든 다른 연도는 윤년이 아니다.

풀이

```
P_ElseIf.m

year = input('Enter the year (4 digits): '); ❶
if mod(year,400) == 0 ❷
   verify = 'leap year'; ❸
elseif mod(year,100) == 0
   verify = 'common year';
elseif mod(year,4) == 0
   verify = 'leap year';
else
   verify = 'common year';
end
verify
```

그림 5-4 조건문을 이용한 코딩 결과

❶ input 명령어를 이용하여 원하는 문자열을 명령 창에 나타낸 후 값을 입력받아 year에 지정한다.

❷ 함수 mod(year, number)를 이용하여 year를 number로 나누어서 나머지를 계산할 수 있다.

❸ if문을 사용하여 윤년을 결정하는 규칙에 따라 평년(common year) 또는 윤년(leap year)을 verify에 지정한다. 연도가 입력되면 규칙의 조건과 비교하여 if문과 이어서 나오는 elseif문의 조건이 '참'일 때 윤년을 출력하고 if문과 모든 elseif문의 조건이 '거짓'일 때 평년을 출력한다.

```
Command Window

>> P_ElseIf
Enter the year (4 digits): 2024

verify =

    'leap year'

>> P_ElseIf
Enter the year (4 digits): 2025

verify =

    'common year'
```

그림 5-5 조건문을 이용한 실행 결과

TIP 각 'statement' 앞의 들여쓰기는 시각적으로 읽기 쉽게만 해줄 뿐 프로그램의 실행에는 아무 영향도 미치지 않는다.

TIP 일반적으로 스크립트 파일을 생성한 후 편집 창의 오른쪽에 나타나는 기호 ❗와 ━는 오류 알림을 나타내므로 MATLAB에서 제시하는 올바른 문장으로 바꿔야 한다. 그러나 [그림 5-4]에 나타난 기호 ⚠ 와 ━는 실제 코딩을 실행하여 정확한 결과를 얻는 데 아무 영향을 주지 못하므로 무시해도 된다.

LESSON 04

순환문 사용하기

순환문은 차례대로 입력되는 자료를 같은 명령어로 실행시킬 때 각각의 자료에 같은 명령어를 여러 번 작성하는 대신 명령어를 하나로 고정시키고 입력 자료마다 명령어를 반복해서 실행시키는 제어문으로, 순차적 알고리즘의 흐름을 제어하는 데 유용하게 사용된다. 순차적 알고리즘의 흐름을 제어하는 for문과 while문에 대해 알아보자.

Keyword | for문 | while문 |

for문

for문은 차례대로 입력되는 자료에 대해 같은 명령어를 적용할 때 각각의 자료에 같은 명령어를 반복하는 대신 명령어를 하나로 고정하고 입력 자료를 반복하여 명령어를 실행하는 제어문이다. for문의 기본 형태는 다음과 같다.

```
for loop variable = m : q : n
    statements
end
```

for 명령어 다음에 놓이는 변수는 반복에 필요한 변수라는 의미에서 순환변수(loop variable)라고 한다. m은 초깃값, q는 일정하게 증가하는 값, n은 최종값을 나타낸다. 일정하게 증가하는 값 q 대신 일정하게 감소하는 순환을 나타내려면 음수 기호를 추가하여 −q로 지정하고 초깃값은 최종값보다 큰 값을 지정한다. 순환문도 조건문과 마찬가지로 end 명령어를 사용하여 종료한다.

순환문에서는 순환변수에 초깃값 m을 지정하여 조건문 'statements'를 실행한 후 end 명령어로 벗어나서 결과를 출력한다. 그리고 다시 for 명령어로 돌아가서 초깃값보다 q만큼 증가한 m+q를 순환변수에 지정하여 동일한 'statements'를 실행한 후 end 명령어로 벗어나서 결과를 출력한다. 순환변수의 값이 최종값 n이 될 때까지 이 과정을 반복한다.

예제 5-4 M-File Loop1.m

for문을 사용하여 0~360° 범위의 사인 함수 그래프를 그리는 스크립트 파일 'Loop1.m'을 작성하라. 그래프를 그리는 데 필요한 MATLAB 명령어(title, axis, grid 등)를 사용하라.

풀이

```
i=0; ❶
for t=0:pi/180:2*pi ❷
i=i+1;
y(i)=sin(t);
end
plot(y);
axis([0 360 -1 1]);
hold;
xlabel('Degree');
ylabel('Amplitude');
title('Sine Function');
grid;
```

그림 5-6 for문을 이용한 코딩 결과

❶ for문의 순차적 흐름을 실행하는 색인으로 i를 지정한다.

❷ for문을 처음 실행할 때 $i = 1$, $t = 0$이다. $i = 1$은 삼각함수 그래프들의 첫 번째 위치를 나타내며, $t = 0$은 삼각함수의 인자값으로 사용되어 x축의 첫 번째 각도인 0을 표시한다. for문이 다시 실행되면 $i = 2$가 되어 두 번째 위치를 나타내고 $t = pi / 180$는 x축의 두 번째 각도를 표시한다. 이러한 방법으로 t가 for문의 최종값 2π가 될 때까지 순환문을 반복한다.

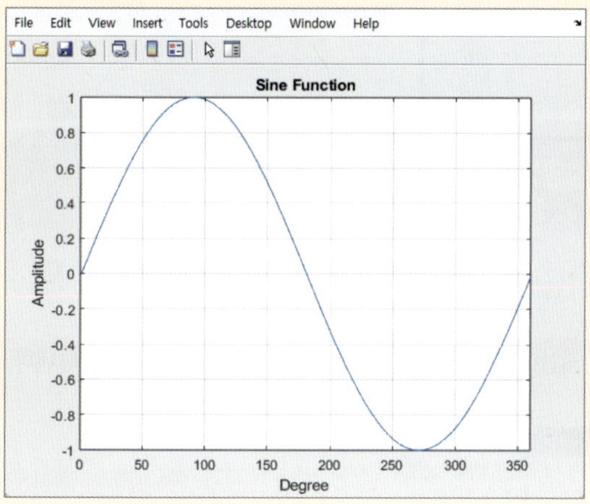

그림 5-7 for문을 이용한 실행 결과

while문

while문은 논리적 수식에서 제시한 조건이 만족될 때까지 해당 구문을 반복하는 제어문이다. while문은 if문처럼 논리적인 수식이 출력되고 for문처럼 반복 실행한다. 그러나 for문처럼 정해진 실행을 반복하는 것이 아니라 논리적 수식에서 제시한 조건이 만족될 때까지 반복한다. 즉, for문이 지정된 횟수를 반복하는 유한 순환에 적합하다면 while문은 계속 반복하는 무한 순환에 적합하다. while문의 기본 형태는 다음과 같다.

initialize variables

while logical expression

statements

end

- initialize variables : while문이 선언되기 직전에 지정하며, 반복해서 계산되는 총합(total)과 반복하는 횟수를 세는 카운터(counter) 변수만 초기화시킨다.
- 초기화한 총합과 초기화한 계수기의 값은 주어진 조건에 따라 적절한 값을 지정한다(일반적으로 0을 가장 많이 사용).

예제 5-5 M-File Loop2.m

$N = 200$일 때 while문을 사용하여 $S = \sum_{k=1}^{N} \frac{1}{k^3}$을 계산하는 스크립트 파일 'Loop2.m'을 작성하라.

풀이

```
Loop2.m
N = 200;
S = 0;
k = 1;
while k <= N
    S = S + 1/k^3;
    k = k + 1;
end
```

그림 5-8 while문을 이용한 코딩 결과

❶ 총합의 상한값을 $N = 200$으로 지정한다.

❷ 총합을 나타내는 초기화 값 $S = 0$과 총합의 하한값에 대한 초기화 값 $k = 1$을 지정한다.

연속적으로 k값을 최종값 $N = 200$까지 1씩 증가시켜서 계산한 총합을 명령어 format long을 설정하여 나타낸다.

```
Command Window
>> Loop2
>> format long
>> S

S =

   1.202044465503346
```

그림 5-9 while문을 이용한 실행 결과

LESSON 05

사용자정의함수 작성하기

사용자의 필요에 따라 직접 함수를 만들어 사용하는 사용자정의함수에 대해 알아보자.

Keyword | 사용자정의함수 | function | 출력변수 | 입력변수 |

사용자정의함수

MATLAB에서 제공하는 내장함수는 공학이나 과학에서 자주 사용되는 수식에 대해 최초 개발자인 엔지니어가 정의하여 만든 함수이다. 그러나 연구 분야가 다양하고 연구자마다 원하는 기능이 다르기 때문에 모든 기능을 내장함수로 제공할 수는 없다. 이러한 경우 소프트웨어 엔지니어가 내장함수를 개발하는 것처럼 연구자 개인이 필요한 함수를 직접 만들어 사용하기도 하는데, 이렇게 작성된 스크립트 파일을 MATLAB에서 제공하는 내장함수와 구별하여 사용자정의함수라고 한다.

MATLAB을 사용하는 전 세계 많은 대학의 연구실에서는 좀 더 편하고 일반화된 연구를 위해 사용자정의함수를 작성하여 사용하고 있다. 이렇게 만든 사용자정의함수는 유사한 연구를 진행하는 다른 연구실과 공유하기도 한다. 이처럼 사용자정의함수의 사용 범위가 확대되면 새롭게 정의하여 추가로 만들어지는 내장함수의 역할을 충분히 수행할 수 있다.

사용자정의함수 작성하기

사용자정의함수의 기본 형태는 다음과 같다.

```
function [output variables] = name (input variables)
```

사용자정의함수를 작성할 때 참고해야 할 작성 규칙은 다음과 같다.

1. 사용자정의함수는 반드시 스크립트 M–파일로 작성한다.
2. 구문은 반드시 'function'으로 시작하고 첫 철자 'f'를 포함한 모든 철자를 소문자로 작성한다.
3. 'output variables'에는 사용자가 현재 작성하는 수식에서 지정된 출력변수와 동일한 변수명을 사용한다. 출력변수가 여러 개일 때는 반드시 대괄호를 사용해야 한다(출력변수가 하나라면 대괄호를 사용하지 않아도 된다).
4. 출력변수 다음에는 등호를 사용한다.
5. 'name'에는 스크립트 파일과 같은 이름을 사용한다. 확장자(.m)는 생략하고 파일명만 쓴다.

❻ 'input variables'에는 입력변수의 이름을 입력한다. 입력변수는 반드시 소괄호 안에 작성해야 한다.

❼ 출력변수나 입력변수가 하나 이상일 때는 각 변수를 콤마(,)로 구분한다.

❽ 명령줄 끝에 세미콜론을 사용해도 상관없다.

이렇게 작성된 사용자정의함수 'name.m'을 사용할 때는 첫 번째 행의 'function' 부분을 제외한 나머지 [output variables] = name(input variables)를 MATLAB 명령 창에 직접 입력한다. 이때 input variables에는 입력변수 대신 실제 사용자정의함수로 작성된 수식에서 계산하려는 입력 상숫값을 지정한다. 실행하면 입력 상숫값으로 계산된 수식의 출력값이 즉시 MATLAB 명령 창에 나타난다.

예제 5-6 M-File Area_rhom.m

[그림 5-10]과 같이 삼각형 2개가 합쳐진 마름모가 원 안에 딱 맞게 놓여 있다. 지름이 d인 원에서 마름모를 뺀 나머지 부분의 면적 A를 구하는 사용자정의함수 'Area_rhom.m'을 작성하고, 지름 $d = 20$ [cm]를 입력하여 출력값 A [cm^2]를 확인하라. 입력변수는 d이고 출력변수는 A이다.

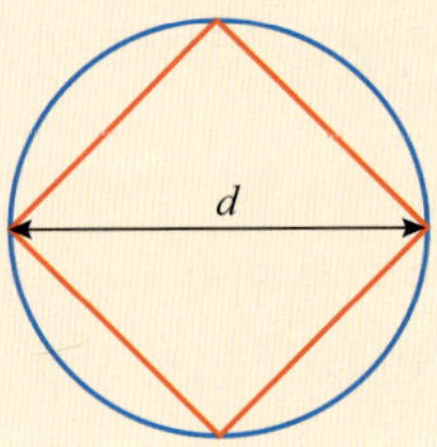

그림 5-10 사용자정의함수의 도형

풀이

```
function A = Area_rhom(d) ❶
r = d/2; ❷
cirarea = (pi*r^2); ❸
triarea = 1/2*d*r; ❹
rhombus = 2*triarea;
A = cirarea - rhombus; ❺
end ❻
```

그림 5-11 사용자정의함수 코딩 결과

❶ 입력변수가 d, 출력변수가 A인 사용자정의함수를 정의한다.

❷ 반지름 r을 지름 d의 1/2로 지정한다.

❸ 변수 cirarea에 원의 면적을 계산하는 식 πr^2을 지정한다.

❹ 변수 triarea에 삼각형의 면적을 계산하는 식을 지정하고 변수 rhombus에 마름모 면적을 계산하는 식을 지정한다.

❺ 출력변수 A에 구하려는 면적을 계산하는 식 cirarea-rhombus를 지정한다.

❻ 'function'에 상응하는 end 명령어를 지정한다.

```
>> A = Area_rhom(20)

A =

  114.1593
```

그림 5-12 사용자정의함수 실행 결과

예제 5-7 M-File fibo.m

피보나치 수열(Fibonacci series)은 수열의 앞선 두 항을 더한 결과가 다음 항의 수를 나타내는 수열로, 현재 항과 과거 항을 알면 미래의 다음 항을 쉽게 찾을 수 있는 특수한 수열이다. 피보나치 수열은 0, 1, 1, 2, 3, 5, 8, 13, …과 같이 언뜻 봐서는 규칙성을 쉽게 찾을 수 없는 형태로 나타낼 수 있다. 이러한 피보나치 수열을 생성하는 사용자정의함수 'fibo.m'을 작성하고 처음 2항까지 그린 다음 10항을 나타내는 피보나치 수열을 실행하라.

풀이

```
function F = fibo(n) ❶
  if (n <= 1) ❷
    F = n;
  else
    F = fibo(n - 1) + fibo(n - 2);
  end
```

그림 5-13 사용자정의함수 코딩 결과

❶ 입력변수 n을 사용한 사용자정의함수 fibo를 지정한다.

❷ if문과 else문을 이용하여 피보나치 수열의 재귀적 정의를 실행, 10항을 출력한다.

```
>> F = fibo(0)

F =

     0

>> F = fibo(1)

F =

     1

>> F = fibo(10)

F =

    55
```

그림 5-14 사용자정의함수 실행 결과

CHAPTER

06

수식 계산이 편한 심벌릭 툴박스

CONTENTS

LESSON 01 심벌릭 툴박스 사용하기
LESSON 02 수식 표현하기
LESSON 03 조판 형태로 출력하기
LESSON 04 심벌릭 그래프 그리기
LESSON 05 대수방정식과 초월방정식 계산하기
LESSON 06 심벌릭 미적분함수 사용하기
LESSON 07 상미분방정식 계산하기
LESSON 08 라플라스 변환하기
LESSON 09 행렬의 특성 다항식 계산하기

LESSON 01

심벌릭 툴박스 사용하기

MATLAB에서 제공하는 심벌릭 툴박스를 사용하면 수학 계산을 편리하게 할 수 있다. 심벌릭 툴박스를 이해하고 심벌릭 툴박스를 시작하는 데 이용하는 sym, syms 명령어를 알아보자.

Keyword | 심벌릭 툴박스 | sym | syms |

심벌릭 툴박스

MATLAB은 다양한 공학 및 과학 분야에 매우 유용하게 사용되는 심벌릭 툴박스(Symbolic Math Toolbox)를 제공한다. 심벌릭 툴박스를 이용하면 수식을 복잡하게 계산하지 않고 문자를 사용하여 계산하거나 수식을 간단하게 만들어 계산하므로 매우 편리하다.

심벌릭 툴박스는 미분, 정적분 및 부정적분, 한계 계산, 테일러 급수 생성, 라플라스 변환, 푸리에 변환 등 미적분 계산에 도움이 되며, 특성방정식, 고윳값, 고유 벡터를 구하는 선형대수에도 폭넓게 쓰인다. 대수 방정식과 상미분방정식의 풀이에도 사용할 수 있다.

sym, syms

심벌릭 툴박스를 시작하려면 주어진 수식에서 사용할 변수를 지정해야 한다. sym 명령어는 수식에서 사용하는 변수를 1개 지정할 때 이용한다.

x = sym('x')

- **x** : 심벌릭 툴박스에서 사용할 변수를 지정할 변수
- **'x'** : 심벌릭 툴박스에서 사용할 변수

TIP 일반적으로 sym 명령어의 인자 'x'와 심벌릭 변수를 지정하는 변수 x는 같은 변수를 사용한다.

syms 명령어는 수식에서 사용하는 변수를 여러 개 지정할 때 이용한다.

syms x y z

- **x, y, z** : 심벌릭 툴박스에서 사용할 변수

TIP x = sym('x')의 실행 결과와 syms x의 실행 결과는 같다. 일반적으로 변수 1개를 지정하는 sym 명령어보다 syms 명령어를 많이 사용한다.

예제 6-1

심벌릭 툴박스를 이용하여 함수 $f = 2x + 1$을 입력하라. 단, 입력변수 x 대신 입력변수 y를 갖는 함수 f로 나타내라.

풀이

Command Window

```
>> f = 2*x+1
Unrecognized function or variable 'x'. ①

>> syms y
>> f = 2*x+1
Unrecognized function or variable 'x'. ②

>> syms x
>> f = 2*x+1

f =

2*x + 1

>> x = sym('y');  ┐
>> f = 2*x+1      ┘③

f =

2*y + 1 ④
```

그림 6-1 심벌릭 툴박스를 이용한 수식 입력 실행 결과

① sym 명령어나 syms 명령어로 변수를 지정하지 않고 심벌릭 툴박스를 사용했으므로 오류 메시지가 나타난다.

② syms 명령어로 지정한 변수와 사용할 변수가 일치하지 않으므로 오류 메시지가 나타난다.

③ syms 명령어로 함수에서 사용하는 변수 x를 지정한 후 주어진 함수를 입력했으므로 올바른 함수 입력 결과가 나타난다.

④ sym 명령어를 이용하여 입력함수 $f = 2x + 1$을 $f = 2y + 1$로 출력한다.

TIP 심벌릭 툴박스에서 이미 지정한 명령어와 새롭게 지정한 명령어 사이에 충돌이 발생하는 것을 방지하기 위해 clear 명령어를 사용할 수 있다.

LESSON 02

수식 표현하기

수식을 차수 순으로 전개하는 방법과 인수분해 형태로 나타내는 함수, 수식을 간단히 나타내거나 형태를 변환하는 함수를 살펴보자. 또한 다항식과 다항식에 사용하는 계수 사이의 상호 변환에 사용하는 함수에 대해서도 알아보자.

Keyword | expand | factor | collect | simplify | subs | double | sym2poly | poly2sym |

expand

수식을 멱승(power) 형태로 전개하고 그 결과를 내림차순으로 나타내는 expand 함수의 기본 형태는 다음과 같다.

expand(E)

- **E** : 멱승 형태로 전개할 수식

factor

다항식을 인수분해 형태로 나타내는 factor 함수의 기본 형태는 다음과 같다.

factor(E)

- **E** : 인수분해 형태로 나타낼 다항식

예제 6-2

다음 문제를 풀이하라.

(a) 수식 $E_1 = (x-1)^3$을 멱승 형태로 전개하라.

(b) 수식 $E_2 = x^3 - 3x^2 + 3x - 1$을 인수분해 형태로 나타내라.

풀이

```
Command Window
>> syms x ❶
>> E1 = (x-1)^3;
>> E2 = x^3-3*x^2+3*x-1;
>> A = expand(E1) ❷

A =

x^3 - 3*x^2 + 3*x - 1

>> B = factor(E2) ❸

B =

[x - 1, x - 1, x - 1]
```

그림 6-2 expand, factor 함수 실행 결과

(a) syms 명령어로 수식 E_1과 E_2에서 사용하는 변수 x를 지정하고(❶) expand 함수를 이용하여 수식 E_1을 멱승 형태로 전개한 다음 내림차순으로 나타낸다(❷).

(b) factor 함수를 이용하여 수식 E_2를 인수분해 형태로 나타낸다(❸).

collect

다항식을 전개한 결과를 특정 변수에 대한 내림차순으로 나타내는 collect 함수의 기본 형태는 다음과 같다.

collect(P, var)

- **P** : 다항식
- **var** : 항의 나열 기준이 되는 변수

예제 6-3

다음 문제를 풀이하라.

(a) 함수 $f_1 = (x-1)(x-2)(x+3)$을 변수 x에 대한 내림차순으로 나타내라.

(b) 함수 $f_2 = 1-2x+x^2-x^2y+xy$를 변수 y와 x에 대한 내림차순으로 나타내라.

풀이

(a)

```
Command Window
>> syms x ❶
>> f1 = (x-1)*(x-2)*(x+3);
>> A = collect(f1) ❷

A =

x^3 - 7*x + 6
```

그림 6-3 collect 함수 실행 결과 ①

❶ syms 명령어를 이용하여 함수 f_1에서 사용하는 변수 x를 지정한다.

❷ collect 함수를 이용하여 함수 f_1을 변수 x에 대한 내림차순으로 전개한다.

(b)

```
Command Window
>> syms x y ❸
>> f2 = 1-2*x+x^2-x^2*y+x*y;
>> B = collect(f2,y) ❹

B =

(- x^2 + x)*y + x^2 - 2*x + 1

>> C = collect(f2,x) ❺

C =

(1 - y)*x^2 + (y - 2)*x + 1
```

그림 6-4 collect 함수 실행 결과 ②

❸ syms 명령어를 이용하여 함수 f_2에서 사용하는 변수 x, y를 지정한다.

❹ collect 함수를 이용하여 함수 f_2를 변수 y에 대한 내림차순으로 전개한다.

❺ collect 함수를 이용하여 함수 f_2를 변수 x에 대한 내림차순으로 전개한다.

simplify

복잡한 형태의 수식을 좀 더 간단하게 나타내는 simplify 함수의 기본 형태는 다음과 같다.

simplify(E)

- **E** : 간략하게 나타낼 수식

예제 6-4

수식 $E_1 = x^6 - 1$을 $E_2 = (x-1)(x^2+x+1)$로 나눈 결과를 간략하게 나타내라.

풀이

```
Command Window
>> syms x
>> E1 = x^6-1;
>> E2 = (x-1)*(x^2+x+1);
>> D = E1/E2;
>> A = simplify(D) ❶

A =

x^3 + 1
```

그림 6-5 simplify 함수 실행 결과

❶ simplify 함수를 이용하여 E_1을 E_2로 나눈 결과를 간략하게 나타내고 결과를 A에 지정한다.

subs

현재 심벌릭 수식에서 사용하는 심벌릭 변수를 다른 심벌릭 변수 또는 숫자로 대치하는 subs 함수의 기본 형태는 다음과 같다.

subs(E, x, a)

- **E** : 심벌릭 수식
- **x** : 대치할 심벌릭 변수
- **a** : 변수 x에 대입하는 새로운 심벌릭 변수 또는 숫자

예제 6-5

$x = 3$일 때 수식 $E = ax^2 - 2b$를 심벌릭 형태로 변환하라. 그리고 수식 E에서 계수 a를 2, 상수 b를 -1로 동시에 대치한 결과를 심벌릭 형태로 변환하라.

풀이

```
Command Window
>> syms x a b
>> E = a*x^2-2*b;
>> A = subs(E,x,3) ❶

A =

9*a - 2*b

>> B = subs(E, {a,b},{2,-1}) ❷

B =

2*x^2 + 2
```

그림 6-6 subs 함수 실행 결과

❶ subs 함수를 이용하여 수식 E에서 심벌릭 변수 x를 3으로 대치한다.

❷ subs 함수를 이용하여 수식 E에서 계수 a를 2, 상수 b를 -1로 동시에 대치한다.

double

주어진 수를 소수점을 포함한 정밀한 수치 형태로 변환하는 double 함수의 기본 형태는 다음과 같다.

double(x)

- **x** : 소수점을 포함한 수치 형태로 변환할 수

예제 6-6

$x = 2.5$일 때 수식 $E = x^2 - 6x + 8$을 정밀한 수치 형태로 변환하라.

풀이

```
Command Window
>> syms x
>> E = x^2-6*x+8;
>> A = subs(E,x,2.5) ❶

A =

-3/4

>> B = double(A) ❷

B =

   -0.7500
```

그림 6-7 double 함수 실행 결과

❶ subs 함수를 이용하여 수식 E의 변수 x를 2.5로 대치한다.

❷ double 함수를 이용하여 분수 형태의 수식 A를 소수점을 포함한 정밀한 수치로 나타낸다.

sim2poly

심벌릭 다항식의 계수를 행벡터로 변환하여 내림차순으로 나타내는 sym2poly 함수의 기본 형태는 다음과 같다.

sym2poly(P)

- **P** : 계수의 행벡터로 변환할 심벌릭 다항식

예제 6-7

다항식 $P_1 = 5x^3 + 2x^2 - x - 3$에서 다항식 $P_2 = (x-3)^2 + 12x + 2$를 뺀 결과의 계수를 행벡터로 나타내라.

풀이

```
Command Window
>> syms x ❶
>> P1 = 5*x^3+2*x^2-x-3;
>> P2 = (x-3)^2+12*x+2;
>> P = P1 - P2; ❷
>> sym2poly(P) ❸

ans =

     5     1    -7   -14
```

그림 6-8 sym2poly 함수 실행 결과

❶ syms 명령어로 변수 x를 지정한다.

❷ 다항식 P의 결과를 구한다.

❸ sym2poly 함수를 이용하여 P의 계수를 행벡터로 변환하고 내림차순으로 나타낸다.

poly2sym

poly2sym 함수는 다항식의 계수를 행벡터로 변환하는 sym2poly 함수에 대응하는 함수로, 다항식의 계수 행벡터를 다항식으로 변환한다. poly2sym 함수의 기본 형태는 다음과 같다.

poly2sym(r, 'v')

- **r** : 다항식 계수 행벡터
- **'v'** : 변환할 심벌릭 다항식의 변수 이름

예제 6-8

다항식의 계수 벡터 $r = [1 \quad -4 \quad 0 \quad 5 \quad 0 \quad -2]$일 때 이에 해당하는 심벌릭 다항식을 찾아라. 이때 변수는 y를 사용하라.

풀이

```
Command Window
>> syms y ❶
>> r = [1 -4 0 5 0 -2];
>> poly2sym(r,y) ❷

ans =

y^5 - 4*y^4 + 5*y^2 - 2

>> r_err = [1 -4 0 5 -2];
>> poly2sym(r_err,y) ❸

ans =

y^4 - 4*y^3 + 5*y - 2
```

그림 6-9 poly2sym 함수 실행 결과

❶ syms 명령어를 이용하여 변수 y를 지정한다.

❷ poly2sym 함수를 이용하여 행벡터 r을 변수 y를 포함하는 심벌릭 다항식으로 변환한다.

❸ poly2sym 함수를 이용하여 행벡터 r_err을 변수 y를 포함하는 심벌릭 다항식으로 변환한다.

TIP 생략된 2개 차수 항도 반드시 0으로 지정해야 한다. 만약 1개라도 지정하지 않으면 가장 높은 차수가 5차가 아닌 4차로 변환된다.

LESSON 03

조판 형태로 출력하기

수식의 가독성을 높이기 위해 사용하는 조판 형태의 출력 방법을 살펴보자.

Keyword | pretty |

pretty

대부분의 MATLAB 출력 결과는 가로줄 쓰기 형태이지만 가독성을 높이기 위해 조판 형태로 출력할 수도 있다. 수식을 조판 형태로 출력하는 pretty 함수의 기본 형태는 다음과 같다.

pretty(E)

- **E** : 조판 형태로 출력할 수식

예제 6-9

수식 $E_1 = x^6 - 1$을 $E_2 = (x-1)(x^2+x+1)$로 나눈 결과를 pretty 함수를 이용하여 나타내라.

풀이

Command Window

```
>> syms x ❶
>> E1 = x^6-1;
>> E2 = (x-1)*(x^2+x+1);
>> pretty(E1/E2) ❷
          6
         x  - 1
--------------------
             2
(x - 1) (x  + x + 1)
```

그림 6-10 pretty 함수 실행 결과

❶ syms 명령어로 변수 x를 지정한다.

❷ pretty 함수를 이용하여 $E1/E2$를 조판 형태로 나타낸다.

LESSON 04

심벌릭 그래프 그리기

하나의 변수로 표현된 심벌릭 수식의 그래프를 쉽게 그릴 수 있는 ezplot 함수의 사용법을 살펴보자.

Keyword | ezplot |

ezplot

하나의 변수로 표현된 심벌릭 수식의 그래프를 그리는 ezplot 함수의 기본 형태는 다음과 같다.

ezplot(E, [xmin xmax])

- **E** : 그래프로 나타낼 심벌릭 수식
- **xmin** : 사용하는 변수의 최소 범위
- **xmax** : 사용하는 변수의 최대 범위

변수의 범위를 지정하지 않으면 범위는 기본인 $[-2\pi, 2\pi]$로 지정된다. 또한 title, xlabel 명령어를 사용하지 않아도 자동으로 제목과 x축의 이름이 표시된다.

예제 6-10

$-1 \le x \le 3$일 때 심벌릭 수식 $E = x^2 - 2x + 1$의 그래프를 그려라.

풀이

Command Window

```
>> syms x ❶
>> E = x^2-2*x+1;
>> ezplot(E,[-1 3]); ❷
>> ylabel('E'); ❸
>> grid on;
```

그림 6-11 ezplot 함수를 이용한 코딩 결과

❶ syms 명령어로 변수 x를 지정한 후 주어진 수식을 입력한다.

❷ ezplot 함수를 이용하여 x의 범위에 따른 심벌릭 수식 E의 그래프를 그린다.

❸ y축의 이름은 자동으로 지정되지 않으므로 ylabel 명령어를 이용하여 y축의 이름을 표시한다. 이때 제목과 x축의 이름은 자동으로 지정된다.

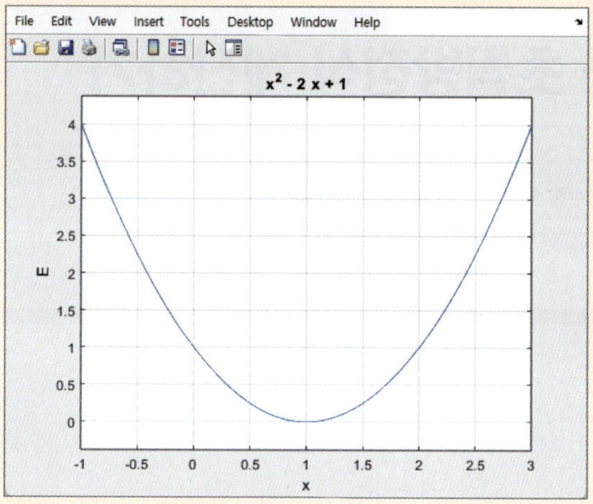

그림 6-12 ezplot 함수를 이용한 실행 결과

LESSON 05

대수방정식과 초월방정식 계산하기

심벌릭 툴박스를 이용하여 대수방정식과 하나 이상의 초월함수를 포함하는 초월방정식의 해를 구하는 방법을 살펴보자.

Keyword | solve | 구조 배열 |

solve

대수방정식 또는 초월방정식의 해를 구하는 solve 함수의 기본 형태는 다음과 같다.

solve(E)

- **E** : 해를 구할 심벌릭 방정식

예제 6-11

2차 방정식 $E = x_3 - 7x + 6$의 해를 구하라.

풀이

❶ syms 명령어를 이용하여 변수를 지정한다.

❷ 3차 방정식 E를 지정한다.

❸ solve 함수를 이용하여 3차 방정식의 근 3개를 구한다.

❹ 3차 방정식 E를 지정하지 않아도 solve 함수를 이용하여 해를 구할 수 있다.

```
Command Window
>> syms x ❶
>> E = x^3-7*x+6; ❷
>> S1 = solve(E) ❸

S1 =

-3
 1
 2

>> S2 = solve(x^3-7*x+6) ❹

S2 =

-3
 1
 2
```

그림 6-13 solve 함수로 대수방정식의 해 구하기

초월방정식은 대수방정식과 다르게 다항식의 근으로 정의할 수 없기 때문에 무한급수의 총합으로 나타낼 수 있다. 초월방정식의 해도 solve 함수로 구한다.

예제 6-12

초월방정식 $E = e^{2x} - 3e^{x} + 2 = 0$의 해를 구하라.

풀이

❶ syms 명령어를 이용하여 변수를 지정한다.

❷ 초월방정식 E를 지정하고 solve 함수를 이용하여 초월방정식의 해를 구한다.

```
Command Window
>> syms x ❶
>> E = solve(exp(2*x)-3*exp(x)+2==0) ❷

E =

log(2)
     0
```

그림 6-14 solve 함수로 초월방정식의 해 구하기

구조 배열

구조 배열(structure array)은 구조(structure)로 구성되며, 서로 다른 배열을 함께 저장할 수 있다. 구조 배열 **S**에 원소 x, y가 저장되었을 때 **S**는 x와 y에 대한 상위 분야(field)이고 x와 y는 **S**에 대한 하위 분야이다. 이렇게 상위 분야와 연결된 하위 분야를 지정할 때는 점(dot) 부호를 사용한다. 예를 들어 구조 배열 **S**를 사용하여 원소 x와 y를 구하는 경우 각각 **S**.x와 **S**.y로 쓸 수 있다.

예제 6-13

다음 1차 연립방정식을 만족하는 원소 x, y, z의 값을 구하라.

$$\begin{cases} -x+4y-z=4 \\ 2x-2y+3z=7 \\ 3x+y-2z=-1 \end{cases}$$

풀이

```
Command Window
>> syms x y z ❶
>> S = solve(-x+4*y-z==4,2*x-2*y+3*z==7,3*x+y-2*z==-1); ❷
>> [S.x S.y S.z] ❸

ans =

[1, 2, 3]
```

그림 6-15 구조 배열 실행 결과

❶ syms 명령어를 이용하여 3개의 변수를 지정한다.

❷ solve 명령어를 이용하여 1차 연립방정식의 해를 구하고 그 값을 **S**에 지정한다.

❸ 구조 배열 **S**.x, **S**.y, **S**.z를 이용하여 1차 연립방정식의 해 x, y, z의 값을 구한다.

LESSON 06

심벌릭 미적분함수 사용하기

심벌릭 미적분함수 diff, int, taylor, limit, symsum의 사용 방법을 살펴보자.

Keyword | diff | int | taylor | limit | symsum |

diff

diff 함수를 이용하면 벡터의 각 성분을 원하는 변수의 차수로 미분할 수 있다. diff 함수의 기본 형태는 다음과 같다.

diff(fx, n)

- **fx** : 함수
- **n** : 연속으로 실행하는 미분의 차수(생략 시 $n = 1$로 지정된다)

예제 6-14

함수 $f(x) = x^3 - 2x^2 + x - 3$의 2차 미분을 계산하고 2차 미분이 0이 되는 부분을 찾아라.

풀이

Command Window

```
>> syms x ❶
>> f(x) = x^3-2*x^2+x-3;
>> D = diff(f(x),2) ❷

D =

6*x - 4

>> solve(D) ❸

ans =

2/3
```

그림 6-16 diff 함수 실행 결과

❶ syms 명령어를 이용하여 변수 x를 지정한다.

❷ diff 함수를 이용하여 2차 미분을 계산한다.

❸ solve 함수를 이용하여 2차 미분이 0이 되는 점을 구한다.

int

주어진 수식을 적분하는 int 함수의 기본 형태는 다음과 같다.

int(f(x), a, b)

- **f(x)** : 피적분함수
- **a, b** : 적분의 하한값과 상한값

연속 함수 $f(x)$가 미분 가능하면 함수 $f(x)$의 모든 역도함수를 함수 $f(x)$의 x에 대한 부정적분(indefinite integral)이라고 하고 $\int f(x)dx$로 나타낸다. 정적분(definite integral)은 일정한 구간 $[a, b]$에서 연속 함수 $f(x)$에 대한 적분으로 $\int_a^b f(x)dx$로 나타내며, 함수 $f(x)$와 x축 사이의 면적을 의미한다.

예제 6-15

부정적분 $\int \sin^2(x)dx$와 정적분 $\int_0^\pi \cos(x)dx$를 각각 계산하라.

풀이

```
Command Window
>> syms x
>> I1 = int(sin(x)^2) ❶

I1 =

x/2 - sin(2*x)/4

>> I2 = int(cos(x),0,pi) ❷

I2 =

0
```

그림 6-17 int 함수 실행 결과

❶ int 함수를 이용하여 부정적분을 실행한다.

❷ int 함수를 이용하여 하한값과 상한값을 지정하고 정적분을 실행한다.

taylor

테일러 급수(Taylor series)는 어떤 함수를 미분 가능한 한 점의 값으로 계산되는 각 항의 무한한 합으로 나타내는 것으로, 미분 가능한 함수를 다항식 형태로 근사화한다. 테일러 급수는 다음과 같이 나타내며, 특정 조건을 만족하는 임의의 함수가 테일러 급수로 표현된 것을 테일러 정리(Taylor's theorem)라고 한다.

$$\sum_{n=0}^{\infty} \frac{f^{(n)}(a)}{n!}(x-a)^n$$

테일러 급수의 수식과 주어진 함수의 테일러 급수를 계산하는 taylor 함수의 기본 형태는 다음과 같다.

taylor(f, 'ExpansionPoint', a, 'Order', n)

- **f** : 테일러 급수를 적용할 함수
- **a** : $x = a$에서 평가되는 값
- **'Order'** : 테일러 급수의 항을 정의
- **n** : 함수 f에 의해 정의되는 테일러 급수의 처음 $n-1$항

매개변수 a가 생략되어 있다면 $a = 0$이다. 이를 매클로린(Maclaurin) 급수라고 부르며, 이 경우 'ExpansionPoint' 부분은 삭제할 수 있다.

예제 6-16

다음 문제를 풀이하라.

(a) 함수 $f(x) = \cos x$를 테일러 급수로 전개한 처음 두 항을 구하라.

(b) 함수 $f(y) = e^y$를 매클로린 급수로 전개한 처음 네 항을 구하라.

풀이

(a)

```
Command Window
>> syms x
>> f(x) = cos(x);
>> taylor(f(x),'Order',2) ❶

ans =

1

>> taylor(f(x),'Order',3) ❷

ans =

1 - x^2/2
```

그림 6-18 테일러 급수로 전개한 실행 결과

❶ taylor 함수를 이용하여 $f(x)$를 테일러 급수로 전개한 처음 두 항을 나타낸다. f_1이므로 처음 두 항의 전개를 나타낼 수 없고 1개 항만 출력된다.

❷ taylor 함수를 이용하여 $f(x)$를 테일러 급수로 전개한 처음 세 항을 지정해야 $\cos(\pi/2) = 0$인 항을 제외한 처음 두 항을 출력할 수 있다. 이때 계승(factorial)은 $2! = 2 \times 1 = 2$이다.

(b)

```
>> syms y
>> f(y) = exp(y);
>> taylor(f(y),'Order', 4,'a',0) ❸

ans =

y^3/6 + y^2/2 + y + 1

>> taylor(f(y),'Order', 4)

ans =

y^3/6 + y^2/2 + y + 1
```

그림 6-19 매클로린 급수로 전개한 실행 결과

❸ taylor 함수를 이용하여 $f(y)$를 매클로린 급수로 전개한 처음 네 항을 나타낸다. 매개변수 a가 생략되었다면 $a = 0$이다.

limit

극한값(limit value)은 변수가 어떤 값에 가까워짐에 따라 함숫값이 가까워지는 값으로, 영문 'lim'으로 표시한다. 극한은 다음과 같이 나타낸다.

$$\lim_{x \to a} f(x)$$

어떤 점에서 함수의 극한을 구하기 위한 극한의 수식과 limit 함수의 기본 형태는 다음과 같다.

limit(f, x, a, 'direction')

- **f** : 주어진 함수
- **x** : 함수 f에 지정된 변수(함수 f를 limit 함수 내부에 직접 입력하면 생략 가능)
- **a** : 변수 x가 접근하는 값
- **'direction'** : 극한을 구하기 위해 접근하는 방향('left' 또는 'right'를 입력하거나 생략 가능)

예제 6-17

다음 극한값을 계산하라.

(a) $\lim_{x \to -1} \frac{x^2 - 1}{x + 1}$ (b) $\lim_{x \to \infty} \frac{-x^2 + 1}{x^2 + 2x + 1}$ (c) $\lim_{x \to 0^-} \frac{1}{x}$ (d) $\lim_{x \to 0^+} \frac{1}{x}$

풀이

```
Command Window
>> syms x ❶
>> a = limit((x^2-1)/(x+1),-1) ❷

a =

-2

>> b = limit((-x^2+1)/(x^2+2*x+1),inf) ❸

b =

-1
```

그림 6-20 극한값 문제 (a), (b)의 실행 결과

(a) syms 명령어를 이용하여 변수 x를 지정하고(❶) limit 함수를 이용하여 $x = -1$에 접근하는 극한값을 구한다(❷).

(b) limit 함수를 이용하여 $x = \infty$에 접근하는 극한값을 구한다(❸).

```
Command Window
>> syms x ❹
>> c = limit(1/x,x,0,'left') ❺

c =

-Inf

>> d = limit(1/x,x,0,'right') ❻

d =

Inf
```

그림 6-21 극한값 문제 (c), (d)의 실행 결과

(c) syms 명령어를 이용하여 변수 x를 지정하고(❹) limit 함수를 이용하여 $x = 0$의 왼쪽(−) 방향에서 접근할 때의 극한값을 구한다(❺).

(d) limit 함수를 이용하여 $x = 0$의 오른쪽(+) 방향에서 접근할 때의 극한값을 구한다(❻).

symsum

급수란 어떤 수열의 시작 항부터 마지막 항까지의 합을 구하는 것이다. 급수를 구하는 수식과 주어진 급수의 총합은 다음과 같이 나타낸다.

$$\sum_{n=a}^{b} f(x)$$

급수의 총합을 구하는 symsum 함수의 기본 형태는 다음과 같다.

symsum(f(x), n, a, b)

- **f(x)** : 심벌릭 변수로 표현된 수식
- **n** : 심벌릭 변수
- **a** : 급수의 시작 값
- **b** : 급수의 마지막 값

예제 6-18

급수 $\sum_{n=1}^{5} n^2$와 $\sum_{k=1}^{\infty} \frac{1}{k^6}$의 각각의 총합을 계산하라.

풀이

```
Command Window
>> syms n k ❶
>> A = symsum(n^2,n,1,5) ❷

A =

55

>> B = symsum(1/k^6,k,1,inf) ❸

B =

pi^6/945
```

그림 6-22 symsum 함수 실행 결과

❶ syms 명령어를 이용하여 변수 n, k를 지정한다.

❷ symsum 함수를 이용하여 급수 $\sum_{n=1}^{5} n^2$의 총합을 구한다.

❸ symsum 함수를 이용하여 급수 $\sum_{k=1}^{\infty} \frac{1}{k^6}$의 총합을 구한다.

LESSON 07

상미분방정식 계산하기

단 하나의 독립변수의 도함수를 포함하는 미분방정식을 상미분방정식(Ordinary Differential Equation, ODE)이라고 한다. 심벌릭 툴박스를 이용하여 다양한 상미분방정식(하나의 방정식, 2개 이상의 방정식, 초기 조건이 지정된 방정식, 경계 조건이 지정된 방정식, 비선형 방정식 등)을 계산하는 방법을 알아보자.

Keyword | dsolve | 상미분방정식 |

dsolve

상미분방정식을 계산하는 dsolve 함수의 기본 형태는 다음과 같다.

dsolve(E, y(0))

- **E** : 상미분방정식의 심벌릭 식
- **y(0)** : 초깃값

2차 이상의 상미분방정식을 계산하는 dsolve 함수의 기본 형태는 다음과 같다.

dsolve(E, Dy(0), D2y(0), …)

- **E** : 상미분방정식의 심벌릭 식
- **y(0)** : 초깃값
- **Dy(0)** : 1차 도함수 초깃값
- **D2y(0), …** : 2차 이상 도함수 초깃값

상미분방정식에서는 어떤 문자도 종속 또는 독립변수로 사용할 수 있지만 MATLAB에서는 독립변수의 이름과 상관없이 심벌릭 툴박스의 미분변수로 항상 t를 사용한다.

독립변수 t에 대한 1차 미분을 나타내는 $\frac{d}{dt}$는 기호 D로 대치하고 1차 미분방정식 $\frac{dy}{dt}$는 MATLAB 코드 Dy로 표시한다. 미분 차수가 $\frac{d^2}{dt^2}$, $\frac{d^3}{dt^3}$인 2차 미분과 3차 미분은 같은 방법을 사용하여 기호 $D2$와 $D3$로 대치하고 미분방정식의 차수가 4차, 5차로 증가하면 D 바로 옆의 숫자를 4, 5로 변경한다. 2차 미분방정식 $\frac{d^2y}{dt^2}$는 MATLAB 코드 $D2y$로 표시한다. 2차 상미분방정식을 푸는 데는 1차 미분에 대한 초깃값을 포함한 2개의 초깃값이 필요하다.

예제 6-19

$0 \le t \le 10$일 때 다음 방정식의 해를 구하고 ezplot 함수를 이용하여 $y(t)$의 그래프를 그려라. 이때 초깃값은 0이라고 가정한다.

$$\frac{dy}{dt} + \frac{1}{5+t}y = 2$$

풀이

```
Command Window
>> syms y(t) ❶
>> Dy = diff(y); ❷
>> y = dsolve(Dy==(-y)/(5+t)+2,y(0)==0) ❸

y =

(t*(t + 10))/(t + 5)

>> ezplot(y,0,10) ❹
>> grid on;
```

그림 6-23 1차 상미분방정식 코딩 결과

❶ syms 명령어를 이용하여 독립변수 t의 인자를 갖는 함수 $y(t)$를 지정한다.

❷ diff 함수를 이용하여 y를 실행한 값을 1차 미분방정식 Dy로 지정한다.

❸ dsolve 함수에 초깃값을 대입하여 방정식의 해를 구한다.

❹ ezplot 함수를 이용하여 1차 상미분방정식을 그래프로 나타낸다.

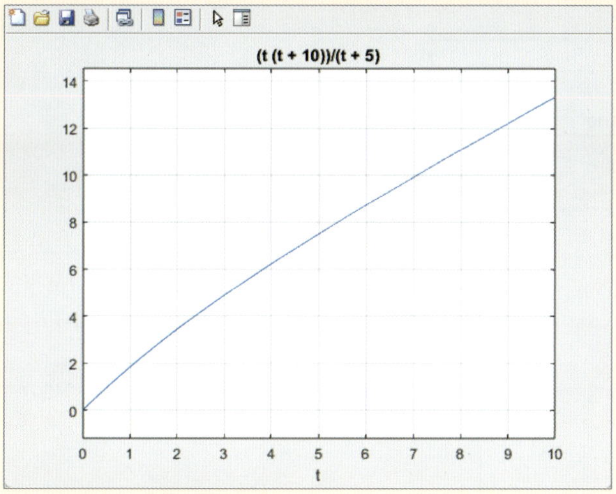

그림 6-24 1차 상미분방정식 실행 결과

예제 6-20

2차 상미분방정식 $\ddot{y}+13\dot{y}+40y = f(t)$는 $t < 0$일 때 $f(t) = 0$이고 $t \geq 0$일 때 $f(t) = 4$이다. 초깃값이 $y(0) = 0$, $\dot{y}(0) = 0$일 때 방정식의 해를 구하고 그래프를 그려라. 이때 그래프의 범위는 $0 \leq t \leq 0.9$이다.

풀이

```
Command Window
>> syms y(t) ❶
>> Dy = diff(y);     ❷
>> D2y = diff(y,2);  ❷
>> y = dsolve(D2y+13*Dy+40*y==4,y(0)==0,Dy(0)==0) ❸

y =

exp(-8*t)/6 - (4*exp(-5*t))/15 + 1/10

>> ezplot(y) ❹
>> axis([0 0.9 0 0.1]); ❺
>> grid on;
```

그림 6-25 2차 상미분방정식 코딩 결과

❶ syms 명령어를 이용하여 독립변수 t의 인자를 갖는 함수 $y(t)$를 지정한다.

❷ diff 함수를 이용하여 y를 실행한 값을 1차, 2차 미분방정식 Dy, $D2y$로 지정한다.

❸ dsolve 함수에 2개의 초깃값을 이용하여 2차 미분방정식의 해를 구한다.

❹ ezplot 함수를 이용하여 2차 상미분방정식을 그래프로 나타낸다. 단, ezplot 함수의 인자는 정수만 가능하므로 문제에서 제시한 범위를 지정할 수 없다.

❺ axis 명령어를 이용하여 문제에서 제시한 t의 범위를 지정한다.

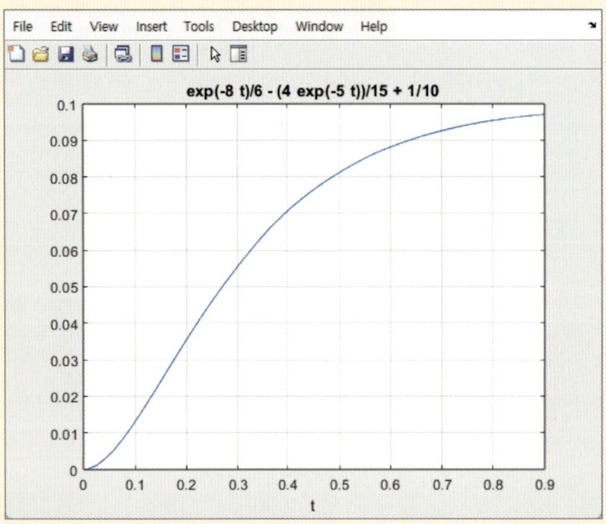

그림 6-26 2차 상미분방정식 실행 결과

LESSON 08

라플라스 변환하기

시간 영역에서 미분방정식을 푸는 것은 매우 복잡한데, 이를 라플라스 영역으로 변환한 후 계산하면 쉽게 해결할 수 있다. 심벌릭 툴박스를 사용하여 라플라스 변환 문제를 해결하는 방법을 살펴보자.

Keyword | 라플라스 변환 | laplace | 라플라스 역변환 | ilaplace |

laplace

변수 t를 사용하는 시간 영역의 함수를 변수 s를 사용하는 라플라스 영역으로 변환하는 것을 라플라스 변환(Laplace transform)이라고 한다. 이를 수행하는 laplace 함수의 기본 형태는 다음과 같다.

laplace(f)

- **f** : 시간 영역의 함수

예제 6-21

시간 영역의 함수 $f(t) = 1$과 $g(t) = -2\cos 2t + 3\sin 2t - 1$의 라플라스 변환을 수행하라.

풀이

```
Command Window
>> syms t ①
>> f = 1;
>> F = laplace(f) ②
Incorrect number or types of inputs or outputs for function laplace.

>> g = -2*cos(2*t)+3*sin(2*t)-1;
>> G = laplace(g) ③

G =

6/(s^2 + 4) - (2*s)/(s^2 + 4) - 1/s
```

그림 6-27 라플라스 변환 실행 결과

① syms 명령어를 이용하여 변수 t를 지정한다.

② 상숫값 1을 갖는 단위함수(unit function)에 laplace 함수를 실행하면 오류가 발생한다.

③ laplace 함수를 이용하여 함수 $g(t)$의 라플라스 변환을 구한다.

ilaplace

변수 s를 사용하는 라플라스 영역의 함수를 변수 t를 사용하는 시간 영역의 함수로 변환하는 것을 라플라스 역변환이라고 한다. 이를 수행하는 ilaplace 함수의 기본 형태는 다음과 같다.

ilaplace(f)

- **f** : 라플라스 영역의 함수

예제 6-22

라플라스 영역의 함수 $F(s)=\frac{1}{s}$과 $G(s)=\frac{6}{s^2+4}-\frac{2s}{s^2+4}-\frac{1}{s}$의 라플라스 역변환을 구하라.

풀이

Command Window

```
>> syms s ❶
>> F = 1/s;
>> f = ilaplace(F) ❷

f =

1

>> G = 6/(s^2+4)-2*s/(s^2+4)-1/s;
>> g = ilaplace(G) ❸

g =

3*sin(2*t) - 2*cos(2*t) - 1
```

그림 6-28 라플라스 역변환 실행 결과

❶ syms 명령어를 이용하여 변수 s를 지정한다.

❷ ilaplace 함수를 이용하여 라플라스 영역의 함수 $F(s)$의 라플라스 역변환을 구하면 상숫값 1을 얻는다([예제 6-21]의 ❷와 비교).

❸ ilaplace 함수를 이용하여 라플라스 영역의 함수 $G(s)$의 라플라스 역변환을 구한다. 이는 [예제 6-21]의 초기식 $g(t)$와 동일하다.

LESSON 09

행렬의 특성 다항식 계산하기

행렬에 대한 특성 다항식과 특성 다항식의 근을 구할 때 사용하는 심벌릭 함수 eig와 charpoly에 대해 알아보자.

Keyword | eig | 고윳값 | 고유 벡터 | charpoly | 특성 다항식 |

eig

크기가 n인 정방행렬 $\mathbf{A}$가 있을 때 $\mathbf{Au} = \lambda\mathbf{u}$를 만족하는 0이 아닌 벡터 $\mathbf{u}$가 존재하면 스칼라 λ를 행렬 $\mathbf{A}$의 고윳값(eigenvalue)이라고 하고 벡터 $\mathbf{u}$를 행렬 $\mathbf{A}$의 고유 벡터(eigenvector)라고 한다. 심벌릭 정방행렬 $\mathbf{A}$에 대한 고윳값을 구하는 eig 함수의 기본 형태는 다음과 같다.

eig(A)

- **A** : 심벌릭 정방행렬

특성 다항식(characteristic polynomial)은 $\det(\mathbf{A} - \lambda\mathbf{I})$와 같이 정의된다. 여기서 λ는 특성 다항식의 근이다.

charpoly

심벌릭 정방행렬 $\mathbf{A}$에 대한 특성 다항식을 내림차순 계수로 구성된 벡터 형태로 나타내는 charpoly 함수의 기본 형태는 다음과 같다.

charpoly(A)

- **A** : 심벌릭 정방행렬

예제 6-23

다음 행렬의 특성 다항식을 구하고 이 특성 다항식의 근을 조판 형태로 나타내라.

$$\mathbf{A} = \begin{bmatrix} 5 & 3 \\ k & 1 \end{bmatrix}$$

풀이

Command Window

```
>> syms k ❶
>> A = [5,3;k,1];
>> P = poly2sym(charpoly(A)) ❷

P =

x^2 - 6*x - 3*k + 5

>> R = eig(A) ❸

R =

3 - (3*k + 4)^(1/2)
(3*k + 4)^(1/2) + 3

>> pretty(R) ❹
/ 3 - sqrt(3 k + 4) \
|                   |
\ sqrt(3 k + 4) + 3 /
```

그림 6-29 행렬의 특성 다항식과 근 구하기 실행 결과

❶ syms 명령어를 이용하여 변수 k를 지정한다.

❷ charpoly와 poly2sym 함수를 이용하여 행렬 $\mathbf{A}$의 특성 다항식 $x^2 - 6x - 3k + 5$를 구한다.

❸ eig 함수를 이용하여 특성 다항식의 근 $x = 3 \pm \sqrt{3k+4}$를 구한다.

❹ pretty 함수를 이용하여 주어진 근을 조판 형태로 나타낸다.

CHAPTER

07

외부 파일 불러오기/내보내기

CONTENTS

LESSON 01 그림 파일 불러오기/내보내기

LESSON 02 엑셀 파일 불러오기/내보내기

LESSON 01

그림 파일 불러오기/내보내기

MATLAB 환경에서 생성되지 않은 그림 파일을 MATLAB 명령 창으로 불러오는 방법을 알아보고, 반대로 MATLAB 환경에서 생성된 그림 파일을 보통의 그림 파일로 변환하는 방법을 알아보자.

Keyword | imread | image |

imread

MATLAB을 사용하지 않고 생성된 그림 파일에서 이미지를 읽는 imread 함수의 기본 형태는 다음과 같다.

A = imread('File', 'FMT')

- **A** : MATLAB 그림 파일의 이름으로 확장자 .fig가 자동으로 지정된다.
- **'File'** : 변환할 일반 그림 파일 이름
- **'FMT'** : 표준 그림 파일 확장자(bmp, gif, jpeg, png, tiff 등)로 파일 형식을 지정한다. 만약 'File'에 그림 파일의 이름과 확장자 이름을 함께 입력했다면 이 부분을 생략할 수 있다.

image

MATLAB의 명령 창에서 열어 볼 수 있도록 변환된 그림 파일의 이미지를 보여주는 image 함수의 기본 형태는 다음과 같다.

image(A)

- **A** : image 함수를 사용하여 변환할 MATLAB 그림 파일

컴퓨터에서 열어볼 수 있는 그림 파일은 다양하다. 파일 이름이 'figure'라고 해도 확장자에 따라서 'figure.bmp', 'figure.gif', 'figure.jpeg', 'figure.tiff' 등 여러 유형의 파일이 존재한다. 각 유형은 장단점이 있으므로 사용 목적에 맞게 선택하면 된다. 단, 유형을 잘못 사용하면 작업을 망칠 수 있고 메모리 공간을 지나치게 많이 차지하거나 그림이 열리지 않을 수도 있다.

TIP 특별한 소프트웨어를 설치하지 않아도 컴퓨터에서 다양한 확장자의 그림 파일을 열어볼 수 있다. 그러나 MATLAB을 사용하여 생성된 'figure.fig' 파일은 MATLAB 프로그램이 설치되어 있지 않으면 사용할 수 없다. MATLAB 환경에서 생성되지 않은 'figure.bmp' 파일 역시 MATLAB에서 사용하지 못한다.

예제 7-1

File MATLAB.bmp

[그림 7-1]은 MATLAB에서 생성하지 않은 파일(MATLAB.bmp)이다. 이 파일을 MATLAB의 명령 창으로 불러와 MATLAB에서 사용할 수 있는 파일(MATLAB.fig)로 변환하라.

그림 7-1 그림 파일(MATLAB.bmp)

풀이

Command Window
```
>> MATLAB = imread('MATLAB.bmp'); ❶
>> image(MATLAB) ❷
```
(a)

Command Window
```
>> MATLAB = imread('MATLAB','bmp'); ❶
>> image(MATLAB) ❷
```
(b)

그림 7-2 'MATLAB.bmp' 파일을 MATLAB 명령 창에 불러오는 두 가지 방법

❶ 'MATLAB.bmp' 파일을 불러오기 위해 명령 창에 코드를 입력한다. 이때 반드시 현재 명령 창이 지정된 경로(C:\Program Files\MATLAB\R2024b\bin)에 열려 있는 현재 폴더(작업공간)에 'MATLAB.bmp'가 저장되어 있는지 확인한다. 만약 여기에 파일이 없으면 함수가 작동하지 않는다. 확장자는 [그림 7-2(a)]처럼 그림 파일명에 붙여서 사용하거나 [그림 7-2(b)]처럼 분리해서 사용해도 동일한 결과가 나타난다.

❷ image 함수를 실행하여 열린 그림 창의 내용을 확인한다.

TIP 첫 번째 명령줄의 세미콜론은 반드시 지정해야 한다. 지정하지 않으면 그림의 코드를 나타내는 숫자의 배열이 연속적으로 표시된다.

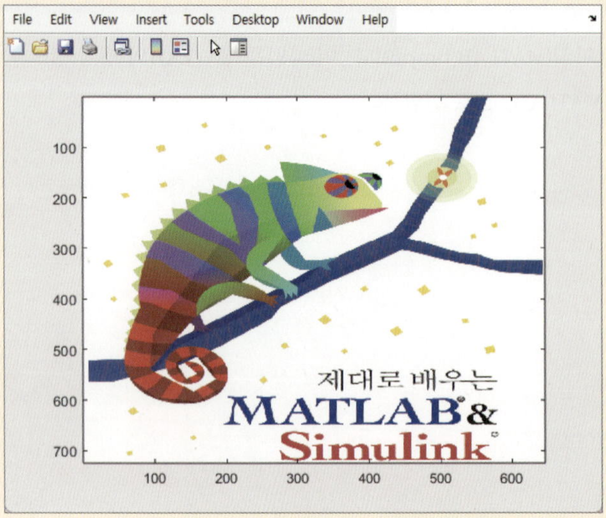

그림 7-3 MATLAB 그림 창에서 보는 변환된 그림 파일(MATLAB.fig)

예제 7-2

File Seoul.fig

[그림 7-4]는 인터넷 경로를 통해 불러온 그림 파일(Seoul.fig)이다. 이 파일을 MATLAB이 아닌 다른 환경에서도 열어볼 수 있는 파일(Seoul.bmp)로 변환하라.

그림 7-4 인터넷 경로를 통해 불러온 그림 파일(Seoul.fig)

풀이

❶ 'Seoul.fig' 파일을 열고 [File] – [Save as…] 메뉴를 클릭하면 [그림 7–5]와 같은 새로운 창이 열린다.

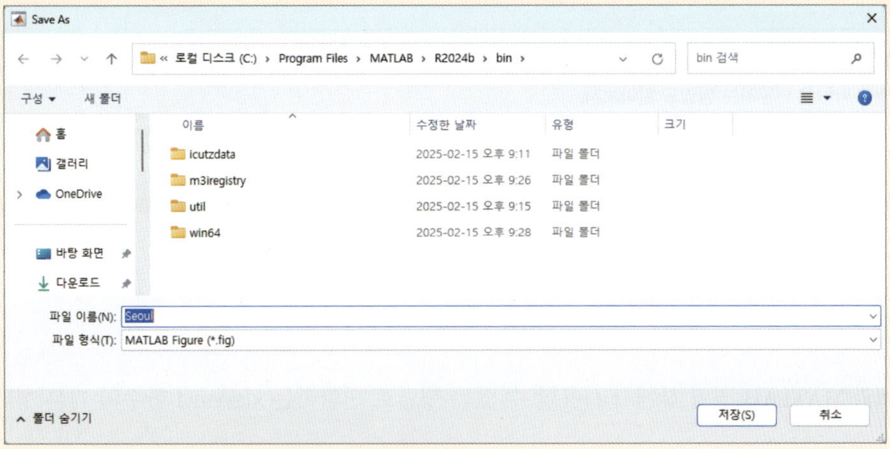

그림 7–5 MATLAB 그림 파일을 일반 그림 파일로 변환하는 과정

❷ [파일 형식(T):]의 다양한 확장자 중 'Bitmap file(*.bmp)'을 선택하면 자동으로 현재 폴더에 'Seoul.bmp' 파일이 생성된다.

TIP MATLAB 명령 창이 열려 있는 상태에서 .fig 확장자의 MATLAB 그림 파일을 더블클릭하면 그림 창이 열린다. 이때 .fig 확장자가 아닌 그림 파일은 더블클릭해도 그림을 볼 수 없다. 새롭게 생성된 'graph.bmp' 파일은 현재 지정된 [C:\Program Files\MATLAB\R2024b\bin] 디렉터리로 열어야 한다.

TIP 확장자가 .bmp인 비트맵(Bitmap) 파일은 기본적인 이미지 편집의 표준으로 사용된다. 이 파일은 다른 이미지 파일에 비해 고화질이고 편집과 수정이 간편하지만 파일의 크기가 크다는 단점이 있다.

LESSON 02

엑셀 파일 불러오기/내보내기

MATLAB 환경에서 생성되지 않은 엑셀 파일을 MATLAB 명령 창으로 불러오는 방법을 알아보자. 반대로 MATLAB 환경에서 생성된 배열을 엑셀 파일로 변환하는 방법도 알아보자.

Keyword | xlsread | xlswrite |

xlsread

엑셀 파일을 읽어와 MATLAB 명령 창에서 사용할 수 있는 행렬로 변환하는 xlsread 함수의 기본 형태는 다음과 같다.

[A, C] = xlsread('file')

- **A** : 변환한 엑셀 파일이 저장될 MATLAB 행렬의 변수
- **C** : 변환한 엑셀 파일이 저장될 MATLAB 행렬의 셀형 배열
- **'file'** : 변환할 엑셀 파일 이름

예제 7-3 File Xls-data.xls

[그림 7-6]은 bin 디렉터리에서 생성된 엑셀 파일(Xls-data.xls)이다. 이 파일을 MATLAB의 명령 창으로 불러와 사용할 수 있는 행렬변수 Xls_read로 변환하라.

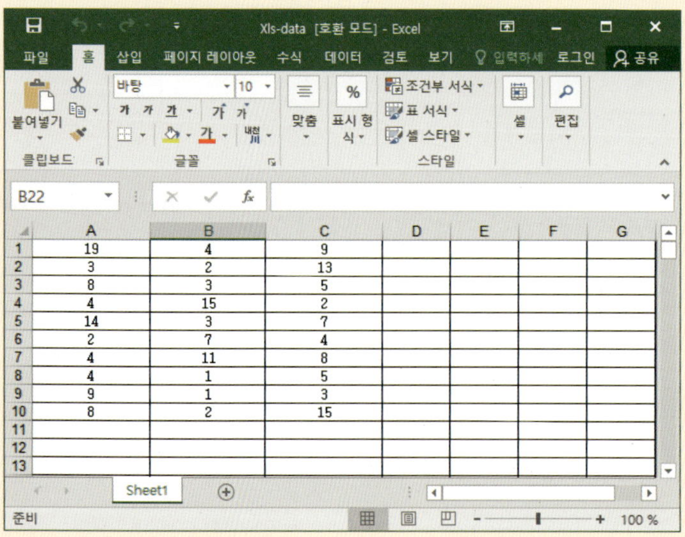

	A	B	C	D	E	F	G
1	19	4	9				
2	3	2	13				
3	8	3	5				
4	4	15	2				
5	14	3	7				
6	2	7	4				
7	4	11	8				
8	4	1	5				
9	9	1	3				
10	8	2	15				
11							
12							
13							

그림 7-6 엑셀 파일(Xls-data.xls)

풀이

❶ MATLAB 명령 창에 다음과 같이 입력하여 원래 엑셀 파일과 동일한 행렬을 명령 창에서 확인한다.

```
Command Window
>> Xls_read = xlsread('Xls-data.xls') ❶

Xls_read =

    19     4     9
     3     2    13
     8     3     5
     4    15     2
    14     3     7
     2     7     4
     4    11     8
     4     1     5
     9     1     3
     8     2    15
```

그림 7-7 행렬변수의 형태로 명령 창으로 불러온 엑셀 파일의 내용

xlswrite

MATLAB 명령 창에서 생성된 행렬을 엑셀 파일로 내보내는 **xlswrite** 함수의 기본 형태는 다음과 같다.

A = file.xls
xlswrite(A, B)

- **A** : 변환하여 내보낼 엑셀 파일의 이름(file.xls)을 지정하는 변수
- **B** : MATLAB에서 생성된 행렬의 변수

예제 7-4

다음 행렬을 엑셀 파일(Xls−write.xls)로 변환하라.

$$\mathbf{A} = \begin{bmatrix} 51 & 55 & 45 \\ 68 & 39 & 26 \\ 70 & 83 & 19 \\ 93 & 25 & 61 \end{bmatrix}$$

풀이

❶ 4행 3열의 행렬 **A**를 엑셀 파일(Xls−write.xls)로 생성하기 위해 MATLAB 명령 창에 다음과 같이 입력한다.

```
Command Window
>> A = [51,55,45;68,39,26;70,83,19;93,25,62];
>> file = 'Xls-write.xls';
>> xlswrite(file,A);
```

그림 7-8 MATLAB 행렬 **A**를 엑셀 파일로 내보내는 과정

❷ 현재 폴더를 확인하면 엑셀 파일(Xls-write.xls)이 있다. 올바른 경로(C:\Program Files\MATLAB\R2024b\bin)를 따라 해당 파일을 열면 [그림 7-9]와 같은 엑셀 파일을 확인할 수 있다.

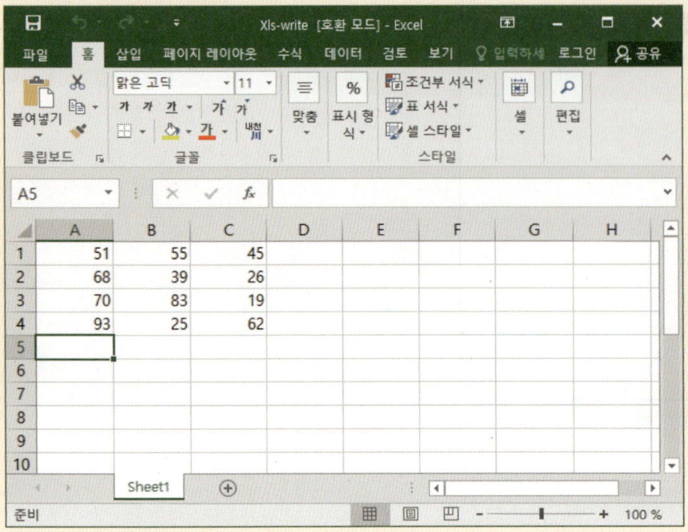

그림 7-9 MATLAB을 이용하여 새롭게 생성된 엑셀 파일(Xls-write.xls)

PART 03

MATLAB 활용하기

CONTENTS

CHAPTER 08 수치해석
"정확한 수치해석은 MATLAB의 능력을 빌리세요"

CHAPTER 09 제어
"MATLAB 사용의 시초는 제어 분야예요"

CHAPTER 10 신호 및 시스템
"신호의 개념은 MATLAB 그래프로 이해하세요"

CHAPTER 11 전자기학
"어려운 벡터 해석도 MATLAB이 쉽게 해주네요"

CHAPTER 12 통계 및 통신
"스마트 통신은 스마트한 MATLAB이 최고죠"

CHAPTER 13 인공지능
"인공지능과 MATLAB을 함께 만나보시죠"

PART 03에서는 무엇을 배울까?

MATLAB 활용하기

이제 초보 운전에서 벗어나 자신이 가고 싶은 곳으로 운전해 가는 방법을 배워보자. MATLAB은 수치해석, 제어, 신호 및 시스템, 전자기학, 통계 및 통신, 심지어 인공지능에 이르기까지 다양한 분야에서 활용할 수 있다. 3부에서는 MATLAB을 활용하여 분야별 예제를 해결해본다.

수치해석은 수치적인 근삿값을 구하고 오차를 줄이는 학문으로 정확한 값을 구하는 것이 매우 중요하다. 8장에서는 다양한 MATLAB 함수/명령어를 이용하여 선형방정식의 해를 구하고 가우스 소거법과 상하행렬 분해를 이용하여 변숫값을 찾아본다. 또한 보간법과 미적분을 수행하는 함수를 이용하여 변숫값을 편리하고 정확히 계산한다. MATLAB을 이용한 수치해석의 추가적인 공부가 필요하다면『MATLAB으로 배우는 공학 수치해석(3판)』(한빛아카데미, 2023)을 참고하라.

제어는 MATLAB을 처음 활용한 공학 분야로, 이로 인해 MATLAB은 제어에 대한 다양한 기능을 제공한다. 9장에서는 MATLAB을 이용하여 전달함수에 대한 계단 응답을 그래프로 나타낸다.

공학에서 입력 신호와 출력 신호를 해석하는 것은 전체 시스템의 성능과 구조를 이해하는 데 큰 영향을 미친다. 수학 계산에만 의존한 신호해석으로는 전체 시스템을 이해하기 어렵기 때문에 10장에서는 신호를 그래프로 나타내어 한눈에 신호와 전체 시스템을 이해할 수 있도록 돕는다.

벡터를 이해하지 못했다면 전기장과 자기장을 이해하는 것은 매우 어렵다. 11장에서는 MATLAB 함수/명령어를 이용한 벡터의 연산부터 정전기장과 정자기장에서의 전자기적 특성을 계산하는 방법을 배운다. 또한 MATLAB의 심벌릭 툴박스를 이용하여 전기장과 자기장의 특성을 간편하게 계산할 수 있는 스크립트 파일을 작성해본다.

통계 및 통신에서는 신호를 변환하고 그 결과를 원래 신호와 비교하는 것이 중요하다. 12장에서는 아날로그 변조와 복조, 디지털 변조 등 통신의 기초 내용을 MATLAB 스크립트 파일로 작성하고 통계적 그래프를 통해 더 쉽고 간편하게 결과를 이해하는 과정을 학습한다.

새로운 분야인 인공지능에 대해서도 알아두면 유용하다. 13장에서는 기본적인 개념을 바탕으로 인공지능이 무엇인지 쉽게 이해할 수 있도록 하고 MATLAB 예제를 통해 신경망을 이해하는 방법까지 학습하여 인공지능이라는 큰 테두리를 쉽게 이해할 수 있도록 한다.

CHAPTER

08

수치해석

CONTENTS

LESSON 01 2진수와 10진수 변환
LESSON 02 역행렬
LESSON 03 선형연립방정식
LESSON 04 가우스 소거법
LESSON 05 상하행렬 분해
LESSON 06 선형 보간법과 스플라인 보간법
LESSON 07 함수의 근 구하기
LESSON 08 함수의 근을 구하는 다양한 방법
LESSON 09 수치 적분법
LESSON 10 수치 미분법

LESSON 01

2진수와 10진수 변환

10진법은 10진수의 10개 숫자(0~9)를 사용하여 숫자를 표현하고 2진법은 2진수의 2개 숫자(0, 1)를 사용하여 표현한다. MATLAB을 통해 인간이 데이터를 처리할 때 사용하는 숫자인 10진수와 컴퓨터 내부에서 데이터를 처리할 때 사용하는 2진수의 상관관계를 알아보자.

Keyword | bin2dec | dec2bin | Fr_bin2dec | Fr_dec2bin |

2진 정수를 10진 정수로 변환

2진 정수(binary integer) B는 다음과 같이 0과 1로 구성된 유한수열 형태로 표현된다.

$$B = (b_n b_{n-1} \cdots b_2 b_1 b_0)_2 \tag{8.1}$$

식 (8.1)을 10진 정수(decimal integer) D로 변환하려면 다음과 같이 계산한다.

$$D = b_n 2^n + b_{n-1} 2^{n-1} + \cdots + b_1 2^1 + b_0 \tag{8.2}$$

예를 들어 2진 정수 $B = (1001)_2$를 10진 정수로 변환하면 다음과 같다.

$$D = 2^3 + 2^0 = 9$$

10진 정수를 2진 정수로 변환

10진 정수를 2진 정수로 변환하려면 식 (8.2)를 2로 나누어 생긴 몫 D_1을 다음과 같이 표현한다. 이때 나머지는 b_0라고 한다.

$$D_1 = b_n 2^{n-1} + b_{n-1} 2^{n-2} + \cdots + b_1 2^0$$

D_1을 2로 나누면 다시 몫이 생기고 나머지는 b_1이 되는데, 몫이 0이 될 때까지 이 과정을 반복한다. 이때의 나머지를 역순으로 나열하면 2진 정수를 얻을 수 있다. 예를 들어 10진 정수 9를 2진 정수로 변환하면 다음과 같다.

$$\begin{array}{lllll}
2\overline{)9} = 4 = D_1 & & & & b_0 = 1 \\
& 2\overline{)4} = 2 = D_2 & & & b_1 = 0 \\
& & 2\overline{)2} = 1 = D_3 & & b_2 = 0 \\
& & & 2\overline{)1} = 0 = D_4 & b_3 = 1
\end{array}$$

각 단계에서 구한 나머지를 역순으로 나열하면 $(b_3b_2b_1b_0)_2 = (1001)_2$와 같이 2진 정수를 얻을 수 있다.

예제 8-1

2진 정수 1001을 10진 정수로 변환하고 10진 정수 9를 2진 정수로 변환하라.

배경지식

■ bin2dec

2진 정수를 10진 정수로 변환하는 bin2dec 함수의 기본 형태는 다음과 같다.

```
bin2dec('num')
```

bin2dec 함수를 사용할 때는 반드시 숫자를 작은따옴표(또는 큰따옴표)로 묶어야 한다. 그렇지 않으면 오류 메시지가 나타난다.

■ dec2bin

10진 정수를 2진 정수로 변환하는 dec2bin 함수의 기본 형태는 다음과 같다.

```
dec2bin(num)
```

dec2bin 함수를 사용할 때는 숫자만 입력해야 한다. 만약 숫자를 작은따옴표로 묶어서 입력하면 그 값을 아스키 코드(ASCII code)로 변환한 후 2진 정수로 변환하므로 원하는 결과를 얻을 수 없다.

풀이

```
Command Window
>> bin2dec(1001)  ❶
Error using bin2dec
Input argument must be a character vector, string, or cell
array of character vectors.

>> bin2dec('1001')  ❷

ans =

     9

>> dec2bin('9')  ❸

ans =

    '111001'

>> dec2bin(9)  ❹

ans =

    '1001'
```

그림 8-1 10진수와 2진수 상호 변환하기 실행 결과

❶ bin2dec 함수에 작은따옴표를 생략하면 오류 메시지를 생성한다.

❷ bin2dec 함수에 작은따옴표를 사용하여 2진수 1001을 10진수로 변환한다.

❸ dec2bin 함수에 작은따옴표를 사용하면 컴퓨터의 아스키 코드(ASCII code) 값으로 지정한 10진 정수 9를 나타낸다.

❹ dec2bin 함수를 작은따옴표 없이 사용하여 10진수 9를 2진수로 변환한다.

2진 소수를 10진 소수로 변환

2진 소수(binary fractions) B는 다음과 같이 0과 1로 구성된 무한수열 형태로 표현된다.

$$B = (b_1 b_2 b_3 \cdots b_n \cdots)_2 \tag{8.3}$$

식 (8.3)을 10진 소수(decimal fractions) D로 변환하려면 다음과 같이 계산한다.

$$D = b_1 2^{-1} + b_2 2^{-2} + b_3 2^{-3} + \cdots \tag{8.4}$$

예를 들어 2진 소수 $B = (0.10001)_2$를 10진 정수로 변환하면 다음과 같다.

$$D = 2^{-1} + 2^{-5} = 0.5 + 0.03125 = 0.53125$$

예제 8-2 M-File Fr_bin2dec.m

2진 소수 0.1101을 10진 소수로 변환하라.

배경지식

■ **Fr_bin2dec**

2진 소수를 10진 소수로 변환하는 사용자정의함수 Fr_bin2dec의 기본 형태는 다음과 같다.

```
Fr_bin2dec('num')
Fr_bin2dec(num)
```

2진 소수는 2진 및 10진 정수와 달리 작은따옴표(또는 큰따옴표)가 있거나 없어도 실행 결과가 같다. 단, 사용 중인 [Current Folder]에 사용자정의함수 'Fr_bin2dec.m'이 있을 때만 이 함수를 사용할 수 있다.

풀이

```
Command Window
>> format long ❶
>> Fr_bin2dec(0.1101)
Unrecognized function or variable 'Fr_bin2dec'.

>> Fr_bin2dec(0.1101) ❷

ans =

   0.812500000000000

>> Fr_bin2dec("0.1101") ❸

ans =

   0.812500000000000
```

그림 8-2 2진 소수를 10진 소수로 변환하기 실행 결과

❶ 소수점 자리를 확장하기 위해 format long을 설정한다. [Current Folder]에 사용자정의함수 'Fr_bin2dec.m'이 저장되지 않은 상태임을 확인한다.

❷ [Current Folder]에 'Fr_bin2dec.m'을 저장한 후 함수를 사용하여 2진 소수 0.1101을 10진 소수로 변환한다.

❸ Fr_bin2dec 함수에 큰따옴표(또는 작은따옴표)를 사용해도 10진 소수를 변환한다.

10진 소수를 2진 소수로 변환

10진 소수를 2진 소수로 변환하기 위해 식 (8.4)를 다음과 같이 다시 쓸 수 있다.

$$D = D_1 = b_1 2^{-1} + b_2 2^{-2} + b_3 2^{-3} + \cdots$$

여기에 2를 곱하면 b_1은 정수가 되므로 다음 식부터는 사라져 표기하지 않는다.

$$D_2 = b_2 2^{-1} + b_3 2^{-2} + b_4 2^{-3} + \cdots$$

D_2에 다시 2를 곱하면 b_2는 정수가 된다. 소수 자리가 0이 될 때까지 이 과정을 반복한다. 생성되는 정수를 차례대로 나열하면 변환된 2진 소수를 얻을 수 있다.

예제 8-3 M-File Fr_dec2bin.m

10진 소수 0.8125를 2진 소수로 변환하라.

배경지식

■ **Fr_dec2bin**

10진 소수를 2진 소수로 변환하는 사용자정의함수 Fr_dec2bin의 기본 형태는 다음과 같다.

```
Fr_dec2bin('num')
Fr_dec2bin(num)
```

10진 소수는 2진 및 10진 정수와 달리 작은따옴표(또는 큰따옴표)가 있거나 없어도 실행 결과는 같다. 단, 사용 중인 현재 폴더에 'Fr_dec2bin.m'이 있을 때만 이 함수를 사용할 수 있다.

풀이

```
Command Window
>> format long ❶
>> Fr_dec2bin('0.8125') ❷

ans =

    '0.1101'

>> Fr_dec2bin(0.8125) ❸

ans =

    '0.1101'
```

그림 8-3 10진 소수를 2진 소수로 변환하기 실행 결과

❶ 소수점 자리를 확장하기 위해 format long을 설정한다.

❷ [Current Folder]에 'Fr_dec2bin.m'을 저장한 후 함수를 사용하여 10진 소수 0.8125를 2진 소수로 변환한다.

❸ Fr_dec2bin 함수에 큰따옴표(또는 작은따옴표)를 사용하지 않아도 2진 소수로 변환할 수 있다.

LESSON 02

역행렬

행렬방정식 $\mathbf{Ax} = \mathbf{c}$의 해 $\mathbf{x}$를 구하려면 상수 벡터 $\mathbf{c}$를 행렬 $\mathbf{A}$로 나누어야 한다. 행렬방정식의 해를 구하기 위해 나누는 행렬 $\mathbf{A}$는 $\mathbf{A}^{-1}$로 나타내며, 이를 행렬 $\mathbf{A}$의 역행렬이라고 한다. MATLAB 명령어를 이용하여 역행렬이 존재하는지 확인하고 역행렬을 구해보자.

Keyword | 정칙행렬 | 비정칙행렬 | 행렬식 | det | inv |

역행렬

행렬 $\mathbf{A}$의 역행렬(inverse matrix) $\mathbf{A}^{-1}$이 존재하려면 행렬 $\mathbf{A}$는 반드시 정방행렬이면서 행렬식의 값이 0이 아닌($|\mathbf{A}| \neq 0$) 정칙행렬(nonsingular matrix)이어야 한다. 행렬식의 값이 0인($|\mathbf{A}| = 0$) 비정칙행렬(singular matrix)은 역행렬을 가질 수 없다.

역행렬 $\mathbf{A}^{-1}$과 행렬 $\mathbf{A}$를 곱하면 다음과 같이 단위행렬 $\mathbf{I}$가 생성된다.

$$\mathbf{A}^{-1}\mathbf{A} = \mathbf{A}\mathbf{A}^{-1} = \mathbf{I} \tag{8.5}$$

행렬방정식을 일반화한 식 $\mathbf{Ax} = \mathbf{c}$의 양변에 역행렬 $\mathbf{A}^{-1}$을 곱하면 다음과 같다.

$$\mathbf{A}^{-1}\mathbf{Ax} = \mathbf{A}^{-1}\mathbf{c} \tag{8.6}$$

여기에 식 (8.5)를 이용하면 행렬방정식의 해 $\mathbf{x}$를 구할 수 있다.

$$\mathbf{x} = \mathbf{A}^{-1}\mathbf{c} \tag{8.7}$$

17세기 독일의 수학자 라이프니츠(Leibniz)가 사용한 3행 3열의 행렬식에 대해 알아보자. 다음과 같은 3행 3열의 행렬 $\mathbf{A}$의 역행렬 $\mathbf{A}^{-1}$을 구하는 과정은 다음과 같다.

$$\mathbf{A} = \begin{bmatrix} a_{11} & a_{12} & a_{13} \\ a_{21} & a_{22} & a_{23} \\ a_{31} & a_{32} & a_{33} \end{bmatrix}$$

1. 정칙행렬 조건을 만족하는 행렬 $\mathbf{A}$의 행렬식을 구한다.

$$\det(\mathbf{A}) = a_{11}a_{22}a_{33} + a_{12}a_{23}a_{31} + a_{13}a_{32}a_{21} - a_{13}a_{22}a_{31} - a_{12}a_{21}a_{33} - a_{11}a_{32}a_{23} \neq 0$$

2. a_{11}이 포함된 행과 열을 제외한 나머지 원소만으로 새로운 2×2 행렬에 대한 행렬식을 만들고 M_{11}이라고 지정한다. 이를 a_{11}에 대한 소행렬식(minor)이라고 한다. 같은 방법으로 나머지 원소들에 대한 소행렬식을 구한다.

$$\det(M_{11}) = \begin{vmatrix} a_{22} & a_{23} \\ a_{32} & a_{33} \end{vmatrix} = a_{22}a_{33} - a_{23}a_{32}$$

❸ a_{11} 자리에 M_{11} 값을 지정하고 다른 자리에도 소행렬식 방법으로 구한 나머지 값을 지정한 후 행과 열을 전치한다. 이렇게 구한 행렬을 행렬 **A**에 대한 수반행렬(adjoint)이라고 하고 Adj(**A**)로 표현한다.

$$\text{Adj}(\mathbf{A}) = \begin{bmatrix} M_{11} & M_{12} & M_{13} \\ M_{21} & M_{22} & M_{23} \\ M_{31} & M_{32} & M_{33} \end{bmatrix}^T = \begin{bmatrix} M_{11} & M_{21} & M_{31} \\ M_{12} & M_{22} & M_{32} \\ M_{13} & M_{23} & M_{33} \end{bmatrix}$$

❹ 수반행렬의 여인자(cofactor)를 지정한다. 여인자는 행과 열의 수를 더한 결과가 짝수이면 양의 부호(+)를, 홀수이면 음의 부호(−)를 붙인 것을 의미한다.

$$\begin{bmatrix} +M_{11} & -M_{21} & +M_{31} \\ -M_{12} & +M_{22} & -M_{32} \\ +M_{13} & -M_{23} & +M_{33} \end{bmatrix}$$

❺ ❹에서 구한 행렬을 ❶에서 구한 행렬 **A**의 행렬식으로 나누면 행렬 **A**의 역행렬 $\mathbf{A}^{-1}$을 얻을 수 있다.

$$\mathbf{A}^{-1} = \frac{1}{\det(\mathbf{A})} \begin{bmatrix} +M_{11} & -M_{21} & +M_{31} \\ -M_{12} & +M_{22} & -M_{32} \\ +M_{13} & -M_{23} & +M_{33} \end{bmatrix}$$

예제 8-4

MATLAB을 이용하여 행렬 **A**, **B**의 행렬식 값과 역행렬을 구하라.

$$\mathbf{A} = \begin{bmatrix} 1 & 5 & 3 \\ 2 & 8 & 6 \\ 1 & 2 & 3 \end{bmatrix}, \quad \mathbf{B} = \begin{bmatrix} 3 & 1 & 2 \\ -1 & -2 & 1 \\ 2 & 3 & -2 \end{bmatrix}$$

배경지식

■ det

역행렬이 존재하는지 확인하기 위해 행렬 **A**의 행렬식 값을 구하는 det 명령어의 기본 형태는 다음과 같다.

```
det(A)
```

- **A** : 행렬식 값을 구할 행렬

■ inv

행렬 **A**의 역행렬 $\mathbf{A}^{-1}$을 구하는 inv 명령어의 기본 형태는 다음과 같다.

inv(A)

- **A** : 역행렬을 구할 행렬

풀이

```
Command Window
>> A = [1 5 3;2 8 6;1 2 3];
>> B = [3 1 2;-1 -2 1;2 3 -2];
>> det(A)  ❶

ans =

     0

>> inv(A)
Warning: Matrix is singular to working precision.  ❷


ans =

   Inf   Inf   Inf
   Inf   Inf   Inf
   Inf   Inf   Inf

>> det(B)  ❸

ans =

    5.0000

>> inv(B)  ❹

ans =

    0.2000    1.6000    1.0000
   -0.0000   -2.0000   -1.0000
    0.2000   -1.4000   -1.0000
```

그림 8-4 역행렬 구하기 실행 결과

❶ det 명령어를 통해 행렬 **A**의 행렬식을 구하여 역행렬이 존재하는지 확인한다. 행렬 **A**는 행렬식의 값이 0인 비정칙행렬이므로 역행렬을 구할 수 없다는 메시지(❷)가 출력된다.

❸ det 명령어를 통해 행렬 **B**의 행렬식을 구하여 역행렬이 존재하는지 확인한다.

❹ inv 명령어를 이용하여 행렬 **B**의 역행렬을 구한다.

LESSON 03

선형연립방정식

1차 방정식에 미지수 3개(x, y, z)가 있다면 최소한 3개의 1차 방정식이 있어야 모든 미지수 값을 구할 수 있다. 이때 세 1차 방정식을 동시에 만족하는 값이 바로 연립 1차 방정식의 해이다. 수학의 가감법, 대입법, 등치법을 이용하면 방정식을 동시에 만족하는 x, y, z의 값을 쉽게 구할 수 있다. 이와 동일한 방법으로 MATLAB의 다양한 명령어를 이용하여 선형연립방정식의 해를 구해보자.

Keyword | 선형연립방정식 | 왼쪽 나눗셈(\) | 역행렬 | 크래머 법칙 |

선형연립방정식

방정식의 각 항이 상수와 변수의 곱으로 이루어져 있는 것을 선형방정식이라고 한다. 선형방정식에 미지수가 n개 있다면 n개의 선형방정식이 있어야 모든 미지수 값을 구할 수 있다. 선형연립방정식은 2개 이상의 미지수를 포함하는 방성식의 조합으로, MATLAB에서는 선형연립방정식의 해를 구하기 위해 왼쪽 나눗셈과 역행렬, 크래머 법칙을 이용한다.

왼쪽 나눗셈

행렬방정식을 일반화하면 다음과 같이 표현할 수 있다.

$$\mathbf{Ax} = \mathbf{c} \tag{8.8}$$

왼쪽 나눗셈(\)은 다음 절에서 자세히 배울 가우스 소거법을 근거로 한다. 왼쪽 나눗셈을 이용하여 행렬방정식을 풀면 다음과 같다.

$$\mathbf{x} = \mathbf{A} \setminus \mathbf{c}$$

예제 8-5

MATLAB에서 왼쪽 나눗셈을 이용하여 다음 선형연립방정식의 해 x, y, z를 구하라.

$$4x - 2y - z = 0$$
$$-x + 2y - z = 3$$
$$-x - 2y + 3z = 3$$

풀이

```
>> A = [4,-2,-1;-1,2,-1;-1,-2,3]; ❶
>> c = [0;3;3]; ❷
>> A/c ❸
Error using  /  ❹
Matrix dimensions must agree.

>> A\c ❺

ans =

    9.0000
   12.0000
   12.0000
```

그림 8-5 왼쪽 나눗셈을 이용하여 선형연립방정식의 해 구하기 실행 결과

❶ 선형연립방정식의 미지수 x, y, z를 구하기 위해 계수행렬 **A**를 지정한다.

❷ 상수 벡터 **c**를 지정한다.

❸ 왼쪽 나눗셈 연산자(\) 대신 오른쪽 나눗셈 연산자(/)를 이용하면 행렬의 차수가 일치하지 않는다는 오류 메시지(❹)가 나타난다.

❺ 왼쪽 나눗셈 연산자(\)를 이용하여 선형연립방정식의 미지수를 구한다.

역행렬

Ax = **c**는 선형 시스템을 행렬방정식으로 전환한 것으로, 미지수 **x**에 대한 해를 구하려면 상수 벡터 **c**를 행렬 **A**로 나누어야 한다. 행렬 **A**의 역수 형태는 $\mathbf{A}^{-1}$로 나타내며, 이를 행렬 **A**의 역행렬이라고 한다.

예제 8-6

역행렬을 이용하여 다음 선형연립방정식의 해를 구하라.

$$4x_1 - 2x_2 - x_3 = 0$$
$$-x_1 + 2x_2 - x_3 = 3$$
$$-x_1 - 2x_2 + 3x_3 = 3$$

풀이

```
>> A = [4,-2,-1;-1,2,-1;-1,-2,3]; ❶
>> c = [0;3;3]; ❷
>> x = inv(A)*c ❸

x =

    9.0000
   12.0000
   12.0000
```

그림 8-6 역행렬을 이용하여 선형연립방정식의 해 구하기 실행 결과

❶ 연립방정식의 미지수 x_1, x_2, x_3을 구하기 위해 계수행렬 **A**를 지정한다.

❷ 상수 벡터 **c**를 지정한다.

❸ inv 명령어를 이용하여 행렬 **A**의 역행렬을 구한 후 행렬 **c**와 곱해 선형연립방정식의 해 **x**를 구한다.

크래머 법칙

행렬식 $|\mathbf{A}|$는 행과 열의 수가 같은 정방행렬에 수를 대응시키는 함수이다. $|\mathbf{A}|$가 0이 아닌 경우에만 연립방정식의 해가 존재하므로 행렬식을 이용하여 연립방정식이 유일한 해를 갖는지 결정한다. 이를 크래머 법칙(Cramer's rule)이라고 한다.

행렬식으로 된 연립방정식은 크래머 법칙을 이용하여 체계적으로 풀 수 있다. 두 연립방정식에 대한 행렬식이 다음과 같다고 가정하자.

$$\begin{bmatrix} a_{11} & a_{12} \\ a_{21} & a_{22} \end{bmatrix}\begin{bmatrix} x_1 \\ x_2 \end{bmatrix} = \begin{bmatrix} c_1 \\ c_2 \end{bmatrix}$$

이때 미지의 변수 x_1과 x_2는 크래머 법칙에 따라 다음과 같은 순서로 구할 수 있다.

❶ 계수행렬 **A**의 행렬식을 구한다.

$$\det(\mathbf{A}) = a_{11}a_{22} - a_{12}a_{21}$$

❷ 행렬방정식의 오른쪽 상수 벡터를 계수행렬 **A**의 첫 번째 열에 모두 대치한 행렬의 행렬식을 구한다.

$$\det(\mathbf{A}_1) = c_1a_{22} - c_2a_{12}$$

❸ 같은 방법으로 상수 벡터를 두 번째 열에 모두 대치한 행렬의 행렬식을 구한다.

$$\det(\mathbf{A}_2) = c_2a_{11} - c_1a_{21}$$

❹ ❷와 ❸에서 구한 값을 ❶에서 구한 값으로 나누어 미지의 변숫값을 구한다.

$$x_1 = \frac{\det(\mathbf{A}_1)}{\det(\mathbf{A})}, \quad x_2 = \frac{\det(\mathbf{A}_2)}{\det(\mathbf{A})}$$

예제 8-7

크래머 법칙을 이용하여 다음 선형연립방정식의 해를 구하라.

$$
\begin{aligned}
x_1 - x_2 + x_3 &= 3 \\
x_1 + x_2 + x_3 &= 6 \\
2x_1 + 3x_2 + x_3 &= 1
\end{aligned}
$$

풀이

```
Command Window
>> A = [1 -1 1;1 1 1;2 3 1];
>> c = [3;6;1];
>> D = det(A);  ❶
>> A1 = [c(:,1),A(:,2),A(:,3)];  ┐
>> A2 = [A(:,1),c(:,1),A(:,3)];  ├ ❷
>> A3 = [A(:,1),A(:,2),c(:,1)];  ┘
>> x1 = det(A1)/D

x1 =

    -8

>> x2 = det(A2)/D  ❸

x2 =

    1.5000

>> x3 = det(A3)/D

x3 =

   12.5000
```

그림 8-7 크래머 법칙을 이용하여 선형연립방정식의 해 구하기 실행 결과

❶ det 명령어를 이용하여 행렬 **A**의 행렬식을 구한다.

❷ 배열 원소의 대치 방법을 이용하여 상수 벡터의 열을 계수행렬에 지정한다.

❸ 대치하여 구한 행렬식들을 처음에 구한 행렬식 **D**로 나누어 해를 구한다.

LESSON
04 가우스 소거법

방정식이 n개이고 미지수가 n개인 선형 시스템을 풀기 위해서는 n번째 방정식의 미지수가 하나(x_n)만 남을 때까지 계속 소거해야 하는데, 이를 가우스 소거법이라고 한다. MATLAB에서 가우스 소거법을 이용하여 변숫값을 찾아보자.

Keyword | 순수 가우스 소거법 | 피벗 방정식 | Gauss |

가우스 소거법

가우스 소거법(Gauss elimination)은 행렬의 자리 바꿈을 이용하는 피버팅(pivoting)을 사용하는 방법과 사용하지 않는 방법으로 나뉜다. 이때 피버팅을 사용하지 않는 가우스 소거법을 순수 가우스 소거법이라고 한다. 순수 가우스 소거법은 다음과 같이 실행한다.

❶ 피벗(pivot) 방정식이라고 부르는 첫 번째 방정식에 적당한 인수를 곱하고 다른 방정식의 변수 하나를 소거하기 위해 첫 번째 방정식을 더하거나 뺀다. 같은 피벗 방정식을 이용하여 나머지 방정식에 대해서도 같은 과정을 실행한다. 이러한 과정을 거치면 첫 번째 방정식을 제외하고 나머지 방정식은 변수 하나가 줄어든 새로운 방정식 세트를 형성한다.

❷ 새롭게 형성된 방정식 세트의 첫 번째 방정식을 다시 피벗 방정식으로 놓고 앞의 과정을 계속 실행한다. 방정식 하나와 변수 하나가 남을 때까지 이 과정을 반복한다. 이 방법은 컴퓨터로 구현하기에 적합하여 선형 방정식을 풀기 위해 고안된 많은 방법의 기초로 이용된다.

❸ 변환된 상숫값 c_n을 변환된 x_n의 계수로 나누면 x_n의 해를 구할 수 있다. n번째 방정식에서 계산된 x_n의 값을 바로 앞 $n-1$번째 방정식에 대입하면 x_{n-1}의 해도 얻을 수 있다. 같은 방법으로 계속 후진 대입법(backward substitution)을 실행하면 첫 번째 방정식에서 x_1의 해까지 구할 수 있다.

예제 8-8 M-File Gauss.m

선형 시스템 $\mathbf{Ax} = \mathbf{c}$에 대한 행렬이 다음과 같을 때 순수 가우스 소거법을 이용하여 변수 x_1, x_2, x_3, x_4를 구하라.

$$\mathbf{A} = \begin{bmatrix} 1 & 5 & -1 & 6 \\ 2 & -1 & 1 & -2 \\ -1 & 4 & -1 & 3 \\ 3 & -7 & -2 & 1 \end{bmatrix}, \quad \mathbf{x} = \begin{bmatrix} x_1 \\ x_2 \\ x_3 \\ x_4 \end{bmatrix}, \quad \mathbf{c} = \begin{bmatrix} 19 \\ 7 \\ 20 \\ -75 \end{bmatrix}$$

배경지식

■ **Gauss**

순수 가우스 소거법을 실행할 수 있는 사용자정의함수 Gauss의 기본 형태는 다음과 같다.

> **Gauss(A, c)**
>
> - **A** : 계수행렬
> - **c** : 상수 벡터

명령 창에 계수행렬 **A**와 상수 벡터 **c**를 먼저 지정한 후 함수의 인자로 이용한다. 단, 사용 중인 현재 폴더에 'Gauss.m'이 있을 때만 이 함수를 사용할 수 있다.

풀이

```
Command Window
>> A = [1 5 -1 6;2 -1 1 -2;-1 4 -1 3;3 -7 -2 1]; ❶
>> c = [19;7;20;-75]; ❷
>> x = Gauss(A,c) ❸

x =

    2.0000
   10.0000
    3.0000
   -5.0000
```

그림 8-8 순수 가우스 소거법을 이용하여 해 구하기 실행 결과

❶ 계수행렬 **A**를 지정한다.

❷ 상수 벡터 **c**를 지정한다.

❸ Gauss 함수를 이용하여 순수 가우스 소거법으로 변숫값을 구한다.

LESSON 05

상하행렬 분해

방정식의 상하행렬 분해는 가우스 소거법을 기초로 한다. 가우스 소거법을 이용하면 선형 시스템을 간편하고 안정적으로 풀 수 있지만 행렬의 차수가 커지면 연산 카운터가 매우 증가하여 컴퓨터 실행 속도가 떨어진다. 따라서 가우스 소거법의 단점을 보완하기 위해 실행 속도가 빠른 상하행렬 분해를 사용한다. MATLAB에서 상하행렬 분해를 이용하여 변수 벡터를 찾아보자.

Keyword | 가우스 소거법을 이용한 상하행렬 분해 | lu | 치환행렬 | 부분 피버팅을 이용한 상하행렬 분해 |

가우스 소거법을 이용한 상하행렬 분해

상하행렬 분해(Lower-Upper, LU)를 이용하여 주어진 선형 시스템의 정방행렬 **A**를 다음과 같은 형태로 나타낼 수 있다.

$$\mathbf{A} = \mathbf{LU} \tag{8.9}$$

여기서 **L**은 하삼각행렬(lower triangular matrix)을, **U**는 상삼각행렬(upper triangular matrix)을 나타낸다. 하삼각행렬은 주대각선을 기준으로 위쪽에 위치하는 모든 원소가 0인 행렬이고 상삼각행렬은 주대각선을 기준으로 아래쪽에 위치하는 모든 원소가 0인 행렬을 말한다.

예를 들어 $n \times n$ 정방행렬 **A**에 대한 상하행렬 분해는 다음과 같이 표현된다.

$$\begin{bmatrix} a_{11} & a_{12} & \cdots & \cdots & a_{1n} \\ a_{21} & a_{22} & \cdots & \cdots & a_{2n} \\ \vdots & \cdots & \ddots & \cdots & \vdots \\ \vdots & \cdots & \cdots & \ddots & \vdots \\ a_{n1} & a_{n2} & \cdots & \cdots & a_{nn} \end{bmatrix} = \begin{bmatrix} 1 & 0 & \cdots & 0 & 0 \\ l_{21} & 1 & 0 & \cdots & 0 \\ l_{31} & l_{32} & \ddots & 0 & \vdots \\ \vdots & \cdots & \cdots & \ddots & 0 \\ l_{n1} & l_{n2} & \cdots & l_{n,n-1} & 1 \end{bmatrix} \begin{bmatrix} u_{11} & u_{12} & \cdots & \cdots & u_{1n} \\ 0 & u_{22} & \cdots & \cdots & u_{2n} \\ 0 & 0 & \ddots & \cdots & \vdots \\ \vdots & \cdots & 0 & \ddots & \vdots \\ 0 & \cdots & 0 & 0 & u_{nn} \end{bmatrix} \tag{8.10}$$

여기서 하삼각행렬은 순수 가우스 소거법에서 사용한 승수와 같고 상삼각행렬은 순수 가우스 소거법에서 마지막 단계의 계수행렬을 나타낸다.

선형 시스템 $\mathbf{Ax} = \mathbf{c}$를 간단히 풀기 위해 식 (8.9)를 이용하면 다음과 같다.

$$\mathbf{LUx} = \mathbf{c} \tag{8.11}$$

식 (8.11)은 다음과 같이 두 단계로 나누어 쓸 수 있다.

$$\begin{aligned} \mathbf{Ly} &= \mathbf{c} \\ \mathbf{Ux} &= \mathbf{y} \end{aligned} \tag{8.12}$$

여기서 시스템 $\mathbf{Ly} = \mathbf{c}$는 하삼각행렬 $\mathbf{L}$을 포함하는 선형 시스템 형태가 된다.

$$\begin{aligned} y_1 \quad\quad\quad\quad\quad\quad\quad\quad &= c_1 \\ l_{21}y_1 + y_2 \quad\quad\quad\quad\quad &= c_2 \\ l_{31}y_1 + l_{32}y_2 + y_3 \quad\quad &= c_3 \\ \vdots \quad\quad\quad\quad\quad\quad &\ \vdots \ \ \vdots \\ l_{n1}y_1 + \cdots + l_{n,n-1}y_{n-1} + y_n &= c_n \end{aligned} \tag{8.13}$$

식 (8.13)을 전진 대입법(forward substitution)으로 풀어서 변수 벡터 $\mathbf{y}$를 먼저 구한다. 그 다음 시스템 $\mathbf{Ly} = \mathbf{c}$에 후진 대입법을 적용하여 최종적으로 변수 벡터 $\mathbf{x}$를 구한다.

예제 8-9

가우스 소거법을 이용한 상하행렬 분해를 통해 하삼각행렬, 상삼각행렬 및 치환행렬을 구하라.

$$\mathbf{A} = \begin{bmatrix} 2 & 4 & -2 & -2 \\ -3 & -3 & 8 & -2 \\ 1 & 2 & 4 & -3 \\ -1 & 1 & 6 & -3 \end{bmatrix}, \quad \mathbf{x} = \begin{bmatrix} x_1 \\ x_2 \\ x_3 \\ x_4 \end{bmatrix}, \quad \mathbf{c} = \begin{bmatrix} -4 \\ 7 \\ 5 \\ 7 \end{bmatrix}$$

배경지식

■ **lu**

MATLAB에서 상하행렬 분해를 이용하여 선형 시스템의 변수 벡터를 구하는 lu 함수의 기본 형태는 다음과 같다.

```
[L, U, P] = lu(A)
```

- **L** : 하삼각행렬
- **U** : 상삼각행렬
- **P** : 부분 피버팅에서 실행된 자리바꿈을 보여주는 치환행렬
- **A** : 선형 시스템의 계수행렬

풀이

```
Command Window
>> A = [2 4 -2 -2;-3 -3 8 -2;1 2 4 -3;-1 1 6 -3]; ❶
>> [L,U,P] = lu(A) ❷

L =

    1.0000         0         0         0
   -0.6667    1.0000         0         0
   -0.3333    0.5000    1.0000         0
    0.3333    1.0000    0.0000    1.0000


U =

   -3.0000   -3.0000    8.0000   -2.0000
         0    2.0000    3.3333   -3.3333
         0         0    5.0000   -2.0000
         0         0         0    1.0000


P =

     0     1     0     0
     1     0     0     0
     0     0     1     0
     0     0     0     1
```

그림 8-9 가우스 소거법을 이용한 상하행렬 분해 실행 결과

❶ 선형 시스템의 계수행렬 **A**를 지정한다.

❷ lu 함수로 가우스 소거법을 이용한 상하행렬 분해를 실행한다.

부분 피버팅을 이용한 상하행렬 분해

부분 피버팅을 이용하여 상하행렬 분해를 실행하는 경우에는 식 (8.9)를 다음과 같이 수정할 수 있다. 이때 **P**는 어느 행 또는 어느 열이나 1개의 원소가 1이고 다른 모든 원소가 0인 정방행렬인 치환행렬(permutation matrix)이다.

$$\mathbf{LU} = \mathbf{PA} \tag{8.14}$$

부분 피버팅을 이용하여 행렬 **L**과 **U**를 구하는 과정에서 절댓값이 가장 큰 피벗 원소를 선택하려면 행의 자리바꿈이 필요하다. 그러므로 반드시 상수 벡터 **c**의 자리바꿈을 실행한 다음 변수 벡터 **x**를 구해야 한다.

치환행렬 **P**를 선형 시스템 $\mathbf{Ax} = \mathbf{c}$에 적용하면 다음과 같다.

$$\mathbf{PAx} = \mathbf{Pc} = \mathbf{d} \tag{8.15}$$

치환행렬 **P**의 가장 기본적인 형태는 단위행렬과 같다.

이제 행렬 **L**과 **U**를 구하는 과정에서 자리바꿈을 두 번 했다고 가정해보자. 만약 첫 번째 자리바꿈에서 1행과 3행을 바꾸고 두 번째 자리바꿈에서 2행과 3행을 바꾸었다면 최종 치환행렬은 각각의 치환행렬을 곱한 결과인 다음과 같은 형태가 된다.

$$\mathbf{P} = \mathbf{P}_2\mathbf{P}_1 = \begin{bmatrix} 1 & 0 & 0 \\ 0 & 0 & 1 \\ 0 & 1 & 0 \end{bmatrix} \begin{bmatrix} 0 & 0 & 1 \\ 0 & 1 & 0 \\ 1 & 0 & 0 \end{bmatrix} = \begin{bmatrix} 0 & 0 & 1 \\ 1 & 0 & 0 \\ 0 & 1 & 0 \end{bmatrix}$$

자리바꿈을 적용한 새로운 상수 벡터 **d**를 식(8.11)과 식(8.12)에 적용한다.

$$\begin{aligned} \mathbf{LUx} &= \mathbf{d} \\ \mathbf{Ly} &= \mathbf{d} \\ \mathbf{Ux} &= \mathbf{y} \end{aligned} \tag{8.16}$$

예제 8-10

부분 피버팅을 이용한 상하행렬 분해를 통해 다음 선형 시스템의 변수 벡터 **x**를 구하라.

$$\begin{bmatrix} 2 & 4 & -2 & -2 \\ -3 & -3 & 8 & -2 \\ 1 & 2 & 4 & -3 \\ -1 & 1 & 6 & -3 \end{bmatrix} \begin{bmatrix} x_1 \\ x_2 \\ x_3 \\ x_4 \end{bmatrix} = \begin{bmatrix} -4 \\ 7 \\ 5 \\ 7 \end{bmatrix}$$

풀이

```
Command Window
>> A = [2 4 -2 -2;-3 -3 8 -2;1 2 4 -3;-1 1 6 -3]; ❶
>> c = [-4;7;5;7];
>> [L,U,P] = lu(A); ❷
>> d = P*c; ❸
>> y = L\d; ❹
>> x = U\y ❺

x =

    1.0000
    2.0000
    3.0000
    4.0000
```

그림 8-10 부분 피버팅을 이용한 상하행렬 분해 실행 결과

❶ 선형 시스템의 계수행렬 **A**를 지정한다.

❷ lu 함수로 가우스 소거법을 이용한 상하행렬 분해를 실행한다.

❸ **Pc** = **d**이므로 **d**를 구하기 위해 **P**와 **c**를 곱한다.

❹ **Ly** = **d**이므로 **y**를 구하기 위해 왼쪽 나눗셈을 한다.

❺ **Ux** = **y**이므로 **x**를 구하기 위해 왼쪽 나눗셈을 한다.

LESSON 06

선형 보간법과 스플라인 보간법

보간법(내삽법)은 측정이나 실험으로 얻은 자료점 사이에 위치한 자료점의 평균을 추정하는 방법으로, 주어진 자료점을 다항식과 같은 형태로 표준화하는 데 유용하므로 수치해석에서 자주 이용된다. MATLAB에서 선형 보간법과 스플라인 보간법을 사용하여 자료점의 평균을 구해보자.

Keyword | 선형 보간법 | interp1 | interp2 | 스플라인 보간법 | spline |

선형 보간법

선형 보간법(linear interpolation)은 2차원 그래프상의 양 끝 값만 주어졌을 때 그 사이에 위치한 임의의 값을 계산하는 것을 말한다. 만약 주어진 자료점이 여러 개 존재하더라도 선형 보간법을 이용하여 임의의 값을 추정하는 경우에는 2개의 자료점만 필요하다.

예제 8-11

1981년부터 2010년 사이 30년간 서울의 특정 월별 평균 기온을 측정한 결과는 다음 표와 같다.

표 8-1 서울의 특정 월별 평균 기온(1981년~2010년)

월	1	2	4	5	7	9	11	12
평균 기온(°C)	−2.4	0.4	12.5	17.8	24.9	21.2	7.2	0.4

선형 보간법을 이용하여 3월, 6월, 8월, 10월의 평균 기온을 추정하고 그 결과를 그래프로 나타내라.

배경지식

▪ interp1

변수가 하나인 함수를 보간할 때 사용하는 interp1 함수의 기본 형태는 다음과 같다.

interp1(x, y, x_int)

- **x** : 독립변수 자료점
- **y** : x 값에 따라 달라지는 자료점
- **x_int** : 추정하려는 의존변수 y 값에 상응하는 x 값

▪ interp2

변수가 2개인 함수 $z = f(x, y)$의 $x = x_i$와 $y = y_i$에 대한 변수 z를 추정하려면 interp2 함수를 사용한다. 변수가

2개인 함수를 보간할 때 사용하는 interp2 함수의 기본 형태는 다음과 같다.

> **interp2(x, y, z, x_int, y_int)**
>
> - **x, y** : 독립변수 자료점
> - **z** : x, y 값에 따라 달라지는 자료점
> - **x_int, y_int** : 추정하려는 의존변수 z 값에 상응하는 x, y 값

풀이

Command Window

```
>> x = [1,2,4,5,7,9,11,12];
>> y = [-2.4,0.4,12.5,17.8,24.9,21.2,7.2,0.4]; ❶
>> x_int = [3,6,8,10];
>> y1 = interp1(x,y,x_int) ❷

y1 =

    6.4500   21.3500   23.0500   14.2000

>> plot(x,y,':',x_int,y1,'o'); ❸
>> axis([1 12 -4 30]);
>> xlabel('Month');
>> ylabel('Temperature (\circC)');
>> title('Average Temperature');
```

그림 8-11 선형 보간법으로 값 추정하기 입력 결과

❶ 선형 보간법을 사용하기 위한 자료점들을 지정한다.

❷ interp1 함수를 이용하여 임의의 값을 추정한다.

❸ plot 함수를 사용하여 선형 보간법을 이용하여 구한 값을 그래프에 나타낸다.

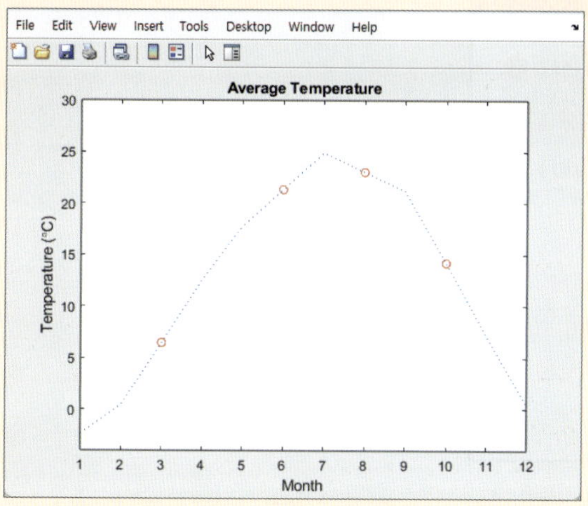

그림 8-12 선형 보간법으로 값 추정하기 실행 결과

특정 월에서 측정된 각각의 자료점을 연결한 것은 점선으로, 추정된 값은 작은 원으로 표시된다. 통계 자료에 의하면 추정하고자 하는 3월, 6월, 8월, 10월의 평균 기온은 각각 5.7℃, 22.2℃, 25.7℃, 14.8℃이다.

스플라인 보간법

스플라인 보간법(Spline Interpolation)은 고차 다항식의 단점을 보완하기 위해 인접한 자료점의 각 쌍 사이에 저차 다항식을 사용하여 자료점을 맞추는 것을 말한다. 스플라인 보간법을 사용하면 주어진 자료점을 통과하는 부드러운 곡선을 그릴 수 있다.

예제 8-12

[예제 8-11]의 [표 8-1]을 이용하여 3월, 6월, 8월, 10월의 평균 기온을 스플라인 보간법으로 추정하고 결과를 그래프로 나타내라.

배경지식

■ **spline**

spline 함수는 인접한 자료점의 각 쌍을 더 세밀히 추정하여 interp1, interp2 함수보다 곡선 모양의 그래프를 그릴 수 있으므로 일반적으로 3차 다항식에 많이 사용된다. 스플라인 보간법을 실행하는 spline 함수의 기본 형태는 다음과 같다.

y_int = spline(x, y, x_int)

- **x** : 독립변수 자료점
- **y** : x 값에 따라 달라지는 자료점
- **x_int** : 추정하려는 의존변수 y 값에 상응하는 x 값

풀이

```
Command Window
>> x = [1,2,4,5,7,9,11,12];
>> y = [-2.4,0.4,12.5,17.8,24.9,21.2,7.2,0.4]; ❶
>> x_int = 1:12;
>> y_int = spline(x,y,x_int); ❷
>> x1 = [3,6,8,10];
>> y1 = [y_int(3),y_int(6),y_int(8),y_int(10)] ❸

y1 =

    6.1309   22.2385   24.6517   14.8174

>> plot(x,y,':',x1,y1,'o',x_int,y_int); ❹
>> axis([1 12 -4 30]);
>> xlabel('Month');
>> ylabel('Temperature (\circC)');
>> title('Average Temperature');
```

그림 8-13 스플라인 보간법으로 값 추정하기 입력 결과

❶ 스플라인 보간법을 사용하기 위한 자료점을 지정한다.

❷ spline 함수를 이용하여 임의의 값을 추정한다.

❸ 추정하는 특정 월을 위한 자료점을 지정한다.

❹ plot 함수를 사용하여 스플라인 보간법을 이용하여 구한 값을 그래프에 나타낸다.

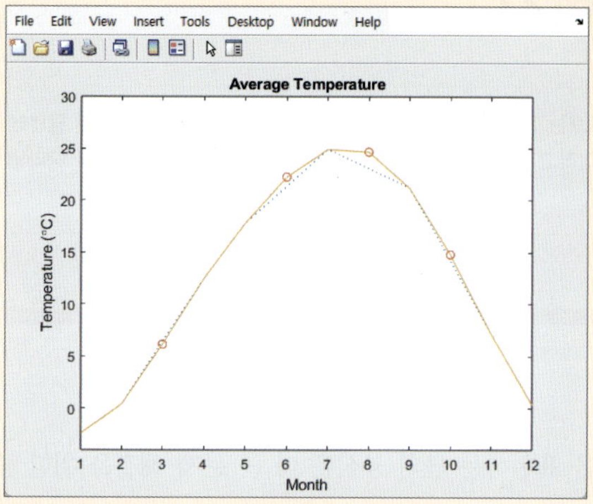

그림 8-14 스플라인 보간법으로 값 추정하기 실행 결과

특정 월에서 측정된 각 자료점을 연결한 것은 점선으로, spline 함수로 추정된 값의 연결은 실선으로, 추정하는 특정 월은 작은 원으로 표시된다. spline 함수를 이용하면 interp1 함수나 interp2 함수를 사용한 경우보다 정밀하게 의존변수 y 값을 추정할 수 있다. 이는 곡선의 자료점이 실젯값에 접근할 가능성이 높다는 것을 보여준다.

LESSON 07

함수의 근 구하기

두 미지수 x와 y를 포함한 선형방정식에서 출력변수 y의 좌표는 독립적 입력변수 x에 따라 (x, y)로 형성되며, 2차원 평면에 직선으로 나타난다. $f(x) = 0$을 만족하는 x 값의 집합을 근이라고 하고 근은 그래프가 x축과 만나는 x 좌표(x 절편)로 나타낼 수 있다. MATLAB의 함수를 이용하여 함수의 근을 구해보자.

Keyword | roots | fzero |

일반화된 식으로 1차부터 4차까지의 다항식의 근을 표현하는 근의 공식은 더 큰 문제 해결을 위한 중간 단계로도 자주 사용된다. 그러나 5차 이상의 다항식에서는 근의 공식이 존재하지 않으므로 비선형 방정식의 근을 찾는 것은 쉽지 않다. 이때 roots 함수를 사용하면 선형방정식의 근을 찾을 수 있으며, 근삿값과 관련된 오차 해석을 이용하는 fzero 함수를 사용하면 비선형방정식의 근을 찾을 수 있다.

예제 8-13

roots 함수를 이용하여 다항식 $f(x) = x^4 - 16$의 근을 구하라.

배경지식

■ **roots**

선형방정식의 근을 구하는 roots 함수의 기본 형태는 다음과 같다.

```
roots(c)
```

- **c** : 다항식의 계숫값을 차수의 내림차순으로 나열한 배열

함수의 인자에는 내림차순으로 x 차수의 계숫값을 입력한다. 이때 계숫값이 0인 경우에도 모두 입력해야 한다. 홀수차 실수 계수 다항식의 모든 근은 실수 또는 복소수이며, 짝수차 다항식의 경우 대수학의 기본 정리에 따라 모든 n차 다항식은 중근을 포함하여 n개의 복소수 근을 가진다.

풀이

❶ roots 함수를 이용할 때 계숫값이 0인 항을 입력하지 않으면 1차 다항식 $f(x) = x - 16$이 되므로 주의해야 한다. x^3 항, x^2 항, x 항의 계수가 0이므로 수학적으로는 다항식에 포함되지 않지만 MATLAB에서 배열을 입력할 때는 반드시 모두 입력해야 한다.

❷ roots 함수를 이용하여 4차 다항식 $f(x) = x^4 - 16$의 근 4개를 구한다.

```
Command Window
>> fx_wrong = roots([1,-16]) ❶

fx_wrong =

    16

>> fx_right = roots([1,0,0,0,-16]) ❷

fx_right =

  -2.0000 + 0.0000i
   0.0000 + 2.0000i
   0.0000 - 2.0000i
   2.0000 + 0.0000i
```

그림 8-15 선형방정식의 근 구하기 실행 결과

예제 8-14 M-File UDfzero.m

방정식 $f(x) = \cos(x+2)e^{-0.2x} + 0.1$을 풀면 $-1 < x < 10$에서의 근은 4개이다. MATLAB을 이용하여 방정식의 근을 모두 구하고 그래프를 그려라.

배경지식

■ fzero

비선형방정식의 근을 구하는 fzero 함수의 기본 형태는 다음과 같다.

> **fzero('function', x0)**
>
> - **'function'** : 사용자정의함수의 이름
> - **x0** : 근에 접근하는 값

fzero 함수는 구하려는 함수에 대한 사용자정의함수를 먼저 생성한 후 사용해야 한다. 단, 사용 중인 현재 폴더에 'function.m'이 있을 때만 이 함수를 사용할 수 있다.

풀이

```
UDfzero.m
function fx = UDfzero(x) ❶
fx = cos(x+2).*exp(-0.2*x)+0.1;
```

그림 8-16 사용자정의함수 코딩 결과 (UDfzero.m)

❶ 예제에 제시된 방정식을 지정하여 사용자정의함수를 생성한다.

```
>> fzero('UDfzero',0)

ans =

  -0.3356

>> fzero('UDfzero',3)

ans =

    2.5452

>> fzero('UDfzero',6) ❷

ans =

    6.2074

>> fzero('UDfzero',9)

ans =

    8.4259
```

그림 8-17 fzero 함수를 이용한 비선형방정식의 근 구하기 실행 결과

❷ fzero 함수를 이용하여 0, 3, 6, 9 근처에서 근을 찾는다.

❸ 방정식을 지정한다.

❹ x축을 표시하기 위해 $y = 0$을 그래프로 나타낸다.

❺ plot 함수를 이용하여 예제에 제시된 방정식을 그래프에 나타낸다.

```
>> x = -1:0.1:10;
>> fx = cos(x+2).*exp(-0.2*x)+0.1; ❸
>> y = zeros(1,111); ❹
>> plot(x,fx,x,y,':'); ❺
>> axis([-1 10 -0.8 0.8]);
>> xlabel('x');
>> ylabel('y','rot',360);
>> title('Roots finding');
```

그림 8-18 비선형방정식 그리기 입력 결과

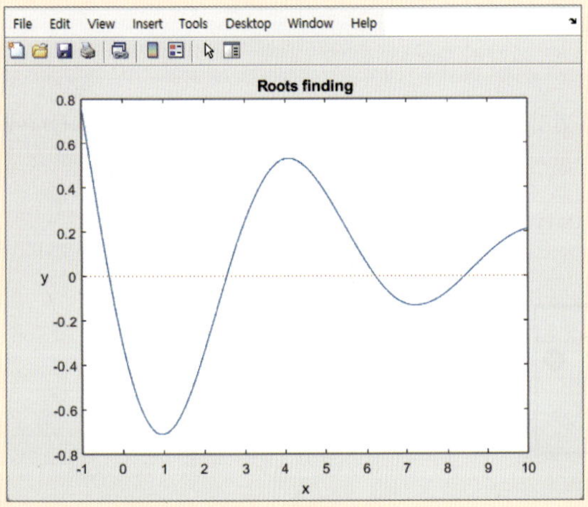

그림 8-19 비선형방정식 그리기 실행 결과

LESSON 08

함수의 근을 구하는 다양한 방법

5차 이상의 비선형방정식의 근을 구하기는 쉽지 않다. 따라서 수치해석에서는 근삿값과 관련된 오차 해석을 이용하여 다양하게 근을 구한다. 이분법, 뉴턴법, 할선법, 가위치법을 실행하는 MATLAB의 사용자정의함수를 이용하여 함수의 근을 구해보자.

Keyword | 이분법 | bisect | 뉴턴법 | newton | 할선법 | secant | 가위치법 | regula |

이분법

이분법(bisection method)은 반복적으로 구한 근삿값을 거듭 이용하여 더 정확한 값을 계산하는 반복법(iterative method)을 기초로 하여 반복적으로 근삿값을 구하여 정확한 값을 계산한다. 또한 범위가 정해진 구간을 항상 반으로 나누어 근을 검색한다.

만약 주어진 구간에서 함수의 부호가 (+)에서 (−)로 또는 (−)에서 (+)로 바뀌면 이 구간 내에 근이 있다는 의미로, 이 구간의 중앙값을 이용하여 함숫값을 계산한다.

예제 8-15 — M-File bisect.m

함수 $f(x) = x^3 + 2x^2 - 1$이 구간 [0, 1]에 놓여 있을 때 MATLAB에서 여섯 번의 이분법으로 근을 구하라. 이때 허용 오차는 10^{-6}이며, 편의를 위해 모든 결과는 소수점 아래 네 자리까지 나타내라.

배경지식

■ **bisect**

이분법을 실행하기 위한 사용자정의함수 bisect의 기본 형태는 다음과 같다.

bisect(a, b, error, n, index)

- **a** : 구간의 상한값
- **b** : 구간의 하한값
- **error** : 허용 오차
- **n** : 반복 횟수
- **index** : 사용자정의함수에서 함수 $f(x)$를 지정한 색인

단, 사용 중인 현재 폴더에 'bisect.m'이 있을 때만 이 함수를 사용할 수 있다.

풀이

```
Command Window
>> bisect(0,1,1.0E-6,6,2)

iteration =

    1.0000         0    1.0000    0.5000   -0.3750    0.5000


iteration =

    2.0000    0.5000    1.0000    0.7500    0.5469    0.2500


iteration =

    3.0000    0.5000    0.7500    0.6250    0.0254    0.1250


iteration =

    4.0000    0.5000    0.6250    0.5625   -0.1892    0.0625


iteration =

    5.0000    0.5625    0.6250    0.5938   -0.0856    0.0312


iteration =

    6.0000    0.5938    0.6250    0.6094   -0.0310    0.0156
```

그림 8-20 이분법을 이용한 근 찾기 실행 결과

이분법으로 근을 구하기 위해 **bisect** 함수를 이용한다. 함수의 괄호 안에 입력한 인자들은 각각 구간의 하한값 0, 상한값 1, 허용 오차 10^{-6}, 반복 횟수 6, 그리고 사용자정의함수에서 함수 $f(x)=x^3+2x^2-1$을 지정한 색인 2를 나타낸다. **bisect** 함수의 결과는 6열로 표현되며, 각각 n, a, b, c, $f(c)$, $b-c$를 나타낸다. 다음 출력을 보려면 [Enter]를 눌러야 한다.

뉴턴법

뉴턴법(newton method)은 비선형방정식의 근을 결정할 때 사용하며, 주어진 구간 $[a, b]$에서 함수 $f(x)$가 미분 가능하고 구간 내에 함수의 해도 포함되어 있다고 가정한다. 이때 미분을 이용한 접선으로 수렴하는 방법을 사용하면 처음 해 x_0를 추정할 수 있다.

예제 8-16 M-File **newton.m**

함수 $f(x)=x^3+2x^2-1$이 구간 [0, 1]에 놓여 있다. 처음 시작하는 값 $x_0=0.5$일 때 MATLAB에서 뉴턴법을 사용하여 반복적으로 x_1, x_2, x_3을 구하라. 이때 허용 오차는 10^{-6}이며, 편의를 위해 모든 결과는 소수점 아래 네 자리까지 나타내라.

배경지식

■ newton

뉴턴법을 실행하기 위한 사용자정의함수 newton의 기본 형태는 다음과 같다.

> **newton(x0, error, n, index)**
>
> - **x0** : 초기 추정값
> - **error** : 허용 오차
> - **n** : 반복 횟수
> - **index** : 사용자정의함수에서 함수 $f(x)$를 지정한 색인

단, 사용 중인 현재 폴더에 'newton.m'이 있을 때만 이 함수를 사용할 수 있다.

풀이

뉴턴법으로 근을 구하기 위해 newton 함수를 이용한다. 함수의 괄호 안에 입력한 인자들은 각각 초기 추정값 x_0, 허용 오차 10^{-6}, 반복 횟수 4, 사용자정의함수에서 함수 $f(x) = x^3 + 2x^2 - 1$을 지정한 색인 2를 나타낸다.

```
Command Window
>> newton(0.5,1.0E-6,4,2)

iteration =

         0    0.5000   -0.3750    2.7500    0.1364


iteration =

    1.0000    0.6364    0.0676    3.7603   -0.0180


iteration =

    2.0000    0.6184    0.0013    3.6207   -0.0003


iteration =

    3.0000    0.6180    0.0000    3.6180   -0.0000
```

그림 8-21 뉴턴법을 이용한 근 찾기 실행 결과

newton 함수의 결과가 5열로 표현된다. 이는 각각 반복 횟수 n과 동일한 과정을 반복할 때마다 새롭게 계산되어 추정하는 각 근의 값 x_n, 함수에 x_n을 대입한 $f(x_n)$의 결과, 1차 도함수에 x_n을 대입한 $f'(x_n)$의 결과, 그리고 새롭게 계산된 추정값과 바로 이전 추정값의 차이인 $x_n - x_{n-1}$을 나타낸다.

할선법

할선법(secant method)은 접선으로 함수를 근사시키는 뉴턴법을 기초로 하지만 뉴턴법과 달리 1차 도함수 $f'(x_n)$의 계산이 필요 없어 유용하다. 뉴턴법에서 실제 근에 근접하는 1개의 초기점을 추정했다면 할선법에서는 2개의 초기점을 추정한다.

할선법에서는 그래프상에 있는 두 점을 연결하여 생긴 직선을 할선이라고 하며, 이 할선을 통해 그래프를 근사시킨다.

예제 8-17 M-File secant.m

함수 $f(x) = x^3 - 4x + 1$이 구간 [1, 2]에 놓여 있을 때 MATLAB에서 할선법을 사용하여 반복적으로 x_0, x_1, x_2, x_3, x_4, x_5를 구하라. 이때 허용 오차는 10^{-6}이며, 편의를 위해 모든 결과는 소수점 아래 네 자리까지 나타내라.

배경지식

■ **secant**

할선법을 실행하기 위한 사용자정의함수 secant의 기본 형태는 다음과 같다.

secant(x0, x1, error, n, index)

- **x0, x1** : 초기 추정값
- **error** : 허용 오차
- **n** : 반복 횟수
- **index** : 사용자정의함수에서 함수 $f(x)$를 지정한 색인

단, 사용 중인 현재 폴더에 'secant.m'이 있을 때만 이 함수를 사용할 수 있다.

풀이

```
Command Window
>> secant(2,1,1.0E-6,4,1)

iteration =

     2     1


iteration =

    1.0000   -2.0000    0.6667


iteration =

    1.6667   -1.0370    0.7179


iteration =

    2.3846    5.0214   -0.5951


iteration =

    1.7896   -0.4271    0.0466


iteration =

    1.8362   -0.1538    0.0262
```

그림 8-22 할선법을 이용한 근 찾기 실행 결과

할선법을 사용하여 근을 구하기 위해 secant 함수를 이용한다. 괄호 안에 입력한 인자들은 각각 초기 추정값 x_0과 x_1, 허용 오차 10^{-6}, 반복 횟수 4, 그리고 사용자정의함수에서 함수 $f(x) = x^3 - 4x + 1$을 지정한 색인 1을 나타낸다.

secant 함수의 결과는 3열로 표현되며, 이는 각각 추정하는 각 근의 값 x_n, 함수에 x_n을 대입합 $f(x_n)$의 결과, 그리고 새롭게 계산된 추정값과 바로 이전 추정값의 차이인 $x_n - x_{n-1}$을 나타낸다.

가위치법

가위치법(regula falsi method, false-position method)은 이분법을 수정한 형태로, 주어진 구간의 폭을 반복적으로 좁히면서 정확한 근을 구하지 않는 대신 반복에 의해 새롭게 설정되는 구간의 끝점을 직선으로 연결하고 절편의 위치를 결정하여 다음 근을 추정한다. 그러므로 이 방법을 사용하면 함수 $f(x)$가 주어진 구간 내에서 근을 포함하고 있을 때 반복적으로 미리 결정된 근의 값을 수행한다.

예제 8-18 　 M-File UDregula.m, regula.m

함수 $f(x) = x^3 - 4x + 1$이 구간 [1, 2]에 놓여 있을 때 MATLAB에서 가위치법을 사용하여 반복적으로 나타나는 근을 구하라. 이때 허용 오차는 10^{-6}이며, 모든 결과는 실제 근과 같은 값이 나올 때까지 반복하여 계산하고 MATLAB의 출력 명령어 format long을 이용하여 나타내라.

배경지식

■ regula

가위치법을 실행하기 위한 사용자정의함수 regula의 기본 형태는 다음과 같다.

regula('F1', l, r, error, n)

- **'F1'** : 함수에 대한 사용자정의함수
- **l** : 초기에 지정한 왼쪽 끝점
- **r** : 초기에 지정한 오른쪽 끝점
- **error** : 허용 오차
- **n** : 반복 횟수

단, 사용 중인 현재 폴더에 'UDregula.m' 및 'regula.m'이 있을 때만 이 함수를 사용할 수 있다.

풀이

UDregula.m

```
function y = UDregula(x)
y=x.^3-4*x+1;
```

그림 8-23 사용자정의함수 코딩 결과 (UDregula.m)

```
Command Window
>> format long;
>> [Iteration] = regula('UDregula',1,2,1E-6,20)

Iteration =

   1.000000000000000   2.000000000000000
   1.666666666666667   2.000000000000000
   1.836363636363636   2.000000000000000
   1.858054525831730   2.000000000000000
   1.860500328707470   2.000000000000000
   1.860771977376867   2.000000000000000
   1.860802097694435   2.000000000000000
   1.860805436799117   2.000000000000000
   1.860805806960824   2.000000000000000
```

그림 8-24 가위치법을 이용한 근 찾기 실행 결과

가위치법을 사용하여 근을 구하기 위해 **regula** 함수를 이용한다. **regula** 함수의 첫 번째 인자 **UDregula**는 함수 $f(x)$에 대한 사용자정의함수의 이름을, 1과 2는 처음에 지정한 왼쪽 끝점과 오른쪽 끝점을 나타내며, 10^{-6}은 허용 오차, 20은 반복 횟수를 나타낸다.

사용자정의함수 **UDregula**는 사용자정의함수 **regula** 함수에서 호출할 수 있다. 여기서는 20회 반복 실행을 지정했지만 여덟 번째 계산 결과가 실제 근과 비교하여 허용 오차 10^{-6}보다 작은 범위이므로 아홉 번째 계산까지만 표시된다.

LESSON 09

수치 적분법

복잡한 적분방정식을 정확히 계산하기는 어려우므로 수치해석적으로 적분의 근삿값을 구할 수 있는 사다리꼴 적분법, 심슨 적분법, 가우스 구적법, 롬버그 적분 등을 사용한다. MATLAB의 함수를 이용하여 실제 적분값에 근사시키는 방법을 알아보자.

Keyword | 사다리꼴 적분법 | trapz | 심슨 적분법 | simpson | 가우스 구적법 | quad | quadl | 롬버그 적분 | romberg |

사다리꼴 적분법

사다리꼴(trapezoidal) 적분법은 수평 바닥면과 2개의 끝점 a, b를 연결하는 경사진 윗면을 가진 사다리꼴 면적을 근사시키는 방법이다.

예제 8-19

MATLAB에서 사다리꼴 적분법을 실행하는 trapz 함수를 이용하여 $\int_1^5 x\ln x dx$의 값을 구하라. 이때 간격 크기는 $h = \frac{1}{2}$이고 출력 형식은 format long을 이용하라.

배경지식

■ **trapz**

사다리꼴 적분법을 실행하기 위한 trapz 함수의 기본 형태는 다음과 같다.

trapz(x, fx)

- **x** : 부분 구간에 있는 자료점의 배열
- **fx** : 피적분함수

풀이

```
Command Window
>> format long; ①
>> a = 1;
>> b = 5;   ②
>> h = 1/2;
>> n = (b-a)/h;
>> x = linspace(a,b,n+1); ③
>> fx = x.*log(x); ④
>> T_int = trapz(x,fx) ⑤

T_int =

  14.151423309881844
```

그림 8-25 사다리꼴 적분법을 이용한 적분 실행 결과

① 소수점 자리를 확장하기 위해 format long을 설정한다.

② 피적분함수의 하한값과 상한값을 지정한다.

③ 간격 $h = \frac{1}{2}$에 대해 linspace 함수를 사용한 결과를 x에 지정한다.

④ 피적분함수 $x \ln x$를 지정한다.

⑤ trapz 함수를 이용하여 간격 $h = \frac{1}{2}$일 때 사다리꼴 적분법을 적용한다.

심슨 적분법

심슨(simpson) 적분법은 사다리꼴 적분법을 확장하여 2차 다항식에 대한 피적분함수를 근사시키는 방법이다. 사다리꼴 적분법에서는 간격 크기를 줄이고 부분 구간의 수를 증가시켜 1차 다항식으로 그리는 직선이 함수 $f(x)$의 곡선 형태와 점점 겹치도록 근사되었지만 여전히 매끄럽지 않다. 이때 자료점 3개를 이용하는 2차 보간법을 사용하면 2차 보간 다항식을 얻을 수 있고 2차 다항식은 포물선 형태이므로 함수 $f(x)$에 좀 더 매끄럽게 겹쳐질 수 있다.

예제 8-20 M-File simpson.m

MATLAB에서 심슨 적분법을 실행하는 simpson 함수를 이용하여 $\int_1^5 x \ln x dx$의 값을 구하라. 이때 간격 크기는 $h = \frac{1}{2}$이고 출력 형식은 format long을 이용하라.

배경지식

■ **simpson**

심슨 적분법을 실행하기 위한 simpson 함수의 기본 형태는 다음과 같다.

simpson(fx, a, b, n)

- **fx** : 피적분함수
- **a** : 전체 구간의 시작점
- **b** : 전체 구간의 끝점
- **n** : 부분 구간의 수

단, 사용 중인 현재 폴더에 'simpson.m'이 있을 때만 이 함수를 사용할 수 있다.

풀이

```
Command Window
>> format long; ❶
>> fx = @(x)x.*log(x); ❷
>> S = simpson(fx,1,5,8) ❸

S =

  14.118263262279449
```

그림 8-26 심슨 적분법을 이용한 적분 실행 결과

❶ 소수점 자리를 확장하기 위해 format long을 지정한다.

❷ @(x)를 사용하면 함수의 변수 x를 벡터 형태로 미리 지정할 필요가 없다.

❸ simpson 함수를 이용하여 간격 $h = \frac{1}{2}$일 때 심슨 적분법을 적용한 결과를 S에 지정한다.

가우스 구적법

가우스 구적법(Gauss quadrature)은 적분의 영역 내 지정된 점에서 함수의 값을 가중치(weight) 합으로 표시하여 적분하는 방법이다. 자료점의 간격이 균일한 경우 가우스 구적법이 항상 좋은 결과를 제공하지는 않지만 자료점의 간격이 균일해야 한다는 제한이 없는 경우에는 상당히 좋은 결과를 얻을 수 있다.

예제 8-21

MATLAB에서 가우스 구적법을 실행하는 quad 함수와 quadl 함수를 이용하여 $\int_1^5 x \ln x dx$의 값을 구하라.

배경지식

■ quad, quadl

quad 함수와 quadl 함수는 모두 가우스 구적법을 실행한다. quad 함수는 심슨 적분법을 기초로 하고 quadl 함수는 로바토 적분 알고리즘을 기초로 적용한다.

quad 함수와 quadl 함수의 기본 형태는 다음과 같다.

quad(fx, a, b)
quadl('f(x)', a, b)

- **fx** : 피적분함수
- **a** : 적분의 하한값
- **b** : 적분의 상한값

풀이

```
Command Window
>> format long; ❶
>> Q1 = quad(inline('x.*log(x)'),1,5) ❷

Q1 =

  14.117973942897050 ❸

>> Q2 = quadl(inline('x.*log(x)'),1,5) ❹

Q2 =

  14.117973905427462
```

그림 8-27 가우스 구적법을 이용한 적분 실행 결과

❶ 소수점 자리를 확장하기 위해 format long을 지정한다.

❷ 미리 함수를 정의하지 않은 경우 필요할 때마다 즉시 처리하는 inline 함수에 작은따옴표를 붙여 사용할 수 있다.

❸ quad 함수를 이용하여 심슨 적분법을 기초로 한 가우스 구적법을 적용한 결과를 Q1에 지정한다.

❹ quadl 함수를 이용하여 로바토 적분 알고리즘을 기초로 한 가우스 구적법을 적용한 결과를 Q2에 지정한다.

실제로 적분을 실행하면 $\int_1^5 x \ln x dx = 14.117973905426254$ 이다. quad 함수를 사용한 경우의 절대 오차는 3.7471×10^{-8}이고 quadl 함수를 사용한 경우의 절대 오차는 1.2079×10^{-12}이다. 그러므로 quad보다 quadl을 사용했을 때의 결과가 실젯값에 더 가깝다.

롬버그 적분

롬버그(Romberg) 적분은 적분을 계산하기 위한 사다리꼴 공식에 리차드슨 외삽(Richardson extra-polation) 공식을 이용하는 방법이다. 이 방법을 사용하면 실제 오차를 감소시켜 실젯값에 가까운 근삿값을 구할 수 있다.

예제 8-22

M-File **romberg.m**

MATLAB의 롬버그 적분을 이용하여 각각 1개, 2개, 4개로 나누어진 부분 구간에 대한 $\int_1^5 x \ln x dx$를 실행하라.

배경지식

■ romberg

롬버그 적분을 실행하기 위한 romberg 함수의 기본 형태는 다음과 같다.

romberg(fx, a, b, n)

- **fx** : 피적분함수
- **a** : 적분의 하한값
- **b** : 적분의 상한값
- **n** : 외삽의 횟수

단, 사용 중인 현재 폴더에 'romberg.m'이 있을 때만 이 함수를 사용할 수 있다.

풀이

```
Command Window
>> format long;
>> R = romberg(inline('x.*log(x)'),1,5,2) ❶

T-table ❷
-------
 16.094379124341003
 14.638863294179160 14.153691350791879
 14.250903452689034 14.121583505525658 14.119442982507909

E-table
-------
 -0.485171943387281
 -0.129319947163375 -0.002140523017748

R =

  14.119442982507909
```

그림 8-28 롬버그 적분을 이용한 적분 실행 결과

❶ romberg 함수를 이용하여 롬버그 적분을 적용한다. 이때 romberg 함수의 인자로 피적분함수 $x \ln x$는 inline 함수를 이용하여 지정하고 적분의 하한값 1과 상한값 5, 외삽의 횟수 2를 지정한다.

❷ T-table은 구한 결과, E-table은 각각 계산한 오차, R은 실제 적분에 근사시킨 값을 보여준다.

LESSON 10

수치 미분법

복잡한 미분방정식을 정확히 계산하기는 매우 어렵다. 따라서 수치해석을 이용하여 복잡한 미분방정식을 계차방정식으로 전환함으로써 좀 더 간편하게 미분값에 근사시킨 결과를 구한다. MATLAB의 함수를 통해 수치해석적으로 미분값을 구할 수 있는 오일러 방법과 테일러 급수, 룬게쿠타 방법을 알아보자.

Keyword | 오일러 방법 | 수정된 오일러 방법 | 테일러 급수 | 룬게쿠타 방법 | ode23 | ode45 |

오일러 방법

오일러 방법(Euler's Method)의 장점은 미분방정식의 수치적 풀이에 대해 가장 간단한 알고리즘을 제시한다는 것이다. 그러나 시간 상수의 작은 변화에도 비교적 큰 오차가 발생한다는 단점이 있다. 따라서 시간간격이 미분 풀이의 정확성에 미치는 영향을 이해하는 것이 매우 중요하다. MATLAB에서는 기초수학에서 사용하는 시간의 증분량 Δt와 같은 개념으로 h를 사용한다. 오일러 방법은 다음과 같이 정의한다.

$$y(t_{n+1}) = y(t_n) + hf(t_n, y(t_n)) \quad (n = 0, 1, \cdots, N-1) \tag{8.17}$$

$$y_{n+1} = y_n + hf(t_n, y_n) \quad (n = 0, 1, \cdots, N-1) \tag{8.18}$$

예제 8-23 M-File **euler.m**

0초에서 1초까지 0.02초씩 시간이 증가하고 초깃값이 2인 1차 미분방정식 $y' = -5y$의 해를 오일러 방법으로 구하려고 한다. 미분방정식의 실제 풀이가 $y(t) = 2e^{-5t}$일 때 실제 결과와 오일러 방법을 이용한 결과를 그래프로 비교하는 스크립트 파일 'euler.m'을 작성하고 그래프로 나타내라.

풀이

```
h = 0.02;
y(1) = 2;
n = 0;
y(2) = y(1)-5*y(1)*h;
for t1 = h:h:1
    n = n+1;
    y(n+1) = y(n)-5*y(n)*h;
end
t = 0:h:1;
fy = 2*exp(-5*t);
plot(t,y,'o',t,fy)
grid on;
axis([0 1 0 2]);
xlabel('t');
ylabel('y(t)','rot', 360);
title('Euler Method');
```

그림 8-29 오일러 방법을 이용하여 해 구하기 코딩 결과

❶ 초깃값을 지정한다.

❷ 순환할 때마다 데이터 구조의 크기가 점진적으로 늘어나는 for문을 위해 사전 할당을 설정한다. for문을 반복하기 위해 계수 n의 초깃값을 0으로 지정한다. 이때 식 (8.17)을 $y(n+1) = y(n) - 5 * y(n) * h$로 표현할 수 있다.

❸ 실제 결과를 지정한다.

❹ 실제 결과와 오일러 방법을 이용한 결과를 그래프로 나타낸다.

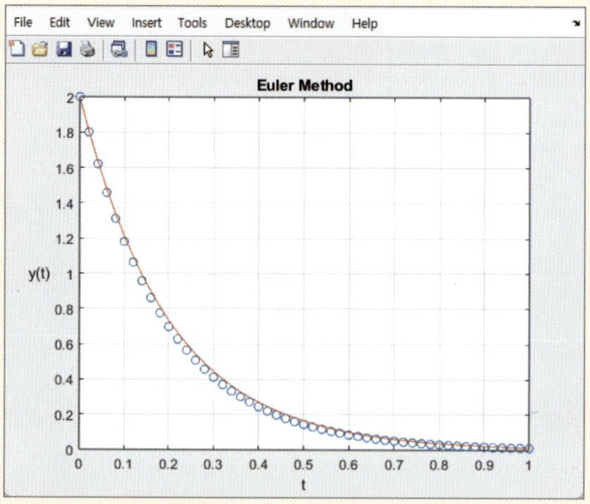

그림 8-30 오일러 방법을 이용하여 해 구하기 실행 결과

수정된 오일러 방법

오일러 방법은 수치적으로 미분방정식을 풀 때 큰 오차가 발생한다. 따라서 이러한 오차를 줄이기 위해 수정된 오일러 방법을 사용한다. 수정된 오일러 방법은 시간 간격 t_n과 t_{n+1}에서 식 (8.17)의 오른쪽을 평균으로 치환하여 사용한다.

$$y(t_{n+1}) = y(t_n) + \frac{h}{2}(f_n + f_{n+1}) \tag{8.19}$$

예제 8-24 M-File **euler_mod.m**

0초에서 1초까지 0.02초씩 시간이 증가하고 초깃값이 2인 1차 미분방정식 $y' = -5y$의 해를 수정된 오일러 방법으로 구하려고 한다. 미분방정식의 실제 풀이가 $y(t) = 2e^{-5t}$일 때 실제 결과와 수정된 오일러 방법을 이용한 결과를 그래프로 비교하는 스크립트 파일 'euler_mod.m'을 작성하고 그래프로 나타내라.

풀이

```
h = 0.02; ❶
y(1) = 2;
n = 0;
x(2) = y(1)-5*y(1)*h;
y(2) = y(1)+(h/2)*(-5*y(1)-5*x(2));
for t1 = h:h:1 ❷
    n = n+1;
    x(n+1) = y(n)-5*y(n)*h;
    y(n+1) = y(n)+(h/2)*(-5*y(n)-5*x(n+1));
end
t =0:h:1;
fy = 2*exp(-5*t); ❸
plot(t,y,'o',t,fy) ❹
grid on;
axis([0 1 0 2]);
xlabel('t');
ylabel('y(t)','rot', 360);
title('Modified Euler Method');
```

그림 8-31 수정된 오일러 방법을 이용한 해 구하기 코딩 결과

❶ 초깃값을 지정한다.

❷ 데이터 구조의 크기가 점진적으로 늘어나는 for문을 위해 사전 할당을 설정한다. for문을 반복하기 위해 계수 n의 초깃값을 0으로 지정한다. 이때 식 (8.19)를 $y(n+1)=y(n)+(h/2)*(-5*y(n)-5*x(n+1))$로 표현한다.

❸ 실제 결과를 지정한다.

❹ 실제 결과와 수정된 오일러 방법을 이용한 결과를 그래프로 나타낸다.

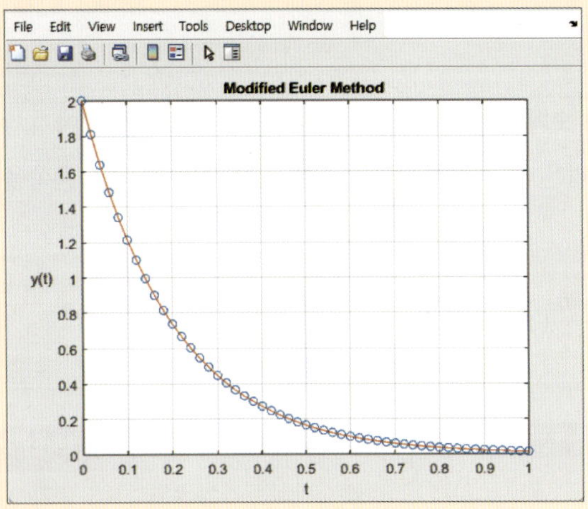

그림 8-32 수정된 오일러 방법을 이용하여 해 구하기 실행 결과

테일러 급수

테일러 급수는 한 점에서 미분 가능한 함수를 계산하여 무한한 합으로 표현되는 다항식 형태로 근사시키는 방법이다. 이때 특정 조건을 만족하는 임의의 함수가 테일러 급수로 표현되면 이를 테일러 정리(Taylor's theorem)라고 한다. 테일러 정리는 평균값 정리를 임의의 n차(order) 도함수에 일반화한 형태로, 다음과 같이 전개된다.

$$f(x) = \sum_{n=0}^{n} \frac{f^{(n)}}{n!}(x-a)^n$$

룬게쿠타 방법

함수 $f(t, y)$의 여러 계산에 테일러 급수를 근사화하기 위해 룬게쿠타(Runge-Kutta) 방법을 이용한다. 이는 수정된 오일러 방법보다 오차를 더 줄일 수 있다.

예제 8-25 M-File **ode_fn.m**

ode23 함수와 ode45 함수를 이용하여 0초에서 1초까지 0.02초씩 시간이 증가하고 초기 조건이 $y(0) = 2$인 미분방정식 $y' = -5y$의 그래프를 그리고 그 결과를 비교하라. 이때 1차 미분방정식의 실제 풀이는 $y(t) = 2e^{-5t}$이다.

배경지식

■ **ode23, ode45**

MATLAB은 다양한 간격 크기를 이용하여 룬게쿠타 공식의 구현을 돕는 'solvers'를 제공한다. 여기서 ode23 함수는 2차와 3차 룬게쿠타 공식의 조합에 이용하고 ode45 함수는 4차와 5차 룬게쿠타 공식의 조합에 이용한다. ode23 함수와 ode45 함수의 기본 형태는 다음과 같다.

```
[t, y] = ode23('ydot', tspan, y(0))
[t, y] = ode45('ydot', tspan, y(0))
```

- **'ydot'** : 주어진 1차 미분방정식
- **tspan** : 미분 변수 t가 시작하고 끝나는 시간의 범위
- **y(0)** : 주어진 함수의 초깃값

TIP 함수에서 사용하지 않지만 나중에 이용하려고 남겨 놓는 입력 인자 t는 물결표(tilde) 연산자(~)로 대체한다. 만약 ode_fn(t, y)를 입력하면 '사용하지 않은 입력 인자'라는 경고 메시지를 확인할 수 있다.

풀이

```
ode_fn.m

function ydot = ode_fn(~,y)
ydot = -5*y;
```

그림 8-33 사용자정의함수 코딩 결과 (odecos.m)

```
Command Window

>> t1 = 0:0.02:1;
>> figure(1); ①
>> [t,y] = ode23('ode_fn',[0,1],2); ②
>> y1 = 2*exp(-5*t1); ③
>> plot(t,y,'o',t1,y1);
>> axis([0 1 0 2]);
>> xlabel('t');
>> ylabel('y(t)','rot',360);
>> title('ODE23');
>> figure(2); ④
>> [t,y] = ode45('ode_fn',[0,1],2); ⑤
>> y2 = 2*exp(-5*t1);
>> plot(t,y,'o',t1,y2);
>> axis([0 1 0 2]);
>> xlabel('t');
>> ylabel('y(t)','rot',360);
>> title('ODE45');
```

그림 8-34 ode23 함수와 ode45 함수를 이용하여 미분방정식 그리기 코딩 결과

① figure 명령어를 지정하여 ode23 함수를 그림 창에 나타낸다.

② ode23 함수를 이용하여 미분을 계산한다.

③ 미분의 실제 풀이 함수를 입력한다.

④ figure 명령어를 지정하여 ode45 함수를 다른 그림 창에 나타낸다.

⑤ ode45 함수를 이용하여 미분을 계산한다.

[그림 8-35]와 [그림 8-36]은 수치로 계산된 결과를 연결한 곡선 형태이다. 일반적으로 [그림 8-36]의 ode45 함수는 [그림 8-35]의 ode23 함수보다 더 빠르고 정확한 결과를 보여준다.

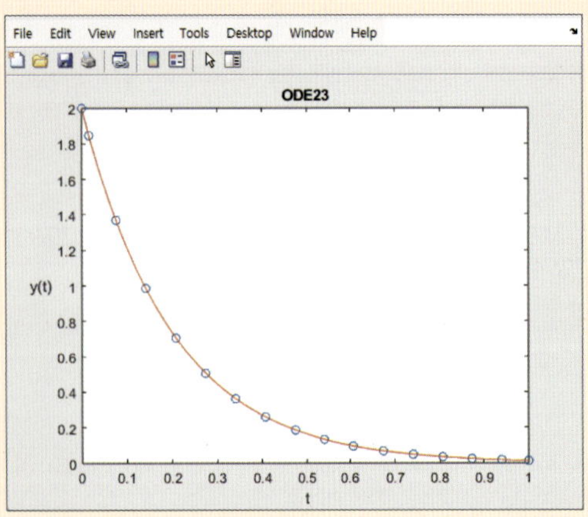

그림 8-35 ode23 함수를 이용하여 미분방정식 그리기 실행 결과

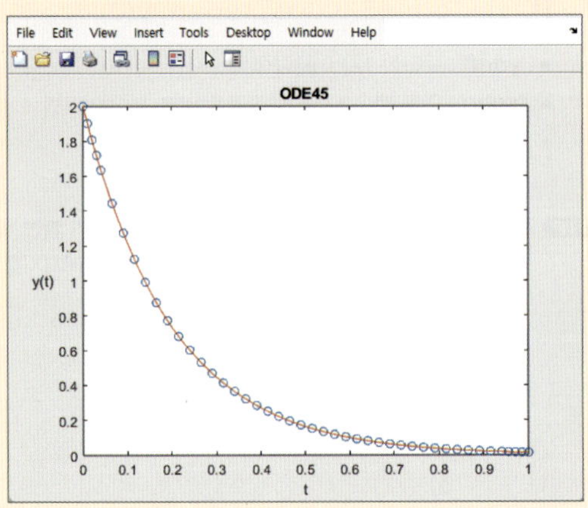

그림 8-36 ode45 함수를 이용하여 미분방정식 그리기 실행 결과

CHAPTER 09

제어

CONTENTS

LESSON 01 닫힌 루프 시스템
LESSON 02 전달함수
LESSON 03 상태방정식
LESSON 04 시간 응답
LESSON 05 안정도
LESSON 06 근궤적
LESSON 07 주파수 응답
LESSON 08 나이퀴스트선도
LESSON 09 니콜스선도

LESSON 01

닫힌 루프 시스템

제어(control)는 입력이 제어 시스템의 구성 요소를 거쳐 목표한 출력을 얻도록 시스템을 조절하는 것을 말한다. 제어 시스템에서는 입력과 출력 사이의 관계를 블록으로 나타내는 블록선도를 이용하여 시스템을 설명한다. MATLAB을 이용하여 오차를 수정할 수 있는 귀환을 가진 닫힌 루프 시스템을 해석하고 실행 과정을 살펴보자.

Keyword | 닫힌 루프 시스템 | 단위 귀환 시스템 | tf | feedback | step | lsim |

닫힌 루프 시스템

닫힌 루프 시스템(closed-loop system)은 입력과 출력이 일치하는지 비교하고 입력과 실젯값 사이의 오차에 비례하는 신호를 다시 보내 오차를 수정하는 귀환 경로(feedback path)가 있는 제어 시스템을 의미한다. 귀환 경로가 없어서 오차를 수정할 수 없는 제어 시스템은 열린 루프 시스템(open-loop system)이라고 한다.

단위 귀환 시스템

귀환 경로의 배숫값(multiplicative value)이 1인 귀환 루프를 가진 시스템을 단위 귀환 시스템(unity feedback system)이라고 한다.

예제 9-1 M-File Feed_Step.m, Feed_Para.m, Feed_Ramp.m

다음과 같은 단위 귀환 시스템이 있다. $R(s)$는 입력 신호의 라플라스 변환, $E(s) = R(s) - Y(s)$는 오차 신호의 라플라스 변환, $Y(s)$는 출력 신호의 라플라스 변환, $G(s)$는 전달함수로, $G(s) = \dfrac{(s+1)}{s^3 + 8s^2 + 15s}$이다.

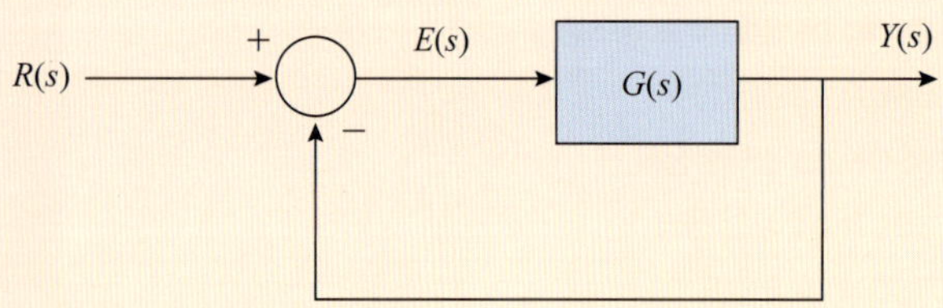

그림 9-1 단위 귀환 시스템 블록선도

(a) 계단 입력함수를 사용하여 닫힌 루프 응답을 그려라.

(b) 포물선 입력함수 $p(t) = \dfrac{t^2}{3}\ (t \geq 0)$을 사용하여 닫힌 루프 응답을 그려라.

(c) 램프 입력함수 $r(t) = 2t\ (t \geq 0)$를 사용하여 닫힌 루프 응답을 그려라.

배경지식

■ tf

tf 함수는 전달함수 모델을 생성하는 함수이다. 라플라스 변수 s로 표현되는 유리함수를 사용하여 전달함수 모델을 지정하는 tf 함수의 형태는 다음과 같다.

```
s = tf('s')
```

num과 den을 각각 분자, 분모로 사용하는 연속 시간 전달함수를 생성할 때 tf 함수의 형태는 다음과 같다.

```
sys = tf(num, den)
```

- **sys** : 전달함수
- **num** : 전달함수의 분자
- **den** : 전달함수의 분모

■ feedback

feedback 함수는 두 선형 시불변 모델의 귀환을 연결하는 함수이다. 닫힌 루프 귀환 시스템에 대한 선형 시불변 시스템 sys를 계산하는 feedback 함수의 기본 형태는 다음과 같다.

```
sys = feedback(sys1, sys2)
```

- **sys** : 닫힌 루프 시스템에 대한 선형 시불변 시스템
- **sys1** : 전달함수
- **sys2** : 귀환 경로의 배숫값

■ step

step 함수는 선형 시불변 모델의 계단 응답을 구하는 함수이다. 시뮬레이션에 사용되는 출력 응답 y와 시간 벡터 t의 값을 찾는 step 함수의 형태는 다음과 같다.

```
[y, t] = step(sys)
```

- **y** : 출력 응답
- **t** : 시간 벡터
- **sys** : 전달함수

전달함수 sys에 시간 벡터 t 동안 시뮬레이션을 실행한 후 출력 응답 y를 계단 응답으로 나타낼 때 step 함수의 형태는 다음과 같다.

```
y = step(sys, t)
```

동적 시스템 sys의 계단 응답을 그릴 때 step 함수의 형태는 다음과 같다.

```
step(sys)
```

▪ lsim

임의의 입력에 대한 선형 시불변 모델의 시뮬레이션 시간 응답(time response) y의 값을 구하는 lsim 함수의 형태는 다음과 같다.

> **y = lsim(sys, u, t)**
>
> - **y** : 출력행렬
> - **sys** : 시스템 벡터
> - **u** : 입력함수
> - **t** : 시간 벡터

이때 출력행렬 y의 행 크기는 주어진 시간 벡터 t와 같고 열 크기는 시스템 벡터 sys와 같다.

풀이

(a)

```
Feed_Step.m
s = tf('s'); ❶
Gs = (s+1)/(s^3+8*s^2+15*s);
sys = feedback(Gs,1); ❷
[y,t] = step(sys); ❸
U = ones(size(t));
plot(t,y,'b-',t,U,'r-'); ❹
axis([0 80 0 1.5]);
xlabel('Time (sec)');
ylabel('Amplitude');
title('Step Function');
grid on;
gtext('Input'); ❺
gtext('Output');
```

그림 9-2 계단 입력함수 코딩 결과

❶ tf 함수를 이용하여 전달함수 모델을 생성한다.

❷ feedback 함수를 이용하여 전달함수 $G(s)$와 귀환 경로 값 1을 연결한다.

❸ 계단 출력 응답을 얻기 위해 step 함수를 이용한다.

❹ plot 함수를 이용하여 계단 입력함수와 출력 응답을 그래프로 나타낸다.

❺ 문자열이 위치할 자리를 클릭하면 문자열이 삽입된다.

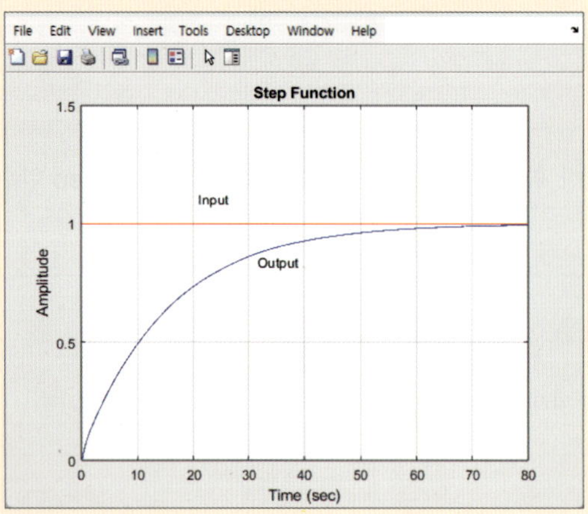

그림 9-3 계단 입력함수 실행 결과

이렇게 계단 입력함수에 대한 단위 귀환 시스템을 실행한 결과의 정상상태 오차는 0이다.

(b)

Feed_Para.m

```
s = tf('s') ;
Gs = (s+1)/(s^3+8*s^2+15*s);
sys = feedback(Gs,1);
t = 0:0.1:90;
Pt = t.^2/3;
[y,t] = lsim(sys,Pt,t);
plot(t,y,'b-',t,Pt,'r-');
xlabel('Time (sec)');
ylabel('Amplitude');
title('Parabolic Function');
grid on;
gtext('Input');
gtext('Output');
```

그림 9-4 포물선 입력함수 코딩 결과

❶ tf 함수를 이용하여 포물선 입력함수 $p(t)$를 지정한다.

❷ feedback 함수를 이용하여 전달함수 $G(s)$와 귀환 경로 값 1을 연결한다.

❸ lsim 함수를 이용하여 포물선 입력함수의 출력 응답 y와 시뮬레이션에 사용하는 시간 벡터 t를 찾는다.

❹ plot 함수를 이용하여 포물선 입력함수와 출력 응답을 그래프로 나타낸다.

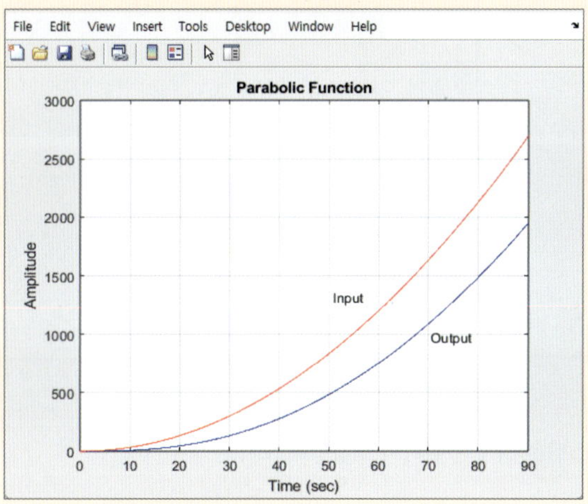

그림 9-5 포물선 입력함수 실행 결과

이렇게 포물선 입력함수에 대한 단위 귀환 시스템을 실행한 결과의 정상상태 오차는 무한대이다. 즉 시간이 증가함에 따라 오차가 무한대로 증가한다.

(c)

```
Feed_Ramp.m
s = tf('s') ; ❶
Gs = (s+1)/(s^3+8*s^2+15*s);
sys = feedback(Gs,1);
t = 0:0.1:90;
Rt = 2*t;
[y,t] = lsim(sys,Rt,t); ❷
plot(t,y,'b-',t,Rt,'r-'); ❸
xlabel('Time (sec)');
ylabel('Amplitude');
title('Ramp Function');
grid on;
gtext('Input');
gtext('Output');
```

그림 9-6 램프 입력함수 코딩 결과

❶ tf 함수를 이용하여 램프 입력함수 $r(t)$를 지정한다.

❷ lsim 함수를 이용하여 램프 입력함수의 출력 응답 y와 시뮬레이션에 사용하는 시간 벡터 t를 찾는다.

❸ plot 함수를 이용하여 램프 입력함수와 출력 응답을 그래프에 나타낸다.

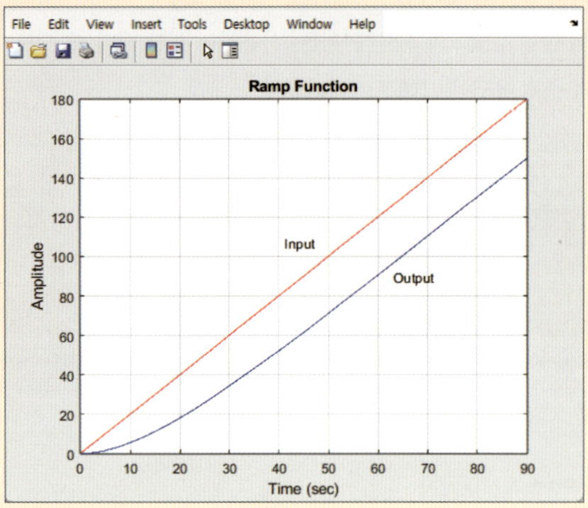

그림 9-7 램프 입력함수 실행 결과

이렇게 램프 입력함수에 대한 단위 귀환 시스템을 실행한 결과의 정상상태 오차는 상수이다.

LESSON 02

전달함수

선형 시불변 시스템의 전달함수는 출력 응답함수의 라플라스 변환에 대해 인가되는 입력함수의 라플라스 변환 비율로 정의된다. 이때 시스템의 모든 초기 조건은 0으로 지정된다. 전달함수는 시스템의 입력과 무관하므로 여러 입출력이 있는 다변수 시스템에도 전달함수의 정의를 적용할 수 있다. MATLAB을 이용하여 전달함수의 계단 응답과 임펄스 응답의 결과를 비교하여 살펴보자.

Keyword | 라플라스 변환 및 역변환 | 전달함수 | impulse | 전달함수 직렬 연결 | 전달함수 병렬 연결 | series | parallel |

라플라스 변환 및 역변환

어떤 시간함수 $f(t)$에 e^{-st}를 곱한 후 시간 t에 대해 0부터 ∞까지 적분한 것을 함수 $f(t)$의 라플라스 변환(Laplace transform)이라고 한다. 라플라스 변환은 다음과 같이 정의한다.

$$F(s) = \mathcal{L}[f(t)] = \int_0^{\infty} f(t)e^{-st}\,dt$$

라플라스 변환으로 구한 함수 $F(s)$를 다시 시간함수 $f(t)$의 형태로 바꾸는 것을 라플라스 역변환(inverse Laplace transform)이라고 한다. 라플라스 역변환은 다음과 같이 나타낸다.

$$\mathcal{L}^{-1}[F(s)] = f(t)$$

전달함수

전달함수 $G(s)$는 임펄스 응답 $g(t)$의 라플라스 변환으로 정의한다. 출력 $y(t)$의 라플라스 변환 $Y(s)$를 구하기 위해 입력 $x(t)$의 라플라스 변환 $X(s)$에 전달함수 $G(s)$를 곱하면 다음과 같다.

$$Y(x) = G(s)X(s) \tag{9.1}$$

또한 전달함수는 출력의 라플라스 변환을 입력의 라플라스 변환으로 나눈 값이므로 식 (9.1)에 라플라스 역변환을 적용하면 출력에 대한 시간함수 $y(t)$를 얻을 수 있다.

예제 9-2 M-File Tf_Resp.m

시간 $0 \le t \le 7$일 때 전달함수 $G(s)$에 대한 임펄스 응답과 계단 응답을 구하고 그래프로 나타내라.

$$G(s) = \frac{s+4}{s^2+2s+5}$$

배경지식

▪ impulse

impulse 함수는 전달함수 sys를 시간 벡터 **t** 동안 시뮬레이션한 후의 출력 응답 **y**를 임펄스 응답으로 나타낸다. 단위 임펄스 응답을 계산하는 impulse 함수의 기본 형태는 다음과 같다.

> **y = impulse(sys, t)**
>
> - **y** : 출력 응답
> - **sys** : 전달함수
> - **t** : 시간 벡터

풀이

```
Tf_Resp.m
t = 0:0.01:7;
num = [1 4]; ❶
den = [1 2 5];
Gs = tf(num,den); ❷
y_imp = impulse(Gs,t); ❸
y_st = step(Gs,t); ❹
subplot(211);
plot(t,y_imp); ❺
axis([0 7 -0.5 1.5]);
grid on;
xlabel('Time (sec)');
ylabel('Amplitude');
title('Impulse Response');
subplot(212);
plot(t,y_st); ❻
axis([0 7 -0.5 1.5]);
grid on;
xlabel('Time (sec)');
ylabel('Amplitude');
title('Step Response');
```

그림 9-8 임펄스 응답과 계단 응답 코딩 결과

❶ 분자와 분모의 다항식 계수를 라플라스 변수 s의 내림차순으로 지정한다.

❷ tf 함수를 이용하여 전달함수 $G(s)$를 지정한다.

❸ impulse 함수를 이용하여 임펄스 응답 결과를 얻는다.

❹ step 함수를 이용하여 계단 응답 결과를 얻는다.

❺ plot 함수를 이용하여 임펄스 응답 결과를 그림 창 위쪽에 그래프로 나타낸다.

❻ plot 함수를 이용하여 계단 응답 결과를 그림 창 아래쪽에 그래프로 나타낸다.

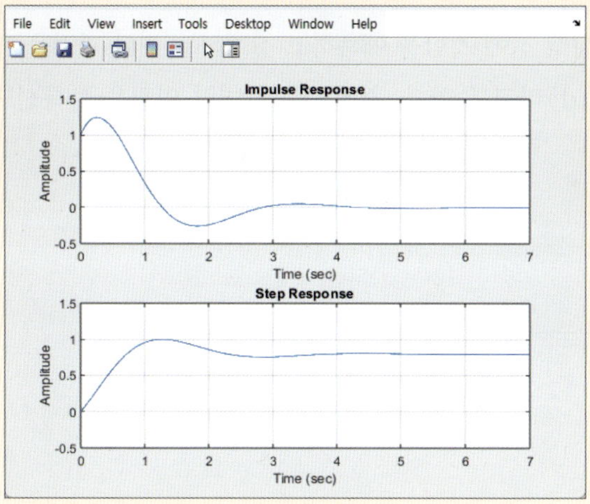

그림 9-9 임펄스 응답과 계단 응답 실행 결과

전달함수 직렬 연결

전달함수에 대한 식 (9.1)을 단일 전달함수 블록선도(block diagram)로 나타내면 [그림 9-10]과 같다.

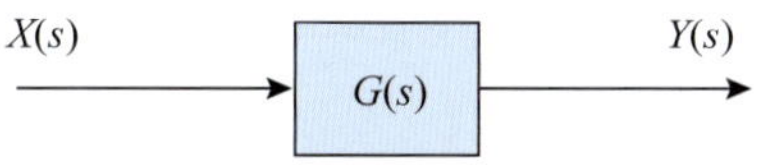

그림 9-10 단일 전달함수 블록선도

전달함수의 직렬 연결(series connection)은 입력 $X(s)$와 출력 $Y(s)$ 사이에 2개 이상의 전달함수가 놓여 있음을 의미한다. 전달함수의 직렬 연결을 블록선도로 나타내면 [그림 9-11]과 같다.

그림 9-11 전달함수의 직렬 연결 블록선도

전달함수의 직렬 연결은 다음과 같이 전달함수 2개를 곱한 형태로 나타낸다.

$$Y(x) = G_1(s)G_2(s)X(s) \tag{9.2}$$

전달함수 병렬 연결

전달함수의 병렬 연결(parallel connection)은 실행 전에 결함을 예측하고 실행하는 귀환 과정을 제어하는 기능이 있기 때문에 피드포워드(feedforward)라고도 한다. 전달함수의 병렬 연결을 블록선도로 나타내면 [그림 9-12]와 같다.

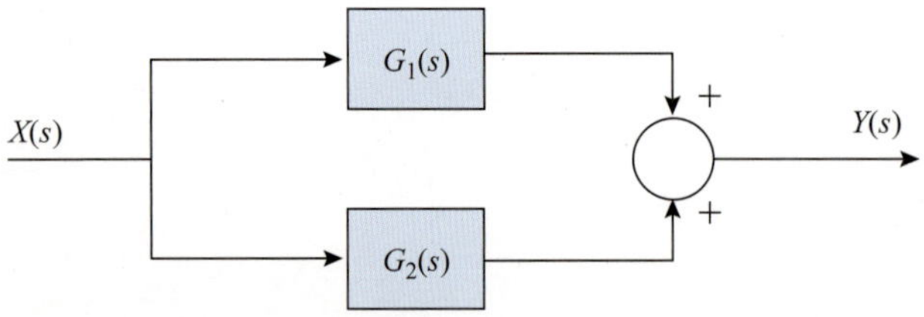

그림 9-12 전달함수의 병렬 연결 블록선도

전달함수의 병렬 연결은 다음과 같이 전달함수 2개를 더한 형태로 나타낸다.

$$Y(x) = [G_1(s) + G_2(s)]X(s) \tag{9.3}$$

예제 9-3 M-File **Tf_Impulse.m**

시간 $0 \le t \le 5$일 때 전달함수 $G_1(s)$, $G_2(s)$의 직렬 연결과 병렬 연결에 대한 임펄스 응답을 그래프로 나타내라.

$$G_1(s) = \frac{1}{s+1}, \quad G_2(s) = \frac{s+1}{s+3}$$

배경지식

■ **series, parallel**

series 함수와 parallel 함수는 전달함수 2개를 각각 직렬, 병렬로 연결하는 함수이다. 직렬 또는 병렬로 연결된 전달함수 sys1과 sys2를 곱하거나 더하여 새로운 전달함수 sys를 생성한다. 두 함수의 형태는 다음과 같다.

```
sys = series(sys1, sys2)
sys = parallel(sys1, sys2)
```

풀이

```
t = 0:0.01:5;
G1s = tf([0 1],[1 1]);
G2s = tf([1 1],[1 3]);
sys1 = series(G1s,G2s);
sys2 = parallel(G1s,G2s);
y1_im = impulse(sys1,t);
y2_im = impulse(sys2,t);
plot(t,y1_im,t,y2_im,':r');
xlabel('Time (sec)');
ylabel('Amplitude');
title('Impulse Response');
grid on;
gtext('Series');
gtext('Parallel');
```

그림 9-13 직렬 연결과 병렬 연결 코딩 결과

❶ 시간 $0 \leq t \leq 5$을 지정한다.

❷ tf 함수를 이용하여 전달함수 $G_1(s)$와 $G_2(s)$를 지정한다.

❸ series 함수를 이용하여 두 전달함수를 직렬 연결한다.

❹ parallel 함수를 이용하여 두 전달함수를 병렬 연결한다.

❺ 임펄스 출력 응답을 얻기 위해 impulse 함수를 이용한다.

❻ plot 함수를 이용하여 전달함수의 연결 결과를 그래프로 나타낸다.

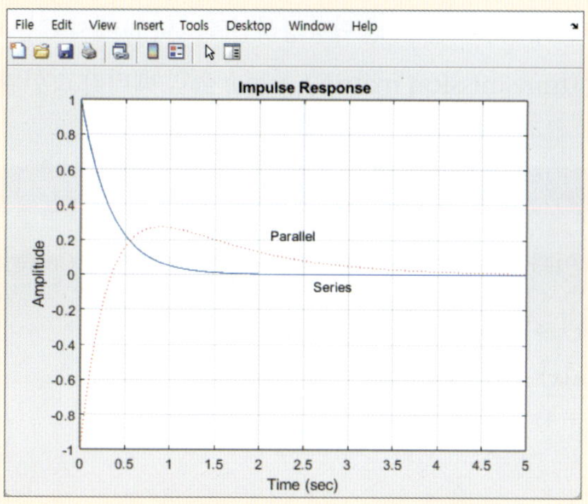

그림 9-14 직렬 연결과 병렬 연결의 계단 출력 응답 실행 결과

매 초 단위에 상응하는 전달함수 $G_1(s)$와 $G_2(s)$의 진폭을 곱하면 [그림 9-14]의 직렬 연결 결과와 같고 전달함수 $G_1(s)$와 $G_2(s)$의 진폭을 더하면 병렬 연결 결과와 같다.

LESSON 03

상태방정식

전달함수를 이용한 제어 시스템 해석의 결점을 보완하기 위해 상태방정식을 이용하는 상태공간 모델을 많이 사용한다. 상태방정식은 상태변수의 1차 미분방정식으로 구성되며, 상태공간 모델은 n개의 1차 결합 미분방정식으로 물리적 시스템을 나타낸다. 일반적으로 상태변수는 시스템에서 에너지 저장 요소의 상태를 나타내는 변수이다. 상태방정식에 대한 상태공간 모델을 설계하고 상태방정식을 전달함수로 변환하는 방법을 살펴보자.

Keyword | 상태공간 모델 | tf2ss | ss | ss2tf | flipud | fliplr |

상태공간 모델

선형 제어 시스템의 상태공간(state-space) 모델은 다음과 같이 나타낸다.

$$\dot{\mathbf{x}} = \mathbf{Ax} + \mathbf{Bu} \tag{9.4}$$

$$\mathbf{y} = \mathbf{Cx} + \mathbf{Du} \tag{9.5}$$

상태방정식(state equation)인 식 (9.4)에서 **A**는 $n \times n$ 시스템행렬(system matrix), **B**는 $n \times m$ 입력행렬(input matrix), **x**는 n 상태 벡터, **u**는 m 제어 벡터라고 한다. 출력방정식인 식 (9.5)에서 **C**는 $r \times n$ 출력행렬(output matrix), **D**는 $r \times m$ 전송행렬(transmission matrix), **y**는 r 출력 벡터라고 한다.

예제 9-4

다음 시스템에 대한 상태공간 계수행렬을 구하라. 이때 인가되는 기준 입력 $R(s)$는 계단함수이고 $C(s)$는 출력 제어변수이다.

$$\frac{C(s)}{R(s)} = \frac{2s^2 + 5s + 1}{s^3 + 4s^2 + 6s + 10}$$

배경지식

■ **tf2ss**

단일 입력 전달함수로부터 상태공간의 계수행렬 **A**, **B**, **C**, **D**를 구하는 tf2ss 함수의 기본 형태는 다음과 같다.

```
[A, B, C, D] = tf2ss(num, den)
```

- **A, B, C, D** : 계수행렬
- **num** : 입력 전달함수의 분자 계수를 내림차순으로 나열한 벡터
- **den** : 입력 전달함수의 분모 계수를 내림차순으로 나열한 벡터

풀이

```
>> num = [0 2 5 1]; ❶
>> den = [1 4 6 10]; ❷
>> [A,B,C,D] = tf2ss(num,den) ❸

A =

    -4    -6   -10
     1     0     0
     0     1     0


B =

     1
     0
     0


C =

     2     5     1


D =

     0
```

그림 9-15 상태공간 계수행렬 구하기 실행 결과

❶ 전달함수의 분자의 다항식 계수를 내림차순으로 지정한다. 차수 중간에 빈 차수가 없으므로 분자를 지정할 때 3차와 2차의 계수를 0으로 지정하지 않아도 된다.

❷ 전달함수의 분모의 다항식 계수를 내림차순으로 지정한다.

❸ 전달함수를 상태공간의 계수로 변환하는 tf2ss 함수를 이용하여 상태공간의 계수행렬 **A**, **B**, **C**, **D**를 구한다.

계수행렬에서 전달함수 구하기

초기 조건이 0일 때 식 (9.4)와 식 (9.5)의 라플라스 변환은 다음과 같다.

$$s\mathbf{X}(s) = \mathbf{AX}(s) + \mathbf{BU}(s) \tag{9.6}$$

$$\mathbf{Y}(s) = \mathbf{CX}(s) + \mathbf{DU}(s) \tag{9.7}$$

식 (9.6)은 다음과 같이 다시 쓸 수 있다.

$$\mathbf{X}(s) = (s\mathbf{I} - \mathbf{A})^{-1}\mathbf{BU}(s) \tag{9.8}$$

식 (9.8)을 식 (9.7)에 대입하면 다음과 같은 식을 얻을 수 있다.

$$\mathbf{Y}(s) = [\mathbf{C}(s\mathbf{I} - \mathbf{A})^{-1}\mathbf{B} + \mathbf{D}]\mathbf{U}(s) \tag{9.9}$$

계수행렬을 이용한 전달함수는 다음과 같이 정의한다.

$$G(s) = \frac{\mathbf{Y}(s)}{\mathbf{U}(s)} = \mathbf{C}(s\mathbf{I} - \mathbf{A})^{-1}\mathbf{B} + \mathbf{D} \tag{9.10}$$

예제 9-5

제어 시스템은 다음과 같은 상태공간 방정식에 의해 정의된다.

$$\begin{bmatrix}\dot{\mathbf{x}}_1\\ \dot{\mathbf{x}}_2\end{bmatrix}=\begin{bmatrix}-1.25 & -1\\ 2 & 1\end{bmatrix}\begin{bmatrix}\mathbf{x}_1\\ \mathbf{x}_2\end{bmatrix}+\begin{bmatrix}0.4\\ 0\end{bmatrix}\mathbf{u},\qquad \mathbf{y}=\begin{bmatrix}0 & 0.7\end{bmatrix}\begin{bmatrix}\mathbf{x}_1\\ \mathbf{x}_2\end{bmatrix}$$

시스템의 전달함수 $G(s)$를 구하고 단위 계단 응답을 그림으로 나타내라. 또한 심벌릭 툴박스를 이용하여 식 (9.10)의 결과를 구하고 전달함수 $G(s)$의 결과와 비교하라.

배경지식

■ ss

ss 함수는 계수행렬 **A**, **B**, **C**, **D**를 이용하여 연속 시간 상태공간 모델을 의미하는 sys를 생성하므로 이를 이용하면 상태방정식을 화면에 출력할 수 있다. ss 함수의 기본 형태는 다음과 같다.

> **sys = ss(A, B, C, D)**
> - **sys** : 연속 시간 상태공간 모델
> - **A, B, C, D** : 계수행렬

■ ss2tf

상태공간의 계수행렬 **A**, **B**, **C**, **D**를 이용하여 전달함수의 분자와 분모의 계수를 구하는 ss2tf 함수의 기본 형태는 다음과 같다.

> **[num, den] = ss2tf(A, B, C, D)**
> - **num** : 전달함수의 분자 계수를 내림차순으로 나열한 벡터
> - **den** : 전달함수의 분모 계수를 내림차순으로 나열한 벡터
> - **A, B, C, D** : 계수행렬

풀이

```
Command Window
>> A = [-1.25 -1;2 1];     ❶
>> B = [0.4;0];
>> C = [0,0.7];
>> D = 0;
>> sys = ss(A,B,C,D); ❷
>> [num,den] = ss2tf(A,B,C,D); ❸
>> step(sys); ❹
>> Gs = tf(num,den) ❺

Gs =

         0.56
  --------------------
  s^2 + 0.25 s + 0.75

Continuous-time transfer function.
Model Properties
```

그림 9-16 계수행렬에서 전달함수 구하기 코딩 결과

❶ 계수행렬 **A**, **B**, **C**, **D**를 지정한다.

❷ 상태방정식을 화면에 출력하기 위해 ss 함수를 이용한다.

❸ tf2ss 함수와 반대 기능을 가진 ss2tf 함수를 이용하여 계수행렬을 전달함수로 변환한다.

❹ 시스템의 전달함수 $G(s)$의 단위 계단 응답을 그래프로 나타낸다.

❺ 전달함수를 화면에 출력하기 위해 tf 함수를 입력한다.

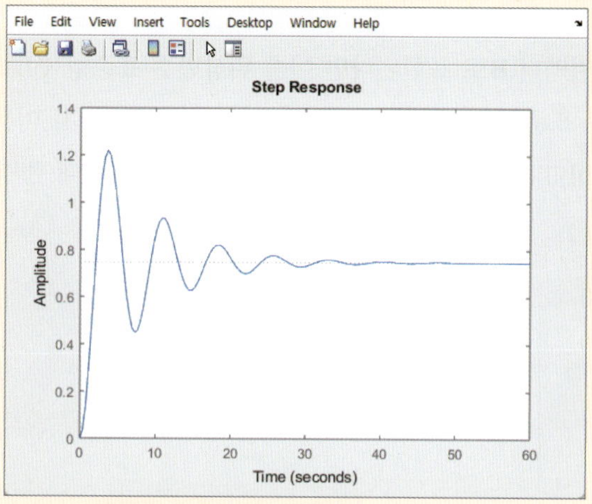

그림 9-17 전달함수의 단위 계단 응답 결과

이를 통해 [그림 9-16]을 통한 전달함수 결과와 [그림 9-18]과 같이 심벌릭 툴박스를 이용하여 구한 결과가 같음을 확인할 수 있다.

```
Command Window
>> syms s
>> A = [-1.25 -1;2 1];
>> B = [0.4;0];
>> C = [0,0.7];
>> D = 0;
>> Gs = C*inv(s*eye(2,2)-A)*B;
>> pretty(Gs)
          56
-----------------
     2
(4 s  + s + 3) 25
```

그림 9-18 심벌릭 실행 결과

위상변수 표준형

신호흐름선도(signal flow graph)를 이용하여 전달함수를 상태방정식으로 변환하는 경우 상태변수를 어떻게 정하느냐에 따라 상태방정식이 다르게 나타난다. 예를 들어 다음과 같은 전달함수가 있다고 가정하자.

$$G(s) = \frac{b_n s^n + b_{n-1}s^{n-1} + \cdots + b_1 s + b_0}{s^n + a_{n-1}s^{n-1} + \cdots + a_1 s + a_0} \tag{9.11}$$

식 (9.4)의 상태방정식이 다음과 같이 행렬 **A**와 열벡터 **B**로 표현된다면 이를 위상변수 표준형(phase-variable canonical form)이라고 한다. 위상변수 표준형은 시스템 상태변수 사이의 관계가 1차 미분이 되도록 하는 방법으로, 가제어성 표준형(controllability canonical form)이라고도 한다. 이때 행렬 **A**와 열벡터 **B**, 출력 행벡터 **C**는 다음과 같다.

$$\mathbf{A} = \begin{bmatrix} 0 & 1 & 0 & \cdots & 0 \\ 0 & 0 & 1 & \cdots & 0 \\ \vdots & \vdots & \vdots & \ddots & \vdots \\ 0 & 0 & 0 & \cdots & 1 \\ -a_0 & -a_1 & -a_2 & \cdots & -a_{n-1} \end{bmatrix} \tag{9.12}$$

$$\mathbf{B} = \begin{bmatrix} 0 \\ 0 \\ \vdots \\ 0 \\ 1 \end{bmatrix} \tag{9.13}$$

$$\mathbf{C} = [b_0 - a_0 b_n \quad b_1 - a_1 b_n \quad \cdots \quad b_{n-2} - a_{n-2} b_n \quad b_{n-1} - a_{n-1} b_n] \tag{9.14}$$

예제 9-6 M-File StatePhase.m

다음 전달함수를 상태공간에 위상변수 표준형으로 나타내라.

$$G(s) = \frac{C(s)}{R(s)} = \frac{2s^2 + 5s + 1}{s^3 + 4s^2 + 6s + 10}$$

배경지식

▪ flipud

계수행렬을 위상변수 표준형으로 바꾸려면 행렬을 상하 방향으로 뒤집어야 한다. 주어진 행렬의 열 형태는 유지하고 행의 상하 방향을 뒤집는 flipud 함수의 기본 형태는 다음과 같다.

```
flipud(x)
```

■ fliplr

계수행렬을 위상변수 표준형으로 바꾸려면 행렬을 좌우 방향으로 뒤집어야 한다. 주어진 행렬의 행 형태는 유지하고 열의 좌우 방향을 뒤집는 fliplr 함수의 기본 형태는 다음과 같다.

```
fliplr(x)
```

풀이

```
Command Window
>> num = [2 5 1];
>> den = [1 4 6 10];
>> Gs = tf(num,den); ❶
>> [Ac,Bc,Cc,Dc] = tf2ss(num,den); ❷
>> Ac_ch = flipud(Ac); ❸
>> A = fliplr(Ac_ch) ❹

A =

     0     1     0
     0     0     1
   -10    -6    -4

>> B = flipud(Bc) ❺

B =

     0
     0
     1

>> C = fliplr(Cc) ❻

C =

     1     5     2
```

그림 9-19 위상변수 표준형으로 나타내기 코딩 실행 결과

❶ tf 함수를 이용하여 전달함수 $G(s)$를 지정한다.

❷ tf2ss 함수를 이용하여 전달함수로부터 상태공간의 계수행렬 **Ac**, **Bc**, **Cc**, **Dc**를 구한다.

❸ 위상변수 표준형으로 바꾸기 위해 계산된 계수행렬 **Ac**의 상하 방향을 뒤집는다.

❹ 좌우 방향을 다시 뒤집어 식 (9.12)와 같은 위상변수 표준형 행렬 **A**를 구한다.

❺ 계산된 계수행렬 **Bc**의 상하 방향을 뒤집어 식 (9.13)의 위상변수 표준형 행렬 **B**를 구한다.

❻ **Cc**의 좌우 방향을 뒤집어 식 (9.14)와 같은 위상변수 표준형 행렬 **C**를 구한다.

제어기 표준형

식 (9.4)의 상태방정식이 행렬 **A**, 열벡터 **B**, 출력 행벡터 **C**로 표현된다면 이를 제어기 표준형(controller canonical form)이라고 한다. 제어기 표준형은 tf2ss 함수를 이용하여 얻을 수 있으며, 상태방정식을 통해 제어기를 설계할 때 편리하게 사용할 수 있다. 제어기 표준형에 사용하는 행렬 **A**, 열벡터 **B**, 출력 행벡터 **C**는 다음과 같다.

$$\mathbf{A} = \begin{bmatrix} -a_{n-1} & \cdots & -a_2 & -a_1 & -a_0 \\ 1 & \cdots & 0 & 0 & 0 \\ \vdots & \ddots & \vdots & \vdots & \vdots \\ 0 & \cdots & 1 & 0 & 0 \\ 0 & \vdots & 0 & 1 & 0 \end{bmatrix}$$

$$\mathbf{B} = \begin{bmatrix} 1 \\ 0 \\ \vdots \\ 0 \\ 0 \end{bmatrix}$$

$$\mathbf{C} = \begin{bmatrix} b_{n-1} - a_{n-1}b_n & b_{n-2} - a_{n-2}b_n & \cdots & b_1 - a_1 b_n & b_0 - a_0 b_n \end{bmatrix}$$

LESSON 04

시간 응답

입력 신호를 가한 후의 시간에 따른 출력을 시간 응답이라고 한다. 시간 응답의 특성을 해석하면 제어 시스템의 성능을 평가할 수 있다. 제어 시스템의 시간 응답은 과도 응답과 정상상태 응답으로 나눌 수 있는데, MATLAB을 이용하여 과도 응답과 정상상태 응답의 실행 결과를 그래프를 통해 비교해보자.

Keyword | 감쇠비 | 특성방정식 | 과도 응답 | 정상상태 응답 |

감쇠비와 특성방정식

표준 2차 제어 시스템의 전달함수는 다음과 같이 나타낸다.

$$M(s) = \frac{\omega_n^2}{s^2 + 2\varsigma\omega_n s + \omega_n^2} \tag{9.15}$$

식 (9.15)의 분모를 0으로 놓고 얻는 방정식을 특성방정식(characteristic equation)이라고 한다. 여기서 ς는 감쇠비(damping ratio), ω_n은 고유주파수(natural frequency)이며, 두 요소는 2차 제어 시스템을 해석하고 설계할 때 중요한 역할을 한다. 고유주파수는 모든 감쇠가 제거된 후 진동의 주파수이고 응답의 빠르기를 나타낸다.

예제 9-7 M-File **Damping_R.m**

시간 $0 \le t \le 15$일 때 각각의 감쇠비 $\varsigma = 0.0,\ 0.25,\ 0.5,\ 0.75,\ 1.0$을 이용하여 닫힌 루프 시스템의 전달함수 $M(s)$에 대한 계단 응답의 곡선을 그려라.

$$M(s) = \frac{1}{s^2 + 4\varsigma s + 4}$$

풀이

```
t = 0:0.1:15;
zeta = [0.0 0.25 0.5 0.75 1.0];
y = ones(1,1);
for n = 1:5
    num = [0 0 1];
    den = [1 4*zeta(n) 4];
[y(1:151,n),x,t] = step(num,den,t);
end
plot(t,y(1:151,1),'r-');
hold on;
plot(t,y(1:151,2),'b-',t,y(1:151,3),'g-');
plot(t,y(1:151,4),'r:',t,y(1:151,5),'b:');
axis([0 15 0 0.8]);
grid on;
xlabel('Time (sec)');
ylabel('Amplitude');
title('Step Response');
legend('\zeta = 0.0','\zeta = 0.25','\zeta = 0.5',...
       '\zeta = 0.75','\zeta = 1.0','Location','NE');
```

그림 9-20 감쇠비에 따른 정상상태 응답 코딩 결과

❶ for문으로 5개 감쇠비를 반복적으로 이용하여 계단 응답을 계산한다.

❷ plot 함수를 이용하며 감쇠비가 0.0, 0.25, 0.5, 0.75, 1.0일 때의 계단 응답 결과를 그래프로 나타낸다.

❸ legend 명령어의 내용을 다음 행까지 이어서 나타내기 위해 …를 사용한다.

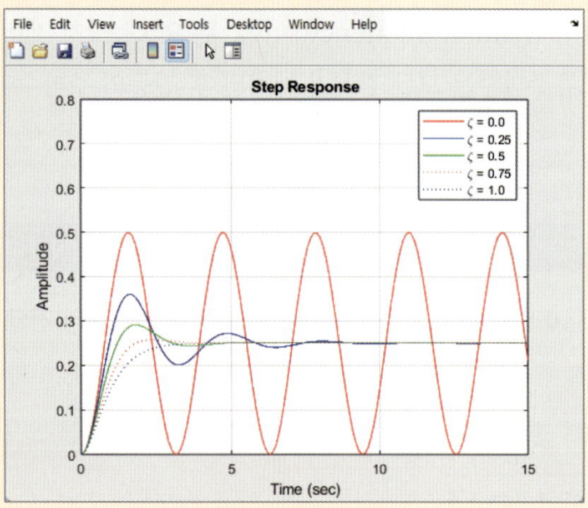

그림 9-21 감쇠비에 따른 정상상태 응답 실행 결과

$\zeta = 0$일 때 특성방정식의 두 근은 모두 복소평면에서 허수축에 존재하며, 이러한 출력을 무제동 응답(undamped response)이라고 한다. $0 < \zeta < 1$일 때 세 감쇠비에 대한 특성방정식의 두 근은 모두 복소평면의 좌반평면에 위치하며, 이러한 출력을 부족제동 응답(underdamped response)이라고 한다. 마지막으로 $\zeta = 1$일 때 특성방정식은 $s = -2$에서 중근을 가지며, 이러한 출력을 임계제동 응답(critically damped response)이라고 한다.

과도 응답과 정상상태 응답

시스템에 인가된 입력은 일정 시간이 경과한 후의 안정된 출력을 나타낸다. 여기서 과도 응답(transient response)은 초기 시간부터 값이 변화하는 동안의 시간 응답이고 정상상태 응답(steady-state response)은 값이 안정된 후의 시간 응답이다.

계단함수를 입력으로 가했을 때 얻는 과도 응답의 특성에는 상승 시간(rise time), 정정 시간(settling time), 첨둣값 시간(peak time), 백분율 오버슈트(percent overshoot), 정상상태 오차(steady-state error)가 있다.

2차 제어 시스템의 사양

특성방정식의 계수를 구성하는 감쇠비와 고유주파수만 알면 특성방정식의 근을 구하지 않고도 계단 응답의 특성을 나타내는 매개변수를 계산할 수 있다. 매개변수를 계산하는 데 필요한 상승 시간 T_r, 정정 시간 T_s, 첨둣값 시간 T_p와 백분율 오버슈트는 각각 다음과 같이 나타낸다.

$$T_r \approx \frac{0.8 + 2.5\varsigma}{\omega_n} \tag{9.16a}$$

$$T_s \approx \frac{4}{\varsigma\omega_n} \tag{9.16b}$$

$$T_p = \frac{\pi}{\omega_n\sqrt{1-\varsigma^2}} \tag{9.16c}$$

$$\%\mathrm{OS} = e^{-\left(\varsigma\pi/\sqrt{1-\varsigma^2}\right)} \times 100 \tag{9.16d}$$

상승 시간은 출력값이 최종값의 10%에서 90%까지 도달하는 데 걸리는 시간이다. 정정 시간은 시스템의 안정성과 정확성을 나타내며, 시스템 출력의 최종값이 일정 비율(2% 또는 5%) 내에서 안정을 유지하는 데 걸리는 시간이다. 식 (9.16b)의 분모 부분은 감쇠지수주파수(exponential damping frequency)라고 한다. 첨둣값 시간은 제어량이 극점값을 갖는 시간으로 미분값이 0이며, 식 (9.16c)의 분모 부분은 감쇠진동주파수(damped oscillation frequency)라고 한다. 백분율 오버슈트의 경우 최대 출력과 최종값의 차를 백분율로 표시한다.

예제 9-8

2차 제어 시스템 $M(s)$에 대한 상승 시간, 정정 시간, 첨둣값 시간과 백분율 오버슈트를 계산하고 계단 응답을 그래프로 나타내라.

$$M(s) = \frac{10}{s^2 + 5s + 20}$$

풀이

```
Command Window
>> num = 10;
>> den = [1 5 20];
>> Ms = tf(num,den); ❶
>> omega_n=sqrt(num); ❷
>> zeta = den(2)/(2*omega_n); ❸
>> Tr = (0.8+2.5*zeta)/omega_n ❹

Tr =

    0.8780

>> Ts = 4/(zeta*omega_n) ❺

Ts =

    1.6000

>> Tp = pi/(omega_n*sqrt(1-zeta^2)) ❻

Tp =

    1.6223

>> pct_over = 100*exp((-zeta*pi)/(sqrt(1-zeta^2))) ❼

pct_over =

    1.7322

>> step(Ms); ❽
>> grid;
>> title('The Second Step Response');
```

그림 9-22 2차 제어 시스템의 사양 구하기 코딩 실행 결과

❶ tf 함수를 이용하여 제어 시스템의 전달함수를 지정한다.

❷ 고유주파수 ω_n을 지정한다.

❸ 감쇠비 ς를 지정한다.

❹ 상승 시간 T_r을 구한다.

❺ 정정 시간 T_s를 구한다.

❻ 첨둣값 시간 T_p를 구한다.

❼ 백분율 오버슈트 값을 구한다.

❽ step 함수를 이용하여 전달함수의 계단 응답을 그래프로 나타낸다.

과도 응답 사양을 먼저 정하면 역으로 감쇠비와 고유주파수 계산이 가능하므로 시스템 특성방정식의 근의 위치를 지정하여 시스템을 설계할 수 있다.

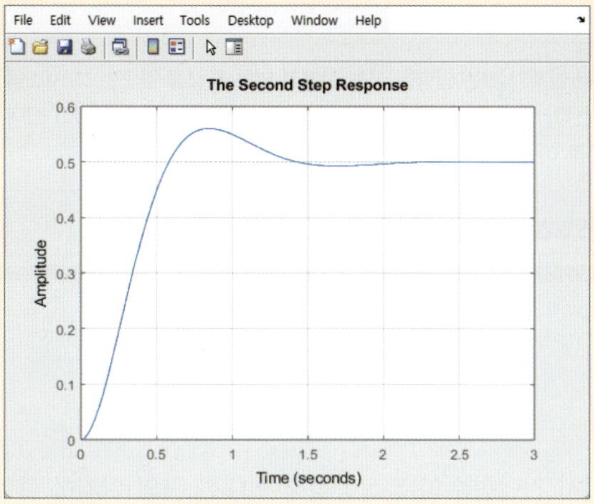

그림 9-23 2차 단위 계단 응답 결과

LESSON 05

안정도

시스템은 안정해야만 사용할 수 있다. 선형 시불변 시스템에서 한계가 있는 입력을 가해 한계가 있는 출력을 얻으면 그 시스템을 안정한 시스템이라고 하며, 이러한 특성을 안정도라고 부른다. 절대 안정도로는 제어 시스템의 안정 여부를 확인하고 상대 안정도로는 안정한 정도를 확인한다. MATLAB의 routh 함수를 이용하여 시스템의 안정도를 판별해보자.

Keyword | 안정도 판별법 | Routh-Hurwitz 판별법 | routh |

안정도 판별법

시스템의 안정도(stability)를 판별하려면 s 평면에서 전달함수의 특성방정식에 대한 근의 위치를 확인해야 한다. s 평면의 우반평면(right half)에 특성방정식의 근이 하나라도 존재하는 경우 이 시스템을 불안정한 시스템이라고 한다. 반면에 특성방정식의 모든 근의 실수부가 음의 값이어서 s 평면의 좌반평면(left half)에 존재하면 이 시스템을 안정한 시스템이라고 한다.

루스-후르비츠 판별법

루스-후르비츠(Routh-Hurwitz) 판별법은 제어 시스템의 절대 안정도(absolute stability)를 빠르게 판단하는 대표적인 안정도 판별법(stability criterion)이다. 시스템이 다음 세 가지 조건을 모두 만족하면 안정한 시스템이라고 정의한다.

1. 판별하는 시스템에 대한 특성방정식의 모든 계수 부호가 같다.
2. 어떤 항의 계수도 0이 아니다.
3. 계산된 루스 표에서 제1열의 모든 값의 부호가 변하지 않는다.

다음과 같은 n차 특성방정식이 있다고 가정하자.

$$a_n s^n + a_{n-1} s^{n-1} + \cdots + a_1 s + a_0 = 0 \tag{9.17}$$

식 (9.17)과 같은 특성방정식에 루스-후르비츠 판별법을 적용하려면 다음과 같은 루스 표를 이용한다.

$$\begin{array}{c|cccc} s^n & a_n & a_{n-2} & a_{n-4} & \cdots \\ s^{n-1} & a_{n-1} & a_{n-3} & a_{n-5} & \cdots \\ s^{n-2} & b_1 & b_2 & b_3 & \cdots \\ s^{n-3} & c_1 & c_2 & c_3 & \cdots \\ \vdots & \vdots & \vdots & \vdots & \vdots \\ s^0 & & & & \end{array} \tag{9.18}$$

세 번째 행의 b_1, b_2와 네 번째 행의 c_1, c_2는 다음과 같이 계산한다.

$$b_1 = -\frac{\begin{vmatrix} a_n & a_{n-2} \\ a_{n-1} & a_{n-3} \end{vmatrix}}{a_{n-1}} = \frac{a_{n-1}a_{n-2} - a_n a_{n-3}}{a_{n-1}} \tag{9.19a}$$

$$b_2 = -\frac{\begin{vmatrix} a_n & a_{n-4} \\ a_{n-1} & a_{n-5} \end{vmatrix}}{a_{n-1}} = \frac{a_{n-1}a_{n-4} - a_n a_{n-5}}{a_{n-1}} \tag{9.19b}$$

$$c_1 = -\frac{\begin{vmatrix} a_{n-1} & a_{n-3} \\ b_1 & b_2 \end{vmatrix}}{b_1} = \frac{b_1 a_{n-3} - a_{n-1} b_2}{b_1} \tag{9.19c}$$

$$c_2 = -\frac{\begin{vmatrix} a_{n-1} & a_{n-5} \\ b_1 & b_3 \end{vmatrix}}{b_1} = \frac{b_1 a_{n-5} - a_{n-1} b_3}{b_1} \tag{9.19d}$$

루스 표에서 나머지 행의 원솟값이 0이 될 때까지 앞 과정을 계속 실행한다. 판별법의 필요충분 조건은 식 (9.17)에서 s 평면의 좌반평면에 놓여 있는 근이 루스 배열 첫 열의 원소와 같은 부호여야 한다는 것이다. 만약 첫 열의 원소 부호가 바뀌면 바뀐 부호의 개수는 양의 실수 부분을 가진 근의 개수를 가리킨다.

예제 9-9 M-File **Routh_Tbl.m**

루스 배열과 관련된 다음의 문제를 풀이하라.

(a) 닫힌 루프 시스템의 전달함수 $M(s)$에 대한 루스 배열을 찾고 안정도를 판별하라.

$$M(s) = \frac{10}{s^4 + 2s^3 + 7s^2 + 10s + 5}$$

(b) 다음의 특성방정식에 대한 루스 배열을 찾고 안정도를 결정하라.

$$s^4 - 2s^3 + 3s^2 + 3s + 7 = 0$$

배경지식

■ **routh**

특성방정식에 루스-후르비츠 판별법을 적용하려면 양의 실수 부분을 가진 다항식의 근의 개수를 결정하는 n차 다항식에 대한 루스 배열을 생성하는 routh 함수를 사용해야 한다. 단, 사용 중인 현재 폴더에 'routh.m'이 있을 때만 이 함수를 사용할 수 있다. routh 함수의 기본 형태는 다음과 같다.

routh(c)

■ **c** : 특성방정식의 계수를 포함하는 내림차순의 행벡터

풀이

```
Routh_Tbl.m

a_num = 10;
a_den = [1 2 7 10 5];
b_char = [1 -2 3 3 7];
Ta = routh(a_den); ❶
disp(' ');
disp('(a) Routh Array');
disp(Ta)
Tb = routh(b_char); ❷
disp('(b) Routh Array');
disp(Tb)
```

그림 9-24 routh 함수를 이용한 안정도 판별 코딩 결과

(a) routh 함수를 이용하여 전달함수 분모의 계수를 내림차순으로 지정한 행벡터 a_den에 대한 안정도를 판별한다(❶).

(b) routh 함수를 이용하여 특성방정식의 계수를 내림차순으로 지정한 행벡터 b_char에 대한 안정도를 판별한다(❷).

```
Command Window
>> Routh_Tbl

(a) Routh Array
     1     7     5
     2    10     0
     2     5     0
     5     0     0
     5     0     0

(b) Routh Array
    1.0000    3.0000    7.0000
   -2.0000    3.0000         0
    4.5000    7.0000         0
    6.1111         0         0
    7.0000         0         0
```

그림 9-25 routh 함수를 이용한 안정도 판별 실행 결과

(a)의 결과는 1열에서 모든 행과 행 사이의 부호가 바뀌지 않으므로 안정한 시스템이다. 반면에 (b)의 결과는 1열의 1행과 2행 사이, 2행과 3행 사이에서 부호가 두 번 바뀌므로 특성방정식의 두 근이 s 평면의 우반평면에 존재하는 불안정한 시스템이다.

LESSON 06

근궤적

궤적(locus)은 임의의 조건을 만족하는 모든 점의 집합을 의미하며, 근(root)은 닫힌 루프 전달함수의 극점과 같은 특성방정식의 근을 의미한다. 그러므로 근궤적(root locus)은 다양하게 변하는 이득과 같은 시스템 매개변수를 사용하여 닫힌 루프 전달함수의 극점 위치를 보여준다. MATLAB을 이용하여 다양한 전달함수에 대한 근궤적을 구하고 근궤적에서 이득 계수와 극점을 찾는 방법을 알아보자.

Keyword | 근궤적 | rlocus | conv | sgrid | rlocfind |

근궤적

[그림 9-26]과 같은 귀환 제어 시스템을 살펴보자.

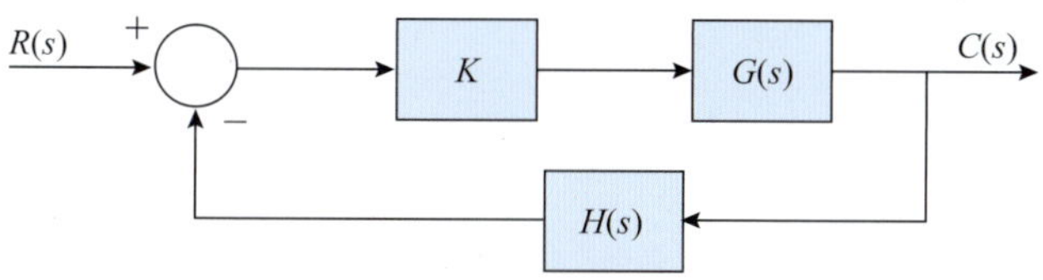

그림 9-26 근궤적 해석을 위한 귀환 제어 시스템

[그림 9-26]과 같은 시스템의 닫힌 루프 전달함수는 다음과 같다. 이때 K는 이득 계수(gain factor)이다.

$$\frac{C(s)}{R(s)} = \frac{KG(s)}{1+KG(s)H(s)} \tag{9.20}$$

열린 루프 전달함수는 다음과 같다.

$$KG(s)H(s) = \frac{K(s+z_1)(s+z_2)\cdots(s+z_m)}{(s+p_1)(s+p_2)\cdots(s+p_n)} \tag{9.21}$$

이때 m은 전달함수에서 유한한 영점의 개수이고 n은 전달함수에서 유한한 극점의 개수이다. 식 (9.20)으로부터 닫힌 루프 전달함수의 특성방정식을 구하면 다음과 같다.

$$1+KG(s)H(s) = 0 \tag{9.22}$$

식 (9.22)로부터 크기 조건(magnitude criterion)과 각도 조건(angle criterion)을 구하면 다음과 같다.

$$|G(s)H(s)| = \frac{1}{K} \tag{9.23}$$

$$\angle G(s)H(s) = \pm 180^\circ \tag{9.24}$$

예제 9-10

다음의 열린 루프 전달함수에 대한 닫힌 루프 시스템의 근궤적을 그려라.

$$KG(s)H(s) = \frac{K}{s^3 + 2s^2 - s - 2}$$

배경지식

■ rlocus

전달함수의 분자 num과 분모 den에 대한 근궤적을 그리는 **rlocus** 함수의 기본 형태는 다음과 같다.

> **rlocus(num, den)**
>
> - **num** : 입력 전달함수의 분자 계수를 내림차순으로 나열한 벡터
> - **den** : 입력 전달함수의 분모 계수를 내림차순으로 나열한 벡터

풀이

```
Command Window
>> num = 1; ❶
>> den = [1 2 -1 -2]; ❷
>> rlocus(num,den); ❸
>> grid;
>> title('Root Locus: open loop');
```

그림 9-27 근궤적 그리기 코딩 결과

❶ 닫힌 루프 시스템의 분자 계수를 내림차순으로 지정한다.

❷ 닫힌 루프 시스템의 분모 계수를 내림차순으로 지정한다.

❸ **rlocus** 함수를 이용하여 전달함수의 분자 num과 분모 den에 대한 근궤적을 그린다.

xlabel, **ylabel**, **title** 명령어를 입력하지 않아도 **rlocus** 함수를 이용하면 기본값으로 지정된 각각의 이름을 자동으로 출력한다. [그림 9-27]의 경우 **title** 명령어의 내용을 일부 수정하여 나타낸 것이다.

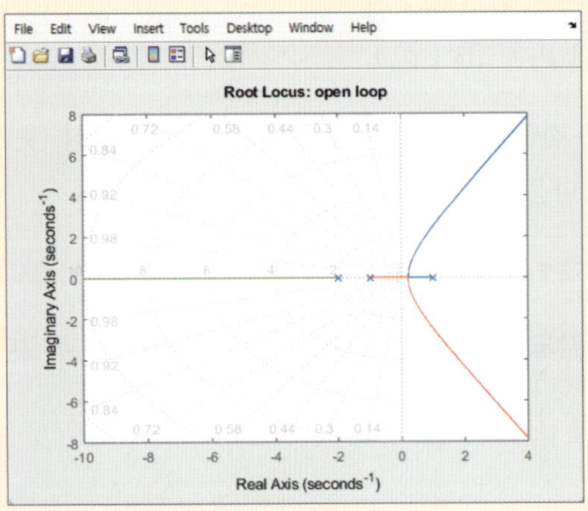

그림 9-28 근궤적 그리기 실행 결과

근궤적은 극점($s = -2$, $s = -1$, $s = 1$)에서 출발하고 실수축에 대해 상하 대칭이다. 빨강, 초록, 파랑으로 나타난 근궤적의 분기(branch) 수는 3이며, 이는 열린 루프 전달함수의 극점 수와 같다. 또한 실수축에서 근궤적이 존재하는 곳은 $s \le -2$, $-1 \le s \le 1$이다.

예제 9-11

다음의 열린 루프 전달함수에 대한 근궤적을 그리고 감쇠비가 $\varsigma = 0.8$인 경우의 이득 계수 K를 구하라. 그리고 근궤적과 감쇠비 직선이 접하는 점을 찾아라.

$$\frac{K(s^2 - 4s + 10)}{(s+3)(s+5)}$$

배경지식

■ conv

다항식 poly1과 poly2를 곱한 결과인 다항식 w를 내림차순으로 나타내는 conv 함수의 기본 형태는 다음과 같다.

w = conv(poly1, poly2)

- w : 두 다항식을 곱한 결과
- poly1, poly2 : 곱할 다항식

■ sgrid

rlocus 함수에 의해 이미 생성된 근궤적 위에 감쇠비 ς와 고유주파수 ω_n의 선을 그리는 sgrid 함수의 기본 형태는 다음과 같다.

sgrid(zeta, omega_n)

- **zeta** : 감쇠비
- **omega_n** : 고유주파수

■ rlocfind

rlocus 함수에 의해 생성된 시스템의 근궤적과 감쇠비 직선이 접하는 점을 선택하여 이득 K와 극점 poles를 얻는 rlocfind 함수의 기본 형태는 다음과 같다.

[K, poles] = rlocfind(num, den)

- **K** : 이득 계수
- **poles** : 극점
- **num** : 입력 전달함수의 분자 계수를 내림차순으로 나열한 벡터
- **den** : 입력 전달함수의 분모 계수를 내림차순으로 나열한 벡터

풀이

```
Command Window
>> num = [1 -4 10];
>> den = conv([1 3],[1 5]); ❶
>> rlocus(num,den); ❷
>> sgrid(0.8,[]); ❸
>> [K,poles] = rlocfind(num,den) ❹
Select a point in the graphics window

selected_point =

   0.0035 + 3.4088i


K =

    2.0064


poles =

   0.0042 + 3.4151i
   0.0042 - 3.4151i
```

그림 9-29 이득 계수와 극점 생성하기 코딩 실행 결과

❶ conv 함수를 이용하여 열린 루프 전달함수 분모의 인수분해 항을 전개하지 않고 변수 s에 대한 내림차순으로 2개의 다항식을 계산한다.

❷ rlocus 함수를 이용하여 근궤적을 그린다.

❸ sgrid 함수를 이용하여 그려진 근궤적선도에 감쇠비와 고유주파수의 선을 그린다.

❹ rlocfind 함수를 이용하여 이득과 극점을 구한다.

[그림 9-29]는 [그림 9-30]과 같이 근궤적과 감쇠비 직선이 만나는 임의의 한 점을 마우스로 클릭하여 나타나는 결과이다. 근궤적과 허수축의 교차점에 최대한 정확히 마우스 커서를 놓고 클릭했을 때 선택된 점에 의해 자동으로 생성된 근궤적의 허수축 교차점은 $\pm j3.4088$이고 이득 계수 K는 2.0064이다. 그러므로 이 제어 시스템은 이득이 2.0064보다 크면 불안정해진다.

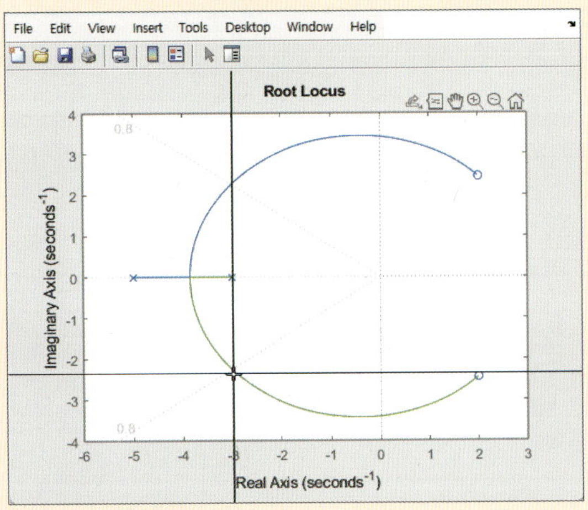

그림 9-30 선택된 한 점

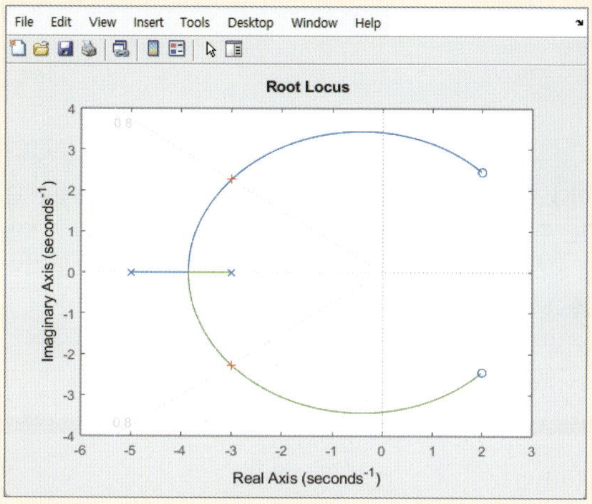

그림 9-31 근궤적과 감쇠비가 만나는 지점

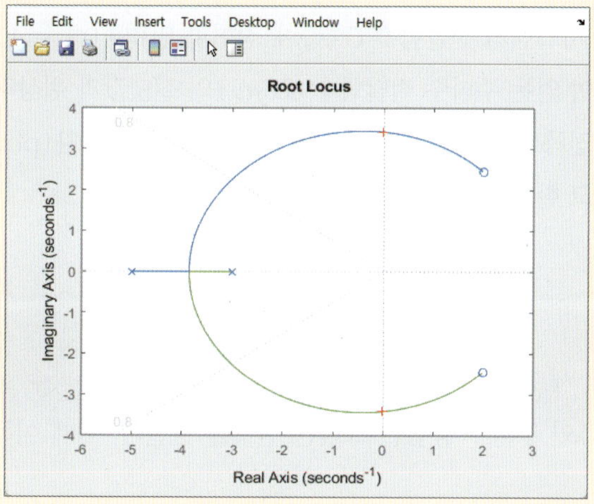

그림 9-32 근궤적의 허수축 교차점

rlocfind 함수를 실행하면 [그림 9-30]과 같이 십자선 커서가 그림 창에 나타난다. 이 십자선을 이동하여 근궤적과 감쇠비 직선이 만나는 한 점을 선택하면 [그림 9-31]과 같이 접하는 나머지 점도 자동으로 빨간 '×'로 나타난다.

이러한 [그림 9-30]과 [그림 9-31]의 과정을 반복하여 [그림 9-32]와 같이 근궤적의 허수축 교차점을 찾는다. 이때 파란 '×' 표시는 전달함수의 극점이고 파란 'o' 표시는 전달함수의 영점이다.

TIP 근궤적과 감쇠비 직선이 만나는 지점을 마우스 커서로 정확히 지정하기는 쉽지 않지만 가능한 한 가깝게 접근한 후 클릭하면 정확도에 따라 실제 계산한 이득 계수와 극점값에 일치하게 된다.

LESSON 07

주파수 응답

시스템의 주파수 응답은 정현파 입력 신호의 정상상태 응답이다. 주파수 응답 방법의 장점은 시스템의 전달함수를 주파수 응답 검사에 의해 실험적으로 결정할 수 있다는 것이다. 설계자는 주파수 영역에서 시스템 설계를 통해 시스템 대역폭과 시스템 응답에 발생하는 잡음과 방해의 정도를 조절할 수 있다. 선형 시스템에서 주파수 응답은 시스템의 전달함수를 통해 이론적으로 계산한다. MATLAB을 이용하여 주파수 응답의 보드선도를 그려보자.

Keyword | 주파수 응답 | 보드선도 | bode | freqs |

주파수 응답

주파수 응답(frequency response)은 닫힌 루프 시스템의 전달함수 $G(s)$에 정현파 입력 $r(t) = A \sin \omega t$를 가했을 때 전달함수의 식에 $s = j\omega$를 대입하여 얻는 주파수 전달함수 $G(j\omega)$의 절댓값과 위상각을 이용하여 구한다. 즉 입력주파수 ω의 변화에 대한 진폭비(amplitude ratio) $|G(j\omega)|$와 위상차(phase difference) $\angle G(j\omega)$의 변화를 주파수 응답이라고 한다.

보드선도

보드선도(bode diagram)는 가로축이 $\log \omega$이고 세로축이 데시벨 값인 크기 $|G(j\omega)|$의 주파수 응답과 가로축이 $\log \omega$이고 세로축이 위상각 $\angle G(j\omega)$인 주파수 응답을 그리는 선도를 말한다. 이때 이득은 데시벨[dB]로 나타내며, 다음과 같이 계산한다.

$$20 \log_{10} |G(j\omega)| \tag{9.25}$$

예제 9-12 M-File **Freq_Res.m**

각주파수가 0[rad/s]부터 7[rad/s]까지 0.01[rad/s]씩 규칙적으로 증가하는 닫힌 루프 전달함수 $G(s)$의 주파수 응답에 대한 크기와 위상각을 구하라.

$$G(s) = \frac{s+4}{s^2+2s+5}$$

배경지식

■ **bode**

주파수 범위와 점의 수를 자동으로 선택하여 시스템에 대한 주파수 응답의 보드선도를 그리는 bode 함수의 기본 형태는 다음과 같다.

bode(num, den)

- **num** : 입력 전달함수의 분자 계수를 내림차순으로 나열한 벡터
- **den** : 입력 전달함수의 분모 계수를 내림차순으로 나열한 벡터

진폭 mag와 각도 phase로 나타내는 위상 응답을 찾아 보드선도를 그리는 bode 함수의 형태는 다음과 같다.

[mag, phase] = bode(num, den, omega)

- **mag** : 진폭
- **phase** : 각도
- **num** : 입력 전달함수의 분자 계수를 내림차순으로 나열한 벡터
- **den** : 입력 전달함수의 분모 계수를 내림차순으로 나열한 벡터
- **omega** : 각주파수

풀이

Freq_Res.m

```
num = [1 4]; ❶
den=[1 2 5]; ❷
omega = 0:0.01:7; ❸
[mag, phase] = bode(num,den,omega); ❹
subplot(211);
plot(omega,mag); ❺
axis([0 7 0 1.5]);
xlabel('\omega');
ylabel('Magnitude');
title('Frequency Response');
grid;
subplot(212);
plot(omega,phase,'r'); ❻
xlabel('\omega');
ylabel('Phase');
grid;
```

그림 9-33 주파수 응답 구하기 코딩 결과

❶ 전달함수 $G(s)$ 의 분자 계수를 내림차순으로 지정한다.

❷ 전달함수 $G(s)$ 의 분모 계수를 내림차순으로 지정한다.

❸ 주파수 ω의 범위를 지정한다.

❹ bode 함수를 이용하여 전달함수의 크기와 위상을 자동으로 구한다.

❺ plot 함수를 이용하여 전달함수의 절댓값 $|G(j\omega)|$를 그림 창 위쪽에 보드선도로 그린다.

❻ plot 함수를 이용하여 전달함수의 위상각 $\angle G(j\omega)$를 그림 창 아래쪽에 보드선도로 그린다.

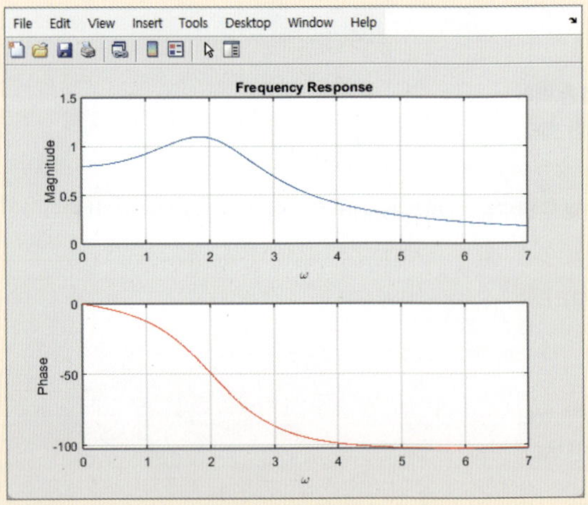

그림 9-34 주파수 응답 구하기 실행 결과

이를 통해 시간 응답은 입력을 가한 직후에 나타나는 과도 현상에 중점을 두지만 주파수 응답은 정상상태 출력에 중점을 둔다는 것을 알 수 있다.

예제 9-13 M-File Bode_Diag.m

전달함수가 $G(s)$인 시스템에 대한 주파수 응답의 보드선도를 bode 함수를 이용한 경우와 이용하지 않은 경우로 각각 그려라. 이때 각주파수는 0.1[rad/s]부터 1000[rad/s]까지 0.1[rad/s]씩 규칙적으로 증가한다.

$$G(s) = \frac{5(s+3)}{s^2 + 8s + 12}$$

배경지식

■ freqs

전달함수 $G(s)$에 대한 복소 주파수 벡터 $G(j\omega)$를 찾는 freqs 함수의 기본 형태는 다음과 같다.

```
G = freqs(num, den, omega)
```

- **num** : 입력 전달함수의 분자 계수를 내림차순으로 나열한 벡터
- **den** : 입력 전달함수의 분모 계수를 내림차순으로 나열한 벡터
- **omega** : 각주파수

■ angle

복소수 배열 **x**에 대한 위상각을 라디안 값으로 나타내는 angle 함수의 기본 형태는 다음과 같다.

```
angle(x)
```

풀이

Bode_Diag.m

```
s = tf('s');
G1 = 5*(s+3)/(s^2+8*s+12); ❶
figure(1) ❷
bode(G1); ❸
figure(2) ❹
num = 5*[1 3];
den = [1 8 12];
omega = 0.1:0.1:1e3;
G2 = freqs(num,den,omega); ❺
mag = abs(G2);        ┐
phase = angle(G2);    ┘─❻
subplot(211);
semilogx(omega,20*log10(mag)); ❼
axis([10^-1 10^2 -25 5]);
grid;
ylabel('Magnitude (dB)');
title('Bode Diagram');
subplot(212);
semilogx(omega,phase*(180/pi)); ❽
axis([10^-1 10^2 -90 0]);
grid;
xlabel('Frequency (rad/s)');
ylabel('Phase (deg)');
```

그림 9-35 보드선도 그리기 코딩 결과

❶ 전달함수 $G(s)$를 직접 입력한다.

❷ bode 함수를 이용하여 보드선도를 그리는 경우 두 그림 창을 동시에 보여주기 위해 figure 명령어를 사용한다.

❸ bode 함수를 이용하여 보드선도를 그린다.

❹ 새로운 그림 창을 연다.

❺ freqs 함수를 이용하여 전달함수 $G(s)$를 지정한다.

❻ bode 함수를 사용하지 않을 때는 전달함수의 크기와 위상이 자동으로 생성되지 않으므로 abs 명령어와 angle 함수를 이용하여 주어진 전달함수의 크기와 위상을 구한다.

❼ semilogx 명령어를 이용하여 x축을 로그함수로 지정하고 크기를 이득 형태로 지정한다.

❽ semilogx 명령어를 이용하여 x축을 로그함수로 지정하고 라디안 단위의 주파수를 각도(degree) 단위로 변환한다.

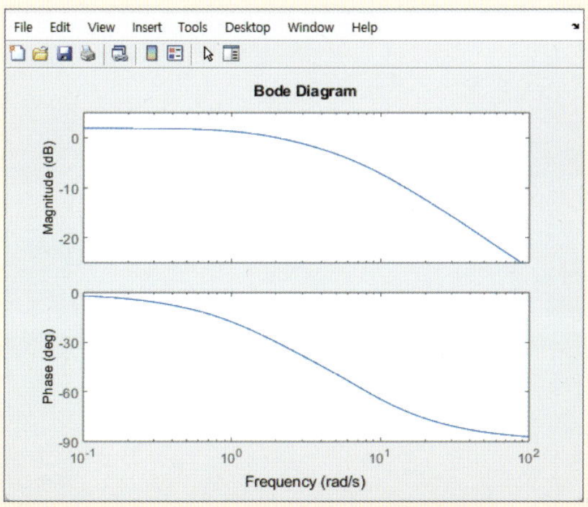

그림 9-36 bode 함수를 이용한 보드선도 그리기 실행 결과

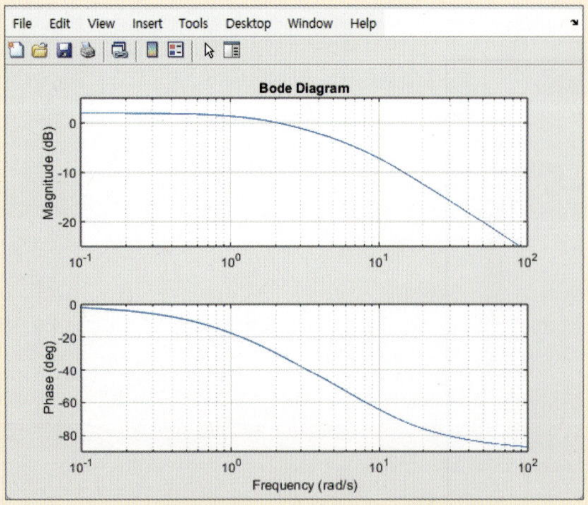

그림 9-37 bode 함수를 이용하지 않은 보드선도 그리기 실행 결과

bode 함수를 이용하여 보드선도를 실행한 그림과 bode 함수를 이용하지 않고 보드선도를 실행한 그림의 크기와 위상 제한 범위를 동일하게 설정하면 동일한 결과가 나타난다는 것을 알 수 있다.

LESSON 08

나이퀴스트선도

주파수 응답 방법인 나이퀴스트 분석은 기본적으로 닫힌 루프 제어 시스템의 절대 안정도와 상대 안정도를 결정할 때 열린 루프 주파수 응답의 그래프를 이용한다. 루스-후르비츠 안정도 판별법은 직접 안정도 결정에만 사용된다는 제한이 있지만 나이퀴스트 판별법은 특성방정식에서 변수 s로 표현되는 시스템에도 적용할 수 있다. 또한 실험적인 주파수 응답 자료에서 시스템의 전달함수에 관한 정보를 얻는 데도 유용하다. MATLAB을 이용하여 나이퀴스트선도를 그리는 방법을 알아보자.

Keyword | 극좌표 그래프 | 나이퀴스트선도 | nyquist |

극좌표 그래프

극좌표(polar) 그래프는 주파수가 0에서 무한대까지일 때의 진폭과 위상각을 나타낸다. 이때 사용하는 극좌표 형식은 다음과 같다.

$$G(j\omega) = |G(j\omega)| \angle G(j\omega) \tag{9.26}$$

식 (9.26)을 직교좌표 형식(복소 형식)으로 변환하면 다음과 같다.

$$G(j\omega) = \mathrm{Re}\{G(j\omega)\} + j\,\mathrm{Im}\{G(j\omega)\} \tag{9.27}$$

그러므로 $G(j\omega)$의 극좌표 그래프는 $-\infty < \omega < \infty$에서 $G(j\omega)$ 평면의 유한 부분 $\mathrm{Im}\{G(j\omega)\}$에 대한 $\mathrm{Re}\{G(j\omega)\}$를 나타낸다.

나이퀴스트선도

나이퀴스트선도(Nyquist diagram)는 주파수의 값에 따른 열린 루프 전달함수의 크기와 위상을 극좌표 상에 표시한다. 나이퀴스트 판별법은 벡터궤적을 이용하여 특성방정식의 영점이 우반평면에 존재하는지 판별하는 방법으로, 이때 s 평면에 놓여 있는 점의 궤적이 나이퀴스트선도 내에 있는 $G(s)$ 평면으로 사상(mapping)된 것을 나이퀴스트 경로라고 한다. 이 경로는 s 평면의 전체 우반평면을 완전히 에워싸는 곡선 형태(contour)이며, 제어 시스템이 안정하려면 특성방정식의 근이 모두 음의 실수부여야 한다.

예제 9-14

단위 귀환 제어 시스템에서 열린 루프 전달함수 $G(s)$의 나이퀴스트선도를 그리고 시스템의 안정도를 결정하라.

$$G(s) = \frac{2}{s^3 + 0.5s^2 + 7s + 2}$$

배경지식

■ **nyquist**

주파수 범위와 점의 수를 자동으로 선택하여 나이퀴스트선도를 그리는 nyquist 함수의 기본 형태는 다음과 같다.

> **nyquist(num, den)**
>
> - **num** : 입력 전달함수의 분자 계수를 내림차순으로 나열한 벡터
> - **den** : 입력 전달함수의 분모 계수를 내림차순으로 나열한 벡터

이때 가로축과 세로축의 이름은 nyquist 함수에 의해 자동으로 생성된다.

풀이

```
Command Window
>> num = [0 0 0 2];
>> den = [1 0.5 7 2];
>> nyquist(num,den); ❶
>> grid on;
>> title('Nyquist Diagram'); ❷
```

그림 9-38 나이퀴스트선도 그리기 입력 결과

❶ nyquist 함수를 이용하여 나이퀴스트선도를 그린다.

❷ title 명령어를 이용하여 나이퀴스트선도의 제목을 입력한다.

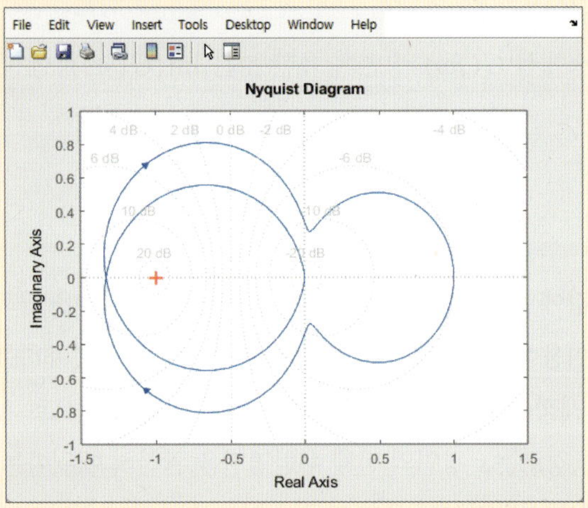

그림 9-39 나이퀴스트선도 그리기 실행 결과

이 제어 시스템은 s 평면의 우반평면 위치에 열린 루프 극점이 2개 있고 임계점(critical point)을 에워싸지 않으며, 그래프의 벡터 궤적이 원점을 내포하고 오른쪽으로 돌고 있어 불안정하다.

LESSON 09

니콜스선도

니콜스선도는 주파수 응답에 바탕을 둔 나이퀴스트선도와 보드선도를 응용한 방법이다. 니콜스선도는 귀환 시스템의 닫힌 루프 주파수 응답과 안정도를 결정하는 유용한 기술로, 기본적으로 극좌표 그래프상에 있는 M 원형과 N 원형을 비원형 M과 N 카운터로 직교좌표의 위상 축과 데시벨 크기 축에 변환한다. MATLAB을 이용하여 니콜스선도를 그리는 방법을 알아보자.

Keyword | 니콜스선도 | nichols |

니콜스선도

열린 주파수 전달함수 $G(j\omega)$의 이득 $20\log|G(j\omega)|$와 위상각 $\angle G(j\omega)$가 주어졌을 때 닫힌 루프 주파수 전달함수 $M(j\omega)$의 이득 $20\log|M(j\omega)|$와 위상각 $\angle M(j\omega)$의 관계를 나타낸 그래프를 니콜스선도(Nichols chart)라고 한다.

예제 9-15

단위 귀환 제어 시스템에서 열린 루프 전달함수 $G(s)$의 니콜스선도를 그려라.

$$G(s) = \frac{5}{s(s+0.5)(s+2)}$$

배경지식

■ **nichols**

주파수 범위와 점의 수를 자동으로 선택하여 시스템에 대한 니콜스선도를 그리는 nichols 함수의 기본 형태는 다음과 같다.

```
nichols(num, den)
```

- **num** : 입력 전달함수의 분자 계수를 내림차순으로 나열한 벡터
- **den** : 입력 전달함수의 분모 계수를 내림차순으로 나열한 벡터

이때 가로축과 세로축의 이름은 nichols 함수에 의해 자동으로 생성된다.

풀이

```
>> num = [0 0 0 5];
>> den = conv(conv([1 0],[1 0.5]),[1 2]);
>> nichols(num,den); ❶
>> axis([-270 -45 -50 50]);
>> grid on;
>> title('Nichols Chart'); ❷
```

그림 9-40 니콜스선도 그리기 코딩 결과

❶ nichols 함수를 이용하여 니콜스선도를 그린다.

❷ title 명령어를 이용하여 니콜스선도의 제목을 입력한다.

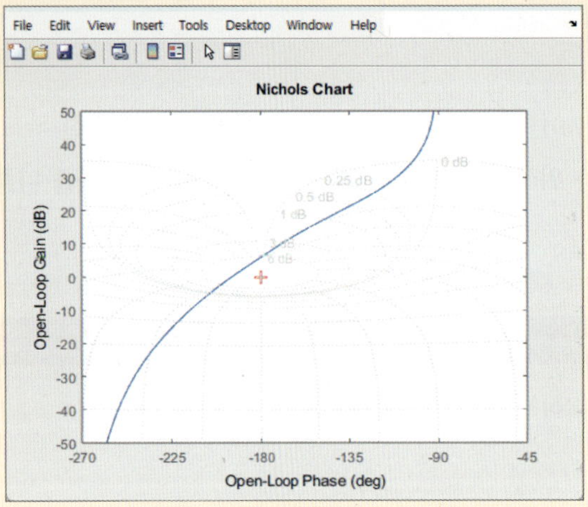

그림 9-41 니콜스선도 그리기 실행 결과

CHAPTER

10

신호 및 시스템

CONTENTS

LESSON 01 신호

LESSON 02 이산 시스템

LESSON 03 컨벌루션

LESSON 04 샘플링

LESSON 05 신호 복원

LESSON 06 연속 신호의 주파수 표현

LESSON 07 이산 신호의 주파수 표현

LESSON 08 라플라스 변환

LESSON 09 z 변환

LESSON 10 디지털 필터

LESSON 01

신호

신호(signal)는 하나 이상의 시간을 독립변수로 가진 함수로, 다양한 물리적 현상의 동작과 성질에 관한 정보를 표현한다. 연속적인 시간에 대해 끊기지 않고 나타나는 신호를 연속 신호, 특정한 시간에 띄엄띄엄 나타나는 신호를 이산 신호라고 한다. MATLAB의 그리기 기능을 이용하여 다양한 입력 신호에 대한 이산 신호의 출력을 살펴보자.

Keyword | 연속 신호 | 이산 신호 | stem | stepfun | subplot |

연속 신호

연속 신호(continuous-time signal)는 시간과 크기가 모두 연속인 아날로그 신호(analog signal)와 함께 사용하기도 한다. 일반적으로 연속 신호에서 함수 x에 대한 시간변수는 $x(t)$로 나타내며, 다음 조건을 만족하는 연속 신호 $x(t)$를 기본 주기가 T인 주기 신호라고 정의한다.

$$x(t) = x(t + kT), \quad k = 1, 2, 3, \cdots \tag{10.1}$$

대표적인 연속 주기 신호인 정현파 함수(sinusoidal function)는 다음과 같다.

$$x(t) = A\cos(\omega t + \phi) \tag{10.2}$$

진폭 A는 정현파 함수가 진동하여 가질 수 있는 값의 범위이고 각주파수 ω는 단위 시간에 정현파 함수가 이동할 수 있는 각을 라디안으로 표시한 값이며, 위상 ϕ는 시간 0에서 정현파 함수의 출발 위치를 결정하는 각이다. 이때 각주파수는 다음과 같이 정의한다.

$$\omega = 2\pi f \tag{10.3}$$

예제 10-1 M-File **Cont_Sinus.m**

진폭 $A = 2$, 주파수 $f = 0.5$ [Hz], 위상 $\phi = \frac{\pi}{6}$인 연속 신호 정현파 함수 $x(t) = A\cos(\omega t + \phi)$의 파형을 그려라. 파형의 시간축은 $-4 \le t \le 4$ [sec]이고 0.03초씩 증가한다.

풀이

```
t = -4:0.03:4;
A = 2;
f = 0.5;
omega = 2*pi*f;
phi = pi/6;
xt = A*cos(omega*t+phi); ❶
plot(t,xt); ❷
axis([-4 4 -2.5 2.5]);
grid ;
xlabel('Time (sec)');
ylabel('x(t)','rot',360);
title('Sinusoidal Signal: Acos(\omegat+\phi)'); ❸
```

그림 10-1 정현파 함수 그리기 코딩 결과

❶ 정현파 함수 $x(t)$를 지정한다.

❷ plot 함수를 이용하여 정현파 함수 $x(t)$를 그래프에 나타낸다.

❸ 문서 조판에 사용하는 레이텍(LATEX) 프로그램으로 정현파 함수 $x(t) = A\cos(\omega t + \phi)$의 그리스 문자 ω와 ϕ를 나타내기 위해 \omega와 \phi를 입력한다.

TIP MATLAB에 내장된 레이텍 프로그램을 이용하면 수식과 수학 기호를 입력할 수 있다.

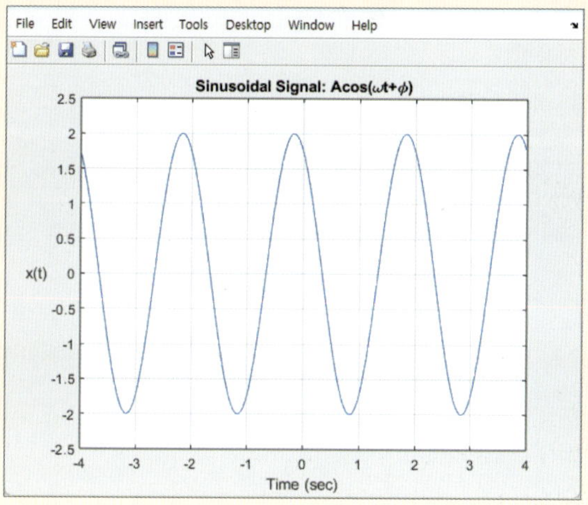

그림 10-2 정현파 함수 그리기 실행 결과

싱크 함수

정현파 함수처럼 동일한 파형이 지속적으로 반복되는 신호를 주기 신호(periodic signal)라고 하고 동일한 파형이 반복되지 않는 신호를 비주기 신호(aperiodic signal)라고 한다. 연속 비주기 신호의 대표적인 함수인 싱크 함수(sinc function)는 사인 함수와 그 인수(argument)의 비로 나타내며, 다음과 같이 정의한다.

$$\mathrm{sinc}(t) = \frac{\sin(\pi t)}{\pi t} \tag{10.4}$$

식 (10.3)의 푸리에 변환이 구형 함수(rectangular function)이고 그 적분값이 동일하므로 이를 정규화된 싱크 함수라고 한다.

예제 10-2

$\dfrac{\pi}{100}$[sec]씩 증가하는 파형의 시간축 $-2\pi \le t \le 2\pi$ [sec]에서 싱크 함수의 파형을 그려라.

풀이

```
Command Window
>> t = -2*pi:pi/100:2*pi;
>> xt =sin(pi*t)./(pi*t);  ❶
>> plot(t,xt);  ❷
>> axis([-2*pi 2*pi -0.3 1.2]);  ❸
>> grid;
>> xlabel('Time (sec)');
>> ylabel('x(t)','rot',360);
>> title('Sinc Signal: sin(\pit)/\pit');  ❹
```

그림 10-3 싱크 함수 그리기 코딩 결과

❶ 배열 연산자를 이용하여 항목별 나눗셈을 실행한다.

❷ plot 함수를 이용하여 싱크 함수를 그래프에 나타낸다.

❸ axis 명령어는 반드시 plot 명령어를 실행한 다음에 사용한다.

❹ 레이텍 프로그램으로 그리스 문자 π를 나타내기 위해 \pi를 입력한다.

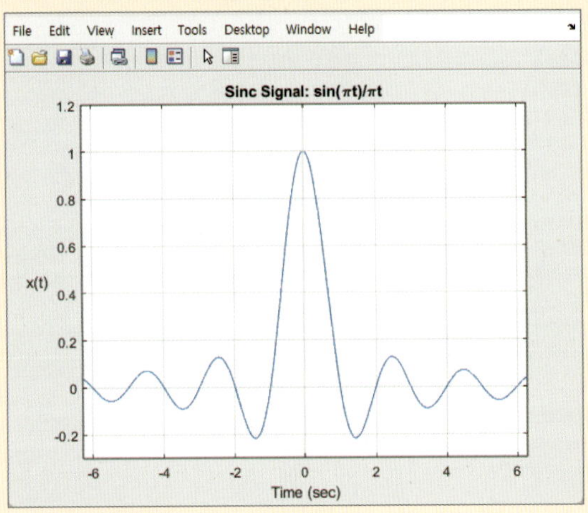

그림 10-4 싱크 함수 그리기 실행 결과

이산 신호

이산 신호(discrete-time signal)는 시간과 크기가 모두 이산적인 값인 디지털 신호(digital signal)와 혼용하기도 한다. 일반적으로 이산 신호에서 함수 x에 대한 시간변수는 $x[n]$으로 나타낸다.

신호 값이 발생한 시간 또는 순서를 나타내는 n은 항상 정숫값이다. 이산 주기 신호는 다음과 같이 정의한다.

$$x[n+kN]=x[n],\quad k=\cdots,-1,0,1,2,\cdots \tag{10.5}$$

식 (10.5)를 만족하는 가장 작은 N 값, 즉 파형이 반복되는 최소 시간을 기본 주기(fundamental period)라고 한다. 이때 식 (10.4)를 만족하는 N 값이 존재하지 않는 신호를 이산 비주기 신호라고 하며, 이산 신호 정현파 함수는 다음과 같이 나타낸다.

$$x[n]=A\cos(\omega n+\theta) \tag{10.6}$$

여기서 **A**는 진폭, ω는 각주파수, θ는 위상각이다.

예제 10-3 　M-File **DisSinus.m**

26개의 지속적인 표본을 가진 이산 정현파 함수 $x[n]=A\cos(\omega n+\theta)$의 파형을 줄기 형태로 그려라. 이때 진폭 $A=1$, 각주파수 $\omega=0.3$, 위상 $\theta=\dfrac{\pi}{3}$이다.

배경지식

■ stem

x에 의해 지정된 값으로 생성되는 y의 자료 값을 줄기 형태의 그래프로 나타내는 stem 함수의 기본 형태는 다음과 같다.

stem(x, y)

- **x** : 입력으로 지정된 배열
- **y** : 입력에 대응하여 생성된 배열

풀이

Command Window

```
>> N = 26;
>> A = 1;
>> omega = 0.3;
>> theta = pi/3;
>> n = 0:N-1;
>> xn =A*cos(omega.*n+theta); ❶
>> stem(n,xn); ❷
>> axis([-1 26 -1.1 1.1]);
>> grid;
>> xlabel('Time (sec)');
>> ylabel('x[n]','rot',360);
>> title('Sinusoidal Signal: Acos(\omegan+\theta)');
```

그림 10-5 이산 정현파 함수 그리기 코딩 결과

❶ 정현파 함수 $x[n]$을 지정한다.

❷ stem 함수를 이용하여 26개로 지정한 기본 주기 N의 개수만큼 입력값 n을 지정하고 이 값에 의해 생성되는 출력값 $x[n]$을 줄기 형태로 그린다.

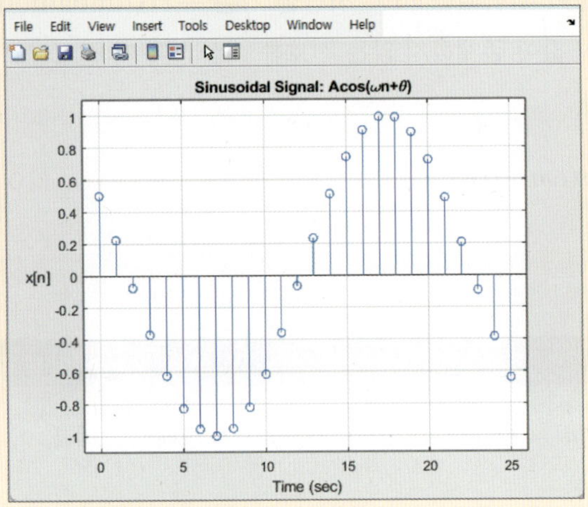

그림 10-6 이산 정현파 함수 그리기 실행 결과

이산 신호 단위계단함수

여러 종류의 신호를 표현하는 데 매우 유용한 단위계단함수(unit step function)는 다음과 같이 정의한다.

$$u[n] = \begin{cases} 1 & (n \geq 0) \\ 0 & (n < 0) \end{cases} \tag{10.7}$$

예제 10-4 MLX-File L_ Dist_Ustep.mlx

신호 값이 발생하는 시간 $-4 \leq n \leq 4$ [sec]에서 라이브 스크립트 파일을 작성하여 단위계단함수 $u[n]$과 $u[n]$을 시간 1 [sec]만큼 이동한 단위계단함수 $x[n] = u[n-1]$의 파형을 그려라. 이때 단위계단함수를 일정한 시간만큼 이동하는 데 사용하는 함수는 stepfun이다.

배경지식

■ stepfun

단위계단함수를 시간 $n0$만큼 이동하는 stepfun 명령어의 기본 형태는 다음과 같다.

```
stepfun(n, n0)
```

- **n** : 시간을 나타내는 변수
- **n0** : 지연시킬 시간

풀이

```
n = -4:1:4; ❶
u_n = stepfun(n,0); ❷
xn = stepfun(n,1);
subplot(211); ❸
stem(n,u_n); ❹
axis([-4.2 4.2 -0.2 1.2]);
grid;
ylabel('u[n]','rot',360);
title('Unit Step Signal');
subplot(212);
stem(n,xn); ❺
axis([-4.2 4.2 -0.2 1.2]);
grid;
xlabel('Time (sec)');
ylabel('x[n]','rot',360);
```

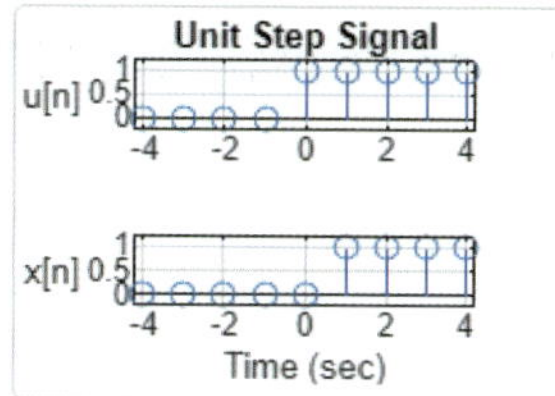

그림 10-7 단위계단함수 그리기 코딩 및 실행 결과

❶ 단위계단함수 $u[n]$을 지정한다.

❷ stepfun 명령어를 이용하여 단위계단함수를 오른쪽으로 1만큼 이동한 $u[n-1]$을 지정한다.

❸ 두 단위계단함수를 비교하기 쉽도록 subplot 명령어를 이용하여 각 그래프를 위아래로 나타낸다.

❹ stem 함수를 이용하여 $u[n]$을 줄기 형태로 그린다.

❺ stem 함수를 이용하여 $u[n-1]$을 줄기 형태로 그린다.

❻ 라이브 스크립트 파일을 실행하기 위해 [LIVE EDITOR] 탭에서 [Run (▶)] 버튼을 클릭한다.

0보다 크거나 같은 모든 정수 n에 대한 단위계단함수의 크기는 1이고 1보다 크거나 같은 모든 정수 n에 대해 오른쪽으로 1만큼 이동한 계단함수의 크기는 1이다.

임펄스 함수

임펄스 함수(impulse function)는 특정한 단위 시간의 파형을 추출할 때 사용하며, 다음과 같이 정의한다.

$$\delta[n] = \begin{cases} 1 & (n = 0) \\ 0 & (n \neq 0) \end{cases} \tag{10.8}$$

계단 신호를 이용하면 임펄스 함수를 다음과 같이 표현할 수 있다.

$$\delta[n] = u[n] - u[n-1] \tag{10.9}$$

예제 10-5

신호 값이 발생하는 시간 $-4 \le n \le 4$ [sec]에서 단위계단함수를 이용하여 임펄스 함수 $\delta[n]$의 파형을 그려라.

풀이

Command Window

```
>> n = -4:1:4;
>> u_s0 = stepfun(n,0); ①
>> u_s1 = stepfun(n,1); ②
>> xn = u_s0-u_s1; ③
>> stem(n,xn); ④
>> axis([-4.2 4.2 -0.2 1.2]);
>> grid;
>> xlabel('Time (sec)');
>> ylabel('x[n]','rot', 360);
>> title('Impulse Signal: \delta[n] = u[n]-u[n-1]');
```

그림 10-8 임펄스 함수 그리기 코딩 결과

① 단위계단함수 $u[n]$을 지정한다.

② stepfun 명령어를 이용하여 단위계단함수를 오른쪽으로 1만큼 이동한 $u[n-1]$을 지정한다.

③ 식 (10.8)을 이용하여 임펄스 함수를 지정한다.

④ stem 함수를 이용하여 임펄스 함수의 출력값을 줄기 형태로 그린다.

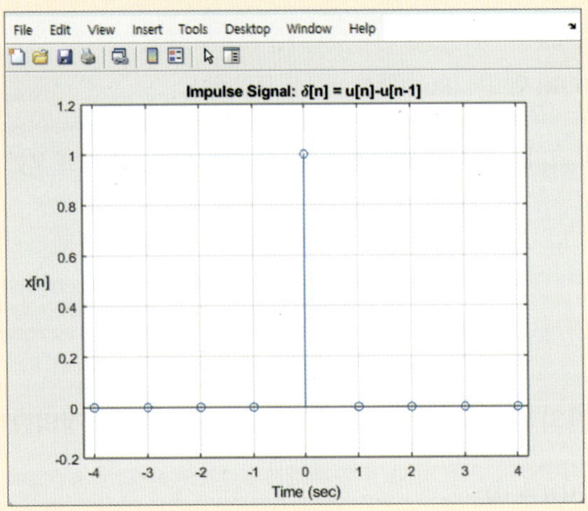

그림 10-9 임펄스 함수 그리기 실행 결과

임펄스 함수는 시간 0에서만 그 값이 1이고 그 외의 모든 시간에서는 0이다.

LESSON 02

이산 시스템

MATLAB 그래프 그리기 기능을 이용하여 이산 시불변 시스템과 시변 시스템을 살펴보자.

Keyword | 시불변 시스템 | 시변 시스템 |

이산 시스템

이산 시스템(discrete–time system)은 이산 신호를 입력한 후 어떤 조작이나 연산을 수행하여 이산 신호를 출력하는 장치 또는 알고리즘을 의미한다. 이산 시스템은 입출력 관계에 따라 선형 시스템과 비선형 시스템으로 분류한다. 입력되는 시간과 상관없이 같은 입력에 대해 항상 같은 출력 반응을 보이는 시불변 시스템과 그렇지 않은 경우인 시변시스템으로 분류할 수도 있다. 그밖에도 인과 시스템과 비인과 시스템, 안정 시스템과 불안정 시스템, 기억 시스템과 무기억 시스템 등으로 다양하게 분류할 수 있다.

시불변 시스템

입력이 $x[n]$이고 출력이 $y[n]$인 이산 시스템에서 시간이 k만큼 지연된 새로운 입력 $x[n-k]$에 대한 시스템 출력 특성이 바뀌지 않으면 이를 시불변 시스템(time-invariant system)이라고 한다. 시불변 시스템은 시간에 대해 출력이 변하지 않으므로 지연된 출력 $y[n-k]$는 $y[n]$과 같은 형태이다. 즉, $y[n-k] = y[n]$이다.

예제 10-6 M-File Time_Inv.m

이산 신호 $x[n]$이 단위계단함수일 때 입출력 관계가 다음과 같은 시스템이 있다.

$$y[n] = x[n] - x[n-2]$$

신호 값이 발생하는 시간 $-2 \le n \le 5$ [sec]에서 시스템의 파형을 그려라.

풀이

```
n = -2:5;
x_n0 = stepfun(n,0);
x_n2 = stepfun(n,2);
x_nk2 = stepfun(n,2);
x_nk4 = stepfun(n,4);
y_n= x_n0-x_n2;
y_nk = x_nk2-x_nk4;
subplot(211);
stem(n,y_n);
axis([-2.2 5.2 0 1.2]);
grid on;
ylabel('y[n]','rot',360);
title('u[n] - u[n-2]');
subplot(212);
stem(n,y_nk);
axis([-2.2 5.2 0 1.2]);
grid on;
xlabel('Time (sec)');
ylabel('y[n-k]','rot',360);
title('u[n-k] - u[n-k-2]');
```

그림 10-10 시불변 시스템 그리기 코딩 결과

❶ stepfun 명령어를 이용하여 주어진 이산 시스템 $x[n]$과 $x[n-2]$를 생성한다.

❷ stepfun 명령어를 이용하여 시간이 2만큼 지연된 이산 시스템 $x[n-2]$와 $x[n-4]$를 생성한다.

❸ 시간 지연이 없는 이산 시스템 $y[n]$을 지정한다.

❹ 시간이 2만큼 지연된 이산 시스템 $y[n-2]$를 지정한다.

❺ stem 함수를 이용하여 $y[n]$을 줄기 형태로 그린다.

❻ stem 함수를 이용하여 $y[n-2]$를 줄기 형태로 그린다.

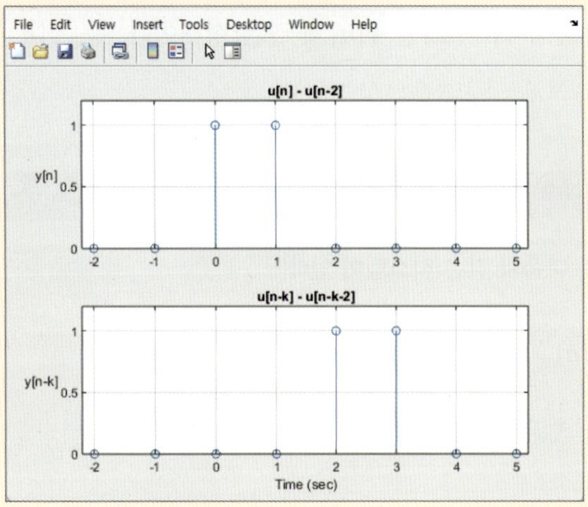

그림 10-11 시불변 시스템 그리기 실행 결과

이 시스템은 시불변 시스템으로, 입력 신호가 시간 $k = 2$만큼 이동하면 출력 신호도 그만큼 시간이 이동한 파형으로 나타난다.

시변 시스템

입력이 $x[n]$이고 출력이 $y[n]$인 이산 시스템에서 시간이 k만큼 지연된 새로운 입력 $x[n-k]$에 대한 시스템 출력 특성이 변하면 시변 시스템(time-varying system)이라고 한다. 즉, $y[n] \neq y[n-k]$이면 시변 시스템이다.

예제 10-7 　M-File Time_Var.m

이산 신호 $x[n]$이 임펄스 함수이고 다음과 같은 입출력 관계를 가진 시스템이 있다. 신호 값이 발생하는 시간 $-1 \le n \le 5$ [sec]에서 시스템의 파형을 그려라.

$$y[n] = nx[n]$$

풀이

Time_Var.m

```
n = -1:5;
x_n = stepfun(n,0)-stepfun(n,1); ①
x_k = stepfun(n,2)-stepfun(n,3); ②
y_n = n.*x_n; ③
y_nk = n.*x_k; ④
subplot(211); ⑤
stem(n,y_n); ⑥
axis([-1.2 5.2 0 2.5]);
grid on;
ylabel('y[n]','rot',360);
title('n\delta[n]');
subplot(212); ⑦
stem(n,y_nk); ⑧
axis([-1.2 5.2 0 2.5]);
grid on;
xlabel('Time (sec)');
ylabel('y[n-2]','rot',360);
title('n\delta[n-k]');
```

그림 10-12 시변 시스템 그리기 코딩 결과

① 시간 이동이 없을 때의 시스템을 지정하기 위해 단위계단함수를 이용한 임펄스 함수 $\delta[n]$에서 1만큼 이동한 임펄스 함수 $\delta[n-1]$을 뺀 값을 지정한다.

② 시간이 2만큼 이동한 후의 시스템을 지정하기 위해 단위계단함수를 이용한 임펄스 함수 $\delta[n-2]$에서 1만큼 이동한 임펄스 함수 $\delta[n-3]$을 뺀 값을 지정한다.

③ 시간 이동이 없을 때의 시스템 $y[n]$을 지정한다.

④ 시간이 2만큼 이동한 후의 시스템 $y[n-2]$를 지정한다.

⑤ subplot 명령어를 이용하여 시간이 이동하기 전의 시스템의 파형을 위쪽 그림 창에 그린다.

⑥ stem 함수를 이용하여 시간이 이동하기 전의 출력값 $n\delta[n]$을 줄기 형태로 그린다.

⑦ subplot 명령어를 이용하여 시간이 이동한 후의 시스템의 파형을 아래쪽 그림 창에 그린다.

⑧ stem 함수를 이용하여 $n\delta[n-2]$를 그래프로 나타낸다.

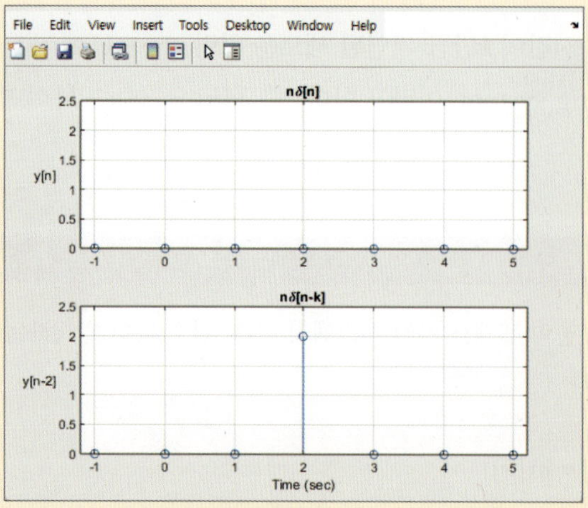

그림 10-13 시변 시스템 그리기 실행 결과

이 시스템은 시변 시스템으로, 시간이 이동하기 전의 출력은 모두 0이지만 시간을 $k = 2$만큼 이동한 후의 출력은 파형 자체가 $n\delta[n-2] = 2\delta[n-2]$로 달라진 것을 확인할 수 있다.

LESSON 03

컨벌루션

컨벌루션은 선형 시불변 시스템을 통과하는 입력 신호와 시스템의 임펄스 응답 사이의 상호 관계를 명확히 나타내는 연산이다. 이론적 계산 방법을 지양하고 MATLAB에서 제공하는 컨벌루션 명령어와 그리기 기능을 이용하여 출력 결과를 살펴보자.

Keyword | 연속 신호에 대한 컨벌루션 | conv | 이산 신호에 대한 컨벌루션 |

연속 신호에 대한 컨벌루션

연속 입력 신호 $x(t)$와 임펄스 응답 신호 $h(t)$에 대한 컨벌루션(convolution)은 다음과 같이 적분 형태로 정의된다.

$$y(t) = \int_{-\infty}^{\infty} x(\tau)h(t-\tau)\,d\tau = x(t) * h(t) \qquad (10.10)$$

예제 10-8 M-File **Cont_conv.m**

연속 신호에 대한 입력과 임펄스 응답이 다음과 같을 때 신호 값이 발생하는 시간 $-3 \le t \le 3$ [sec]에서 입력 신호 $x(t)$와 임펄스 응답 신호 $h(t)$, 입력 신호와 임펄스 응답 신호를 컨벌루션하여 생성된 출력 신호 $y(t)$의 파형을 각각 그려라.

$$x(t) = u(t+0.5) - u(t-0.5)$$
$$h(t) = (-t+1)[u(t+1) - u(t-1)]$$

■ **conv**

입력 벡터 신호 **x**와 임펄스 벡터 신호 **h**를 컨벌루션하여 새로운 다항식을 생성하는 conv 명령어의 기본 형태는 다음과 같다.

conv(x, h)

- **x** : 입력 벡터 신호
- **h** : 임펄스 벡터 신호

풀이

Cont_conv.m

```
t = -3:0.01:3; ❶
x_t = stepfun(t,-0.5)-stepfun(t,0.5);
h_t = (-t+1).*(stepfun(t,-1)-stepfun(t,1)); ❷
y_t = conv(x_t,h_t)*0.01; ❸
subplot(311);
plot(t,x_t); ❹
axis([-3.2 3.2 0 2.2]);
ylabel('x(t)','rot',360);
title('Input');
subplot(312);
plot(t,h_t); ❺
axis([-3.2 3.2 0 2.2]);
ylabel('h(t)','rot',360);
title('Impulse Response');
subplot(313);
plot(t,y_t(301:901)); ❻
axis([-3.2 3.2 0 2.2]);
xlabel('Time (sec)');
ylabel('y(t)','rot',360);
title('Output');
```

그림 10-14 연속 신호 컨벌루션 코딩 결과

❶ 컨벌루션 적분의 근삿값이 실젯값에 가깝도록 하기 위해 시간 간격을 충분히 작은 0.01로 지정한다.

❷ 연산에 필요한 입력 신호와 임펄스 응답 신호를 각각 지정한다.

❸ conv 명령어를 이용하여 입력 신호와 임펄스 응답 신호를 컨벌루션한 후 시간 간격 0.01과 비례를 조절하기 위해 0.01을 곱한다.

❹ plot 명령어를 이용하여 $x(t)$를 그래프로 나타낸다.

❺ plot 명령어를 이용하여 $h(t)$를 그래프로 나타낸다.

❻ plot 명령어를 이용하여 $y(t)$를 그래프로 나타낸다. 출력 결과를 그리려면 다른 배열의 원소 수와 같은 601개로 맞춰야 하므로 출력 결과의 원소 301부터 901까지 총 601개의 데이터를 이용한다.

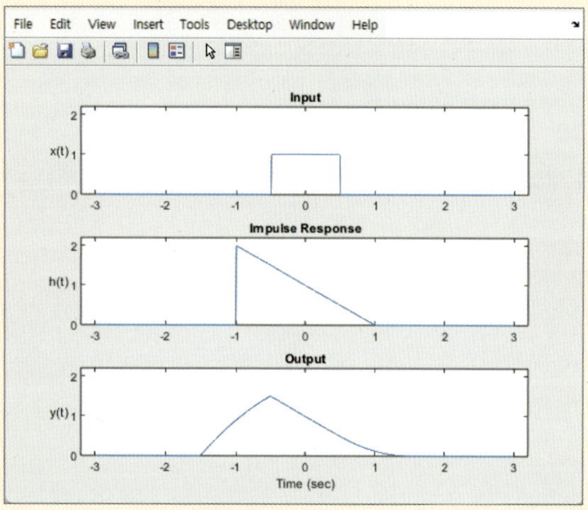

그림 10-15 연속 신호 컨벌루션 실행 결과

이산 신호에 대한 컨벌루션

이산 입력 신호 $x[n]$과 임펄스 응답 신호 $h[n]$에 대한 컨벌루션은 다음과 같이 합의 형태로 정의된다.

$$y[n] = \sum_{-\infty}^{\infty} x[k]h[n-k] = x[n]*h[n] \tag{10.11}$$

예제 10-9 M-File Dis_conv.m

이산 신호에 대한 입력과 임펄스 응답이 다음과 같을 때 신호 값이 발생하는 시간 $-3 \le t \le 3$ [sec]에서 입력 신호 $x[n]$과 임펄스 응답 신호 $h[n]$, 그리고 입력 신호와 임펄스 응답 신호를 컨벌루션하여 생성된 출력 신호 $y[n]$의 파형을 각각 그려라.

$$x[n] = u[n+1] - u[n-1]$$
$$h[n] = (-n+2)(u[n] - u[n-2])$$

풀이

```
Dis_conv.m
n = -3:1:3;
x_n = stepfun(n,-1)-stepfun(n,1); ❶
h_n = (-n+2).*(stepfun(n,0)-stepfun(n,2)); ❷
y_n = conv(x_n,h_n); ❸
subplot(311);
stem(n,x_n); ❹
axis([-3.2 3.2 0 4]);
grid on;
ylabel('x[n]','rot',360);
title('Input');
subplot(312);
stem(n,h_n); ❺
axis([-3.2 3.2 0 4]);
grid on;
ylabel('h[n]','rot',360);
title('Impulse Response');
subplot(313);
stem(n,y_n(4:10)); ❻
axis([-3.2 3.2 0 4]);
grid on;
xlabel('Time (sec)');
ylabel('y[n]','rot',360);
title('Output');
```

그림 10-16 이산 신호 컨벌루션 코딩 결과

❶ 입력 신호 $x[n]$을 지정한다.

❷ 출력 신호 $h[n]$을 지정한다.

❸ conv 명령어를 이용하여 이산 입력 벡터 신호 $x[n]$과 임펄스 벡터 신호 $h[n]$을 컨벌루션한다.

❹ stem 함수를 이용하여 입력 신호 $x[n]$을 그래프로 나타낸다.

❺ stem 함수를 이용하여 응답 신호 $h[n]$을 그래프로 나타낸다.

❻ stem 함수를 이용하여 응답 신호 $y[n]$을 그래프로 나타낸다. 7개 원소의 중앙부터 좌우로 3개 원소인 원소 4부터 10까지의 7개 데이터를 이용하여 줄기 형태를 그린다.

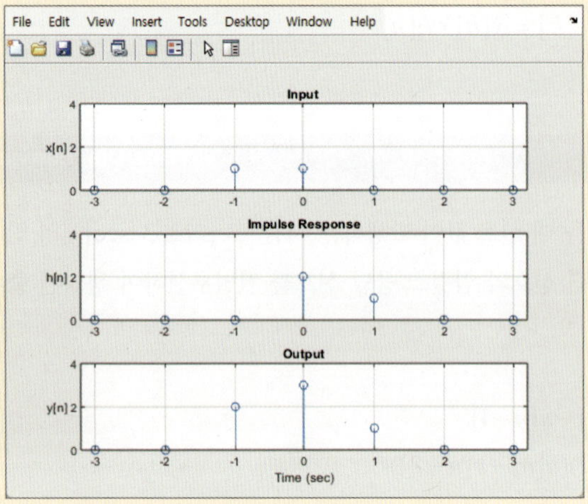

그림 10-17 이산 신호 컨벌루션 실행 결과

LESSON 04

샘플링

연속 신호를 일정한 시간 간격을 두고 띄엄띄엄 취해 정렬된 수열 형태로 만들어 이산 신호를 얻는 과정을 샘플링이라고 한다. 주어진 정현파 신호에 사용한 주파수와 다른 주파수를 이용하여 샘플링하는 과정을 그래프로 나타내어 알아보자.

Keyword | 샘플링 | 나이퀴스트율 |

샘플링

연속 신호에서 일정 신호를 취해 이산 신호를 생성하는 것을 샘플링(sampling)이라고 한다. 이산 신호 $x[nT_s]$는 시간 $t = nT_s$에서의 연속 신호 $x(t)$와 같다.

$$x[n] = x(t)\big|_{t=nT_s} = x[nT_s], \quad n = \cdots, -1, 0, 1, 2, \cdots \tag{10.12}$$

여기서 T_s는 샘플링 주기이고 T_s의 역수 f_s는 샘플링 주파수가 된다. 특히 정현파 신호는 주파수가 다른 정현파의 1차 결합으로 나타낼 수 있으므로 샘플링 효과를 살펴볼 때 흔히 사용된다.

예제 10-10 M-File Samp_cos.m

주파수가 $f_0 = 10$[Hz]인 정현파 신호 $x(t)$가 있을 때 샘플링 주파수 50[Hz]와 100[Hz]에 대한 샘플링 신호가 발생하는 시간 $0 \le t \le 0.3$ [sec]에서의 파형을 그래프로 나타내라.

$$x(t) = \cos(2\pi f_0 t)$$

풀이

Samp_cos.m

```
f0 = 10;
T0 = 1/f0;
dt = T0/100;
dt1 = 1/50;
dt2 = 1/100;
t = 0:dt:0.3;
t1 = 0:dt1:0.3;
t2 = 0:dt2:0.3;
x_t = cos(2*pi*f0*t);
x_t1 = cos(2*pi*f0*t1);
x_t2 = cos(2*pi*f0*t2);
subplot(211);
plot(t,x_t);
axis([-0.005 0.305 -1.2 1.2]);
title('Sampling Signal');
hold on;
stem(t1,x_t1);
subplot(212);
plot(t,x_t);
axis([-0.005 0.305 -1.2 1.2]);
hold on;
stem(t2,x_t2);
xlabel('Time (sec)');
```

그림 10-18 정현파 신호 샘플링 코딩 결과

❶ 2개의 샘플링률을 입력한다.

❷ 샘플링 범위를 입력한다.

❸ 샘플링 주파수에 따른 정현파 신호를 지정한다.

❹ plot 함수를 이용하여 정현파 신호를 그림 창 위쪽에 나타낸다.

❺ stem 함수를 이용하여 50[Hz]로 샘플링한 결과를 그림 창 위쪽에 나타낸다.

❻ plot 함수를 이용하여 정현파 신호를 그림 창 아래쪽에 나타낸다.

❼ stem 함수를 이용하여 100[Hz]로 샘플링한 결과를 그림 창 아래쪽에 나타낸다.

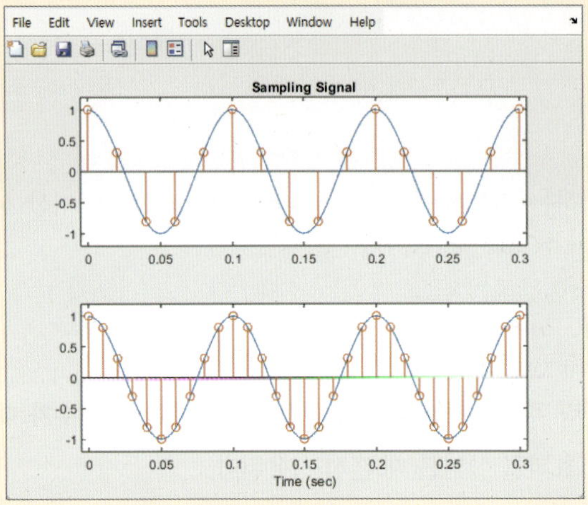

그림 10-19 정현파 신호 샘플링 실행 결과

이를 통해 샘플링 주파수가 50[Hz]인 위쪽 그래프보다 샘플링 주파수가 100[Hz]인 아래쪽 그래프가 더 촘촘히 신호를 생성한 것을 알 수 있다.

나이퀴스트율

샘플링하는 연속 신호 $x(t)$의 최대 주파수를 f_M이라고 하자. $x(t)$가 대역 제한(bandlimited) 신호일 때 샘플링 주파수 f_s가 식 (10.13)과 같이 신호의 최대 주파수인 f_M의 2배 이상인 경우 샘플링된 이산 신호로부터 연속 신호 $x(t)$를 재생할 수 있다는 것이 섀넌(Shannon)의 샘플링 정리이다.

$$f_s \geq 2f_M \tag{10.13}$$

여기서 $f_s = 2f_M$이 되는 주파수를 나이퀴스트율(Nyquist rate)이라고 한다. $f_s \geq 2f_M$인 경우 원래 신호와 샘플링된 신호의 주파수가 같다는 것을 의미하며, $f_s < 2f_M$인 경우 샘플링된 신호가 원래 주파수의 반만큼 주파수 겹침(aliasing)이 발생한다는 것을 의미한다.

예제 10-11 M-File Nyq_sam.m

주파수가 $f_0 = 2\,[\mathrm{Hz}]$인 정현파 신호 $x(t)$가 있을 때 샘플링 주파수 3 [Hz]와 5 [Hz]에 대한 나이퀴스트 샘플링 신호가 발생하는 시간 $0 \le t \le 2$ [sec]에서 파형을 그리고 서로 비교하라.

$$x(t) = \sin(2\pi f_0 t)$$

풀이

Nyq_sam.m

```
t = 0:0.001:2;
f0 = 2;
x_t = sin(2*pi*f0*t); ❶
fs1 = 3;
ts1 = 0:1/fs1:2;
x_s1 = sin(2*pi*f0*ts1); ❷
fs2 = 5;
ts2 = 0:1/fs2:2;
x_s2 = sin(2*pi*f0*ts2); ❸
subplot(211);
plot(t,x_t);
axis([-0.05 2.05 -1.1 1.1]);
title('Nyquist Sampling');
hold on;
stem(ts1,x_s1,'rs-'); ❹
subplot(212);
plot(t,x_t);
axis([-0.05 2.05 -1.1 1.1]);
xlabel('Time (sec)');
hold on;
stem(ts2,x_s2,'ro-'); ❺
```

그림 10-20 나이퀴스트 샘플링 신호 코딩 결과

❶ 정현파 신호 $x(t)$를 지정한다.

❷ 3 [Hz]로 샘플링한 신호를 지정한다.

❸ 5 [Hz]로 샘플링한 신호를 지정한다.

❹ stem 함수를 이용하여 샘플링 주파수 3 [Hz]에 대한 주파수 신호를 그래프로 나타낸다.

❺ stem 함수를 이용하여 샘플링 주파수 5 [Hz]에 대한 주파수 신호를 그래프로 나타낸다.

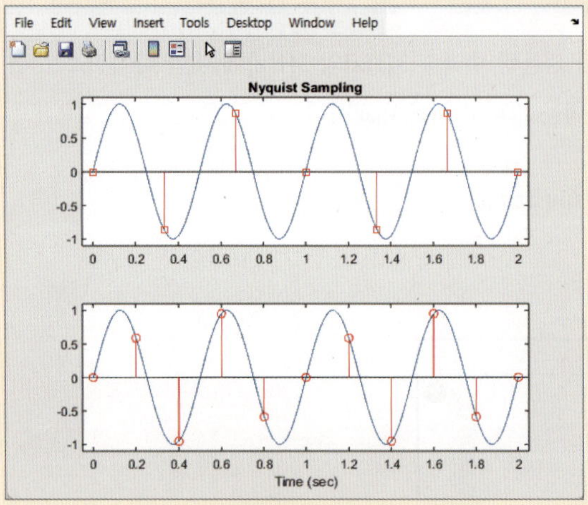

그림 10-21 나이퀴스트 샘플링 신호 실행 결과

아래쪽 그래프와 달리 주파수 겹침을 보여주는 위쪽 그래프의 경우 원래 신호와 많이 달라지므로 제대로 복원할 수 없다. 이처럼 MATLAB에서 보여주는 신호는 모두 이산 신호이지만 샘플링률이 나이퀴스트율보다 매우 높은 경우에는 연속 신호처럼 보인다.

LESSON 05

신호 복원

주파수 겹침이 생긴 이산 신호를 원래 신호처럼 정보 손실이 전혀 없는 상태로 복원하는 것은 불가능하다. 그러나 섀넌의 샘플링 정리를 만족하도록 샘플링 주파수를 충분히 높이면 이론적으로는 정보 손실을 최소화하여 신호를 복원할 수 있다. 샘플링된 이산 신호를 영차 홀드 방법을 이용하여 다시 연속 신호로 나타내는 과정을 MATLAB의 그리기 기능을 통해 확인해보자.

Keyword | 영차 홀드 | stairs |

영차 홀드

샘플링된 이산 신호로부터 원래 연속 신호를 복원하는 가장 간단한 방법은 하나의 샘플 간격에 대한 각 샘플의 값을 유지하면서 이 샘플 사이의 값을 근사적으로 찾아내는 것이다. 이러한 형태의 신호 복원 시스템은 임펄스 응답의 차수가 0이므로 영차 홀드(zero-order hold)라고 한다.

영차 홀드를 이용하여 신호를 복원하면 주파수와 주기의 역수 관계에 따라 샘플링 주파수가 높을수록 시간축의 간격이 줄어들어 샘플링이 더 촘촘해지므로 복원 신호는 원래 신호의 파형에 더 가까운 형태를 띤다.

예제 10-12 M-File **Zero_hold.m**

샘플링 주파수 5 [Hz]와 20 [Hz]를 이용하여 다음과 같은 연속 신호 $x(t)$를 샘플링하고 이산 신호를 생성했다.

$$x(t) = \cos(2\pi t)$$

신호 값이 발생하는 시간 $0 \le t \le 3$ [sec]에서 간격 10^{-3}을 갖는 영차 홀드를 이용하여 생성된 신호를 원래 신호로 복원하라.

배경지식

■ stairs

영차 홀드를 이용하여 복원한 신호를 연결하여 계단 형태로 나타내면 원래 신호와 근접한 형태의 파형을 얻을 수 있다. x에 대응하는 y의 위치를 계단 형태로 한 단씩 그리는 stairs 명령어의 기본 형태는 다음과 같다.

```
stairs(x, y)
```

풀이

```
fs1 = 5;
fs2 = 20;
n1 = 0:1/fs1:3;
n2 = 0:1/fs2:3;
x_n1 = cos(2*pi*n1);
x_n2 = cos(2*pi*n2);
t = 0:10^-3:3;
x_t = cos(2*pi*t);
subplot(211);
plot(t,x_t,'r-');
axis([0 3 -1.2 1.2]);
hold on;
stairs(n1,x_n1);
title('Zero-order Hold: fs = 5 Hz');
subplot(212);
plot(t,x_t,'r-');
axis([0 3 -1.2 1.2]);
hold on;
stairs(n2,x_n2);
xlabel('Time (sec)');
title('Zero-order Hold: fs = 20 Hz');
```

그림 10-22 영차 홀드를 이용한 신호 복원 코딩 결과

❶ 샘플링 주파수 5[Hz], 20[Hz]를 지정한다.

❷ 샘플링 주파수가 5[Hz]일 때의 시간축 간격 0.2와 샘플링 주파수가 20[Hz]일 때의 시간축 간격 0.05를 지정한다.

❸ 영차 홀드로 생성하는 신호를 지정한다.

❹ stairs 명령어를 이용하여 샘플링 주파수가 5[Hz]일 때의 연속 신호를 한 단씩 계단 파형으로 복원한다.

❺ stairs 명령어를 이용하여 샘플링 주파수가 20[Hz]일 때의 연속 신호를 한 단씩 계단 파형으로 복원한다.

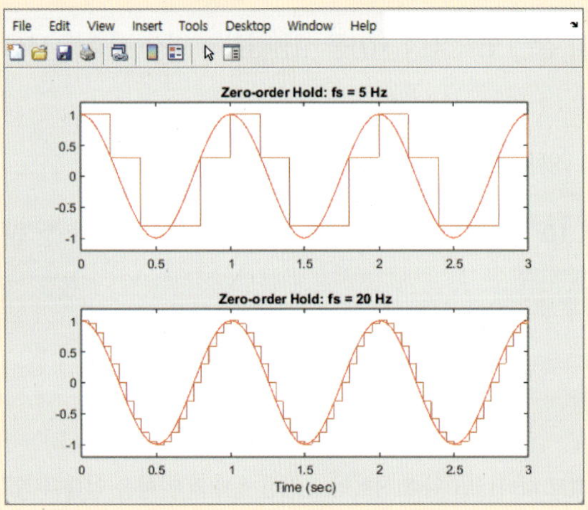

그림 10-23 영차 홀드를 이용한 신호 복원 실행 결과

이를 통해 샘플링 주파수가 5[Hz]일 때보다 20[Hz]일 때 신호가 더 촘촘히 복원되는 것을 확인할 수 있다.

LESSON 06

연속 신호의 주파수 표현

시간 영역에서 나타내기 어려운 신호는 주파수 영역에서 좀 더 쉽게 표현할 수 있다. 신호에 포함된 다양한 주파수 성분을 구분하여 함수로 나타낸 것을 스펙트럼이라고 한다. 주파수 영역에서는 연속 주기 신호를 해석하기 위해 연속 시간 푸리에 급수를 이용하고 연속 비주기 신호를 해석하기 위해서는 연속 시간 푸리에 변환을 이용한다. 대표적인 연속 신호인 정현파 신호에 대한 진폭 및 위상 스펙트럼을 찾고 푸리에 변환의 컨벌루션 과정을 그래프로 나타내보자.

Keyword | 신호 스펙트럼 | fft | 진폭 스펙트럼 | 위상 스펙트럼 | angle | fftshift | ifft |

신호 스펙트럼

시간 영역에서 진폭이 A, 주파수가 f_0, 위상이 ϕ인 연속 코사인 함수는 다음과 같이 나타낸다.

$$x(t) = A\cos(2\pi f_0 t + \phi) \tag{10.14}$$

여기서 위상 ϕ는 시간 0에서 신호가 한 주기의 어느 위치에 있는지를 나타낸다. 앞선 식에서 위상을 0으로 놓고 오일러 공식(Euler's Formula)을 이용하면 식 (10.14)는 다음과 같이 정의된다.

$$x(t) = \frac{A}{2}e^{j2\pi f_0 t} + \frac{A}{2}e^{-j2\pi f_0 t} \tag{10.15}$$

식 (10.14)에서 2개 항으로 분해된 주파수를 함수로 표현하면 다음과 같다.

$$X(f) = \begin{cases} A/2 & (f = f_0) \\ A/2 & (f = -f_0) \\ 0 & (\text{그 외}) \end{cases} \tag{10.16}$$

여기서 신호를 주파수 함수로 표시한 $X(f)$를 신호의 스펙트럼(spectrum)이라고 한다.

예제 10-13 MLX-File L_Sig_Spec.mlx

시간 $0 \le t \le 3$ [sec]에서 간격 10^{-2}인 정현파 $x(t) = \cos(2\pi t)$의 파형과 진폭 스펙트럼 파형을 그리는 라이브 스크립트 파일을 작성하라.

배경지식

■ fft

신호를 주파수 함수로 변환하려면 푸리에 변환을 사용하면 된다.

신호의 스펙트럼을 나타내기 위해 벡터 **x**에 대한 이산 푸리에 변환을 실행하는 **fft** 함수의 기본 형태는 다음과 같다.

```
fft(x)
```

풀이

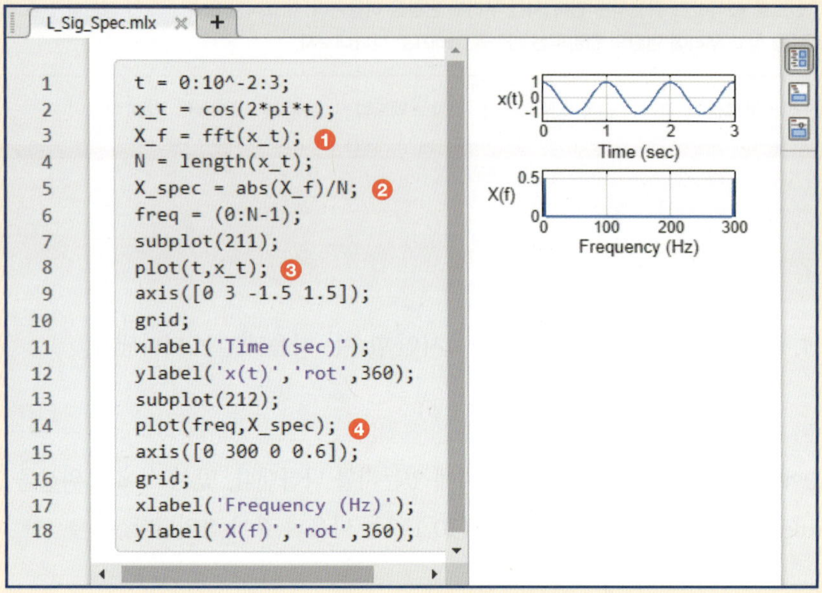

그림 10-24 코사인 신호 그리기 라이브 스크립트 파일 코딩 및 실행 결과

❶ 고속 푸리에 변환 함수 **fft**를 이용하여 코사인 함수 $x(t)$에 대한 푸리에 변환을 계산한다.

❷ 진폭 스펙트럼에 대한 절댓값을 균일화한다.

❸ **plot** 함수를 이용하여 코사인 신호를 그림 창 위쪽에 그래프로 나타낸다.

❹ **plot** 함수를 이용하여 주파수와 위상 스펙트럼을 그림 창 아래쪽에 그래프로 나타낸다.

❺ [LIVE EDITOR] 탭에서 [Run(▶)] 버튼을 클릭한다.

라이브 스크립트 파일을 실행하면 진폭 스펙트럼의 4번째와 299번째 위치에서 진폭이 0.5008인 2개의 정점이 나타난다.

진폭 스펙트럼과 위상 스펙트럼

푸리에 급수를 이용하여 구한 주파수 성분의 진폭 그래프를 진폭 스펙트럼이라고 하고 주파수 성분의 위상 그래프를 위상 스펙트럼이라고 한다. 일반적으로 신호 $x(t)$가 실수이더라도 푸리에 급수에 의해 계산된 스펙트럼 $X(f)$는 복소수가 되므로 진폭 스펙트럼을 그림으로 정확히 나타내는 경우에는 절댓값 $|X(f)|$로 표현한다. 여기서 주기 신호와 주기가 같은 정현파를 기본파(fundamental wave)라고 하며, 이때의 주파수 f_0를 기본 주파수라고 한다. 기본 주파수의 정수배인 kf_0의 주파수는 k고조파라고 한다.

예제 10-14 M-File MagPha_Spec.m

신호의 주기가 2이고 샘플링이 256개인 서로 다른 두 정현파 신호를 혼합한 신호 $x(t)$의 진폭 스펙트럼과 위상 스펙트럼을 그려라.

$$x(t) = \cos(2\pi t - 30^\circ) + 2\cos(5\pi t - 45^\circ)$$

배경지식

■ angle

위상 스펙트럼을 나타내기 위해 복소수 배열 **x**에 대한 위상각을 라디안 값으로 나타내는 angle 함수의 기본 형태는 다음과 같다. 이때 위상각은 $-\pi$와 π 사이에 위치한다.

> **angle(x)**
>
> ■ **x** : 복소수 배열

풀이

```
MagPha_Spec.m
T = 2;
N = 256;
Ts = T/N;
t = Ts*(0:(N-1)); ❶
phi1 = pi/6;
phi2 = pi/4;
x_t = cos(2*pi*t-phi1) + 2*cos(5*pi*t-phi2); ❷
X_f = fft(x_t); ❸
X_amp = abs(X_f)/N; ❹
X_phase = angle(X_f); ❺
k = 0:20; ❻
subplot(211);
stem(k,X_amp(1:length(k))); ❼
axis([-0.5 20.5 -0.1 1.2]);
grid on;
ylabel('|X(f)|','rot',360);
title('Magnitude Spectrum');
subplot(212);
stem(k,X_phase(1:length(k))); ❽
axis([-0.5 20.5 -3.8 3.8]);
grid on;
xlabel('k');
ylabel('\angleX(f)','rot',360);
title('Phase Spectrum');
```

그림 10-25 혼합된 정현파 신호의 스펙트럼 그리기 코딩 결과

❶ 샘플링 주기와 시간축, 2개의 위상을 MATLAB에서 일반적으로 사용하는 라디안 값으로 지정한다.

❷ 신호 $x(t) = \cos(2\pi t - 30^\circ) + 2\cos(5\pi t - 45^\circ)$를 지정한다.

❸ fft 함수를 이용하여 $x(t)$를 푸리에 변환하여 $X(f)$로 나타낸다.

❹ abs 함수를 이용하여 $|X(f)|$를 구한 후 샘플링률로 나누어 진폭을 지정한다.

❺ angle 명령어를 이용하여 복소수 원소의 위상각을 라디안 값으로 전환한다.

❻ 총 256개 샘플링 중에서 처음 21개 데이터만 고조파 차수에 사용한다.

❼ stem 함수를 이용하여 21개 데이터에 대한 진폭 스펙트럼을 그림 창 위쪽에 그래프로 나타낸다.

❽ stem 함수를 이용하여 21개 데이터에 대한 위상 스펙트럼을 그림 창 아래쪽에 그래프로 나타낸다.

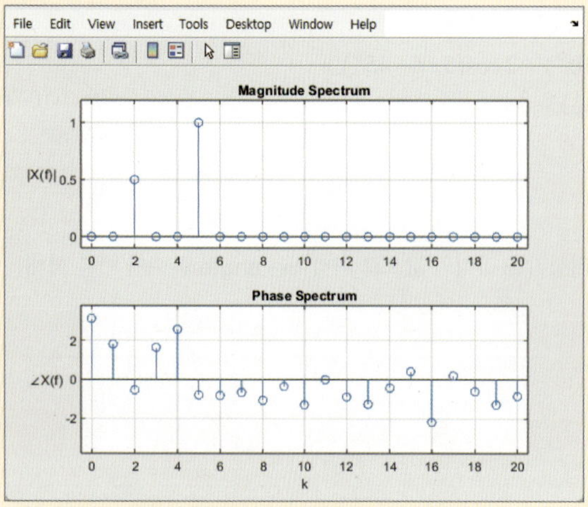

그림 10-26 혼합된 정현파 신호의 스펙트럼 그리기 실행 결과

위쪽 그래프에서 진폭 스펙트럼의 세 번째 신호는 0.5, 여섯 번째 신호는 1을 나타낸다. 아래쪽 그래프에서는 푸리에 변환을 한 스펙트럼 $x(f)$의 세 번째 값과 여섯 번째 값의 위상인 $-\frac{\pi}{6}$에 대한 라디안 값 −0.5236과 $-\frac{\pi}{4}$에 대한 라디안 값 −0.7854를 위상 스펙트럼을 통해 보여준다.

연속 시간 푸리에 변환의 컨벌루션

시간 영역에 대한 컨벌루션에 대한 식 (10.10)을 떠올려보자. 입력 신호 $x(t)$, 임펄스 응답 신호 $h(t)$, 출력 신호 $y(t)$의 푸리에 변환이 각각 $X(f)$, $H(f)$, $Y(f)$일 때 푸리에 변환에 대한 출력 스펙트럼은 다음과 같이 정의된다.

$$Y(f) = H(f)X(f) \tag{10.17}$$

즉 시간 영역에서의 컨벌루션은 주파수 영역에서의 곱과 일치한다. 입력 신호는 시스템을 통과하면서 주파수별로 $H(f)$만큼의 이득이 곱해져 출력된다.

예제 10-15 M-File Four_Conv.m

연속 시간 주기 $-3 \le t \le 3$ [sec]에서 입력 신호 $x(t)$와 임펄스 응답 신호 $h(t)$에 대한 출력 신호 $y(t)$의 파형을 시간 영역에서 그리고, 푸리에 변환의 컨벌루션을 이용하여 $Y(f) = H(f)X(f)$를 구한 후 이에 대한 푸리에 역변환을 이용하여 시간 영역에 대한 출력 신호 파형을 다시 그려라. 이때 샘플링 데이터는 2000개라고 가정한다.

$$x(t) = u(t+1) - u(t-1)$$
$$h(t) = (-t+1)[u(t) - u(t-1)]$$

배경지식

■ fftshift

영주파수(0-주파수) 성분을 스펙트럼의 중앙으로 이동하여 스펙트럼을 좌우 대칭 형태로 보여주는 **fftshift** 함수의 기본 형태는 다음과 같다.

```
fftshift(x)
```

■ ifft

주파수 함수를 다시 시간 영역 신호로 되돌리기 위해 벡터 **x**의 푸리에 역변환을 실행하는 **ifft** 함수의 기본 형태는 다음과 같다.

```
ifft(x)
```

풀이

Four_Conv.m

```
tmin = -3;
tmax = 3;
N = 2000;
dt = (tmax-tmin)/N;
t = tmin:dt:tmax;
x_t = stepfun(t,-1)-stepfun(t,1); ①
h_t = (-t+1).*(stepfun(t,0)-stepfun(t,1)); ②
y_t = conv(x_t,h_t)*dt; ③
X_f = dt*fft(x_t);
H_f = dt*fft(h_t);
Y_f = X_f.*H_f; ④
y_ft = fftshift((1/dt)*ifft(Y_f)); ⑤
subplot(211);
plot(t,y_t(1001:3001)); ⑥
axis([-3 3 0 0.7]);
grid on;
ylabel('y(t)','rot',360);
title('Convolution in Time Domain');
subplot(212);
plot(t,y_ft); ⑦
axis([-3 3 0 0.7]);
grid on;
xlabel('Time (sec)');
ylabel('Y(f)','rot',360);
title('Convolution by Fourier Transform');
```

그림 10-27 푸리에 변환의 컨벌루션 그리기 코딩 결과

❶ 입력 신호 $x(t)$를 지정한다.

❷ 임펄스 응답 신호 $h(t)$를 지정한다.

❸ $x(t)$와 $h(t)$를 컨벌루션하여 $y(t)$를 지정한다.

❹ $X(f)$와 $H(f)$를 곱하여 $Y(f)$를 지정한다.

❺ ifft 함수를 이용하여 주파수 함수를 다시 시간 영역의 신호로 변환하고 fftshift 함수를 이용하여 스펙트럼의 중앙으로 주파수 성분을 이동한다.

❻ plot 함수를 이용하여 dt로 나눈 시간 간격 2001개에 대한 출력 결과인 원소 1001부터 3001까지 2001개의 데이터를 시간축으로 지정하여 시간 영역에서 직접 계산한 컨벌루션의 파형을 그린다.

❼ plot 함수를 이용하여 푸리에 변환한 컨벌루션의 파형을 그린다.

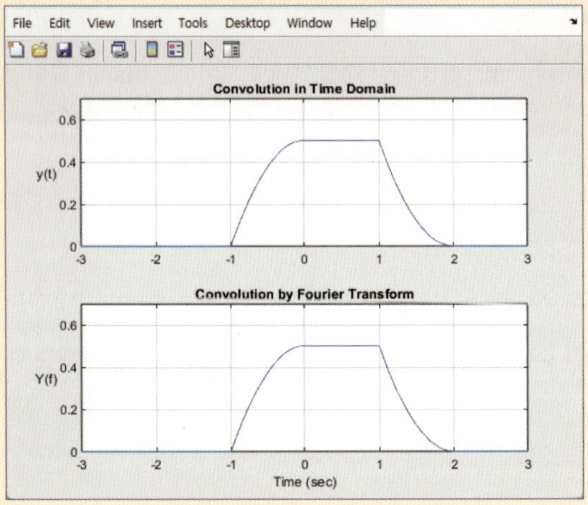

그림 10-28 푸리에 변환의 컨벌루션 그리기 실행 결과

이렇게 구한 시간 영역에서의 컨벌루션 결과와 푸리에 변환 후 실행한 컨벌루션 결과는 동일하다. 따라서 편리하게 계산하려면 푸리에 변환을 실행한 후 단순한 다항식의 곱으로 계산하는 것이 좋다.

LESSON 07

이산 신호의 주파수 표현

주파수 영역에서 반복 주기를 이용하면 이산 정현파 신호도 연속 정현파 신호처럼 쉽게 표현할 수 있다. 단, 연속 정현파는 주파수의 값과 상관없이 항상 주기 신호이지만 이산 정현파는 디지털 주파수가 유리수인 경우에만 주기 신호가 된다. 따라서 주파수의 차이가 2π의 정수배인 이산 정현파는 같은 신호로, 주파수의 차이가 2π의 정수배가 아니면 이산 비주기 신호로 분류된다. 이산 푸리에 변환을 이용하여 이산 신호에 대한 스펙트럼을 나타내는 과정을 알아보자.

Keyword | 이산 푸리에 급수와 계수 | 이산 푸리에 변환 | 이산 시간 유한 주기 정현파

이산 푸리에 급수와 계수

이산 신호 $x[\mathrm{n}]$은 유한한 주기에서 순차적인 값을 갖는다. $x[\mathrm{n}]$이 한 주기 동안 주기적 순서를 가진 신호 $\tilde{x}[\mathrm{n}]$이라고 할 때 $N \to \infty$가 되면 $\tilde{x}[\mathrm{n}]$은 $x[\mathrm{n}]$으로 대체할 수 있다. 이산 시간 푸리에 급수(Discrete Time Fourier Series, DTFS)는 N개의 이산 시간 주기 신호를 N개의 고조파 합으로 나타낸 것이다. 이러한 이산 시간 푸리에 급수와 계수는 다음과 같이 정의된다.

$$x[n] = \sum_{k=<N>} a_k e^{jk(2\pi/N)n} \tag{10.18}$$

$$a_k = \frac{1}{N}\sum_{-\infty}^{\infty} x[n] e^{-jk(2\pi/N)n} \tag{10.19}$$

급수에 대한 식 (10.18)에서 $K = \langle N \rangle$은 연속된 N개의 샘플을 의미한다.

예제 10-16 M-File **DisFour_Spec.m**

한 주기에 6개의 신호 샘플이 있는 이산 푸리에 급수가 다음과 같을 때 이산 푸리에 계수 a_k에 대한 진폭과 위상을 그려라. 기본 주파수는 $\omega_0 = 2\pi/N$이다.

$$x[n] = \begin{cases} 1 & (n = 1,\ 3,\ 5) \\ 0 & (n = 0,\ 2,\ 4) \end{cases}$$

풀이

```
DisFour_Spec.m
N = 6;
x_n = [0 1 0 1 0 1];  ❶
omega0 = 2*pi/N;  ❷
n = -N/2+1:N/2;
W_N = exp(-1j*omega0*n);  ❸
ak = ones(1,1);
for k = 1:N  ❹
    ak(k) = sum(x_n.*W_N.^(k-1))/N;  ❺
end
ak;
ak_mag = abs(ak);
ak_pha = angle(ak);
k = 0:N-1;
subplot(211)
stem(k,ak_mag);  ❻
ylabel('\bf{|a_k|}','rot',360);
title('Magnitude Response');
subplot(212)
stem(k,ak_pha);  ❼
xlabel('k');
ylabel('\bf{\anglea_k}','rot',360);
title('Phase Response');
```

그림 10-29 푸리에 계수의 진폭과 위상 스펙트럼 그리기 코딩 결과

❶ 한 주기 신호에 있는 6개의 샘플을 푸리에 급수 벡터 신호로 지정한다.

❷ 신호의 기본 주파수 ω_0와 신호의 총합 구간 $\langle N \rangle$을 지정한다.

❸ 복소 정현파를 생성한다.

❹ 데이터 구조의 크기가 점진적으로 늘어나는 for문을 위한 사전 할당을 설정한다.

❺ for문과 sum 명령어를 이용하여 벡터로 표현된 식 (10.19)의 원소를 모두 더한다.

❻ stem 함수를 이용하여 k값과 진폭을 그림 창 위쪽에 그래프로 나타낸다.

❼ stem 함수를 이용하여 k값과 위상을 그림 창 아래쪽에 그래프로 나타낸다.

TIP 문서 조판에 사용하는 레이텍 프로그램으로 굵은 글씨체를 나타내려면 \bf{ }를 입력하고 각도를 나타내는 기호 ∠를 나타낼 때는 \angle을 입력한다.

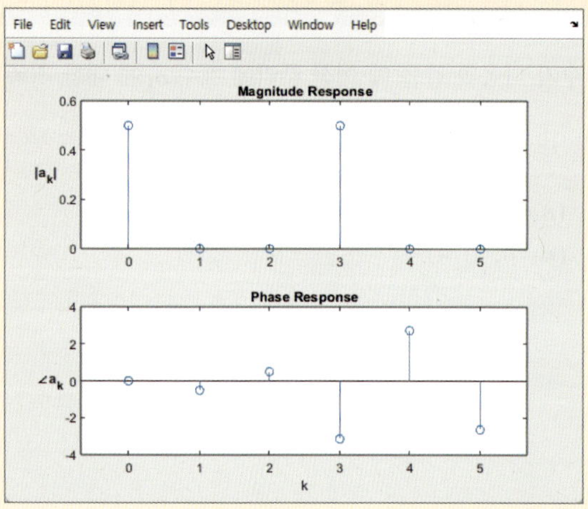

그림 10-30 푸리에 계수의 진폭과 위상 스펙트럼 그리기 실행 결과

이산 푸리에 변환

이산 푸리에 변환(Discrete Fourier Transform, DFT)은 주파수 영역에서 이산 시간 유한 주기 신호를 분석하는 데 사용한다. 이산 비주기 신호를 주파수 영역의 표현으로 바꾸고 다시 시간 영역 표현으로 되돌리는 이산 시간 푸리에 변환쌍은 다음과 같이 정의된다.

$$x[n] = \frac{1}{2\pi}\int_{2\pi} X(\omega)e^{j\omega n}d\omega \tag{10.20}$$

$$X(\omega) = \sum_{-\infty}^{\infty} x[n]e^{-j\omega n} \tag{10.21}$$

합성방정식(synthesis equation)으로 표현된 식 (10.20)은 이산 시간 푸리에 역변환(IDTFT)이라고 하고 분석방정식(analysis equation)으로 표현된 식 (10.21)은 이산 시간 푸리에 변환(DTFT)이라고 한다.

예제 10-17 　　M-File DisNon_Spec.m

시간 $-10 \le n \le 5$ [sec]에서 이산 비주기 입력 신호 $x[n]$에 대한 진폭 스펙트럼과 위상 스펙트럼을 그려라. 각주파수는 $-\pi \le \omega \le \pi$[Hz]이고 $\pi/100$[Hz]씩 증가한다.

$$x[n] = \cos\left[\frac{5\pi n}{3}\right]$$

풀이

DisNon_Spec.m

```
n = -10:5;
omega = -pi:pi/100:pi; ❶
x_n = cos(5*pi*n/3); ❷
X_f = x_n*(exp(-1j*n'*omega)); ❸
X_spec = abs(X_f); ❹
X_phase = angle(X_f); ❺
subplot(211);
plot(omega,X_spec); ❻
grid on;
axis([-pi pi 0 9]);
ylabel('|X(\omega)|','rot',360);
title('Amplitude Spectrum');
subplot(212);
plot(omega,X_phase); ❼
grid on;
axis([-pi pi -4 4]);
xlabel('\omega');
ylabel('\angleX(\omega)','rot',360);
title('Phase Spectrum');
```

그림 10-31 　이산 비주기 신호의 진폭과 위상 스펙트럼 그리기 코딩 결과

❶ 모든 이산 정현파는 $-\pi \le \omega \le \pi$ 범위에서 표현할 수 있다.

❷ 이산 비주기 입력 신호 $x[n]$을 지정한다.

❸ 식 (10.21)을 이용하여 $x[n]$을 지정한다. 이때 벡터 **n**과 ω(omega)에 대한 벡터 곱셈은 서로 차수를 맞추어 계산하기 위해 벡터 **n**을 전치 벡터로 바꾸어 사용한다. 복소수의 허수 단위는 j이지만 코딩 속도를 높이기 위해 $1j$를 사용하기도 한다.

❹ abs 명령어를 이용하여 진폭을 구한다.

❺ angle 명령어를 이용하여 위상을 구한다.

❻ plot 함수를 이용하여 진폭 스펙트럼을 그림 창 위쪽에 그래프로 나타낸다.

❼ plot 함수를 이용하여 위상 스펙트럼을 그림 창 아래쪽에 그래프로 나타낸다.

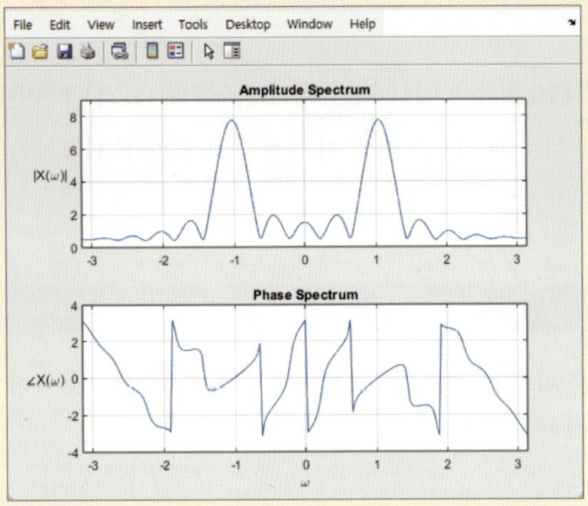

그림 10-32 이산 비주기 신호의 진폭과 위상 스펙트럼 그리기 실행 결과

이산 시간 유한 주기 정현파

연속 시간에서 톤(tone) 주파수 ω_0에 대한 푸리에 변환쌍은 다음과 같다.

$$e^{j\omega_0 t} \leftrightarrow 2\pi\delta(\omega - \omega_0) \tag{10.22}$$

예를 들어 $\cos(\omega_0 t)$에 대해 푸리에 변환을 하면 정점은 ω_0와 $-\omega_0$ 임펄스에 놓인다.

예제 10-18 M-File FourTone_Spec.m

한 주기에 11개의 신호 샘플이 있는 이산 시간 유한 주기 정현파가 다음과 같을 때 이산 푸리에 변환을 이용하여 톤 주파수에 대한 진폭과 위상을 계산하고 파형을 그려라.

$$x[n] = 2\cos\left[0.5\pi n - \frac{\pi}{3}\right]$$

풀이

FourTone_Spec.m

```
N = 11; ❶
amp_tone = 2 ;
omega0 = 0.5*pi;
phi = -pi/3;
n = 0:N-1;
x_n = amp_tone*cos(omega0*n+phi); ❷
X_omega = fft(x_n); ❸
subplot(211);
stem(n ,abs(X_omega)); ❹
axis([-0.2 10.2 0 10.5]);
grid on;
ylabel('|X(\omega)|','rot',360);
title('Amplitude Response');
subplot(212);
stem(n, angle(X_omega)); ❺
axis([-0.2 10.2 -2.1 2.1]);
grid on;
xlabel('n');
ylabel('\angleX(\omega)','rot',360);
title('Phase Response');
```

그림 10-33 이산 시간 유한 주기 정현파의 진폭과 위상 스펙트럼 코딩 결과

❶ 11개의 샘플을 지정한다.

❷ 톤을 생성하는 이산 시간 유한 주기 정현파 $x[n]$을 지정한다.

❸ fft 명령어를 이용하여 $x[n]$을 푸리에 변환한다.

❹ stem 함수를 이용하여 진폭 스펙트럼을 그림 창 위쪽에 그래프로 나타낸다.

❺ stem 함수를 이용하여 위상 스펙트럼을 그림 창 아래쪽에 그래프로 나타낸다.

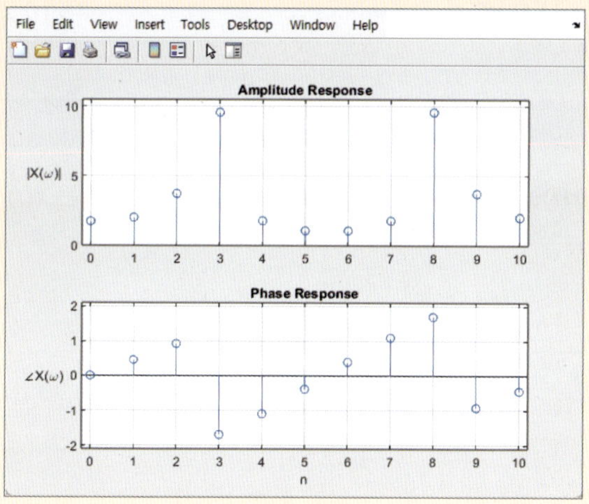

그림 10-34 이산 시간 유한 주기 정현파의 진폭과 위상 스펙트럼 실행 결과

LESSON 08

라플라스 변환

연속 시간 푸리에 변환을 확장한 개념인 라플라스 변환은 연속 시간 푸리에 변환과 성질이 유사하다. 라플라스 변환을 이용하여 연속 시스템을 분석하면 시간 영역에서의 동작을 더 구체적으로 확인할 수 있다. 심벌릭 툴박스를 사용하여 함수의 라플라스 변환과 라플라스 역변환의 결과를 살펴보자.

Keyword | 라플라스 변환 | 라플라스 역변환 | laplace | ilaplace |

라플라스 변환과 라플라스 역변환

연속 신호 $x(t)$를 라플라스 영역으로 변환하는 라플라스 변환(Laplace transform)은 다음과 같이 정의된다. 여기서 복소 변수 $s=\sigma+j\omega$이다.

$$X(s)=\int_{-\infty}^{\infty}x(t)e^{-st}\,dt \tag{10.23}$$

반대로 라플라스 영역의 신호를 시간 영역의 신호로 변환하는 라플라스 역변환 방정식은 다음과 같이 정의된다.

$$x(t)=\frac{1}{2\pi j}\int_{\sigma-j\infty}^{\sigma+j\infty}X(s)e^{st}\,ds \tag{10.24}$$

예제 10-19 M-File LapTrans.m

라플라스 변환 함수 $X(s)$에 대한 시간 영역의 함수 $x(t)$를 구하고 시간 $0\le t\le 15$ [sec]에서 변화하는 $x(t)$의 파형을 그려라.

$$X(s)=\frac{2s+1}{s(s^2+2s+10)}$$

배경지식

■ **laplace**

변수 t를 사용하는 시간 영역의 함수를 변수 s를 사용하는 라플라스 영역의 함수로 변환하는 laplace 함수의 기본 형태는 다음과 같다.

```
laplace(f)
```

- f : 시간 영역의 함수

■ ilaplace

변수 s를 사용하는 라플라스 영역의 함수를 변수 t를 사용하는 시간 영역의 함수로 변환하는 ilaplace 함수의 기본 형태는 다음과 같다.

> **ilaplace(f)**
>
> ■ **f** : 라플라스 영역의 함수

풀이

LapTrans.m

```
syms s
X_s = (2*s+1)/(s*(s^2+2*s+10)); ①
disp('X(s)=');
pretty(X_s);
x_t = ilaplace(X_s); ②
x_t = simplify(x_t);
disp('x(t)=');
pretty(x_t);
t = 0:0.1:15; ③
x_amp = double(subs(x_t)); ④
plot(t,x_amp); ⑤
xlabel('Time (sec)');
ylabel('Amplitude');
title('Inverse Laplace Transform');
grid;
```

그림 10-35 라플라스 역변환 코딩 결과

① 라플라스 영역의 함수 $X(s)$를 지정한다.

② ilaplace 함수를 이용하여 다시 시간 영역의 함수 $x(t)$로 돌아오는 라플라스 역변환을 실행한다.

③ 시간 벡터를 $0 \le t \le 15$ [sec]로 지정한다.

④ subs 함수를 이용하여 시간 응답을 구하고 double 함수를 이용하여 소수점을 포함하는 수치 형태로 변환한다.

⑤ plot 함수를 이용하여 $x(t)$를 그래프로 나타낸다.

Command Window

```
>> LapTrans
X(s)=
    2 s + 1
-----------------
     2
s (s  + 2 s + 10)

x(t)=
              /              sin(3 t) 19 \
     exp(-t)  | cos(3 t) - ----------- |
 1            \                 3        /
-- - ---------------------------------
10                  10
```

그림 10-36 라플라스 역변환 실행 결과

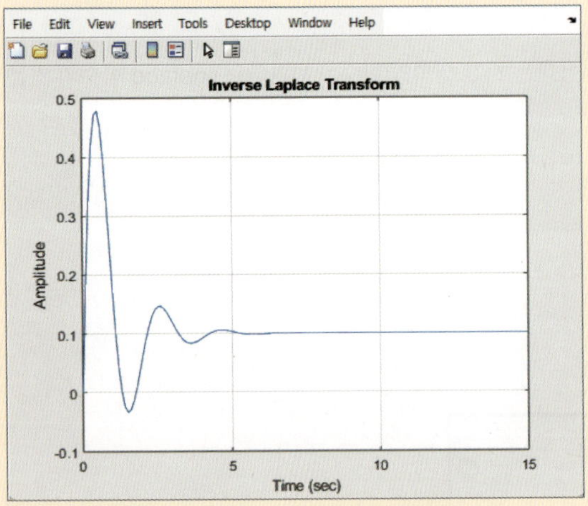

그림 10-37 라플라스 역변환으로 구한 함수 실행 결과

LESSON 09

z 변환

z 변환은 연속 신호와 연속 시스템에서 정의된 라플라스 변환 및 이산 신호와 이산 시스템에 대해 같은 역할을 한다. z 변환의 유용한 성질을 사용하면 시간 영역에서 두 신호의 컨벌루션 연산을 z 영역에서 단순 곱 연산으로 바꿔 계산할 수 있다. 함수의 z 변환과 역 z 변환을 사용하여 이산 선형 시스템의 영점과 극점 및 주파수 응답의 결과에 대한 그래프를 살펴보자.

Keyword | z 변환 | 영점 | 극점 | pzmap | freqz | zplane | 역 z 변환 | dimpulse | iztrans |

z 변환

입력되는 시간과 상관없이 같은 입력에 대해 항상 같은 반응을 나타내고 입출력 관계가 선형인 시스템을 선형 시불변 시스템이라고 한다. 선형 시불변 시스템의 신호를 해석하기 위해서는 주파수 영역을 변환하는 대신 z 변환(z−transform)을 사용한다. 이산 신호 $x[n]$의 z 변환은 다음과 같이 정의한다. 이때 z는 복소변수이다.

$$X(z) = \sum_{n=-\infty}^{+\infty} x[n]z^{-n} \tag{10.25}$$

시간축 $n \geq 0$에서만 존재하는 인과(causal) 시스템의 신호에 대한 z 변환은 단방향 z 변환이라고 하며, 식 (10.25)는 다음과 같이 다시 쓸 수 있다.

$$X(z) = \sum_{n=0}^{+\infty} x[n]z^{-n} \tag{10.26}$$

전달함수의 영점과 극점

이상 선형 시불변 시스템의 임펄스 응답 $h[n]$에 대한 z 변환은 전달함수 $H(z)$가 된다. 만약 전달함수가 $H(z) = \dfrac{N(z)}{D(z)}$와 같은 분수 형태의 유리수로 표현된다면 $H(z)$의 분자 $N(z) = 0$을 만족하는 위치를 영점(zero)이라고 하고 분모 $D(z) = 0$을 만족하는 위치를 극점(pole)이라고 한다. 전달함수에서의 극점과 영점은 z 평면에서의 영점과 극점이다.

주파수 응답

주파수 응답(frequency response)은 전달함수를 복소평면의 단위원 $z = e^{j\omega}$를 따라 계산한 값으로, 전달함수의 극점과 영점을 이용하여 구할 수 있다.

주파수 응답과 전달함수의 관계는 다음과 같다.

$$H(\omega) = H(z)\big|_{z=e^{j\omega}} \tag{10.27}$$

복소수의 곱셈과 나눗셈 성질을 이용하면 주파수 응답 $H(\omega)$의 진폭 응답 $|H(\omega)|$와 위상 응답 $\angle H(e^{j\omega})$를 구할 수 있다.

예제 10-20 M-File PoleZero_Res.m

이산 선형 시불변 시스템의 전달함수 $H(z)$에 대한 극점과 영점, 주파수 응답을 각각 그려라.

$$H[z] = \frac{z^3 - 2z^2 + 2z - 1}{z^3 + 2z^2 + 1}$$

배경지식

▪ pzmap

시스템 S에 대한 연속 또는 이산 시간의 영점과 극점을 그리는 pzmap 함수의 기본 형태는 다음과 같다.

```
pzmap(S)
```

시스템 S의 극점과 영점을 열벡터 **p**와 **z**로 계산할 때 pzmap 함수의 기본 형태는 다음과 같다. 이 경우 그래프는 나타나지 않는다.

```
[p, z] = pzmap(S)
```

- **p** : 시스템의 극점
- **z** : 시스템의 영점

▪ freqz

시스템 S의 주파수 응답을 그리는 freqz 함수의 기본 형태는 다음과 같다.

```
freqz(S)
```

벡터 **a**와 **b**에 의해 계산된 주파수 응답을 벡터 **h**로 나타낼 때 freqz 함수의 기본 형태는 다음과 같다.

```
h = freqz(a, b)
```

▪ zplane

열벡터 **z**로 지정된 영점과 열벡터 **p**로 지정된 극점을 현재 열려 있는 그림 창에 그리는 zplane 함수의 기본 형태는 다음과 같다. 그래프에서 'o'는 영점, '×'는 극점을 나타낸다.

zplane(z, p)

- **z** : 열벡터로 표현된 영점
- **p** : 열벡터로 표현된 극점

풀이

```
PoleZero_Res.m
num = [1 -2 2 -1];
den = [1 2 1 0]; ❶
[p,z] = pzmap(num,den); ❷
h = freqz(num, den); ❸
figure(1) ❹
zplane(num, den); ❺
grid;
title('\bf{Poles and Zeros}');
figure(2) ❻
freqz(num, den); ❼
title('\bf{Frequency Response}');
```

그림 10-38 시스템의 극점과 영점 그리기 코딩 결과

❶ 전달함수의 분자와 분모를 내림차순으로 지정한다.

❷ pzmap 함수를 이용하여 전달함수의 극점과 영점에 대한 열벡터를 구한다.

❸ freqz 함수를 이용하여 전달함수의 분모와 분자에 의해 계산된 주파수 응답 벡터를 구한다.

❹ 그림 창 2개를 동시에 열기 위해 첫 번째 **figure** 명령어를 사용한다.

❺ zplane 함수를 이용하여 전달함수의 영점과 극점을 그린다.

❻ 그림 창 2개를 동시에 열기 위해 두 번째 **figure** 명령어를 사용한다.

❼ freqz 함수를 이용하여 주파수 응답 벡터를 그래프로 나타낸다.

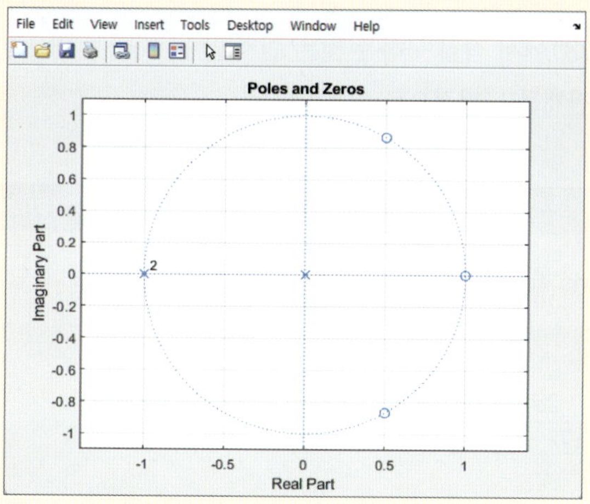

그림 10-39 시스템의 극점과 영점 그리기 실행 결과

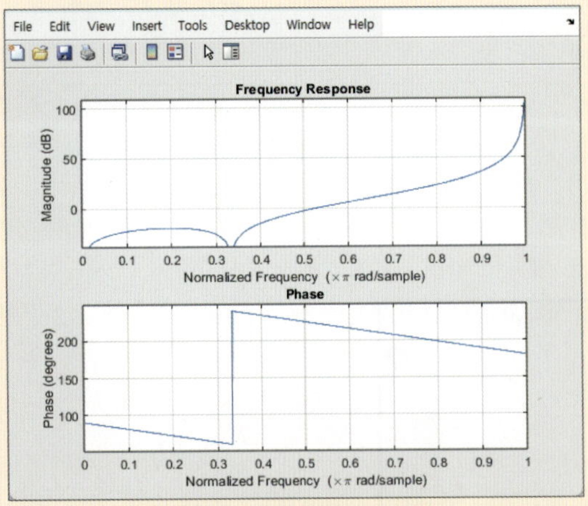

그림 10-40 이산 선형 시불변 시스템의 주파수 응답 그리기 실행 결과

[그림 10-39]에서 분모가 0인 점을 만족하는 극점은 '×', 분자가 0인 점을 만족하는 영점은 'ㅇ'로 표시된다. '×' 위쪽의 2는 (−1, 0)에서 2개의 극점을 갖는다는 의미이다. 3개의 영점은 각각 1, $\frac{1}{2}+\frac{\sqrt{3}}{2}$, $\frac{1}{2}-\frac{\sqrt{3}}{2}$에 위치한다.

역 z 변환

역 z 변환은 $X(z)$에서 $x[n]$을 구하는 방법으로, 다음과 같이 정의된다. 여기서 C는 z 평면에서 반시계 방향의 폐쇄 경로이다.

$$x[n]=\frac{1}{2\pi j}\oint_C x(z)z^{n-1}dz \tag{10.28}$$

그러나 실제로 역 z 변환을 복소 적분식인 식 (10.28)에서 직접 구하는 것은 쉽지 않다. 따라서 역 z 변환에 대한 변환쌍 표와 결합하여 사용하는 부분분수 전개를 보편적으로 이용한다.

예제 10-21 M-File **Inv_Ztran.m**

시간 $0 \le n \le 10$ [sec]에서 dimpulse 함수와 iztrans 함수를 이용하여 전달함수 $H(z)$에 대한 임펄스 응답 $h(n)$의 파형을 각각 그려라.

$$H(z)=\frac{2z^2-z}{3z^2-2z+2}$$

배경지식

■ **dimpulse**

전달함수의 분모와 분자의 차수를 이용하여 임펄스 응답을 직접 찾는 dimpulse 함수의 기본 형태는 다음과 같다.

dimpulse(num, den, N)

- **num** : 입력 전달함수의 분자 계수를 내림차순으로 나열한 벡터
- **den** : 입력 전달함수의 분모 계수를 내림차순으로 나열한 벡터
- **N** : 표시할 점의 수

■ iztrans

z 변환된 수식을 다시 시간 영역으로 역 z 변환하는 iztrans 함수의 기본 형태는 다음과 같다.

iztrans(f)

- **f** : z 변환된 수식

풀이

Inv_Ztran.m

```
syms z
n = 0:10;
num = [2 -1 0];     ❶
den = [3 -2 2];
h_d = dimpulse(num,den,length(n));   ❷
H_z = (2*z^2-z)/(3*z^2-2*z+2);
h_n = iztrans(H_z);   ❸
h_amp = double(subs(h_n));
subplot(211);
stem(n,h_d);   ❹
axis([-0.2 10.2 -0.5 1]);
ylabel('h[n]','rot',360);
title('Impulse Response by \bf{dimpulse}');
grid;
subplot(212);
stem(n,h_amp);   ❺
axis([-0.2 10.2 -0.5 1]);
xlabel('n');
ylabel('h[n]','rot',360);
title('Impulse Response by \bf{iztrans}');
grid;
```

그림 10-41 임펄스 응답 그리기 코딩 결과

❶ 전달함수 $H(z)$의 분모와 분자 차수를 지정한다.

❷ dimpulse 함수를 이용하여 전달함수의 분모와 분자 차수만으로 임펄스 응답을 직접 찾는다.

❸ iztrans 함수를 이용하여 역 z 변환을 계산한다.

❹ stem 명령어를 이용하여 dimpulse 함수로 구한 임펄스 응답 결과를 그림 창 위쪽에 그래프로 나타낸다.

❺ stem 명령어를 이용하여 iztrans 함수로 구한 임펄스 응답 결과를 그림 창 아래쪽에 그래프로 나타낸다.

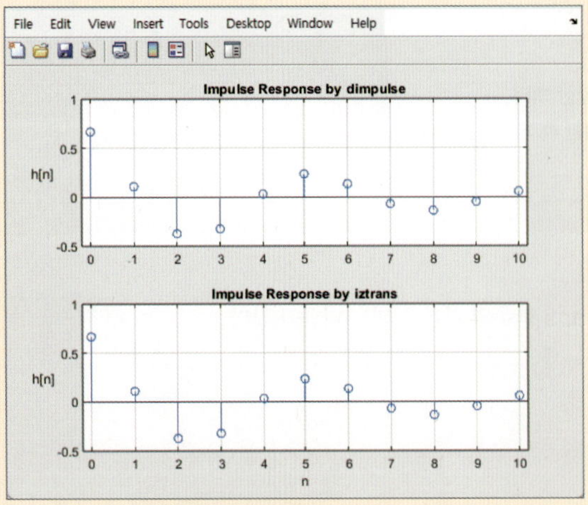

그림 10-42 임펄스 응답 그리기 실행 결과

LESSON 10

디지털 필터

디지털 필터는 이산 신호를 처리할 때 불필요한 성분은 줄이고 필요한 성분은 향상하는 데 사용하는 시스템이다. 특정한 형태의 주파수 응답을 가진 디지털 필터를 이용하면 필요한 성분의 이산 신호만 통과시킬 수 있다. 이러한 필터를 설계할 때는 영점과 극점의 개수 및 위치를 결정하거나 필터 계수의 값을 결정한다. 디지털 필터는 아날로그 필터보다 구성이 복잡해 비용이 높은 것이 단점이지만 아날로그 필터보다 실제로 사용 가능한 설계를 할 수 있다는 장점이 있다. 상쇄 필터와 해닝 창 함수를 사용하여 입력 신호 중의 불필요한 신호를 제거하는 과정을 MATLAB의 그리기 기능으로 이해해보자.

Keyword | FIR 필터 | 상쇄 필터 | filter | 해닝 창 함수 | inline | hann |

FIR 필터

필터(filter)는 입력 신호의 스펙트럼을 주파수 응답으로 변형하여 출력 스펙트럼을 생성하는 시스템이다. 유한 구간 임펄스 응답을 가진 FIR(Finite-duration Impulse Response) 필터는 출력의 회귀가 없어 항상 안정한 필터인 비순환 필터에 대응된다. FIR 필터의 입출력 관계는 다음과 같이 정의한다.

$$y[n] = \sum_{k=0}^{n} h[k]x[n-k] \qquad (10.29)$$

상쇄 필터

상쇄 필터(nulling filter)는 불필요하게 신호를 방해하는 것을 차단하고 정현파 간섭 신호를 제거하는 데 유용하다.

예제 10-22 MLX-File **L_Null_Filt.mlx**

전달함수 $H[z]=1-3\cos(\omega_0)z^{-1}+z^{-2}$이고 입력 신호 $x[n]=\cos(\omega_0 n)$일 때 입력주파수 $\pm\omega_0=\frac{\pi}{4}$에서 $H[z]$의 상쇄 필터 작용으로 출력 신호 $y[n]$에서 신호가 제거되는 파형을 라이브 스크립트 파일을 작성하여 그려라. 이때 입력 신호 샘플 21개는 $0 \le n \le 20$의 범위에 놓여 있다.

배경지식

■ **filter**

filter 함수는 차분방정식(difference equation)에 의해 표현되는 지연선(tapped delay−line) 필터이다. filter 함수는 벡터 **a**와 **b**로 표현되는 필터로, 벡터 **x**의 데이터를 처리하여 여과된 데이터 **y**를 생성한다.

filter 함수의 기본 형태는 다음과 같다.

> **y = filter(b, a, x)**
>
> - **y** : 여과된 데이터
> - **a, b** : 필터를 표현한 벡터
> - **x** : 여과할 필터

풀이

L_Null_Filt.mlx

```
n = 0:20;
omega0 = pi/4;
x_n = cos(omega0*n); ❶
y_n = filter([1 -3*cos(omega0) 1],1,x_n); ❷
stem(n,x_n); ❸
hold on;
stem(n,y_n,'filled','r'); ❹
axis([-0.5 20.5 -1.2 1.2]);
xlabel('n');
ylabel('Amplitude');
title('circle: x[n], filled circle: y[n]');
grid;
```

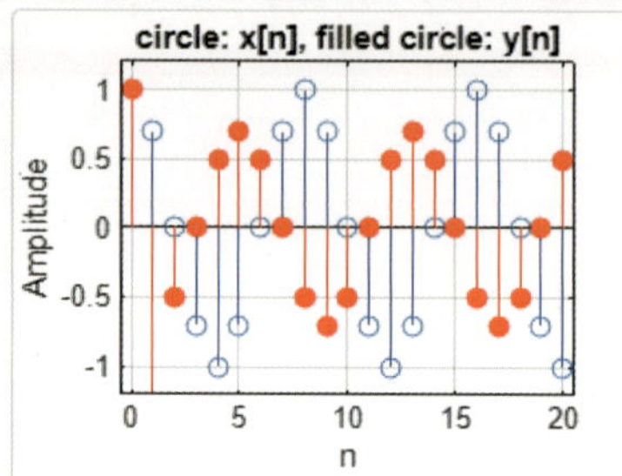

그림 10-43 상쇄 필터의 신호 제거 코딩 및 실행 결과

❶ 입력 신호 $x[n]$을 지정한다.

❷ filter 함수를 이용하여 입력 벡터 신호의 데이터를 여과한 출력 벡터를 생성한다.

❸ stem 명령어를 이용하여 입력 신호 $x[n]$을 줄기 형태로 그린다.

❹ stem 명령어를 이용하여 출력 신호 $y[n]$을 줄기 형태로 그린다.

❺ [LIVE EDITOR] 탭에서 [Run(▶)] 버튼을 클릭하여 실행한다.

입력 샘플이 $n = 0$부터 적용되었으므로 $n = 1$까지 일시적인 작은 신호가 나타나고 이후의 출력은 상쇄 필터의 작용으로 정현파의 주파수 ω_0에 대한 정수배에서 0의 값이 나타난다.

해닝 창 함수

창(window) 함수법은 각주파수 신호에 대해 정확히 일치하는 주파수 응답을 가진 이상적 필터(ideal filter)의 무한 구간 임펄스 응답을 유한 구간 임펄스 응답으로 근사화하고 이를 통해 필터의 계수를 결정하는 방법이다. 그중 해닝(Hanning) 창 함수는 불연속을 없애는 과정에서 코사인 함수를 이용하여 중심 값 부근을 더 강조하면서 부엽(side lobe)의 성능을 개선하는 함수이다.

예제 10-23 M-File Hann_Filt.m

저역 통과(low pass) 필터의 원하는 주파수 응답 $H_d(\omega)$와 원하는 임펄스 응답 $h_d[n]$이 있을 때 해닝 창 함수를 이용하여 필터의 차수 $M = 31$에 대해 구현되는 임펄스 응답과 주파수 응답을 그림으로 나타내라.

$$H_d(\omega) = \begin{cases} 1 & (|\omega| < \pi/4) \\ 0 & (\text{그 외}) \end{cases}$$

$$h_d[n] = \frac{1}{4}\operatorname{sinc}\left(\frac{1}{4}\left(n - \frac{M-1}{2}\right)\right)$$

배경지식

▪ hann

열벡터 형태로 표시되는 양의 정수 점 M개의 대칭 해닝 창 함수를 구하는 hann 함수의 기본 형태는 다음과 같다.

```
hann(M)
```

풀이

```
M = 31;
n = 0:(M-1);
omega = -2*pi:pi/100:2*pi;
c_f = pi/4;
h_d = c_f/pi * sinc(c_f/pi*(n-(M-1)/2));
H_d = 1*(abs(omega) < c_f);
h_n = h_d.* hann(M)';
subplot(211);
stem(n, h_n);
axis([-0.3 31.3 -0.1, 0.3])
xlabel('n');
ylabel('h[n]','rot',360);
title('Hanning Lowpass, M = 31');
subplot(212)
H = freqz(h_n, 1, omega);
plot(omega, 20*log10(abs(H)));
hold on;
plot(omega, 20*log10(max(H_d,eps)), 'r:');
xlabel('\omega');
ylabel('|H(\omega)| (dB)');
title('Magnitude Response');
axis([-2*pi 2*pi -100 5]);
```

그림 10-44 해닝 창 함수 코딩 결과

❶ 주파수 응답의 간격을 지정하고 차단 주파수 변수 c_f 에 $\frac{\pi}{4}$를 지정한다.

❷ 임펄스 응답 함수와 주파수 응답 함수를 지정한다.

❸ 해닝 창 함수를 이용하여 이상적인 임펄스 응답을 구현한다.

❹ stem 명령어를 이용하여 필터의 차수 $M = 31$에 대해 구현되는 임펄스 응답을 그림 창 위쪽에 그래프로 나타낸다.

❺ plot 함수를 이용하여 주파수 응답을 그림 창 아래쪽에 그래프로 나타낸다.

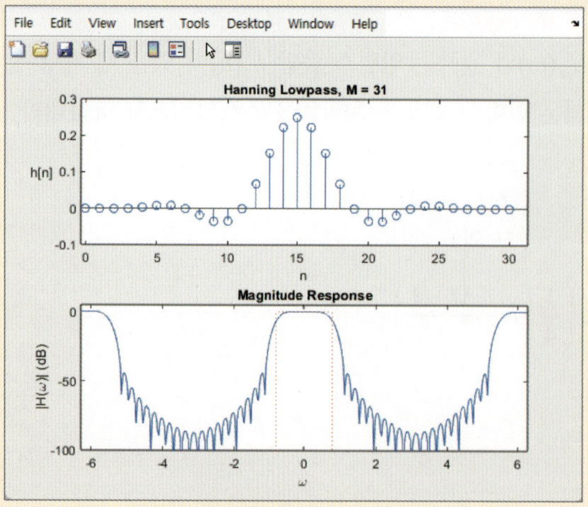

그림 10-45 해닝 창 함수 실행 결과

이를 통해 주파수 응답의 중심값 부근에 신호가 집중되어 성능이 향상되는 것을 확인할 수 있다.

CHAPTER

11

전자기학

CONTENTS

LESSON 01 벡터

LESSON 02 벡터 좌표계

LESSON 03 벡터 적분

LESSON 04 벡터의 발산

LESSON 05 벡터의 회전

LESSON 06 가우스 법칙

LESSON 07 커패시터와 커패시턴스

LESSON 08 인덕터와 인덕턴스

LESSON 09 전위

LESSON 10 경계 조건

LESSON 11 비오-사바르 법칙

LESSON 12 암페어 법칙

LESSON 13 맥스웰 방정식

LESSON 01

벡터

1차원 공간에서 시간, 질량, 거리를 하나의 실수로 나타내는 스칼라(scalar)와 달리 벡터(vector)는 2차원 또는 3차원 공간에서 힘, 속도, 가속도를 크기와 방향을 함께 사용하여 나타낸다. MATLAB 함수를 사용하여 벡터의 기본 연산을 하고 벡터의 내적, 외적, 삼중적을 계산해보자.

Keyword | 단위 벡터 | norm | 벡터 뺄셈 | 벡터 내적 | 벡터 외적 | 벡터 삼중적 | dot | cross | acos |

단위 벡터

3차원 직교 벡터 $\mathbf{A} = A_x\mathbf{a}_x + A_y\mathbf{a}_y + A_z\mathbf{a}_z$에 대한 단위 벡터(unit vector) $\mathbf{a_A}$는 벡터 $\mathbf{A}$와 방향이 같고 크기가 1인 벡터로, 다음과 같이 정의된다.

$$\mathbf{a_A} = \frac{\mathbf{A}}{|\mathbf{A}|} = \frac{\mathbf{A}}{A} \tag{11.1}$$

여기서 $|\mathbf{A}|$ 또는 A는 벡터 $\mathbf{A}$의 크기를 나타내며, 다음과 같이 정의된다.

$$\|\mathbf{A}\| = \sqrt{A_x^2 + A_y^2 + A_z^2} \tag{11.2}$$

예제 11-1

벡터 $\mathbf{A} = \mathbf{a}_x - 2\mathbf{a}_y + 5\mathbf{a}_z$에 대한 단위 벡터 $\mathbf{a_A}$를 구하라.

배경지식

■ **norm**

3차원 벡터의 단위 벡터 계수 A_x, A_y, A_z를 제곱한 값을 더한 후 제곱근을 취한 값을 구하는 함수이다. 벡터 $\mathbf{A}$의 크기를 구하는 norm 함수의 기본 형태는 다음과 같다.

```
norm(A)
```

일반적인 수학 계산에서 norm은 $\|\mathbf{A}\|$로 표시한다.

풀이

```
>> A = [1 -2 5]; ❶
>> Mag_A = norm(A) ❷

Mag_A =

    5.4772

>> a_A = A/Mag_A ❸

a_A =

    0.1826   -0.3651    0.9129
```

그림 11-1 단위 벡터 구하기 실행 결과

❶ 벡터 **A**에 A_x, A_y, A_z의 값을 지정한다.

❷ norm 함수를 이용하여 벡터 **A**의 크기를 구한다.

❸ 단위 벡터에 대한 식 (11.1)을 이용하여 $\mathbf{a}_{\mathbf{A}}$를 구한다.

벡터 뺄셈

벡터 뺄셈은 다음과 같이 벡터 덧셈을 이용하여 정의한다.

$$\mathbf{A}-\mathbf{B}=\mathbf{A}+(-\mathbf{B})$$

여기서 $-\mathbf{B}$는 **B**와 크기가 같고 방향은 반대인 벡터이다.

예제 11-2

벡터 $\mathbf{A}=\mathbf{a}_x+2\mathbf{a}_y+5\mathbf{a}_z$와 $\mathbf{B}=-2\mathbf{a}_x+\mathbf{a}_y+3\mathbf{a}_z$를 사용하여 $|\mathbf{A}-\mathbf{B}|$를 구하라.

풀이

❶ 벡터 뺄셈 $\mathbf{S}=\mathbf{A}-\mathbf{B}$를 구한다.

❷ norm 함수를 이용하여 벡터의 크기 $|\mathbf{S}|$를 구한다.

```
>> A = [1 2 5];
>> B = [-2 1 3];
>> S = A-B ❶

S =

     3     1     2

>> Mag_S = norm(S) ❷

Mag_S =

    3.7417
```

그림 11-2 벡터 크기 구하기 실행 결과

벡터의 내적

벡터 **A**와 **B**의 내적(dot product)은 다음과 같이 정의한다.

$$\mathbf{A} \cdot \mathbf{B} = |\mathbf{A}||\mathbf{B}|\cos\theta_{\mathbf{AB}} \tag{11.3}$$

여기서 $\theta_{\mathbf{AB}}$는 **A**와 **B** 사이의 각 중 180°보다 작은 각이다.

벡터의 외적

벡터 **A**와 **C**의 외적(cross product)은 다음과 같이 정의한다.

$$\mathbf{A} \times \mathbf{C} = \mathbf{a}_n |\mathbf{A}||\mathbf{C}|\sin\theta_{\mathbf{AC}} \tag{11.4}$$

여기서 $\mathbf{a}_n$은 벡터 **A**와 **C**를 동시에 포함하는 면에 수직인 단위 벡터이며, $\theta_{\mathbf{AC}}$는 **A**와 **C** 사이의 각 중 180°보다 작은 각이다.

예제 11-3

벡터 $\mathbf{A} = \mathbf{a}_x + 2\mathbf{a}_y + 5\mathbf{a}_z$, $\mathbf{B} = -2\mathbf{a}_x + \mathbf{a}_y + 3\mathbf{a}_z$, $\mathbf{C} = 5\mathbf{a}_x - 2\mathbf{a}_y$에 대한 벡터의 내적 $\mathbf{A} \cdot \mathbf{B}$와 벡터의 외적 $\mathbf{B} \times \mathbf{C}$를 구하라.

배경지식

■ **dot**

벡터의 내적을 계산하려면 주어진 벡터의 x, y, z 성분에서 빠져 있는 단위 벡터 부분의 계수를 0으로 지정하여 실행하는 벡터가 항상 3개의 원소를 갖도록 한다. 벡터 **A**와 **B**의 벡터의 내적을 계산하는 dot 함수의 기본 형태는 다음과 같다. 벡터의 내적으로 구한 값은 항상 스칼라이다.

```
D = dot(A, B)
```

벡터 **A**와 **B**가 모두 열벡터인 경우 dot(A, B)의 결과는 **A'* B**이다.

■ **cross**

벡터 **A**와 **B**의 외적을 계산하는 cross 함수의 기본 형태는 다음과 같다. 벡터의 외적으로 구한 값은 항상 벡터이다.

```
C = cross(A, B)
```

풀이

```
>> A = [1 2 5];
>> B = [-2 1 3];
>> C = [5 -2 0];
>> DP_AB = dot(A,B)  ❶

DP_AB =

    15

>> CP_BC = cross(B,C)  ❷

CP_BC =

     6    15    -1
```

그림 11-3 벡터의 내적과 외적 구하기 실행 결과

❶ dot 함수를 이용하여 벡터의 내적을 구한다.

❷ cross 함수를 이용하여 벡터의 외적을 구한다.

스칼라 삼중적

벡터 **A**, **B**, **C**의 곱은 스칼라 삼중적(scalar triple product)과 벡터 삼중적(vector triple product)으로 나뉜다. 삼중적한 결과가 스칼라인 경우 스칼라 삼중적, 벡터인 경우 벡터 삼중적이라고 한다. 먼저 벡터 **A**, **B**, **C**에 대한 스칼라 삼중적은 다음과 같이 계산한다.

$$\mathbf{A}\cdot(\mathbf{B}\times\mathbf{C}) = \mathbf{B}\cdot(\mathbf{C}\times\mathbf{A}) = \mathbf{C}\cdot(\mathbf{A}\times\mathbf{B}) \tag{11.5}$$

예제 11-4

벡터 $\mathbf{A} = \mathbf{a}_x + 2\mathbf{a}_y + 5\mathbf{a}_z$, $\mathbf{B} = -2\mathbf{a}_x + \mathbf{a}_y + 3\mathbf{a}_z$, $\mathbf{C} = 5\mathbf{a}_x - 2\mathbf{a}_y$에 대한 스칼라 삼중적을 구하라.

풀이

```
>> A = [1 2 5];
>> B = [-2 1 3];  ❶
>> C = [5 -2 0];
>> STP = dot(A,cross(B,C))  ❷

STP =

    31
```

그림 11-4 스칼라 삼중적 구하기 실행 결과

❶ 벡터 **A**, **B**, **C**를 지정한다.

❷ 괄호로 묶인 부분의 우선순위가 높으므로 cross 함수를 먼저 사용한 후 dot 함수를 이용하여 스칼라 삼중적 $\mathbf{A}\cdot(\mathbf{B}\times\mathbf{C})$를 구한다.

벡터 삼중적

벡터 **A**, **B**, **C**에 대한 벡터 삼중적은 $\mathbf{A} \times (\mathbf{B} \times \mathbf{C})$이며, 다음과 같이 확장하여 나타낼 수 있다.

$$\mathbf{A} \times (\mathbf{B} \times \mathbf{C}) = \mathbf{B}(\mathbf{A} \cdot \mathbf{C}) - \mathbf{C}(\mathbf{A} \cdot \mathbf{B}) \tag{11.6}$$

예제 11-5

벡터 $\mathbf{A} = \mathbf{a}_x + 2\mathbf{a}_y + 5\mathbf{a}_z$, $\mathbf{B} = -2\mathbf{a}_x + \mathbf{a}_y + 3\mathbf{a}_z$, $\mathbf{C} = 5\mathbf{a}_x - 2\mathbf{a}_y$에 대한 벡터 삼중적을 구하라.

풀이

Command Window

```
>> A = [1 2 5];
>> B = [-2 1 3];
>> C = [5 -2 0];
>> VTP = cross(A,cross(B,C))   ①

VTP =

   -77    31     3

>> VTP_dot = B*dot(A,C)-C*dot(A,B)   ②

VTP_dot =

   -77    31     3
```

그림 11-5 벡터 삼중적 구하기 실행 결과

① 괄호를 이용하여 cross 함수를 두 번 연속으로 사용하고 벡터 삼중적 $\mathbf{A} \times (\mathbf{B} \times \mathbf{C})$를 구한다.

② dot 함수만으로 벡터 삼중적을 계산하는 경우 식 (11.6)을 이용하여 계산한다.

벡터 사이의 각

벡터 **A**와 **B** 사이의 각 $\theta_{\mathbf{AB}}$는 180° (π 라디안)보다 작은 값으로, 식 (11.3)을 이용하여 구할 수 있다.

$$\theta_{AB} = \cos^{-1}\left(\frac{\mathbf{A}\cdot\mathbf{B}}{|\mathbf{A}||\mathbf{B}|}\right) \tag{11.7}$$

예제 11-6

벡터 $\mathbf{A} = \mathbf{a}_x - \mathbf{a}_y + 3\mathbf{a}_z$와 $\mathbf{B} = 2\mathbf{a}_x + 3\mathbf{a}_y + \mathbf{a}_z$ 사이의 각을 구하라.

배경지식

■ **acos**

역코사인 값을 구하는 acos 함수의 기본 형태는 다음과 같다. 이때 결과는 라디안 값으로 나타난다.

> **acos(x)**
>
> ■ **x** : 코사인 값

풀이

```
Command Window
>> A = [1 -1 3];                                                     ❶
>> B = [2 3 1];
>> theta_rad = acos(dot(A,B)/(norm(A)*norm(B)))*(180/pi)   ❷

theta_rad =

   73.5395

>> theta_deg = acosd(dot(A,B)/(norm(A)*norm(B)))   ❸

theta_deg =

   73.5395
```

그림 11-6 두 벡터 사이의 각 계산하기 실행 결과

❶ 벡터 **A**, **B**를 지정한다.

❷ 벡터 사이의 각을 구하기 위해 식 (11.7)을 계산한다. 이때 acos 함수를 이용하여 역코사인 값을 구한다. MATLAB에서는 기본적으로 각을 라디안으로 나타내므로 $\frac{180^\circ}{\pi}$를 곱한다.

❸ 도(°) 단위 값으로 역코사인 값을 구하는 경우 acosd 함수를 이용한다. 이 경우 $\frac{180^\circ}{\pi}$를 곱할 필요는 없다.

LESSON 02

벡터 좌표계

직교좌표계는 좌표 (x, y, z)가 서로 직교한 상태로 3차원 공간에 위치를 표현하는 좌표계이다. 직교좌표계 중 원통좌표계는 좌표 (ρ, ϕ, z)로 이루어지며, 구면좌표계는 좌표 (r, θ, ϕ)로 이루어진다. 벡터 좌표계의 상호 변환을 MATLAB의 함수 또는 간단한 스크립트 파일을 이용하여 실행해보자.

Keyword | 벡터 좌표계의 상호 변환 | atan2 |

직교좌표와 원통좌표의 상호 변환

직교좌표 (x, y, z)를 원통좌표 (ρ, ϕ, z)로 변환하려면 다음과 같은 관계를 이용한다.

$$\rho = \sqrt{x^2 + y^2} \tag{11.8a}$$

$$\phi = \tan^{-1}\frac{y}{x} \tag{11.8b}$$

$$z = z \tag{11.8c}$$

반대로 원통좌표 (ρ, ϕ, z)를 직교좌표 (x, y, z)로 변환하려면 다음과 같은 관계를 이용한다.

$$x = \rho\cos\phi \tag{11.9a}$$

$$y = \rho\sin\phi \tag{11.9b}$$

$$z = z \tag{11.9c}$$

TIP MATLAB은 좌표변수의 상호 변환을 위해 cart2pol, cart2sph, pol2car, sph2cart 함수를 제공하는데, 원통좌표의 입력 순서는 일반적으로 사용하는 (ρ, ϕ, z)가 아닌 (ϕ, ρ, z)이다. 또한 구면좌표도 각 θ 대신 $\frac{\pi}{2}-\theta$를 사용하므로 혼란을 일으킬 수 있다. 따라서 혼란을 줄이기 위해 사용자정의함수를 사용할 것을 권한다.

예제 11-7 M-File **Car2cyl.m**

MATLAB을 사용하여 직교좌표의 점 $(1, 2, -3)$에 상응하는 원통좌표의 점 (ρ, ϕ, z)를 구하라.

(a) 명령 창에 직접 변환 과정을 입력하여 좌표를 변환하라.

(b) 변환 과정을 포함하는 사용자정의함수를 작성하여 좌표를 변환하라.

배경지식

■ atan2

역탄젠트 값을 계산하는 atan2 함수의 기본 형태는 다음과 같다. 결과는 $[-\pi, \pi]$ 범위 안의 라디안 값으로 나타난다.

> **P = atan2(Y, X)**
>
> - **P** : 라디안으로 표시된 역탄젠트 값
> - **X**, **Y** : 실수부의 값

풀이

(a)

```
Command Window
>> x = 1;
>> y = 2;
>> z = -3;
>> rho = sqrt(x^2+y^2) ❶

rho =

    2.2361

>> phi = atan2(y,x)*(180/pi) ❷

phi =

   63.4349

>> z = z

z =

    -3
```

그림 11-7 직접 변환을 위해 식을 이용한 직교좌표와 원통좌표의 상호 변환 실행 결과

❶ 식 (11.8a)를 이용하여 ρ를 구한다.

❷ 식 (11.8b)를 이용하여 ϕ를 구한다. 이 과정에서 atan2 함수를 이용하여 각도를 구한다.

(b)

```
Car2cyl.m
function cyl = Car2cyl(Car)
x = Car(1);
y = Car(2);
z = Car(3);
rho = sqrt(x^2+y^2); ❶
phi = atan2(y,x)*(180/pi); ❷
cyl(1) = rho;
cyl(2) = phi;
cyl(3) = z;
end
```

그림 11-8 사용자정의함수를 이용한 직교좌표와 원통좌표의 상호 변환 코딩 결과

❶ 식 (11.8a)를 이용하여 ρ를 구한다.

❷ 식 (11.8b)를 이용하여 ϕ를 구한다. 이 과정에서 atan2 함수를 이용하여 각도를 구한다.

```
>> Car = [1 2 -3];
>> Cyl = Car2cyl(Car)

Cyl =

    2.2361   63.4349   -3.0000
```

그림 11-9 사용자정의함수를 이용한 직교좌표와 원통좌표의 상호 변환 실행 결과

직교좌표와 구면좌표의 상호 변환

직교좌표 (x, y, z)를 구면좌표 (r, θ, ϕ)로 변환하려면 다음과 같은 관계를 이용한다.

$$r = \sqrt{x^2 + y^2 + z^2} \tag{11.10a}$$

$$\theta = \tan^{-1} \frac{\sqrt{x^2 + y^2}}{z} \tag{11.10b}$$

$$\phi = \tan^{-1} \frac{y}{x} \tag{11.10c}$$

반대로 구면좌표 (r, θ, ϕ)를 직교좌표 (x, y, z)로 변환하려면 다음과 같은 관계를 이용한다.

$$x = r \sin\theta \cos\phi \tag{11.11a}$$

$$y = r \sin\theta \sin\phi \tag{11.11b}$$

$$z = r \cos\theta \tag{11.11c}$$

예제 11-8 M-File **Car2sph.m**

MATLAB을 사용하여 직교좌표의 점 (1, 2, −3)에 상응하는 구면좌표를 구하라.

(a) 명령 창에 직접 변환 과정을 입력하여 좌표를 변환하라.

(b) 변환 과정을 포함하는 사용자정의함수를 작성하여 좌표를 변환하라.

풀이

(a)

```
Command Window
>> x = 1;
>> y = 2;
>> z = -3;
>> r = sqrt(x^2+y^2+z^2)   ❶

r =

    3.7417

>> w = sqrt(x^2+y^2);
>> theta = atan2(w,z)*(180/pi)   ❷

theta =

  143.3008

>> phi = atan2(y,x)*(180/pi)   ❸

phi =

   63.4349
```

그림 11-10 직접 변환을 위해 식을 이용한 직교좌표와 구면좌표의 상호 변환 실행 결과

❶ 식 (11.10a)를 이용하여 r을 구한다.

❷ 식 (11.10b)를 이용하여 θ를 구한다. 이 과정에서 atan2 함수를 이용하여 각도를 구한다.

❸ 식 (11.10c)를 이용하여 ϕ를 구한다.

(b)

```
Car2sph.m
function sph = Car2sph(Car)
x = Car(1);
y = Car(2);
z = Car(3);
r = sqrt(x^2+y^2+z^2);   ❶
w = sqrt(x^2+y^2);
theta = atan2(w,z)*(180/pi);   ❷
phi = atan2(y,x)*(180/pi);   ❸
sph(1) = r;
sph(2) = theta;
sph(3) = phi;
end
```

그림 11-11 사용자정의함수를 이용한 직교좌표와 구면좌표의 상호 변환 코딩 결과

❶ 식 (11.10a)를 이용하여 r을 구한다.

❷ 식 (11.10b)를 이용하여 θ를 구한다. 이 과정에서 atan2 함수를 이용하여 각도를 구한다.

❸ 식 (11.10c)를 이용하여 ϕ를 구한다.

```
Command Window
>> Car = [1 2 -3];
>> Sph = Car2sph(Car)

Sph =

    3.7417  143.3008   63.4349
```

그림 11-12 사용자정의함수를 이용한 직교좌표와 구면좌표의 상호 변환 실행 결과

LESSON 03

벡터 적분

선적분은 적분을 따라서 움직이는 큰 폐쇄 경로를 선택하고 이를 매우 작은 부분으로 나누어 각각 적분한 후 각 부분을 더해서 구한다. 곡면 적분은 곡면에 대한 정적분을 계산하는 것으로, 선적분의 이중 적분 해석과 같다. MATLAB의 심벌릭 툴박스를 사용하여 선적분과 곡면 적분을 계산하는 스크립트 파일을 작성해보자.

Keyword | 선적분 | 곡면 적분 |

선적분

선적분(line integral)은 함수의 곡선을 따라 이동하면서 적분하는 방법이다.

다음 식의 적분 구간은 $(x_0, y_0, z_0) \overset{❶}{\rightarrow} (x_1, y_0, z_0) \overset{❷}{\rightarrow} (x_1, y_1, z_0) \overset{❸}{\rightarrow} (x_1, y_1, z_1)$과 같이 분할한다.

$$\mathbf{H} = H_x\mathbf{a}_x + H_y\mathbf{a}_y + H_z\mathbf{a}_z$$

경로 ❶은 x 성분만 x_0에서 x_1으로, 경로 ❷는 y 성분만 y_0에서 y_1으로, 경로 ❸은 z 성분만 z_0에서 z_1으로 이동하면서 각각 적분을 계산한다. 이를 다음과 같이 나타낼 수 있다.

$$I_{enc} = \oint \mathbf{H} \cdot d\mathbf{L} = \int_{x_0}^{x_1} H_x|_{y=y_0, z=z_0} dx + \int_{y_0}^{y_1} H_y|_{x=x_1, z=z_0} dy + \int_{z_0}^{z_1} H_z|_{x=x_1, y=y_1} dz$$

예제 11-9 M-File Line_int.m

다음과 같이 자기장과 직선 분할 경로가 주어져 있다. 심벌릭 툴박스의 폐쇄 선적분을 사용하여 자기장에 대한 폐쇄 전류를 구하라.

$$\mathbf{H} = xyz\mathbf{a}_x + y^2z\mathbf{a}_y + 2xyz^2y\mathbf{a}_z \text{ [A/m]}$$

$$(0, 0, 0) \overset{❶}{\rightarrow} (1, 0, 0) \overset{❷}{\rightarrow} (1, -2, 0) \overset{❸}{\rightarrow} (1, -2, 3)$$

풀이

```
Line_int.m
syms x y z
H = [x*y*z,y^2*z,2*x*y*z^2]; ❶
x_min = 0;
x_max = 1;
y_min = -2;
y_max = 0;
z_min = 0;
z_max = 3;
path1 = subs(H(1),{y,z},{y_max,z_min}); ❷
Ipath1 = int(path1,x,x_min,x_max);
path2 = subs(H(2),{x,z},{x_max,z_min});
Ipath2 = int(path2,y,y_max,y_min);          ❸
path3 = subs(H(3),{x,y},{x_max,y_min});
Ipath3 = int(path3,z,z_min,z_max);
Itotal = Ipath1+Ipath2+Ipath3; ❹
```

그림 11-13 선적분을 이용하여 폐쇄 전류 구하기 코딩 결과

❶ 자기장을 지정한다.

❷ subs 함수를 이용하여 심벌릭 수식 H(1)의 변수 y, z를 y의 최댓값과 z의 최솟값으로 대치한다.

❸ int 함수를 사용하여 적분변수 x를 가진 피적분함수 path1에 대한 적분을 계산한다. 같은 방법으로 피적분함수 path2, path3에 대한 적분을 계산한다.

❹ 분할한 3개의 경로를 더하여 폐쇄 전류를 구한다.

```
Command Window
>> Line_int
>> Itotal

Itotal =

-36
```

그림 11-14 선적분을 이용하여 폐쇄 전류 구하기 실행 결과

곡면 적분

6개의 경계면 $x_0 \le x \le x_1$, $y_0 \le y \le y_1$, $z_0 \le z \le z_1$에 둘러싸인 벡터장 $\mathbf{A} = A_x\mathbf{a}_x + A_y\mathbf{a}_y + A_z\mathbf{a}_z$는 다음과 같이 계산한다. 이 경우 앞면 $x = x_1$에서는 A_x 성분만 표면에 수직을 이룬다.

$$\mathbf{A}\cdot d\mathbf{s}\big|_{front} = A_x\big|_{x=x_1} dydz$$

$$\iint \mathbf{A}\cdot d\mathbf{s}\big|_{front} = \int_{z_0}^{z_1}\int_{y_0}^{y_1} A_x\big|_{x=x_1} dydz$$

뒷면 $x = x_0$에서도 A_x 성분만 표면에 수직을 이룬다.

$$\mathbf{A}\cdot d\mathbf{s}\big|_{back} = A_x\big|_{x=x_0} (-dydz)$$

$$\iint \mathbf{A}\cdot d\mathbf{s}\big|_{back} = \int_{z_0}^{z_1}\int_{y_0}^{y_1} A_x\big|_{x=x_0} (-dydz)$$

오른쪽 면 $y = y_1$에서는 A_y 성분만 표면에 수직을 이룬다.

$$\mathbf{A} \cdot d\mathbf{s}\Big|_{right} = A_y\Big|_{y=y_1} dxdz$$

$$\iint \mathbf{A} \cdot d\mathbf{s}\Big|_{right} = \int_{z_0}^{z_1}\int_{x_0}^{x_1} A_y\Big|_{y=y_1} dxdz$$

왼쪽 면 $y = y_0$에서도 A_y 성분만 표면에 수직을 이룬다.

$$\mathbf{A} \cdot d\mathbf{s}\Big|_{left} = A_y\Big|_{y=y_0} (-dxdz)$$

$$\iint \mathbf{A} \cdot d\mathbf{s}\Big|_{left} = \int_{z_0}^{z_1}\int_{x_0}^{x_1} A_y\Big|_{y=y_0} (-dxdz)$$

윗면 $z = z_1$에서는 A_z 성분만 표면에 수직을 이룬다.

$$\mathbf{A} \cdot d\mathbf{s}\Big|_{top} = A_z\Big|_{z=z_1} dxdy$$

$$\iint \mathbf{A} \cdot d\mathbf{s}\Big|_{top} = \int_{y_0}^{y_1}\int_{x_0}^{x_1} A_z\Big|_{z=z_1} dxdy$$

아랫면 $z = z_0$에서도 A_z 성분만 표면에 수직을 이룬다.

$$\mathbf{A} \cdot d\mathbf{s}\Big|_{bottom} = A_z\Big|_{z=z_0} (-dxdy)$$

$$\iint \mathbf{A} \cdot d\mathbf{s}\Big|_{bottom} = \int_{y_0}^{y_1}\int_{x_0}^{x_1} A_z\Big|_{z=z_0} (-dxdy)$$

이렇게 계산한 각각의 적분값을 모두 더하면 폐쇄 곡면의 적분값이 된다.

예제 11-10 M-File Surf_int.m

$0 \le x \le 1$, $-2 \le y \le 0$, $0 \le z \le 3$의 경계에 다음의 벡터장 $\mathbf{A}$가 있을 때 이 경계의 표면에 대한 폐쇄 $\oiint \mathbf{A} \cdot ds$를 계산하라.

$$\mathbf{A} = xyz\mathbf{a}_x + y^2 z\mathbf{a}_y + 2xyz^2 y\mathbf{a}_z$$

풀이

```
syms x y z
A = [x*y*z,y^2*z,2*x*y*z^2];
x_min = 0;
x_max = 1;
y_min = -2;
y_max = 0;
z_min = 0;
z_max = 3;
ft = subs(A(1),x,x_max);
Ift = int(int(ft,y,y_min,y_max),z,z_min,z_max);
bk = -subs(A(1),x,x_min);
Ibk = int(int(bk,y,y_min,y_max),z,z_min,z_max);
rt = subs(A(2),y,y_max);
Irt = int(int(rt,x,x_min,x_max),z,z_min,z_max);
lt = -subs(A(2),y,y_min);
Ilt = int(int(lt,x,x_min,x_max),z,z_min,z_max);
tp = subs(A(3),z,z_max);
Itp = int(int(tp,x,x_min,x_max),y,y_min,y_max);
bt = -subs(A(3),z,z_min);
Ibt = int(int(bt,x,x_min,x_max),y,y_min,y_max);
Itotal = Ift+Ibk+Irt+Ilt+Itp+Ibt;
```

그림 11-15 폐쇄 곡면 적분 구하기 코딩 결과

❶ subs 함수를 이용하여 심벌릭 수식 A(1)의 변수 x를 x의 최댓값으로 대치한다.

❷ int 함수를 이용하여 적분변수 y를 가진 피적분함수 ft에 대한 적분을 계산하고 다시 적분변수 z에 대한 적분을 계산한다. 동일한 방법으로 나머지 피적분함수와 적분변수에 대한 적분을 계산한다.

❸ 폐쇄 곡면의 적분값을 구하기 위해 앞면, 뒷면, 오른쪽 면, 왼쪽 면, 윗면, 아랫면을 적분한 값을 모두 더한다.

```
>> Surf_int
>> Itotal

Itotal =

-45
```

그림 11-16 폐쇄 곡면 적분 구하기 실행 결과

LESSON 04

벡터의 발산

벡터에서 발산은 벡터장이 한 점에서 장이 퍼져 나오는지 또는 모여서 없어지는지를 측정한다. MATLAB의 명령 창을 이용하여 직교좌표, 원통좌표, 구면좌표에 대한 벡터의 발산을 구하는 과정을 살펴보자.

Keyword | 벡터의 발산 |

직교좌표에서 벡터의 발산

직교좌표에서 벡터의 발산(divergence)을 구하는 식은 다음과 같다.

$$\operatorname{div}\mathbf{D} = \frac{\partial D_x}{\partial x} + \frac{\partial D_y}{\partial y} + \frac{\partial D_z}{\partial z} \qquad (11.12)$$

벡터 미분 연산자 델(del)을 사용하여 구하는 식은 다음과 같다.

$$\nabla \cdot \mathbf{D} = \frac{\partial D_x}{\partial x} + \frac{\partial D_y}{\partial y} + \frac{\partial D_z}{\partial z} \qquad (11.13)$$

예제 11-11

직교좌표의 점 (1, −3, 2)에 있는 벡터 **D**의 발산을 나타내고 그 값을 구하라.

$$\mathbf{D} = 5(x+1)y(z+2)\mathbf{a}_x + 5xy^2z\mathbf{a}_y + x^2(y+1)^2\mathbf{a}_z$$

풀이

Command Window

```
>> syms x y z
>> D = [5*(x+1)*y*(z+2),5*x*y^2*z,x^2*(y+1)^2]; ❶
>> divD = diff(D(1),x)+diff(D(2),y)+diff(D(3),z) ❷

divD =

5*y*(z + 2) + 10*x*y*z

>> subs(divD,{x,y,z},{1,-3,2}) ❸

ans =

-120
```

그림 11-17 직교좌표에서 벡터의 발산 구하기 입력 실행 결과

❶ 벡터 **D**를 지정한다.

❷ diff 함수를 이용하여 **D**의 x, y, z 성분에 대한 미분을 계산한다.

❸ subs 함수를 이용하여 수식 div**D**의 변수 x, y, z를 상숫값 1, −3, 2로 대치하여 발산을 구한다.

원통좌표에서 벡터의 발산

원통좌표에서 벡터의 발산을 구하는 식은 다음과 같다.

$$\nabla \cdot \mathbf{D} = \frac{1}{\rho}\frac{\partial(\rho D_\rho)}{\partial\rho} + \frac{1}{\rho}\frac{\partial D_\phi}{\partial\phi} + \frac{\partial D_z}{\partial z} \qquad (11.14)$$

예제 11-12

원통좌표의 점 (2, 60°, −1)에 있는 벡터 **D**의 발산을 나타내고 그 값을 구하라.

$$\mathbf{D} = \rho\sin\phi\,\mathbf{a}_\rho + \rho^2 z\mathbf{a}_\phi + z\cos\phi\,\mathbf{a}_z$$

풀이

```
Command Window
>> syms rho phi z
>> D = [rho*sin(phi),rho^2*z,z*cos(phi)]; ❶
>> divD = (1/rho)*diff(rho*D(1),rho)+(1/rho)*diff(D(2),phi)+diff(D(3),z);
>> divD = simplify(divD) ❷

divD =

cos(phi) + 2*sin(phi)

>> subs(divD,{rho,phi,z},{2,60*(pi/180),-1}) ❸

ans =

3^(1/2) + 1/2
```

그림 11-18 원통좌표에서 벡터의 발산 구하기 입력 실행 결과

❶ 벡터 **D**를 지정한다.

❷ simplify 함수를 이용하여 수식 div**D**를 간단한 형태로 나타낸다.

❸ subs 함수를 이용하여 수식 div**D**의 변수 ρ, ϕ, z를 상숫값 2, 60°, −1로 대치하여 발산을 구한다.

구면좌표에서 벡터의 발산

구면좌표에서 벡터의 발산을 구하는 식은 다음과 같다.

$$\nabla \cdot \mathbf{D} = \frac{1}{r^2}\frac{\partial (r^2 D_r)}{\partial r} + \frac{1}{r\sin\theta}\frac{\partial(\sin\theta D_\theta)}{\partial\theta} + \frac{1}{r\sin\theta}\frac{\partial D_\phi}{\partial\phi} \tag{11.15}$$

예제 11-13

구면좌표의 점 (1, −30°, 60°)에 있는 벡터 **D**의 발산을 나타내고 그 값을 구하라.

$$\mathbf{D} = r^2 \sin\theta\cos\phi\,\mathbf{a}_r + \cos\theta\cos\phi\,\mathbf{a}_\theta - \sin\theta\,\mathbf{a}_\phi$$

풀이

```
Command Window
>> syms r theta phi
>> D = [r^2*sin(theta)*cos(phi),cos(theta)*cos(phi),-sin(theta)]; ❶
>> divD = (1/(r^2))*diff(r^2*D(1),r)+(1/(r*sin(theta)))...
   *diff(sin(theta)*D(2),theta)+(1/(r*sin(theta)))*diff(D(3),phi); ❷
>> divD = simplify(divD) ❸

divD =

(cos(phi)*(4*r^2*sin(theta)^2 - 2*sin(theta)^2 + 1))/(r*sin(theta))

>> subs(divD,{r,theta,phi},{2,-30*(pi/180),60*(pi/180)}) ❹

ans =

-9/4
```

그림 11-19 구면좌표에서 벡터의 발산 구하기 입력 실행 결과

❶ 벡터 **D**를 지정한다.

❷ 식 (11.15)를 이용하여 벡터의 발산을 구한다. 줄임표(…)는 현재 명령줄에 이어 다음 줄을 연결하여 하나의 명령줄이 되도록 한다.

❸ simplify 함수를 이용하여 수식 div**D**를 간단한 형태로 표시한다.

❹ subs 함수를 이용하여 수식 div**D**의 변수 r, θ, ϕ를 상숫값 1, −30°, 60°로 대치하여 발산을 구한다.

LESSON 05

벡터의 회전

회전은 3차원 벡터장에서 매우 작은 회전 벡터로 정의되며, 단위면적당 최대 순환의 크기와 이 면적의 수직 방향을 갖는다. MATLAB의 명령 창을 이용하여 직교좌표, 원통좌표, 구면좌표에 대한 벡터의 회전을 구하는 과정을 살펴보자.

Keyword | 벡터의 회전 |

직교좌표에서 벡터의 회전

직교좌표에서 벡터의 회전(curl)을 구하는 식은 다음과 같다.

$$\nabla \times \mathbf{H} = \begin{vmatrix} \mathbf{a}_x & \mathbf{a}_y & \mathbf{a}_z \\ \dfrac{\partial}{\partial x} & \dfrac{\partial}{\partial y} & \dfrac{\partial}{\partial z} \\ H_x & H_y & H_z \end{vmatrix} = \left[\frac{\partial H_z}{\partial y} - \frac{\partial H_y}{\partial z}\right]\mathbf{a}_x + \left[\frac{\partial H_x}{\partial z} - \frac{\partial H_z}{\partial x}\right]\mathbf{a}_y + \left[\frac{\partial H_y}{\partial x} - \frac{\partial H_x}{\partial y}\right]\mathbf{a}_z \quad (11.16)$$

예제 11-14

벡터 $\mathbf{H}$에 대한 회전을 구하고 점 (−1, 3, 2)를 이용하여 회전의 결과를 나타내라.

$$\mathbf{H} = xyz\mathbf{a}_x + y^2 z\mathbf{a}_y + 2xz\mathbf{a}_z$$

풀이

Command Window

```
>> syms x y z
>> H = [x*y*z, y^2*z,2*x*z];
>> curlH = [diff(H(3),y)-diff(H(2),z) diff(H(1),z)-diff(H(3),x)...
   diff(H(2),x)-diff(H(1),y)]; ❶
>> subs(curlH,{x,y,z},{-1,3,2}) ❷

ans =

[-9, -7, 2]
```

그림 11-20 직교좌표에서 벡터의 회전 구하기 코딩 결과

❶ diff 함수를 이용하여 벡터 $\mathbf{H}$의 x, y, z 성분에 대한 미분을 계산한다.

❷ subs 함수를 이용하여 수식 curlH의 변수 x, y, z를 상숫값 −1, 3, 2로 대치하여 회전을 구한다.

원통좌표에서 벡터의 회전

원통좌표에서 벡터의 회전을 구하는 식은 다음과 같다.

$$\nabla \times \mathbf{H} = \frac{1}{\rho}\begin{vmatrix} \mathbf{a}_\rho & \mathbf{a}_\phi & \mathbf{a}_z \\ \frac{\partial}{\partial \rho} & \frac{\partial}{\partial \phi} & \frac{\partial}{\partial z} \\ H_\rho & \rho H_\phi & H_z \end{vmatrix} = \left[\frac{1}{\rho}\frac{\partial H_z}{\partial \phi} - \frac{\partial H_\phi}{\partial z}\right]\mathbf{a}_\rho + \left[\frac{\partial H_\rho}{\partial z} - \frac{\partial H_z}{\partial \rho}\right]\mathbf{a}_\phi + \left[\frac{1}{\rho}\frac{\partial(\rho H_\phi)}{\partial \rho} - \frac{1}{\rho}\frac{\partial H_\rho}{\partial \phi}\right]\mathbf{a}_z \tag{11.17}$$

예제 11-15

벡터 **H**에 대한 회전을 구하고 점 $\left(2, \frac{\pi}{6}, 1\right)$을 이용하여 회전의 결과를 나타내라.

$$\mathbf{H} = \rho\cos\phi\mathbf{a}_\rho - \sin\phi\mathbf{a}_\phi + 2\rho\sin\phi z\mathbf{a}_z$$

풀이

```
Command Window
>> syms rho phi z
>> H = [rho*cos(phi),-sin(phi),2*rho*sin(phi)*z];
>> curlH = [diff(H(3),phi)/rho-diff(H(2),z) diff(H(1),z)-diff(H(3),rho)...
     diff(rho*H(2),rho)/rho-diff(H(1),phi)/rho]; ①
>> subs(curlH,{rho,phi,z},{2,pi/6,1}) ②

ans =

[3^(1/2), -1, 1/4]
```

그림 11-21 원통좌표에서 벡터의 회전 구하기 입력 실행 결과

① diff 함수를 이용하여 벡터 **H**의 ρ, ϕ, z 성분에 대한 미분을 계산한다.

② subs 함수를 이용하여 수식 curlH의 변수 ρ, ϕ, z를 상숫값 $2, \frac{\pi}{6}, 1$로 대치하여 회전을 구한다.

구면좌표에서 벡터의 회전

구면좌표에서 벡터의 회전을 구하는 식은 다음과 같다.

$$\nabla \times \mathbf{H} = \frac{1}{r^2\sin\theta}\begin{vmatrix} \mathbf{a}_r & r\mathbf{a}_\theta & r\sin\theta\mathbf{a}_\phi \\ \frac{\partial}{\partial r} & \frac{\partial}{\partial \theta} & \frac{\partial}{\partial \phi} \\ H_r & rH_\theta & r\sin\theta H_\phi \end{vmatrix}$$

$$= \frac{1}{r\sin\theta}\left[\frac{\partial(\sin\theta H_\phi)}{\partial\theta} - \frac{\partial H_\theta}{\partial\phi}\right]\mathbf{a}_r + \frac{1}{r}\left[\frac{1}{\sin\theta}\frac{\partial H_r}{\partial\phi} - \frac{\partial(rH_\phi)}{\partial r}\right]\mathbf{a}_\theta + \frac{1}{r}\left[\frac{\partial(rH_\theta)}{\partial r} - \frac{\partial H_r}{\partial\theta}\right]\mathbf{a}_\phi \tag{11.18}$$

예제 11-16

벡터 **H**에 대한 회전을 구하고 점 $\left(2, -\frac{\pi}{3}, -\frac{\pi}{6}\right)$를 이용하여 회전의 결과를 나타내라.

$$\mathbf{D} = r^2 \cos\theta \cos\phi \mathbf{a}_r + \sin\phi \mathbf{a}_\theta - r \sin\theta \mathbf{a}_\phi$$

풀이

```
Command Window
>> syms r theta phi
>> H = [r^2*cos(theta)*cos(phi), sin(phi),-r*sin(theta)];
>> curlH = [(diff(sin(theta)*H(3),theta)-diff(H(2),phi))/(r*sin(theta))...
    (diff(H(1),phi)/(sin(theta))-diff(r*H(3),r))/r...
    (diff(r*H(2),r)-diff(H(1),theta))/r]; ❶
>> double(subs(curlH,{r,theta,phi},{2,-pi/3,-pi/6})) ❷

ans =

   -0.5000   -2.3094   -1.7500
```

그림 11-22 구면좌표에서 벡터의 회전 구하기 입력 실행 결과

❶ diff 함수를 이용하여 함수 **H**의 r, θ, ϕ 성분에 대한 미분을 계산한다.

❷ subs 함수를 이용하여 수식 curlH의 변수 r, θ, ϕ를 상숫값 2, $-\frac{\pi}{3}$, $-\frac{\pi}{6}$로 대치하여 회전을 구한 후 double 함수를 이용하여 소수점을 포함한 수치 형태로 변환한다.

LESSON 06

가우스 법칙

가우스 법칙은 닫힌 표면에서 표면을 통과하여 밖으로 향하는 전체 전기선속이 이러한 표면에 의해 둘러싸인 전체 전하량과 같다는 법칙이다. 이를 적용하여 점전하에 대한 전기선속을 계산할 수 있다. 가우스 법칙의 기초 개념을 사용하여 점전하에 대한 전기선속을 계산하는 MATLAB 스크립트 파일을 작성해보자.

Keyword | 점전하에 대한 전기선속 |

점전하에 대한 전기선속

전하 Q는 물질이 갖고 있는 전기의 양으로, 단위는 쿨롱(coulomb)이다. 전자가 갖는 전하는 $-e$로, 그 양은 양성자의 양인 $e = 1.602 \times 10^{-19}$ [C]과 같다. 따라서 1.602×10^{-19}개의 전하가 모여 1[C]이 된다. 전하는 점전하, 선전하, 표면전하로 구분할 수 있다.

이러한 점전하에 대한 전기선속(electric flux)을 계산할 수 있는 가우스 법칙(Gauss's law)은 다음과 같다.

$$\Psi_{tot} = \oint_S \mathbf{D}_S \cdot d\mathbf{s} = Q_{enc} \tag{11.19}$$

여기서 Ψ_{tot}는 닫힌 표면 S에 대한 전체 전기선속을, Q_{enc}는 닫힌 표면 S에 둘러싸인 전체 전하를 나타낸다.

구면좌표에서 점전하 Q가 원점에 놓여 있을 때 관측점 P에서 전기선속 밀도 $\mathbf{D}_S$는 모든 가우스 평면 R의 수직 방향에 분포하므로 $\mathbf{D}_S = D_R \mathbf{a}_R$로 나타낼 수 있다. 이를 식 (11.19)를 이용하여 다시 쓰면 다음과 같다.

$$Q_{enc} = \oint \mathbf{D}_S \cdot d\mathbf{s} = D_R \oint d\mathbf{s}_R = D_R \int_{\phi=0}^{2\pi} \int_{\theta=0}^{\pi} R^2 \sin\theta d\theta d\phi = D_R 4\pi R^2 \tag{11.20}$$

따라서 전기선속 밀도 $\mathbf{D}_S = \dfrac{Q_{enc}}{4\pi R^2}\mathbf{a}_R$이다. 이를 정리하면 $d\mathbf{s} = ds(+\mathbf{a}_x) = dxdy\mathbf{a}_x$가 되며, 이때의 전기선속은 다음과 같다.

$$\Psi_{tot} = \oint_S \mathbf{D}_S \cdot d\mathbf{s} = \iint_{y,z} \left(\frac{Q_{enc}}{4\pi R^2} \mathbf{a}_R \right) \cdot (dydz\mathbf{a}_x) \tag{11.21}$$

TIP 가우스 법칙의 기본 개념을 이용하면 전체 전기선속은 앞쪽과 뒤쪽 평면을 통과하는 전기선속만 고려한 $\Psi_{tot} = 2\Psi_{front} + \Psi_{back} = Q$가 된다. 앞쪽과 뒤쪽 표면의 면적은 주어진 점전하 Q에 대해 대칭성이 있으므로 $\Psi_{front} = \Psi_{back}$이다. 그러므로 전체 전기선속은 $\Psi_{tot} = 2\Psi_{front} = Q$가 되고 $\Psi_{front} = \dfrac{Q}{2} = 1.0$[C]이다.

예제 11-17

M-File **Elec_flux.m**

점전하 40[μC]이 좌표 (0, −4, 0)에 놓여 있을 때 무한한 zx 평면을 통과하는 전체 전기선속을 구하라. 이때 직교좌표에서 앞쪽은 x의 양의 방향, 오른쪽은 y의 양의 방향, 위쪽은 z의 양의 방향으로 지정한다.

풀이

Elec_flux.m

```
Q = 40*10^-6;
P = [0 -4 0];
a_y = [0 1 0];
z_low = -10;
z_up = 10;   ①
x_low = -10;
x_up = 10;
dz = (z_up-z_low)/100;  ┐
dx = (x_up-x_low)/100;  ┘②
Psi = 0;   ③
for j = 1:100
    for i = 1:100
ds = dz*dx;   ④
z = z_low+0.5*dz+(i-1)*dz;
x = x_low+0.5*dx+(j-1)*dx;
C=[x 0 z];
R = C-P;
mag_R = norm(R);
a_R = R/mag_R;
a_surf = a_y;
Psi = Psi+Q*ds*dot(a_surf,a_R)/(4*pi*mag_R^2);   ⑤
    end
end
Flux = Psi;   ⑥
```

그림 11-23 전기선속 구하기 코딩 결과

① y 방향에 대한 단위 벡터 **a_y**와 무한한 zx 평면에서 x의 낮은 경곗값과 높은 경곗값을 지정하고 z의 낮은 경곗값과 높은 경곗값을 지정한다.

② 평면을 나눌 매우 작은 크기 dz, dx를 지정한다.

③ 점전하에 의한 전기선속을 구하기 위해 초기 상태 Psi = 0을 지정한다.

④ 각 표면 면적의 요소 $ds = dz \times dx$와 각 표면 면적의 z 성분, x 성분을 지정한다.

⑤ 전기선속을 구하는 식 (11.21)을 입력한다.

⑥ 점전하 40[μC]이 좌표 (0, −4, 0)에 놓여 있을 때 무한한 zx 평면을 통과하는 전체 전기선속을 구한다.

Command Window

```
>> Elec_flux
>> Flux

Flux =

   1.3233e-05
```

그림 11-24 전기선속 구하기 실행 결과

TIP 무한한 평면을 실제로 MATLAB 코딩에 적용하기는 쉽지 않으므로 무한한 평면 대신 표면 S를 유한 평면으로 설정해 사용한다. 이로 인해 MATLAB을 사용해 얻은 결과와 이론적 계산으로 얻은 결과 간에 차이가 발생할 수 있다.

LESSON 07

커패시터와 커패시턴스

커패시터는 동일한 2개 이상의 도체가 서로 반대인 극성 전하를 갖는 형태로 구성된다. 한쪽 도체에서 흐르는 전기선속은 반드시 다른 쪽 도체 표면에 도달하는데, 이 때문에 도체를 커패시터의 판이라고 부르기도 한다. 이러한 2개의 판은 유전율 ε으로 분리되어 있다. 커패시턴스 C는 두 도체 시스템 중 한 전하의 크기에 대한 두 도체 사이의 전위차(potential difference) 비율로 정의한다. 커패시터와 커패시턴스의 상호 관계를 계산하기 위한 간단한 MATLAB 스크립트 파일 작성법을 알아보자.

Keyword | 커패시턴스 | input | disp | 커패시터에 저장된 에너지 |

커패시턴스

커패시턴스(capacitance)는 커패시터(capacitor)의 성질을 나타내는 것으로, 도체판 사이의 거리가 d, 표면적이 S인 2개의 평행 도체판으로 구성된 평행판 커패시터의 커패시턴스는 다음과 같다.

$$C = \frac{Q}{V_{12}} = \varepsilon \frac{S}{d} \tag{11.22}$$

내부 도체의 반지름 a와 외부 도체의 반지름 b로 이루어진 원통 커패시터의 커패시턴스는 다음과 같다. 여기서 L은 커패시터의 길이를 나타낸다.

$$C = \frac{Q}{V_{ab}} = \frac{2\pi\varepsilon L}{\ln\left(\frac{b}{a}\right)} \tag{11.23}$$

내부 도체 구의 반지름 a와 외부 도체 구의 반지름 b로 이루어진 구면 커패시터의 커패시턴스는 다음과 같다.

$$C = \frac{Q}{V_{ab}} = \frac{4\pi\varepsilon}{\frac{1}{a} - \frac{1}{b}} = \frac{4\pi\varepsilon ab}{b-a} \tag{11.24}$$

예제 11-18 M-File Capa_C.m

자유 공간에서 거리는 d, 길이는 L, 반지름은 r인 평행한 두 도체의 커패시턴스를 구하는 식은 다음과 같다. 자유 공간의 유전율은 $\varepsilon_0 = 8.854 \times 10^{-12}$ [F/m]이다.

$$C = \frac{\pi\varepsilon_0 L}{\ln\left(\frac{d-r}{r}\right)}$$

input 명령어를 이용하여 임의의 d, L, r 값을 명령 창에 직접 입력하여 커패시턴스 C를 출력하는 스크립트 파일을 작성하라. 또한 $d = 1\,[\mathrm{mm}]$, $r = 0.2\,[\mathrm{mm}]$, $L = 0.5\,[\mathrm{m}]$를 입력하여 코딩한 스크립트 파일을 검사하라.

배경지식

■ input

input 명령어를 이용하면 문자열 또는 문장 s를 출력한 후 키보드로 내용을 입력할 수 있도록 프롬프트가 명령 창에 나타나고, 입력받은 내용은 R에 지정한다. input 명령어의 기본 형태는 다음과 같다.

> **R = input('s')**
>
> - **R** : 입력받은 내용을 저장할 변수
> - **'s'** : 출력할 문자열 또는 문장

■ disp

배열 또는 문자열의 내용을 명령 창에 보여주는 disp 명령어의 기본 형태는 다음과 같다.

> **disp('s')**
>
> - **'s'** : 출력할 배열 또는 문자열

이때 변수명이 지정되어도 변수명은 출력되지 않는다.

풀이

```
Capa_C.m
epsilon0 = 8.854e-12;                  ❶
d = input('Enter d[m]:');  ┐
r = input('Enter r[m]:');  ├ ❷
L = input('Enter L[m]:');  ┘
C = pi*epsilon0*L./log((d-r)./r);      ❸
disp('Capacitance [F]: ')              ❹
disp(C);
```

그림 11-25 커패시턴스 구하기 코딩 결과

❶ 유전율 ε_0 값을 지정한다.

❷ input 명령어를 이용하여 임의의 세 값을 명령 창에 직접 입력한다.

❸ 문제에서 주어진 식을 이용하여 커패시턴스 값을 계산한다.

❹ disp 명령어를 이용하여 직접 입력한 세 값으로 계산된 커패시턴스의 결과를 명령 창에 출력한다.

```
Command Window
>> Capa_C
Enter d[m]:10^-3
Enter r[m]:0.2*10^-3
Enter L[m]:0.5
Capacitance [F]:
   1.0032e-11
```

그림 11-26 커패시턴스 구하기 실행 결과

커패시터에 저장된 에너지

전기장 벡터 **E**와 전기선속 밀도 벡터 **D**를 이용하여 구한 에너지 밀도는 다음과 같다.

$$W_e = \frac{1}{2}\int_{V'} \mathbf{D}\cdot\mathbf{E}dv \text{ [J]} \tag{11.25}$$

식 (11.25)에 $\mathbf{D} = \varepsilon\mathbf{E}$의 선형 관계를 적용하면 에너지 밀도에 대해 다음과 같은 두 식을 얻을 수 있다.

$$W_e = \frac{1}{2}\int_{V'} \varepsilon E^2 dv \text{ [J]} \tag{11.26}$$

$$W_e = \frac{1}{2}\int_{V'} \frac{D^2}{\varepsilon} dv \text{ [J]} \tag{11.27}$$

식 (11.26)에 $E = \dfrac{V}{d}$를 대입하고 커패시턴스에 대한 식 (11.22)를 이용하면 다음과 같다.

$$W_e = \frac{1}{2}\left(\varepsilon\frac{S}{d}\right)V^2 = \frac{1}{2}CV^2 \text{ [J]} \tag{11.28}$$

식 (11.28)에 $V = \dfrac{Q}{C}$를 대입하면 커패시터에 저장된 에너지를 다음과 같이 구할 수 있다.

$$W_e = \frac{Q^2}{2C} \text{ [J]} \tag{11.29}$$

예제 11-19 M-File **Capa_E.m**

$x_1 = 0$과 $x_2 = d$에 평행 도체가 놓여 있고 두 도체 사이의 유전율은 $\varepsilon_0(3 + 10^6x^2)$이다. 이때 도체의 표면적 $S = 0.04\,[\mathrm{m}^2]$이고 도체 사이의 거리 $d = 1.0$ [mm]이다. 양극판(positive plate)이 전하 $Q = 1$ [nC]의 값을 가질 때 커패시터에 저장된 에너지 식을 이용하여 커패시턴스를 구하라.

풀이

```
epsilon0 = 8.854e-12;
Q = 1e-9;
S = 0.04;
d = 1e-3;
Ds = Q/S;
dx = d/100; ❶
W_e = 0; ❷
for i = 1:100
    x = 0.5*dx+(i-1)*dx;
    epsilon = epsilon0*(3+x^2*10^6);
    dv = S*dx;
    dW_e = (Ds^2*dv)/(2*epsilon); ❸
    W_e = W_e+dW_e;
end
C = Q^2/(2*W_e); ❹
```

그림 11-27 커패시터에 저장된 에너지 식을 이용한 커패시턴스 구하기 코딩 결과

❶ x 방향의 간격을 지정한다.

❷ 저장된 에너지에 의한 커패시턴스를 구하기 위해 초기 상태 $W_e = 0$을 지정한다.

❸ 식 (11.27)에서 적분식이 없는 상태로 만든 수식을 입력한다.

❹ 커패시터에 저장된 에너지 식을 이용하여 커패시턴스를 구한다.

```
Command Window
>> Capa_E
>> C

C =

   1.1715e-09
```

그림 11-28 커패시터에 저장된 에너지 식을 이용한 커패시턴스 구하기 실행 결과

LESSON 08

인덕터와 인덕턴스

도선의 코일로 구성된 인덕터는 자기장의 에너지를 저장할 수 있는 소자이며, 이러한 인덕터가 가지고 있는 성질을 인덕턴스라고 한다. 인덕턴스는 L로 나타내고 단위로 헨리(H)를 사용한다. 인덕터 전류는 인덕터에 흐르는 전압을 적분하여 얻을 수 있다. 인덕터와 인덕턴스의 상호 관계를 계산하기 위한 간단한 MATLAB 스크립트 파일 작성법을 알아보자.

Keyword | 인덕턴스 |

인덕턴스

인덕터(inductor)의 성질을 나타내는 인덕턴스(inductance)는 다음과 같은 식으로 정의한다.

$$L = \frac{\Phi}{I} \tag{11.30}$$

도선을 N번 감은 코일의 자기선속 Φ는 다음과 같다.

$$\Phi = N\Phi_S \tag{11.31}$$

여기서 Φ_S는 한 번 감긴 도선에 의해 둘러싸인 표면을 통과하는 선속이다.

예제 11-20 M-File **Ind_L.m**

도선에 코일을 N번 감은 환상체(toroidal frame)가 자유 공간에 놓여 있을 때 자체 인덕턴스 L은 다음과 같다. a와 b는 각각 환상체 안쪽과 바깥쪽 반지름이고 h는 높이이며, 자유 공간의 투자율 $\mu_0 = 4\pi \times 10^{-7}$ [H/m]이다.

$$L = \frac{\mu_0 N^2 h}{2\pi} \ln \frac{b}{a}$$

임의의 a, b, h, N 값을 입력하여 인덕턴스 L을 출력하는 스크립트 파일을 작성하고 $a = 5$ [mm], $b = 10$ [mm], $h = 20$ [mm], $N = 200$ [회]를 입력하여 코딩한 스크립트 파일을 검사하라.

풀이

```
mu0 = 4*pi*1e-7;
a = input('Enter an inner radius [m]: ');
b = input('Enter an outer radius [m]: ');
h = input('Enter a height of toroidal [m]: ');
N = input('Enter a number of turns: ');
L = (mu0*N^2*h)/(2*pi)*log(b/a);
disp('Inductance [H]: ')
disp(L)
```

그림 11-29 인덕턴스 구하기 코딩 결과

❶ input 명령어를 이용하여 임의의 a, b, h, N 값을 명령 창에 직접 입력한다.

❷ 문제에서 주어진 식을 이용하여 인덕턴스를 구한다.

❸ disp 명령어를 이용하여 입력한 값으로 계산된 결과를 명령 창에 출력한다.

```
>> Ind_L
Enter an inner radius [m]: 5e-3
Enter an outer radius [m]: 10e-3
Enter a height of toroidal [m]: 20e-3
Enter a number of turns: 200
Inductance [H]:
   1.1090e-04
```

그림 11-30 인덕턴스 구하기 실행 결과

LESSON 09

전위

전위는 시간에 따라 변하지 않는 전기장에서 단위 전하의 전기적 위치에너지이다. 3차원 그래프를 사용하여 전하 분포에 의해 생성된 전위를 구하는 방법을 살펴보자.

Keyword | 전위 | 전위차 |

전위와 전위차

점전하 q가 놓여 있는 점으로부터 거리 R만큼 떨어진 위치에서의 전위(electric potential)는 다음과 같다.

$$V = \frac{q}{4\pi\varepsilon_0 R}[\mathrm{V}] \tag{11.32}$$

점전하 q가 놓여 있는 점으로부터 거리 R_1, R_2만큼 떨어진 임의의 점 P_1과 P_2의 전위차는 다음과 같다.

$$V_{21} = V_{P_2} - V_{P_1} = \frac{q}{4\pi\varepsilon_0}\left(\frac{1}{R_2} - \frac{1}{R_1}\right)[\mathrm{V}] \tag{11.33}$$

예제 11-21 M-File **Poten_G.m**

임의의 점에서 2개의 점전하 q_1과 q_2에 의해 생성되는 전위는 다음과 같다.

$$V = \frac{1}{4\pi\varepsilon_0}\left(\frac{q_1}{r_1} + \frac{q_2}{r_2}\right)$$

xy 평면상에서 점전하 $q_1 = 0.1\times10^{-9}$ [nC]은 좌표 (0, 0.4)에 놓여 있고 $q_2 = 0.3\times10^{-9}$ [nC]은 (0, −0.4)에 놓여 있다. $-0.5 \le x \le 0.5$와 $-0.5 \le y \le 0.5$에 놓여 있는 전위를 격자 표면과 등고선으로 동시에 나타내는 3차원 그래프를 생성하라. 여기서 r_1과 r_2는 각각 임의의 점에서 점전하 q_1, q_2까지의 거리이다.

풀이

```
epsilon0 = 8.854e-12;
q1 = 0.1e-9;
q2 = 0.3e-9;
x = -0.5:0.05:0.5;
y = -0.5:0.05:0.5;
[X,Y] = meshgrid(x,y);                          ❶
r1 = sqrt(X.^2 + (Y-0.4).^2);  ┐
r2 = sqrt(X.^2 + (Y+0.4).^2);  ┘─❷
V = (1/(4*pi*epsilon0))*(q1./r1 + q2./r2);      ❸
meshc(X,Y,V);                                   ❹
xlabel('x-axis');
ylabel('y-axis');
zlabel('z-axis');
```

그림 11-31 전위 그래프 그리기 코딩 결과

❶ meshgrid 명령어를 이용하여 x와 y의 간격을 각각 0.05로 지정한다.

❷ 거리 $r_1 = \sqrt{X^2 + (Y-0.4)^2}$, $r_2 = \sqrt{X^2 + (Y+0.4)^2}$을 각각 지정한다.

❸ 전위 V를 계산한다.

❹ 3차원 그래프를 그리는 meshc 명령어를 이용하여 전위 V를 그래프로 나타낸다.

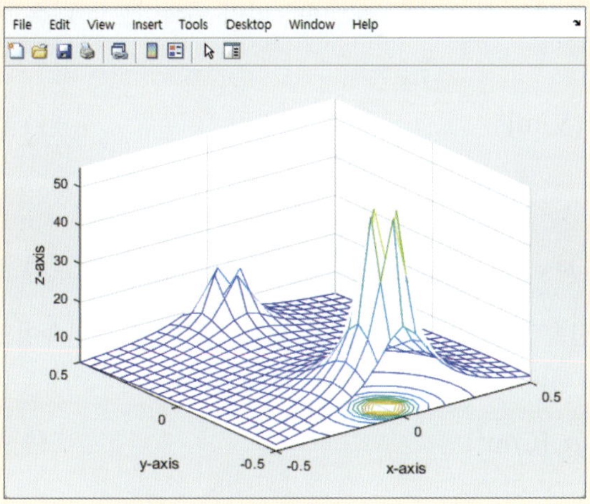

그림 11-32 전위 그래프 그리기 실행 결과

LESSON 10

경계 조건

서로 다른 2개의 매질이 경계면 사이에 존재할 때 정전기 공간에서 각 영역에 대한 전기장과 전기선속 밀도의 관계를 구하고 정자기 공간에서 각 영역에 대한 자기장과 자기선속 밀도의 관계를 구한다. MATLAB에서 스크립트 파일을 작성하여 정전기장과 정자기장에 대한 경계 조건을 분석하는 방법도 알아보자.

Keyword | 정전기장의 경계 조건 | 정자기장의 경계 조건 |

정전기장의 경계 조건

전기장 $\mathbf{E}_1$은 다음과 같이 2개의 직교 성분으로 나뉜다.

$$\mathbf{E}_1 = \mathbf{E}_{1t} + \mathbf{E}_{1n} \text{ [V/m]} \tag{11.34}$$

경계면 사이에 위치한 2개의 완전 유전체에서 전기장의 접선 성분은 경계면을 따라 연속이므로 다음과 같이 나타낼 수 있다.

$$\mathbf{E}_{1t} = \mathbf{E}_{2t} \text{ [V/m]} \tag{11.35}$$

이때 전기장 $\mathbf{E}_1$의 수직 성분은 다음과 같다.

$$\mathbf{E}_{1n} = (\mathbf{E}_1 \cdot \mathbf{a}_N)\mathbf{a}_N \text{ [V/m]} \tag{11.36}$$

만약 경계면에 표면전하 밀도가 존재한다면 전기선속 밀도의 수직 성분은 경계면을 따라 불연속이므로 다음과 같다.

$$\mathbf{D}_{1n} - \mathbf{D}_{2n} = \rho_s \text{ [C/m}^2\text{]} \tag{11.37}$$

그러나 완전 유전체 사이의 경계면에는 표면전하 밀도가 존재하지 않으므로($\rho_S = 0$) 식 (11.35)는 다음과 같이 나타낼 수 있다.

$$\mathbf{D}_{1n} = \mathbf{D}_{2n} \tag{11.38}$$

예제 11-22 M-File **Bound_E.m**

$z < 0$인 영역 1에 상대 유전율 $\varepsilon_{r1} = 5.0$인 완전 유전체가 있고 $z > 0$인 영역 2에 상대 유전율 $\varepsilon_{r2} = 2.5$인 완전 유전체가 있다. input 명령어를 이용하여 영역 1에 전기장 $\mathbf{E}_1 = -40\mathbf{a}_x + 80\mathbf{a}_y + 60\mathbf{a}_z$ [V/m]이 있을 때 영역 2의 전기장 $\mathbf{E}_2$와 전기선속 밀도 $\mathbf{D}_2$를 구하라.

풀이

```
Bound_E.m
epsilon0 = 8.854e-12;
a_N = [0 0 1]; ❶
disp('Enter E1,epsilon_r1,epsilon_r2');
E1 = input('E1 [V/m]: '); ❷
epsilon_r1 = input('Relative permittivity 1: ');
epsilon_r2 = input('Relative permittivity 2: ');
E1n = (dot(E1,a_N))*a_N; ❸
E1t = E1-E1n; ❹
E2t = E1t; ❺
E2n = E1n*epsilon_r1/epsilon_r2; ❻
E2 = E2t+E2n;
disp('E2 [V/m]'); ❼
E2
disp('D2 [C/m^2]');
D2 = epsilon0*epsilon_r2*E2
```

그림 11-33 정전기장에서의 전기선속 밀도 구하기 코딩 결과

❶ 경계면 $z = 0$의 수직 방향이 단위 벡터 방향이 되도록 지정한다.

❷ input 명령어를 이용하여 벡터 $\mathbf{E}_1$과 상대 유전율 ε_{r1}, ε_{r2}를 명령 창에 직접 입력한다.

❸ 식 (11.36)을 이용하여 $\mathbf{E}_{1n}$을 지정한다.

❹ 식 (11.34)를 이용하여 $\mathbf{E}_{1t}$를 지정한다.

❺ 식 (11.35)를 이용하여 $\mathbf{E}_{2t}$를 지정한다.

❻ 식 (11.38)에 따라 $\varepsilon_1\mathbf{E}_{1n} = \varepsilon_2\mathbf{E}_{2n}$이므로 $\mathbf{E}_{2n}$을 지정한다.

❼ disp 명령어를 이용하여 계산된 벡터 $\mathbf{E}_2$와 $\mathbf{D}_2$의 결과를 명령 창에 출력한다.

TIP 경고 또는 향상을 알려주는 메시지 표시기 ⚠는 파일 실행에는 어떤 영향도 미치지 않으므로 무시해도 된다. 오류도 발생하지 않는다.

```
Command Window
>> Bound_E
Enter E1,epsilon_r1,epsilon_r2
E1 [V/m]: [-40 80 60]
Relative permittivity 1: 5.0
Relative permittivity 2: 2.5
E2 [V/m]

E2 =

   -40    80   120

D2 [C/m^2]

D2 =

   1.0e-08 *

   -0.0885    0.1771    0.2656
```

그림 11-34 정전기장에서의 전기선속 밀도 구하기 실행 결과

정자기장의 경계 조건

자기선속 밀도 **B**의 수직 성분은 경계면을 따라 연속이므로 다음과 같은 조건을 만족한다.

$$\mathbf{B}_{1n} = \mathbf{B}_{2n}\,[\mathrm{T}] \tag{11.39}$$

만약 경계면에 자유 표면 전류가 존재하면 자기장의 접선 성분은 경계면을 따라 불연속이므로 다음과 같은 조건을 만족한다.

$$\mathbf{a}_{n2} \times (\mathbf{H}_1 - \mathbf{H}_2) = \mathbf{J}_S\,[\mathrm{A/m}] \tag{11.40}$$

여기서 $\mathbf{a}_{n2}$는 경계면에서 영역 2의 수직 방향으로 향하는 단위 벡터이다. 만약 자기장 경계면에 자유 표면 전류 $\mathbf{J}_S$가 없으면 식 (11.40)은 다음과 같이 쓸 수 있다.

$$\mathbf{H}_{1t} = \mathbf{H}_{2t} \tag{11.41}$$

자기장 $\mathbf{H}_1$의 수직 성분은 다음과 같다.

$$\mathbf{H}_{1n} = (\mathbf{H}_1 \cdot \mathbf{a}_N)\,\mathbf{a}_N\,[\mathrm{A/m}] \tag{11.42}$$

자기장 $\mathbf{H}_1$은 다음과 같이 2개의 직교 성분으로 나눌 수 있다.

$$\mathbf{H}_1 = \mathbf{H}_{1t} + \mathbf{H}_{1n} \tag{11.43}$$

예제 11-23 M-File **Bound_M.m**

반무한(semi-infinite) 공간상의 경계면이 $3y - 2z > 0$인 영역 1에서 상대 투자율(relative permeability) $\mu_{r1} = 2$인 매질과 $3y - 2z < 0$인 영역 2에서 상대 투자율 $\mu_{r2} = 3$인 매질이 있다(경계면에는 표면 전류가 존재하지 않는다).

두 영역 중 한 곳의 자기장($\mathbf{H}_1$ 또는 $\mathbf{H}_2$)만 알고 있을 때 나머지 영역의 자기장을 계산하는 스크립트 파일을 작성하라. 또한 자기장 $\mathbf{H}_1 = 5\mathbf{a}_y - 10\mathbf{a}_z$ [A/m]에 대해 자기장 $\mathbf{H}_2$와 자기선속 밀도 $\mathbf{B}_2$의 결과를 확인하라.

풀이

```
Bound_M.m
mu0 = 4*pi*1e-7;
a_N = [0 3 -2]/sqrt(3^2+(-2)^2);
mu_r1 = 2;
mu_r2 = 3;
a_12 = a_N;
Region = input('Region where field is known: ');
H_k = [0 5 -10];
if Region == 1          ❶
    mu_rk = mu_r1;
    mu_ru = mu_r2;
    k=a_12;
else
    mu_rk = mu_r2;
    mu_ru = mu_r1;
    k = -a_12;
end
Hk_n = dot(H_k,k)*k;    ❷
Hk_t = H_k-Hk_n;        ┐
Hu_t = Hk_t;            ┘❸
Bk_n = mu0*mu_rk*Hk_n;  ┐
Bu_n = Bk_n;            ┘❹
Hu_n = Bu_n/(mu0*mu_ru);
H_u = Hu_t+Hu_n;        ❺
B_u = mu0*mu_ru*H_u;    ❻
H2 = H_u
B2 = B_u
```

그림 11-35 자기장과 자기선속 밀도 구하기 코딩 결과

❶ 입력받은 영역에 따른 변수를 지정한다.

❷ 식 (11.42)를 이용하여 $\mathbf{H}_{1n}$을 지정한다.

❸ 식 (11.41)과 식 (11.43)을 이용하여 $\mathbf{H}_{1t}$와 $\mathbf{H}_{2t}$를 지정한다.

❹ $\mathbf{B}_{1n} = \mu_0 \mu_{n1} \mathbf{H}_{1n}$과 식 (11.39)를 이용하여 $\mathbf{B}_{1n}$과 $\mathbf{B}_{2n}$을 지정한다.

❺ 2개의 직교 성분을 더하여 자기장을 구한다.

❻ 구한 자기장 $\mathbf{H}_2$를 이용하여 자기선속 밀도 $\mathbf{B}_2$를 구한다.

```
Command Window
>> Bound_M
Region where field is known: 1

H2 =

        0    2.3077   -8.2051


B2 =

   1.0e-04 *

        0    0.0870   -0.3093
```

그림 11-36 자기장과 자기선속 밀도 구하기 실행 결과

이렇게 구한 값에 μ_{r1}과 μ_{r2}를 차례대로 입력한 후 영역 1에서 영역 2로의 단위 벡터를 입력한다. 자기장 값을 알고 있는 영역과 그 영역의 자기장 값을 입력하면 나머지 영역의 자기장 값과 자기선속 밀도가 명령 창에 나타난다.

LESSON 11

비오-사바르 법칙

비오-사바르 법칙은 닫힌 경로상에 흐르는 전류에 의해 생성되는 자기선속 밀도를 결정하는 식으로, 벡터 자기 전위에 회전을 적용하여 얻는다. 비오-사바르 법칙을 통해 작성한 MATLAB 스크립트 파일을 사용하여 무한 선전류와 유한 선전류에서 자기선속 밀도를 구하는 방법을 알아보자.

Keyword | 비오-사바르 법칙 | 무한 거리에 존재하는 선전류 | int | 유한 선전류에서의 자기선속 밀도 |

무한 거리에 존재하는 선전류

선전류가 I일 때 자기선속 밀도를 결정하는 비오-사바르 법칙(Biot-Savart's law)은 다음과 같다.

$$\mathbf{B} = \frac{\mu_0 I}{4\pi} \oint_{C'} \frac{d\ell' \times \mathbf{a}_R}{R^2} \, [\mathrm{T}] \tag{11.44}$$

여기서 $\mathbf{a}_R$는 원천점(source point)에서 자기장의 영향을 관찰하는 관찰점(field point) 방향인 단위 벡터이다. 식 (11.44)는 다음과 같이 두 가지 형태로 자기선속 밀도를 나타낼 수 있다.

$$\mathbf{B} = \oint_{C'} d\mathbf{B} \, [\mathrm{T}] \tag{11.45}$$

$$d\mathbf{B} = \frac{\mu_0 I}{4\pi} \left(\frac{d\ell' \times \hat{\mathbf{a}}_R}{R^2} \right) [\mathrm{T}] \tag{11.46}$$

유한 선전류에서의 자기선속 밀도

원천 성분 dz'에서 장점 P까지의 거리 벡터는 다음과 같다.

$$\mathbf{R} = \mathbf{a}_\rho \rho - \mathbf{a}_z z'$$

$$d\ell' \times \mathbf{R} = \mathbf{a}_z z' \times (\mathbf{a}_\rho \rho - \mathbf{a}_z z') = \mathbf{a}_\phi \rho dz'$$

식 (11.45)와 식 (11.46)을 이용하여 구한 유한 선전류에서의 자기선속 밀도는 다음과 같다.

$$\mathbf{B} = \mathbf{a}_\phi \frac{\mu_0 I}{4\pi} \int_{-L}^{L} \frac{\rho dz'}{(z'^2 + \rho^2)^{3/2}} = \mathbf{a}_\phi \frac{\mu_0 IL}{2\pi\rho\sqrt{L^2 + \rho^2}} \tag{11.47}$$

예제 11-24 M-File I_Bio_Sav.m

비오-사바르 법칙을 이용하여 무한 z축상에 놓여 있는 선전류 I로부터 자기선속 밀도 **B**를 구하고 그 결과를 pretty 명령어를 사용하여 나타내라.

배경지식

■ int

주어진 수식을 적분하는 int 함수의 기본 형태는 다음과 같다.

> **int(f, var, a, b)**
>
> - **f** : 피적분함수
> - **var** : 적분변수
> - **a, b** : 적분의 하한값과 상한값

풀이

I_Bio_Sav.m

```
a_z = [0 0 1];
r = [x y 0];
r_prime = [0 0 z_prime];
R = r-r_prime;
norm_R = sqrt(R(1)^2+R(2)^2+R(3)^2);
a_R = R/norm_R;
dB = (mu0*I)/(4*pi)*cross(a_z,a_R)/norm_R^2; ①
disp('Magnetic Flux Density [T]')
B = int(dB,z_prime,-inf,inf); ②
pretty(B) ③
```

그림 11-37 비오-사바르 법칙을 이용한 자기선속 밀도 구하기 코딩 결과

① 식 (11.47)을 이용하여 $d\mathbf{B}$를 지정한다.

② 식 (11.46)과 int 함수를 이용하여 자기선속 밀도 **B**를 구한다. 이때 $d\mathbf{B}$는 피적분함수, z_prime은 적분변수, −inf와 inf는 무한한 z축에 놓여 있는 전류에 대한 적분의 하한값과 상한값을 나타낸다.

③ pretty 명령어를 이용하여 자기선속 밀도 **B**를 조판 형태로 나타낸다.

Command Window

```
>> I_Bio_Sav
Magnetic Flux Density [T]
/        I mu0 y           I mu0 x        \
| - ---------------, ---------------, 0 |
|          2    2           2    2        |
\   2 pi (x  + y )   2 pi (x  + y )      /
```

그림 11-38 비오-사바르 법칙을 이용한 자기선속 밀도 구하기 실행 결과

LESSON 12

암페어 법칙

암페어 법칙은 가우스 법칙과 비슷하게 전류 분포가 대칭일 때 자기장 **H**를 결정하는 데 쉽게 적용할 수 있으며, 비오-사바르 법칙으로부터 유도할 수 있다. 암페어 법칙의 기초 개념을 사용하여 동축 전송선을 해석해보자.

Keyword | 암페어 법칙 | 암페리안 경로 |

암페어 법칙

닫힌 경로 주위에 놓여 있는 자기장 **H**의 접선 성분에 대한 선적분은 이 경로에 둘러싸인 전체 전류 I와 같고 식으로 나타내면 다음과 같다.

$$\oint \mathbf{H} \cdot d\ell = I_{enc} \tag{11.48}$$

가우시안 표면(Gaussian surface)과 유사한 개념으로 암페어 법칙(Ampere's law)을 적용하는 경로를 암페리안 경로(Amperian path)라고 한다. 식 (11.48)에서 암페리안 경로로 동심원을 선택하면 다음과 같이 자기장을 정의할 수 있다.

$$\mathbf{H} = \frac{I}{2\pi\rho}\mathbf{a}_\phi \tag{11.49}$$

이 경로는 전체 전류 I를 둘러싸고 있으므로 암페어 법칙을 적용하여 구한 전류는 다음과 같다.

$$I_{enc} = \int H_\phi \mathbf{a}_\phi \cdot \rho d\phi \mathbf{a}_\phi = H_\phi \int \rho d\phi = H_\phi \cdot 2\pi\rho \tag{11.50}$$

식 (11.48)과 식 (11.50)을 이용하면 전류 분포가 대칭일 때의 자기장을 다음과 같이 정의할 수 있다.

$$\oint \mathbf{H} \cdot d\ell = 2\pi\rho H_\phi \tag{11.51}$$

예제 11-25 M-File Amp_M.m

반지름이 각각 a, b, $c\,(a<b<c)$이고 축이 같은 3개의 원통이 z축을 따라 놓인 동축 전송선이 있다. $\rho<a$, $a<\rho<b$, $b<\rho<c$, $\rho>c$의 각 영역에 대한 자기장을 구하고 그 결과를 pretty 명령어를 이용하여 나타내라.

풀이

```
syms rho phi I H a b c
J_a = I/(pi*a^2); ❶
J_bc = -I/(pi*(c^2-b^2)); ❷
disp('Magnetic Field Intensity in Regions')
Length_loop = 2*pi*rho; ❸
disp('(1) rho < a')
I_enc_a = J_a*(pi*rho^2);
H_a = I_enc_a/Length_loop; ❹
pretty(H_a) ❺
disp('(2) a < rho < b')
H_ab = I/Length_loop; ❻
pretty(H_ab)
disp('(3) b < rho < c')
I_enc_bc = I - J_bc*(pi*rho^2-pi*b^2);
H_bc = I_enc_bc/Length_loop; ❼
pretty(H_bc)
disp('(4) rho > c')
H_c = 0 ❽
```

그림 11-39 암페어 법칙을 이용하여 자기장 구하기 코딩 결과

❶ $\rho < a$ 영역에서 도체 내부에 둘러싸인 전체 전류는 $+I$이므로 전류 밀도 $J_a = \frac{I}{S_a} = \frac{I}{\pi a^2}$를 지정한다.

❷ $b < \rho < c$ 영역에서의 전류 밀도 $J_{bc} = -\frac{I}{S_{bc}} = -\frac{I}{\pi(c^2 - b^2)}$를 지정한다.

❸ 동심원의 둘레 길이 $2\pi\rho$를 입력한다.

❹ $\rho < a$ 영역에서의 자기장 값을 지정한다.

❺ pretty 명령어를 이용하여 자기장을 조판 형태로 나타낸다(다른 자기장 값도 동일한 방법으로 진행한다).

❻ $a < \rho < b$ 영역에서의 자기장 값을 지정한다.

❼ $b < \rho < c$ 영역에서의 자기장 값을 지정한다.

❽ $\rho > c$ 영역에서의 자기장 값을 지정한다.

```
Command Window
>> Amp_M
Magnetic Field Intensity in Regions
(1) rho < a
 I rho
-------
    2
2 a  pi

(2) a < rho < b
   I
--------
2 rho pi

(3) b < rho < c
           2          2
   I (pi b  - pi rho )
I + -------------------
             2    2
        pi (b  - c )
-----------------------
        rho pi 2

(4) rho > c

H_c =

     0
```

그림 11-40 암페어 법칙을 이용하여 자기장 구하기 실행 결과

TIP LESSON 10에서 살펴봤던 것처럼 경고 또는 향상을 알려주는 메시지 표시기 ⚠는 파일 실행에 어떤 영향도 미치지 않으므로 무시해도 된다.

LESSON 13

맥스웰 방정식

맥스웰 방정식은 전자기장에 대한 전하의 작용(전하가 전자기장을 발생시키는 방법)을 나타낸다. 전자기학의 기반이 되는 맥스웰 방정식은 모든 거시적 상황에 적용되며, 시간에 따라 변화하는 경우에도 적용할 수 있다. 심벌릭 툴박스를 사용하여 맥스웰 방정식을 이용한 전기장과 자기장의 변환 과정을 살펴보자.

Keyword | 맥스웰 방정식 |

맥스웰 방정식

맥스웰 방정식(Maxwell's equations)은 시간에 따라 변화하는 장에서 성립하는 패러데이 법칙과 암페어 법칙, 전기장과 자기장에 대한 가우스 법칙의 4개 식으로 구성되며, 각각 다음과 같이 정의한다.

$$\oint_C \mathbf{E}\cdot d\ell = -\int_S \frac{\partial \mathbf{B}}{\partial t}\cdot d\mathbf{s} \qquad \text{(패러데이 법칙)} \tag{11.52a}$$

$$\oint_C \mathbf{H}\cdot d\ell = \int_S \left(\mathbf{J} + \frac{\partial \mathbf{D}}{\partial t}\right)\cdot d\mathbf{s} \qquad \text{(암페어 법칙)} \tag{11.52b}$$

$$\oint_S \mathbf{D}\cdot d\mathbf{s} = \int_V \rho_v dv \qquad \text{(전기장에 대한 가우스 법칙)} \tag{11.52c}$$

$$\oint_S \mathbf{B}\cdot d\mathbf{s} = 0 \qquad \text{(자기장에 대한 가우스 법칙)} \tag{11.52d}$$

여기서 ρ_v는 자유 전하의 체적 밀도, $\mathbf{J}$는 자유 전류의 밀도를 나타낸다.

맥스웰 방정식은 적분형으로도 표현할 수 있다. 2개의 회전 방정식인 식 (11.53a)와 식 (11.52b)를 표면 S에 대해 적분하고 스토크스 정리(Stokes' theorem)를 적용하면 식 (11.53a)와 식 (11.53b)를 유도할 수 있다. 또한 2개의 발산 방정식인 식 (11.52c)와 식 (11.52d)를 공간 V에 대해 적분하고 발산 정리(divergence theorem)를 적용하면 식 (11.53c)와 식 (11.53d)를 유도할 수 있다.

$$\oint_C \mathbf{E}\cdot d\ell = -\int_S \frac{\partial \mathbf{B}}{\partial t}\cdot d\mathbf{s} \tag{11.53a}$$

$$\oint_C \mathbf{H}\cdot d\ell = \int_S \left(\mathbf{J} + \frac{\partial \mathbf{D}}{\partial t}\right)\cdot d\mathbf{s} \tag{11.53b}$$

$$\oint_S \mathbf{D}\cdot d\mathbf{s} = \int_V \rho_v dv \tag{11.53c}$$

$$\oint_S \mathbf{B}\cdot d\mathbf{s} = 0 \tag{11.53d}$$

식 (11.52)의 모든 스칼라장과 벡터장을 복소 위상(complex phasor)으로 다시 나타낸 시간 조화 전자기장에 대한 맥스웰 방정식은 다음과 같다.

$$\nabla \times \mathbf{E} = -j\omega\mu\mathbf{H} \tag{11.54a}$$

$$\nabla \times \mathbf{H} = \mathbf{J} + j\omega\varepsilon\mathbf{E} \tag{11.54b}$$

$$\nabla \cdot \mathbf{E} = \rho_v / \varepsilon \tag{11.54c}$$

$$\nabla \cdot \mathbf{H} = 0 \tag{11.54d}$$

식 (11.54)는 $\rho_v = \mathbf{J} = 0$인 원천이 없는 단순 매질 속에서 다음과 같은 맥스웰 방정식을 만족한다.

$$\nabla \times \mathbf{E} = -j\omega\mu\mathbf{H} \tag{11.55a}$$

$$\nabla \times \mathbf{H} = \mathbf{J} + j\omega\varepsilon\mathbf{E} \tag{11.55b}$$

$$\nabla \cdot \mathbf{E} = 0 \tag{11.55c}$$

$$\nabla \cdot \mathbf{H} = 0 \tag{11.55d}$$

예제 11-26 M-File Max_M.m

위상형(phasor form)으로 주어진 전기장 $\mathbf{E}(z)$에 대한 위상형의 자기장과 시간형의 자기장을 구하라.

$$\mathbf{E}(z) = \mathbf{a}_x E_0 e^{-jkz}$$

풀이

```
Max_M.m
syms z k t omega eta E0 real
disp('Electric Field Intensity in Phasor')
E_phas = E0*exp(-1j*k*z)*[1 0 0]; ❶
pretty(E_phas)
a_z = [0 0 1];
disp('Magnetic Field Intensity in Phasor')
H_phas = (1/eta)*cross(a_z,E_phas); ❷
pretty(H_phas)
disp('Magnetic Field Intensity in Time')
H_time = real(H_phas*exp(1j*omega*t)); ❸
H_time = simplify(H_time);
pretty(H_time) ❹
```

그림 11-41 맥스웰 방정식을 이용하여 자기장 구하기 코딩 결과

❶ 일반변수로 사용하는 j와 혼동되지 않도록 복소수의 허수 단위를 1j로 작성하고 전기장 $\mathbf{E}(z)$를 지정한다.

❷ 전기장과 자기장의 쌍대 원리 $\mathbf{H}(z) = \frac{1}{\eta}\mathbf{a}_z \times [\mathbf{a}_x E_0 e^{-jkz}]$를 이용하여 주어진 위상형의 전기장에서 위상형의 자기장을 구한다.

❸ 위상형의 자기장에 $e^{j\omega t}$를 곱한 후 실수 부분만 선택하여 시간형의 자기장을 구한다.

❹ pretty 명령어를 이용하여 시간형에 대한 자기장 결과를 조판 형태로 나타낸다.

```
>> Max_M
Electric Field Intensity in Phasor
(E0 exp(-k z 1i), 0, 0)

Magnetic Field Intensity in Phasor
/     E0 exp(-k z 1i)     \
| 0, ---------------, 0 |
\          eta           /

Magnetic Field Intensity in Time
/     E0 cos(omega t - k z)     \
| 0, ---------------------, 0 |
\             eta              /
```

그림 11-42 맥스웰 방정식을 이용하여 자기장 구하기 실행 결과

CHAPTER

12

통계 및 통신

CONTENTS

LESSON 01 확률
LESSON 02 확률변수와 확률함수
LESSON 03 아날로그 변조와 복조
LESSON 04 신호 잡음
LESSON 05 디지털 변조
LESSON 06 아날로그–디지털 변환

LESSON 01

확률

확률은 실험에 의해 여러 가지 결과가 나올 수 있는 표본 공간에서 어떤 사건이 일어날 가능성을 수치화하는 방법이다. 확률은 인공지능 및 통신의 기초 수학 분야로 자주 활용되는데, MATLAB을 사용하여 파일을 작성하고 그래프를 통해 그 결과를 확인해보자.

Keyword | 확률 | 표본 공간 | ceil | histogram | rand | randn | max | mean | min | round | std |

확률의 기초

확률(probability)은 어떤 사건(event)이 발생할 가능성을 비율로 나타낸다. 100% 확실히, 즉 반드시 발생하는 일에 대한 확률은 1이 되고 100% 확실하지 않은, 즉 반드시 발생하지 않는 일에 대한 확률은 0이 된다. 그러므로 모든 확률을 나타내는 값은 0과 1 사이의 소수 또는 분수로 표시한다.

확률은 관심을 갖고 있는 확실한 사건에 의해서 발생하는 결과를 얻고자 하며, 다양한 실험을 통해서 그 결과의 가능한 수를 단순히 세는 것을 나타낸다.

표본 공간과 사건

특정 상황에서 어떤 사건이 발생할 가능성을 비율로 나타내는 확률을 계산하기 위해서는 실험에 의해서 산출되는 모든 사건의 경우를 포함하여 나타내는 표본 공간(sample space)의 개념에 대한 이해가 필요하다. 여기서 각각 표본 공간, 사건, 확률을 나타내는 기호로 S, E, P를 사용하며, 세 기호를 모두 포함하고 있는 확률 공간은 (S, E, P)로 나타낸다. 결과의 집합을 나타내는 표본 공간의 각 항목들은 상호 배타적이어야 하지만 함께 모였을 때는 완전히 전체를 이루어야 한다. 사건은 표본 공간의 부분집합을 의미하므로 이 사건들의 비율에 의해서 지정되는 값이 확률이 된다.

어떤 사건 E가 발생할 확률은 0과 1 사이의 값 $0 \le P(E) \le 1$로 나타낸다. 가능한 모든 결과가 발생할 전체 확률은 표본 공간 S의 확률을 의미하므로 다음과 같이 나타낸다.

$$P(S) = 1$$

벤 다이어그램을 이용하면 표본 공간과 사건의 관계를 더 쉽게 이해할 수 있다. 여기서 E^c는 여사건(complementary event), 즉 사건 E가 일어나지 않는 경우이다.

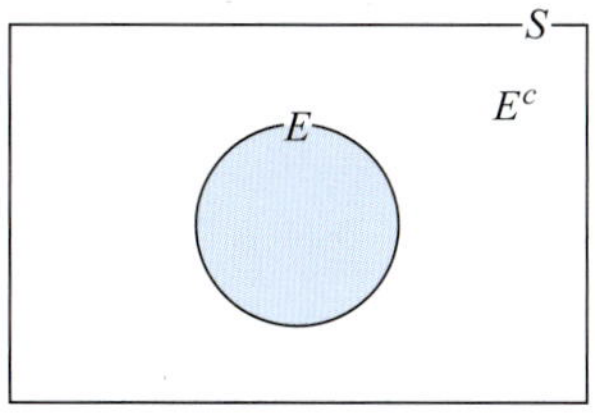

그림 12-1 표본 공간과 사건의 상호 관계도

주사위의 확률

육면체 주사위를 한 번 던질 때 나올 수 있는 1부터 6까지의 주사위 눈, 즉 발생할 수 있는 모든 경우를 표본 공간이라고 하며, 각각의 주사위 눈을 표본점(sample point)이라고 한다. 예를 들어 주사위 눈이 2가 나올 사건의 확률은 $\frac{1}{6}$이다. 이처럼 확률은 원하는 사건이 발생하는 경우의 수를 모든 가능성을 지닌 표본 공간의 수로 나누어 구한다.

예제 12-1

육면체 주사위를 50번 던졌을 때 주사위 눈의 빈도수를 히스토그램으로 나타내라.

배경지식

■ ceil

벡터 **x**의 원소를 양의 무한대에 가장 가까운 정수로 반올림하는 ceil 함수의 기본 형태는 다음과 같다.

```
ceil(x)
```

■ histogram

히스토그램(histogram)은 데이터를 균일한 너비의 통(bin) 모양으로 그룹화하여 출력 분포시키는 일종의 막대 그래프이다. 이러한 히스토그램을 나타내는 histogram 함수의 기본 형태는 다음과 같다.

```
histogram(x, n)
```

- **x** : 통에 분배할 데이터
- **n** : 히스토그램으로 나타낼 통의 출력 개수

■ rand

0과 1 사이의 실수를 무작위로 골라 $m \times n$ 행렬을 생성하는 rand 함수의 기본 형태는 다음과 같다. rand(n)은 0과 1 사이의 실수를 무작위로 골라 $n \times n$ 행렬을 생성한다.

```
rand(m, n)
```

- **m** : 생성할 행렬의 행의 수
- **n** : 생성할 행렬의 열의 수

풀이

```
Command Window
>> n = 50;
>> x = ceil(6*rand(1,n)); ①
>> histogram(x,n); ②
>> xlabel('Spots on a Die');
>> ylabel('Absolute Frequency');
>> title('Roll a Die Histogram');
```

그림 12-2 주사위 눈의 빈도수로 히스토그램 그리기 코딩 결과

① rand 함수의 결과에 6을 곱하여 1과 6 사이의 실수를 생성하고 ceil 함수를 이용하여 이를 가까운 정숫값으로 올림한다.

② histogram 함수를 이용하여 무작위로 얻은 값을 히스토그램으로 나타낸다.

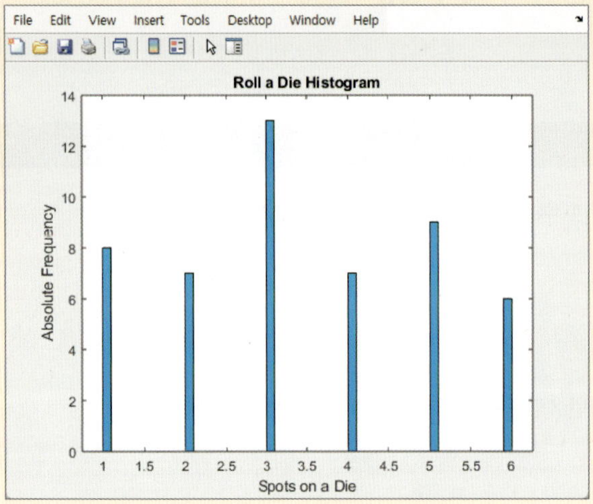

그림 12-3 주사위 눈의 빈도수로 히스토그램 그리기 실행 결과

[그림 12-2]에서 rand 함수를 사용하였으므로 무작위로 실수가 발생한다. 따라서 이 결과는 명령 창을 다시 실행할 때마다 다르게 나타난다.

평균, 표준편차, 분산

확률에서 평균(mean) m_x와 기댓값(expected value) $E(x)$의 의미는 같으며, 모두 확률변수 x의 위치를 나타낸다. 분산(variance)은 확률변수가 평균으로부터 얼마나 멀리 떨어진 곳에 분포하는지를 나타내는 음이 아닌 수로, 다음과 같이 정의한다.

$$\mathrm{var}(x) = E[(x - m_x)^2] \tag{12.1}$$

표준편차(standard deviation) σ_X는 분산의 제곱근으로 분산보다 더 자주 사용되며, 다음과 같이 정의한다.

$$\sigma_X = \sqrt{\mathrm{var}(x)} \tag{12.2}$$

[그림 12-4]는 동일한 평균값 μ_X를 갖는 2개의 다른 분산을 그래프로 나타낸 것이다. 결국 분산은 동일한 평균값에 대한 확률변수의 값의 분포를 측정한다. 확률변수의 값이 평균값에 가까워지면 분산은 완만한 곡선 형태로 작은 값이 되는 반면 평균값으로부터 멀어지면 분산은 뾰족한 곡선 형태로 큰 값이 된다.

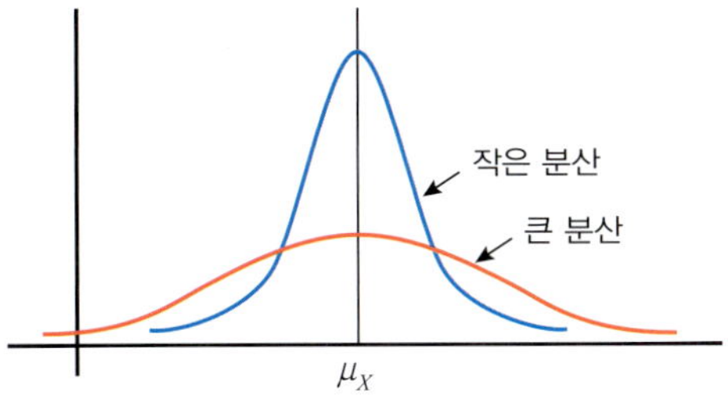

그림 12-4 평균값과 분산의 분포 그래프

예제 12-2

평균이 5, 분산이 4인 정규분포의 확률 실수 1000개를 생성하라. 또한 생성된 확률에 대한 평균과 분산을 계산하고 이를 히스토그램으로 나타내라.

배경지식

■ **max**

벡터 **x**의 원소 중에서 가장 큰 값을 가진 원소를 선택하는 max 명령어의 기본 형태는 다음과 같다.

```
max(x)
```

■ **mean**

벡터 **x**에 저장되어 있는 자료의 평균값을 계산하는 mean 함수의 기본 형태는 다음과 같다.

```
mean(x)
```

■ **min**

벡터 **x**의 원소 중에서 가장 작은 값을 가진 원소를 선택하는 min 명령어의 기본 형태는 다음과 같다.

```
min(x)
```

■ randn

평균값이 0이고 표준편차가 1인 정규분포된 무작위 실수로 구성된 $m \times n$ 행렬을 생성하는 randn 함수의 기본 형태는 다음과 같다.

> **randn(m, n)**
> - **m** : 생성할 행렬의 행의 수
> - **n** : 생성할 행렬의 열의 수

■ round

벡터 **x**의 각 원소를 가장 가까운 정수로 반올림하는 round 함수의 기본 형태는 다음과 같다.

> **round(x)**

■ std

벡터 **x**에 저장되어 있는 자료의 표준편차를 계산하는 std 함수의 기본 형태는 다음과 같다.

> **std(x)**

풀이

```
Command Window
>> n = 1000;
>> x = 2*randn(1,n)+5; ❶
>> m_x = mean(x); ❷
>> s_x = std(x); ❸
>> v_x = s_x^2; ❹
>> y = round(min(x)):round(max(x)); ❺
>> histogram(x,y); ❻
>> xlabel('Random Values');
>> ylabel('Absolute Frequency');
>> title('Histogram of Random Numbers');
```

그림 12-5 평균, 표준편차, 분산 계산하기 코딩 결과

❶ randn 함수를 이용하여 평균이 5이고 표준편차가 2인 정규분포된 실수 1000개를 무작위로 생성한다.

❷ mean 함수를 이용하여 무작위 실수의 평균을 계산한다.

❸ std 함수를 이용하여 무작위 실수의 표준편차를 계산한다.

❹ 표준편차를 제곱하여 무작위 실수의 분산을 계산한다.

❺ min 명령어와 max 명령어를 이용하여 무작위 실수의 최솟값과 최댓값을 구한 후 round 함수를 이용하여 반올림한다.

❻ histogram 함수를 이용하여 생성된 확률을 히스토그램으로 나타낸다.

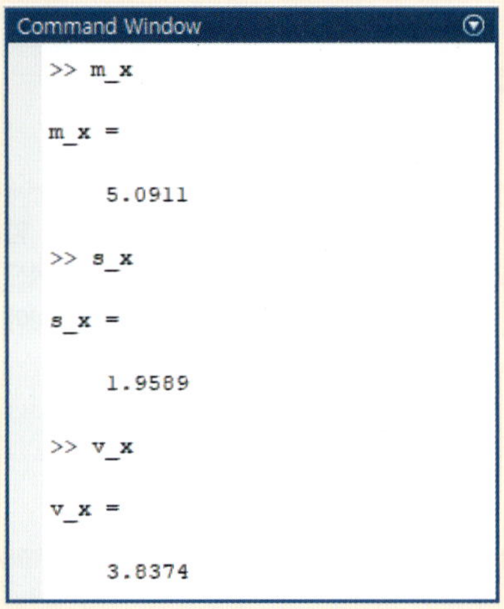

그림 12-6 평균, 표준편차, 분산 계산하기 실행 결과

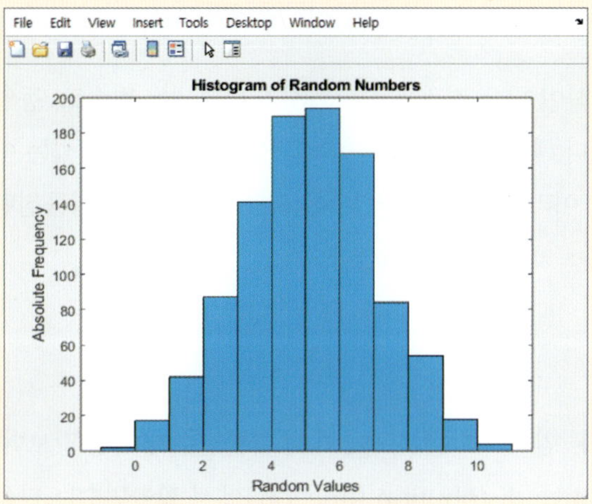

그림 12-7 무작위 실수로 히스토그램 그리기 실행 결과

LESSON 02

확률변수와 확률함수

확률변수는 표본 공간에 포함되어 있는 모든 표본점을 실수로 바꾼 후 특정한 함수로 나타내는 변수이고 누적분포함수는 임의의 확률분포에 대해 확률변수가 특정 값보다 작거나 같을 확률을 나타낸다. 연속 확률변수를 사용하는 확률밀도함수와 이산 확률변수를 사용하는 확률질량함수를 살펴본 후 MATLAB을 사용하여 파일을 작성하고 그래프를 그림으로써 두 함수의 차이점을 알아보자.

Keyword | 확률변수 | 누적분포함수 | sum | stairs | sort | 확률밀도함수 | normcdf | normpdf | 확률질량함수 | binocdf | binopdf | geopdf |

확률변수

확률변수(random variable)는 특정 사건을 측정하여 나온 결과를 숫자화시켜 나타내는 변수로, 동일한 표본 공간에서 여러 개의 확률변수가 존재할 수 있다. 확률변수는 가능한 결과의 집합을 셀 수 있는 이산 확률변수와 셀 수 없는 연속 확률변수로 분류된다. 이러한 이산 확률변수를 사용하는 함수를 확률질량함수, 연속 확률변수를 사용하는 함수를 확률밀도함수로 구별하여 정의한다.

누적분포함수

확률변수 X는 계산한 확률을 서로 연결한 변수이다. 임의의 확률분포에 대해 확률변수가 특정 값보다 작거나 같은 확률을 나타내는 누적분포함수(cumulative distribution function)에서 확률변수는 다음과 같이 집합 $(-\infty, x]$에서 사건 $\{X \le x\}$의 확률로 정의한다.

$$F_X(x) = P[X \le x] \tag{12.3}$$

즉, 누적분포함수는 각 구간의 값을 차례대로 더하는 함수이다.

예제 12-3

3개의 주사위를 동시에 20번 던질 때 나오는 주사위 눈의 합에 대한 누적분포함수를 계단식으로 나타내라.

배경지식

■ **sum**

벡터 **x**의 원소들을 모두 더하는 sum 명령어의 기본 형태는 다음과 같다.

sum(x)

- **x** : 행벡터 또는 열벡터와 상관없이 모든 원소를 더하는 벡터

■ stairs

지정된 **x**에 대응하여 생성되는 출력 **y**의 위치를 계단 형태(stairs-step)로 그리는 stairs 명령어의 기본 형태는 다음과 같다.

stairs(x, y)

■ sort

벡터 **x**의 원소를 오름차순으로 정렬하는 sort 명령어의 기본 형태는 다음과 같다.

sort(x, 'ascend')

sort 함수에서 정렬 방향의 기본값은 'ascend'이므로 생략해도 오름차순으로 정렬된다. 내림차순으로 정렬하는 경우 sort(x, 'descend')로 입력한다.

풀이

```
Command Window
>> n = 20;
>> x=sum(ceil(6*rand(3,n))); ❶
>> stairs([min(x) sort(x)],0:1/length(x):1); ❷
>> xlabel('\bf{x}');
>> ylabel('\bf{F_X(x)}');
>> title('Cumulative Distribution Function');
```

그림 12-8 누적분포함수 그리기 코딩 결과

❶ 주사위 3개를 동시에 던졌을 때의 확률을 지정하기 위해 rand 함수의 결과에 6을 곱하여 1과 6 사이의 실수를 생성한다. 여기에 ceil 함수를 이용하여 올림한 결과를 sum 명령어를 이용하여 더한다.

❷ min 명령어를 이용하여 최솟값을 구하고 sort 명령어를 이용하여 이를 오름차순으로 정렬한다. 여기에 stairs 명령어를 이용하여 결과를 계단 형태로 나타낸다.

결과를 나타내는 [그림 12-9]에서 $F_X(x)$는 단조 증가 함수이고 그 범위는 $0 \le F_X(x) \le 1$이다.

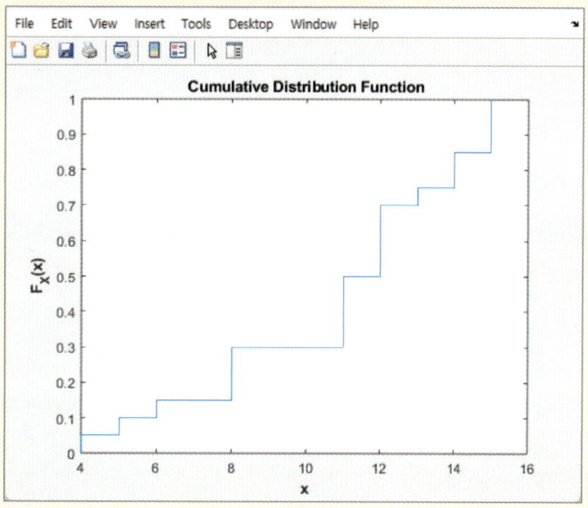

그림 12-9 누적분포함수 그리기 실행 결과

확률밀도함수

확률밀도함수(probability density function)는 확률변수의 분포를 나타내는 함수로, 특정 구간에 대해 적분한 값이 구간에 포함될 확률 값이 되는 함수이다. 적분과 미분의 상관 관계를 고려하면 확률밀도함수는 다음과 같이 누적분포함수 $F_X(x)$의 도함수로 정의한다.

$$f_X(x) = \frac{dF_X(x)}{dx} \tag{12.4}$$

만약 연속확률변수 X가 두 실수 a와 b 사이에 존재하는 경우 확률밀도함수는 다음과 같이 정의한다.

$$P(a \le X \le b) = \int_a^b f_X(x)\,dx \tag{12.5}$$

[그림 12-10]은 식 (12.5)와 같이 두 실수 a와 b 사이에 존재하는 확률밀도함수를 보여준다.

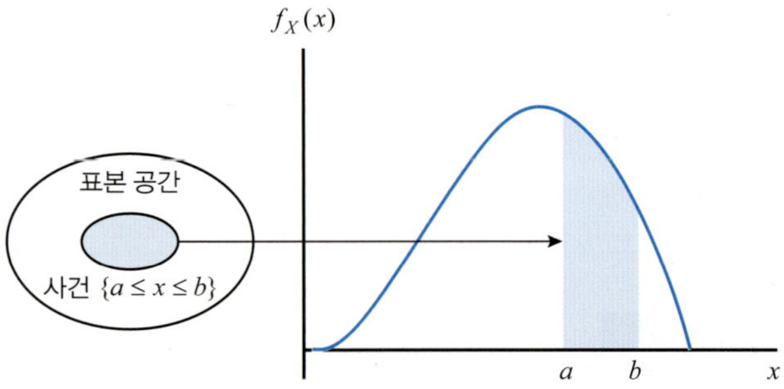

그림 12-10 특정 구간(a, b)에서의 확률밀도함수

예제 12-4 MLX-File L_Cum_Prob.mlx

평균이 5이고 표준편차가 2인 정규분포의 확률변수 X에 대해 균일한 간격으로 X 값이 100개 놓여 있을 때의 누적분포함수와 확률밀도함수를 라이브 스크립트 파일로 작성하고 그래프로 각각 나타내라.

배경지식

■ normcdf

평균이 m_x, 표준편차가 sigma_x인 정규분포의 확률변수 x에 대한 누적분포함수 P를 구하는 normcdf 함수의 기본 형태는 다음과 같다.

```
P = normcdf(x, m_x, sigma_x)
```

- **P** : 누적분포함수
- **x** : 확률변수
- **m_x** : 평균
- **sigma_x** : 표준편차

▪ normpdf

평균이 m_x, 표준편차가 sigma_x인 정규분포의 확률변수 x에 대한 확률밀도함수 P를 구하는 normpdf 함수의 기본 형태는 다음과 같다.

P = normpdf(x, m_x, sigma_x)

- **P** : 확률밀도함수
- **x** : 확률변수
- **m_x** : 평균
- **sigma_x** : 표준편차

풀이

L_Cum_Prob.mlx

```
n=100;
m_x=5;
sigma_x=2;
x=-12:0.01:12;
P1=normcdf(x,m_x,sigma_x); ❶
P2=normpdf(x,m_x,sigma_x); ❷
subplot(211);
plot(x,P1);
xlabel('\bf{x}');
ylabel('\bf{F_X(x)}');
title('Cumulative Distribution Function');
subplot(212);
plot(x,P2);
xlabel('\bf{x}');
ylabel('\bf{f_X(x)}');
title('Probability Density Function');
```

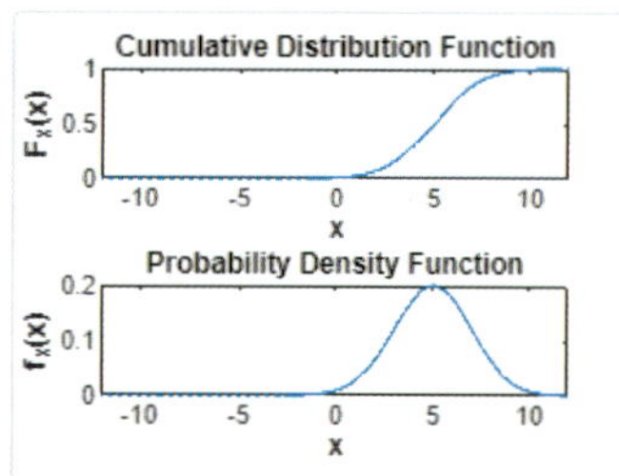

그림 12-11 누적분포함수와 확률밀도함수 그리기 코딩 및 실행 결과

❶ normcdf 함수를 이용하여 평균이 5, 표준편차가 2인 정규분포의 누적분포를 구한다.

❷ normpdf 함수를 이용하여 평균이 5, 표준편차가 2인 정규분포의 확률밀도를 구한다.

❸ 라이브 스크립트 파일의 실행을 위해 [LIVE EDITOR] 탭에서 [Run (▶)] 버튼을 클릭하여 그림 창 위쪽에 누적분포함수를, 그림 창 아래쪽에 확률밀도함수를 그래프로 각각 나타낸다.

▎정규확률변수

연속확률변수 X가 평균 μ와 분산 σ^2의 매개변수를 갖고 정규분포를 보이면 이를 정규확률변수라고 한다. 이러한 정규확률변수의 확률밀도함수는 다음과 같다.

$$f_X(x) = \frac{1}{\sqrt{2\pi\sigma_X^2}} \exp\left[-\frac{(x-m_X)^2}{2\sigma_X^2}\right] \quad (-\infty < x < \infty) \qquad (12.6)$$

식 (12.6)에서 $\mu = 0$, $\sigma^2 = 1$인 정규확률변수의 확률밀도함수를 다음과 같이 나타낼 수 있으며, 이를 가우시안(Gaussian) 함수라고 부른다.

$$G(x) = \frac{1}{\sqrt{2\pi}} e^{-\frac{x^2}{2}} \tag{12.7}$$

확률변수 X의 항으로 확률밀도함수를 정확히 기술하기는 쉽지 않다. 따라서 일반적인 조건에서 확률변수 성분을 증가시키면 확률변수의 누적분포함수는 가우시안 확률변수(Gaussian random variable)로 접근한다는 사실을 이용한다. 가우시안 확률변수는 앞서 살펴본 정규확률변수와 혼용해 사용하며, 임의성을 포함하는 문제에 자주 등장한다.

예제 12-5

평균이 0이고 표준편차가 각각 $\frac{1}{2}$, 1, 2인 정규분포에 대한 확률밀도함수를 나타내고 결과를 설명하라.

풀이

Command Window

```
>> n = 100;
>> m_x = 0;
>> x = -5:0.01:5;
>> sigma_x1 = 1/2;
>> sigma_x2 = 1;
>> sigma_x3 = 2;
>> P1 = normpdf(x, m_x, sigma_x1);  ❶
>> P2 = normpdf(x, m_x, sigma_x2);
>> P3 = normpdf(x, m_x, sigma_x3);
>> plot(x,P1, x, P2, x, P3); ❷
>> axis([-5 5 0 1]);
>> xlabel('\bf{x}');
>> ylabel('\bf{f_X(x)}');
>> title('Gaussian random variable');
```

그림 12-12 정규확률밀도함수 그리기 코딩 결과

❶ normpdf 함수를 이용하여 평균이 0, 각각의 표준편차가 $\frac{1}{2}$, 1, 2인 정규분포의 확률밀도를 구한다.

❷ plot 함수를 이용하여 3개의 확률밀도함수를 그림 창에 나타낸다.

가우시안 함수는 평균을 중심으로 대칭되어 있는 종(bell) 모양의 정규분포 그래프로, 종 모양 아래 면적의 합은 1이 된다. 평균값의 크기에 따라 정규분포가 서로 다른 곡선의 형태를 나타낸다. 표준편차가 증가할수록 뾰족한 곡선은 점점 납작해지며, 정규확률변수에 대한 확률밀도함수는 좌우로 더 펼쳐지는 형태가 된다.

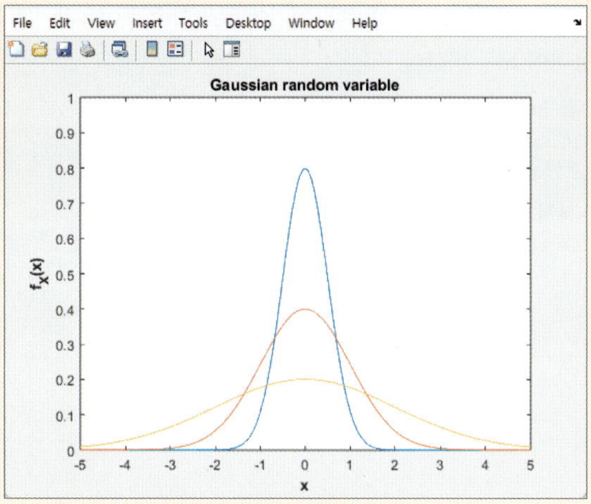

그림 12-13 정규확률밀도함수 그리기 실행 결과

중심극한정리

평균이 m_X이고 분산이 σ_X^2이며, 서로 독립적으로 동일하게 분포하는 확률변수 n개의 합을 S_n이라고 할 때 n의 크기가 커지면 적절히 정규화된 S_n의 누적분포함수가 가우시안 확률변수의 누적분포에 가까워지는 것을 중심극한정리(central limit theorem)라고 한다.

예제 12-6

주사위 10개를 동시에 10,000번 던져서 나오는 결과를 누적분포함수로 나타내라. 독립적이고 동일하게 분포하는 확률변수 X의 평균 $m_X = 3.5$일 때의 결과를 중심극한정리를 이용하여 구하고 그래프로 나타내어 비교하라.

풀이

Command Window

```
>> n = 20000;
>> k = 10;
>> x = sum(ceil(6*rand(k,n))); ❶
>> stairs([min(x) sort(x)],0:1/length(x):1); ❷
>> m_x = 3.5;
>> var = (sum([1:6].^2)/6-m_x^2); ❸
>> x1 = k*m_x+sqrt(k*var)*randn(1,n); ❹
>> hold on;
>> stairs([min(x1) sort(x1)],0:1/length(x1):1,'r'); ❺
>> xlabel('\bf{x}');
>> ylabel('\bf{F_X(x)}');
>> title('Central Limit Theorem');
```

그림 12-14 중심극한정리를 이용한 누적분포함수 그리기 코딩 결과

❶ rand 함수를 이용하여 얻은 값에 6을 곱하여 1부터 6 사이의 실수를 생성한다. 여기에 ceil 함수를 이용하여 무작위로 얻은 가장 큰 정수의 값을 sum 명령어를 이용하여 모두 더한다.

❷ stairs 명령어를 이용하여 계단 형태로 누적분포함수를 그린다.

❸ 하나의 주사위를 던졌을 때의 분산식 $\sigma_X^2 = E(X^2) - m_X^2$를 지정한다.

❹ 주사위 10개를 동시에 던질 때 평균이 km_X이고 표준편차가 $\sqrt{k\sigma_X^2}$인 정규분포를 계산한다.

❺ min 명령어를 이용하여 최솟값을 구하고 sort 명령어를 이용하여 오름차순으로 정렬한 후 stairs 명령어를 이용하여 결과를 계단 형태로 그린다.

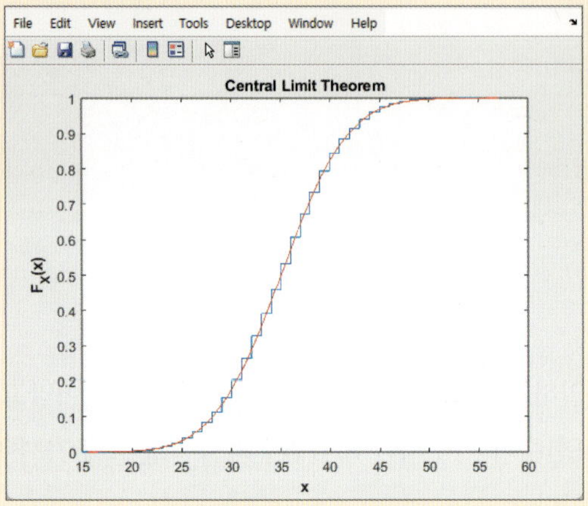

그림 12-15 중심극한정리를 이용한 누적분포함수 그리기 실행 결과

가로축은 주사위 10개를 동시에 던졌을 때 나오는 주사위 눈을 합한 것이다. 계단 형태로 그려진 누적분포함수는 단조 증가하고, 주사위를 던지는 횟수를 10,000회 정도로 늘리면 이 누적분포함수는 연속적인 곡선 형태를 띠는 가우시안 확률변수의 누적분포에 가까워진다.

확률질량함수

X가 표본 공간의 값 $x_1, x_2, x_3, \cdots$를 셀 수 있는 숫자로 나타낸 이산 확률변수라면 이 중 임의로 선택한 x에 대한 확률은 확률질량함수(probability mass function) 또는 확률분포함수(probability distribution function)라고 부르며, 다음과 같이 정의한다.

$$f(x) = P(X = x) \tag{12.8}$$

이항 확률변수

동전 1개를 n번 던져서 성공한 결과(동전의 앞면)의 확률을 p, 실패한 결과(동전의 뒷면)의 확률을 $1-p$라고 하자. 이때 확률변수 X가 n번 실행하여 나온 성공 횟수를 나타낼 경우 이것을 이항(binomial) 확률변수라고 하며, 매개변수 (n, p)로도 나타낸다. 이항 확률변수의 확률질량함수는 다음과 같다.

$$f(k) = \binom{n}{k} p^k (1-p)^{n-k} \quad (k = 0, 1, \cdots, n) \tag{12.9}$$

예제 12-7

동전 3개를 차례대로 던질 때 동전의 앞면이 나오는 결과 또는 성공의 결과 횟수에 대한 확률질량함수와 누적밀도함수를 계산하라. 이때 동전 3개에서 앞면 또는 뒷면이 나오는 결과는 서로 독립적이라고 가정한다.

배경지식

■ binocdf

n번 실행한 횟수에 대한 성공 확률 p를 사용하여 x의 각 값에서 이항 누적분포함수 y를 계산하는 binocdf 함수의 기본 형태는 다음과 같다.

y = binocdf(x, n, p)

- **y** : 이항 누적분포함수
- **x** : 이항 누적분포함수를 평가하는 구간 [0, n]
- **n** : 실행 횟수(양의 정수)
- **p** : 구간 [0, 1]에서의 각 실행에 대한 성공 확률

■ binopdf

n번 실행한 횟수에 대한 성공 확률 p를 사용하여 x의 각 값에서 이항 확률질량(밀도)함수 y를 계산하는 binopdf 함수의 기본 형태는 다음과 같다.

y = binopdf(x, n, p)

- **y** : 이항 확률질량함수
- **x** : 이항 확률질량함수를 평가하는 구간 [0, n]
- **n** : 실행 횟수(양의 정수)
- **p** : 구간 [0, 1]에서의 각 실행에 대한 성공 확률

풀이

이항 확률변수의 확률질량함수를 구하는 식 (12.9)를 이용한 결과는 다음과 같다.

$$f(0) = \binom{3}{0}\left(\frac{1}{2}\right)^0\left(\frac{1}{2}\right)^3 = \frac{1}{8}, \quad f(1) = \binom{3}{1}\left(\frac{1}{2}\right)^1\left(\frac{1}{2}\right)^2 = \frac{3}{8}$$

$$f(2) = \binom{3}{2}\left(\frac{1}{2}\right)^2\left(\frac{1}{2}\right)^1 = \frac{3}{8}, \quad f(3) = \binom{3}{3}\left(\frac{1}{2}\right)^3\left(\frac{1}{2}\right)^0 = \frac{1}{8}$$

```
>> x = 0:3;
>> n = 3;
>> p = 0.5;
>> y1 = binopdf(x, n, p); ❶
>> subplot(211);
>> stem(x, y1); ❷
>> xlabel('\bf{x}');
>> ylabel('\bf{PMF}');
>> title('Binomial Distribution')
>> subplot(212);
>> y2 = binocdf(x, n, p); ❸
>> stairs(x, y2); ❹
>> xlabel('\bf{x}');
>> ylabel('\bf{CDF}');
```

그림 12-16 이항 확률밀도함수와 이항 누적분포함수 코딩 결과

❶ binopdf 함수를 이용하여 생성한 이항 확률밀도함수를 그림 창 위쪽에 그래프로 나타낸다.

❷ stem 함수를 이용하여 줄기 형태로 나타낸다.

❸ binocdf 함수를 이용하여 생성한 이항 누적분포함수를 그림 창 아래쪽에 그래프로 나타낸다.

❹ stairs 명령어를 이용하여 결과를 계단 형태로 나타낸다.

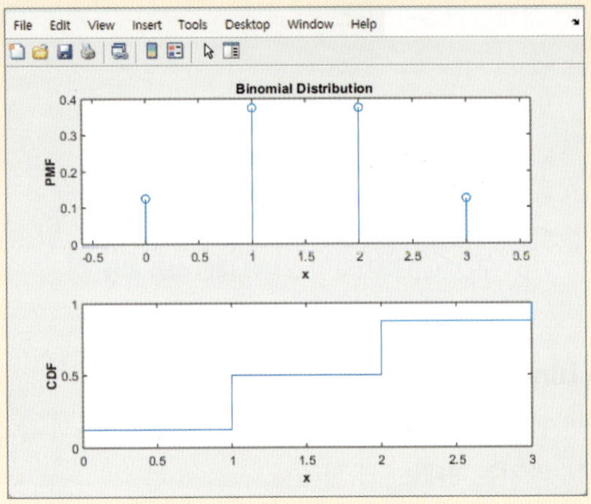

그림 12-17 이항 확률밀도함수와 이항 누적분포함수 그리기 실행 결과

베르누이 확률변수

동전 1개를 1번 던져서 나올 수 있는 결과는 앞면 또는 뒷면일 것이다. 이때 앞면이 나오는 경우를 성공한 결과라고 하고 확률변수 $X = 1$로 나타내며, 뒷면이 나오는 경우를 실패한 결과라고 하고 확률변수 $X = 0$으로 나타내는 경우 확률변수 X에 대한 확률분포는 다음과 같다.

$$f(0) = P(X = 0) = 1 - p \tag{12.10a}$$

$$f(1) = P(X = 1) = p \tag{12.10b}$$

식 (12.10)에서 p는 성공한 실행 결과에 대한 확률로, $0 \le p \le 1$의 범위에 놓여 있다. 이때 확률변수 X를 베르누이(Bernoulli) 확률변수라고 부르며, 확률질량함수는 다음과 같이 정의한다.

$$f(k) = p^k (1 - p)^{1-k} \quad (k = 0, 1) \tag{12.11}$$

즉, 베르누이 확률변수는 매개변수 $(1, p)$로 나타내는 이항 확률변수이다.

예제 12-8

성공 확률이 0.75인 베르누이 분포에서의 확률질량함수와 누적분포함수를 그래프로 나타내라.

풀이

```
Command Window
>> x1 = 0:1;
>> p = 0.75;
>> y1 = binopdf(x1, 1, p); ①
>> subplot(211);
>> stem(x1, y1); ②
>> xlabel('\bf{x}');
>> ylabel('\bf{PMF}');
>> title('Bernoulli Distribution')
>> subplot(212);
>> x2 = -1:2;
>> y2 = binocdf(x2, 1, p); ③
>> stairs(x2, y2); ④
>> xlabel('\bf{x}');
>> ylabel('\bf{CDF}');
```

그림 12-18 베르누이 확률질량함수와 누적분포함수 코딩 결과

① binopdf 함수를 이용하여 생성한 베르누이 확률질량함수를 그림 창 위쪽에 그래프로 나타낸다.

② stem 함수를 이용하여 줄기 형태로 나타낸다.

③ binocdf 함수를 이용하여 생성한 베르누이 누적분포함수를 그림 창 아래쪽에 그래프로 나타낸다.

④ stairs 명령어를 이용하여 결과를 계단 형태로 나타낸다.

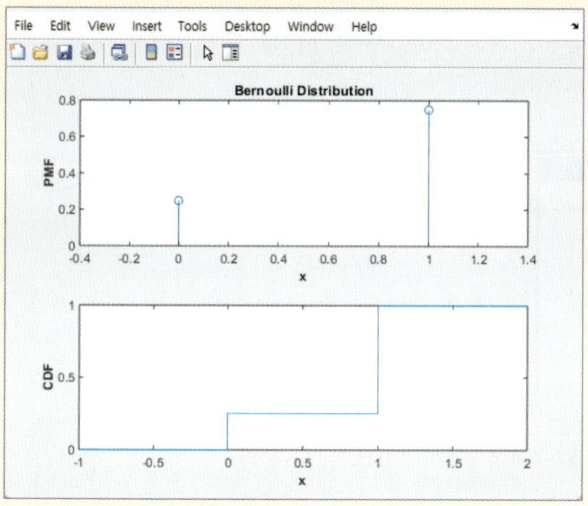

그림 12-19 베르누이 확률질량함수와 누적분포함수 그리기 실행 결과

기하 확률변수

동전 1개를 n번 던져서 성공한 결과(동전의 앞면)의 확률을 p라고 하고, 성공할 때까지 동전을 반복해서 던진다고 가정할 때 성공할 때까지 필요한 횟수를 나타내는 확률변수 X를 기하(geometric) 확률변수라고 한다. 기하 확률변수에 대한 확률질량함수는 다음과 같다.

$$P(X = n) = (1 - p)^{n-1} p \quad (n = 1, 2, \cdots) \qquad (12.12)$$

예제 12-9

기하 확률변수 X의 성공 확률 $p = 0.3$일 때 여섯 번 실행하여 마지막에 성공할 확률을 계산하라.

배경지식

■ geopdf

확률 p를 통해 x의 각 값에서 기하분포의 확률질량함수(pdf)를 반환하는 geopdf 함수의 기본 형태는 다음과 같다.

y = geopdf(x, p)

- **x** : 이항 누적분포함수를 평가하는 구간 [0, n]
- **p** : 구간 [0, 1]에서 각 실행에 대한 성공 확률

풀이

다섯 번 실행할 때까지 계속 실패하지만 여섯 번째에서 성공하는 것을 의미한다. 식 (12.9)를 이용하면 $P(X = 6) = (1 - 0.3)^{6-1}(0.3) = 0.05$ 가 된다.

Command Window

```
>> x = 0:6;
>> p = 0.3;
>> y = geopdf(x, p); ❶
>> h = stem(1:7, y); ❷
>> xlabel('\bf{x}');
>> ylabel('\bf{PMF}');
>> title('Geometric Distribution');
```

그림 12-20 기하 확률질량함수 코딩 결과

❶ geopdf 함수를 이용하여 기하 확률질량함수를 생성한다.

❷ stem 함수를 이용하여 결과를 줄기 형태로 나타낸다.

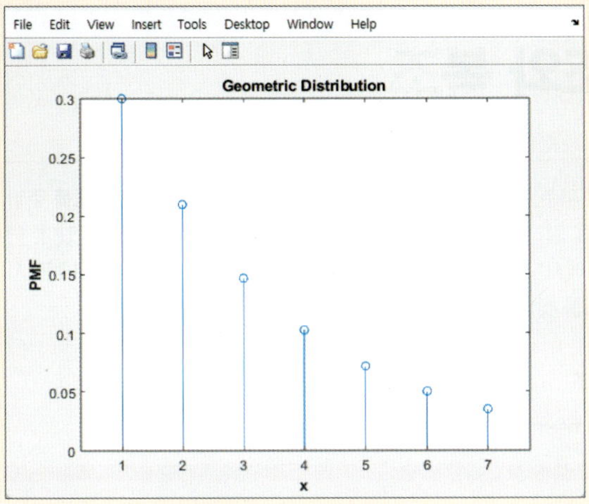

그림 12-21 기하 확률질량함수 그리기 실행 결과

LESSON 03

아날로그 변조와 복조

아날로그 변조는 아날로그 신호에 의해 반송 신호의 진폭, 주파수, 위상 정보를 변경한 신호를 얻는 것이다. 여러 신호를 주파수 대역에서 분리하여 다중 신호를 동시에 전송하거나 잡음을 걸러내어 증폭이 쉬운 대역으로 스펙트럼을 이동할 수 있다. 아날로그 복조는 변조된 반송파에서 원래의 정보를 갖고 있는 메시지 신호를 추출하는 과정이다. 메시지 신호와 반송 신호를 사용하여 시간 영역과 주파수 영역의 진폭 변조 및 주파수 변조를 찾아내고 그래프를 통해 비교하고 분석해보자.

Keyword | 아날로그 변조 | 양측파대 진폭 변조 | 주파수 영역에서의 진폭 변조 | nextpow2 | 시간 영역에서의 주파수 변조 | cumsum | 아날로그 복조 |

아날로그 변조

아날로그 신호를 사용하여 반송 신호의 매개변수를 변경하는 것을 아날로그 변조라고 한다. 변조 방식에는 진폭 변조, 주파수 변조, 펄스 변조 등이 있으며, 이 책에서는 진폭 변조와 주파수 변조를 다룬다.

양측파대 진폭 변조

진폭 변조(Amplitude Modulation, AM)는 전송하고자 하는 메시지 신호 $m(t)$에 코사인 파형 반송 신호 $c(t) = A_c \cos(2\pi f_c t)$를 곱함으로써 코사인파의 진폭에 정보를 실어 보내는 것으로, 주파수 영역에서 차지하는 대역폭이 신호 대역폭의 2배가 되므로 양측파대 진폭 변조(DSB-AM)라고도 한다.

메시지 신호와 반송 신호에 의해 양측파대 진폭 변조 방식으로 변조된 신호는 다음과 같다.

$$m_{DSB}(t) = m(t) \times c(t) \qquad (12.13)$$

예제 12-10

양측파대 진폭 변조 방식을 이용하여 다음과 같은 반송 신호 $c(t)$로 메시지 신호 $m(t)$를 3초 동안 변조시킬 때 메시지 신호, 반송 신호, 변조된 신호를 그래프로 나타내라. 이때 반송주파수는 f_c = 10[Hz], 샘플링 주파수는 f_s = 1[kHz]이다.

$$c(t) = 2\cos 2\pi f_c t$$
$$m(t) = \cos 2\pi t$$

풀이

```
>> f_s = 1000;
>> t = 0:1/f_s:3;
>> f_c = 10;
>> m_t = cos(2*pi*t);
>> c_t = 2*cos(2*pi*f_c*t);
>> m_DSB = m_t.*c_t;
>> subplot(211);
>> plot(t,m_t,':',t,c_t);
>> xlabel('Time (sec)');
>> title('Message & Carrier signals');
>> subplot(212);
>> plot(t,m_DSB);
>> xlabel('Time (sec)');
>> title('Modulated signal');
```

그림 12-22 양측파대 진폭 변조 입력 결과

❶ 샘플링 주파수 f_s를 지정한다.

❷ 메시지 신호 $m(t)$를 지정한다.

❸ 반송 신호 $c(t)$를 지정한다.

❹ 식 (12.13)을 지정한다.

❺ subplot 명령어와 plot 명령어를 이용하여 메시지 신호와 반송 신호를 그림 창 위쪽에 그래프로 나타낸다.

❻ subplot 명령어와 plot 명령어를 이용하여 변조된 신호를 그림 창 아래쪽에 그래프로 나타낸다.

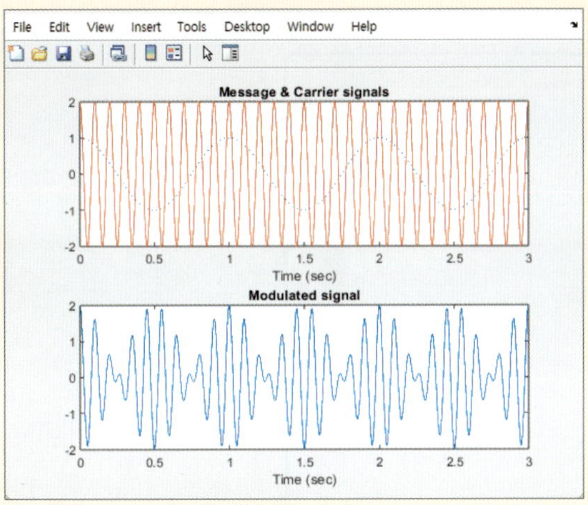

그림 12-23 양측파대 진폭 변조 실행 결과

주파수 영역에서의 진폭 변조

주파수 영역에서 식 (12.13)의 스펙트럼은 다음과 같다.

$$M_{DSB}(f) = \frac{A_c}{2} M(f - f_c) + \frac{A_c}{2} M(f + f_c) \quad (12.14)$$

식 (12.14)에는 반송 스펙트럼이 드러나지 않으므로 반송 억압(suppressed carrier) 양측파대 진폭 변조 방식이라고 한다. 이 방식에서 차지하는 전송 대역폭은 메시지 신호 대역폭의 2배이다.

예제 12-11 　　M-File AM_Freq.m

다음과 같은 메시지 신호와 반송 신호를 3초 동안 주파수 영역에서 진폭 변조시킬 때 메시지 신호와 변조된 신호를 나타내라. 이때 반송주파수는 $f_c = 10[\text{Hz}]$, 샘플링 주파수는 $f_s = 1[\text{kHz}]$이다.

$$c(t) = 2\cos 2\pi f_c t$$
$$m(t) = \cos 2\pi t$$

배경지식

■ nextpow2

$2^P \geq |n|$ 조건을 만족하는 첫 번째 P의 값을 구하는 nextpow2 함수의 기본 형태는 다음과 같다. 이 함수는 고속 푸리에 변환을 실행할 때 두 연속 길이의 가장 가까운 멱승을 찾는 데 유용하다.

> **nextpow2(n)**
>
> ■ **n** : 입력값

풀이

AM_Freq.m

```
f_s = 1000;
t = 0:1/f_s:3;
f_c = 10;
f_min = 0.3; ①
n = 2^(max(nextpow2(length(t)),nextpow2(f_s/f_min))); ②
f_act = f_s/n; ③
f = (0:f_act:f_act*(n-1))-f_s/2; ④
m_t = cos(2*pi*t);      ⑤
c_t = 2*cos(2*pi*f_c*t);
M_f = fft(m_t,n)/f_s; ⑥
m_DSB = m_t.*c_t; ⑦
M_DSB=fft(m_DSB,n)/f_s; ⑧
subplot(211);
plot(f,fftshift(abs(M_f))); ⑨
axis([-40 40 0 2]);
xlabel('Frequency (Hz)');
title('Message signal in frequency');
subplot(212);
plot(f,fftshift(abs(M_DSB))); ⑩
axis([-40 40 0 2]);
xlabel('Frequency (Hz)');
title('Modulated signal in frequency');
```

그림 12-24 주파수 영역에서의 진폭 변조 코딩 결과

① 원하는 최소주파수 해상도를 지정한다.

② nextpow2 함수를 이용하여 2.^P>=abs(length(t))와 2.^P>=abs(f_s/f_min)의 조건을 만족하는 P의 값을 구한다. max 명령어를 이용하여 구한 최댓값의 2의 멱승을 계산한다(이렇게 계산된 n 값을 이용하여 고속 푸리에 변환을 실행할 수 있다).

❸ 실제 주파수 해상도를 지정한다.

❹ 주파수 벡터를 지정한다.

❺ 메시지 신호 $m(t)$와 반송 신호 $c(t)$를 지정한다.

❻ 메시지 신호에 대한 고속 푸리에 변환을 계산한다.

❼ 식 (12.13)을 지정한다.

❽ 변조된 신호에 대한 고속 푸리에 변환을 계산한다.

❾ plot 함수를 이용하여 주파수에 따른 메시지 신호를 그림 창 위쪽에 그래프로 나타낸다.

❿ plot 함수를 이용하여 주파수에 따른 변조된 신호를 그림 창 아래쪽에 그래프로 나타낸다.

[그림 12–24]의 코딩을 실행하기 위해 명령 창에 AM_Freq를 입력하면 [그림 12–25]와 같은 그래프 결과를 얻을 수 있다.

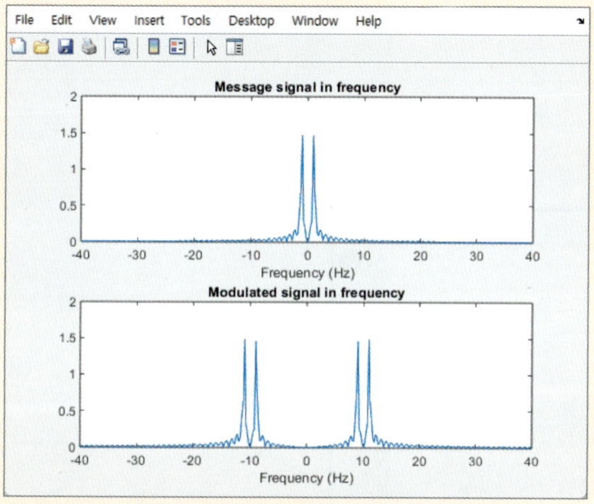

그림 12–25 주파수 영역에서의 진폭 변조 실행 결과 그래프

[그림 12–25]에서 스펙트럼은 정확히 반송주파수 10[Hz]만큼 대역이 이동된 것을 확인할 수 있다. 이 방식의 전송 대역폭은 약 60[Hz]로, 메시지 신호 대역폭 30[Hz]의 2배이다.

시간 영역에서의 주파수 변조

시간 영역에서 주파수 변조(Frequency Modulation, FM) 신호는 다음과 같이 표현된다.

$$s(t) = A_c \cos\left[\omega_c t + k_f \int_a^t m(\tau)d\tau\right] \tag{12.15}$$

여기서 k_f는 변조기의 주파수 감도(sensitivity)를 나타내는 상수이며, 주파수 변조 신호 $s(t)$는 메시지 신호 $m(t)$의 비선형 함수로 정의된다. 주파수 변조 방식은 대역폭이 넓기 때문에 진폭 변조와 달리 신호의 스펙트럼을 메시지 신호와 연결하여 해석하기 매우 어렵지만 잡음에 대해서는 성능이 강력하다는 장점이 있다.

예제 12-12 　　M-File FM_Anal.m

$-0.08 \le t \le 0.08$[sec] 동안 주파수 감도 $k_f = 50\pi$이고 반송주파수 $f_c = 100$[Hz]이며, 샘플링 주파수 $f_s = 5$[KHz]인 삼각 아날로그 메시지 신호에 주파수 변조 방식을 이용한 결과를 나타내라.

$$m(t) = \begin{cases} 3-100\,|\,t+0.03\,| & (-0.06 \le t \le 0) \\ -3+100\,|\,t-0.03\,| & (0 \le t \le 0.06) \\ 0 & (\text{그 외}) \end{cases}$$

배경지식

▪ cumsum

벡터 **x**의 원소 누적 합을 포함하는 벡터를 생성하는 cumsum 함수의 기본 형태는 다음과 같다.

```
cumsum(x)
```

풀이

FM_Anal.m

```
f_s = 5000;   ❶
f_c = 100;
t_s = 1/f_s;
t = -0.08:1/f_s:0.08;
t1 = -0.06:1/f_s:0;
t2 = 0:1/f_s:0.06;
m1 = 3-100*abs(t1+0.03);
m2 = [zeros([1 100]),m1,zeros([1 400])];
m3 = -3+100*abs(t2-0.03);
m4 = [zeros([1 400]),m3,zeros([1 100])];
m_t = m2+m4;   ❷
k_f = 50*pi;   ❸
int_m_t = t_s*cumsum(m_t);   ❹
s_t = cos(2*pi*f_c*t+k_f*int_m_t);   ❺
subplot(211);
plot(t,m_t);   ❻
xlabel('Time (sec)');
title('Message signal');
grid;
subplot(212);
plot(t,s_t);   ❼
xlabel('Time (sec)');
title('FM signal');
grid;
```

그림 12-26 시간 영역에서의 주파수 변조 코딩 결과

❶ 샘플링 주파수 f_s와 반송주파수 f_c를 지정한다.

❷ 메시지 신호는 모두 1601개의 원소를 갖는다.

❸ 주파수 감도를 지정한다.

❹ cumsum 함수를 이용하여 식 (12.15)의 적분 항을 계산한다.

❺ 식 (12.15)를 지정한다.

❻ plot 함수를 이용하여 시간에 따른 메시지 신호를 그림 창 위쪽에 그래프로 나타낸다.

❼ plot 함수를 이용하여 시간에 따른 주파수 변조 신호를 그림 창 아래쪽에 그래프로 나타낸다.

[그림 12-26]의 코딩을 실행하기 위해 명령 창에 FM_Anal을 입력하면 [그림 12-27]과 같은 그래프 결과를 얻을 수 있다.

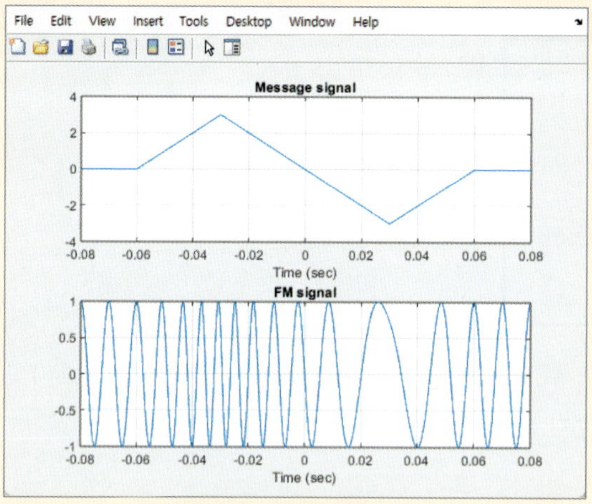

그림 12-27 시간 영역에서의 주파수 변조 실행 결과 그래프

아날로그 복조

변조된 신호의 복조(demodulation)는 다음과 같이 변조 신호에 반송파 신호를 곱해서 구한다.

$$m_{DEM}(t) = m_{DSB} \times c(t) = m(t)(c(t))^2 \tag{12.16}$$

식 (12.16)에서 반송 신호가 $c(t) = A_c \cos 2\pi f_c t$일 때 삼각함수 항등식을 이용하면 다음과 같이 계산된다.

$$m_{DEM}(t) = \frac{A_c^2}{2} m(t)(1 + \cos 4\pi f_c t) \tag{12.17}$$

복조 신호는 크기가 $\frac{A_c^2}{2}$배인 메시지 신호와 이 신호를 주파수 $4\pi f_c$로 변조하여 대역 이동한 신호의 합이다.

예제 12-13

[예제 12-10]의 진폭 변조된 메시지 신호에 대한 복조 신호를 그래프로 나타내라.

풀이

```
Command Window
>> t_s = 1/1000; ❶
>> t = 0:t_s:3;
>> f_c = 10; ❷
>> m_t = cos(2*pi*t);            ┐
>> c_t = 2*cos(2*pi*f_c*t);      ┘❸
>> m_DEM = m_t.*(c_t).^2; ❹
>> plot(t,4*m_t,'b:',t,m_DEM); ❺
>> xlabel('Time (sec)');
>> ylabel('Amplitude');
>> title('Demodulated signal');
```

그림 12-28 복조 신호 그리기 코딩 결과

❶ 샘플링 주파수의 역수인 샘플링 주기의 간격을 지정한다.

❷ 반송주파수를 지정한다.

❸ 메시지 신호 $m(t)$와 반송 신호 $c(t)$를 지정한다.

❹ 식 (12.16)을 이용하여 양측파대 복조 신호를 지정한다.

❺ 복조 신호와 복조 신호를 따라 움직이는 포락선 형태의 메시지 신호를 그리기 위해 반송 신호의 제곱인 4를 메시지 신호에 곱한 후 plot 함수를 이용하여 결과를 그래프로 나타낸다.

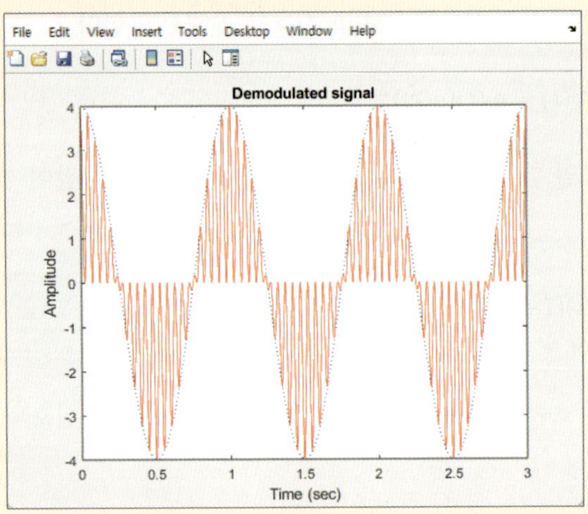

그림 12-29 복조 신호 그리기 실행 결과

[그림 12-29]를 통해 복조 신호의 시간 파형 포락선이 메시지 신호임을 알 수 있다.

LESSON 04

신호 잡음

통신 시스템에서 피할 수 없는 현상인 잡음은 메시지 신호의 전송을 방해하므로 원치 않는 파형이라고도 한다. 잡음은 시스템 내부와 외부의 영향에 의해 발생하며, 잡음의 영향을 정량적 방법으로 설명하는 시스템 매개변수는 신호 대 잡음 비율로 나타내고 단위로는 데시벨(dB)을 사용한다. 균일분포 백색 잡음과 정규분포 백색 잡음에 대한 파형을 분석해보자.

Keyword | 백색 잡음 | 부가 백색 가우시안 잡음 | 신호 대 잡음 비율 |

백색 잡음

통신 시스템의 잡음 분석은 백색 잡음(white noise)이라는 이상적인 잡음 형태에 바탕을 둔다. 백색이라고 부르는 이유는 동일한 양의 모든 색상을 의미하는 백색 빛이 전자파의 가시대역 내 주파수 성분을 모두 포함하고 있기 때문이다. 전력 스펙트럼 밀도(Power Spectral Density, PSD)는 신호에 포함된 전력의 주파수 영역에서의 전력 밀도분포를 나타내는데, 백색 잡음의 전력 스펙트럼 밀도는 동작주파수와 상관이 없다. 또한 백색 잡음의 전력 스펙트럼 밀도는 이상적으로 음의 무한대부터 양의 무한대까지 모든 주파수 범위에 걸쳐 평평하다.

부가 백색 가우시안 잡음

부가 백색 가우시안 잡음(Additive White Gaussian Noise, AWGN)은 통신 이론에서 사용되는 기본적인 잡음 모델이다. 잡음은 곱해지는 것이 아니라 전송 신호에 부가, 즉 더해진다.

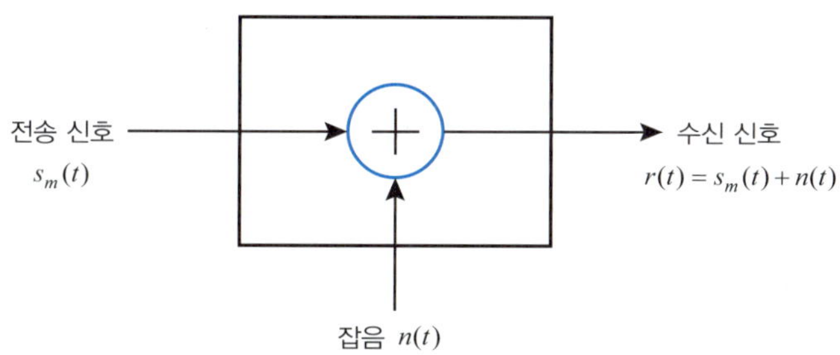

그림 12-30 부가 백색 가우시안 잡음 모델

채널을 통과하는 M개의 정보를 전송하는 최초 전송 신호 $s_m(t)$ (m = 1, 2, ..., M)는 모두 잡음이 없는 깨끗한 신호이며, 부가되는 백색 가우시안 잡음 $n(t)$에 의해서 원래 신호의 본질이 손상되는 것으로 가정할 수 있다.

이런 이유로 수신된 신호 $r(t)$는 다음과 같이 나타낼 수 있다.

$$r(t) = s_m(t) + n(t) \quad (0 \le t \le T) \tag{12.18}$$

식 (12.18)은 채널 내부에서 발생하는 잡음 자체를 제외하고 전송 신호를 방해하는 그 밖의 모든 요인은 무시한다. 통계적인 측면에서 살펴보면 이 잡음은 신호와는 독립적이다. 전송되는 신호의 손상없이 모든 신호를 수신받는 최적의 방법은 백색 가우시안 잡음에 의해서 발생하는 오류를 최소화하는 것이다. 백색 가우시안 잡음은 확률 처리에 의해서 정의되며, 각각의 표본은 평균값 0을 갖는 가우스 확률변수이다.

가우시안 잡음 표본은 시간 영역에서 음과 양의 값 모두를 보여주는 가우시안 확률분포(정규분포)로 설명할 수 있다. 가우시안 확률분포는 0에 가까운 값일수록 잡음 발생 확률이 높아지고 0에서 멀어지는 값일수록 잡음 발생 확률이 낮아진다.

부가 백색 가우시안 잡음 채널은 부가적인 열 또는 은하계 잡음과 같은 주요 효과 덕분에 통신 성능을 제한받는 위성 및 먼 우주공간 연결과 같은 통신 연결을 위한 정확한 모델을 제시한다.

신호 대 잡음 비율

신호 전력이 잡음 전력을 초과하는 데시벨 수를 신호 대 잡음 비율(Signal-to-Noise Ratio, SNR)이라고 한다. 신호는 단독으로 존재하지 않고 보통 잡음과 공존하므로 그 배분을 나타내는 척도로 신호 대 잡음 비율을 사용하며, 다음과 같이 정의한다.

$$10\log_{10}\frac{\text{평균 신호 전력}}{\text{평균 잡음 전력}}\ [\text{dB}]$$

예제 12-14

$0 \le t \le 4$[sec]에서 입력 메시지 신호 $m(t) = \cos 2\pi t$에 백색 가우시안 잡음이 섞였을 때의 신호의 파형을 그려라. 이때 정규분포 백색 잡음에 대한 신호 대 잡음 비율은 10[dB]이고 샘플링 주파수 $f_s = 500$[Hz]이다.

배경지식

■ awgn

입력 메시지 신호가 주어졌을 때 백색 가우시안 잡음을 추가하는 awgn 함수의 기본 형태는 다음과 같다.

```
y = awgn(x, snr)
```

- **x** : 입력 메시지 신호
- **snr** : 신호 대 잡음 비율

풀이

```
Command Window
>> fs = 500; ❶
>> t = 0:1/fs:6;
>> snr = 10; ❷
>> m_t = cos(2*pi*t); ❸
>> m_awgn = awgn(m_t, snr); ❹
>> plot(t, m_awgn,'b');
>> xlabel('Time (Sec)');
>> ylabel('Amplitude');
>> title('Signal after AWGN');
>> grid on;
```

그림 12-31 백색 가우시안 잡음이 섞인 신호 그리기 코딩 결과

❶ 샘플링 주파수를 지정한다.

❷ 균일분포 백색 잡음과 백색 가우시안 잡음에 대한 신호 대 잡음 비율을 지정한다.

❸ 입력 메시지 신호 $m(t)$를 지정한다.

❹ awgn 함수를 이용하여 백색 가우시안 잡음을 추가한다.

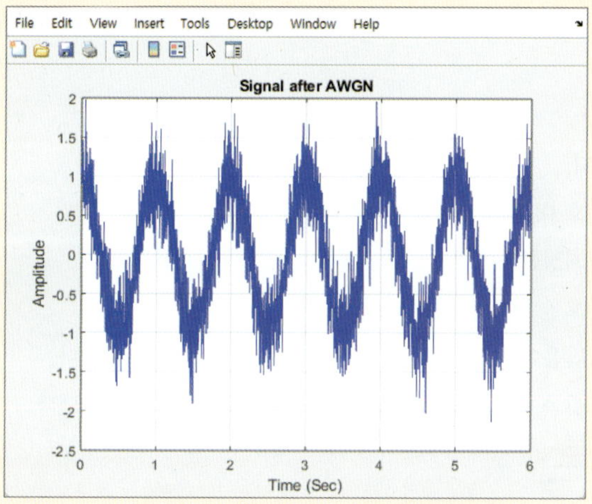

그림 12-32 백색 가우시안 잡음이 섞인 신호 그리기 실행 결과

예제 12-15

M-File Noise_Sig.m

$0 \le t \le 4$[sec]에서 입력 메시지 신호 $m(t) = \cos 2\pi t$에 균일분포 백색 잡음이 섞였을 때와 정규분포 백색 잡음이 섞였을 때의 신호 $s(t) = m(t) + A_n n(t)$의 파형을 각각 그려라. 샘플링 주파수 $f_s = 100$[Hz]이다. 이때 잡음의 크기 $A_n = \dfrac{\sigma_m / \sigma_n}{10^{SNR/20}}$이고 균일분포 백색 잡음에 대한 신호 대 잡음 비율은 5[dB], 정규분포 백색 잡음에 대한 신호 대 잡음 비율은 10[dB]이다.

풀이

```
fs = 100;  ❶
t = 0:1/fs:4;
m_t = cos(2*pi*t);  ❷
U_wn = rand(size(m_t))-0.5;  ┐
G_wn = randn(size(m_t));     ┘ ❸
U_snr = 5;  ┐
G_snr = 10; ┘ ❹
U_mag = (std(m_t)/std(U_wn))*(1/(10^(U_snr/20)));  ┐
G_mag = (std(m_t)/std(G_wn))*(1/(10^(G_snr/20)));  ┘ ❺
U_s = m_t+U_mag*U_wn;  ┐
G_s = m_t+G_mag*G_wn;  ┘ ❻
subplot(211);
plot(t,m_t,t,U_s);  ❼
xlabel('Time (sec)');
ylabel('Amplitude');
title('Uniform distribution with WN');
subplot(212);
plot(t,m_t,t,G_s);  ❽
xlabel('Time (sec)');
ylabel('Amplitude');
title('Normal distribution with WN');
```

그림 12-33 백색 잡음이 섞인 신호 그리기 코딩 결과

❶ 샘플링 주파수를 지정한다.

❷ 입력 메시지 신호를 지정한다.

❸ 균일분포 백색 잡음과 정규분포 백색 잡음을 생성한다.

❹ 균일분포 백색 잡음과 정규분포 백색 잡음에 대한 신호 대 잡음 비율을 지정한다.

❺ 균일분포 백색 잡음과 정규분포 백색 잡음의 크기를 지정한다.

❻ 균일분포 백색 잡음과 정규분포 백색 잡음이 섞인 신호를 생성한다.

❼ plot 함수를 이용하여 입력 메시지 신호와 균일분포 잡음이 섞인 신호를 그림 창 위쪽에 그래프로 나타낸다.

❽ plot 함수를 이용하여 입력 메시지 신호와 정규분포 잡음이 섞인 신호를 그림 창 아래쪽에 그래프로 나타낸다.

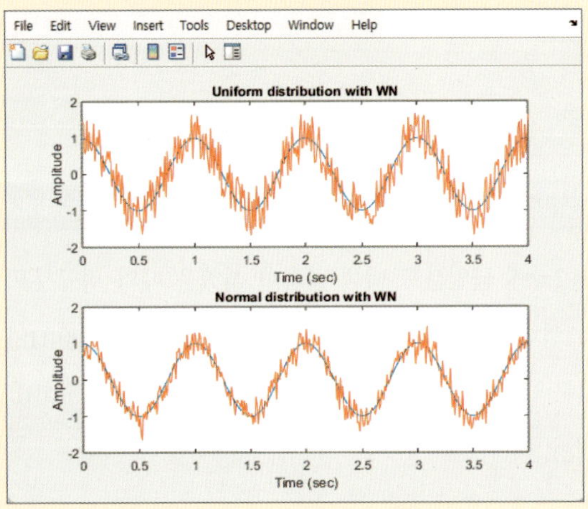

그림 12-34 백색 잡음이 섞인 신호 그리기 실행 결과

LESSON 05

디지털 변조

아날로그 변조가 연속 파형을 나타내는 방식이라면 디지털 변조는 0과 1을 사용하는 2진 전송 시스템으로, 아날로그 변조보다 용량이 커 더 많은 정보를 전송할 수 있다. 디지털 변조는 더 많은 정보 용량, 디지털 데이터 서비스와의 호환성, 데이터 보안의 우수성, 더 나은 통신 품질, 빠른 시스템 가용성이라는 장점을 갖는다. MATLAB 스크립트 파일을 작성하여 그래프를 통해 다양한 디지털 변조 방식의 차이를 살펴보자.

Keyword | 2진 진폭 천이 변조 | 2진 주파수 천이 변조 | 2진 위상 천이 변조 |

2진 진폭 천이 변조

진폭 천이 변조(Amplitude Shift Keying, ASK)는 가장 간단한 디지털 변조 방식으로, 아날로그 변조의 진폭 변조처럼 반송파의 진폭을 통해 이루어진다.

시간 $0 < t < T_b$에서 전송되는 심벌이 0인 파형은 $s_0(t)$를 사용하고 심벌이 1인 파형은 $s_1(t)$를 사용하는 경우 이 파형은 다음과 같이 나타낸다.

$$s_0(t) = 0 \qquad (12.19a)$$

$$s_1(t) = A\cos(2\pi f_c t) \qquad (12.19b)$$

여기서 f_c는 반송주파수이다.

예제 12-16 M-File ASK_Mod.m

진폭 천이 변조의 통신 시스템을 이용하여 무작위로 생성되는 30개의 심벌(0 또는 1)을 연속으로 $0 \le t \le 20$초 동안 전송할 때 반송파 $c(t) = \sin(2\pi t)$를 사용하여 기저 대역 신호와 진폭 천이 변조된 신호를 나타내라. 기저 대역과 진폭 천이 변조된 신호를 나타내기 위해 5000개의 샘플을 사용하라.

풀이

```
bin = round(rand(1,30)); ①
t = 0:0.01:20;
N = 5000; ②
x = 1:1:N;
b_t = ones(1,1); ③
for i = 1:20 ④
for j = i:0.1:i+1
b_t(x(i*100:(i+1)*100)) = bin(i);
end
end
b_t = b_t(100:2100); ⑤
c_t = sin(2*pi*t);  ⑥
s_t = b_t.*c_t;
subplot(211)
plot(t,b_t) ⑦
axis([0 20 -1.5 1.5]);
xlabel('Time (sec)');
ylabel('Amplitude');
title('Baseband Signal');
subplot(212)
plot(t,s_t) ⑧
axis([0 20 -1.5 1.5]);
xlabel('Time (sec)');
ylabel('Amplitude');
title('ASK Signal');
```

그림 12-35 기저 대역 신호와 진폭 천이 변조 그리기 코딩 결과

① 2진 심벌 30개를 무작위로 생성한다.

② 기저 대역과 진폭 천이 변조된 신호를 나타내기 위해 5000개의 샘플을 지정한다.

③ 순환할 때마다 데이터 구조의 크기가 점진적으로 늘어나는 for문은 MATLAB 성능과 메모리 사용에 좋지 않은 영향을 미칠 수 있으므로 사전 할당(preallocation)을 설정한다.

④ for문을 이용하여 100개의 샘플마다 무작위로 생성된 심벌을 지정한다.

⑤ 2진 데이터 10개에 대한 기저 대역을 구한다.

⑥ 주어진 반송파와 진폭 천이 변조 신호를 입력한다.

⑦ plot 함수를 이용하여 무작위 심벌을 이용한 기저 대역 신호를 그림 창 위쪽에 그래프로 나타낸다.

⑧ plot 함수를 이용하여 진폭 천이 변조 신호를 그림 창 아래쪽에 그래프로 나타낸다.

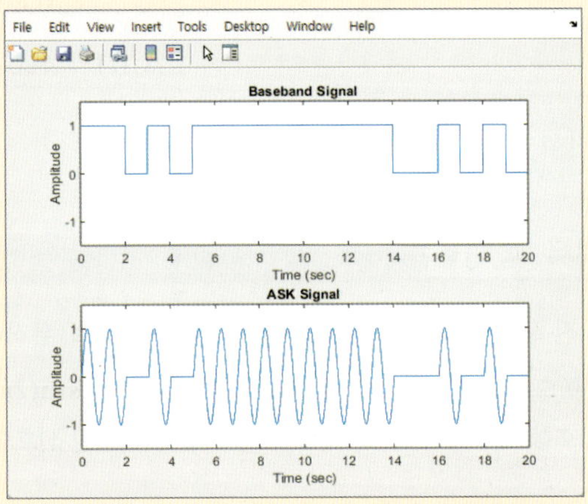

그림 12-36 기저 대역 신호와 진폭 천이 변조 그리기 실행 결과

rand 함수를 이용하여 무작위로 신호를 생성했으므로 DigiAsk.m 파일을 실행할 때마다 신호 형태가 달라진다. 심벌 0에 대한 부분은 0으로 변조되며, 심벌 1에 대한 부분은 반송파 형태로 변조된다.

2진 주파수 천이 변조

2진 주파수 천이 변조(Binary Frequency Shift Keying, BFSK)에서 부호 0과 1은 고정된 값만큼 다른 주파수를 가진 2개의 정현파 중 하나를 전송함으로써 서로 구별된다. 시간 $0 < t < T_b$에서 부호 0을 나타

내는 정현파 $s_0(t)$ 와 부호 1을 나타내는 정현파 $s_1(t)$ 의 쌍은 다음과 같다.

$$s_1(t) = \sqrt{\frac{2E_b}{T_b}}\cos(2\pi f_1 t) \tag{12.20a}$$

$$s_0(t) = \sqrt{\frac{2E_b}{T_b}}\cos(2\pi f_0 t) \tag{12.20b}$$

여기서 T_b는 심벌 기간, E_b는 비트당 전송된 신호에너지이다.

예제 12-17

M-File FSK_Mod.m

주파수 천이 변조의 통신 시스템을 이용하여 심벌 수가 10^5개인 디지털 데이터를 연속해서 전송하려고 한다. 디지털 데이터는 무작위로 동일한 확률을 가진 0과 1을 생성한다. 전송되는 데이터의 심벌 기간 $T_b = 1$[sec]이고 비트당 전송된 신호에너지 $E_b = 1.5$[W/bit]로 가정한다.

데이터를 변조하는 데 사용하는 2개의 반송파 중 부호 1을 전송하는 주파수는 $f_1 = \frac{1}{T_b}$이고 부호 0을 전송하는 주파수는 $f_2 = \frac{4}{T_b}$일 때 기저 대역 신호와 주파수 천이 변조된 신호를 그래프로 나타내라.

풀이

FSK_Mod.m

```
Ns = 10^5; Tb = 1; Eb = 1.5; ①
f1 = 1/Tb; f2 = 4/Tb;
fs = 4*f2; N = fs/Tb; ②
t = 0:1/fs:Ns*Tb;
bin = round(rand(1, Ns)); ③
b_t = zeros(1, length(t));
for i = 1:Ns ④
if bin(i) ⑤
b_t((1:N)+N*(i-1)) = 1;
end
end
s_t = zeros(1, length(t)); ⑥
for i = 1:Ns ⑦
if bin(i)
s_t((1:N)+N*(i-1)) = (sqrt(2*Eb)/sqrt(Tb))*cos(2*pi*f1.*t(1:N));
else
s_t((1:N)+N*(i-1)) = (sqrt(2*Eb)/sqrt(Tb))*cos(2*pi*f2.*t(1:N));
end
end
subplot(211)
plot(t(1:100), b_t(1:100)) ⑧
axis([0 6 -2 2]); ⑨
xlabel('Time (sec)');
ylabel('Amplitude');
title('Baseband Signal');
subplot(212)
plot(t(1:100), s_t(1:100))
axis([0 6 -2 2]);
xlabel('Time (sec)');
ylabel('Amplitude');
title('FSK Signal');
```

그림 12-37 기저 대역 신호와 주파수 천이 변조 신호 그리기 코딩 결과

❶ 심벌의 수와 심벌 기간을 지정하고 서로 다른 반송주파수 2개를 입력한다.

❷ 샘플링 주파수와 하나의 심벌에 대한 샘플의 수를 지정한다.

❸ rand 함수를 이용하여 디지털 데이터를 무작위로 생성한다. 메시지 신호는 종종 기저 대역 신호로 변환되며, 시간축의 샘플 수만큼 0으로 지정한다.

❹ for문을 이용하여 1부터 10^5까지 지정된 심벌의 수를 지정한다.

❺ if문을 이용하여 무작위로 생성된 디지털 데이터 값이 0이면 기저 대역 값을 0으로 유지하고 1이면 기저 대역 값을 1로 유지한다. 이때 16개 심벌 위치에 모두 0 또는 1을 연속으로 지정한다.

❻ 기저 대역 신호를 생성한 것과 동일한 방법으로 디지털 변조된 신호를 생성한다.

❼ for문을 이용하여 식 (12.20a)와 식 (12.20b)를 입력한다.

❽ 실제로 실행에 사용한 시간 영역의 전체 신호를 사용하지 않고 신호의 작은 구간 100개의 결과만 살펴본다.

❾ axis 명령어를 이용하여 100번째 시간값인 6.1875에 맞춰 축의 범위를 조정한다.

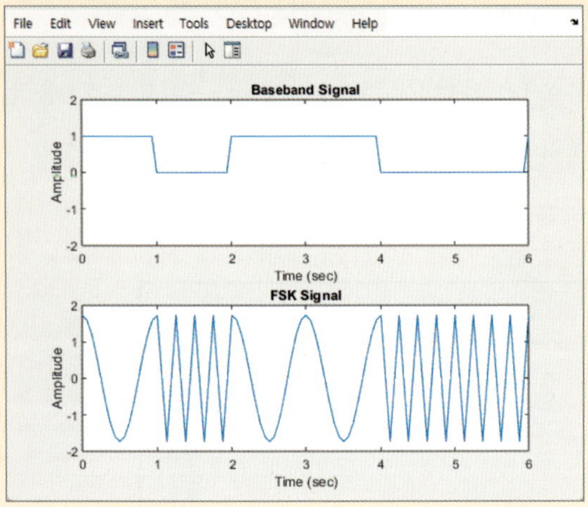

그림 12-38 기저 대역 신호와 주파수 천이 변조 신호 그리기 실행 결과

반송파 무작위 신호 생성을 사용했으므로 DigiFsk.m 파일을 실행할 때마다 신호 형태가 달라진다. 심벌 0에 대한 부분은 반송주파수 f_2를 가진 정현파 형태로 변조되며, 심벌 1에 대한 부분은 반송주파수 f_1을 가진 정현파 형태로 변조된다.

2진 위상 천이 변조

2진 위상 천이 변조(Binary Phase Shift Keying, BPSK)에서 부호 1은 0° 위상을, 0은 180° 위상 변화를 주어 전송함으로써 서로 구별되며, 따라서 전송 신호에 따라 신호의 극성이 결정된다. 2진 위상 천이 변조에서 심벌 1과 0을 나타내는 신호 $s_1(t)$와 $s_0(t)$는 다음과 같이 나타낸다.

$$s_1(t) = \sqrt{\frac{2E_b}{T_b}}\cos(2\pi f_c t) \tag{12.21a}$$

$$s_0(t) = \sqrt{\frac{2E_b}{T_b}}\cos(2\pi f_c t + \pi) = -\sqrt{\frac{2E_b}{T_b}}\cos(2\pi f_c t) \tag{12.21b}$$

여기서 $0 \le t \le T_b$이고 E_b는 비트당 전송된 신호에너지를, f_c는 반송주파수를 나타낸다. 이처럼 정현파의 한 쌍이 상대적으로 180° 위상 천이를 갖는 것을 정반대(antipodal) 신호라고 한다.

예제 12-18 　　　M-File BPSK_Mod.m

위상 천이 변조를 이용하여 심벌이 10^5개인 디지털 데이터를 연속해서 전송하려고 한다. 디지털 데이터는 무작위로 동일한 확률을 가진 0과 1을 생성한다. 전송되는 데이터의 심벌 기간 $T_b = 1$[sec], 비트당 전송된 신호에너지 $E_b = 1.5$[W/bit]로 가정하며, 데이터를 변조하는 데 사용하는 반송주파수는 $f_c = \dfrac{2}{T_b}$일 때 기저 대역 신호와 위상 천이 변조된 디지털 신호를 그래프로 나타내라.

풀이

BPSK_Mod.m

```
Ns = 10^5; Tb = 1; Eb = 1; ❶
fc = 2/Tb;
fs = 4*fc; N = fs/Tb; ❷
t = 0:1/fs:Ns*Tb;
bin = round(rand(1, Ns)); ❸
b_t = zeros(1, length(t));
for i = 1:Ns  ┐
if bin(i)     ┘❹
b_t((1:N)+N*(i-1)) = 1;
end
end
b_t = b_t*2-1; ❺
s_t = b_t.*(sqrt(2*Eb)/sqrt(Tb)).*cos(2*pi*fc.*t); ❻
subplot(211)
plot(t(1:100), b_t(1:100)) ❼
axis([0 12.5 -1.6 1.6]); ❽
xlabel('Time (sec)');
ylabel('Amplitude');
title('Baseband Signal');
subplot(212)
plot(t(1:100), s_t(1:100)); ❾
axis([0 12.5 -1.6 1.6]);
grid on;
xlabel('Time (sec)');
ylabel('Amplitude');
title('BPSK Signal');
```

그림 12-39 기저 대역 신호와 2진 위상 천이 변조 신호 그리기 코딩 결과

❶ 심벌 수와 심벌 기간을 지정하고 반송주파수를 입력한다.

❷ 샘플링 주파수와 심벌 하나에 대한 샘플의 수를 나타낸다.

❸ 무작위로 디지털 데이터 0과 1을 생성하고 시간축의 샘플 수만큼 기저 대역 신호를 0으로 지정한다.

❹ for문과 if문을 이용하여 심벌 수를 지정한다.

5 기저 대역 신호 1과 −1을 생성한다.

6 식 (12.21a)와 식 (12.21b)를 입력한다.

7 무작위로 생성한 디지털 데이터를 그림 창 위쪽에 그래프로 나타낸다. 실제로 실행에 사용한 시간 영역의 전체 신호를 사용하지 않고 신호의 작은 구간 100개의 결과만 살펴본다.

8 axis 명령어를 이용하여 100번째 시간값인 12.3750에 맞춰 축의 범위를 조정한다.

9 2진 위상 천이 변조 결과를 그림 창 아래쪽에 그래프로 나타낸다.

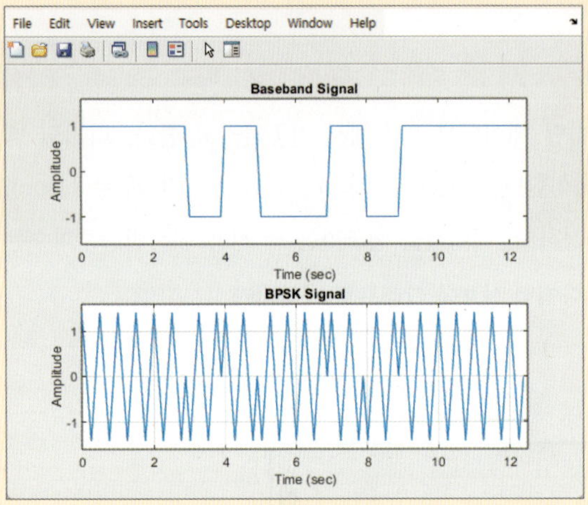

그림 12-40 기저 대역 신호와 2진 위상 천이 변조 신호 그리기 실행 결과

rand 함수가 무작위로 신호를 생성하므로 DigiPsk.m 파일을 실행할 때마다 신호 형태가 달라진다. 심벌 0에 대한 부분은 반송파가 180° 위상 천이를 가진 정현파 형태로 변조되며, 심벌 1에 대한 부분은 반송파와 같은 정현파 형태로 변조된다.

LESSON 06

아날로그-디지털 변환

아날로그 신호를 편리하게 처리, 통신, 저장하기 위해 디지털 신호로 바꾸는 과정을 아날로그-디지털(Analog/Digital, A/D) 변환이라고 한다. A/D 변환은 연속 신호를 이산 신호로 바꾸는 샘플링, 이산 신호를 특정한 레벨 값으로 지정하여 디지털 신호로 만드는 양자화, 디지털 신호를 디지털 시스템 처리 방식에 적합한 코드로 표현하는 부호화로 이루어진다. MATLAB 스크립트 파일로 작성된 반올림 양자화기(quantizer)를 사용하여 양자화된 신호를 실행해보자.

Keyword | A/D 변환 | 양자화 |

양자화

양자화(quantization)는 샘플링으로 얻은 이산 신호를 크기에 대해 이산화하여 시간과 크기를 모두 디지털 신호로 바꾸는 과정이다. 디지털 시스템에서 b비트 신호를 처리할 때는 신호를 2^b개의 레벨로 나누고 원래 신호의 값을 반올림한 양자화 레벨 값으로 대치한다. 이 과정에서 발생하는 정보의 손실인 양자화 오차는 디지털 시스템의 성능을 떨어뜨리는 원인이 된다.

예제 12-19 M-File Quantizer.m

정현파 신호 $x(t) = \cos 2\pi t$를 주기당 1000개의 표본으로 샘플링하여 2비트와 4비트 반올림 양자화기로 양자화한 각 신호를 그래프로 나타내라.

풀이

Quantizer.m

```
b1 = 2; b2 = 4; ❶
t = 0:0.001:2;
x_t = cos(4*pi*t);
f_R = max(x_t)-min(x_t); ❷
q1_L = 2^b1;  q2_L = 2^b2; ❸
q1_d = f_R/q1_L;  q2_d = f_R/q2_L;
x1_q = q1_d*round(x_t/q1_d);  ┐
x2_q = q2_d*round(x_t/q2_d);  ┘❹
subplot(211);
plot(t,x_t,'b',t,x1_q); ❺
axis([0 2 -1.2 1.2]);
xlabel('Time (sec)');
ylabel('Amplitude');
title('2 bits Quantizer');
subplot(212);
plot(t,x_t,'b',t,x2_q); ❻
axis([0 2 -1.2 1.2]);
xlabel('Time (sec)');
ylabel('Amplitude');
title('4 bits Quantizer');
```

그림 12-41 양자화 신호 그리기 코딩 결과

❶ 서로 다른 양자화기의 비트 수를 지정한다.

❷ 신호의 전체 구간을 지정한다.

❸ 비트 2개에 대한 양자화 레벨의 수와 양자화 간격을 계산한다.

❹ 샘플링된 이산 정현파 신호의 값을 양자화 간격으로 나눈 후 round 함수를 이용하여 반올림하면 양자화 레벨을 얻는다. 여기에 양자화 간격을 곱하여 양자화한 신호를 얻는다.

❺ plot 함수를 이용하여 원래 신호와 3비트 양자화 결과를 그림 창 위쪽에 그래프로 나타낸다.

❻ plot 함수를 이용하여 원래 신호와 4비트 양자화 결과를 그림 창 아래쪽에 그래프로 나타낸다.

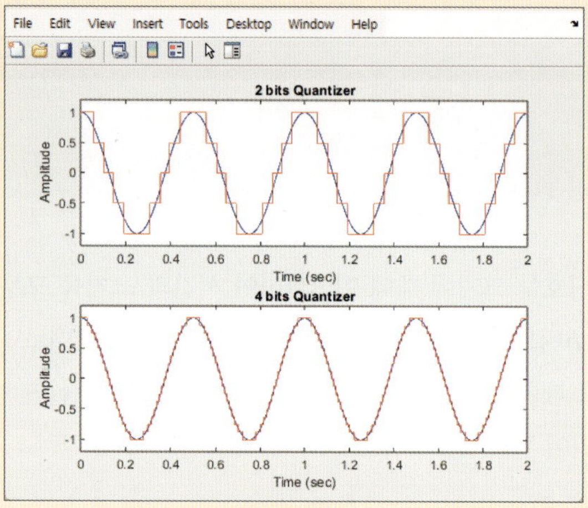

그림 12-42 양자화 신호 그리기 실행 결과

양자화한 신호에서는 정현파 신호의 값이 바로 샘플링된 이산 정현파 신호이므로 양자화 전후의 차이를 잘 살펴볼 수 있다. 유한 개의 비트로 연속적인 값을 나타내는 것은 양자화 오차의 근본적인 원인이므로 비트 수를 증가시키면 오차를 줄일 수 있다. 단, 비트 수는 다른 문제들과 결부되어 있으므로 무조건 늘릴 수만은 없다.

CHAPTER

13

인공지능

CONTENTS

LESSON 01 인공지능의 개요

LESSON 02 머신러닝 및 딥러닝의 기본 개념

LESSON 03 MATLAB 예제로 이해하는 신경망

LESSON 01

인공지능의 개요

인공지능은 인간처럼 사고하고 행동을 모방하도록 프로그래밍된 기계(머신)를 통해 인간의 지능을 시뮬레이션하는 것을 말한다. 또한 인간의 생각과 관련된 특성을 나타내는 모든 머신에 적용될 수 있고 컴퓨터 과학의 개념에서 머신 스스로 생각하고 결정하는 컴퓨터의 지능을 의미하기도 한다. 이러한 인공지능은 개발을 위한 일반 범주와 하위 부분의 개념으로 이해할 수 있는 딥러닝 및 머신러닝을 포괄적으로 포함한다. 인공지능의 전반적인 개요와 실제 생활에서 쓰이는 예시를 살펴보자.

Keyword | 인공지능 | 자연어 이해 | 컴퓨터 비전 | 머신러닝 |

인공지능의 소개

요즘 학문과 산업 분야에서 가장 화제인 주제는 인공지능(Artificial Intelligence, AI)이다. 인공지능은 인간의 지능적인 행동을 컴퓨터에서 인식하는 방법을 학습(러닝)하는 연구 분야로, 궁극적인 목표는 컴퓨터 스스로 학습하고 계획하고 문제를 해결할 수 있도록 하는 것이다. 아직은 모든 면에서 인간을 넘어설 수 있는 지능적인 컴퓨터를 만들 수는 없지만, 1년 365일 끊임없이 운영 가능하다는 측면에서 언젠가는 인공지능이 내장된 컴퓨터가 인간을 뛰어넘을 것으로 예측해볼 수 있다.

인공지능의 주요 연구 주제는 문제 풀이와 추론, 계획, 자연어(natural language) 이해, 컴퓨터 비전, 자동 프로그래밍, 머신러닝 등을 포괄하며, 이 주제들은 서로 밀접한 관계가 있다. 예를 들어 학습을 통해서 얻은 지식은 문제 풀이와 추론 양쪽에 사용할 수 있다. 자연어 이해와 컴퓨터 비전은 패턴 인식(pattern recognition) 분야에서 개발된 방법을 이용하여 풀 수 있다. 인공지능 컴퓨터는 머신러닝(Machine Learning, ML) 알고리즘을 활용하여 경험과 데이터를 기초로 선택된다. 머신러닝은 많은 것을 포괄적으로 다루는 부분적 개념들이 기술과 함께 진화하므로 용어 자체가 가끔 혼동을 부를 수 있지만 이러한 논의와 별개로 인공지능과 딥러닝에 매우 중요하다.

여기에서는 인공지능이 무엇인지 쉽게 이해할 수 있도록 가장 기본적인 인공지능의 개요를 살펴본다. 인공지능이라는 큰 테두리를 쉽게 이해할 수 있도록 개념부터 미래에 대한 예상까지 알아볼 것이다. 다소 무거운 느낌의 이론적 증명은 지양하고 정형화된 수식 표기는 가능하면 포함하지 않고 다양한 인공지능 기술, 머신러닝 모델을 구축하는 방법에 집중한다.

인공지능의 역사

인공지능에 대한 공식적인 연구는 1956년 미국 뉴햄프셔주 다트머스대학교(Dartmouth College)의 여름 연구 프로젝트 워크숍에서 비롯되었다. 1980년 중반까지 인공지능은 컴퓨팅 세계의 가장 큰 차세대 기술로 간주되면서 주요 컴퓨터 제조사가 인공지능 연구 프로젝트에 관여하였지만 1990년대 초 그 기세가

꺾이며 대부분 중단되었다. 반도체 칩의 현격한 발전이 없던 당시에는 불충분한 컴퓨터 프로세서 속도와 높은 메모리 비용, 느린 네트워킹 속도로 인해 용두사미 프로젝트로 변모하였기 때문이다.

인공지능 발전의 발목을 잡은 이러한 병목 현상은 인텔(Intel)의 공동 설립자인 고든 무어(Gordon Moore)가 주장한 반도체 메모리 칩의 성능, 즉 메모리 용량이나 중앙처리장치(Central Processing Unit, CPU)의 속도가 2년마다 2배씩 향상된다는 무어의 법칙(Moore's law)과 데이터 이동의 향상으로 제거되었다. 이로 인해 인공지능에 대한 관심이 다시 시작되었다.

지능 시스템 구축과 지능 행위를 위해 많은 부분에 이용되는 인공지능은 1996년 대학 교수 그룹이 제안, 창설하여 매년 열리는 국제 로봇 경쟁 대회인 RoboCup에서 시작되었다. 이 대회의 주요 목표는 엄청난 도전을 제공함으로써 로봇 기술과 인공지능 연구를 촉진하는 것이다. 인공지능을 이용한 최초의 체스 게임 컴퓨터인 딥블루(Deep Blue)는 1997년 당대 체스 1인자인 가리 카스파로프(Garry Kasparov)와 대결했다. 이후 2016년 구글 딥마인드(DeepMind)에서 개발한 바둑 컴퓨터 알파고(AlphaGo)와 프로바둑 기사 이세돌의 바둑 대결은 우리나라에서도 인공지능이 큰 주목을 끈 계기가 되었다.

인공지능의 역할

복잡한 세상을 슬기롭게 살아가려면 하루하루 엄청난 지식이 필요하다. 그런데 이러한 지식은 대부분 주관적이고 직관적이어서 다른 사람도 쉽게 이해할 수 있는 객관화된 일반적 지식으로 표현하기 어렵다.

인간의 경험을 통해 쌓은 지식 중에서 복잡한 것들을 공식화, 규정화할 필요가 있을 때 컴퓨터를 이용하면 복잡한 개념의 계층 구조를 학습시켜 간단한 개념을 얻을 수 있을 뿐만 아니라 인간의 수고도 더는 일석이조의 효과를 볼 수 있다. 결국 인공지능의 주요 도전 과제는 비정형적인 인간의 지식을 컴퓨터에 접목하여 정형화하는 것이 되었다.

인공지능의 응용

인공지능은 특정 목표나 정의되어 있는 작업을 완수할 가능성이 가장 높은 조치를 합리화하여 취할 수 있다. 나날이 진보하는 인간 사고에 대한 연구를 기반으로 인공지능은 더 이상 기본적인 계산만 수행하는 소수의 머신 개념이 아니게 되었다. 따라서 인공지능 기술 및 응용 프로그램은 무한한 가능성을 지니며, 운영 전선에서 최대 결과물을 생성하기 위해 다양한 분야와 산업에 적용할 수 있게 되었다.

예를 들어 인공지능은 환자에게 다양한 치료와 약물을 투여하고 수술실에서 외과적 절차를 수행하기 위해 테스트되고 사용된다. 인공지능을 활용하는 또 다른 사례로는 자율주행 자동차, 자동화 시스템, 체스 등의 게임을 할 수 있는 컴퓨터 등이 있다. 단, 인공지능 구현의 이러한 예는 각 작업이 최종 결과에 영향을 미치므로 결정을 내리기 전에 각 기계가 취하는 모든 작업 결과를 따져볼 필요가 있다. 자율주행 자동차의 경우 컴퓨터 시스템은 모든 외부 데이터를 고려하고 충돌을 방지하는 방식으로 작동하도록 계산해야 한다.

기술 분야뿐만 아니라 금융계에서도 인공지능의 다양한 예를 찾아볼 수 있다. 인공지능은 비정상적인 직불카드 사용 및 대규모 예금과 같은 은행 및 금융의 악의적 활동을 감지하고 표시하는 데 사용된다. 이러한 인공지능 응용 프로그램은 은행의 사기 예방 전담 부서가 고객이나 외부 당사자의 비정상적인 행동을 감지하는 데 도움을 준다. 인공지능은 무역업을 능률적으로 만드는 데도 사용되며, 종합적인 분석 알고리즘을 구축하여 증권의 공급, 수요, 가격을 쉽게 추정할 수 있게 한다.

이처럼 현실에서 인공지능은 많은 사람들이 알고 있는 것 이상으로 다양하게 응용된다. 인공지능은 더 이상 기초적 계산을 수행하는 몇 개의 기계를 의미하지 않으며, 수학, 컴퓨터 과학, 언어학, 심리학 및 더 많은 영역을 기반으로 하는 여러 학문 분야 간 접근을 통해 연결된다. 즉, 인공지능과 그 응용은 끝을 알 수 없다. 다양한 분야와 산업에 적용되어 운영 전선에서 최대한의 결과를 창출할 수 있다. 인공지능이 얼마나 다양한 측면과 분야에서 활용되는지 구체적인 사례를 살펴보자.

사례 13-1 5G용 인공지능

5G는 5세대 이동통신망 기술로 현재 상용화되어 사용 중인 이동통신 분야이다. 기존 이동통신망 기술인 LTE와 4G의 불편한 문제를 해결할 수 있는 고급 기능을 갖춘 5G 기술은 휴대전화를 4G보다 초고속으로 사용하게 해준다. 다만, 5G의 등장으로 이동통신망 기술이 진일보한 반면 더 복잡한 기술적 문제가 발생하게 되어 이동통신 서비스 제공업체는 인공지능 기술을 통신망에 통합할 필요성을 절감하고 있다. 따라서 전 세계 이동통신 서비스 제공업체는 인공지능의 광범위한 사용 계획을 수립한 상태이며, 일부 업체는 이미 인공지능을 활용한 기술을 구현했다. 이처럼 인공지능은 자본 지출 감소, 통신망 성능의 최적화, 새로운 수익원 창출에 중점을 두고 사용 중이며, 통신망 품질과 고객 개개인의 서비스를 향상하는 동시에 다양한 방법으로 고객 경험을 더 향상하는 터전을 마련할 것으로 기대된다.

사례 13-2 고객 맞춤형 온라인 쇼핑용 인공지능

사용자 경험을 개인화하는 것은 모든 주요 기술 대기업의 최신 목표가 되었으며, 전자상거래(e-commerce) 상점도 이에 뒤지지 않고 인공지능의 개인화 영역을 구현하는 가장 큰 플랫폼 역할을 하고 있다. 인공지능 기반 알고리즘을 사용한 최신 인공지능 응용 프로그램은 사용자들을 위한 구매 권장 사항과 여과 목록을 정리한다. 즉, 사용자의 최신 검색 기록을 검토하여 사용자 데이터를 수집하고 유용하거나 유사한 기준에 맞는 제품 목록을 생성하며, 사용자가 구매할 가능성이 있는 제품 목록을 작성한다. 예를 들어 사용자가 스마트폰을 구입했다면 인공지능 알고리즘은 스크린 가드, 후면 덮개, 이어폰 등 구매한 모델에 어울리는 다양한 추가 제품을 제안한다. 알고리즘이 고유하고 충분히 지능적이라면 호환되는 장치뿐만 아니라 연장 보증 계획, 손상 방지 계획 등과 같은 개인화된 제품을 제안하기도 한다. 이러한 개인화를 통해 사용자는 실제로 관심 있는 제품을 선택할 수 있다.

사례 13-3 은행용 인공지능

최근 은행들은 인공지능 기반 시스템 또는 소프트웨어를 채택하여 비정상 거래와 신용카드 사기를 감지하는 고객 지원 서비스를 제공하고 있다. 사기 방지에 특화된, 고도화된 은행용 인공지능 기계를 이용하면 카드 사용과 최종 접속을 추적하여 효과적으로 금융 사기를 예방할 수 있다. 즉, 은행은 거래 형태를 분석하여 이러한 단계를 추적할 수 있는 인공지능에 의존하게 된다.

사례 13-4 의료용 인공지능

인공지능을 이용하면 원본 의료 데이터에서 의미 있는 데이터 관계를 판별할 수 있으므로 다양한 의료 상황에서 진단, 치료, 결과 예측이 가능해진다. 따라서 인공지능은 신약 개발, 환자 관찰, 맞춤형 환자 치료 계획 등을 비롯해 거의 모든 의료 분야에 적용할 수 있는 잠재력이 있다. 인공지능은 건강 관련 전자기록 데이터와 비구조화된 데이터를 종합하여 환자 건강의 예후를 가능하게 하며, 의사는 환자의 치료를 위해 더 나은 결정을 내릴 수 있는 간결한 데이터를 얻게 된다.

의료 분야에서 인공지능이 어떻게 이용될 수 있는지 살펴보자. 인공지능은 구조화된 문서와 비구조화된 문서를 통해 환자의 과거 의료 기록에 명시된 문제를 식별할 수 있다. 이를 바탕으로 환자의 병력에 대한 치료 경력을 요약하고 환자의 기록에 대한 인지적 요약도 제공할 수 있다. 또한 인공지능은 환자 사이의 미묘한 임상적 유사성 척도를 식별할 수 있다. 이를 통해 연구자는 정적 환자 집단보다 동적 환자 집단을 생성함으로써 환자 집단에서 어떤 진료 방법이 더 나은지 판단하게 된다.

사례 13-5 지능형 자동차 및 주택용 인공지능

자율주행 자동차는 인공지능을 응용한 가장 흔한 예로 점점 더 안정적으로 자리잡고 있다. 구글의 자율주행 자동차부터 테슬라의 자동조정장치 기능까지 인공지능이 차량 산업의 표준 기술이 되는 것은 시간 문제일 것이다. 고급 딥러닝 알고리즘은 차량 주변 물체가 수행할 가능성을 정확히 예측할 수 있으며, 인공지능 시스템은 차량의 레이더, 카메라, GPS 및 클라우드 서비스에서 데이터를 수집하여 차량을 운전시키는 제어 신호를 생성한다. 몇몇 고급 차량에서는 인공지능 주차 시스템이 이미 제공되고 있다. 인공지능의 발전과 함께 완전히 자동화된 차량을 도로에서 자주 보게 될 날도 머지 않았을 것이다.

또한 실제 생활에서 가장 진보된 형태의 인공지능 응용 프로그램이 가정에서 구현되고 있으며, 하루가 다르게 지능화되고 있다. 지능형 출입문 자물쇠, 지능형 스위치 등 다양한 장치가 기존의 다양한 장치와 점점 호환되고 있어 지능형 주택 응용이 나날이 더 쉬워지고 있다. 지난 몇 년 동안 많은 지능형 장치가 고객의 행동 양식을 학습함으로써 에너지와 시간, 자원을 절약할 수 있게 되었고 비용 최적화 작업도 실현해 비용을 절감할 수 있다. 이러한 장치는 지능형 생활에 더 많은 도움을 주고 있다. 예를 들어보자. 온도조절장치 및 건물관리 시스템은 냉난방 자동화에 도움이 될 수 있다. 외부 기상 조건도 고려하면서 최적의 편안함을 위해 보일러를 언제 켜고 끌지를 학습하고 예측할 수 있는 것이다.

LESSON 02

머신러닝 및 딥러닝의 기본 개념

현재 인공지능은 학술과 산업 분야에서 가진 잠재력을 최대한 활용하면서 가장 큰 유행 중 하나로 자리 잡고 있으며, 앞으로 더 큰 인기를 끌 것으로 예상된다. 이러한 인공지능의 하위 분야인 머신러닝과 딥러닝의 개념을 살펴보자.

Keyword | 머신러닝 | 딥러닝 |

머신러닝의 개념

머신러닝(Machine Learning, ML)은 데이터에서 형식을 추출하는 알고리즘이나 방법을 사용하는 인공지능의 한 유형이다. 기계가 벡터나 행렬 같은 수치 형태로 나타내는 데이터로부터 학습하게 해주는 알고리즘과 기술의 집합인 머신러닝을 이용하면 결과 예측이나 결정이 가능하며, 경험으로 축적된 데이터를 이용하여 더 좋은 결과를 얻을 수 있다.

머신러닝의 가장 일반적인 응용은 패턴(pattern) 인식이다. 바로 뒤에서 학습할 지도학습(Supervised Learning, SL)을 사용한 머신러닝 알고리즘은 탄탄한 데이터 세트를 제공한다. 가장 일반적인 두 가지 학습 방법은 회귀(regression)와 결정 트리(decision tree)로, 이를 학습한 알고리즘은 프로그래머가 관심을 가진 조건을 식별하고 비슷한 조건을 미래에 탐색한다.

머신러닝 관련 기초 용어

지도학습

지도학습 또는 함수 근사는 단순한 데이터를 다양한 함수에 적합시키고 훈련하여 데이터를 분류한다. 지도학습은 지식 발견에 접근하는 베이지안(Bayesian) 방식을 채택하고 이전에 관찰된 사건의 확률을 사용하여 새로운 사건의 확률을 추론한다. 그러므로 훈련되고 분류된 모든 데이터는 올바르게 추측되어 원하는 최상의 목푯값에 근접하게 된다. 지도학습은 다음과 같은 두 가지 방법으로 분류된다.

- **분류(classification)** : 예측하려는 목표 변수가 이산값(discrete value)인 것을 예측하고 관측 결과를 범주로 지정한다.
- **회귀(regression)** : 예측하려는 목표 변수가 연속값(continuous value)인 것을 예측한다.

자율학습

지도학습과 반대로 자율학습(Unsupervised Learning, UL) 또는 비지도학습은 목푯값을 알지 못하는 상태에서 데이터를 관찰한다. 목표가 없다는 것은 아무것도 예측할 수 없다는 것을 의미한다. 기술 개발에 의해 기하급수적으로 늘어나는 데이터에 올바른 대답을 모두 줄 수 없기 때문이다. 자율학습은 레이블이 없는 자료 집합으로부터 추상적 개념을 이끌어내고 새로운 자료에 적용하므로 레이블이 없는 데이터를 다루기 위해 제안된다. 웹에서 보여주는 다양한 뉴스 기사 중에서 특정 기사를 모아 그룹화하는 것은 자율학습을 이용하는 대표적인 예이다. 대규모 자료를 토대로 새로운 정보를 찾아내는 자율학습은 데이터 마이닝(data mining)이라고 한다. 자율학습은 다음과 같이 분류된다.

- **레이블(label)** : 일련화된 희소(sparse) 벡터에서 나온 출력을 각 행에 대한 레이블로 나타낸다.
- **특징(feature)** : 머신러닝에서 하나의 개체 또는 행을 표본 또는 자료점이라고 하고 표본의 속성을 나타내는 열을 특징이라고 한다. 특징은 원본 데이터로부터 직접 가져올 수 있지만 대부분의 경우 원본 입력 데이터를 모델링에 좀 더 적합한 형식으로 가져오기 위해 숫자로 변환하여 사용한다. 특징을 활용하면 다른 관측 결과를 서로 비교해 구별할 수 있다.
- **클러스터링(clustering)** : 유사성 등의 개념에 기초하여 데이터를 몇몇 그룹으로 분류하는 방법이다. 즉, 거리 측정을 사용하고 반복적으로 유사한 항목을 함께 더 가깝게 만든다. 클러스터링 알고리즘은 자료가 공간에 배치되는 방법에 따라 집단화되며, 자료점 사이의 근접성 측정을 나타내는 메트릭(Metric)에 의존한다.

준지도학습

준지도학습(Semi-Supervised Learning)은 지도학습과 매우 비슷하지만 일부 데이터는 자율학습처럼 목푯값을 알지 못한다. 예를 들어 의료용 자료로부터 수많은 환자 데이터를 쉽게 얻을 수 있지만 환자의 증상에 대한 결과까지 얻는 경우는 극히 드물다.

강화학습

강화학습(Reinforcement Learning, RL)은 소프트웨어 에이전트가 누적 보상 개념을 최대화하기 위해 환경에 적절한 조치를 취하는 방법과 관련된 것을 학습하는 머신러닝의 한 영역이다. 강화학습은 단지 좋고 나쁘다는 식으로 결과를 간접적으로 피드백할 뿐 결과에 대한 정확한 답은 제시하지 않으며, 이때 피드백이 지연될 수 있다.

인공지능과 머신러닝의 관계

인공지능은 기계가 인간의 행동을 모방할 수 있게 해주는 기술이며, 머신러닝은 경험을 쌓고 시간이 지남에 따라 개선되는 통계적 방법을 사용하는 인공지능의 하위 분야이다. 인공지능이 감지, 추론, 학습할 수 있다면 머신러닝은 결과만 예측할 수 있다. 또한 머신러닝은 데이터 양식의 차이를 식별할 수는 있지만 실제로 무엇을 수행하는지는 이해하지 못한다. 따라서 인공지능은 다른 분석 방법과 함께 머신러닝의 결과를 사용하여 일정 수준의 지능에 도달한다.

머신러닝은 어떤 것에 대한 진실 또는 거짓이라는 2진 결정을 내리는 역할을 한다. 시간이 지날수록 결정을 내리는 데 사용하는 방법이 개선되어 그 결정이 올바른 것이라는 확신이 더 커진다. 사진 속 인물이 누구인지 확인하는 얼굴 인식은 머신러닝의 전형적인 예이다. 반면 인공지능은 많은 입력의 조합된 결정을 사용하여 모든 입력을 개선한다. 예를 들어 다른 사람과 함께 사진에 자주 등장한다면 인공지능은 결정 과정을 개선하기 위해 머신러닝 알고리즘을 갱신하게 된다.

머신러닝과 인공지능은 제조업 성공의 열쇠가 될 것이며, 더 많은 데이터를 수집하는 기능과 분석 도구를 사용하면 더 빨리 더 나은 결정을 내릴 수 있을 것이다. 이를 통해 운영 효율과 사업 효율이 크게 향상될 것이다. 예를 들어 품질을 유지하면서 효율성을 극대화하는 등 다른 값을 제한하면서 특정 매개변수를 최적화하여 처리 과정을 개선할 수 있다.

또한 다양한 시장 상태에서 구매 결정을 최적화할 수 있다. 단, 이들을 구현하기 위해서는 상당한 양의 계산 능력을 갖춘, 클라우드(Cloud) 구조를 갖춘 시스템을 미리 확보할 필요가 있다. 클라우드 아키텍처(Cloud Architecture)는 응용 요구사항에 맞게 확장할 수 있으므로 살펴보는 것이 바람직하다.

딥러닝의 개념

복잡한 계층 구조를 그래프로 시각화하면 많은 층을 깊이 있게 보여줄 수 있는데, 이러한 접근을 인공지능 딥러닝(Deep Learning, DL)이라고 부른다. 계층적 학습(Hierarchical Learning) 및 심화 구조 학습이라고도 부르는 딥러닝은 2006년 이후 머신러닝에서 새롭게 떠오르는 연구 분야로 자리 잡고 있으며, 머신러닝과 함께 인공지능의 핵심 요소로 광범위한 분야로 확대되어 영향을 미치고 있다. 이처럼 딥러닝의 인기가 확대된 것은 급속히 향상된 반도체 칩 처리 능력과 훈련에 사용되는 빅데이터 크기의 증가, 머신러닝, 신호 및 정보 처리의 급격한 발전 덕분이다.

딥러닝은 머신러닝 연구의 새로운 영역으로, 머신러닝을 목표에 더 가깝게 접근시킬 목적으로 개발되었다. 따라서 딥러닝은 머신러닝의 알고리즘과 유사한 기능을 가진 머신러닝의 하위 집합으로 간주된다. 그러나 이러한 알고리즘에서 여러 계층의 데이터 해석이 필요한 경우에는 인공 신경망(Artificial Neural Networks, ANNs) 알고리즘을 사용한다. 딥러닝은 이러한 인공 신경망의 알고리즘을 기반으로 하며, 신경망, 인공지능, 그래픽 모델, 최적화, 패턴 인식, 신호 처리와 같은 연구 분야의 교차점이 된다.

머신러닝과 딥러닝의 특징

머신러닝은 인간의 간섭 없이 구조화된 데이터를 통해 스스로 원하는 결과를 생성할 수 있는 알고리즘 작성과 관련된 인공지능의 하위 분야이다. 이러한 머신러닝의 하위 분야인 딥러닝의 알고리즘에는 여러 계층이 있으며, 이 각 계층들은 제공하는 데이터에 대해 다른 해석을 제공한다.

머신러닝 알고리즘은 레이블(Label)이 지정된 데이터를 필요로 하므로 대량의 데이터가 포함된 복잡한 질문(Query)을 해결하는 데 적합하지 않아 이 경우 큰 규모에 적합한 딥러닝 네트워크를 활용한다. 단, 딥러닝은 네트워크가 처리하는 층의 수, 계층 및 개념의 수를 고려하면 단순한 계산보다 복잡한 계산 수행에만 적합하다는 특징이 있다.

이러한 인공지능의 하위 분야는 실제로 모든 형태의 '지능'을 제공하기 위해 데이터 위주로 돌아간다. 그러나 딥러닝은 기존 머신러닝 알고리즘보다 훨씬 많은 데이터를 필요로 한다. 백만 개 이상의 자료점에 노출될 때 신경망 층 내에서 가장자리(개념, 차이)만 식별할 수 있기 때문이다. 반면 머신러닝 알고리즘은 기준이 정의된 사전 프로그래밍을 통해 학습할 수 있다.

딥러닝과 머신러닝의 주요 차이점은 데이터가 시스템에 표시되는 방식에 있다. 머신러닝 알고리즘은 거의 항상 구조화된 데이터를 필요로 하지만, 딥러닝 네트워크는 계층에 의존한다. 또한 머신러닝 알고리즘은 레이블이 지정된 데이터를 이해하여 작업을 '학습'한 후 더 많은 데이터 세트를 사용하여 추가 결과를 생성하는 데 사용하도록 구축된다. 그러나 실제 결과가 원하는 결과가 아니면 인간의 개입을 통해 재훈련을 받아야 한다. 반면 딥러닝 네트워크는 신경망의 중첩 계층이 다른 개념의 계층을 통해 데이터를 입력하고 오류를 통해 자체적으로 학습하기 때문에 인간의 개입이 불필요하다. 그러나 데이터의 품질이 좋지 않으면 이러한 결과도 결함이 생길 수 있다.

그렇다면 머신러닝 대신 딥러닝을 언제 사용하는 것이 좋을까? 딥러닝 네트워크를 훈련하기 위한 하드웨어 및 소프트웨어를 구동하기 위해 많은 전산 자원과 비용을 쓸 수 있다면 딥러닝 사용을 권한다. 해석을 유도할 데이터가 많을 때 머신러닝을 이용하면 오히려 너무 복잡하게 해결해야 하기 때문이다.

LESSON 03

MATLAB 예제로 이해하는 신경망

신경망은 인간의 뇌 행동을 반영하여 컴퓨터 프로그램이 인공지능, 머신러닝, 딥러닝 분야에서 패턴을 인식한 후 일반적인 문제를 해결할 수 있도록 한다. 인공 신경망 또는 시뮬레이션 신경망으로도 알려진 신경망은 이러한 딥러닝 알고리즘의 핵심이다. 신경세포를 간단한 수학적 함수로 모델화하는 활성화 함수를 살펴보자.

Keyword | 신경망 | 신경망 계층 | 활성화 함수 | purelin | hardlim | logsig | tansig | elliotsig |

신경망의 개념

초기 인공지능에서 다루려던 학습 알고리즘은 학습이 뇌의 신경망(neural network)을 따라 어떻게 발생할 수 있는가를 유형화하는 생물학적 학습의 계산 모델이었다. 그 결과 딥러닝을 인공 신경망이라고도 부르게 되었다. 인공 신경망은 복수의 계층에서 이전 데이터를 이용하여 학습한 후 어떻게 분류하고 예측할지를 가르친다.

신경망은 함수 적합 문제에 매우 유용하다. 신경세포(neuron)라는 충분한 원소를 내포하는 신경망은 임의의 정확도로 모든 데이터를 적합시킬 수 있다. 따라서 신경망은 비선형 문제를 해결하는 데 매우 적합하다. 인공 신경망은 입력 계층, 하나 이상의 은닉 계층 및 출력 계층을 포함한 노드 계층으로 구성되며, 각 노드 또는 인공 신경세포는 다른 노드에 서로 연결되며 연관된 가중치와 임계치를 갖는다. 개별 노드의 출력이 지정된 임계치보다 높으면 해당 노드가 활성화되어 네트워크의 다음 계층으로 데이터를 전송한다. 그렇지 않으면 네트워크의 다음 계층에 데이터가 전달되지 않는다.

신경망 관련 기초 용어

신경세포

신경세포는 신경망의 계산적 단위이다. 뇌에 있는 신경세포는 입력과 자극을 처리하고 이해하기 위한 네트워크에서 함께 작용한다. 또한 신경세포는 활성화 함수에 둘러싸인 가중 선형 조합으로, 인공 신경세포는 퍼셉트론 전구체(precursor)와 비슷하지만 신경망에서 계층의 특정 목적에 의존하는 서로 다른 활성화 함수를 가지고 있다. 신경세포는 활성화 함수를 이용하여 숫자 입력을 다음 신경망의 신경세포 계층으로 전달하는 매우 간단한 원소이다. 신경망에서 신경세포는 노드(node)와 동일한 개념으로 사용된다.

신경세포 가중치

신경세포 가중치(weight)는 신경세포 사이의 연결 세기를 나타낸다. 가중치는 입력이 출력에 미치는 영향을 결정한다. 가중치가 0에 가까운 값이면 입력 데이터를 바꾸어도 출력이 바뀌지 않는다. 신경망에서 가중치는 매개변수와 동일한 개념으로 사용된다.

신경세포 편차

신경세포 편차(bias)는 원본 데이터를 훈련하기 이전에 신경망 모델을 평가하기 위한 통계적 개념이다. 신경망에서 편차는 상쇄(offset)와 동일한 개념으로 사용된다.

퍼셉트론

신경망에서 다루는 퍼셉트론(perceptron)은 활성화 함수에 대한 헤비사이드 계단함수(Heaviside step function)를 사용하는 신경세포로 간주된다. 퍼셉트론은 2진 분류(binary classification)를 사용하여 입력과 출력 관계를 간단히 보여주는 모델이다. 따라서 기본 선형 분류기로서 단일 계층 퍼셉트론은 피드포워드 신경망 계열의 가장 간단한 형태로 간주할 수 있다.

피드포워드 망

피드포워드(feedforward) 망은 계층(layer)이 연속적으로 연결된 구조이다. 첫 번째 계층은 망 입력에서 연결되고 각각의 후속 계층은 바로 앞에 있는 계층과 연결된다. 망의 출력은 마지막 계층과 연결된다. 대부분의 딥 신경망은 피드포워드 방식이지만 출력에서 입력, 즉 반대 방향으로 이동하는 역전파를 통해 모델을 훈련할 수 있다. 역전파를 통해 각 신경세포와 관련된 오류를 계산하고 속성을 부여하여 알고리즘을 적절히 조정하고 맞출 수 있다.

신경망 계층 요약

입력 계층

설계된 신경망에서 입력되는 벡터 데이터는 입력 계층(input layer)에서 처음으로 사용된다. 일반적으로 입력 계층의 신경세포 수는 신경망의 입력 특성과 동일하다. 고전적인 피드포워드 신경망의 입력 계층은 다음에 이어진 은닉 계층(hidden layer)과 연결된다. 입력은 표준형(standard)과 대칭형(symmetric)으로 분류된다.

은닉 계층

은닉 계층은 입력 계층과 출력 계층(output layer) 사이에 위치한다. 순방향으로 전달되는 피드포워드 신경망에서는 은닉 계층이 다중 계층이 된다. 은닉 계층은 신경망이 비선형 데이터를 모델화하는 것을 허용한다.

출력 계층

신경망 모델의 출력 계층은 입력 계층의 입력을 기반으로 한 출력 결과를 얻는다. 최종 출력 결과는 실숫값인 회귀 또는 확률의 집합인 분류로 나타낸다. 이는 출력 계층의 신경세포에서 사용되는 활성화 함수의 형태에 의해 제어된다.

활성화 함수

은닉 계층의 개념을 도입한 피드포워드 망을 이해하려면 은닉 계층 값을 계산할 필요가 있다. 신경세포의 행동을 통제하고 각각의 신경세포를 간단한 수학적 계단함수로 모델화하는 것을 활성화 함수(activation function)라고 한다. 활성화는 이전 각 계층으로부터 다음 계층으로 전달되는 값으로, 이 값은 각 신경세포의 활성화 함수의 출력이다. 신경망에서 입력의 전송은 선행 전파라고 하므로 활성화 함수를 전달함수라고 부르기도 한다.

활성화 함수에서 입력 및 가중치와 추정치의 차이를 나타내는 편차의 조합을 변환한 결과는 다음 노드 계층의 입력이 된다. 모든 경우는 아니지만 신경망에 사용되는 많은 비선형 변환은 데이터를 0에서 1 또는 −1에서 1과 같은 편리한 범위로 변환한다. 신경세포가 0이 아닌 값을 다른 신경세포에 전달할 때 이를 '활성화되었다'고 한다. 활성화 함수의 큰 장점은 각 계층에 입력되는 값을 완충하는 방법으로 사용한다는 것이다.

신경망에서 자주 사용하는 다양한 활성화 함수를 살펴보자.

purelin

선형 전달함수 purelin은 원점을 통과하는 직선방정식을 보여주며, 함수의 정의는 다음과 같다.

$$f(x) = x \tag{13.1}$$

입력 벡터 $\mathbf{x}$에 대하여 $m \times n$ 행렬을 반환하는 purelin 함수의 기본 형태는 다음과 같다.

F = purelin(x)

- **F** : 선형 전달함수 행렬
- **x** : 입력 벡터

신경망의 i 번째 계층에 purelin 전달함수를 지정하는 기본 형태는 다음과 같다.

net.layers{i}.transferFcn = 'purelin'

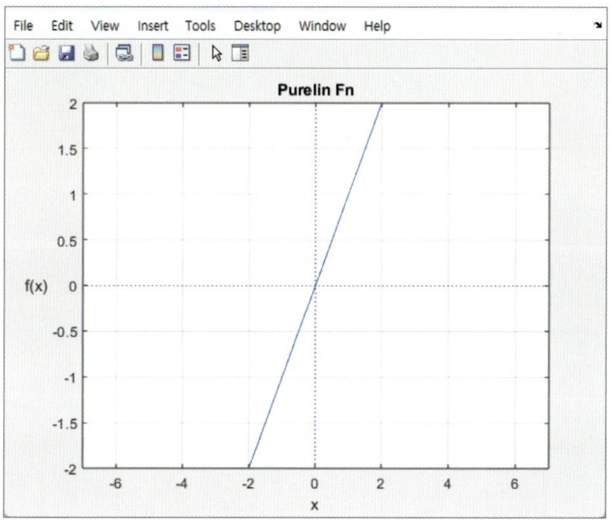

그림 13-1 purelin 함수 실행 결과

hardlim

하드 제한(hard limit) 함수는 단위계단함수와 동일한 특성을 지닌 함수로, 총 입력이 임곗값에 도달하면 신경세포는 1을 출력하고 그 외의 경우 0을 출력한다. 이 함수는 도함수의 임곗값이 존재하지 않는다. hardlim 함수의 정의는 다음과 같다.

$$f(x) = \begin{cases} 1 & (x \geq 0) \\ 0 & (x < 0) \end{cases} \tag{13.2}$$

입력 벡터 **x**에 대하여 출력행렬 **A**를 반환하는 hardlim 함수의 기본 형태는 다음과 같다.

A = hardlim(x)

- **A** : 출력행렬
- **x** : 입력 벡터

신경망의 *i* 번째 계층에 hardlim 전달함수를 지정하는 기본 형태는 다음과 같다.

```
net.layers{i}.transferFcn = 'hardlim'
```

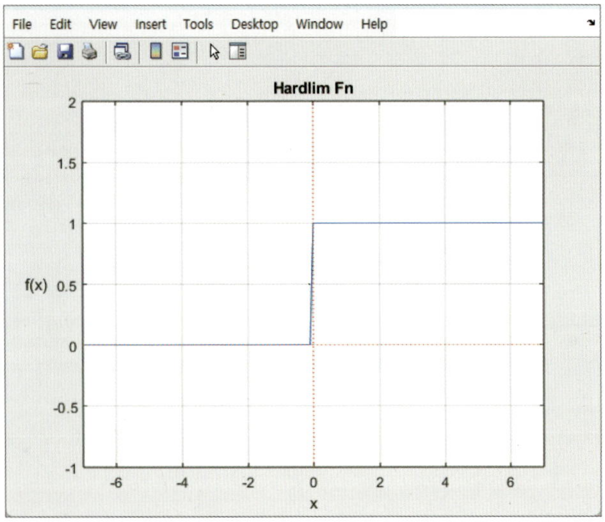

그림 13-2 hardlim 함수 실행 결과

logsig

딥러닝에서 입문 활성화 장치 역할을 하는 시그모이드(sigmoid) 함수는 로지스틱 회귀 분석과 기본 신경망 구현에 사용된다. 로그 시그모이드(log-sigmoid) 함수는 구간 $[-\infty, +\infty]$에서 구간 $[0, 1]$ 사이의 신경세포 입력을 매핑(mapping)하는 데 사용된다. 이 함수는 역전파 학습으로 훈련되는 신경세포에 적합하게 미분 가능한 함수이므로 선형 함수에 반대되는 개념으로 비선형 함수라고 부른다.

시그모이드 함수 및 이 함수의 미분은 단순하여 신경망 모델 구현에 필요한 시간을 단축시키는 데 도움이 되지만 짧은 구간에서 미분이 실행되어 정보 손실과 같은 결점이 발생한다. 이런 이유로 시그모이드 함수는 고급 신경망에서는 별로 선호되지 않는 활성화 함수이다. 시그모이드 함수의 정의는 다음과 같다.

$$f(x) = \frac{1}{1+e^{-x}} \tag{13.3}$$

MATLAB에서 시그모이드 함수는 logsig 전달함수를 사용한다. 입력 벡터 **x**에 대하여 **x**의 원소를 구간 $[0, 1]$로 압축한 $m \times n$ 행렬을 반환하는 logsig 함수의 기본 형태는 다음과 같다.

A = logsig(x)

- **A** : 출력행렬
- **x** : 입력 벡터

신경망의 i 번째 계층에 logsig 전달함수를 지정하는 기본 형태는 다음과 같다.

net.layers{i}.transferFcn = 'logsig'

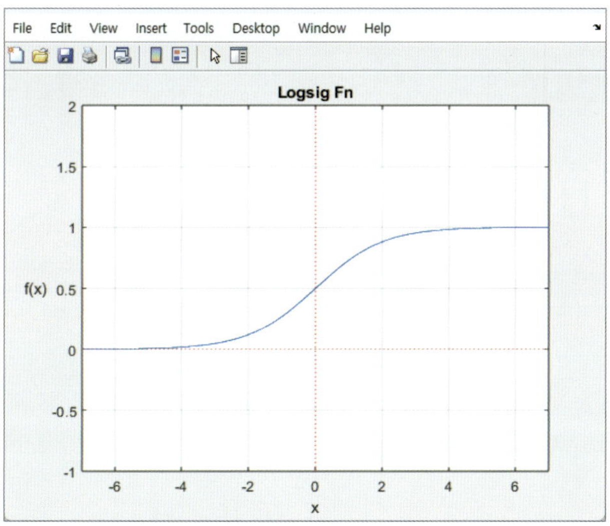

그림 13-3 logsig 함수 실행 결과

tansig

쌍곡선 탄젠트(hyperbolic tangent) 시그모이드 전달함수는 대수학의 쌍곡선 탄젠트 함수 tanh(x)와 동일한 특성을 가지고 있다. 다른 전달함수와 달리 전달함수의 정확한 모양은 중요하지 않고 속도가 더 중요하므로 신경망에서 반복시키는 훈련을 수렴시키기 위한 효율적인 절충 전달함수로 자주 사용한다. 쌍곡선 탄젠트 함수의 정의는 다음과 같다.

$$f(x) = \tanh(x) = \frac{e^x - e^{-x}}{e^x + e^{-x}} \tag{13.4}$$

MATLAB에서 쌍곡선 탄젠트 함수는 tansig 전달함수를 사용한다. 입력 벡터 **x**에 대하여 **x**의 원소를 구간 [−1, 1]로 압축한 $m \times n$ 행렬을 반환하는 tansig 함수의 기본 형태는 다음과 같다.

A = tansig(x)

- **A** : 출력행렬
- **x** : 입력 벡터

신경망의 *i* 번째 계층에 tansig 전달함수를 지정하는 기본 형태는 다음과 같다.

net.layers{i}.transferFcn = 'tansig'

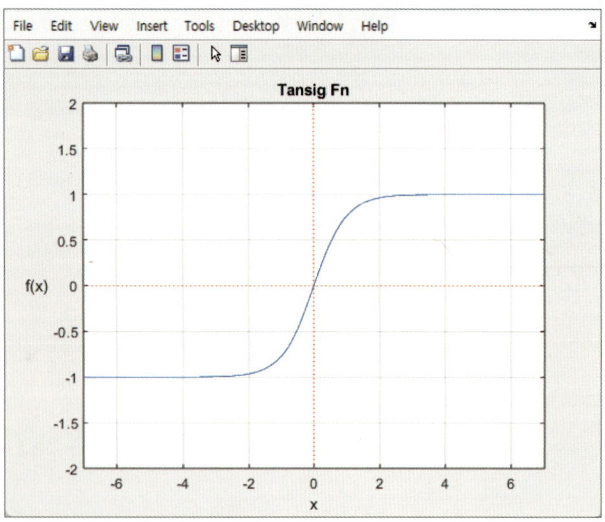

그림 13-4 tansig 함수 실행 결과

elliotsig

다른 시그모이드 함수와 비교하여 엘리엇 대칭 시그모이드 전달함수 elliotsig는 어떠한 지수함수나 삼각함수도 필요하지 않으므로 고성능이 아닌 컴퓨터에서도 계산이 매우 빠르다는 장점이 있지만 큰 입력에 대해서만 평평하므로 다른 시그모이드 함수만큼 지역적이지 않다는 단점이 있다. 이런 단점 때문에 동일한 정확성을 얻으려고 할 때 더 많은 훈련 반복과 신경세포가 필요할 수 있다. elliotsig 함수의 정의는 다음과 같다.

$$f(x) = \frac{x}{1+|x|} \tag{13.5}$$

각 입력 벡터의 원소 $\mathbf{x}$가 구간 $[-\infty, +\infty]$에서 구간 $[-1, 1]$까지 찌그러진 S자형 함수를 보여주는 elliotsig 함수의 기본 형태는 다음과 같다.

A = elliotsig(x)

- **A** : 출력행렬
- **x** : 입력 벡터

신경망의 i번째 계층에 elliotsig 전달함수를 지정하는 기본 형태는 다음과 같다.

```
net.layers{i}.transferFcn = 'elliotsig'
```

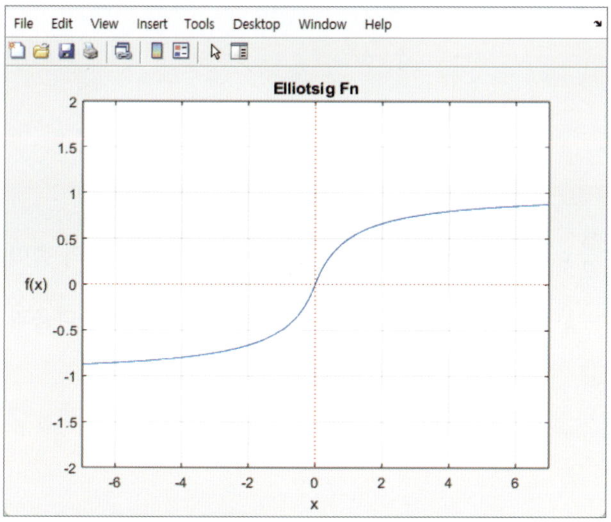

그림 13-5 elliotsig 함수 실행 결과

신경망의 분류

컨벌루션 신경망

컨벌루션 신경망(Convolutional Neural Network, CNN)은 하나 이상의 컨벌루션 계층으로 구성되어 있어 특히 영상(image)을 분류할 때 사용하기 좋은 구조이다. 완전히 연결된 신경망의 경우 각 구성 단위(unit)는 이전 계층의 모든 구성 단위에 연결되어 있다. 그러므로 완전히 연결된 신경망과 컨벌루션 신경망 사이의 근본적인 차이는 연속적인 계층 사이의 연결 형태에 있다.

재귀 신경망

재귀 신경망(Recurrent Neural Network, RNN)은 연속 데이터를 모델링하기 위해 강력하고 넓게 사용하는 신경망 구조의 한 부류이다. RNN 모델의 기본적인 목표는 연속적인 각각의 새로운 요소가 모델의 현 상태를 갱신한 몇 개의 새로운 정보를 제공하는 것이다.

논리적 AND

[그림 13-6]은 입력 x_1과 x_2에 가중치 w_1과 w_2를 곱한 함수는 출력 y가 되는 것을 보여준다.

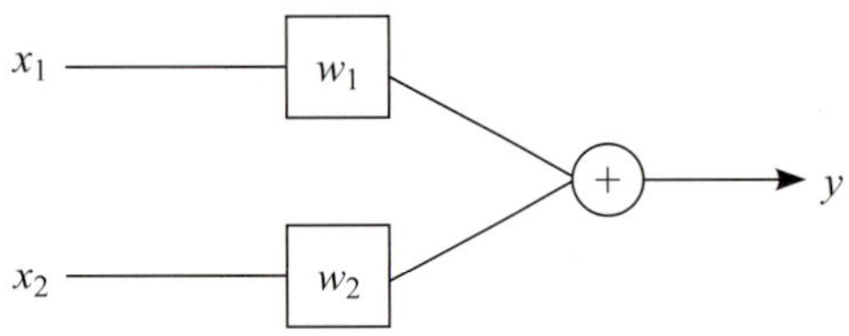

$y = f(x_1 w_1 + x_2 w_2)$

그림 13-6 입력에 가중치를 곱하여 얻는 출력 함수

가중치를 $w_1 = \frac{3}{2}$과 $w_2 = 1$로 지정하고 함수를 $\frac{3}{2}x_1 + x_2 = 1.8$로 정의하자. $\frac{3}{2}x_1 + x_2 < 1.8$일 때의 출력은 $y = 0$이고 $\frac{3}{2}x_1 + x_2 \geq 1.8$일 때의 출력은 $y = 1$이라고 가정하면 0과 1을 조합한 입력에 따라 다음과 같은 출력을 얻게 된다.

1. $x_1 = 0,\ x_2 = 0 : 0 < 1.8 \rightarrow \therefore\ y = 0$
2. $x_1 = 0,\ x_2 = 1 : 1 < 1.8 \rightarrow \therefore\ y = 0$
3. $x_1 = 1,\ x_2 = 0 : \frac{3}{2} < 1.8 \rightarrow \therefore\ y = 0$
4. $x_1 = 1,\ x_2 = 1 : \frac{5}{2} > 1.8 \rightarrow \therefore\ y = 1$

이를 다음 [표 13-1]에 정리하였다. 이 표는 두 입력의 같은 위치에 놓인 원소가 모두 0(또는 거짓값)이 아닌 경우에만 1(또는 참값)의 값을 지정하는 논리적 AND와 동일하다.

표 13-1 논리적 AND

x_1	x_2	y
0	0	0
0	1	0
1	0	0
1	1	1

처음 가정한 함수 $\frac{3}{2}x_1 + x_2 = 1.8$에 의해 생성된 결정 경계(Decision Boundary)를 중심으로 [그림 13-7]과 같이 논리적 AND의 참값 집단과 거짓값 집단으로 분류된다.

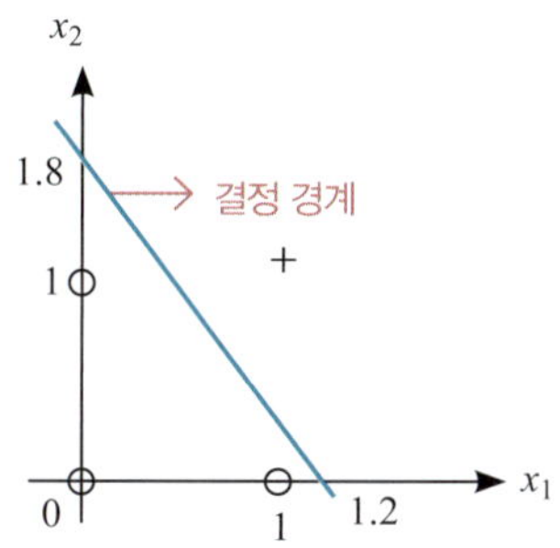

그림 13-7 논리적 AND의 결정 경계

예제 13-1

[표 13-1]과 MATLAB에서 제공하는 신경망을 이용하여 논리적 AND의 출력 결과를 두 집단으로 분류하는 결정 경계를 나타내라.

배경지식

▪ configure

입력 데이터와 목표 데이터가 가장 잘 일치하도록 네트워크 입력 및 출력을 구성하는 configure 함수의 기본 형태는 다음과 같다.

```
net = configure(net, p, t)
```

- 우측 **net** : 네트워크 객체를 구성하기 위한 네트워크
- 좌측 **net** : 구성된 네트워크 객체
- **p** : 입력 데이터 행렬
- **t** : 목표 데이터 행렬

■ **perceptron**

입력 공간을 선형 결정 경계로 나누는 간단한 단일 계층 2진 분류기이다. 주어진 문제의 계층을 신뢰성 있게 풀 수 있는 최초의 신경망이므로 간단한 학습 규칙을 갖는 perceptron 명령어의 기본 형태는 다음과 같다.

```
net = perceptron
```

■ **rands**

무작위로 부호가 있는 초기 가중치를 계산하는 rands 함수의 기본 형태는 다음과 같다.

```
rands(n, m)
```

- **n** : 신경세포 계층의 수
- **m** : 입력 원소의 수

■ **plotpv**

퍼셉트론의 입력 벡터와 목표(target) 벡터를 그리는 명령어이다. 입력 벡터에 따른 결과인 목표 벡터가 0인 경우에는 원, 1인 경우에는 +로 나타낸다. plotpv 명령어의 기본 형태는 다음과 같다.

```
plotpv(p, t)
```

- **p** : 입력 벡터
- **t** : 목표 벡터

■ **plotpc**

명령어 plotpv를 사용하여 그린 퍼셉트론의 목표 벡터상에 분류 직선을 덧붙여서 그리는 plotpc 함수의 기본 형태는 다음과 같다.

```
plotpc(w, b)
```

- **w** : 가중치 벡터
- **b** : 바이어스 벡터

■ **train**

신경망을 훈련하는 train 명령어의 기본 형태는 다음과 같다.

```
net = train(net, p, t)
```

- 우측 **net** : 새롭게 훈련된 네트워크
- 좌측 **net** : 신경망에 사용하는 네트워크
- **p** : 입력 벡터
- **t** : 목표 벡터

▪ net.iw

신경망 계층의 입력 가중치를 나타내는 net.iw 함수의 기본 형태는 다음과 같다.

```
net.iw{i, j}
```

이 함수는 입력 j에서 계층 i에 지정되는 가중치를 나타낸다. 따라서 일반적인 두 계층으로 이루어진 망에서는 입력 1에서 계층 1로 지정되는 가중치를 표시하는 net.iw{1, 1}이 존재한다. 반면 입력 1에서 계층 2로 지정되는 가중치를 표시하는 net.iw{2, 1}은 입력이 계층 1로만 전달되므로 비어 있다.

▪ net.b

신경망 각 계층의 편차를 나타내는 net.b 함수의 기본 형태는 다음과 같다.

```
net.b{i}
```

net.b{1}은 첫 번째 계층의 편차이다. 2개 계층으로 이루어진 망의 경우 편차는 net.b{1}, net.b{2}가 된다.

풀이

```
Command Window
>> p=[0 0 1 1;0 1 0 1]; ❶
>> t=[0 0 0 1]; ❷
>> net = perceptron;
>> net = configure(net,p,t);
>> net.iw{1,1} = rands(1,2); ❸
>> net.b{1} = 1; ❹
>> net = train(net,p,t); ❺
>> w = net.iw{1,1};
>> b = net.b{1};
>> plotpv(p,t);
>> hold on;
>> plotpc(w,b);
```

그림 13-8 논리적 AND 코딩 결과

❶ [표 13-1]의 입력 x_1과 x_2를 입력 벡터 **p**로 지정한다.

❷ 입력 벡터에 논리적 AND를 적용한 후 나오는 출력 y를 목표 벡터 **t**로 지정한다.

❸ 초기 두 가중치를 무작위로 지정한다.

❹ 초기 편차는 1로 지정한다.

❺ train 명령어를 입력하여 [그림 13-9]와 같은 Neural Network Training 창을 연다.

[그림 13-9]의 [Network Diagram] 버튼을 클릭하면 [그림 13-10]과 같이 논리적 AND를 위한 perceptron의 단층 신경망 구조를 볼 수 있다.

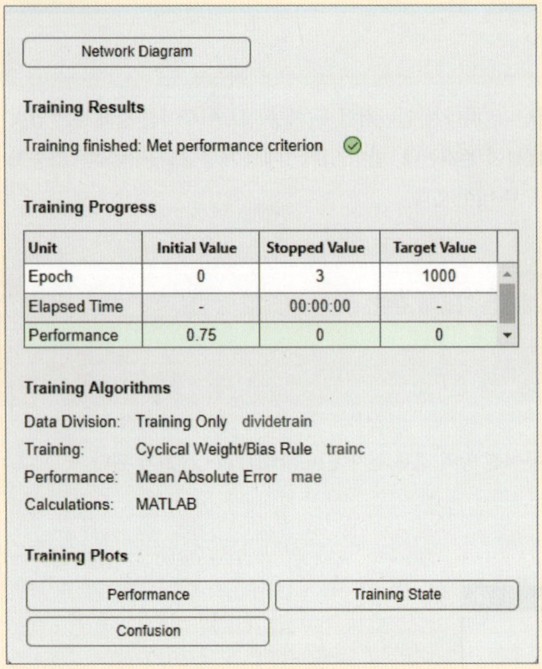

그림 13-9 논리적 AND의 반복 신경망 훈련 창 열기

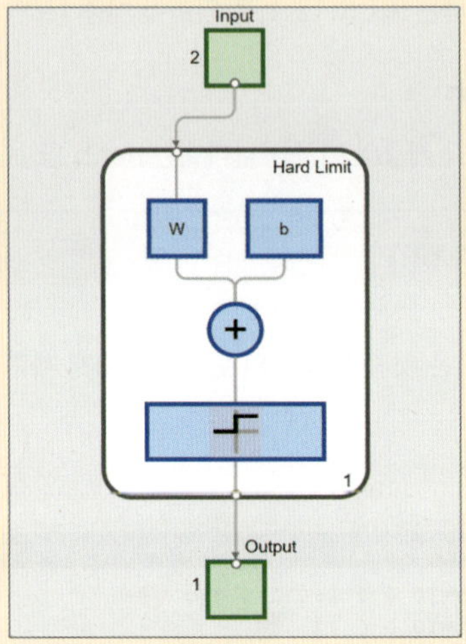

그림 13-10 논리적 AND를 위한 단층 신경망 구조

코딩 결과 [그림 13-11]과 같이 정확히 두 집단으로 분류된 실행 결과를 얻을 수 있다. 세 번 반복 훈련하여 생성된 두 가중치(net.iw{1, 1} 값)는 1.5844 및 0.9190이고 편차는 −2(b의 값)이다. 명령 창에 여러 번 새롭게 입력하면 매번 반복 훈련 횟수가 바뀌므로 실행 결과도 매번 달라진다.

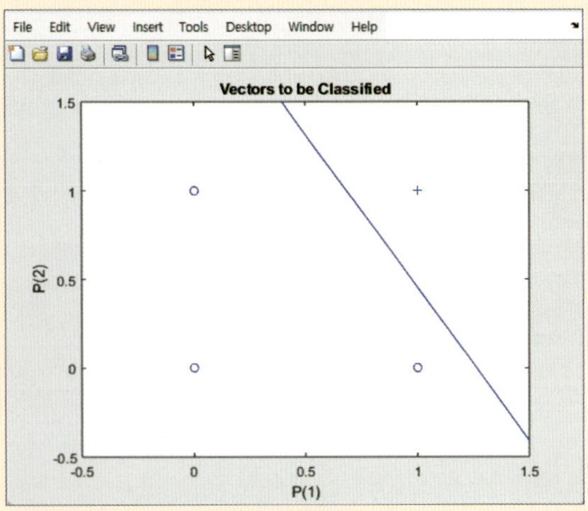

그림 13-11 반복 훈련한 논리적 AND의 실행 결과

[그림 13-11]의 그림 창에서 [Tools]-[Basic Fitting]을 클릭하면 [그림 13-12]와 같은 기본 맞춤 창이 열린다.

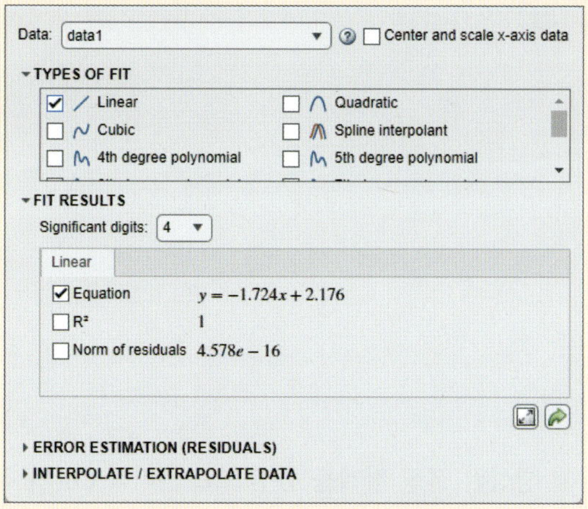

그림 13-12 Basic Fitting 창에서 선형방정식 선택하기

기본 맞춤 창에서 'linear'를 체크하면 결정 경계의 직선에 대한 선형방정식 $y = -1.724x + 2.176$이 나타난다. 이 선형방정식은 이미 그려진 [그림 13-6]에 추가되어 다음과 같이 나타난다.

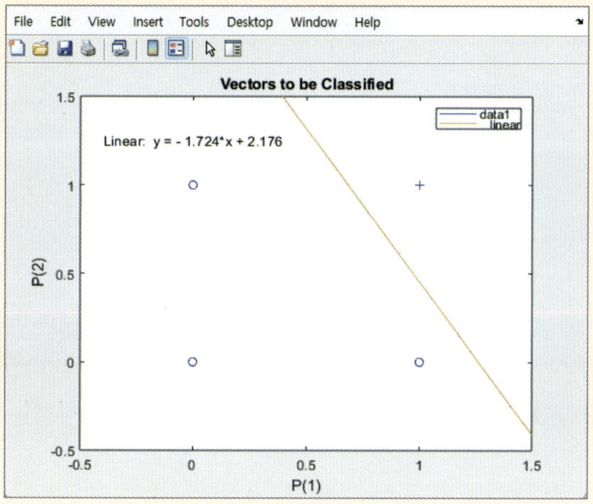

그림 13-13 선형방정식이 추가된 [그림 13-11]

논리적 OR

논리적 OR는 두 입력 벡터의 원소들이 모두 0인 경우를 제외하고 그 결과를 1로 지정한다. 이를 정리하면 [표 13-2]와 같다.

표 13-2 논리적 OR

x_1	x_2	y
0	0	0
0	1	1
1	0	1
1	1	1

[표 13-2]를 이용하여 그려진 [그림 13-14]에 의해 생성된 결정 경계를 중심으로 논리적 OR의 참값 집단과 거짓값 집단으로 분류된다.

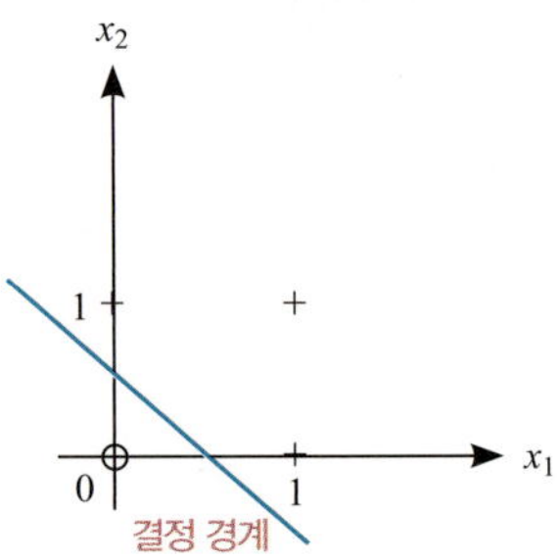

그림 13-14 논리적 OR의 결정 경계

예제 13-2

[표 13-2]와 MATLAB에서 제공하는 신경망을 이용하여 논리적 OR의 출력 결과를 두 집단으로 분류하는 결정 경계를 나타내라.

풀이

[예제 13-1]의 명령 창에 입력된 목표 벡터의 값만 t = [0 1 1 1]로 바꾸면 다음과 같은 논리적 OR에 대한 코딩을 할 수 있다.

❶ [표 13-2]의 입력 x_1과 x_2를 입력 벡터 **p**로 지정한다.

❷ 입력 벡터에 논리적 OR를 적용한 후 나오는 출력 y를 목표 벡터 **t**로 지정한다.

❸ 초기 두 가중치를 무작위로 지정한다.

❹ 초기 편차는 1로 지정한다.

❺ train 명령어를 입력하여 [그림 13-16]과 같은 Neural Network Training 창을 연다.

```
>> p = [0 0 1 1;0 1 0 1]; ❶
>> t = [0 1 1 1]; ❷
>> net = perceptron;
>> net = configure(net,p,t);
>> net.iw{1,1} = rands(1,2); ❸
>> net.b{1} = 1; ❹
>> net = train(net,p,t); ❺
>> w = net.iw{1,1};
>> b = net.b{1};
>> plotpv(p,t);
>> hold on;
>> plotpc(w,b);
```

그림 13-15 논리적 OR 코딩 결과

[그림 13-16]의 [Network Diagram] 버튼을 클릭하면 [그림 13-17]과 같이 논리적 OR을 위한 perceptron의 단층 신경망 구조를 볼 수 있다.

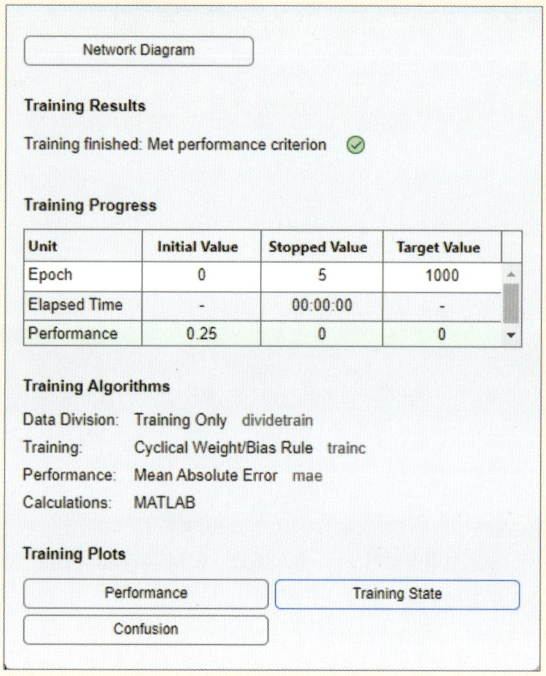

그림 13-16 논리적 OR의 반복 신경망 훈련 창 열기

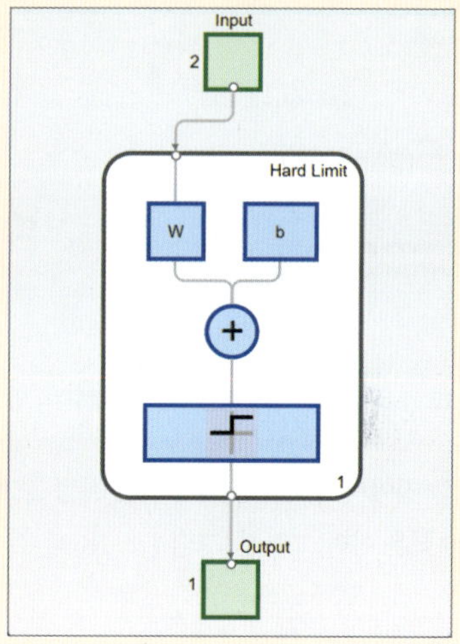

그림 13-17 논리적 OR를 위한 단층 신경망 구조

코딩 결과 [그림 13-18]과 같이 정확히 두 집단으로 분류된 실행 결과를 얻을 수 있다. 다섯 번 반복 훈련하여 생성된 두 가중치는 1.8268 및 1.2540이고 편차는 −1이다. [예제 13-1]과 마찬가지로 명령 창에 여러 번 새롭게 입력하면 반복 훈련 횟수가 바뀌므로 실행 결과도 매번 바뀐다.

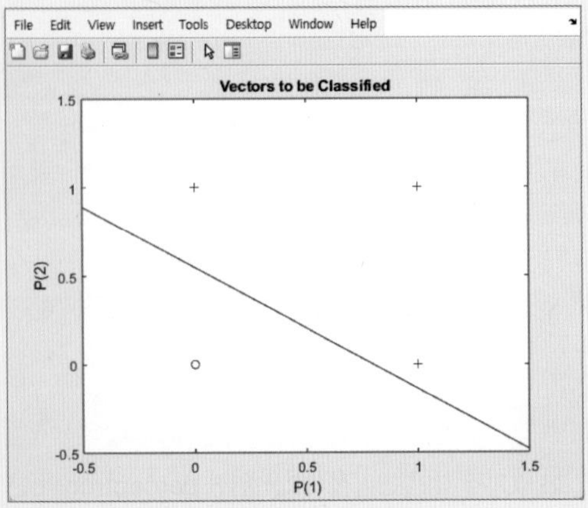

그림 13-18 반복 훈련한 논리적 OR의 실행 결과

[그림 13-18]의 그림 창에서 [Tools]-[Basic Fitting]을 클릭하면 [그림 13-19]와 같은 기본 맞춤 창이 열린다.

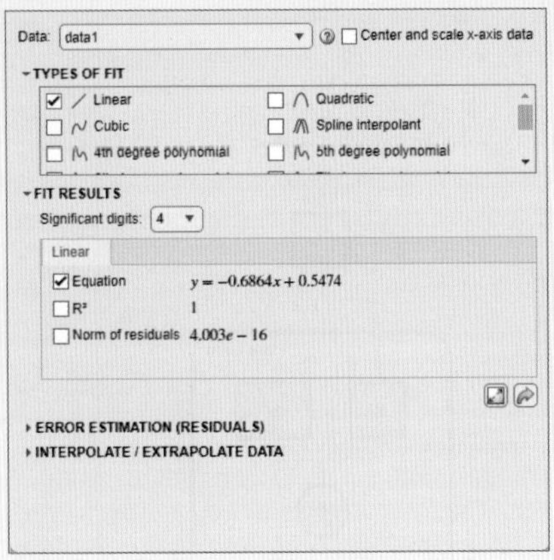

그림 13-19 Basic Fitting 창에 선형방정식 선택하기

기본 맞춤 창에서 'linear'를 체크하면 결정 경계의 직선에 대한 선형방정식 $y = -0.6864x + 0.5474$가 나타난다. 이 선형방정식은 이미 그려진 [그림 13-18]에 추가되어 다음과 같이 나타난다.

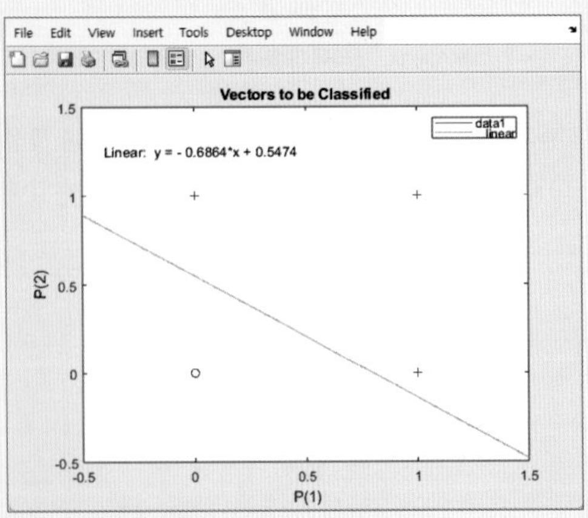

그림 13-20 선형방정식이 추가된 [그림 13-18]

논리적 XOR

MATLAB을 사용하여 [그림 13-6]을 설계하면 [그림 13-10] 또는 [그림 13-17]처럼 동일한 논리적 AND 및 OR을 구성하는 신경망의 단층 구조를 확인할 수 있다. 그러므로 하나의 노드로 구성된 단층 퍼셉트론(Single Layer Perceptron, SLP)만 사용해도 반복 훈련 후 결정 경계를 나타내는 한 직선을 중심으로 두 집단을 쉽게 분류할 수 있다.

[표 13-3]은 논리적 XOR의 입력 벡터와 출력 벡터의 값을 보여준다. 이를 이용하여 그려진 [그림 13-21]에서 두 집단으로 분류하는 결정 경계는 앞선 논리적 AND와 논리적 OR과 달리 2개의 직선이 필요하다.

표 13-3 논리적 XOR

x_1	x_2	y
0	0	0
0	1	1
1	0	1
1	1	0

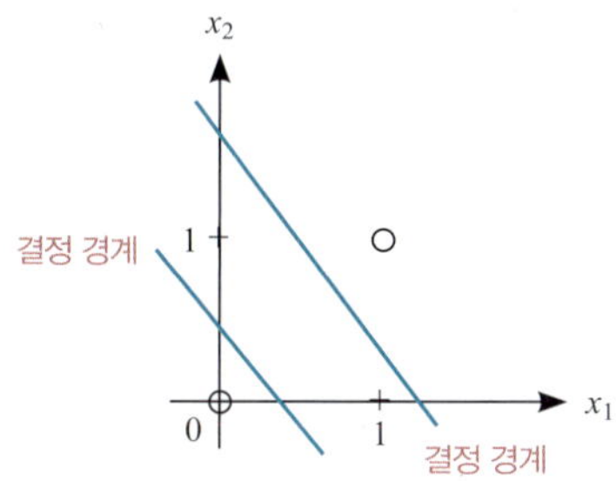

그림 13-21 논리적 XOR의 결정 경계

단층 퍼셉트론만 이용한 논리적 AND의 코딩에서 목표 벡터의 값만 t = [0 1 1 0]으로 대체한 후 논리적 XOR을 실행하면 [그림 13-22]와 같은 그래프를 얻을 수 있다. [그림 13-22]는 1000번의 반복 훈련을 실행했지만 두 집단으로 분류되지 않았다. 즉, 단층 퍼셉트론만 사용한 경우 반복 훈련 횟수와 상관없이 논리적 XOR의 결정 경계를 찾을 수 없다.

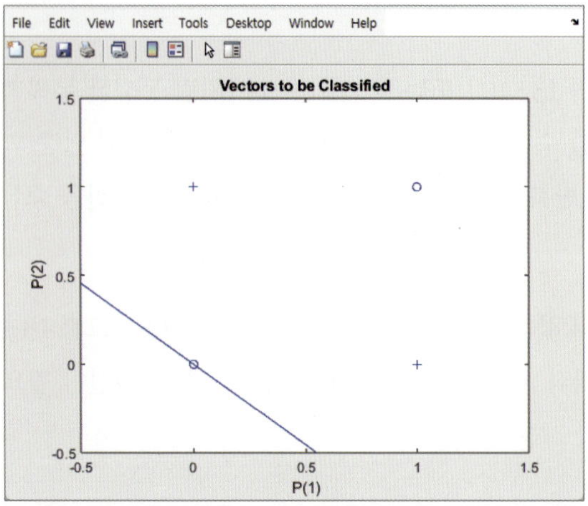

그림 13-22 반복 훈련한 논리적 XOR의 실행 결과

결국 이 문제를 해결하려면 단층 퍼셉트론 대신 더 많은 노드를 사용하는 다층 퍼셉트론(Multi Layer Perceptron, MLP)이 필요하다. 다층 퍼셉트론 신경망은 입력된 데이터가 은닉 계층을 통해 입력 계층에서 출력 계층의 순방향으로 전달되는 피드포워드 망을 처리한다. 각 계층의 신경세포는 다음 계층의 다른 신경세포에 연결되어 있지만 동일 계층 내에서는 서로 연결되어 있지 않은 구조이다.

역전파 학습 규칙

역전파(Back Propagation, BP)는 다중 퍼셉트론 학습에서 신경망의 출력에서 발생하는 오류를 최소화하기 위해 신경망에서 연결의 가중치에 기울기 하강(gradient descent) 방법을 사용한다. 역전파 학습은 퍼셉트론 학습의 알고리즘과 유사하다. 즉, 신경망을 통해 입력 데이터에 대한 출력을 순방향 전달로 계산한다. 출력이 레이블과 일치하면 다른 작업을 하지 않고 일치하지 않으면 신경망과 연결된 가중치를 조정한다. 역전파를 이용하면 훈련 입력과 연관된 레이블 출력과 신경망 출력에서 생성된 값 사이의 오류를 최소화할 수 있다.

기울기 하강은 학습률(learning rate)의 선택과 많은 반복이 필요하지만 특성의 수 n이 매우 큰 경우에도 잘 작동한다. 반면 일반 방정식은 학습률과 반복이 필요하지 않다.

예제 13-3 MLX-File **live_XOR1.mlx**

다음 훈련을 위한 초기 조건을 사용하여 논리적 XOR 문제를 학습하기 위한 최소 수의 노드를 갖는 신경망을 라이브 스크립트 파일로 작성하고 그래프로 나타내라. 또한 MATLAB의 역전파를 이용하여 논리적 XOR의 출력 결과를 두 집단으로 분류하는 결정 경계를 찾아라. 이때 전달함수는 MATLAB의 선형함수 purelin을 사용하라. 여기서 노드 1과 노드 2는 은닉 노드이고 노드 3은 출력 노드이며 w_{ji}는 송신 노드 i와 수신 노드 j 사이의 가중치를 나타낸다.

$$I_1 = [w_{11},\ w_{12},\ w_{13}] = [1,\ 1,\ 1]$$
$$I_2 = [w_{21},\ w_{22},\ w_{23}] = [1,\ -1,\ 1]$$
$$I_3 = [w_{31},\ w_{32},\ w_{33}] = [1,\ 1,\ -1]$$

배경지식

■ net.lw

계층 **q**로부터 계층 **p**에 지정되는 가중치를 나타내는 net.lw 명령어의 기본 형태는 다음과 같다.

```
net.lw{p, q}
```

일반적으로 두 계층망 net.lw{2, 1}은 계층 1에서 계층 2로 전달되는 가중치를 포함하며, 다른 계층의 가중치는 비어 있다.

■ feedforwardnet

피드포워드 신경망을 설정하는 명령어이다. 피드포워드 망은 일련의 계층으로 이루어져 있으며, 망의 입력값에서 시작하는 첫 번째 계층은 망의 입력값과 연결되고 뒤에 오는 각 계층은 바로 직전 계층과 연결된다. 마지막 계층은 네트워크의 출력값을 생성한다. feedforwardnet 명령어의 기본 형태는 다음과 같다.

```
feedforwardnet(hiddenSizes, trainFcn)
```

- **hiddenSizes** : 하나 이상의 은닉 계층 크기로 구성된 행벡터(기본값은 10)
- **trainFcn** : 훈련 함수(기본값은 'trainlm')

■ trainlm

레벤버그-마쿼트(Levenberg-Marquardt) 최적화 방법에 따라 가중치와 편차의 데이터를 변경하는 신경망 훈련 함수이다. 다른 알고리즘보다 더 많은 메모리가 필요한 것이 단점이지만 신경망 툴박스에서 가장 빠른 역전파 알고리즘으로 지도학습 알고리즘에 자주 사용한다. trainlm 함수의 기본 형태는 다음과 같다.

```
net = trainlm(net, p, t)
```

train 함수와 함께 사용하는 경우 기본 형태는 다음과 같다.

```
net.trainFcn = 'trainlm'
net = train(net, p, t)
```

풀이

[그림 13-23]은 훈련을 위한 초기 조건을 사용하여 논리적 XOR 문제를 학습하기 위한 최소 수의 노드로 이루어진 신경망 설계를 보여준다.

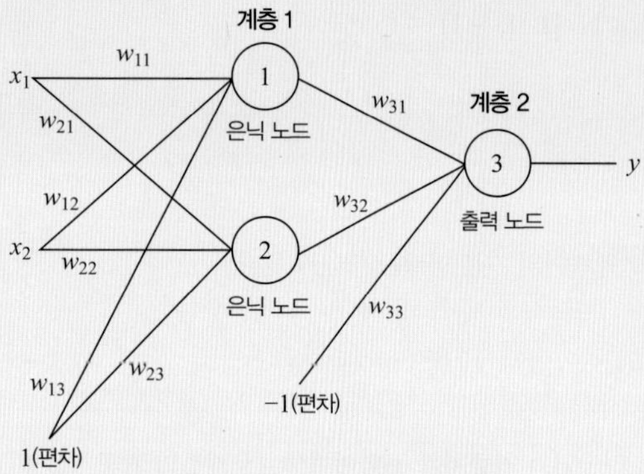

그림 13-23 주어진 초기 조건을 이용한 신경망 설계

논리적 XOR의 입력 벡터와 목표 벡터는 다음과 같다.

$$p = \begin{bmatrix} 0 & 0 & 1 & 1 \\ 0 & 1 & 0 & 1 \end{bmatrix}, \quad t = [0 \;\; 1 \;\; 1 \;\; 0]$$

[그림 13-23]의 설계를 기초로 가중치와 편차는 다음과 같이 나타낼 수 있다.

$$W_1 = \begin{bmatrix} 1 & 1 \\ 1 & -1 \end{bmatrix}, \quad W_2 = [1 \;\; 1]$$

$$B_1 = \begin{bmatrix} 1 \\ 1 \end{bmatrix}, \quad B_2 = [-1]$$

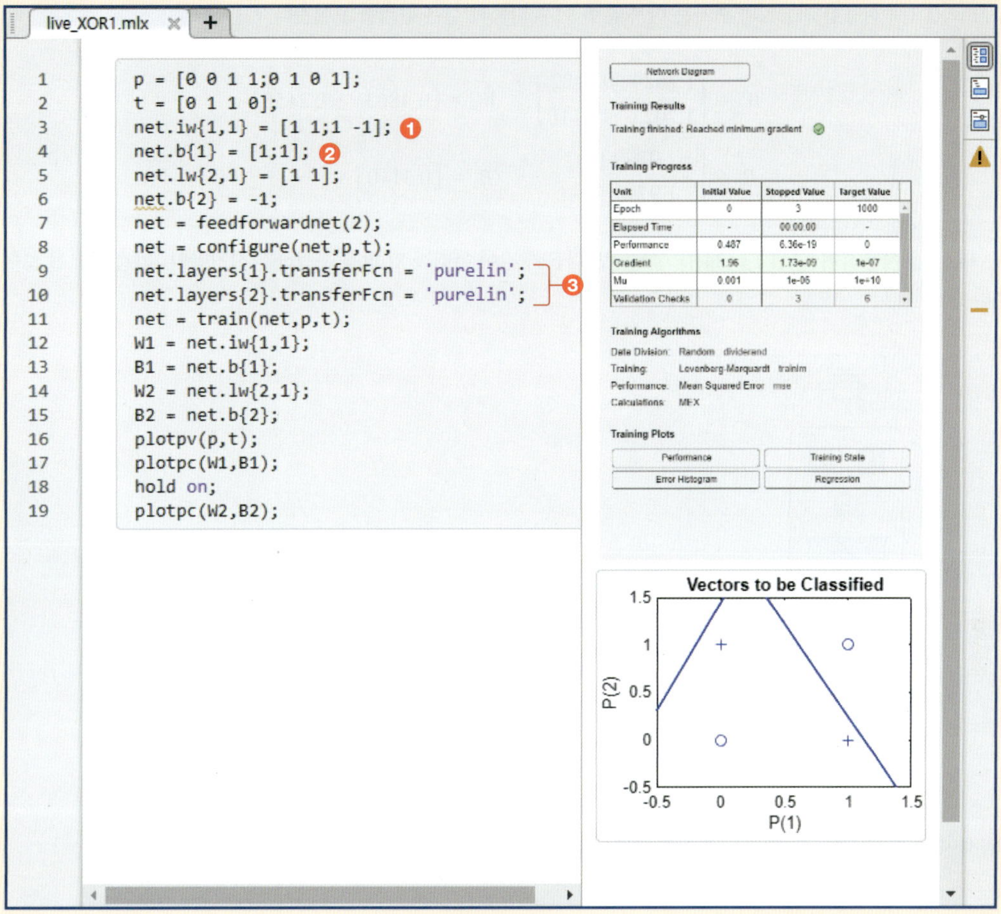

그림 13-24 선형 전달함수를 사용한 논리적 XOR 코딩 및 실행 결과

❶ 가중치 벡터 W_1 및 W_2를 입력한다.

❷ 편차 B_1 및 B_2를 입력한다.

❸ 계층 1과 계층 2에 전달함수 purelin을 지정한다.

❹ 라이브 스크립트 파일의 실행을 위해 [LIVE EDITOR] 탭에서 [Run (▶)] 버튼을 클릭한다.

여러 번 반복 훈련을 실행하여 나온 [그림 13-24]의 결과는 두 집단으로 분류되지는 않는다. 여러 번 새롭게 [Run (▶)] 버튼을 클릭해도 실행 결과 그래프는 바뀌지만 두 집단으로 분류되지는 않는다.

TIP [그림 13-24]에 나타난 ⚠과 ━은 실제 코딩을 실행하여 정확한 결과를 얻는 데 어떤 영향도 미치지 않으므로 무시해도 된다.

초기 조건으로 사용한 가중치와 편차는 반복 훈련 이후 다음과 같은 결과를 보여준다.

$$W_1 = \begin{bmatrix} 1.7624 & 0.9022 \\ 1.7023 & 1.0110 \end{bmatrix}, \quad W_2 = [0.4863 \quad -0.2155]$$

$$B_1 = \begin{bmatrix} -1.9799 \\ 1.9799 \end{bmatrix}, \quad B_2 = [0.3110]$$

MATLAB을 사용하여 [그림 13-24]를 설계하면 다음과 같이 논리적 XOR를 구성하는 신경망의 2계층 구조를 보여준다.

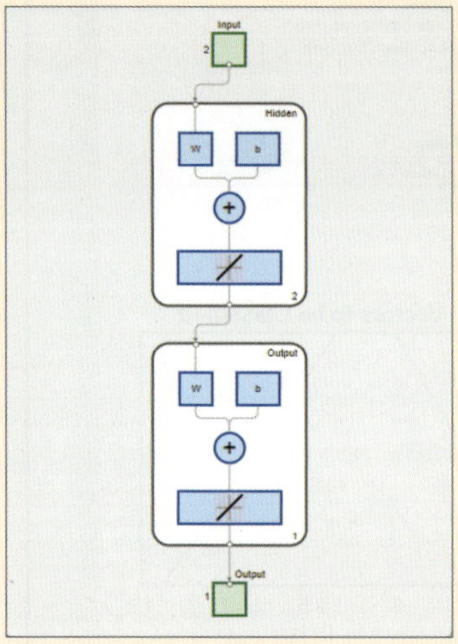

그림 13-25 선형 전달함수를 사용한 2계층 신경망(피드포워드 신경망) 구조

[예제 13-3]의 결과는 다층 신경망 구조에 선형 전달함수를 사용하여 반복 훈련한 논리적 XOR 시스템이라도 수렴할 수 없음을 보여준다. 입력 벡터를 가장 단순히 출력으로 전달하는 선형 함수는 신경세포의 편차에 따라서 변경되거나 추가될 수 있다.

예제 13-4

MLX-File live_XOR2.mlx

[예제 13-3]을 비선형 전달함수 logsig를 사용하여 반복 실행하라. 파일명은 live_XOR2.mlx로 저장하라.

풀이

live_XOR2.mlx

```
p = [0 0 1 1;0 1 0 1];
t = [0 1 1 0];
net.iw{1,1} = [1 1;1 -1];      ❶
net.b{1} = [1;1];
net.lw{2,1} = [1 1];           ❷
net.b{2} = -1;
net = feedforwardnet(2);
net = configure(net,p,t);
net.layers{1}.transferFcn = 'logsig';
net.layers{2}.transferFcn = 'logsig';   ❸
net = train(net,p,t);
W1 = net.iw{1,1};
B1 = net.b{1};
W2 = net.lw{2,1};
B2 = net.b{2};
plotpv(p,t);
plotpc(W1,B1);
hold on;
plotpc(W2,B2);
```

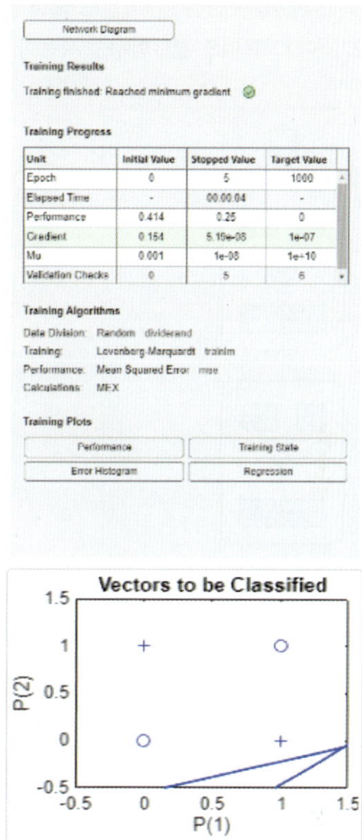

그림 13-26 비선형 전달함수를 사용한 논리적 XOR 코딩 및 실행 결과

❶ 가중치 벡터 W_1, W_2를 입력한다.

❷ 편차 B_1, B_2를 입력한다.

❸ 계층 1과 계층 2에 전달함수 logsig를 지정한다.

❹ 라이브 스크립트 파일 실행을 위해 [LIVE EDITOR] 탭에서 [Run (▶)] 버튼을 클릭한다.

여러 번 반복 훈련을 실행하여 나온 [그림 13-26]의 결과는 두 집단으로 분류되지는 않는다. 여러 번 새롭게 [Run (▶)] 버튼을 클릭해도 실행 결과 그래프는 바뀌지만 두 집단으로 분류되지는 않는다.

초기 조건으로 사용한 가중치와 편차는 반복 훈련 이후 다음과 같은 결과를 보여준다.

$$W_1 = \begin{bmatrix} 1.2768 & -1.5132 \\ 1.3870 & 1.4129 \end{bmatrix}, \quad W_2 = \begin{bmatrix} 0.2647 & -0.8049 \end{bmatrix}$$

$$B_1 = \begin{bmatrix} -1.9799 \\ 1.9799 \end{bmatrix}, \quad B_2 = [-0.4430]$$

[그림 13-27]은 시그모이드 전달함수를 사용한 논리적 XOR를 구성하는 신경망의 2계층 구조를 보여준다.

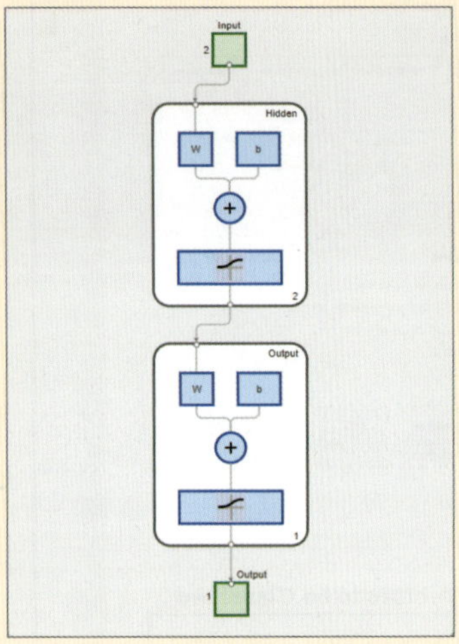

그림 13-27 비선형 전달함수를 사용한 2계층 신경망(피드포워드 신경망) 구조

[예제 13-4]의 결과도 주어진 초기 조건 값만 사용하면 아무리 반복 훈련하더라도 수렴되지 않으므로 논리적 XOR에 대한 신경망이 두 집단으로 분류되지 않는다. 여기서는 더 이상 소개하지 않지만 시그모이드 전달함수를 계속 사용하여 논리적 XOR의 출력 결과를 두 집단으로 분류하려면 매개변수를 다음과 같이 조정해야 한다.

❶ 초기 조건을 변환한다.

❷ 은닉 노드 수를 증가시킨다.

❸ 더 많은 은닉 노드 수를 가정해야 하는 경우 직접 초기 가중치를 선택한다.

❹ 오차 범위를 증가시킨다(수렴하는 오차 범위는 설정하지 않는다).

❺ 학습률과 모멘트를 조정한다.

선형 전달함수는 비선형 함수보다 좀 더 빠르게 움직인다는 장점이 있지만 논리적 XOR의 수렴은 쉽게 이루어지지 않는다. 반면 시그모이드 함수를 사용하면 논리적 XOR를 설계한 신경망은 어떤 경우에도 수렴 가능하다.

PART

04

Simulink 설계하기

CONTENTS

CHAPTER 14 **시뮬레이션을 위한 시뮬링크**
"다양한 블록을 이용하면 시뮬레이션이 가능해요"

CHAPTER 15 **미분방정식**
"복잡한 수식을 한 번에 줄여나가요"

CHAPTER 16 **삼각함수**
"기하해석을 위해서 필요하군요"

CHAPTER 17 **제어**
"제어 시스템의 분석 및 설계를 체계적으로 도와줘요"

CHAPTER 18 **신호 및 시스템**
"신호 처리 및 분석 수행을 시각적으로 볼 수 있어요"

CHAPTER 19 **벡터**
"크기와 방향을 블록으로 이해해요"

CHAPTER 20 **통신**
"시뮬레이션을 통해 통신 시스템을 검증할 수 있어요"

CHAPTER 21 **회로**
"복잡해보이는 회로 설계에 쉽게 접근해요"

PART 04에서는 무엇을 배울까?

Simulink 설계하기

MATLAB의 시뮬링크(Simulink)는 다중 영역 시뮬레이션 및 모델 기반 설계를 위한 블록선도 환경을 제공한다. 시뮬링크를 이용하면 실제 구축하는 시스템을 모델링하여 광범위한 설계 공간을 미리 탐구할 수 있다. 하나의 시뮬링크 설계 창에 다중 도메인 환경을 사용하여 시스템의 각 부분이 어떻게 작동하는지 시뮬레이션할 수도 있다.

14장에서는 기본 블록부터 블록을 이용하여 모델을 설계하는 방법, 시뮬레이션 결과를 그래프로 나타내는 기본적인 방법과 다양한 응용 예제를 살펴본다.

미분방정식은 하나 이상의 독립변수(입력변수)에 상응하는 하나 이상의 종속변수(출력변수)의 도함수 또는 미분을 포함하는 방정식을 말한다. 15장에서는 다양한 1, 2차 미분방정식 모델을 설계하고 그 결과를 살펴본다.

16장에서는 사인 파형의 기본을 이해하고 사인 함수와 코사인 함수의 관계를 설계하여 두 함수의 유사점과 상이점을 살펴본다.

17장에서는 시뮬링크를 이용하여 제어 시스템 모델을 설계하고 그 결과를 비교 및 분석한다. 9장에서 배웠던 내용과 유사하지만 9장에서 다루지 않았던 다양한 제어기를 설계하고 그 결과를 비교 및 분석한다.

18장에서는 시뮬링크를 이용하여 신호 및 시스템 모델을 설계하고 주파수를 기초로 하는 시스템 모델을 함께 설계하여 그 결과를 비교 및 분석한다.

19장에서는 벡터 및 행렬의 연산을 수행하고 벡터의 활용을 위한 시뮬링크 모델을 설계하고 그 결과를 살펴본다.

20장에서는 시뮬링크를 이용하여 통신 시스템 모델을 설계하고 그 결과를 비교 및 분석한다. 또한 통신의 기초가 되는 확률 및 확률변수의 개념을 이해하는 시뮬링크 모델을 설계한다.

마지막으로 21장에서는 시뮬링크 모델을 통해 저항, 전류, 전압의 상호 연관성을 알아본다. 또한 다양한 기능을 수행하는 연산 증폭기 모델을 설계하고 그 결과를 살펴본다.

CHAPTER

14

시뮬레이션을 위한 시뮬링크

CONTENTS

LESSON 01 시뮬링크 실행하기
LESSON 02 기본 블록을 활용하여 설계하기
LESSON 03 그림 창에 결과 나타내기
LESSON 04 사칙연산 활용 및 1차 함수 입출력 그래프 설계하기
LESSON 05 복소수 활용하기

LESSON 01

시뮬링크 실행하기

MATLAB을 통해 배운 내용들을 시뮬레이션해볼 수 있는 시뮬링크를 실행하는 방법을 알아보자.

Keyword | 시뮬링크 | 시뮬링크 라이브러리 브라우저 | 설계 창 | 블록 |

시뮬링크의 소개

시뮬링크(Simulink)를 이용하면 직접 동적 시스템의 시뮬레이션을 실행해볼 수 있다. 시뮬레이션을 실행하기 위해서는 블록(block)이라는 다양한 시스템 원소의 유형을 직접 생성하거나 시뮬링크에서 제공하는 블록 라이브러리 세트를 이용하여 설계한다. 설계한 블록을 삽입한 후 블록의 재배치, 크기 조절, 매개변수 지정을 하고 각 블록을 서로 연결하여 전체 시스템을 구축한다.

시뮬링크 실행하기

시뮬링크를 실행하기 위해 **방법 1** MATLAB의 명령 지시 부분의 [HOME] 탭에서 Simulink 버튼( )을 클릭하거나 **방법 2** MATLAB 명령 창의 프롬프트(>>)에서 다음과 같이 입력한다. 그러면 [그림 14-1]과 같이 시뮬링크 시작 페이지 브라우저가 열린다.

```
>> simulink
```

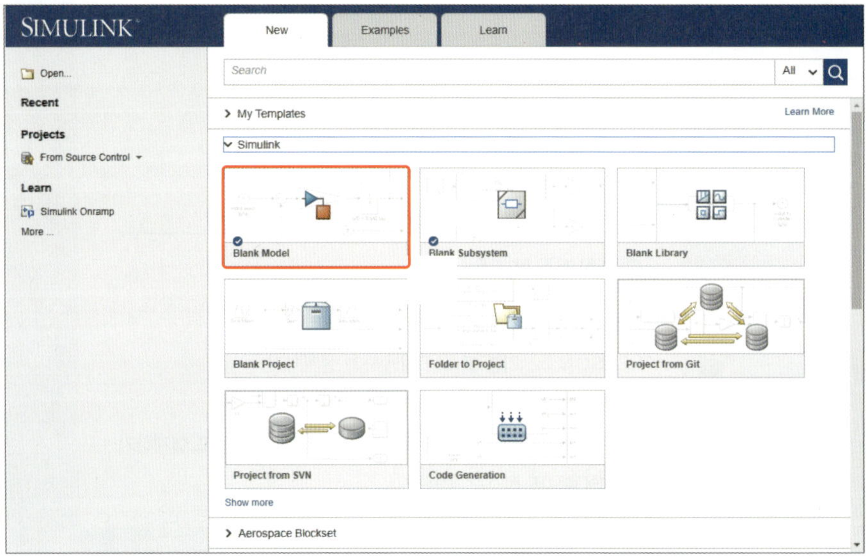

그림 14-1 시뮬링크 시작 페이지 브라우저

시뮬링크 시작 페이지 브라우저에서 [Blank Model]을 클릭하면 [그림 14-2]와 같이 모델 브라우저가 새롭게 열린다.

모델 브라우저 화면 구성

모델 브라우저(Model Browser)는 시뮬링크에서 블록 다이어그램을 그리는 설계 창으로 쓰인다. 모델 브라우저의 대표적인 구성 요소의 기능은 다음과 같다.

❶ **제목 표시줄** : 설계 창의 이름을 보여준다.

❷ **메뉴 표시줄** : 설계 창에서 사용하는 명령어를 메뉴별로 구분하여 보여준다.

❸ **도구 모음** : 많이 사용되는 메뉴를 아이콘 형태로 보여준다.

❹ **입력 부분** : 블록을 삽입하여 모델을 구성한다.

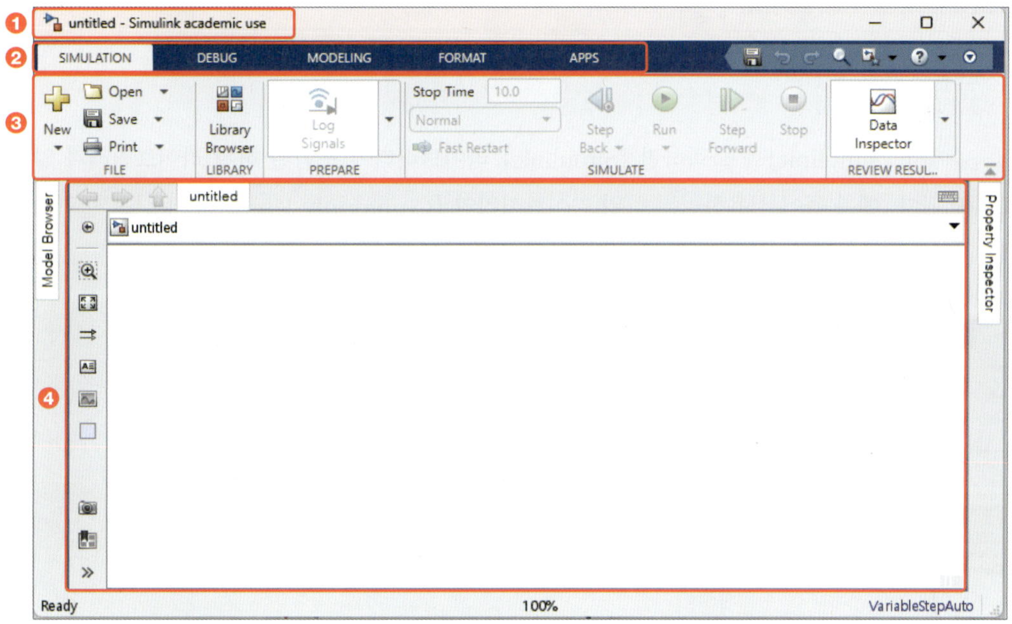

그림 14-2 시뮬링크 모델 브라우저

라이브러리 브라우저

라이브러리 브라우저(Library Browser)는 시뮬링크에서 사용하는 블록을 라이브러리별로 모아둔 것이다. 라이브러리 브라우저를 실행하려면 명령 지시줄의 [SIMULATION] 탭에서 라이브러리 브라우저 버튼( )을 클릭한다. 라이브러리 브라우저의 대표적인 구성 요소의 기능은 다음과 같다.

❶ **검색 상자** : 검색어를 입력하여 원하는 블록을 찾을 수 있다.

❷ **검색 선택 버튼** : 서브시스템, 블록, 주석을 검색한다.

❸ **라이브러리 창** : 시뮬링크 설계를 위한 라이브러리와 응용 라이브러리가 알파벳순으로 나열되어 있다.

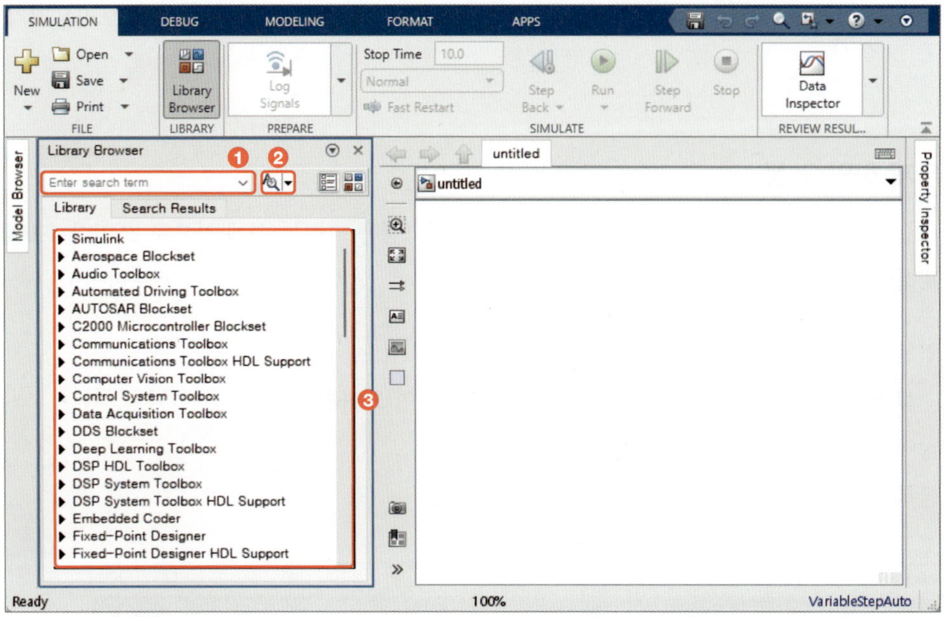

그림 14-3 시뮬링크 라이브러리 브라우저

[그림 14-3]에서 [Simulink]를 클릭하면 [Simulink] 라이브러리에 포함된 하위 라이브러리가 알파벳순으로 나열된다. 예를 들어 사용하려는 하위 라이브러리인 [Commonly Used Blocks]를 클릭하면 [그림 14-4]와 같이 제공하는 블록 목록 창이 알파벳순으로 나열된다.

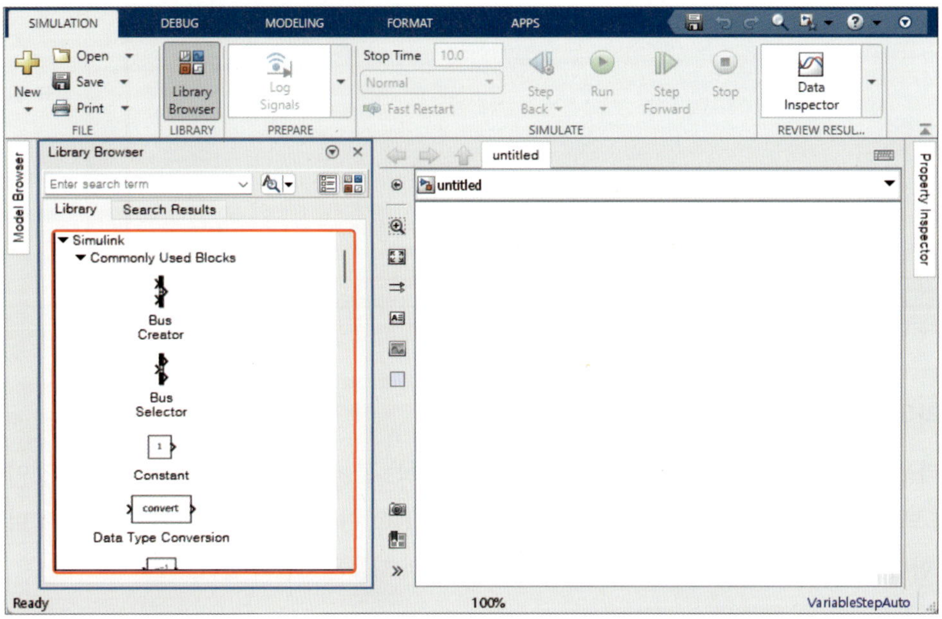

그림 14-4 [Commonly Used Blocks] 라이브러리 블록 창

블록 삽입하기

시뮬링크를 사용할 때는 설계 창에 다양한 블록을 삽입하여 수식을 설계한다. 블록을 삽입하는 방법은 여러 가지이므로 사용자의 편의에 따라 방법을 선택한다.

블록 이름과 블록이 속한 라이브러리의 이름을 모두 아는 경우

❶ 라이브러리 브라우저에서 삽입하려는 블록이 속한 라이브러리를 클릭하여 라이브러리를 연다.

❷ 블록 목록 창에 나타난 블록 중 삽입할 블록을 찾아 클릭한다.

❸ 다음 세 가지 방법 중 하나를 택하여 실행한다.

- 선택한 블록 위에서 마우스 오른쪽 버튼을 클릭하여 [Add block to model untitled] 메뉴를 선택한다.
- Ctrl + I를 눌러 선택한 블록을 설계 창에 삽입한다.
- 선택한 블록을 설계 창으로 드래그 앤드 드롭한다.

블록 이름만 알고 블록이 속한 라이브러리의 이름을 모르는 경우

❶ 검색 상자에 블록 이름을 입력하고 Enter를 누르거나 검색 선택 버튼(🔍)을 클릭한다.

❷ 검색 결과가 나타난 블록 목록 창에서 삽입할 블록을 찾아 클릭한다.

❸ 다음 세 가지 방법 중 하나를 택하여 실행한다.

- 선택한 블록 위에서 마우스 오른쪽 버튼을 클릭하여 [Add block to model untitled] 메뉴를 선택한다.
- Ctrl + I를 눌러 선택한 블록을 설계 창에 삽입한다.
- 선택한 블록을 설계 창으로 드래그 앤드 드롭한다.

이미 설계 창에 삽입된 블록을 복제하는 경우

다음 세 가지 방법 중 하나를 택하여 실행한다.

- 복제할 블록을 선택하고 마우스 오른쪽 버튼을 눌러 [Copy] 메뉴를 선택한 후 설계 창의 빈 공간에서 마우스 오른쪽 버튼을 눌러 [Paste] 메뉴를 선택한다.
- 복제할 블록을 선택하고 Ctrl + C를 눌러 블록을 복사한 후 Ctrl + V를 누른다.
- 복제할 블록을 선택하고 Ctrl을 누른 채 드래그 앤드 드롭한다.

LESSON 02

기본 블록을 활용하여 설계하기

시뮬링크의 블록을 이용하여 상숫값을 입력하는 Constant 블록과 신호 형태로 결과를 나타내는 Scope 블록의 기능을 알아보자. 사인 파형과 코사인 파형을 출력하는 Sine Wave 블록과 Cosine Wave 블록, 적분을 계산하는 Integrator 블록의 기능도 살펴보자.

Keyword | Constant 블록 | Scope 블록 | Sine Wave 블록 | Cosine Wave 블록 | Integrator 블록 |

Constant 블록

Constant 블록을 이용하면 실수 및 복소수의 상숫값을 생성할 수 있다. Constant 블록은 상숫값 매개변수의 차원에 따라 숫자, 벡터, 행렬의 출력을 생성한다.

Scope 블록

Scope 블록을 이용하면 설계된 시스템의 시뮬레이션 결과를 신호 형태로 나타낼 수 있다.

예제 14-1

시뮬링크를 이용하여 수식 $z = x - y$를 설계하고 $x = 2$, $y = -3$일 때의 결과를 그래프로 나타내라.

풀이

❶ Constant 블록 2개를 설계 창에 생성한다([Commonly Used Blocks]-[Constant]). 이때 생성된 블록을 클릭하면 블록의 이름을 확인할 수 있다.

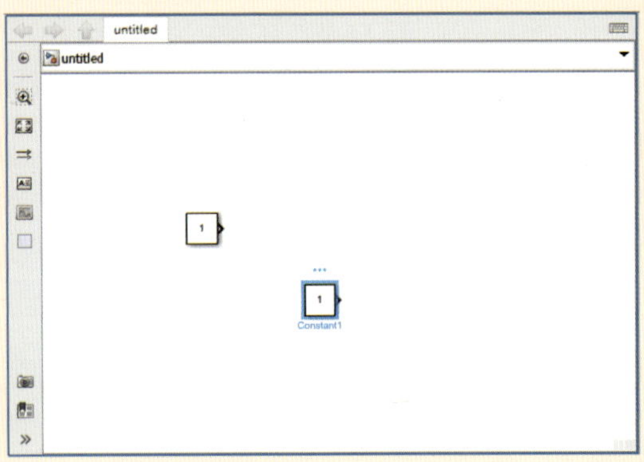

그림 14-5 Constant 블록 생성

❷ Sum 블록을 설계 창에 생성한다([Commonly Used Blocks]-[Sum]).

❸ Scope 블록을 설계 창에 생성한다([Sinks]-[Scope]).

TIP Sum 블록을 이용하면 상수, 벡터, 행렬 형태의 입력을 더하고 뺄 수 있다. 자세한 내용은 LESSON 04를 참고하라.

TIP Scope 블록은 [Commonly Used Blocks] 라이브러리에서도 찾을 수 있다. 이는 다른 블록들에서도 동일하다.

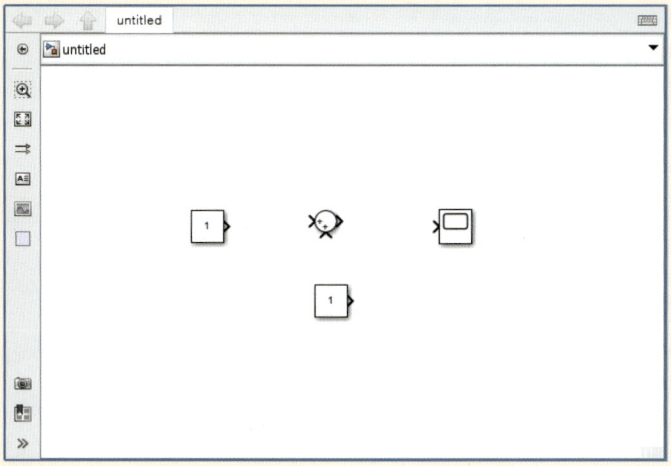

그림 14-6 Sum 블록과 Scope 블록 생성

❹ Constant 블록을 더블클릭하여 [Block Parameters: Constant] 창을 열고 [Constant value:]에 2($x = 2$)를 입력한 후 [OK] 버튼을 클릭한다.

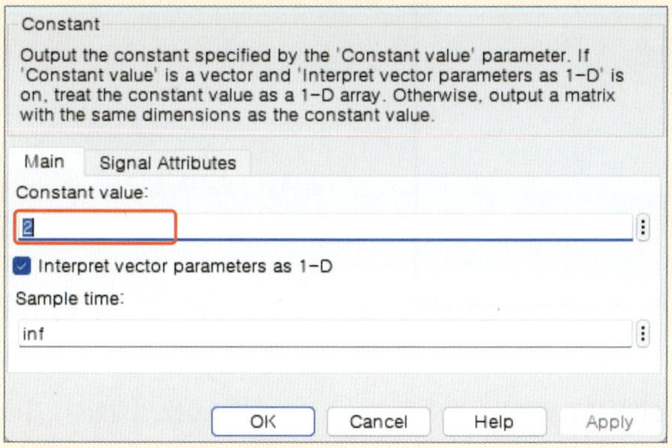

그림 14-7 Constant 블록에 상수 지정

❺ 블록 Constant1을 더블클릭하여 [Block Parameters: Constant] 창을 열고 [Constant value:]에 −3($y = -3$)을 입력한 후 [OK] 버튼을 클릭한다.

❻ Sum 블록을 더블클릭하여 [Block Parameters: Sum] 창을 열고 [List of signs:]에 |+ −를 입력한 후 [OK] 버튼을 클릭한다.

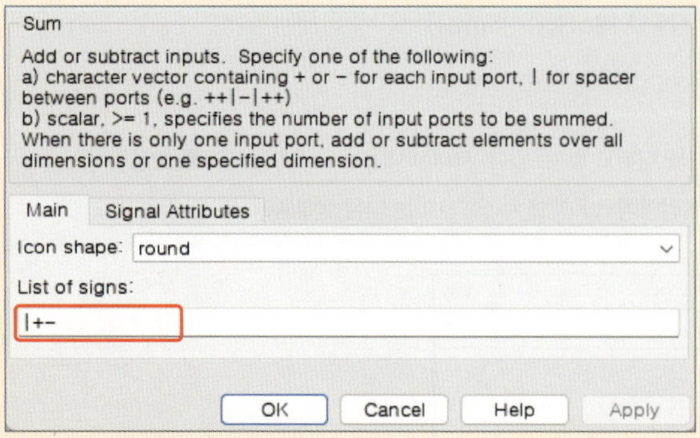

그림 14-8 Sum 블록에 부호 지정

❼ 블록에서 뾰족하게 나온 부분에 마우스 커서를 위치시키면 커서가 십자 형태로 바뀐다. 이때 마우스 왼쪽 버튼을 누른 채 다른 블록에서 뾰족하게 나온 부분에 정확히 연결하면 화살표 선이 생성되고 두 블록이 연결된다. 이러한 방법으로 Constant 블록과 Sum 블록, Sum 블록과 Scope 블록을 연결하여 블록 설계를 마친다.

TIP 블록을 반시계 방향으로 회전시키려면 마우스 오른쪽 버튼을 눌러 [Format]−[Rotate Counterclockwise]를 선택한다. 잘못 연결된 선을 제거하려면 제거할 선에서 마우스 오른쪽 버튼을 누르고 [Cut] 메뉴를 클릭한다.

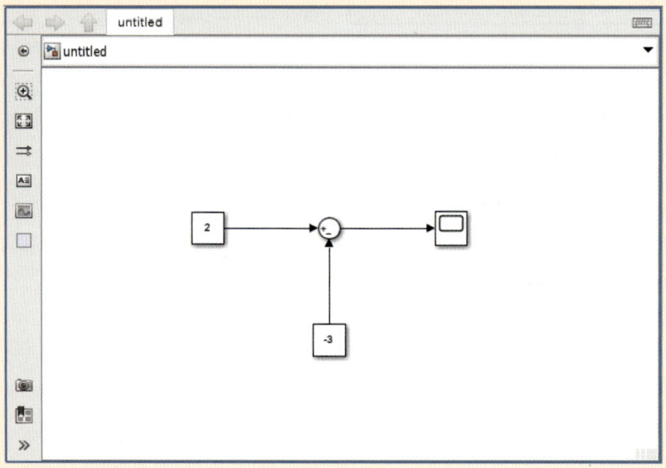

그림 14-9 블록 연결

❽ 시뮬레이션 실행을 종료하기 위해 명령 지시줄의 [SIMULATION] 탭에서 [Stop Time]에 5.0을 입력한다(기본값은 10.0).

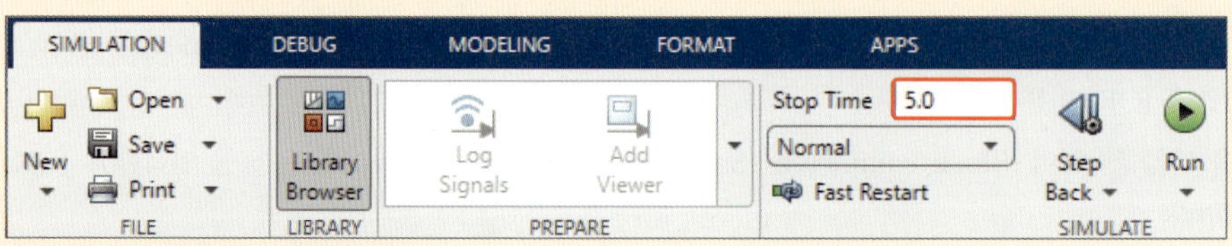

그림 14-10 시뮬레이션 정지 시간 설정

❾ 이제 시뮬레이션을 실행하여 스코프 창에 결과를 출력해보자. [Run(▶)] 버튼을 클릭하여 시뮬레이션을 실행한다.

❿ Scope 블록을 더블클릭하여 실행 결과를 스코프 창에서 확인한다.

TIP 스코프 창의 왼쪽 또는 오른쪽 아래에 마우스를 놓으면 대각선 화살표가 나타난다. 화살표를 움직여 스코프 창의 크기를 조절하면 최적화된 스케일의 그래프를 볼 수 있다.

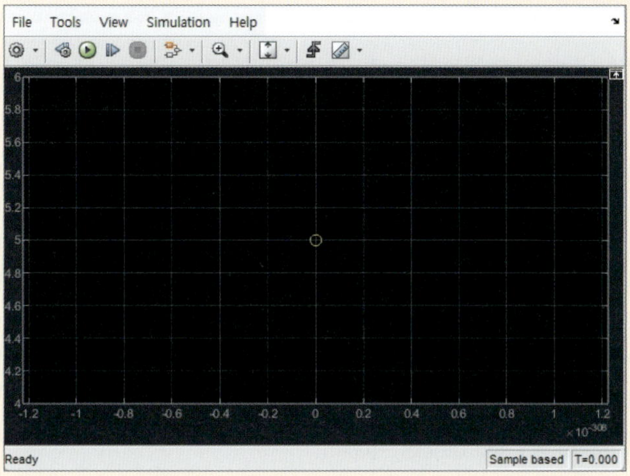

그림 14-11 스코프 창 결과

⓫ 스코프 창을 닫은 후 [File]-[Save as] 메뉴를 클릭하고 'sim_sub(파일명)'을 시뮬링크의 확장자(.slx)가 붙은 'sim_sub.slx'로 저장한다. 저장한 설계 파일은 언제든지 다시 사용할 수 있다.

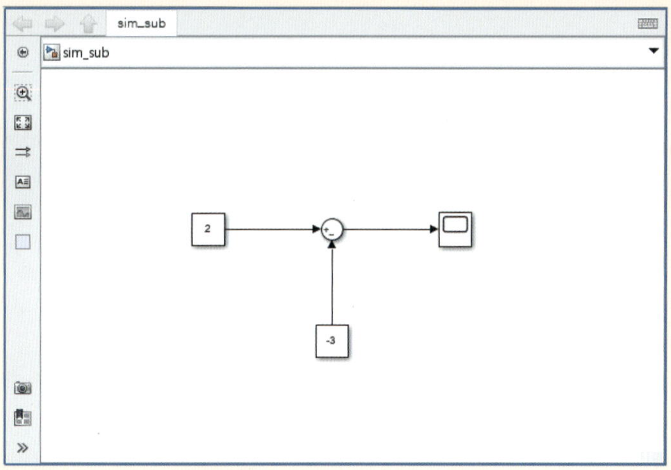

그림 14-12 완성된 시뮬링크 모델

Sine Wave 블록

Sine Wave 블록은 [Sources] 라이브러리에서 제공하며, 이를 이용하면 사인 파형을 출력할 수 있다. 이 블록은 시간 의존적 형태나 표본 의존적 형태로 사용할 수 있다.

Cosine Wave 블록

Cosine Wave 블록은 Sine Wave 블록과 달리 라이브러리에서 제공하지 않는다. 따라서 코사인파의 위상이 사인파의 위상보다 90° 뒤처져 있는 성질을 이용하여 Sine Wave 블록에 $\frac{\pi}{2}$ 라디안 위상 오프셋을 설정하여 사용한다.

예제 14-2

시뮬링크를 이용하여 다음 모델을 설계하고 시뮬레이션 결과를 스코프 창에 나타내라. 이때 시간은 0초부터 20초까지 변화한다.

(a) 진폭이 2인 사인 파형 모델

(b) 진폭이 1인 코사인 파형 모델

풀이

(a) 다음과 같은 순서로 설계한다.

❶ Sine Wave 블록을 설계 창에 생성한다([Sources]−[Sine Wave]).

❷ Gain 블록을 설계 창에 생성한다([Commonly Used Blocks]−[Gain]).

TIP Gain 블록을 이용하면 입력에 상수값을 곱하는 계산을 할 수 있다. 자세한 내용은 15장을 참고하라.

❸ 생성된 Gain 블록을 더블클릭하여 [Block Parameters: Gain] 창을 열고 [Gain:]에 2(사인 함수의 진폭이 2배로 증가)를 입력한 후 [OK] 버튼을 클릭한다.

❹ Scope 블록을 설계 창에 생성한다([Sinks]−[Scope]).

❺ 생성된 블록을 연결한다.

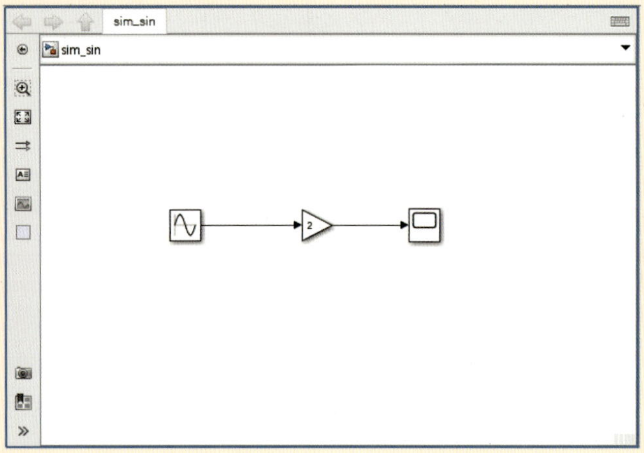

그림 14-13 완성된 Sine Wave 모델

❻ [Simulation]−[Stop time]에 20.0을 입력한다.

❼ [Simulation]−[Run] 메뉴를 선택하여 시뮬레이션을 실행한다.

❽ Scope 블록을 더블클릭하여 실행 결과를 스코프 창에서 확인한다.

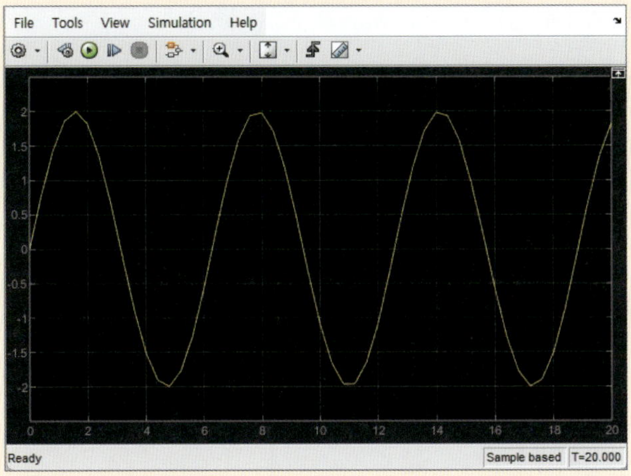

그림 14-14 스코프 창 결과

(b) 사인파와 코사인파는 위상 오프셋 차이가 $\frac{\pi}{2}$이다. 이 특징을 이용하여 다음과 같은 순서로 설계한다.

❶ [그림 14-13]과 동일한 모델을 구현한다.

❷ 생성된 Sine Wave 블록을 더블클릭하여 [Block Parameters: Sine Wave] 창을 열고 [Phase (rad):]에 사인파와 코사인파의 위상 오프셋 차이인 pi/2를 입력한 후 [OK] 버튼을 클릭한다.

❸ Gain 블록을 더블클릭하여 [Block Parameters: Gain] 창을 열고 [Gain:]에 1을 입력한 후 [OK] 버튼을 클릭한다.

TIP Sine Wave 블록의 [Block Parameters: Sine Wave] 창에서 사인파의 유형으로 시간 기본(time based), 샘플 기본(sample based) 중 하나를 선택할 수 있다.

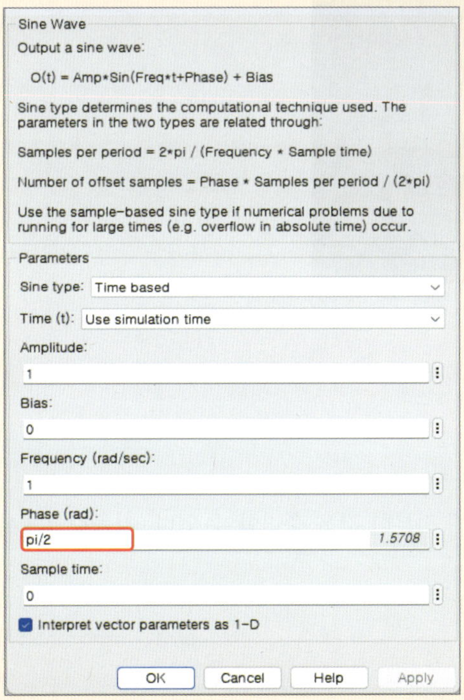

그림 14-15 Sine Wave 블록에 위상 오프셋을 설정하여 Cosine Wave 지정

④ Sine Wave 블록의 글자 부분을 클릭하여 이름을 Cosine Wave로 수정한다.

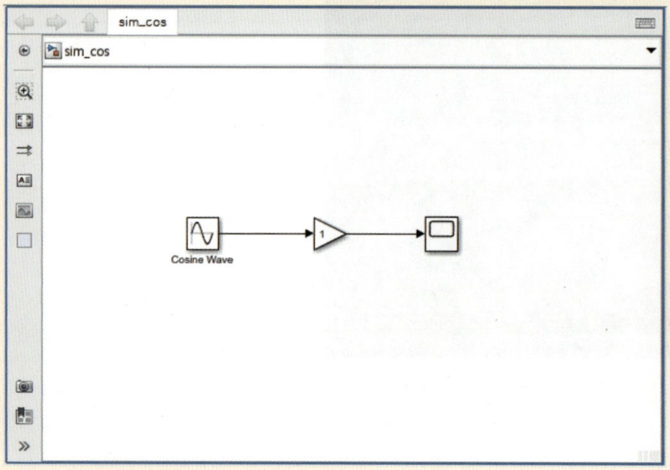

그림 14-16 완성된 Cosine Wave 모델

⑤ [Simulation]-[Run] 메뉴를 클릭하여 시뮬레이션을 실행한다.

⑥ Scope 블록을 더블클릭하여 실행 결과를 스코프 창에서 확인한다.

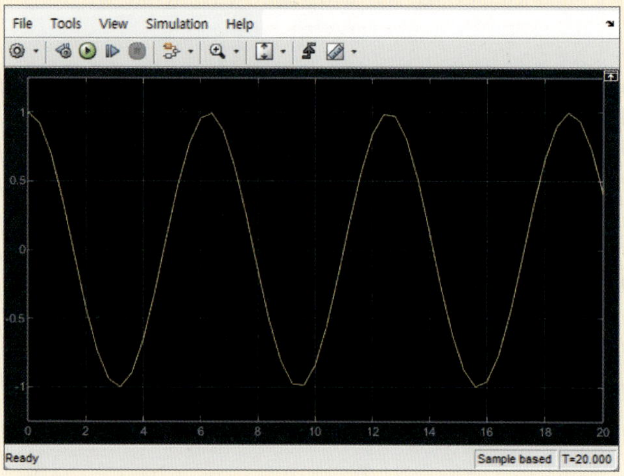

그림 14-17 스코프 창 결과

Integrator 블록

Integrator 블록을 이용하면 입력 신호를 시간에 대해 적분한 값을 출력할 수 있다. 시뮬링크에서는 적분 기호 $\int$를 대신하여 라플라스 변환변수 $\frac{1}{s}$을 사용한다.

예제 14-3

출력변수 y를 시간변수 t에 대해 미분하면 진폭이 2인 사인 파형이 출력된다. 시뮬링크를 이용하여 출력변수 y 값을 구하는 모델을 설계하고 시뮬레이션 결과를 스코프 창에 나타내라. 이때 시간은 0초부터 20초까지 변화한다.

풀이

제시된 문제를 수식으로 표현하면 $\frac{dy}{dt} = \dot{y} = 2\sin t$이다. 여기서 출력변수 y를 구하려면 미분과 상호 보완하는 성질을 가진 적분을 이용한다. 즉, $y(t) = \int 2\sin t\, dt$이며, 라플라스 변환변수 $\frac{1}{s}$을 적분 기호 대신 사용하면 $y = (\sin t)(2)\left(\frac{1}{s}\right)$로 변환할 수 있다.

❶ Sine Wave 블록을 설계 창에 생성한다([Sources]−[Sine Wave]).

❷ Gain 블록을 설계 창에 생성한다([Commonly Used Blocks]−[Gain]).

❸ 생성된 Gain 블록을 더블클릭하여 [Block Parameters: Gain] 창을 열고 [Gain:]에 2(2 sin t)를 입력한 후 [OK] 버튼을 클릭한다.

❹ Integrator 블록을 설계 창에 생성한다([Commonly Used Blocks]−[Integrator]).

❺ 생성된 Integrator 블록을 더블클릭하여 [Block Parameters: Integrator] 창을 열고 [Initial condition:]에 0(기본값)을 입력한 후 [OK] 버튼을 클릭한다.

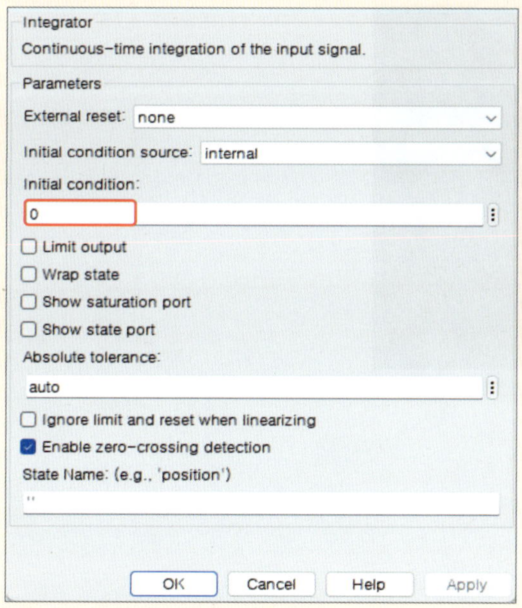

그림 14-18 Integrator 블록에 초깃값 지정

❻ Scope 블록을 설계 창에 생성한다([Sinks]−[Scope]).

❼ 생성된 블록을 연결한다.

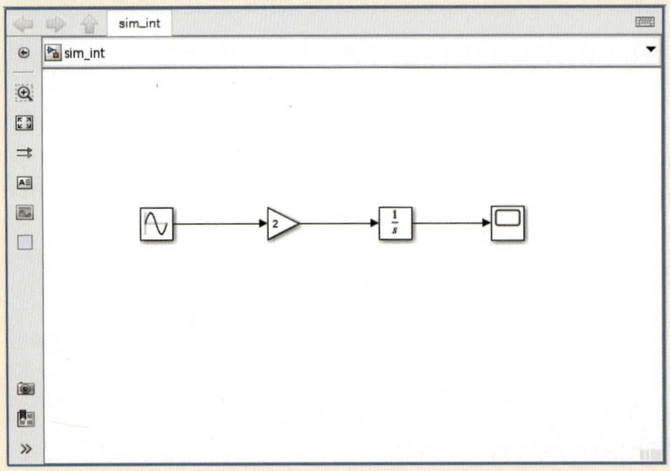

그림 14-19 완성된 시뮬링크 모델

❽ [Simulation]-[Stop time]에 20.0을 입력한다.

❾ [Simulation]-[Run] 메뉴를 선택하여 시뮬레이션을 실행한다.

❿ Scope 블록을 더블클릭하여 실행 결과를 스코프 창에서 확인한다.

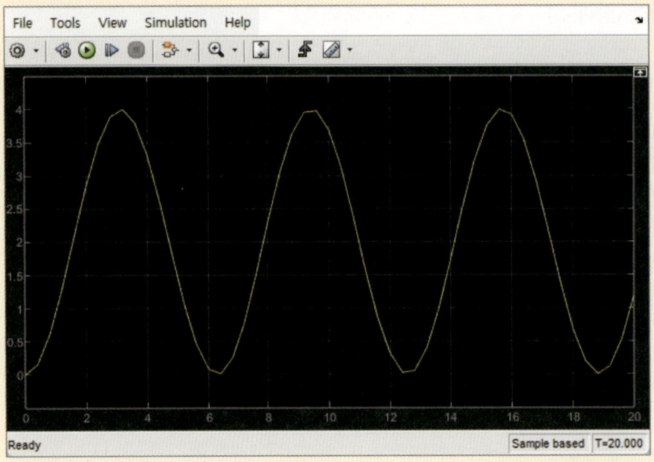

그림 14-20 스코프 창 결과

LESSON 03

그림 창에 결과 나타내기

시뮬레이션 결과를 MATLAB 그림 창에 나타내는 방법을 살펴보자.

Keyword | To Workspace 블록 | Clock 블록 | Mux 블록 |

To Workspace, Clock, Mux 블록

시뮬레이션 결과를 그림 창에 나타내려면 시뮬레이션 결과와 시간 정보가 있어야 한다. 이 두 가지 정보를 하나의 벡터로 묶어 작업 공간 창으로 보낸 후 명령 창에 그래프 그리기 명령어를 입력하면 그림 창에 결과가 나타난다.

시뮬레이션 결과를 작업 공간 창에 나타내려면 To Workspace 블록을 이용하며, 시뮬레이션 결과를 그림 창에 현재 시간 영역으로 그리려면 Clock 블록을 이용한다. 작업 공간 창에 결과를 보내기 위해 다양한 블록의 결과를 하나의 벡터로 묶으려면 Mux 블록을 이용한다.

예제 14-4

[예제 14-3]의 시뮬레이션 결과를 MATLAB 그림 창에 나타내라.

풀이

❶ [그림 14-19]에서 Scope 블록을 제거한다.

❷ Clock 블록을 설계 창에 생성한다([Sources]-[Clock]).

❸ Mux 블록을 설계 창에 생성한다([Commonly Used Blocks]-[Mux]).

❹ 생성된 Mux 블록을 더블클릭하여 [Block Parameters: Mux] 창을 열고 [Number of inputs:]에 2(기본값)를 입력한 후 [OK] 버튼을 클릭한다.

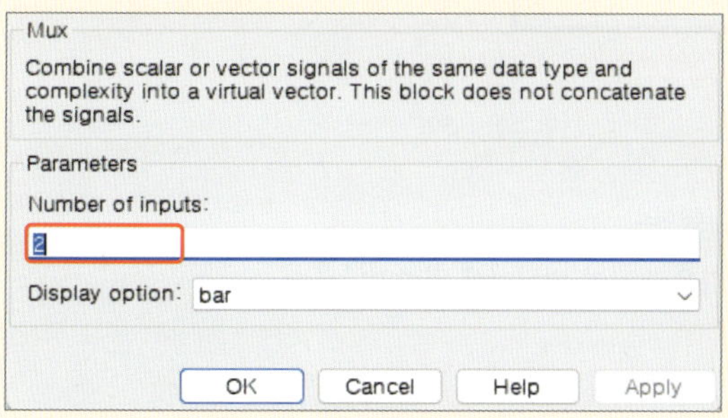

그림 14-21 Mux 블록의 입력 개수 지정

❺ To Workspace 블록을 설계 창에 생성한다([Sinks]-[To Workspace]).

❻ 생성된 To Workspace 블록을 더블클릭하여 [Block Parameters: To Workspace] 창을 열고 [Variable name:]을 y로 바꾼 후 [Save format:]에서 'Array'를 선택한다.

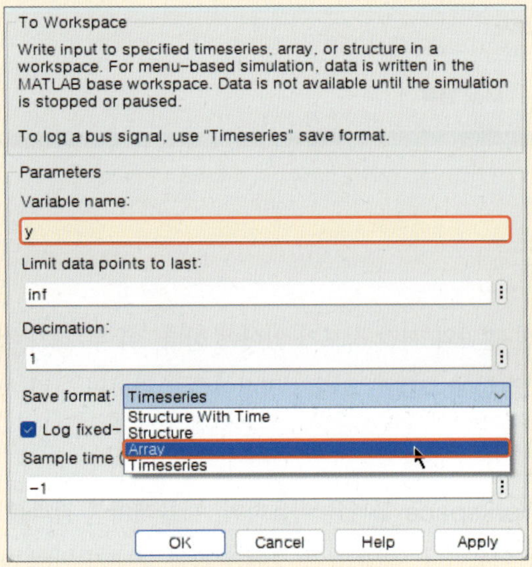

그림 14-22 To Workspace 블록의 변수 이름 지정

❼ 생성된 블록을 연결한다.

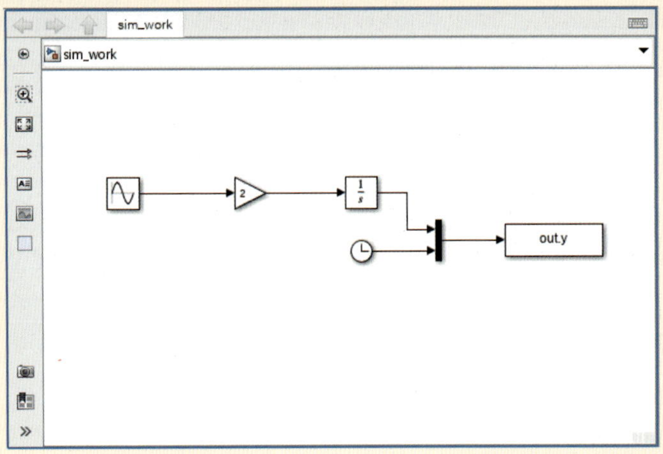

그림 14-23 완성된 시뮬링크 모델

❽ [Simulation]-[Stop time]에 20.0을 입력한다.

❾ [Simulation]-[Run] 메뉴를 클릭하여 시뮬레이션을 실행한다.

❿ $y(t)$를 그림 창에 그리기 위해 MATLAB의 명령 창에 다음과 같이 명령어를 입력한다.

Command Window

```
>> plot(out.y(:,2),out.y(:,1));
>> axis([0 20 -0.5 4.5]);
>> xlabel('t');
>> ylabel('y','rot',360);
>> grid on;
```

그림 14-24 시뮬레이션 결과를 그림 창에 그리는 명령어 입력

TIP plot 명령어의 첫 번째 파라미터인 y(:, 2)는 x 축에 해당하는 입력 벡터(여기서는 변수 t를 사용)로 Simulation time에서 설정한 Stop time(20.0)까지의 원솟값을 의미한다. 시간이 시뮬레이션 결과의 두 번째 열로 설정된 이유는 [그림 14-23]에서 Clock 블록이 Mux 블록에 두 번째 입력 단자로 연결되어 있기 때문이다. 이때 시간은 시뮬링크에서의 기본값인 0.4씩 증가한다. 두 번째 파라미터인 y(:, 1)은 입력 벡터 값에 상응하는 출력 벡터 y의 값을 나타낸다.

⓫ 그림 창에서 시뮬레이션 결과를 확인한다.

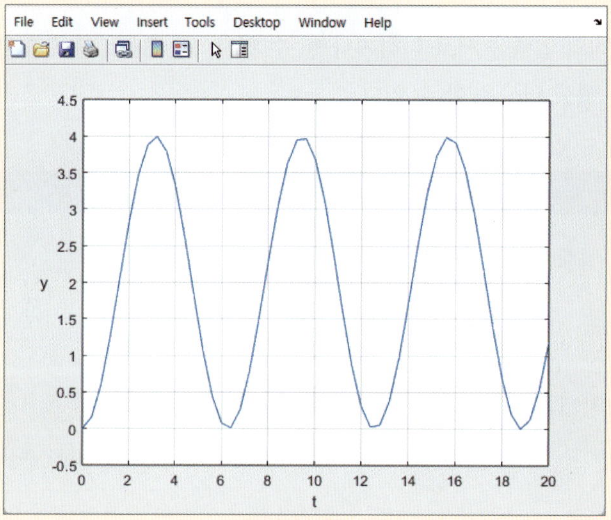

그림 14-25 그림 창에 나타난 시뮬레이션 결과

LESSON 04

사칙연산 활용 및 1차 함수 입출력 그래프 설계하기

덧셈, 뺄셈을 계산하는 Sum 블록, 곱셈과 나눗셈을 계산하는 Product 블록과 Divide 블록, 출력 결과를 수치적으로 나타내는 Display 블록에 대해 알아보자. 1차 함수 그래프의 상수항과 계수항을 더하는 Add 블록도 살펴보자.

Keyword | Sum 블록 | Product 블록 | Divide 블록 | Display 블록 | Add 블록 |

Sum 블록

Sum 블록을 이용하면 상수, 벡터, 행렬 형태의 입력을 서로 더하거나 뺄 수 있다. 즉, Sum 블록의 부호 매개변수를 + 또는 −로 설정하여 덧셈 또는 뺄셈 연산을 할 수 있다.

예제 14-5

시뮬링크를 이용하여 $y = \mathbf{A} - \mathbf{B}$의 모델을 설계하고 결과를 MATLAB 명령 창에 나타내라.

$$\mathbf{A} = \begin{bmatrix} 7 & 1 & 0 \\ -2 & -2 & 6 \\ 5 & -3 & 13 \end{bmatrix}, \quad \mathbf{B} = \begin{bmatrix} 4 & 1 & -6 \\ 5 & 2 & 3 \\ -2 & 3 & 5 \end{bmatrix}$$

풀이

❶ Constant 블록 2개를 설계 창에 생성하고([Commonly Used Blocks]−[Constant]) 각 블록의 글자 부분을 클릭하여 이름을 각각 A, B로 바꾼다.

❷ 블록 A를 더블클릭하여 [Block Parameters: A] 창을 열고 [Constant value:]에 행렬 **A**의 값을 입력한다.

TIP 행렬의 값을 입력할 때 공백 대신 쉼표를 사용해도 무방하다.

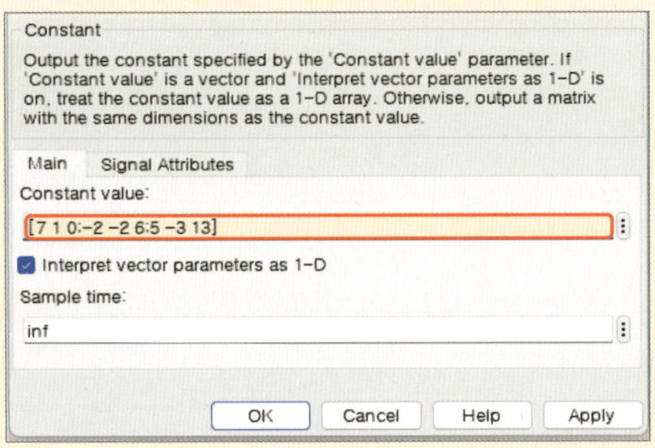

그림 14-26 Constant 블록 A에 행렬 지정

❸ 동일한 방법으로 Constant 블록 B의 [Constant value:]에 행렬 **B**를 입력한다.

❹ 뺄셈 연산을 하기 위해 Sum 블록을 설계 창에 생성한다([Commonly Used Blocks]-[Sum]).

❺ 생성된 Sum 블록을 더블클릭하여 [Block Parameters: Sum] 창을 열고 [List of signs:]에 +|-를 입력한다. 수직선 |를 입력하면 부호 사이의 간격을 설정할 수 있다.

❻ [Block Parameters: Sum] 창에서 [Icon shape:]를 'rectangular'로 선택하여 Sum 블록의 형태를 원형에서 직사각형으로 변환한다.

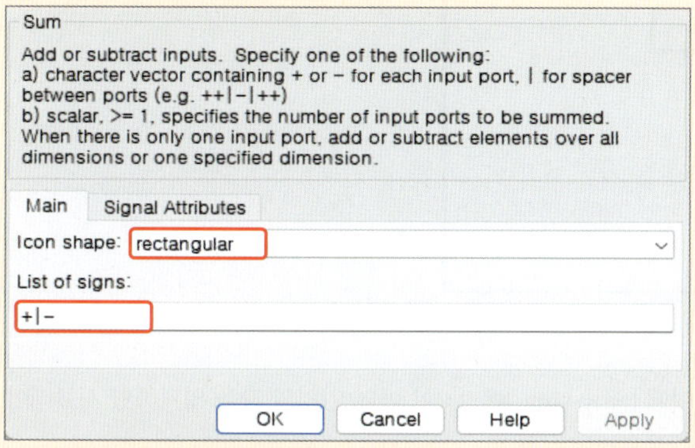

그림 14-27 Sum 블록의 단자 지정과 형태 변환

❼ 시뮬레이션 결과를 명령 창에 나타내기 위해 To Workspace 블록을 생성하고([Sinks]-[To Workspace]) 생성된 블록을 더블클릭하여 [Variable name:]에 y를 입력한 후 [Save format:]에서 'Array'를 선택한다.

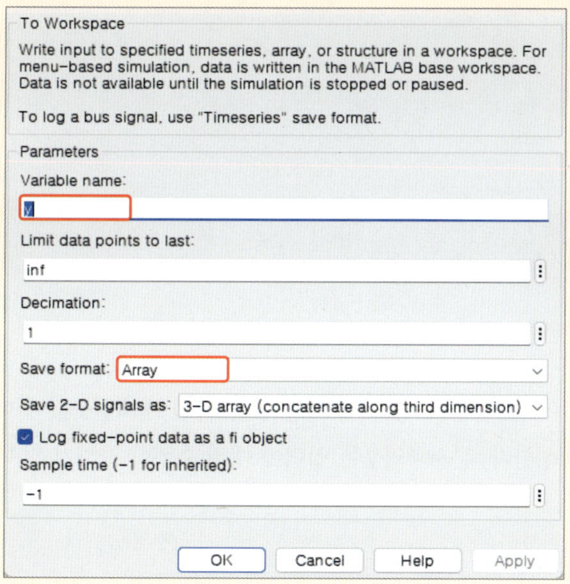

그림 14-28 To Workspace 블록의 변수명과 저장 형식 변환

❽ 생성된 블록을 연결한다. 직사각형으로 변환한 Sum 블록은 드래그하여 크기를 조절할 수 있다.

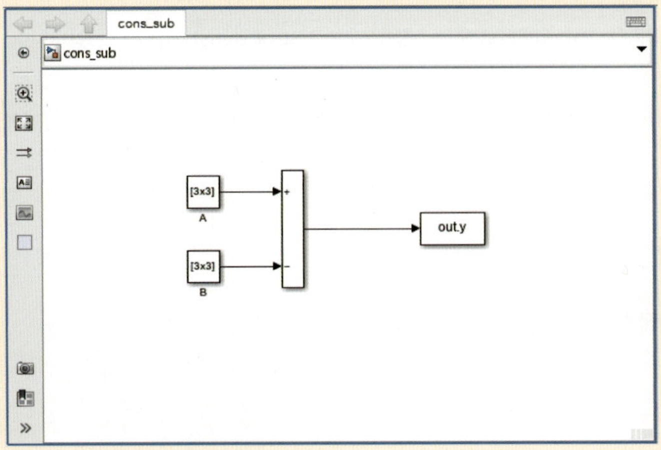

그림 14-29 완성된 시뮬링크 모델

❾ [Simulation]−[Stop time]에 0.0을 입력한다. 이때 [Stop time]에 0.0이 아닌 임의의 값을 입력하면 시뮬레이션을 실행한 후 명령 창에 동일한 결과가 여러 개 나타난다.

❿ [Simulation]−[Run] 메뉴를 클릭하여 시뮬레이션을 실행한다.

⓫ 명령 창에 명령어 out.y를 입력하여 명령 창에서 시뮬레이션 결과를 확인한다.

```
Command Window
>> out.y

ans =

     3     0     6
    -7    -4     3
     7    -6     8
```

그림 14-30 명령 창 결과

Product 블록

Product 블록은 다수의 입력에 대한 곱셈 또는 나눗셈을 수행할 때 사용한다. 곱셈 매개변숫값에 따라 원소 단위 또는 행렬 곱셈을 사용하여 출력을 생성한다. 문자 *와 /는 입력에 대해 수행할 곱하기 및 나누기 연산을 나타낸다.

Divide 블록

Divide 블록은 첫 번째 입력을 두 번째 입력으로 나눈 계산 결과를 출력할 때 사용한다. 기능적으로 이미 설정된 2개의 블록 매개변숫값이 있는 Product 블록처럼 동작한다.

Display 블록

Display 블록은 연산 결과를 숫자로 보여줄 때 사용한다. 이때 Format 기능을 이용하여 출력 형태를 다양하게 선택할 수 있다.

예제 14-6

수식 $d = a \div b \times c$를 계산하는 시뮬링크 모델을 설계하라. 여기서 $a = 50$, $b = 5$, $c = 10$으로 지정한다.

풀이

❶ Constant 블록 3개를 생성하고([Commonly Used Blocks]−[Constant]) 블록의 이름을 각각 a, b, c로 바꾼다.

❷ 블록 a를 더블클릭하여 [Block Parameters: a] 창을 열고 [Constant value:]에 50을 입력한다.

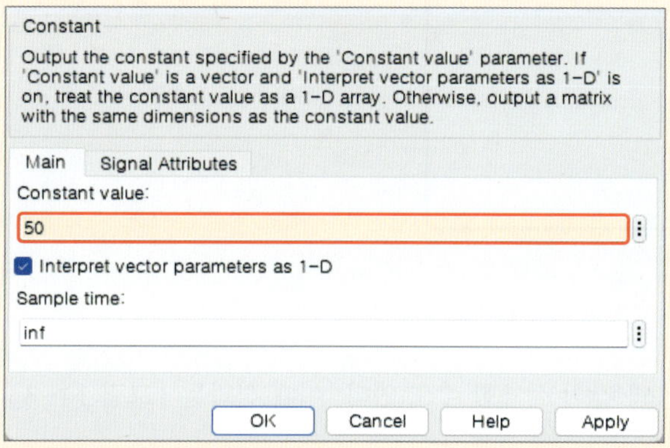

그림 14-31 Constant 블록 a에 상수 지정

❸ 동일한 방법으로 블록 b와 c의 [Constant value:]에 5, 10을 입력한다.

❹ 블록 a를 블록 b로 나누는 Divide 블록을 생성하고([Math Operations]−[Divide]) 블록의 이름을 a/b로 바꾼다. a/b 블록의 [Number of inputs:] 기본값 */는 그대로 유지한다.

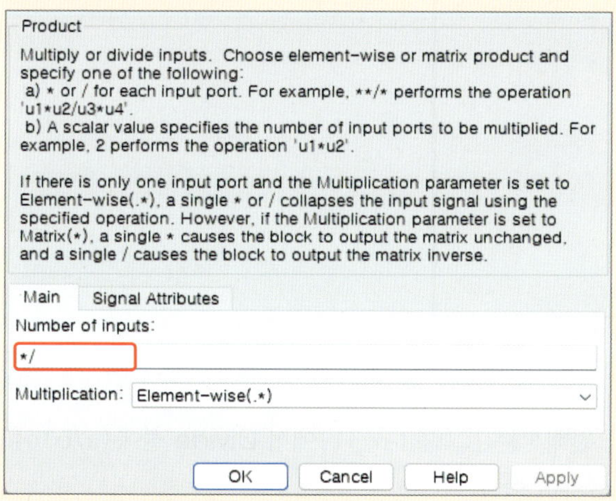

그림 14-32 Divide 블록 부호 지정(유지)

❺ 2개의 입력을 곱하는 Product 블록을 생성하고([Math Operations]-[Product]) 블록의 이름을 (a/b)c로 바꾼다.

❻ 연산 결과를 숫자로 보여주는 Display 블록을 생성하고([Sinks]-[Display]) 블록의 이름을 d로 바꾼다. 블록 d의 [Format:] 기본값 출력 형식인 'short'는 그대로 유지한다.

❼ [Simulation]-[Stop time]에 0.0을 입력한 후 모델을 시뮬레이션하여 결과를 확인한다.

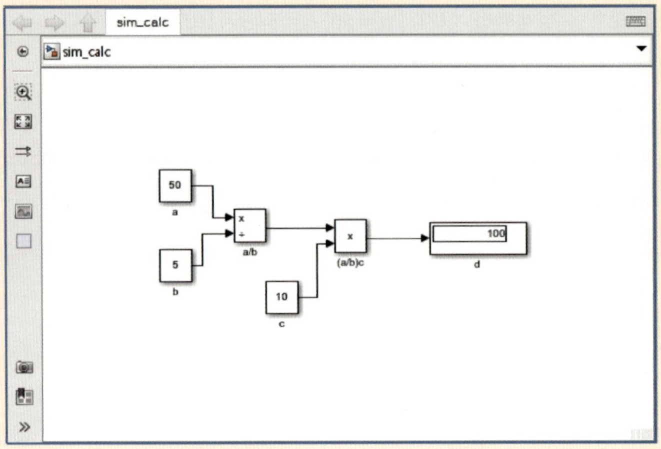

그림 14-33 완성된 시뮬링크 모델

[예제 14-6]에서 설계한 시뮬링크 모델은 다음과 같이 설계할 수도 있다. 이때 결과는 [그림 14-33]과 동일하다.

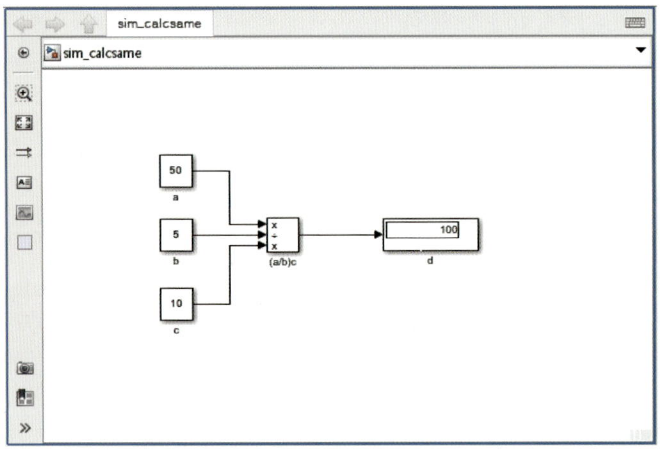

그림 14-34 [그림 14-33]과 동일한 시뮬링크 모델

이처럼 [그림 14-33]과 동일한 결과를 만들기 위해서는 [그림 14-34]에서 Divide 블록(a/b)c를 더블클릭하여 [Number of inputs:]에 */*를 입력하면 된다.

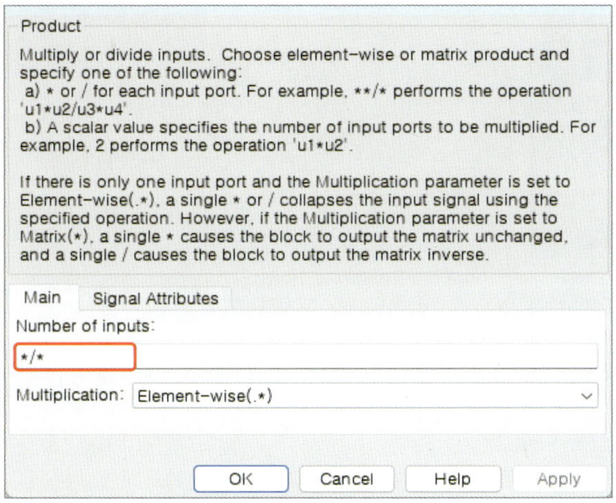

그림 14-35 Divide 블록 부호 지정(신규)

Add 블록

Add 블록은 Sum 블록과 유사하게 입력을 더하거나 빼는 데 사용한다.

예제 14-7

1차 함수 $y = ax + b$를 계산하는 시뮬링크 모델을 설계하라. 여기서 $a = -2$, $b = -1$이고 입력변수 x는 −10부터 10까지 1.5씩 증가하는 벡터이다.

배경지식

1차 함수 $y = ax + b$에서 x는 입력변수, 계수(coefficient) a는 1차 함수의 기울기(slope), 상수 b는 절편(intercept)이라고 부른다.

풀이

1. Constant 블록 3개를 생성하고([Commonly Used Blocks]−[Constant]) 블록의 이름을 각각 x, a, b로 바꾼다.
2. 블록 x를 더블클릭하여 [Constant value:]에 [−10:1.5:10]을 입력한다.
3. 블록 a의 [Constant value:]에 −2, 블록 b의 [Constant value:]에 −1을 입력한다.
4. 벡터 x와 계수 a를 곱하는 Product 블록을 생성하고([Math Operations]−[Product]) 블록의 이름을 ax로 바꾼다.

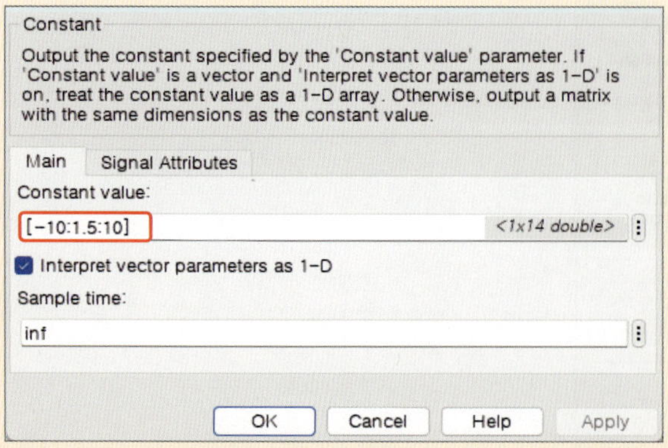

그림 14-36 Constant 블록 x에 벡터 지정

❺ 블록 ax와 절편 b를 더하는 **Add** 블록을 생성하고([Math Operations]-[Add]) 블록의 이름을 ax+b로 바꾼다.

❻ 시뮬레이션 결과를 명령 창에 나타내기 위해 **To Workspace** 블록 2개를 생성하고([Sinks]-[To Workspace]) 블록의 이름을 각각 x_in과 y_out으로 바꾼다.

❼ 블록 x_in을 더블클릭하여 [Variable name:]을 x로 바꾸고 [Save format:]에서 'Array'를 선택한다. 마찬가지로 블록 y_out의 [Variable name:]을 y로 바꾸고 [Save format:]에서 'Array'를 선택한다.

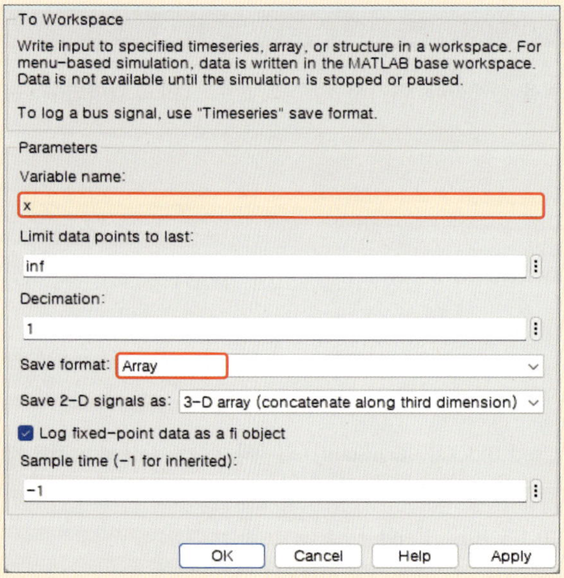

그림 14-37 블록 x_in의 변수명과 저장 형식 변환

❽ 생성된 블록을 연결한다.

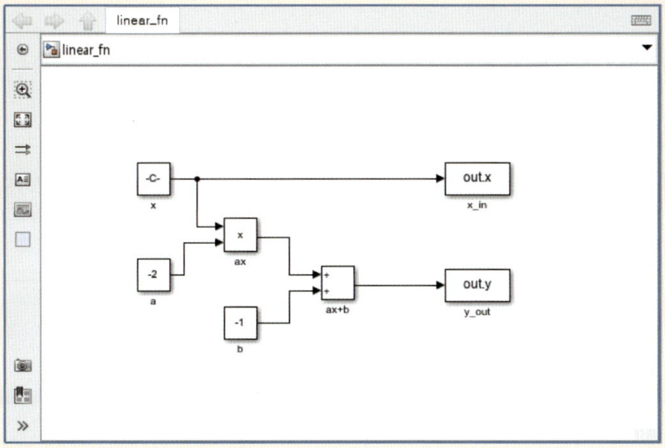

그림 14-38 완성된 시뮬링크 모델

⑨ [Simulation]-[Stop time]에 0.0을 입력한다.

⑩ 시뮬레이션을 실행하고 다음과 같이 MATLAB의 명령 창에 명령어를 입력한다.

```
>> plot(out.x,out.y);
>> xlabel('x');
>> ylabel('y','rot',360);
>> title('y = ax + b');
>> grid on;
```

그림 14-39 시뮬레이션 결과를 그리는 명령어 입력

TIP 명령어를 입력하기 전에 시뮬레이션을 실행해야([Simulation]-[Run]) 변숫값이 작업 공간에 저장된다.

⑪ 그림 창에서 시뮬레이션 결과를 확인한다.

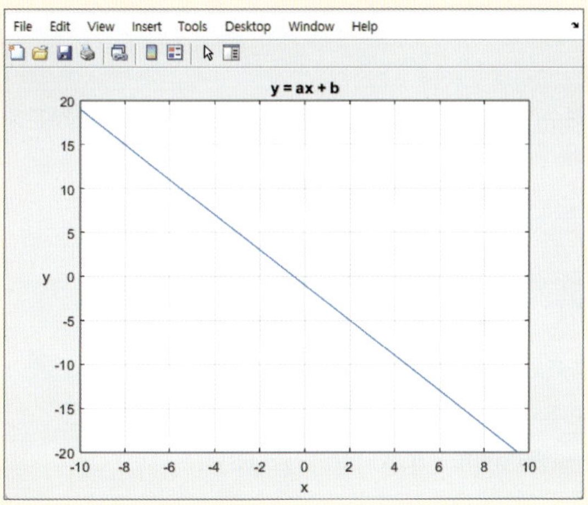

그림 14-40 1차 함수 그래프 생성

LESSON 05

복소수 활용하기

복소수를 실수부와 허수부로 분기시키는 Demux 블록, 각각의 실수부와 허수부를 복소수로 변환시키는 Real-Imag to Complex 블록에 대해 알아보자. 복소수를 크기와 편각으로 분리하는 Complex to Magnitude-Angle 블록에 대해 배우고, 반대로 크기와 편각을 포함한 복소수로 나타내는 Magnitude-Angle to Complex 블록도 살펴보자.

Keyword | Demux 블록 | Real-Imag to Complex 블록 | Complex to Magnitude-Angle 블록 | Magnitude-Angle to Complex 블록 |

Demux 블록

Demux 블록을 이용하면 입력 신호의 구성 성분을 추출하여 개별 출력 신호로 나타낼 수 있다.

Real-Imag to Complex 블록

Real-Imag to Complex 블록을 이용하면 분리된 복소수의 실수부와 허수부 입력을 완전체의 복소수로 나타낼 수 있다.

예제 14-8

복소수 $z = 3 - i4$를 나타내는 시뮬링크 모델을 생성하고 그 결과를 나타내라.

배경지식

복소수 z는 다음과 같이 실수 부분을 나타내는 x, y와 허수 단위(imaginary unit) i(또는 j)를 곱한 허수 부분을 더한 직교 형식(rectangular form)으로 나타낸다.

$$z = x + iy$$

풀이

❶ Constant 블록을 생성하고([Commonly Used Blocks]–[Constant]) 블록의 이름을 x+iy로 바꾼다.

❷ 블록 x+iy를 더블클릭하여 [Constant value:]에 [3 –4]를 입력하고 [OK] 버튼을 클릭한다.

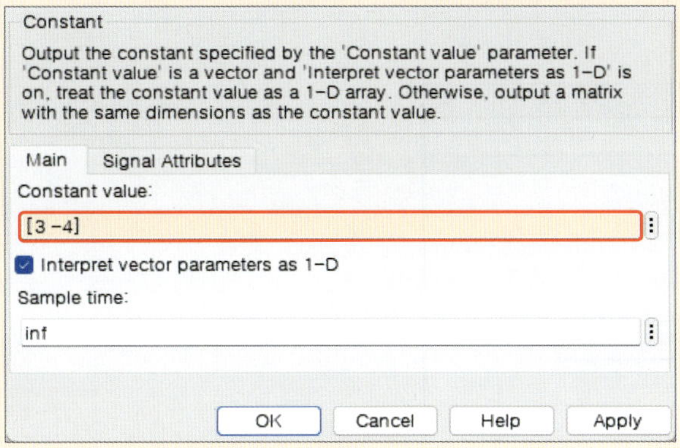

그림 14-41 Constant 블록 x+iy에 상수 지정

❸ Demux 블록을 생성한다([Commonly Used Blocks]–[Demux]). 블록을 더블클릭하여 나타나는 [Number of outputs:] 기본값 2는 유지한다.

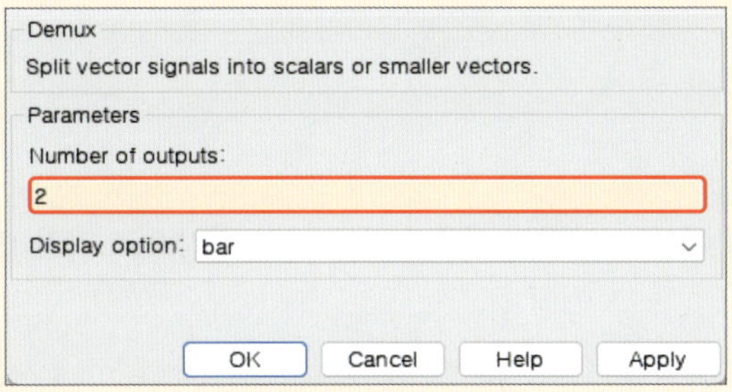

그림 14-42 Demux 블록의 출력 개수 지정

❹ Real-Imag to Complex 블록을 생성한다([Math Operations]–[Real-Imag to Complex]).

❺ 시뮬레이션 후 복소수로 변화된 입력값을 직접 보여주는 Display 블록을 생성하고([Sinks]–[Display]) 블록의 이름을 z로 바꾼다. 블록 z의 [Format:] 기본값 출력 형식인 'short'는 그대로 유지한다.

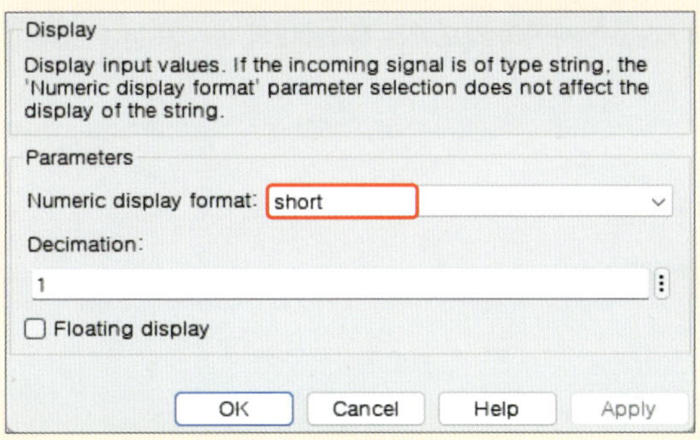

그림 14-43 Display 블록에 출력 형식 지정

❻ 블록을 모두 연결한 후 설계 창의 메뉴 표시줄에서 [Simulation]–[Stop time]에 0.0을 입력한다.

❼ 완성된 모델을 시뮬레이션하여 결과를 확인한다.

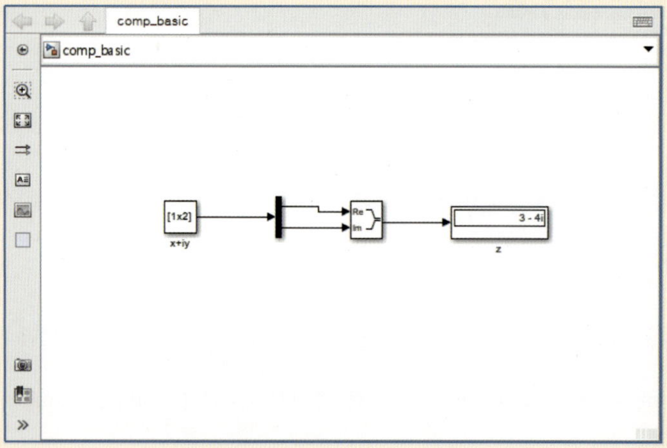

그림 14-44 완성된 시뮬링크 모델 및 디스플레이 창 결과

Complex to Magnitude - Angle 블록

Complex to Magnitude-Angle 블록을 이용하면 복소수 입력을 복소수의 크기와 편각으로 각각 변환할 수 있다.

예제 14-9

복소수 $z = 3 - 4i$를 크기와 편각으로 변환하는 시뮬링크 모델을 생성하고 그 결과를 나타내라.

배경지식

복소수 $z = x + iy$의 크기는 r로 나타낸다. 복소수의 크기 r과 x축 사이의 각도 θ는 복소수 z의 편각 또는 위상각이라고 하며, 각각 다음과 같이 나타낸다.

$$r = |z| = \sqrt{x^2 + y^2}$$

$$\theta = \arg z = \tan^{-1}\frac{y}{x}$$

풀이

❶ Constant 블록을 생성하고([Commonly Used Blocks]-[Constant]) 블록의 이름을 z로 바꾼다.

❷ 블록 z를 더블클릭하여 [Constant value:]에 3-4i를 입력하고 [OK] 버튼을 클릭한다.

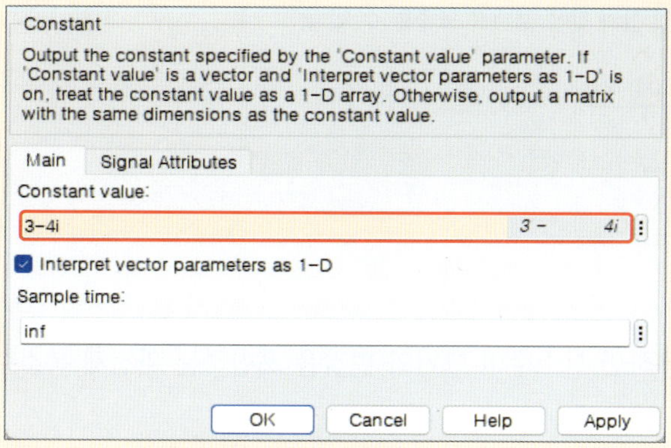

그림 14-45 Constant 블록 z에 상수 지정

❸ Complex to Magnitude-Angle 블록을 생성한다([Math Operations]-[Complex to Magnitude-Angle]).

❹ Display 블록 2개를 생성하고([Sinks]-[Display]) 블록의 이름을 각각 Mag, Arg로 바꾼다. 블록의 [Format:] 기본값 출력 형식인 'short'는 그대로 유지한다.

❺ 블록을 모두 연결한 후 설계 창의 메뉴 표시줄에서 [Simulation]-[Stop time]에 0.0을 입력한다.

❻ 완성된 모델을 시뮬레이션하여 결과를 확인한다.

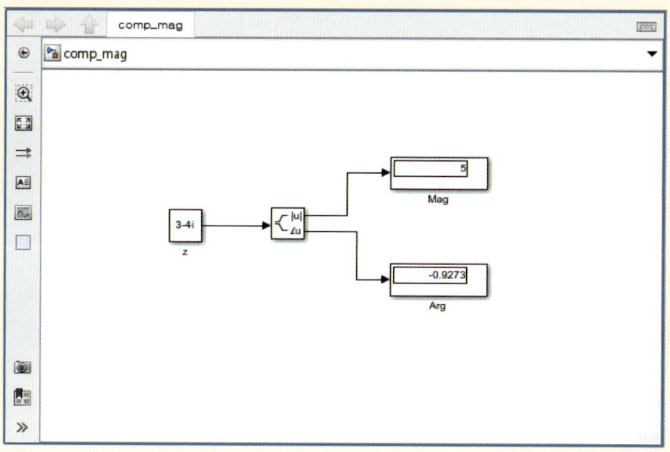

그림 14-46 완성된 시뮬링크 모델 및 디스플레이 창 결과

모델 설명

Mag 블록의 값 5는 주어진 복소수의 절댓값을 계산한 결과와 동일하다.

$$|z| = \sqrt{3^2 + (-4)^2} = 5$$

Arg 블록의 값 −0.9273은 주어진 복소수의 편각을 계산한 결과와 동일하다.

$$\arg z = \tan^{-1}\frac{-4}{3} = -53.1304^\circ$$

각도 −53.1304°를 라디안으로 변환하면 Arg 블록의 값과 같은 결과를 도출할 수 있다.

$$\frac{-53.1304^{\circ} \times \pi}{180^{\circ}} = -0.9273$$

Magnitude-Angle to Complex 블록

Magnitude-Angle to Complex 블록을 이용하면 복소수의 크기와 편각을 포함하는 완전체 복소수로 변환할 수 있다.

예제 14-10

복소수의 크기가 $r = 2$이고 편각이 $\theta = \frac{\pi}{6}$일 때 시뮬링크를 이용하여 복소수 z를 시뮬링크 모델로 생성하고 그 결과를 나타내라.

배경지식

삼각함수의 기본 성질을 이용하면 복소수의 직교 형식 $z = x + iy$를 x와 y로 나타낼 수 있다.

$$x = r\cos\theta, \quad y = r\sin\theta$$

따라서 복소수는 다음과 같이 극 형식(polar form)으로 나타낼 수 있다.

$$z = r(\cos\theta + i\sin\theta)$$

풀이

❶ Constant 블록을 생성하고([Commonly Used Blocks]−[Constant]) 블록의 이름을 r-theta로 바꾼다.

❷ 블록 r-theta를 더블클릭하여 [Constant value:]에 [2 pi/6]을 입력하고 [OK] 버튼을 클릭한다.

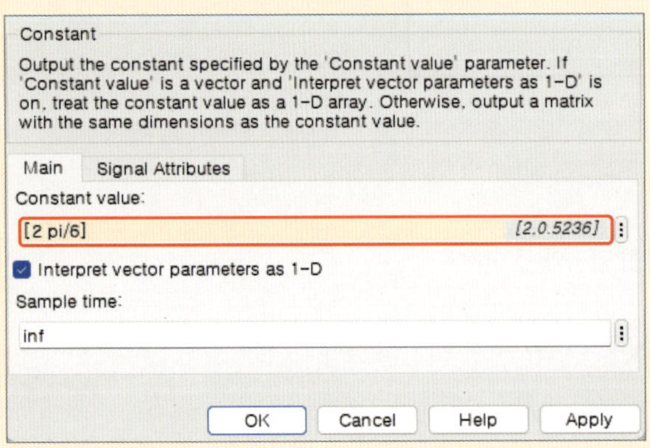

그림 14-47 Constant 블록 r-theta에 상수 지정

❸ 각각의 크기와 편각을 출력하기 위해 **Demux** 블록을 생성한다([Commonly Used Blocks]-[Demux]).

❹ **Magnitude-Angle to Complex** 블록을 생성한다([Math Operations]-[Magnitude-Angle to Complex]).

❺ **Display** 블록을 생성하고([Sinks]-[Display]) 블록의 이름을 z로 바꾼다. 블록의 [Format:] 기본값 출력 형식인 'short'는 그대로 유지한다. 디스플레이 창에서 **Display** 블록의 복소수가 전부 보이지 않을 때는 마우스를 사용하여 블록 z의 크기를 알맞게 조절하면 된다.

❻ 블록을 모두 연결한 후 설계 창의 메뉴 표시줄에서 [Simulation]-[Stop time]에 0.0을 입력한다.

❼ 완성된 모델을 시뮬레이션하여 결과를 확인한다.

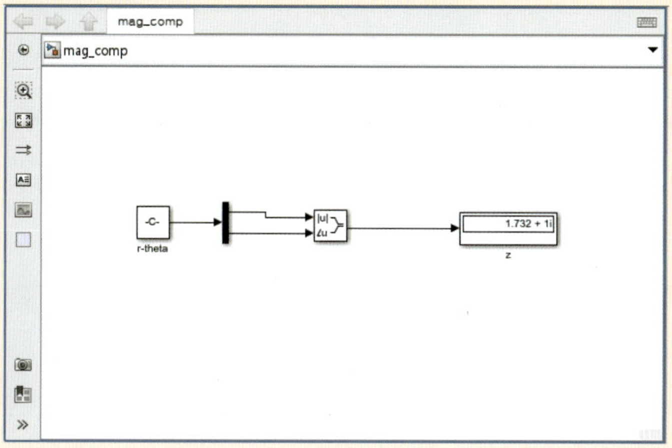

그림 14-48 완성된 시뮬링크 모델 및 디스플레이 창 결과

모델 설명

주어진 크기와 편각을 이용하여 계산하면 블록 z의 값은 다음과 같다.

$$z = 2\left(\cos\frac{\pi}{6} + i\sin\frac{\pi}{6}\right) = 2\left(\frac{\sqrt{3}}{2} + i\frac{1}{2}\right) = 1.732 + i1$$

CHAPTER

15

미분방정식

CONTENTS

LESSON 01 1차 미분방정식 시뮬링크 모델 설계하기
LESSON 02 2차 미분방정식 시뮬링크 모델 설계하기

LESSON 01

1차 미분방정식 시뮬링크 모델 설계하기

1차 도함수만 포함하는 1차 미분방정식을 계산하는 Subtract 블록과 Gain 블록, 블록을 회전 및 뒤집기하여 각 블록을 시각적으로 최적화하는 Flip 블록에 대해 알아보자.

Keyword | Subtract 블록 | Gain 블록 | Flip 블록 |

Subtract 블록

Subtract 블록은 Sum 블록의 뺄셈과 동일한 기능을 한다. 즉, 상수, 벡터, 행렬 형태의 입력을 서로 더하거나 뺄 수 있다.

Gain 블록

Gain 블록을 이용하면 입력에 상숫값을 곱하는 계산을 할 수 있다. Gain 블록은 [Math Operations]-[Gain] 또는 [Commonly Used Blocks]-[Gain]을 통해 동일하게 사용 가능하다.

예제 15-1

다음과 같은 1차 미분방정식의 시뮬링크 모델을 설계하고 그 결과를 스코프 창에 나타내라. 이때 시뮬레이션은 0초부터 5초까지 실행한다.

$$\dot{y}(t) = 4\sin 3t - 5y, \quad y(0) = 1$$

풀이

❶ Sine Wave 블록을 설계 창에 생성한다([Sources]-[Sine Wave]).

❷ Sine Wave 블록을 더블클릭하여 [Block Parameters: Sine Wave] 창을 열고 [Amplitude:]에 4, [Frequency(rad/sec):]에 3을 입력한다.

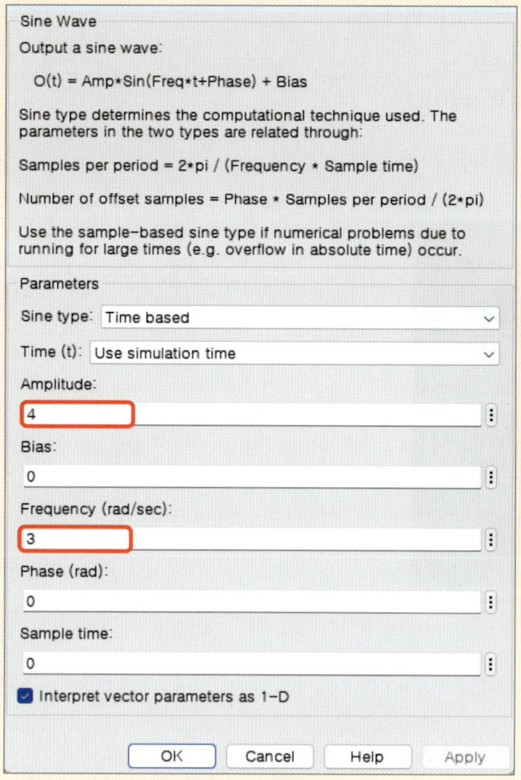

그림 15-1 Sine Wave 블록의 진폭 및 각주파수 설정

❸ Subtract 블록을 설계 창에 생성한다([Math Operations]-[Subtract]).

❹ Gain 블록을 설계 창에 생성하고([Commonly Used Blocks]-[Gain]) 더블클릭하여 [Gain:]에 5를 입력한다.

❺ Integrator 블록을 설계 창에 생성하고([Continuous]-[Integrator]) 더블클릭하여 [Initial condition:]에 초깃값 1 ($y(0) = 1$)을 입력한 후 [OK] 버튼을 클릭한다.

❻ Scope 블록을 설계 창에 생성한다([Sinks]-[Scope]).

❼ 생성된 블록을 연결한다.

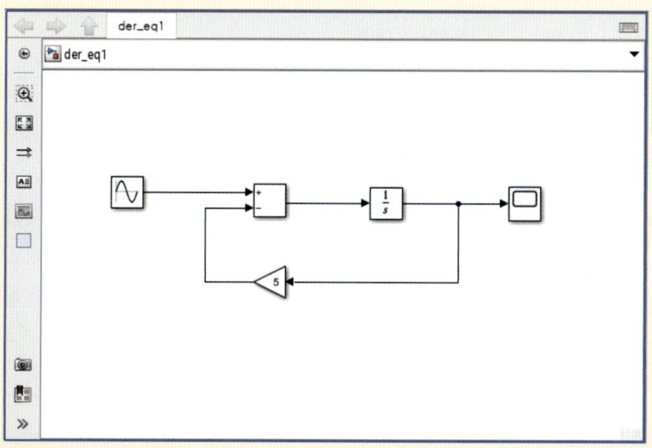

그림 15-2 완성된 시뮬링크 모델

❽ 설계 창의 메뉴 표시줄에서 [Simulation]–[Stop time]에 5.0을 입력한다.

❾ [Simulation]–[Run] 메뉴를 클릭하여 시뮬레이션을 실행한다.

❿ Scope 블록을 더블클릭하여 실행 결과를 스코프 창에서 확인한다.

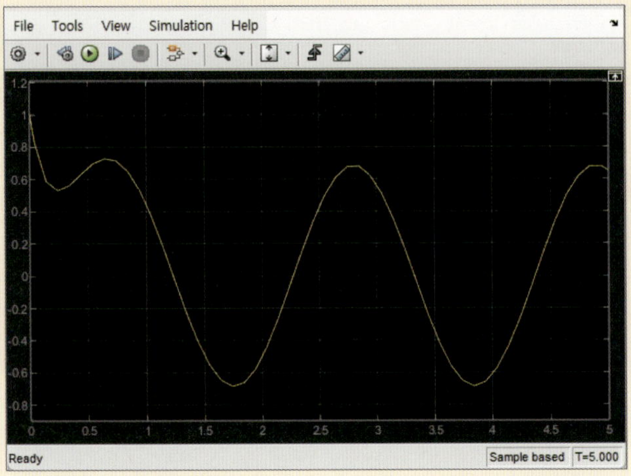

그림 15-3 스코프 창 결과

Flip 블록

Flip 블록을 이용하면 블록 또는 블록 그룹의 회전과 뒤집기가 가능하므로 블록의 위치를 조정할 수 있으며, 이를 통해 시뮬링크 모델의 시각적 위치를 향상할 수 있다.

예제 15-2

다음과 같은 1차 미분방정식의 시뮬링크 모델을 설계하고 그 결과를 스코프 창에 나타내라. 이때 시뮬레이션은 0초부터 10초까지 실행한다.

$$\dot{y}(t) = 1.5y(1-y), \quad y(0) = 0.1$$

풀이

❶ Gain 블록을 생성하고([Commonly Used Blocks]–[Gain]) 더블클릭하여 [Gain:]에 1.5를 입력한다.

❷ Integrator 블록을 생성하고([Continuous]–[Integrator]) 더블클릭하여 [Initial condition:]에 초깃값 0.1($y(0) = 0.1$)을 입력한다.

❸ 두 입력값을 곱하는 Product 블록을 설계 창에 생성하고([Commonly Used Blocks]–[Product]) 마우스 오른쪽 버튼을 눌러 [Format]–[Flip Block]을 클릭한다.

❹ Sum 블록을 생성하고([Commonly Used Blocks]–[Sum]) 더블클릭하여 [List of signs:]을 −||+로 바꾼다. 그 다음 마우스 오른쪽 버튼을 눌러 [Format]–[Flip Block]을 클릭한다.

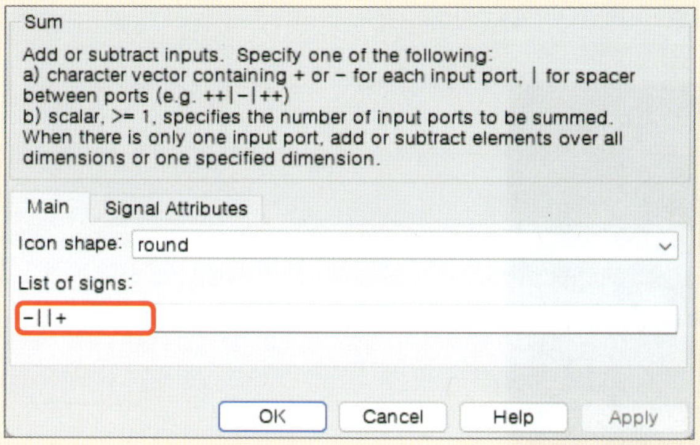

그림 15-4 Sum 블록의 부호 지정

❺ Constant 블록을 생성하고([Commonly Used Blocks]-[Constant]) 블록의 [Constant value:] 기본값 1은 유지한다.

❻ Scope 블록을 설계 창에 생성한다([Sinks]-[Scope]).

❼ 생성된 블록을 연결한다.

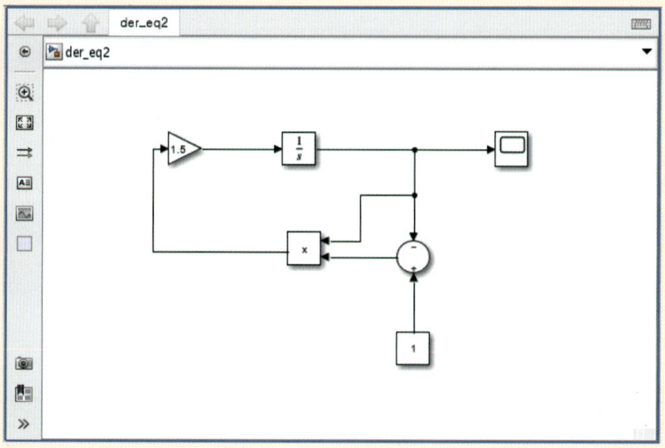

그림 15-5 완성된 시뮬링크 모델

❽ 설계 창의 메뉴 표시줄에서 [Simulation]-[Stop time]에 10.0을 입력한다.

❾ [Simulation]-[Run] 메뉴를 클릭하여 시뮬레이션을 실행한다.

❿ Scope 블록을 더블클릭하여 실행 결과를 스코프 창에서 확인한다.

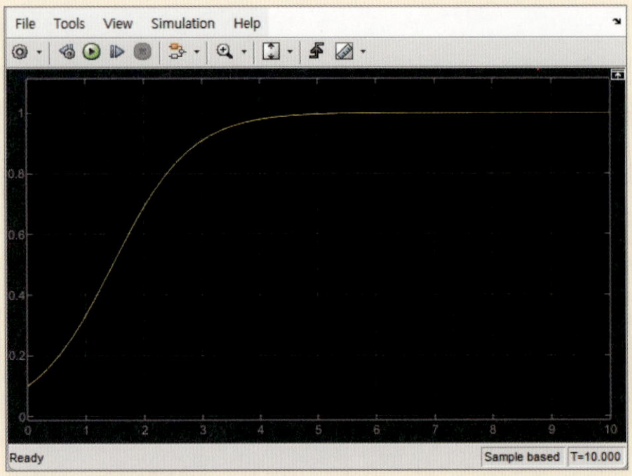

그림 15-6 스코프 창 결과

제시된 미분방정식은 로지스틱(logistic) 방정식이라고 하며, 스코프 창은 인구 증가의 모델을 보여준다.

예제 15-3

다음과 같은 연립미분방정식의 시뮬링크 모델을 설계하고 그 결과를 스코프 창에 나타내라. 시뮬레이션은 0초부터 10초까지 실행하며, 각각의 계수는 $a = 0$, $b = 2$, $c = -1$, $d = 0$이다.

$$\dot{x} = ax + by, \quad x(0) = 2$$
$$\dot{y} = cx + dy, \quad y(0) = 1$$

풀이

❶ Sum 블록을 생성하고([Commonly Used Blocks]-[Sum]) 블록의 [List of signs:] 기본값 |++는 유지한다. 마우스 오른쪽 버튼을 눌러 [Format]-[Flip Block]을 클릭한다.

❷ Gain 블록 2개를 생성하고([Commonly Used Blocks]-[Gain]) 블록의 이름을 각각 Coef-a, Coef-b로 바꾼 후 [Format]-[Flip Block]을 클릭한다.

❸ 블록 Coef-a를 더블클릭하여 [Gain:]에 0(계수 $a = 0$)을 입력하고 블록 Coef-b를 더블클릭하여 [Gain:]에 2(계수 $b = 2$)를 입력한다.

❹ Constant 블록을 생성하고([Commonly Used Blocks]-[Constant]) 블록의 이름을 x-initial로 바꾼다. 블록 x-initial을 더블클릭하여 [Constant value:]에 2(초기 조건 $x(0) = 2$)를 입력한다.

❺ Integrator 블록을 생성하고([Continuous]-[Integrator]) 블록의 이름을 x-int로 바꾼다. 초기 조건을 외부 신호로 받는 입력을 지정하기 위해 블록 x-int를 더블클릭하여 [Initial condition source:]를 'external'로 바꾼다.

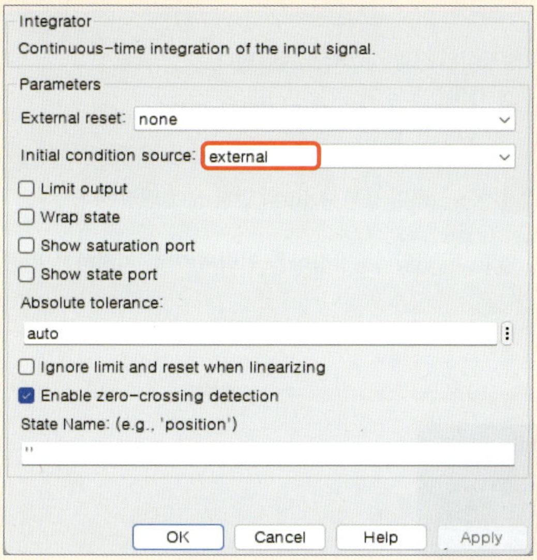

그림 15-7　Integrator 블록의 외부 신호 입력 지정

❻ 마우스 왼쪽 버튼을 누른 채 드래그하여 지금까지 생성된 모든 블록을 지정한 후 마우스 오른쪽 버튼을 눌러 [Copy]를 클릭하고 설계 창의 공간에서 [Paste]를 실행하여 복사한 블록들을 붙여넣는다.

❼ 붙여넣기로 생성된 Gain 블록 2개의 이름을 각각 Coef−c, Coef−d로 바꾼다. 블록 Coef−c를 더블클릭하여 [Gain:]에 −1(계수 $c = -1$)을 입력하고 블록 Coef−d를 더블클릭하여 [Gain:]에 0(계수 $d = 0$)을 입력한다.

❽ 붙여넣기로 생성된 Constant 블록의 이름을 y−initial로 바꾼 후 블록을 더블클릭하여 [Constant value:]에 1(초기 조건 $y(0) = 1$)을 입력한다.

❾ 붙여넣기로 생성된 Integrator 블록의 이름을 y−int로 바꾼다.

❿ Scope 블록을 설계 창에 생성한다([Sinks]−[Scope]).

⓫ 생성된 블록을 연결한다.

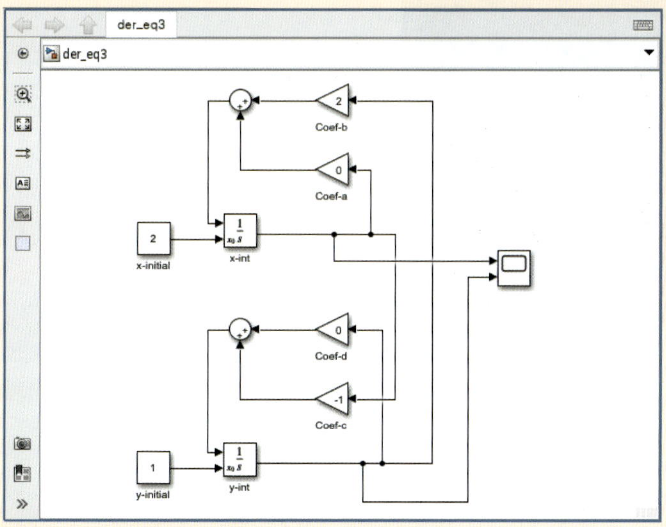

그림 15-8　완성된 시뮬링크 모델

모델 설명

- 주어진 연립방정식은 $\dot{x} + 2x = 0$과 $y = \frac{\dot{x}}{2}$에 대한 1차 방정식의 선형 시스템을 나타낸다.
- 두 연립미분방정식의 결합 성질 때문에 블록 x−int의 출력 x는 블록 Coef−c에 연결하고 블록 y−int의 출력 y는 블록 Coef−b에 연결한다.
- 초기 조건을 나타내는 블록 x−initial과 블록 y−initial은 블록 x−int와 블록 y−int의 단자 x_0에 연결한다.

⑫ Scope 블록을 더블클릭하여 스코프 파라미터 창을 열고 두 연립미분방정식을 입력 단자로 지정하기 위해 [File]−[Number of Input Ports]−[2]를 선택한다.

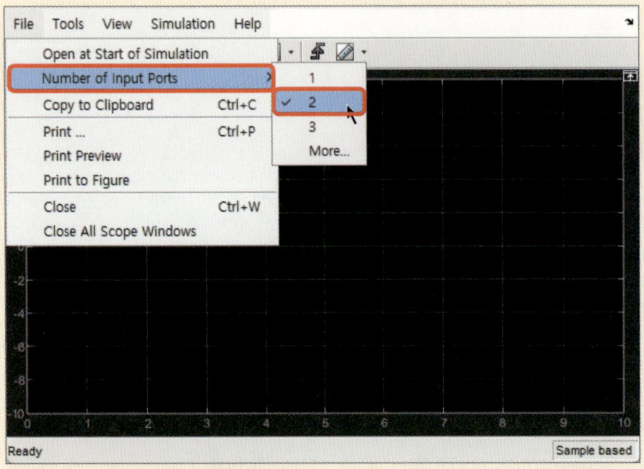

그림 15−9 스코프 파라미터 창 열기

⑬ 두 결과를 하나의 스코프 창에 나누어 나타내기 위해 [Layout]을 클릭하여 행과 열로 나누어진 결과를 나타낸다.

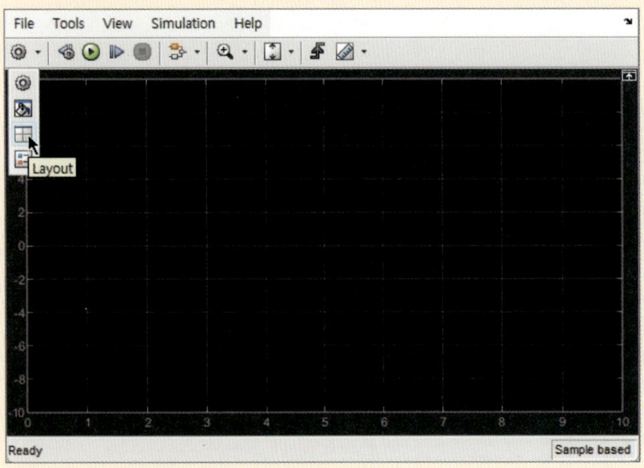

그림 15−10 스코프 창에 입력축 2개 지정

⑭ 설계 창의 메뉴 표시줄에서 [Simulation]−[Stop time]에 10.0을 입력한다.

⑮ [Simulation]−[Run] 메뉴를 클릭하여 시뮬레이션을 실행한다.

⑯ ⑬의 [Layout]의 좌측 2개 블록을 마우스로 클릭하면 두 연립방정식의 풀이 결과가 2행 1열 형태로 나타난다.

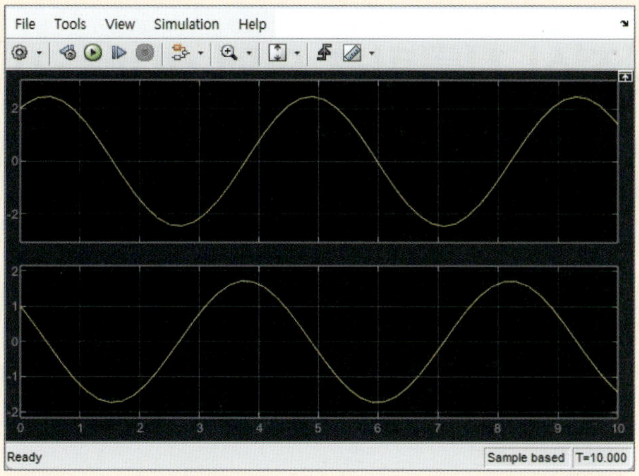

그림 15-11 스코프 창 결과

LESSON 02

2차 미분방정식 시뮬링크 모델 설계하기

1차 미분방정식을 계산하는 시뮬링크 모델을 기초로 2차 도함수를 포함하는 2차 미분방정식의 해를 계산하는 시뮬링크 모델을 설계해보자. 2차 미분방정식으로 나타내는 단순 조화 진동자의 운동 방정식과 감쇠 단순 조화 진동자의 운동 방정식에 대한 시뮬링크 모델도 살펴보자.

Keyword | 단순 조화 진동자 운동 방정식 | 감쇠 단순 조화 진동자 운동 방정식 |

감쇠 단순 조화 진동자

감쇠 단순 조화 진동자(damped simple harmonic oscillator)의 운동 방정식은 단순 조화 진동자(simple harmonic oscillator)의 운동 방정식에서 속도에 따라 비례하는 감쇠 부분 $\dot{x}$를 더한 형태로 나타낸다.

예제 15-4 M-File qder.m

다음과 같은 2차 미분방정식의 시뮬링크 모델을 설계하고 그 결과를 스코프 창에 나타내라. 시뮬레이션은 0초부터 10초까지 실행한다.

$$\ddot{y}(t) + 2\dot{y}(t) + y(t) = 0,\ \ y(0) = 10,\ \ \dot{y}(0) = 0$$

배경지식

제시된 식은 다음과 같이 다시 쓸 수 있다.

$$\ddot{y}(t) = -2\dot{y}(t) - y(t)$$

좌측의 2차 미분 형태에 적분을 2번 실행한 후 라플라스 변환 변수 $\frac{1}{s}$을 적분 기호 대신 사용하면 다음과 같은 형태가 된다.

$$y = (-2)\left(\frac{1}{s}\right) + (-1)\left(\frac{1}{s}\right)\left(\frac{1}{s}\right)$$

풀이

❶ Sum 블록을 설계 창에 생성한다([Commonly Used Blocks]–[Sum]).

❷ 생성된 Sum 블록을 더블클릭하여 [List of signs:]에 |−−를 입력한 후 [OK] 버튼을 클릭한다.

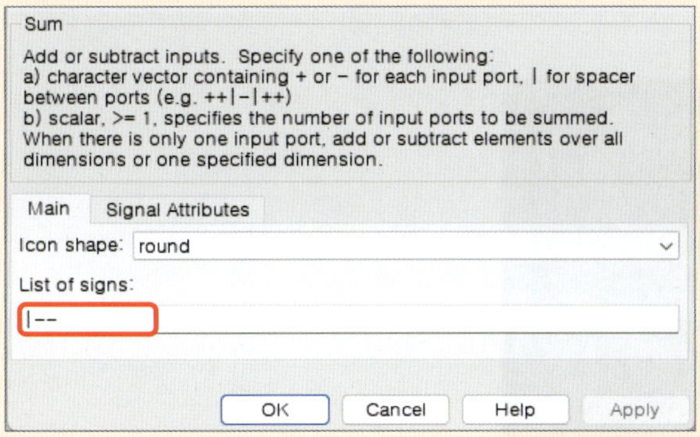

그림 15-12 Sum 블록에 부호 지정

❸ Gain 블록 2개를 설계 창에 생성하고([Math Operations]−[Gain]) 블록의 이름을 Gain1, Gain2로 바꾼다. 이때 Gain1은 $\dot{y}$를 귀환(feedback)해서 사용하고 Gain2는 y를 귀환해서 사용한다.

❹ Gain 블록 2개의 방향을 바꾸기 위해 마우스 오른쪽 버튼을 눌러 [Format] −[Flip Block]을 클릭한다.

❺ 블록 Gain1을 더블클릭하여 [Gain:]에 2를 입력하고 블록 Gain2를 더블클릭하여 [Gain:]에 1을 입력한다. ❷에서 Sum 블록의 [List of signs:] 기본값 |++를 유지한다면 블록 Gain1의 [Gain:]에 −2, 블록 Gain2의 [Gain:]에 −1을 입력할 수 있다.

❻ Integrator 블록 2개를 설계 창에 생성하고([Continuous]−[Integrator]) 블록의 이름을 Integrator1, Integrator2로 바꾼다.

❼ 블록 Integrator1을 더블클릭하여 [Initial condition:]에 1차 미분 초기 조건 0($\dot{y}(0) = 0$)을 입력하고 블록 Integrator2를 더블클릭하여 10($y(0) = 10$)을 입력한다.

❽ Scope 블록을 설계 창에 생성한다([Sinks]−[Scope]).

❾ 생성된 블록을 연결한다.

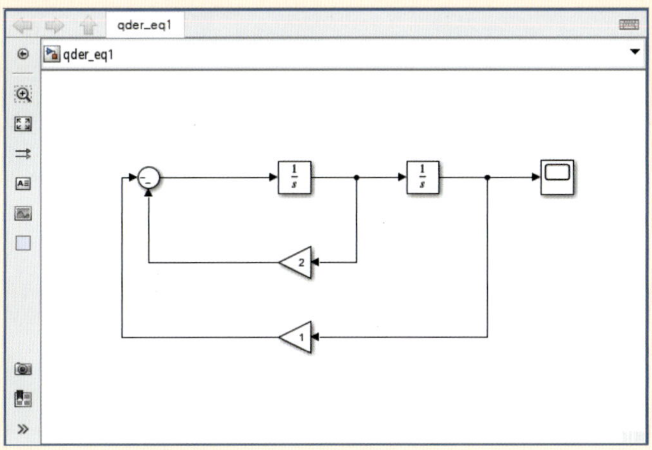

그림 15-13 완성된 시뮬링크 모델

❿ 설계 창의 메뉴 표시줄에서 [Simulation]−[Stop time]에 10.0을 입력한다.

⓫ [Simulation]−[Run] 메뉴를 클릭하여 시뮬레이션을 실행한다.

⓬ Scope 블록을 더블클릭하여 실행 결과를 스코프 창에서 확인한다.

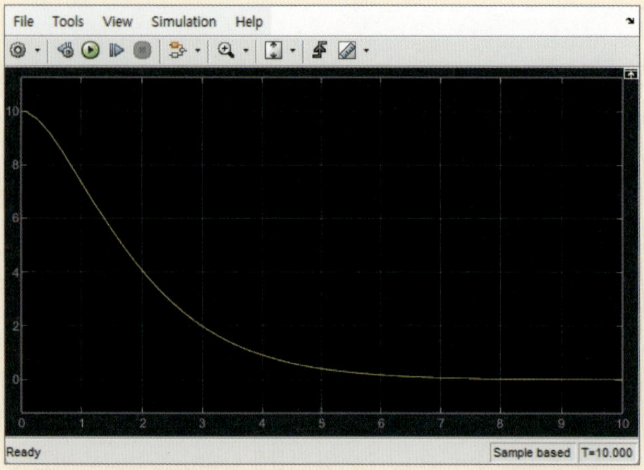

그림 15-14 스코프 창 결과

⑬ 2차 미분방정식의 해를 생성하기 위한 스크립트 파일을 코딩한다.

```
t = 0:0.01:10;
y_t = (10+10*t).*exp(-t);
plot(t,y_t);
axis([0 10 -1 11]);
xlabel('t');
ylabel('y(t)','rot',360);
grid on;
```

그림 15-15 미분방정식 해의 파형을 생성하는 스크립트 파일

TIP 2개의 초기 조건을 이용하여 주어진 2차 미분방정식을 풀면 해는 $y(t)=(10+10t)e^{-t}$이다.

⑭ 명령 창의 스크립트 파일을 실행하면 다음과 같은 그림 창이 생성된다.

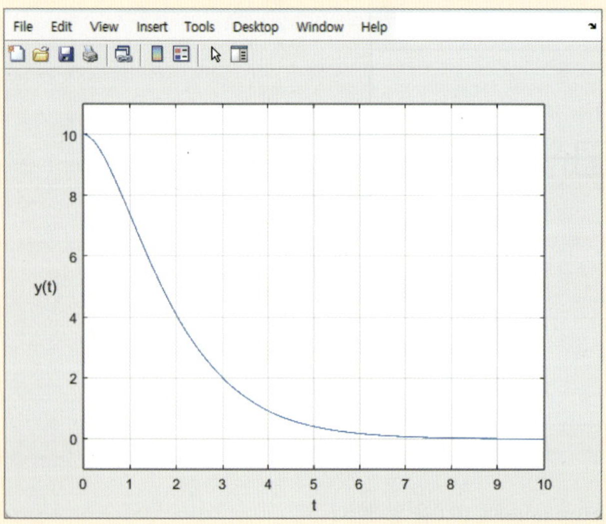

그림 15-16 그림 창 결과

명령 창에 스크립트 파일을 실행하여 얻은 [그림 15-16]의 파형은 [그림 15-14]와 동일함을 확인할 수 있다.

예제 15-5

다음과 같은 2차 미분방정식의 시뮬링크 모델을 설계하고 그 결과를 스코프 창에 나타내라. 이때 시뮬레이션은 0초부터 10초까지 실행한다.

$$5\ddot{y}(t) = 4\sin 3t + 2\cos 2t\,,\quad y(0) = 2\,,\quad \dot{y}(0) = 1$$

배경지식

주어진 식은 다음과 같이 다시 쓸 수 있다.

$$\ddot{y}(t) = \frac{1}{5}[4\sin 3t + 2\cos 2t]$$

풀이

❶ Sine Wave 블록 2개를 설계 창에 생성하고([Sources]-[Sine Wave]) 블록의 이름을 4sin3t, 2cost2t로 바꾼다.

❷ 블록 4sin3t를 더블클릭하여 [Amplitude:]에 4, [Frequency(rad/sec):]에 3을 입력한다.

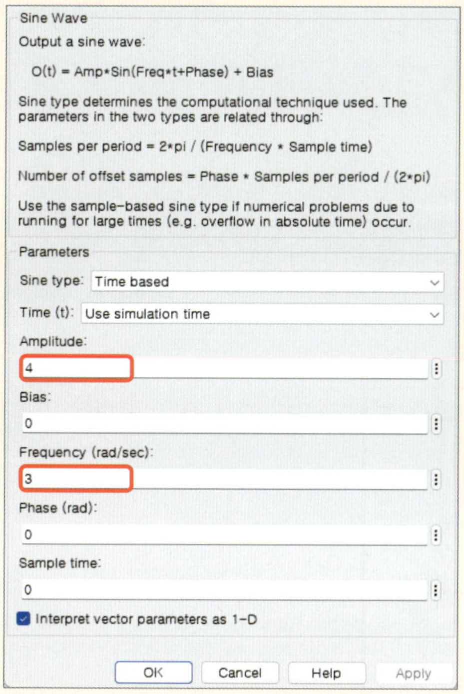

그림 15-17 Sine Wave 블록 4sint3t의 진폭과 각주파수 설정

❸ 블록 2cos2t를 더블클릭하여 [Amplitude:]에 2, [Frequency(rad/sec):]에 2를 입력하고 코사인 파형으로 변환하기 위해 [Phase(rad):]에 위상 오프셋 pi/2를 입력한다.

❹ 사인 파형과 코사인 파형을 더하기 위해 Add 블록을 설계 창에 생성하고([Math Operations]-[Add]) 블록의 [List of signs:] 기본값 ++는 그대로 유지한다.

❺ Gain 블록을 설계 창에 생성하고([Math Operations]-[Gain]) 더블클릭하여 [Gain:]에 1/5를 입력한다.

❻ Integrator 블록 2개를 설계 창에 생성하고([Continuous]-[Integrator]) 블록의 이름을 y'(0) = 1, y(0) = 2로 바꾼다.

❼ 블록 y'(0) = 1을 더블클릭하여 [Initial condition:]에 1(초기 조건 $\dot{y}(0) = 1$)을 입력하고 블록 y(0) = 2를 더블클릭하여 [Initial condition:]에 2(초기 조건 $y(0) = 2$)를 입력한다.

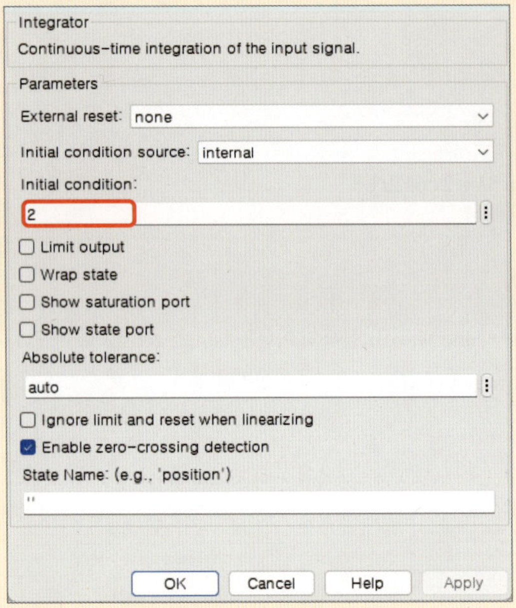

그림 15-18 Integrator 블록 y(0)=2의 초기 조건 지정

❽ Scope 블록을 설계 창에 생성하고([Sinks]-[Scope]) 블록의 이름을 y(t)로 바꾼다.

❾ 생성된 블록을 연결한다.

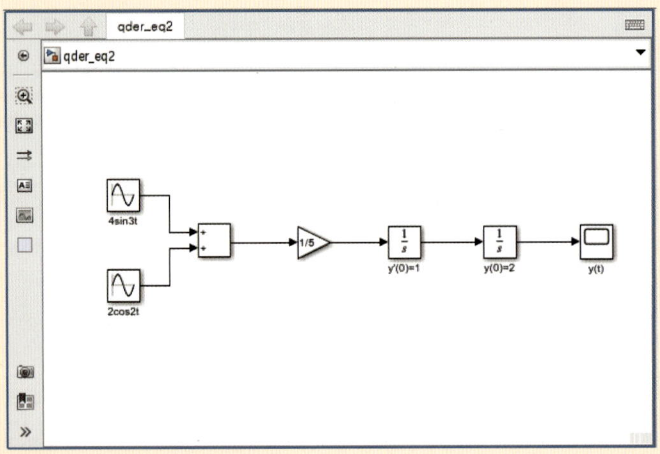

그림 15-19 완성된 시뮬링크 모델

❿ 설계 창의 메뉴 표시줄에서 [Simulation]-[Stop time]에 10.0을 입력한다.

⓫ Scope 블록을 더블클릭하여 실행 결과를 스코프 창에서 확인한다.

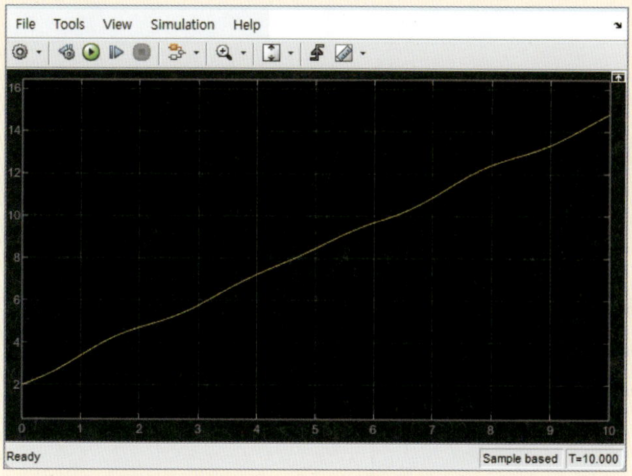

그림 15-20 스코프 창 결과

예제 15-6

M-File qder_osc.m

단순 조화 진동자의 운동 방정식은 다음과 같은 2차 미분방정식으로 나타낼 수 있다. 여기서 m은 질량(mass), k는 용수철 상수(spring constant)이다. 질량이 2이고 용수철 상수가 8일 때 0초부터 10초까지 진동하는 시뮬링크 모델을 설계하고 그 결과를 스코프 창에 나타내라. 2차 미분방정식의 초기 조건은 각각 $x(0) = 1$, $\dot{x}(0) = 0$이다.

$$m\ddot{x} + kx = 0$$

배경지식

용수철의 운동은 단순 조화 운동의 가장 대표적인 예이며, 주어진 식은 다음과 같이 다시 쓸 수 있다.

$$\ddot{x} = -\frac{1}{2}(8x)$$

풀이

❶ Gain 블록 2개를 설계 창에 생성하고([Commonly Used Blocks]-[Gain]) 첫 번째 블록의 이름을 Mass로 바꾼다. 블록 Mass를 더블클릭하여 [Gain:]에 $-1/2(m = 2)$를 입력한다.

❷ 두 번째 블록의 이름을 Spring으로 바꾼 후 마우스 오른쪽 버튼을 눌러 [Format]-[Flip Block]을 클릭하여 입출력 방향을 변환한다. 블록 Spring을 더블클릭하여 [Gain:]에 $8(k = 8)$을 입력한다.

❸ Integrator 블록 2개를 설계 창에 생성하고([Continuous]-[Integrator]) 블록의 이름을 x'(0) = 0, x(0) = 1로 바꾼다.

❹ 블록 x'(0) = 0을 더블클릭하여 [Initial condition:]에 0(초기 조건 $\dot{x}(0) = 0$)을 입력하고 블록 x(0) = 1을 더블클릭하여 [Initial condition:]에 1(초기 조건 $x(0) = 1$)을 입력한다.

❺ Scope 블록을 설계 창에 생성하고([Sinks]-[Scope]) 블록의 이름을 x(t)로 바꾼다.

❻ 생성된 블록을 연결한다.

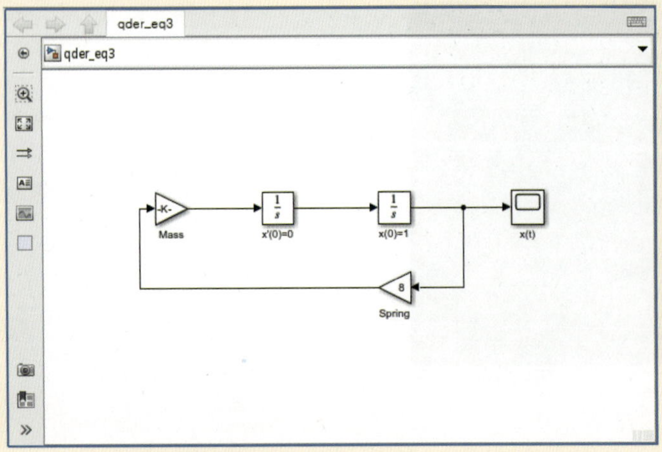

그림 15-21 완성된 시뮬링크 모델

❼ 설계 창의 메뉴 표시줄에서 [Simulation]-[Stop time]에 10.0을 입력한 후 시뮬레이션을 실행한다.

❽ Scope 블록을 더블클릭하여 실행 결과를 스코프 창에서 확인한다.

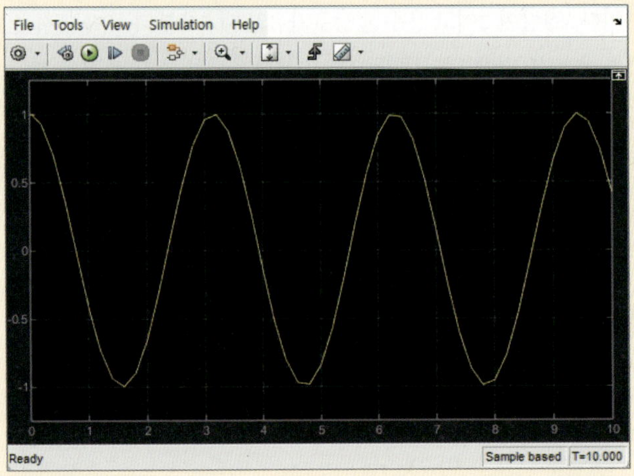

그림 15-22 스코프 창 결과

❾ Y축을 조절하고 싶다면 스코프 창에서 마우스 오른쪽 버튼을 누르고 [Configuration properties…]를 클릭한다. [Y-limits(Minimum):]에 -1.2를 입력하고 [Y-limits(Maximum):]에 1.2를 입력한다.

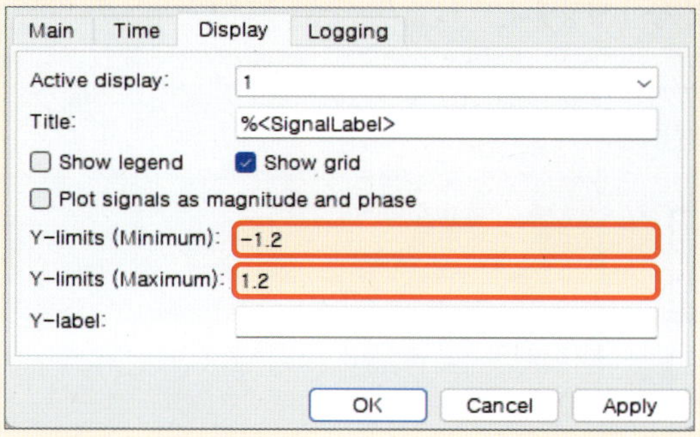

그림 15-23 스코프 창 최적화

스코프 창 설명

수학적으로 제시된 문제의 경우 2차 미분방정식의 일반적인 해는 다음과 같다.

$$x(t) = C_1 \sin \omega_0 t + C_2 \cos \omega_0 t$$

2개의 초기 조건을 이용하면 앞선 식의 상수 C_1과 C_2는 다음과 같다.

$$x(0) = C_2 = 1$$

$$\dot{x}(0) = C_1 \omega_0 = 0 \quad \therefore C_1 = 0$$

그러므로 $x(t) = \cos \omega_0 t$이다. 각주파수와 주기는 다음과 같이 계산할 수 있다.

$$2\ddot{x}(t) + 8x(t) = -2\omega_0^2 \cos \omega_0 t + 8 \cos \omega_0 t = 0 \rightarrow \omega_0 = 2$$

$$T = \frac{2\pi}{\omega_0} = \pi$$

[그림 15-22]는 주기 $\pi = 3.1415$로 반복되는 코사인 파형을 보여준다.

⑩ 시뮬레이션 결과를 검증하기 위해 다음과 같은 스크립트 파일을 코딩한다.

qder_osc.m

```
t = 0:0.01:10;
x_t = cos(2*t);
plot(t, x_t);
axis([0 10 -1.2 1.2]);
xlabel('t');
ylabel('x(t)','rot',360);
grid on;
```

그림 15-24 단순 조화 방정식 해의 파형을 생성하는 스크립트 파일

⓫ 명령 창의 스크립트 파일을 실행하면 다음과 같은 그림 창이 생성된다.

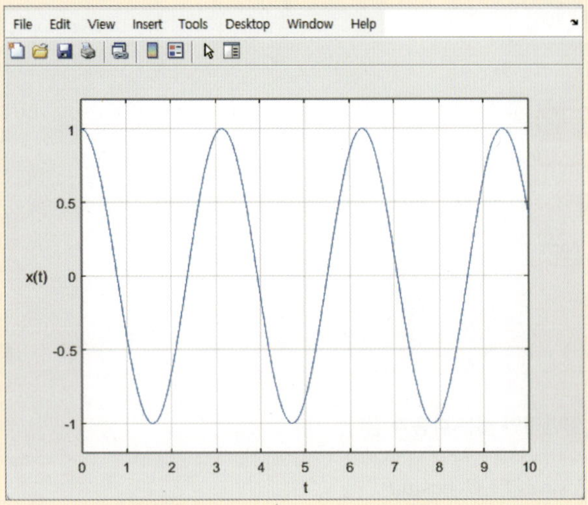

그림 15-25 그림 창 결과

명령 창에 스크립트 파일을 실행하여 얻은 [그림 15-25]의 파형은 [그림 15-22]와 동일함을 확인할 수 있다.

예제 15-7

M-File **qder_damp.m**

감쇠 단순 조화 진동자의 운동 방정식은 다음과 같은 2차 미분방정식으로 나타낼 수 있다. 여기서 $p > 0$인 경우의 p를 감쇠 상수(damping constant)라고 부른다. 질량이 2, 용수철 상수가 8, 감쇠 상수가 0.2일 때 0초부터 10초까지 진동하는 시뮬링크 모델을 설계하고 그 결과를 스코프 창에 나타내라. 2차 미분방정식의 초기 조건은 각각 $x(0) = 1$, $\dot{x}(0) = 0$이다.

$$m\ddot{x} + p\dot{x} + kx = 0$$

배경지식

주어진 식은 다음과 같이 다시 쓸 수 있다.

$$\ddot{x} = -\frac{1}{2}(0.2\dot{x} + 8x)$$

풀이

❶ Sum 블록을 설계 창에 생성하고([Commonly Used Blocks]-[Sum]) 블록의 [List of signs:] 기본값 |++는 그대로 유지한다.

❷ Gain 블록 3개를 생성하고([Commonly Used Blocks]-[Gain]) 첫 번째 블록의 이름을 Mass로 바꾼다. 블록 Mass를 더블클릭하여 [Gain:]에 $-1/2\,(m = 2)$를 입력한다.

❸ 두 번째 블록과 세 번째 블록의 이름을 각각 Damping, Spring으로 바꾼 후 마우스 오른쪽 버튼을 누르고 [Format]-[Flip Block]을 클릭하여 각각의 입출력 방향을 변환한다.

❹ 블록 Damping을 더블클릭하여 [Gain:]에 0.2(p = 0.2)를 입력한다. 마찬가지로 블록 Spring을 더블클릭하여 [Gain:]에 8(k = 8)을 입력한다.

❺ Integrator 블록 2개를 설계 창에 생성하고([Continuous]-[Integrator]) 블록의 이름을 x'(0) = 0, x(0) = 1로 바꾼다.

❻ 블록 x'(0) = 0을 더블클릭하여 [Initial condition:]에 0(초기 조건 $\dot{x}(0) = 0$)을 입력하고 마찬가지로 블록 x(0) = 1을 더블클릭하여 [Initial condition:]에 1(초기 조건 $x(0) = 1$)을 입력한다.

❼ Scope 블록을 설계 창에 생성하고([Sinks]-[Scope]) 블록의 이름을 x(t)로 바꾼다.

❽ 생성된 블록을 연결한다.

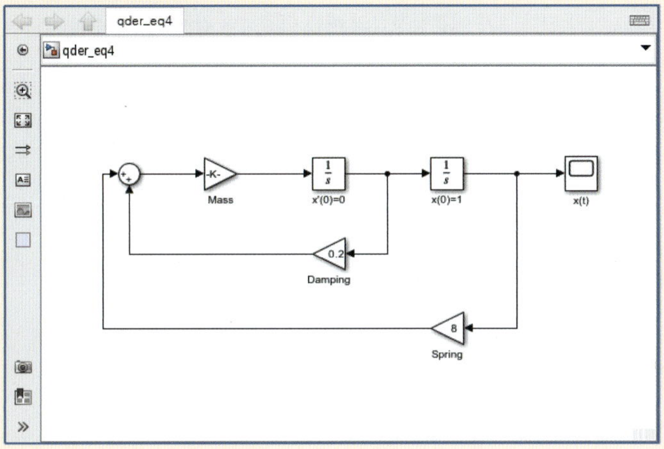

그림 15-26 완성된 시뮬링크 모델

❾ 설계 창의 메뉴 표시줄에서 [Simulation]-[Stop time]에 10.0을 입력한 후 시뮬레이션을 실행한다.

❿ Scope 블록을 더블클릭하여 실행 결과를 스코프 창에서 확인한다.

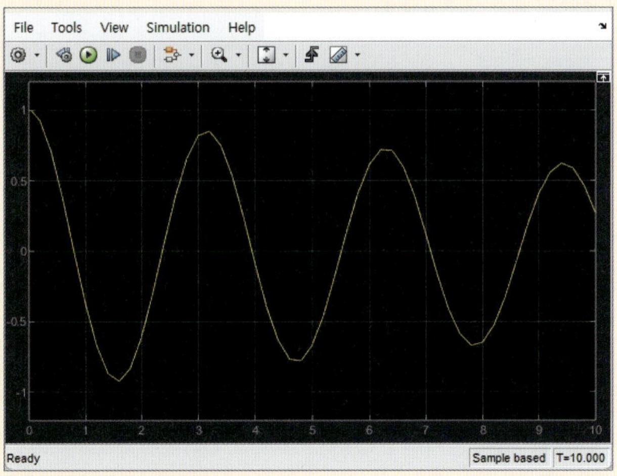

그림 15-27 스코프 창 결과

⓫ Y축을 조절하고 싶다면 스코프 창에서 마우스 오른쪽 버튼을 누르고 [Configuration properties …]를 클릭한다. [Y-limits(Minimum):]에 -1.2를 입력하고 [Y-limits(Maximum):]에 1.2를 입력한다.

스코프 창 설명

수학적으로 제시된 문제의 경우 2차 미분방정식의 일반적인 해는 다음과 같다.

$$x(t) = e^{-pt/2m}[C_1 \cos\omega_0 t + C_2 \sin\omega_0 t]$$

초기 조건 $m = 2$, $p = 0.2$를 이용하면 앞선 식의 상수 C_1과 C_2는 다음과 같이 계산할 수 있다.

$$x(0) = C_1 = 1$$

$$\dot{x}(0) = -\frac{0.2}{4}C_1 + \omega_0 C_2 = 0 \quad \therefore C_2 = \frac{0.05}{\omega_0}$$

그러므로 $x(t) = e^{-0.05t}\left[\cos\omega_0 t + \frac{0.05}{\omega_0}\sin\omega_0 t\right]$가 된다. 2차 미분방정식의 해를 이용하면 각주파수와 주기는 다음과 같이 계산할 수 있다.

$$2\ddot{x}(t) + 0.2\dot{x}(t) + 8x(t) = 0 \ \rightarrow \ \omega_0 \approx 2$$

$$T = \frac{2\pi}{\omega_0} = \pi$$

[그림 15-27]의 파형은 주기 $\pi = 3.1415$로 반복되면서 파형의 진폭이 점점 감쇠하는 형태를 보여준다.

⓬ 시뮬레이션 결과를 검증하기 위해 다음과 같은 스크립트 파일을 코딩한다.

qder_damp.m

```
t = 0:0.01:10;
x_t = exp(-0.05*t).*(cos(2*t)+0.025*sin(2*t));
plot(t, x_t);
axis([0 10 -1.2 1.2]);
xlabel('t');
ylabel('x(t)','rot',360);
grid on;
```

그림 15-28 감쇠 단순 조화 방정식 해의 파형을 생성하는 스크립트 파일

⓭ 명령 창의 스크립트 파일을 실행하면 다음과 같은 그림 창이 생성된다.

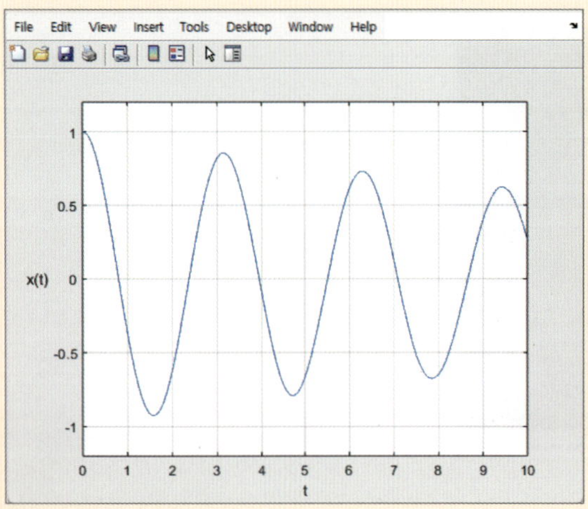

그림 15-29 그림 창 결과

명령 창에 스크립트 파일을 실행하여 그려진 [그림 15-29]의 파형은 [그림 15-27]과 동일함을 확인할 수 있다.

CHAPTER

16

삼각함수

CONTENTS

LESSON 01 사인 파형 이해하기

LESSON 02 코사인 함수 생성하기

LESSON 03 정현파 응용 설계하기

LESSON 01

사인 파형 이해하기

사인 함수로 주어진 일정한 진폭의 주기적 진동을 매끄러운 사인 파형으로 그리는 데 사용하는 Sine Wave 블록과 Mux 블록에 대해 알아보자.

Keyword | 진폭 | 각주파수 | 위상 | 편향 각도 |

진폭

진폭(amplitude)은 사인 파형의 크기가 주기적으로 변할 때 평형 상태를 기준으로 양의 최대 크기 또는 음의 최대 크기 절댓값을 말한다.

각주파수

각주파수(radian frequency)는 단위 시간에 사인 함수가 이동할 수 있는 각을 라디안으로 표시한 값으로, 단위는 rad/s이다.

위상

위상(phase)은 주기적으로 반복되는 파형의 한 주기에서 시간이 0일 때 사인 함수의 출발 위치를 결정하는 각을 말한다.

편향 각도

편향(bias) 각도는 사인 함수에 일정하게 더하거나 빼는 상숫값의 각도를 말한다.

예제 16-1

다음과 같은 사인 파형의 시뮬링크 모델을 설계하고 그 결과를 스코프 창에 나타내라. 이때 시뮬레이션은 0초부터 10초까지 실행한다.

$$f_1(t) = \sin t$$
$$f_2(t) = 2\sin t$$
$$f_3(t) = \sin 2t$$

풀이

❶ Sine Wave 블록 3개를 설계 창에 생성하고([Sources]-[Sine Wave]) 블록의 이름을 f1(t), f2(t), f3(t)로 바꾼다.

❷ 블록 f1(t)의 [Amplitude:]의 기본값 1과 [Frequency(rad/sec):]의 기본값 1은 그대로 유지한다.

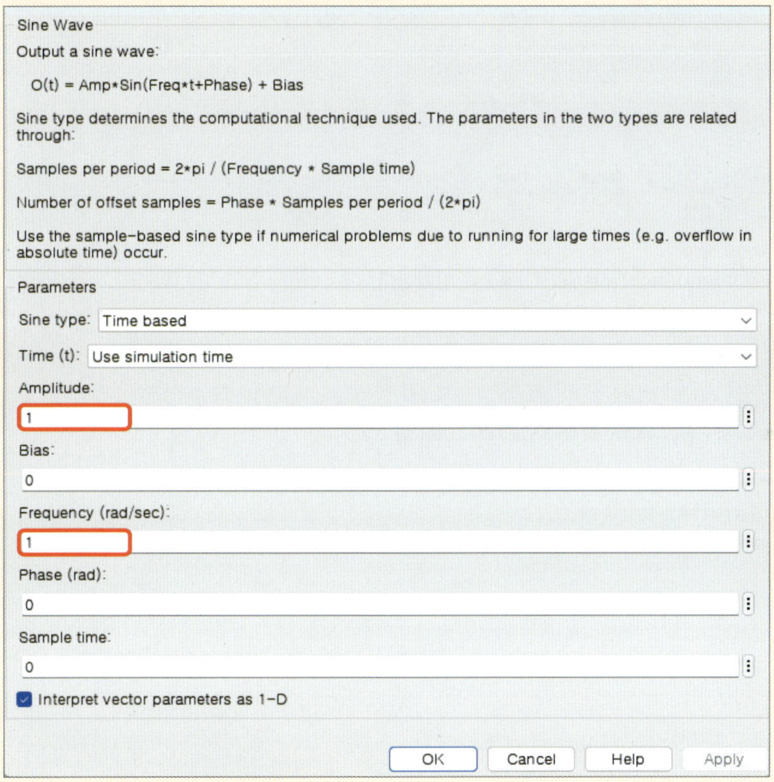

그림 16-1 기본 Sine Wave 블록 지정

❸ 블록 f2(t)를 더블클릭하여 [Amplitude:]에 2를 입력한다. [Amplitude:]의 기본값 1을 유지하는 경우 Gain 블록을 연결하여 [Gain:]에 2를 입력해도 동일한 결과를 얻을 수 있다.

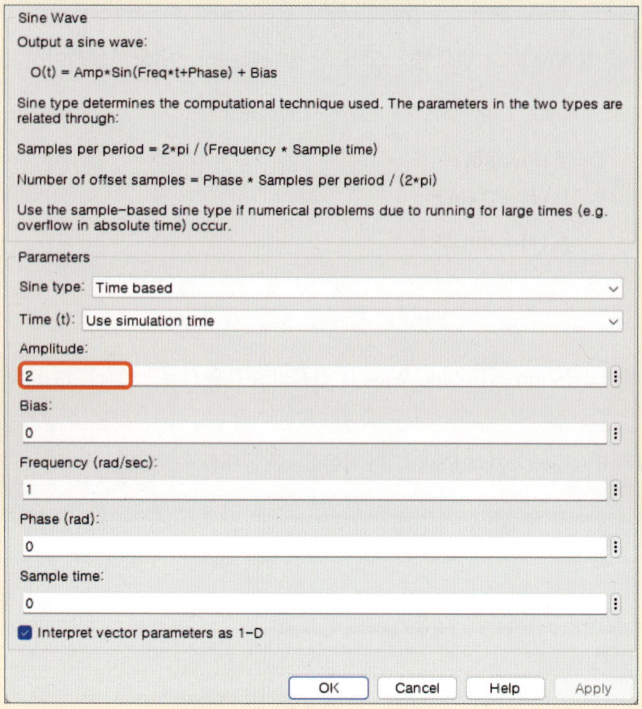

그림 16-2 Sine Wave 블록 f2(t)의 진폭 설정

❹ 블록 f3(t)를 더블클릭하여 [Frequency(rad/sec):]에 2를 입력한다.

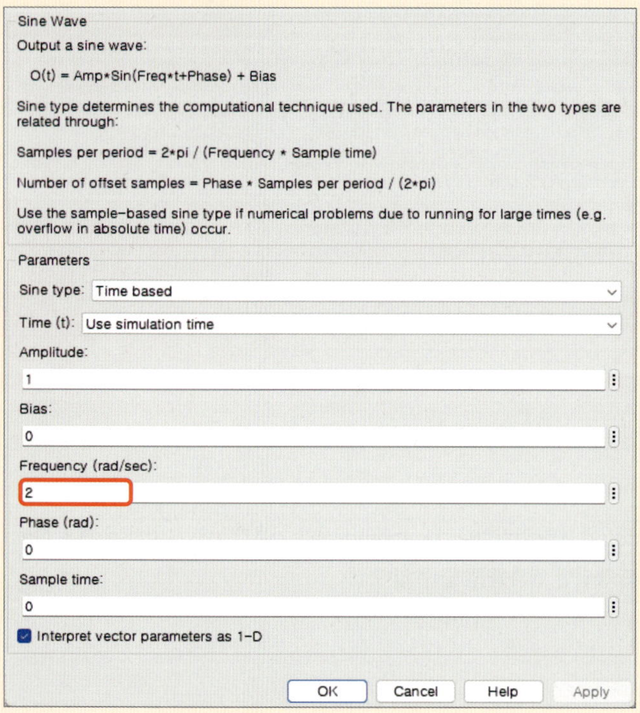

그림 16-3 Sine Wave 블록 f3(t)의 각주파수 설정

❺ 다양한 신호 블록의 결과를 하나로 묶는 Mux 블록을 설계 창에 생성한다([Commonly Used Blocks]-[Mux]).

❻ Mux 블록을 더블클릭하여 [Number of inputs:]에 3을 입력하고(기본값은 2) [Display option:]에서 'signals'를 선택한 후 [OK] 버튼을 클릭한다. 기본값인 'bar'를 그대로 사용해도 된다.

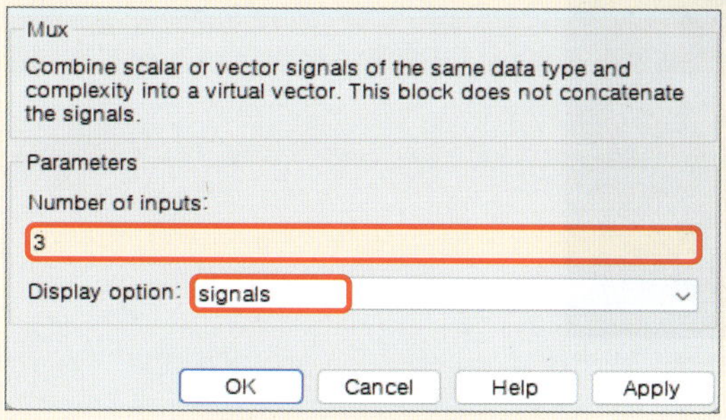

그림 16-4 Mux 블록의 3개 입력 단자 지정

❼ 'signals' 형태로 변환한 Mux 블록은 선택 후 네 모서리 중 한 곳을 드래그하여 크기를 조절할 수 있다.

❽ Scope 블록을 설계 창에 생성한다([Sinks]-[Scope]).

❾ 생성된 블록을 연결한다.

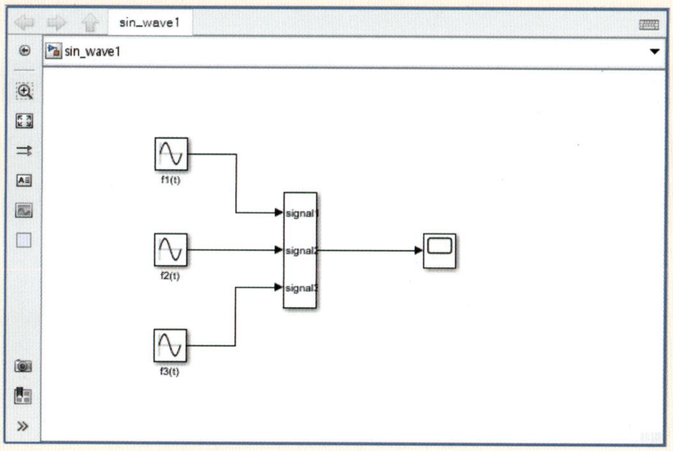

그림 16-5 완성된 시뮬링크 모델

❿ 설계 창의 메뉴 표시줄에서 [Simulation]-[Stop time]에 10.0을 입력한다.

⓫ [Simulation]-[Run] 메뉴를 클릭하여 시뮬레이션을 실행한다.

⓬ Scope 블록을 더블클릭하여 사인 파형 3개의 실행 결과를 스코프 창에서 확인한다. 실행 결과를 최적화하기 위해 마우스 오른쪽 버튼을 누르고 [Configuration properties...]를 클릭하여 창을 연 후 [Y-limits (Minimum):]에 -3, [Y-limits (Maximum):]에 3을 입력한다.

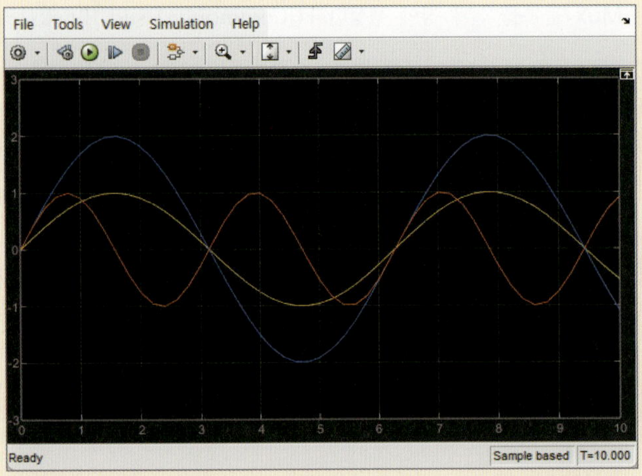

그림 16-6 스코프 창 결과

신호 $f_1(t)$ (가운데 파형)는 진폭 −1부터 1 사이에 주기 2π 동안 반복되는 기본적인 사인 파형을 나타낸다. 신호 $f_2(t)$ (위쪽 파형)는 신호 $f_1(t)$에 비해 진폭이 2배 늘어난 −2부터 2 사이에 주기 2π 동안 반복되는 사인 파형이며, 신호 $f_3(t)$ (아래쪽 파형)는 신호 $f_1(t)$와 진폭은 동일하지만 각주파수가 2배 증가하여 주기 2π 동안 2번 반복되는 사인 파형이다.

예제 16-2

다음과 같은 사인 파형의 시뮬링크 모델을 설계하고 그 결과를 스코프 창에 나타내라. 이때 시뮬레이션은 0초부터 10초까지 실행한다.

$$f_1(t) = \sin t$$
$$f_4(t) = \sin(t + 30^\circ)$$
$$f_5(t) = \sin(t + 30^\circ) - 45^\circ$$

풀이

❶ Sine Wave 블록 3개를 설계 창에 생성하고([Sources]−[Sine Wave]) 블록의 이름을 f1(t), f4(t), f5(t)로 바꾼다.

❷ 블록 f1(t)의 기본값은 그대로 유지하고 블록 f4(t)를 더블클릭하여 [Phase(rad):]에 위상 pi/6을 입력한다.

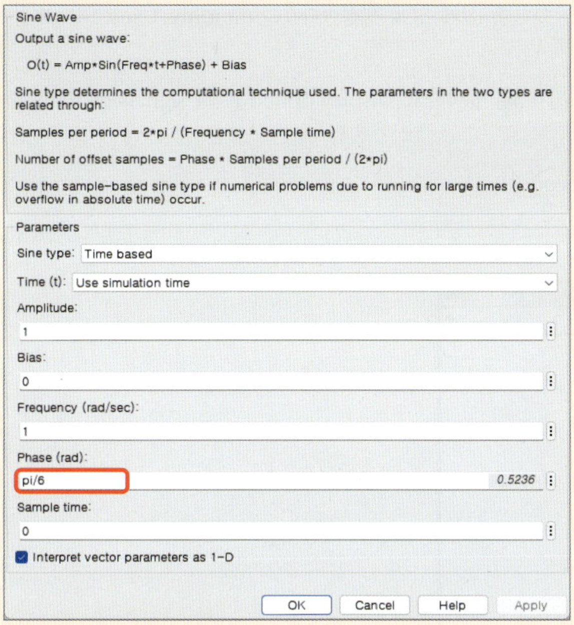

그림 16-7 Sine Wave 블록 f4(t)의 위상 설정

TIP 주어진 위상은 도(degree) 단위인 30°이지만 위상을 나타내는 매개변수에는 라디안을 입력해야 하므로 라디안으로 변환된 pi/6을 입력한다.

❸ 블록 f5(t)를 더블클릭하여 [Bias:]에 편향 각도 −pi/4를 입력한다.

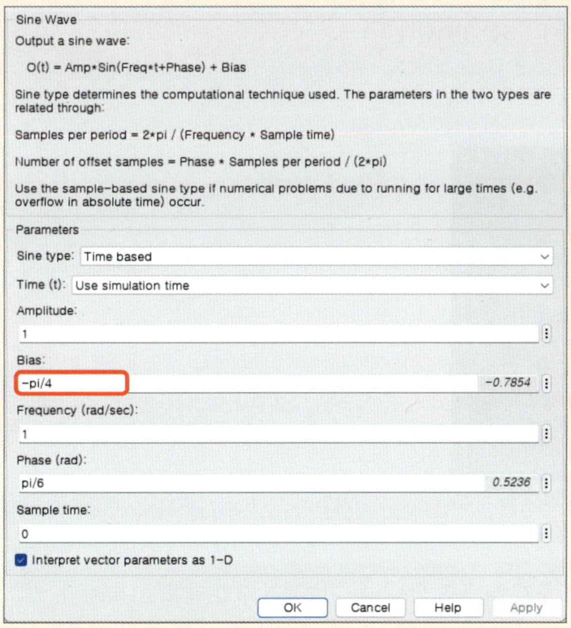

그림 16-8 Sine Wave 블록 f5(t)의 편향 각도 설정

TIP 주어진 편향 각도는 도 단위인 −45°이지만 편향 각도를 나타내는 매개변수에는 라디안을 입력해야 하므로 라디안으로 변환된 −pi/4를 입력한다.

❹ 다양한 신호 블록의 결과를 하나로 묶는 Mux 블록을 설계 창에 생성한다([Commonly Used Blocks]-[Mux]).

❺ Mux 블록을 더블클릭하여 [Number of inputs:]에 3을 입력하고 [Display option:]에서 'signals'를 선택한 후 [OK] 버튼을 클릭한다.

❻ Scope 블록을 설계 창에 생성한다([Sinks]-[Scope]).

❼ 생성된 블록을 연결한다.

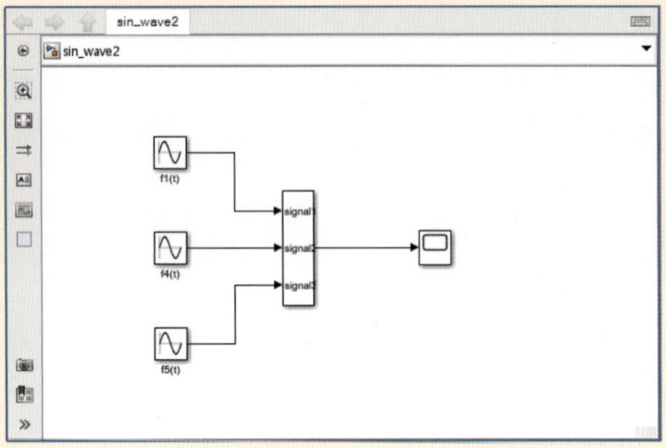

그림 16-9 완성된 시뮬링크 모델

❽ 설계 창의 메뉴 표시줄에서 [Simulation]-[Stop time]에 10.0을 입력한다.

❾ Scope 블록을 더블클릭하여 사인 파형 3개의 실행 결과를 스코프 창에서 확인한다. 실행 결과를 최적화하기 위해 마우스 오른쪽 버튼을 누르고 [Configuration properties...]를 클릭하여 창을 연 후 [Y-limits (Minimum):]에 -2, [Y-limits (Maximum):]에 1.5를 입력한다.

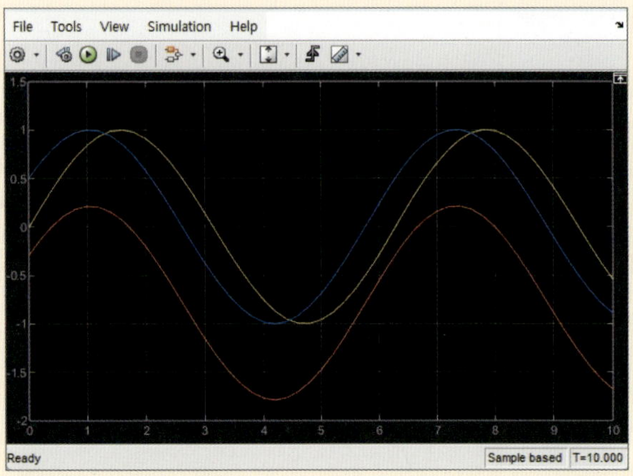

그림 16-10 스코프 창 결과

신호 $f_1(t)$ (가운데 파형)는 진폭 -1부터 1 사이에 주기 2π 동안 반복되는 기본적인 사인 파형을 나타낸다. 신호 $f_4(t)$ (위쪽 파형)는 신호 $f_1(t)$와 진폭은 동일하고 위상이 좌측으로 $\frac{\pi}{6} = 30°\,(-0.5236)$만큼 이동한 파형이고 신호 $f_5(t)$ (아래쪽 파형)는 신호 $f_1(t)$에 비해 진폭은 아래로 편향 각도 $\frac{\pi}{4} = 45°\,(-0.7854)$만큼 이동하고 위상은 신호 $f_4(t)$와 동일하게 좌측으로 $\frac{\pi}{6}$만큼 이동한 파형이다.

LESSON 02

코사인 함수 생성하기

Sine Wave 블록을 이용하지 않고 코사인 파형을 생성하는 From File 블록에 대해 알아보자. Cosine Wave 블록과 To File 블록을 이용하여 데이터를 생성하고 그림 창에 나타내는 방법도 알아보자.

Keyword | From File 블록 | To File 블록 |

From File 블록

From File 블록을 이용하면 둘 이상의 행으로 이루어진 행렬이 입력된 스크립트 파일에서 데이터를 읽고 출력할 수 있다.

To File 블록

시뮬레이션 데이터를 MAT 파일에 저장한다.

예제 16-3 — M-File sim_cosine.m

Sine Wave 블록을 사용하지 않고 진폭이 2인 코사인 파형의 시뮬링크 모델을 설계한 다음 그 결과를 스코프 창에 나타내라. 이때 시뮬레이션은 0초부터 10초까지 실행한다.

풀이

❶ From File 블록을 설계 창에 생성한다([Sources]–[From File]).

❷ 코사인 파형을 생성하기 위한 스크립트 파일을 코딩한다.

sim_cosine.m

```
t = 0:0.01:10;
f_t = cos(t);
x = [t;f_t];
ts = timeseries(x(2:end,:),x(1,:));
save('sim_cosine','ts','-v7.3');
```

그림 16-11 코사인 파형을 생성하기 위한 스크립트 파일

❸ 명령 창에서 'sim_cosine.m' 스크립트 파일을 실행하면 현재 사용 중인 MATLAB 작업 공간에 자동으로 MATLAB 데이터 파일 'sim_cosine.mat'이 생성된다.

❹ 생성된 모델을 연결한다.

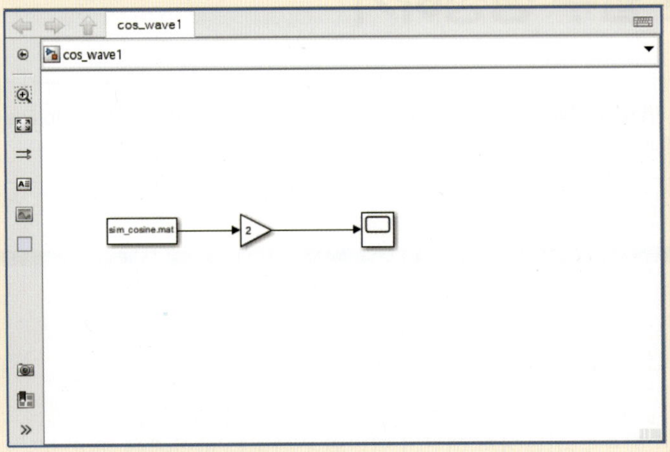

그림 16-12 완성된 시뮬링크 모델

❺ From File 블록을 더블클릭하여 [Block Parameters: From File] 창을 열고 [File name:]에 sim_cosine.mat 을 입력한 후 [OK] 버튼을 클릭한다.

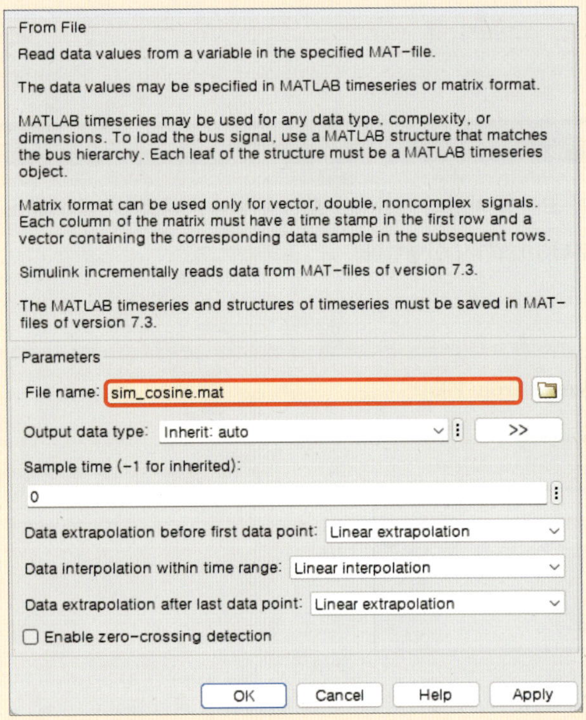

그림 16-13 From File 블록에 데이터 파일명 입력

❻ 설계 창의 메뉴 표시줄에서 [MODELING]–[Model Explorer] 메뉴를 선택한 후 From File 부분을 클릭한다. [그림 16–13]과 동일한 정보를 다시 확인할 수 있다.

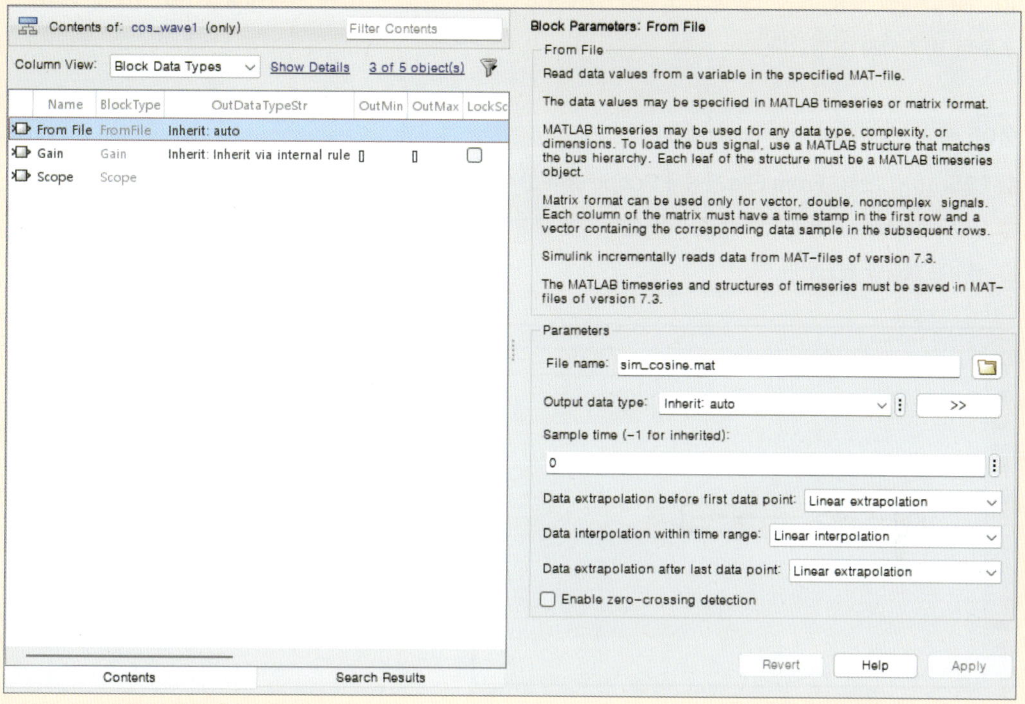

그림 16–14 생성된 모델의 세부 내용 살펴보기

❼ [Model Explorer] 창을 닫고 설계 창의 메뉴 표시줄에서 [Simulation]–[Stop time]에 10.0을 입력한다.

❽ Scope 블록을 더블클릭하여 스코프 창에서 실행 결과를 확인한다.

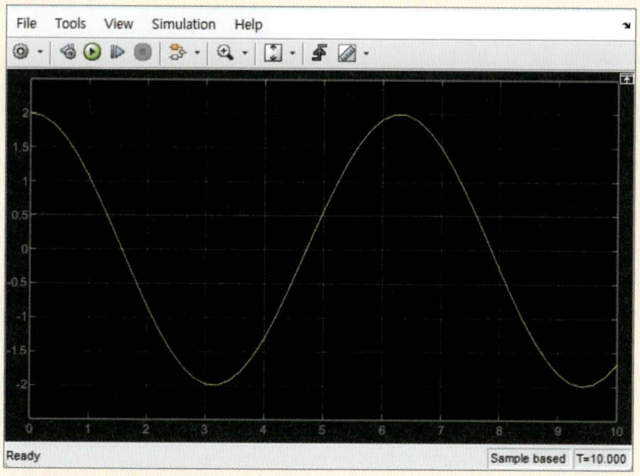

그림 16–15 스코프 창 결과

예제 16-4

[그림 16-12]에서 From File 블록을 제거하고 Cosine Wave 블록을 사용하며, Scope 블록을 제거하고 To File 블록을 사용하는 시뮬링크 모델을 설계하고 그 결과를 그림 창에 나타내라. 이때 시뮬레이션은 0초부터 10초까지 실행한다.

풀이

❶ [그림 16-12]에서 From File 블록과 Scope 블록을 제거한다.

❷ Cosine Wave 블록과 To File 블록을 설계 창에 생성한다([Sinks]-[To File]).

❸ 생성된 블록을 연결한다.

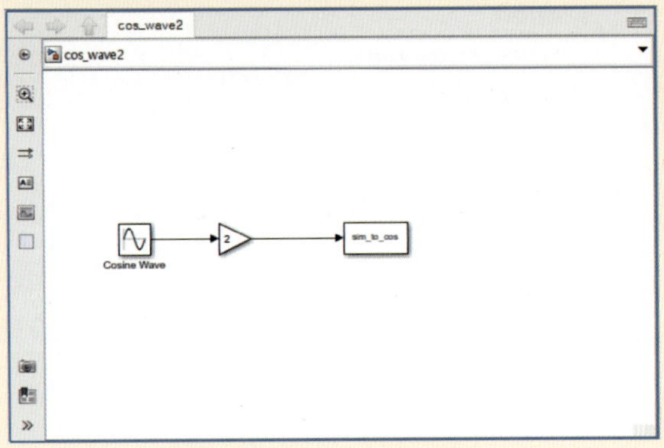

그림 16-16 완성된 시뮬링크 모델

❹ To File 블록을 더블클릭하여 [Block Parameters: To File] 창을 연다. [File name:]에 sim_to_cos.mat, [Variable name:]에 cos_out을 입력하고 [Save format:]에서 'Array'를 선택한 후 [OK] 버튼을 클릭한다.

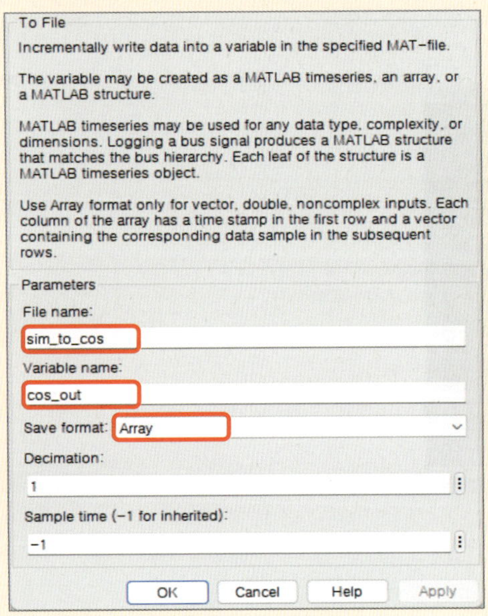

그림 16-17 To File 블록에 데이터 파일명 입력

⑤ 설계 창의 메뉴 표시줄에서 [MODELING]–[Model Explorer] 메뉴를 선택한 후 From File 부분을 클릭한다. [그림 16–17]과 동일한 정보를 다시 확인할 수 있다.

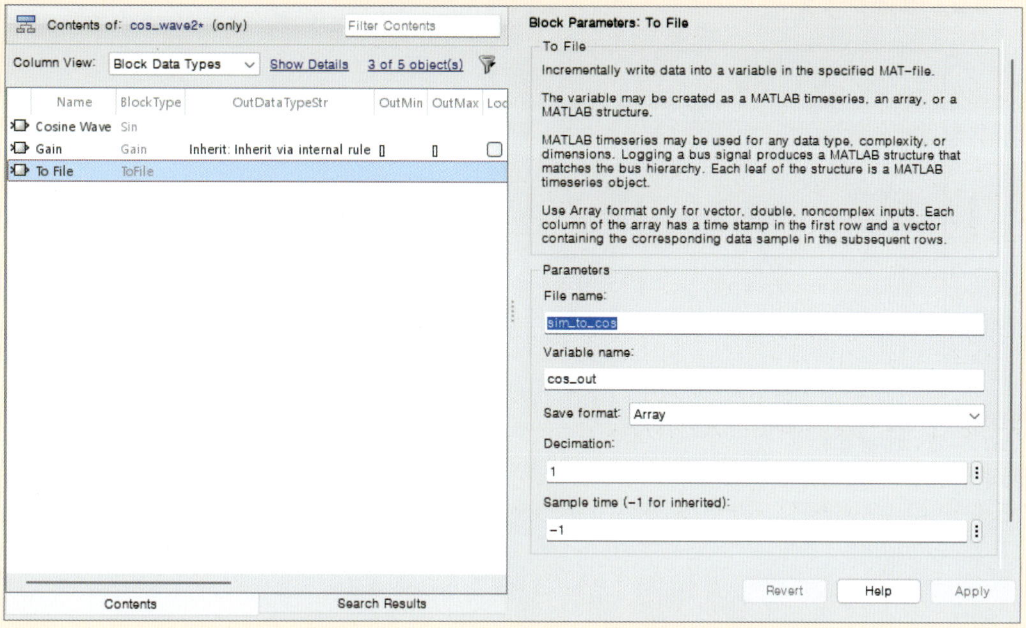

그림 16–18 생성된 모델의 세부 내용 살펴보기

⑥ [Model Explorer] 창을 닫고 설계 창의 메뉴 표시줄에서 [Simulation]–[Stop time]에 10.0을 입력한다.

⑦ [그림 16–16]에서 완성된 모델의 시뮬레이션을 실행하면 자동으로 sim_to_cos.mat이 생성된다.

⑧ load 명령어를 사용하여 sim_to_cos.mat을 명령 창에 불러온다.

⑨ To File 블록을 이용하여 생성된 데이터를 그림 창에 그리기 위해 명령 창에 명령어를 입력한다.

Command Window

```
>> load sim_to_cos
>> t = cos_out(1,:);
>> cosine = cos_out(2,:);
>> plot(t, cosine);
>> xlabel('t');
>> ylabel('cosine');
>> grid on;
>> axis([0 10 -3 3]);
```

그림 16–19 시뮬레이션 결과를 그림 창에 그리는 명령어 입력

⑩ 명령 창의 스크립트 파일을 실행하면 다음과 같은 그림 창이 생성된다.

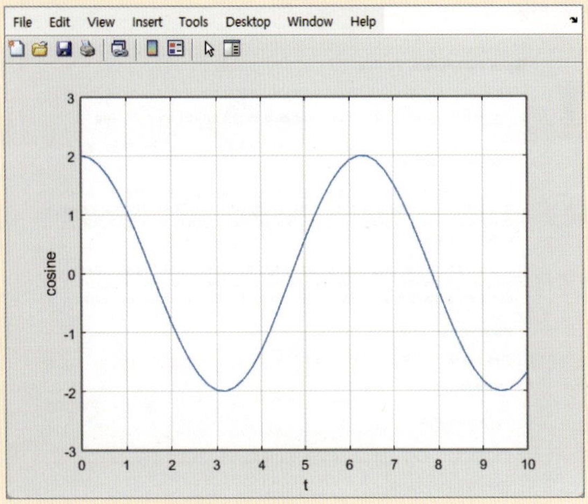

그림 16-20 그림 창 결과

LESSON
03 정현파 응용 설계하기

서로 다른 정현파를 더하거나 빼는 연산을 하는 시뮬링크 모델을 설계하고 Demux 블록을 이용하여 정현파의 곱을 합으로 나타내는 삼각함수 항등식의 설계를 알아보자.

Keyword | 삼각함수 항등식 |

삼각함수 항등식

삼각함수 항등식의 공식을 이용하면 삼각함수가 포함된 복잡한 식을 간단히 정리할 수 있다. 이는 치환적분에서 매우 유용하게 사용된다.

예제 16-5

다음과 같은 삼각 항등식이 성립하는 시뮬링크 모델을 설계하고 그 결과를 디스플레이 창에 나타내라. 이때 $\theta = 30°$, $\phi = 60°$이다.

$$\sin\theta\cos\phi = \frac{1}{2}\left[\sin(\theta+\phi) + \sin(\theta-\phi)\right]$$

풀이

❶ Sine Wave 블록 4개를 설계 창에 생성하고([Sources]–[Sine Wave]) 블록의 이름을 Sine1, Cosine, Sine2, Sine3로 바꾼다.

❷ 블록 Sine1을 더블클릭하여 [Frequency(rad/sec):]에 0, [Phase(rad):]에 $\theta = 30°$를 나타내는 pi/6을 입력한다.

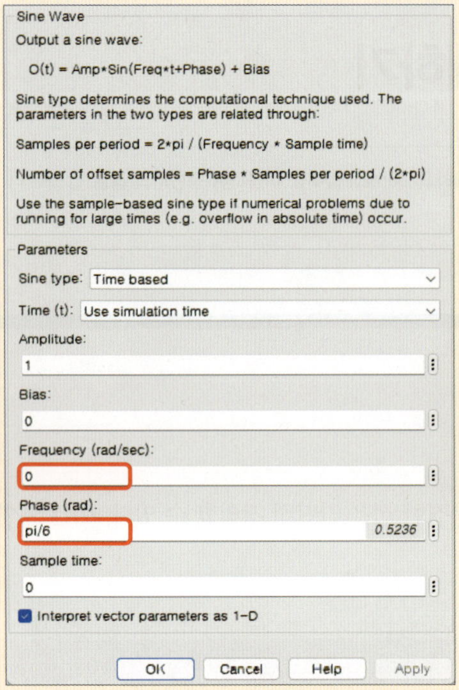

그림 16-21 Sine Wave 블록 Sine1의 각주파수와 위상 설정

❸ 블록 Cosine을 더블클릭하여 [Frequency(rad/sec):]에 0, [Phase(rad):]에 사인파와 코사인파의 위상 오프셋 차이인 $\frac{\pi}{2}$와 $\phi = 60°$를 더한 값 pi/2+pi/3을 입력한다.

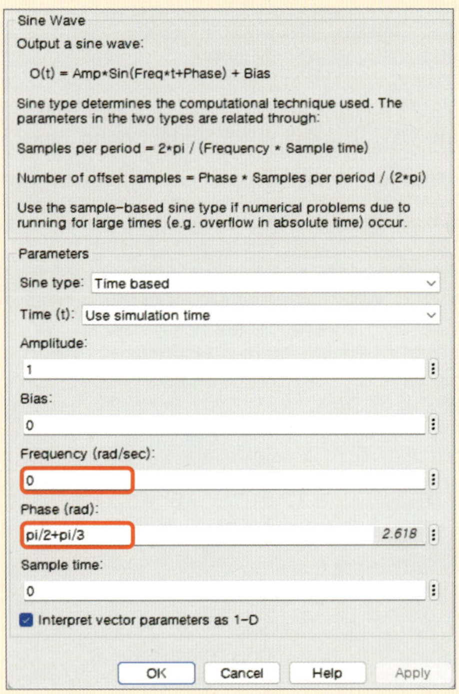

그림 16-22 Sine Wave 블록 Cosine의 각주파수와 위상 설정

❹ 블록 Sine2를 더블클릭하여 [Frequency(rad/sec):]에 0, [Phase(rad):]에 $\theta + \phi = 30° + 60°$를 나타내는 pi/6+pi/3을 입력한다.

❺ 블록 Sine3을 더블클릭하여 [Frequency(rad/sec):]에 0, [Phase(rad):]에 $\theta - \phi = 30° - 60°$를 나타내는 pi/6−pi/3을 입력한다.

❻ 입력 2개를 곱하여 출력 1개를 생성하는 **Product** 블록을 설계 창에 생성한다([Math Operations]−[Product]).

❼ 입력 2개를 더하여 출력 1개를 생성하는 **Add** 블록을 설계 창에 생성한다([Math Operations]−[Add]).

❽ **Gain** 블록을 설계 창에 생성하고([Math Operations]−[Gain]) 더블클릭하여 [Gain:]에 1/2를 입력한다.

❾ 삼각 항등식의 좌변과 우변을 묶는 **Mux** 블록을 설계 창에 생성한다([Commonly Used Blocks]−[Mux]).

❿ **Mux** 블록으로 묶인 입력 2개를 출력 2개로 분리하는 **Demux** 블록을 설계 창에 생성한다([Commonly Used Blocks]−[Demux]). 출력 개수는 앞에서 연결된 **Mux** 블록의 입력 개수와 일치시킨다.

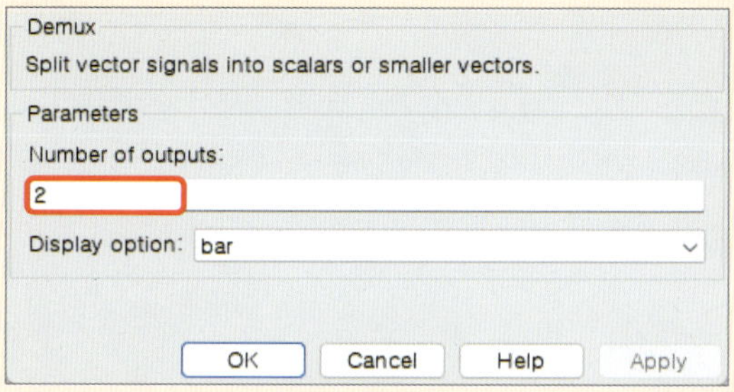

그림 16-23 Demux 블록의 출력 개수 설정

⓫ 시뮬레이션 후 입력값을 직접 보여주는 **Display** 블록을 설계 창에 생성하고([Sinks]−[Display]) 이름을 삼각 항등식의 좌변 결과를 나타내는 L−Result와 우변 결과를 나타내는 R−Result로 바꾼다.

⓬ 블록을 더블클릭하여 소수점 아래 열다섯 자리의 출력이 가능하도록 [Format:]에서 'long'을 선택한다.

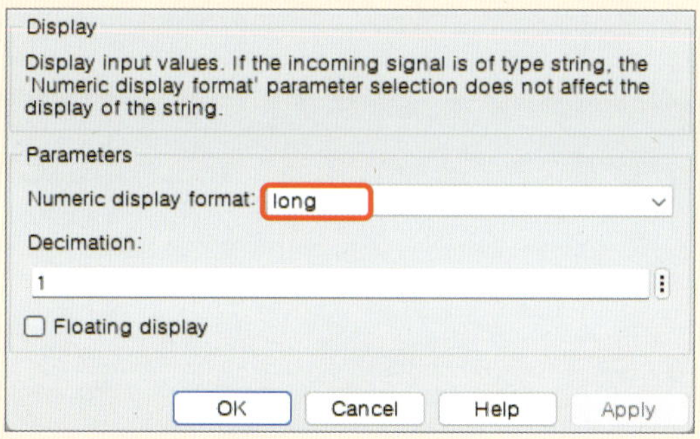

그림 16-24 Display 블록의 출력 형식 설정

⓭ 블록을 모두 연결한 후 설계 창의 메뉴 표시줄에서 [Simulation]−[Stop time]에 10.0을 입력한다.

⓮ 완성된 모델을 시뮬레이션하여 결과를 확인한다.

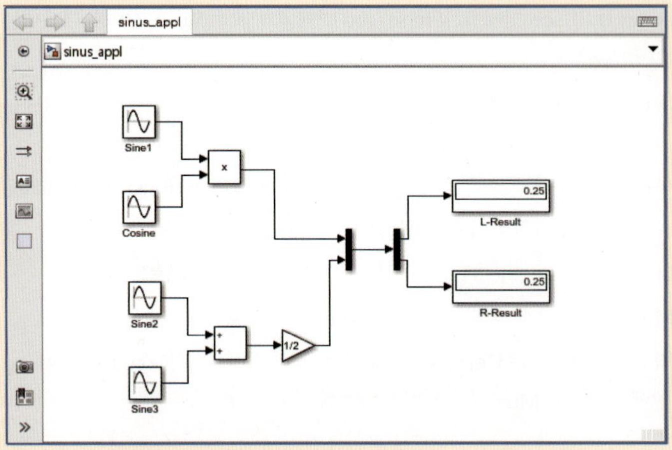

그림 16-25 완성된 시뮬링크 모델 및 디스플레이 창 결과

CHAPTER

17

제어

CONTENTS

LESSON 01 닫힌 루프 시스템
LESSON 02 전달함수
LESSON 03 상태방정식과 신호흐름선도
LESSON 04 다양한 제어기 설계 및 비교하기
LESSON 05 보드선도와 니콜스선도 설계하기

LESSON 01

닫힌 루프 시스템

단위계단함수와 램프 입력함수를 입력 파형으로 이용하여 입력과 출력이 일치하는지 비교하고 원하는 입력과 실젯값 사이의 오차에 비례하는 신호를 다시 보내 오차를 수정하는 귀환 경로가 있는 닫힌 루프 시스템의 시뮬링크 모델을 설계하는 방법을 알아보자.

Keyword | 단위계단함수 | 램프 함수 | Step 블록 | Transfer Fcn 블록 | Ramp 블록 |

단위계단함수

단위계단함수를 입력함수로 이용하면 일정한 제어 시스템에서 출력이 목푯값과 얼마나 일치하는지 알 수 있다.

램프 함수

램프 함수(ramp function)를 입력함수로 이용하면 시변 시스템에서 출력이 입력에 얼마나 상응하는지 알 수 있다.

Step 블록

Step 블록을 이용하면 지정된 시간에서 두 레벨 사이의 계단 입력을 나타낼 수 있다. 이때 시뮬레이션 시간이 주어진 계단 시간보다 작으면 블록의 출력은 초깃값이 되지만 시뮬레이션 시간이 계단 시간과 같거나 크면 블록의 출력은 최종값이 된다.

또한 Step 블록에서 계단 시간은 계단 입력 신호의 시작을 의미한다. 예를 들어 단위계단함수 $u_s(t)$의 계단 시간은 0, $u_s(t-t_1)$의 계단 시간은 t_1이 된다. 단위계단함수의 계수는 최종값을 나타내기도 하는데, 예를 들어 단위계단함수 $2u_s(t)$의 최종값은 계수인 2가 된다.

Transfer Fcn 블록

Transfer Fcn 블록을 이용하면 라플라스 영역변수 s를 사용하는 전달함수로 선형 시스템 모델을 설계할 수 있다. 전달함수는 전적으로 분수의 분모와 분자에 지정되는 매개변수에 의존한다. 단일 입력에 대한 단일 출력 시스템에서는 상수 시간 영역 신호 모델을 설계하고 단일 입력에 대한 다중 출력 시스템에서는 상수 입력에 대한 벡터 출력 모델을 설계한다.

Ramp 블록

Ramp 블록을 이용하면 램프 함수를 입력 파형으로 설정하여 상태공간함수와 연결되어 동작하는 시뮬링크 모델을 설계할 수 있다. 계단함수를 입력함수로 사용할 때 일정한 제어 시스템에서 출력이 목푯값과 얼마나 일치하는지 알아볼 수 있다면 램프 함수를 입력함수로 사용할 때는 시변 시스템에서 출력이 입력에 얼마나 상응하는지 알아볼 수 있다.

예제 17-1

단위 계단 입력함수 $u(t) = 1$을 사용하여 닫힌 루프 응답을 구현하는 시뮬링크 모델을 설계하라. 이때 $0 \le t \le 20$이고 전달함수 $G(s) = \dfrac{3(s+2)}{s^3 + 10s^2 + 21s}$이다.

풀이

❶ Step 블록을 설계 창에 생성하고([Sources]–[Step]) 더블클릭하여 [Step time:]에 0을 입력한다.

❷ Sum 블록을 설계 창에 생성하고([Commonly Used Blocks]–[Sum]) 더블클릭하여 [List of signs:]에 |+–를 입력한다.

❸ Gain 블록을 설계 창에 생성하고([Commonly Used Blocks]–[Gain]) 더블클릭하여 [Gain:]에 4를 입력한다.

❹ Transfer Fcn 블록을 생성하고([Continuous]–[Transfer Fcn]) 블록의 이름을 G(s)로 바꾼다.

❺ 전달함수 분자의 계수를 내림차순으로 지정하기 위해 Transfer Fcn 블록을 더블클릭하여 [Numerator coefficients:]에 [1 2]를 입력하고 분모의 계수를 내림차순으로 지정하기 위해 [Denominator coefficients:]에 [1 10 21 0]을 입력한다.

TIP 분모의 상수항이 없어도 0으로 표시해야 분모의 전체 차수인 3차까지 나타낼 수 있다.

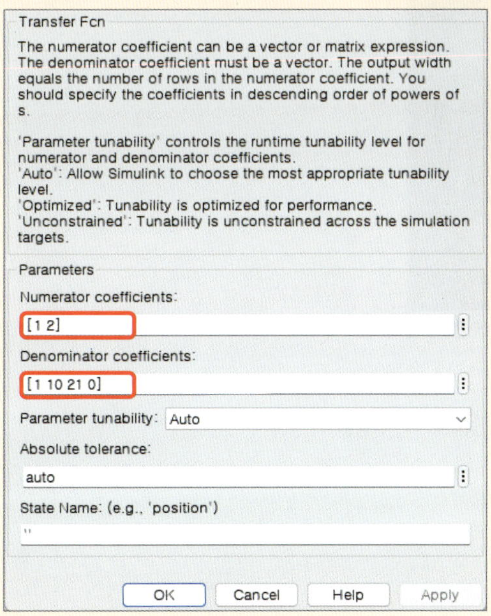

그림 17-1 블록 G(s)의 분자와 분모 계수 설정

❻ 계단 입력함수와 닫힌 루프 응답을 동시에 나타내기 위한 Mux 블록을 생성한다([Commonly Used Blocks]–[Mux]).

❼ Scope 블록을 생성하고([Sinks]–[Scope]) 생성된 블록을 연결한다.

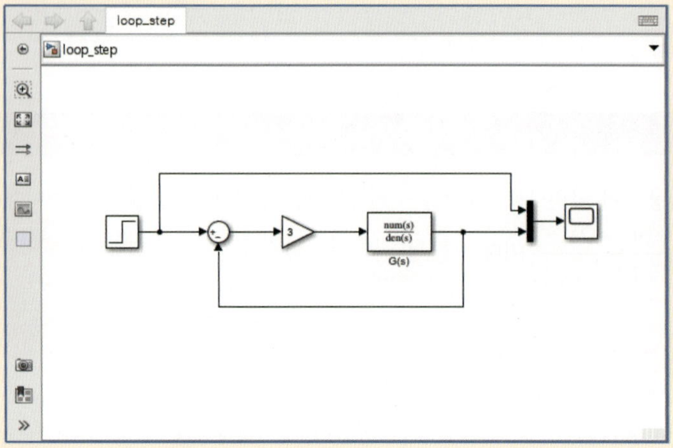

그림 17–2 완성된 시뮬링크 모델

❽ 설계 창의 메뉴 표시줄에서 [Simulation]–[Stop time]에 20.0을 입력하고 [Simulation]–[Run] 메뉴를 클릭하여 시뮬레이션을 실행한다.

❾ Scope 블록을 더블클릭하여 스코프 창에서 실행 결과를 확인한다.

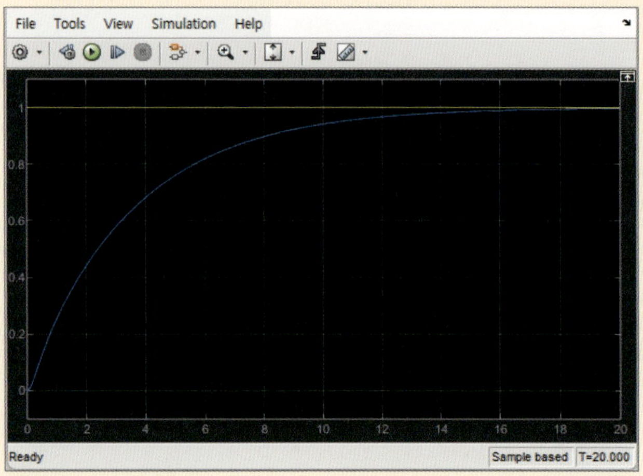

그림 17–3 스코프 창 결과

계단 입력함수에 대한 단위 귀환 시스템을 실행한 결과 정상상태 오차가 0임을 확인할 수 있다.

예제 17-2

램프 입력함수 $f(t) = 2r(t)$를 사용하여 닫힌 루프 응답을 구현하는 시뮬링크 모델을 설계하라. 이때 $0 \le t \le 25$이고 전달함수 $G(s) = \dfrac{3(s+2)}{s^3 + 10s^2 + 21s}$이다.

풀이

❶ Ramp 블록을 생성하고([Sources]-[Ramp]) 더블클릭하여 [Slope:]에 2($2r(t)$)를 입력한다.

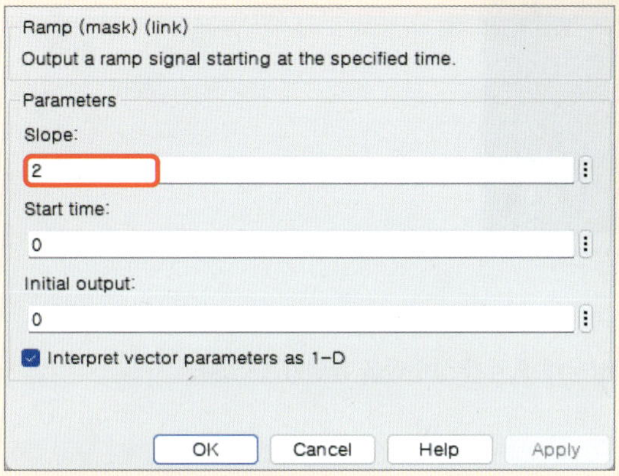

그림 17-4 Ramp 블록의 기울기 설정

❷ [예제 17-1]의 과정 ❷~❼을 반복하고 생성된 블록을 연결한다.

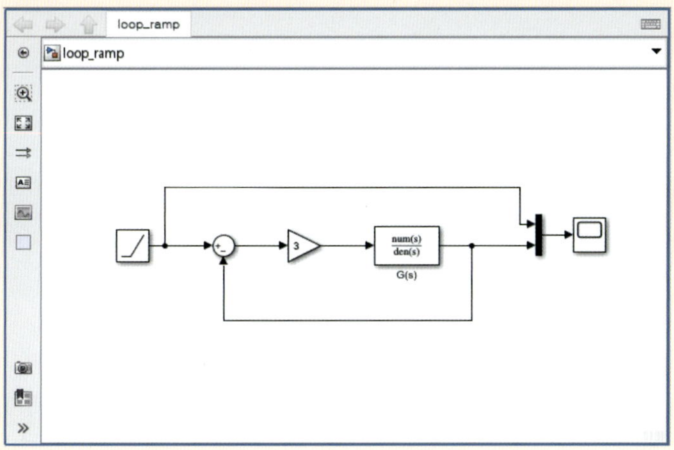

그림 17-5 완성된 시뮬링크 모델

❸ 설계 창의 메뉴 표시줄에서 [Simulation]-[Stop time]에 25.0을 입력하고 [Simulation]-[Run] 메뉴를 클릭하여 시뮬레이션을 실행한다.

❹ Scope 블록을 더블클릭하여 스코프 창에서 실행 결과를 확인한다.

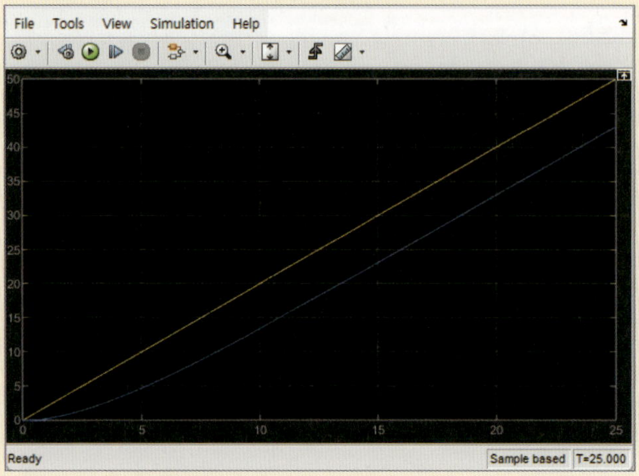

그림 17-6 스코프 창 결과

램프 입력함수에 대한 단위 귀환 시스템을 실행한 결과 정상상태 오차가 상수임을 확인할 수 있다.

LESSON 02

전달함수

전달함수는 시간 영역의 임펄스 응답에 대한 라플라스 변환이다. 전달함수의 직렬 및 병렬 연결에 대한 계단 응답을 구현해 보자.

Keyword | 라플라스 변환 |

라플라스 변환

변수 t를 사용하는 시간 영역의 미분방정식을 변수 s를 사용하는 라플라스 영역으로 변환하는 것을 라플라스 변환(Laplace transform)이라고 한다. 라플라스 변환을 이용하면 미분이나 적분처럼 복잡한 함수를 수학적으로 곱셈 또는 나눗셈과 같이 훨씬 간단한 대수함수의 모양으로 변환할 수 있다.

예제 17-3

시간 t가 $0 \le t \le 5$일 때 전달함수 $G_1(s)$, $G_2(s)$에 대한 계단 응답을 구현하는 시뮬링크 모델을 설계하고 그 결과를 스코프 창에 나타내라.

$$G_1(s) = \frac{1}{s+2}, \quad G_2(s) = \frac{s+1}{s+3}$$

풀이

❶ Step 블록을 설계 창에 생성하고([Sources]-[Step]) 블록의 이름을 X(s)로 바꾼다. 블록 X(s)를 더블클릭하여 [Step time:]에 0을 입력한다.

❷ Transfer Fcn 블록 2개를 설계 창에 생성하고([Continuous]-[Transfer Fcn]) 블록의 이름을 각각 G1(s), G2(s)로 바꾼다.

❸ 블록 G1(s)를 더블클릭하여 [Numerator coefficient:]에 [1], [Denominator coefficient:]에 [1 2]를 입력하고 블록 G2(s)를 더블클릭하여 Numerator coefficient:]에 [1 1], [Denominator coefficient:]에 [1 3]을 입력한다.

❹ Scope 블록을 설계 창에 생성하고([Sinks]-[Scope]) 블록의 이름을 Y(s)로 바꾼다. 블록 Y(s)를 더블클릭하고 [Configuration Properties...]를 클릭하여 [Number of input ports:]에 2를 입력한 후 [Layout] 버튼을 클릭하여 위아래 창을 설정한다.

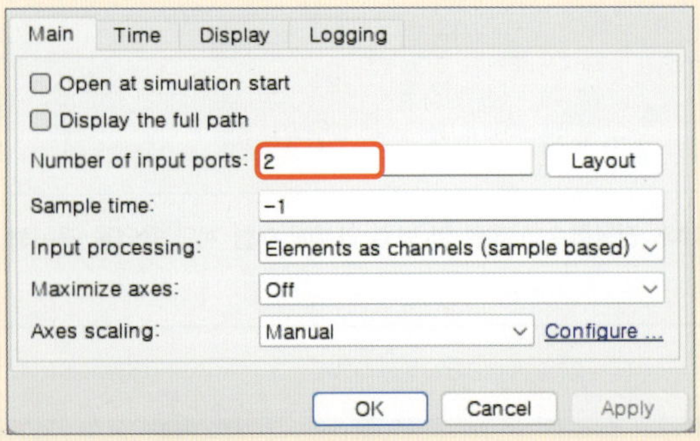

그림 17-7 Scope 블록에 두 입력 단자 설정

❺ 생성된 블록을 연결한다.

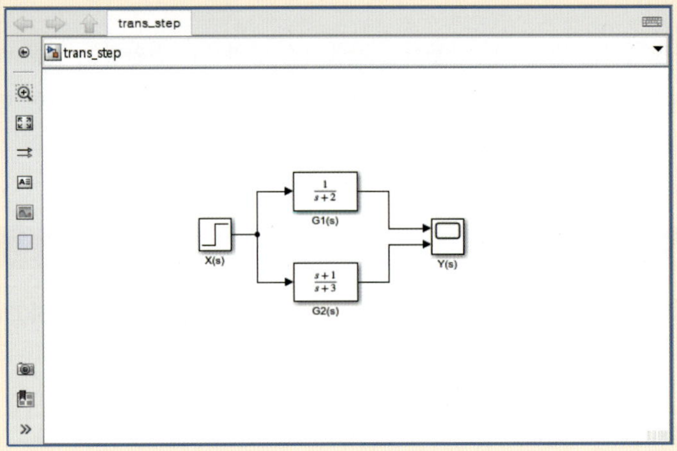

그림 17-8 완성된 시뮬링크 모델

❻ 설계 창의 메뉴 표시줄에서 [Simulation]−[Stop time]에 5.0을 입력하고 [Simulation]−[Run] 메뉴를 클릭하여 시뮬레이션을 실행한다.

❼ Scope 블록을 더블클릭하여 실행 결과를 스코프 창에서 확인한다. 위쪽 창에서 마우스 오른쪽 버튼을 누르고 [Configuration properties...]를 클릭하여 창을 연 후 [Y−limits(Minimum):]에 0, [Y−limits(Maximum):]에 1.0을 입력하고 [OK] 버튼을 클릭한다. 마찬가지로 아래쪽 창의 [Y−limits(Minimum):]에 0, [Y−limits(Maximum):]에 1.0을 입력하고 [OK] 버튼을 클릭한다.

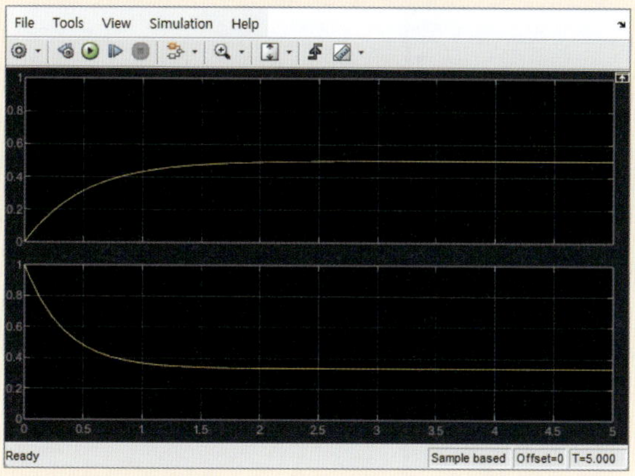

그림 17-9 스코프 창 결과

위쪽 그래프에는 G1(s)의 계단 응답 결과가 나타나고 아래쪽 그래프에는 G2(s)의 계단 응답 결과가 나타난다.

전달함수 직렬 연결

전달함수의 직렬 연결은 입력 $X(s)$와 출력 $Y(s)$ 사이에 2개 이상의 전달함수가 놓여 있음을 의미한다.

예제 17-4

시간 t가 $0 \le t \le 8$일 때 전달함수 $G_1(s)$, $G_2(s)$의 직렬 연결에 대한 계단 응답을 구현하는 시뮬링크 모델을 설계하고 그 결과를 스코프 창에 나타내라.

$$G_1(s) = \frac{1}{s+2}, \quad G_2(s) = \frac{s+1}{s+3}$$

풀이

❶ [예제 17-3]의 과정 ❶~❸을 반복한다.

❷ Scope 블록을 설계 창에 생성하고([Sinks]-[Scope]) 블록의 이름을 Y(s)로 바꾼다.

❸ 생성된 블록을 연결한다.

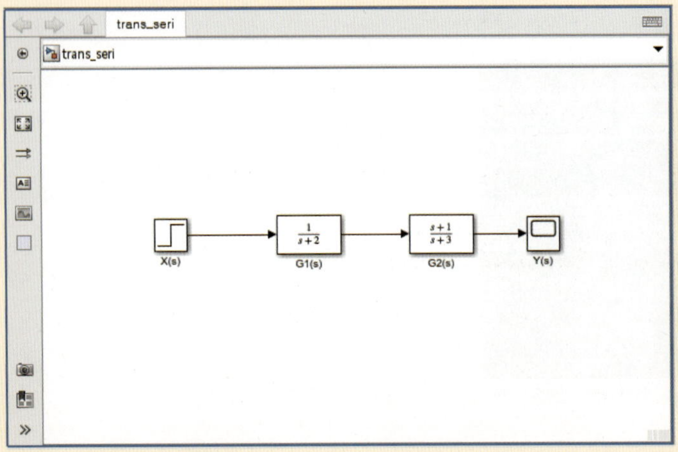

그림 17-10 완성된 시뮬링크 모델

❹ 설계 창의 메뉴 표시줄에서 [Simulation]-[Stop time]에 8.0을 입력하고 [Simulation]-[Run] 메뉴를 클릭하여 시뮬레이션을 실행한다.

❺ Scope 블록을 더블클릭하여 실행 결과를 스코프 창에서 확인한다.

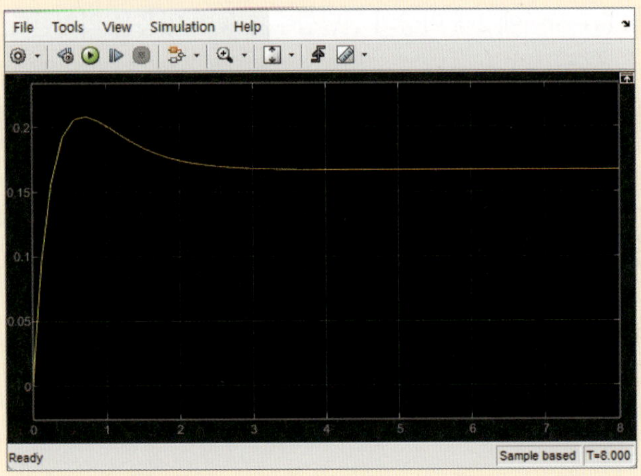

그림 17-11 스코프 창 결과

전달함수의 직렬 연결은 다음과 같이 전달함수 2개를 곱한 형태로 나타낸다.

$$Y(s) = G_1(s) G_2(s) X(s)$$

따라서 매초 단위에 상응하는 [그림 17-9]의 전달함수 $G_1(s)$와 $G_2(s)$의 진폭을 곱하면 [그림 17-11]과 같다.

전달함수 병렬 연결

전달함수의 병렬 연결은 실행 전에 결함을 예측하고 실행하는 귀환 과정을 제어하는 기능이 있어 피드포워드(feedforward)라고도 한다.

예제 17-5

시간 t가 $0 \le t \le 8$일 때 전달함수 $G_1(s)$, $G_2(s)$의 병렬 연결에 대한 계단 응답을 구현하는 시뮬링크 모델을 설계하고 그 결과를 스코프 창에 나타내라.

$$G_1(s) = \frac{1}{s+2}, \quad G_2(s) = \frac{s+1}{s+3}$$

풀이

❶ [예제 17-4]의 과정 ❶ ~ ❷를 반복한다.

❷ Sum 블록을 설계 창에 생성하고 생성된 블록을 연결한다.

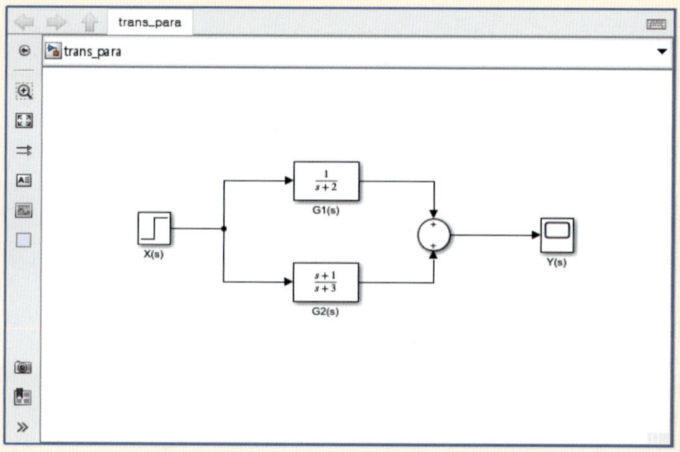

그림 17-12 완성된 시뮬링크 모델

❸ 설계 창의 메뉴 표시줄에서 [Simulation]-[Stop time]에 8.0을 입력하고 [Simulation]-[Run] 메뉴를 클릭하여 시뮬레이션을 실행한다.

❹ Scope 블록을 더블클릭하여 실행 결과를 스코프 창에서 확인한다.

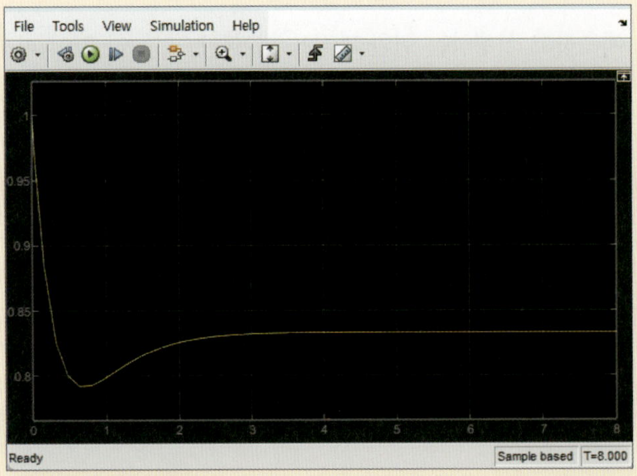

그림 17-13 스코프 창 결과

전달함수의 병렬 연결은 다음과 같이 전달함수 2개를 더한 형태로 나타낸다.

$$Y(s) = [G_1(s) + G_2(s)]X(s)$$

따라서 매조 단위에 상응하는 [그림 17-9]의 전달함수 $G_1(s)$와 $G_2(s)$의 진폭을 더하면 [그림 17-13]과 같다.

LESSON 03

상태방정식과 신호흐름선도

시뮬링크를 이용하여 상태방정식에 대한 상태공간 모델을 설계하고 상태방정식을 전달함수로 변환하는 방법을 알아보자. 블록선도는 제어 시스템에서 각 요소 사이의 신호가 전달되는 모양을 나타내는 방법이다. 시뮬링크를 이용하여 신호흐름선도와 동등한 모델을 설계해보자.

Keyword | State-Space 블록 | 신호흐름선도 |

State-Space 블록

State-Space 블록을 이용하면 선형 상태공간 시스템을 구현할 수 있다. 이때 필요한 상태방정식과 출력 방정식은 다음과 같다.

$$\dot{\mathbf{x}} = \mathbf{Ax} + \mathbf{Bu}$$
$$\mathbf{y} = \mathbf{Cx} + \mathbf{Du}$$
$$\mathbf{x}\big|_{t=t_0} = x_0$$

여기서 $\mathbf{x}$는 상태 벡터, $\mathbf{u}$는 입력 벡터, $\mathbf{y}$는 출력 벡터, x_0은 상태 벡터의 초깃값이다. 계수행렬 $\mathbf{A}$는 $n \times n$ (n은 상태의 개수), $\mathbf{B}$는 $n \times m$ (m은 입력의 개수), $\mathbf{C}$는 $r \times n$ (r은 출력의 개수), $\mathbf{D}$는 $r \times m$의 형태이다.

신호흐름선도

신호흐름선도는 선형대수방정식의 변수 간 입출력 관계를 도식적으로 나타내는 방법으로, 블록선도보다 수식적으로 표현하기 쉽다. 시뮬레이션에 사용하는 블록선도 모델을 구성하기 위해서는 상태방정식을 적분하여 상태변수를 구하고 미분방정식을 이용한다. 이러한 블록선도에서는 적분기 블록을 기본으로 사용한다. 신호흐름선도에서 변수는 마디(node), 신호의 흐름은 화살표(arrow), 이득은 마디와 마디 사이를 나타내는 가지(branch)로 표시한다.

예제 17-6

다음과 같은 방정식을 푸는 시뮬링크 모델을 생성하고 그 결과를 스코프 창에 나타내라. 이때 $0 \le t \le 8$이고 $f_1(t) = 3u_s(t)$, $f_2(t) = -3u_s(t-1)$이며, 초기 조건은 $x_1(t) = 0.2$, $x_2(t) = 0$이다.

$$\dot{x}_1 = -6x_1 + 4x_2 + f_1(t)$$
$$\dot{x}_2 = 5x_1 - 7x_2 + f_2(t)$$

배경지식

State-Space 블록을 사용하기 위해 주어진 방정식을 상태방정식과 출력방정식의 형태로 다시 쓴다.

- 상태방정식 : $\begin{bmatrix} \dot{x}_1 \\ \dot{x}_2 \end{bmatrix} = \begin{bmatrix} -6 & 4 \\ 5 & -7 \end{bmatrix} \begin{bmatrix} x_1 \\ x_2 \end{bmatrix} + \begin{bmatrix} 1 & 0 \\ 0 & 1 \end{bmatrix} \begin{bmatrix} f_1 \\ f_2 \end{bmatrix}$
- 출력방정식 : $\begin{bmatrix} y_1 \\ y_2 \end{bmatrix} = \begin{bmatrix} 1 & 0 \\ 0 & 1 \end{bmatrix} \begin{bmatrix} x_1 \\ x_2 \end{bmatrix} + \begin{bmatrix} 0 & 0 \\ 0 & 0 \end{bmatrix} \begin{bmatrix} f_1 \\ f_2 \end{bmatrix}$

시스템 행렬 $\mathbf{A} = \begin{bmatrix} -6 & 4 \\ 5 & -7 \end{bmatrix}$, 입력행렬 $\mathbf{B} = \begin{bmatrix} 1 & 0 \\ 0 & 1 \end{bmatrix}$, 출력행렬 $\mathbf{C} = \begin{bmatrix} 1 & 0 \\ 0 & 1 \end{bmatrix}$, 전송행렬 $\mathbf{D} = \begin{bmatrix} 0 & 0 \\ 0 & 0 \end{bmatrix}$으로 표시된다.

풀이

❶ Step 블록 2개를 설계 창에 생성하고([Sources]−[Step]) 블록의 이름을 각각 Step1, Step2로 바꾼다.

❷ 블록 Step1을 더블클릭하여 [Step time:]에 0, [Initial value:]에 0, [Final value:]에 $3(3u_s(t))$을 입력한 후 [OK] 버튼을 클릭한다.

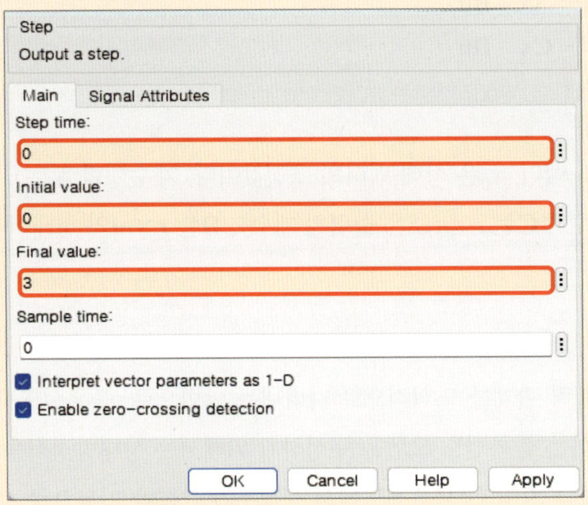

그림 17-14 블록 Step1에 새로운 변숫값 설정

❸ 블록 Step2를 더블클릭하여 [Step time:]에 1, [Initial value:]에 0, [Final value:]에 $-3(-3u_s(t-1))$을 입력한 후 [OK] 버튼을 클릭한다.

❹ Mux 블록을 설계 창에 생성하고([Commonly Used Blocks]−[Mux]) 블록의 [Number of inputs:] 기본값 2는 유지한다.

❺ State-Space 블록을 설계 창에 생성한다([Continuous]−[State-Space]).

❻ State-Space 블록을 더블클릭하여 상태방정식과 출력방정식의 행렬 **A**, **B**, **C**, **D**의 값과 초기 조건 [0.2 : 0]을 입력한 후 [OK] 버튼을 클릭한다.

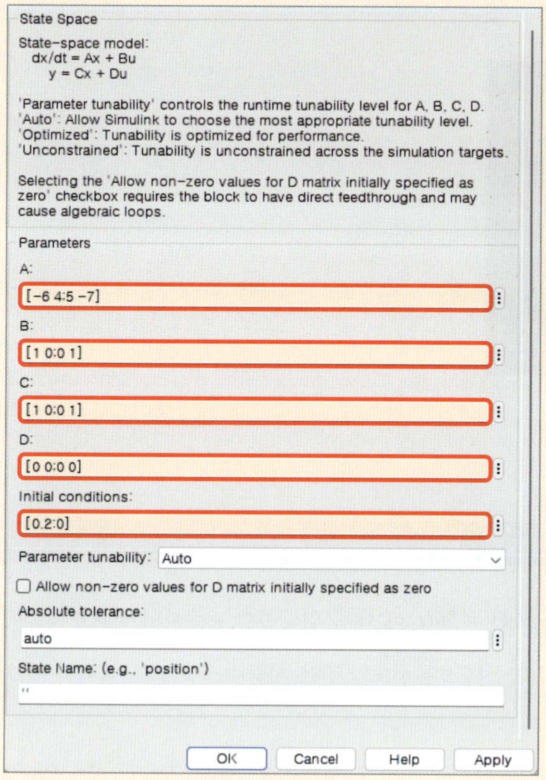

그림 17-15　State-Space 블록에 행렬 입력

❼ Scope 블록을 설계 창에 생성한다([Sinks]-[Scope]).

❽ 생성된 블록을 연결한다.

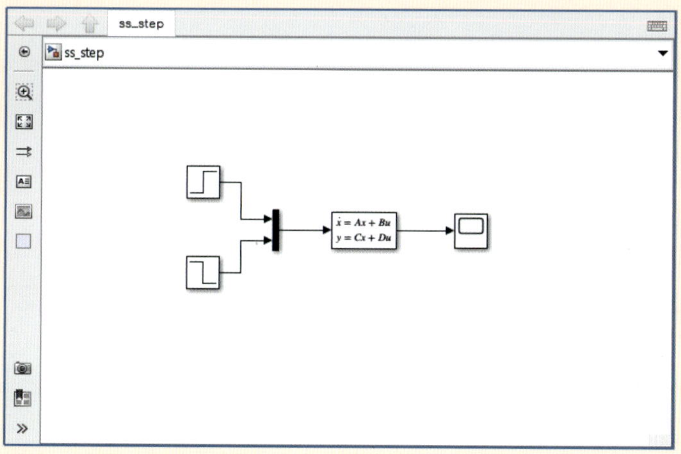

그림 17-16　완성된 시뮬링크 모델

❾ 설계 창의 메뉴 표시줄에서 [Simulation]-[Stop time]에 8.0을 입력한다.

❿ [Simulation]-[Run] 메뉴를 클릭하여 시뮬레이션을 실행한다.

⓫ Scope 블록을 더블클릭하여 스코프 창에서 실행 결과를 확인한다.

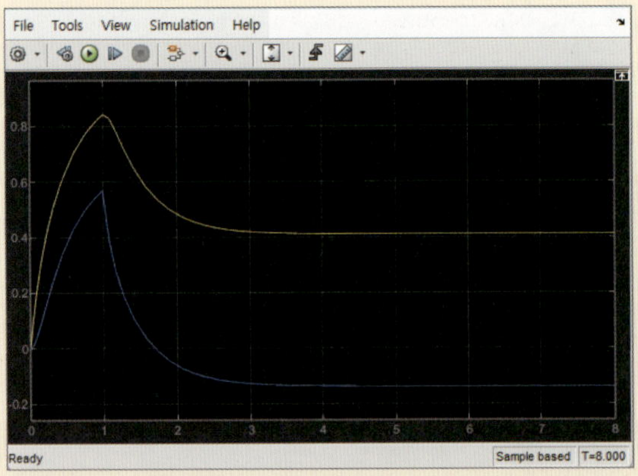

그림 17-17 스코프 창 결과

예제 17-7

[그림 17-18]은 미분방정식 $\frac{d^3y}{dt^3}+2\frac{d^2y}{dt^2}+3\frac{dy}{dt}+4y=5u(t)$에 대한 위상변수 표준형의 신호흐름선도이다. 시간 $0 \le t \le 30$에서 계단 응답을 구하기 위한 신호흐름선도와 같은 시뮬링크 모델을 설계하고 그 결과를 스코프 창에 나타내라.

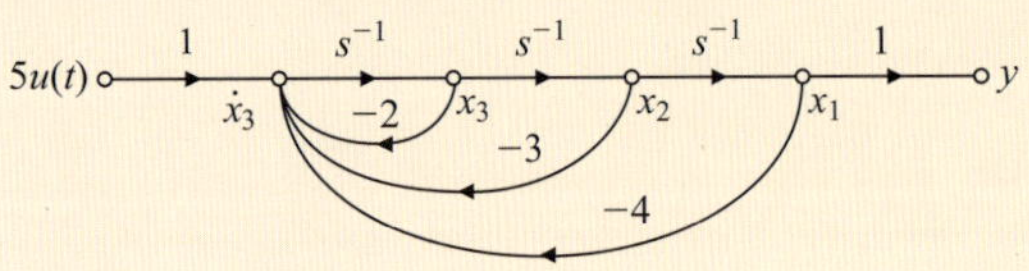

그림 17-18 신호흐름선도

풀이

❶ Step 블록을 생성하고([Sources]−[Step]) 블록의 이름을 u(t)로 바꾼다.

❷ 블록 u(t)를 더블클릭하여 [Step time:]에 0, [Initial value:]에 0, [Final value:]에 5 ($5u(t)$)를 입력한다.

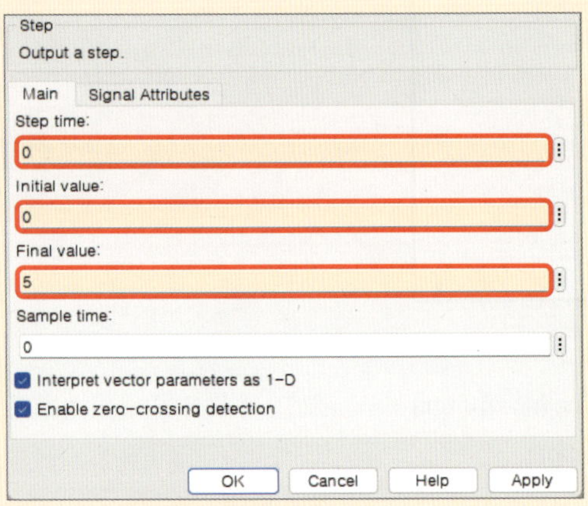

그림 17-19 블록 u(t)에 새로운 변숫값 입력

❸ Sum 블록을 설계 창에 생성하고([Commonly Used Blocks]−[Sum]) 더블클릭하여 [Icon shape:]에서 'rectangular'를 선택한 후 [List of signs:]에 +−−−를 입력한다.

❹ Gain 블록 3개를 설계 창에 생성하고([Commonly Used Blocks]−[Gain]) 블록의 이름을 각각 G1, G2, G3로 바꾼다. 마우스 오른쪽 버튼을 누르고 [Format]−[Flip Block]을 클릭하여 세 블록의 방향을 바꾼다.

❺ 블록 G1, G2, G3를 더블클릭하여 [Gain:]에 2, 3, 4를 각각 입력한다.

❻ Integrator 블록 3개를 설계 창에 생성하고([Commonly Used Blocks]−[Integrator]) 블록의 이름을 각각 Int1, Int2, Int3로 바꾼다.

❼ Scope 블록을 생성하고([Sinks]−[Scope]) 블록의 이름을 y(t)로 바꾼다.

❽ 생성된 블록을 연결한다.

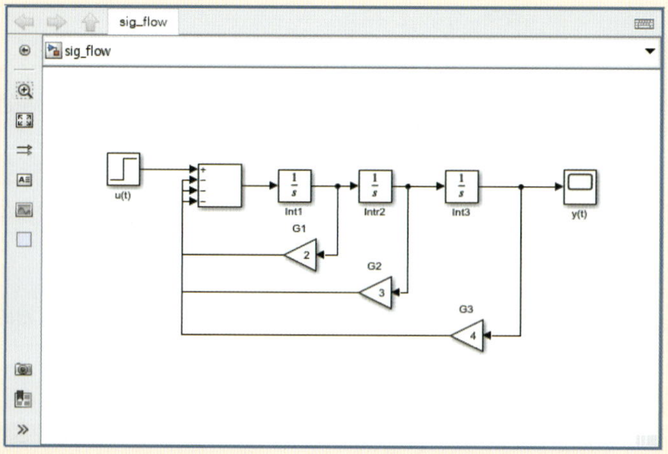

그림 17−20 완성된 시뮬링크 모델

❾ 설계 창의 메뉴 표시줄에서 [Simulation]−[Stop time]에 30.0을 입력한 후 [Simulation]−[Run] 메뉴를 클릭하여 시뮬레이션을 실행한다.

❿ Scope 블록을 더블클릭하여 스코프 창에서 실행 결과를 확인한다.

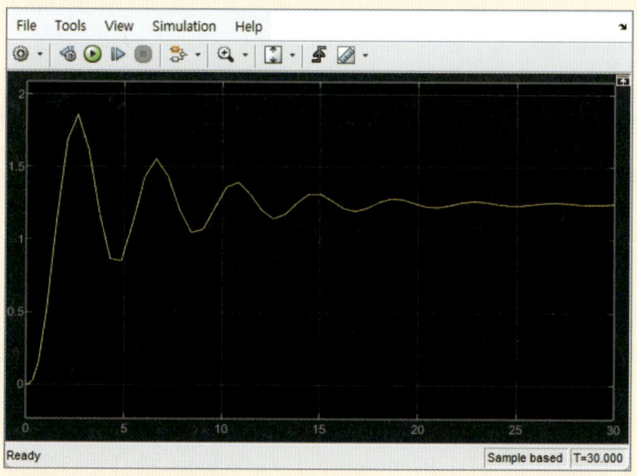

그림 17−21 스코프 창 결과

LESSON 04

다양한 제어기 설계 및 비교하기

시뮬링크를 이용하여 시스템의 성능을 향상하기 위한 PID 제어기의 다양한 모델을 설계해보자. PID Controller 블록을 사용하는 경우와 사용하지 않는 경우의 시뮬링크 모델을 설계하고 그 결과도 비교해보자.

Keyword | 열린 루프 시스템 | PID 제어기 | PID controller 블록 |

열린 루프 시스템

닫힌 루프 시스템과 달리 귀환 경로가 없어서 오차를 수정할 수 없는 제어 시스템을 열린 루프 시스템(Open-loop system)이라고 한다.

PID 제어기

PID(Proportional-Integral-Derivative) 제어기의 전달함수는 다음과 같이 라플라스 변환을 사용하여 나타낼 수 있다. 여기서 K_p는 비례 이득, K_i는 적분 이득, K_d는 미분 이득이다.

$$C(s) = K_p + \frac{K_i}{s} + K_d s$$

PID Controller 블록

PID Controller 블록의 출력은 입력 신호와 입력 신호 적분, 입력 신호 미분의 가중 합이다. 가중치는 비례, 적분 및 미분 이득 매개변수이다.

예제 17-8

계단 입력함수 $u(t) = 1$을 사용하여 열린 루프 응답을 구현하는 시뮬링크 모델을 설계하고 그 결과를 스코프 창에 나타내라. 이때 $0 \le t \le 4$이고 전달함수 $G(s) = \dfrac{1}{s^2 + 8s + 12}$이다.

풀이

1. Step 블록을 설계 창에 생성하고([Sources]-[Step]) 블록의 이름을 u(t)로 바꾼다.
2. Transfer Fcn 블록을 설계 창에 생성하고([Continuous]-[Transfer Fcn]) 블록의 이름을 G(s)로 바꾼다.
3. 블록 G(s)를 더블클릭하여 [Numerator coefficients:]에 [1], [Denominator coefficients:]에 [1 8 12]를 입력한다.

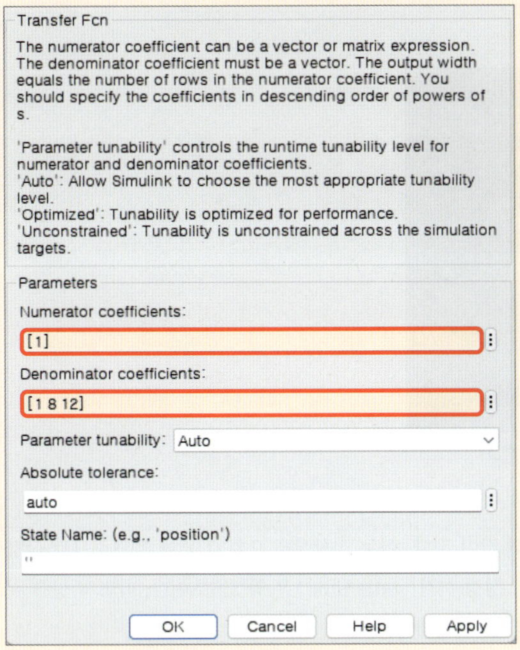

그림 17-22 블록 G(s)의 분자 및 분모 계수 설정

❹ Scope 블록을 설계 창에 생성하고([Sinks]-[Scope]) 블록의 이름을 C(s)로 바꾼다.

❺ 생성된 블록을 연결한다.

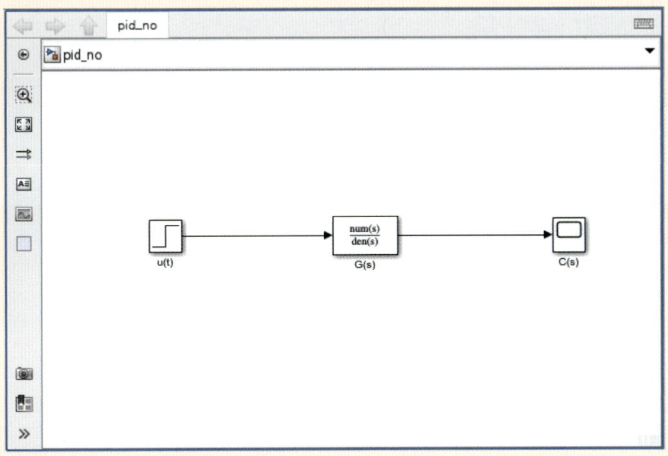

그림 17-23 완성된 시뮬링크 모델

❻ 설계 창의 메뉴 표시줄에서 [Simulation]-[Stop time]에 4.0을 입력한 후 [Simulation]-[Run] 메뉴를 클릭하여 시뮬레이션을 실행한다.

❼ Scope 블록을 더블클릭하여 스코프 창에서 실행 결과를 확인한다.

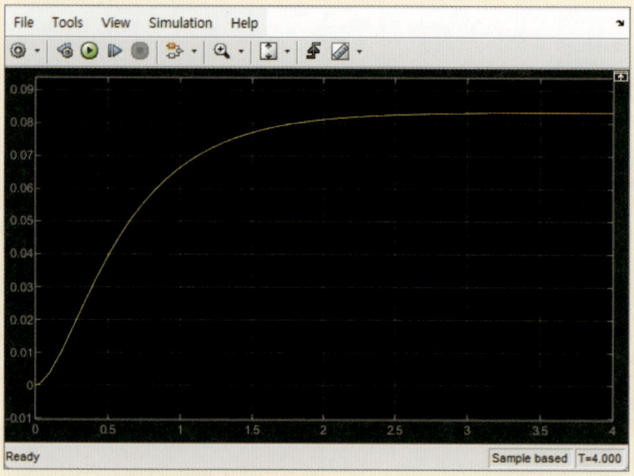

그림 17-24 스코프 창 결과

전달함수의 이득 0.08은 단위 계단 입력에 대한 최종 출력 값이 된다. 이는 정상상태 오차 0.92에 해당하므로 상당히 큰 오차이다. 또한 상승 시간(rise time)은 약 2초이고 정정 시간(settle time)은 약 2.5초이다. 따라서 상승 시간과 정정 시간을 줄이고 정상상태 오차를 제거하는 제어기를 설계해야 한다.

예제 17-9

계단 입력함수 $u(t) = 1$, 전달함수 $G(s) = \dfrac{1}{s^2 + 8s + 12}$ 일 때 비례 제어기를 구현하는 시뮬링크 모델을 설계하고 그 결과를 스코프 창에 나타내라. 이때 $0 \le t \le 4$이고 비례 이득 $K_p = 10$이다.

배경지식

비례 제어기(proportional controller)는 기댓값과 측정값 사이의 차이에 비례하는 제어변수에 보정이 적용되는 선형 귀환 제어기로, PID Controller 블록의 사용 여부에 따라 각각 다르게 구현이 가능하다.

풀이

(a) PID Controller 블록을 사용하지 않는 경우

❶ [예제 17-8]의 과정 ❶ ~ ❸을 반복한다.

❷ Add 블록을 설계 창에 생성하고([Math Operations]-[Add]) 더블클릭하여 [List of signs:]에 +-를 입력한다.

❸ Gain 블록을 설계 창에 생성하고([Commonly Used Blocks]-[Gain]) 블록의 이름을 Kp로 바꾼 후 더블클릭하여 [Gain:]에 10을 입력한다.

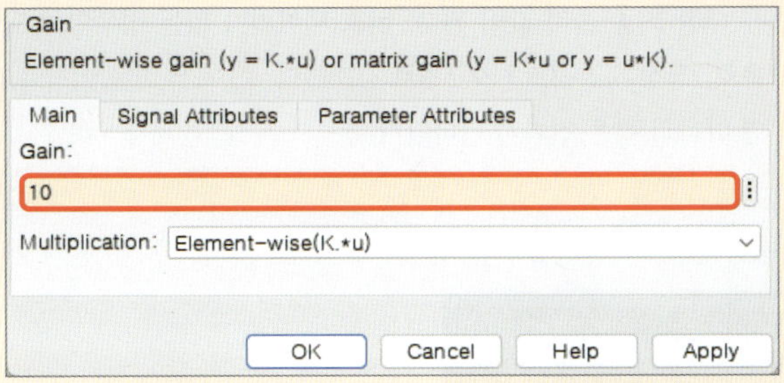

그림 17-25 블록 Kp의 이득 설정

❹ Scope 블록을 설계 창에 생성하고([Sinks]-[Scope]) 블록의 이름을 C(s)로 바꾼다.

❺ 생성된 블록을 연결한다.

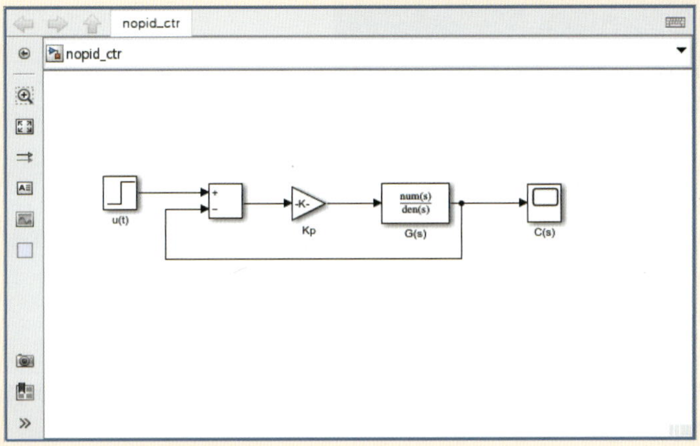

그림 17-26 완성된 시뮬링크 모델

❻ 설계 창의 메뉴 표시줄에서 [Simulation]-[Stop time]에 4.0을 입력한 후 [Simulation]-[Run] 메뉴를 클릭하여 시뮬레이션을 실행한다.

❼ Scope 블록을 더블클릭하여 스코프 창에서 실행 결과를 확인한다.

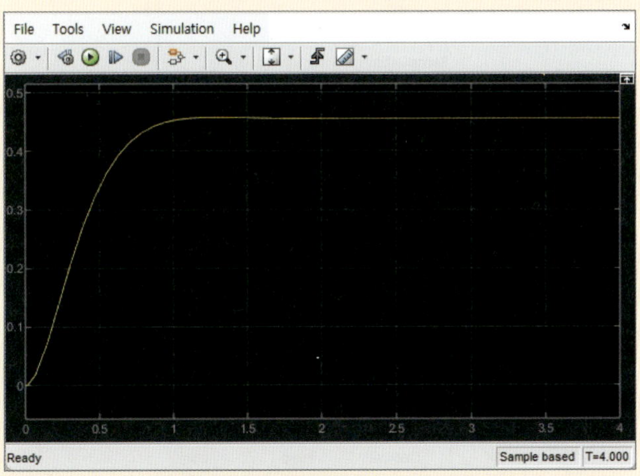

그림 17-27 K_p = 10에 대한 스코프 창 결과

전달함수의 이득인 0.45는 단위 계단 입력에 대한 최종 출력 값이 된다. 비교 제어기가 없는 경우와 비교하면 정상상태 오차를 줄이고 상승 시간 2초가 1초로, 정정 시간 2.5초가 2초로 감소한다. ❸에서 비례 이득을 K_p = 100으로 바꾸고 시뮬레이션을 다시 실행하면 다음과 같은 결과가 나타난다.

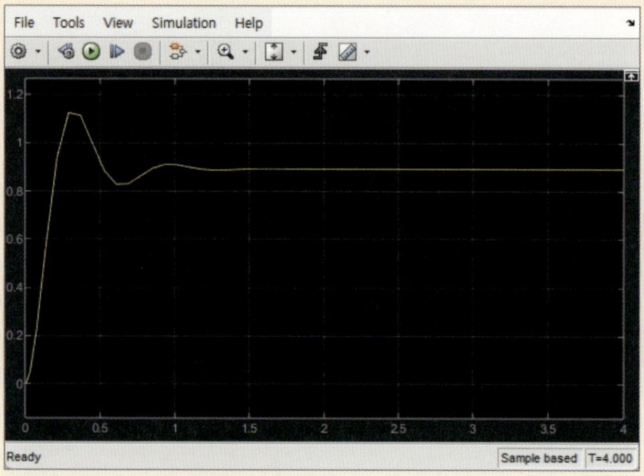

그림 17-28 K_p = 100에 대한 스코프 창 결과

비례 이득을 증가시키면 상승 시간과 정상상태 오차가 더 줄어들고 정정 시간도 감소하지만 오버슈트는 증가한다.

(b) PID Controller 블록을 사용하는 경우

❶ Gain 블록을 제거한 후 PID Controller 블록을 설계 창에 생성하고([Continuous]-[PID Controller]) 블록의 이름을 P-controller로 바꾼다.

❷ 블록 P-controller를 더블클릭하여 [Controller:]를 P로 설정하고 [Proportional (P):]에 10을 입력한다.

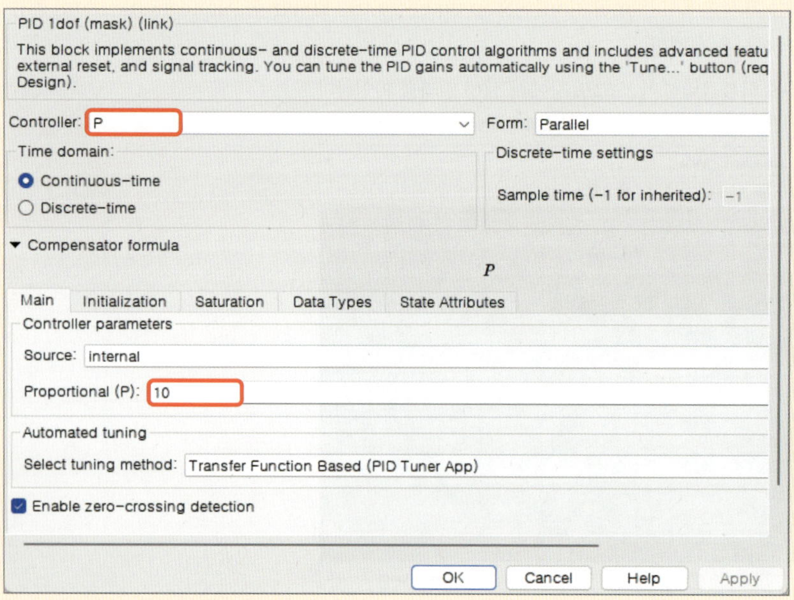

그림 17-29 블록 P-controller 비례 이득 설정

❸ 생성된 블록을 연결한다.

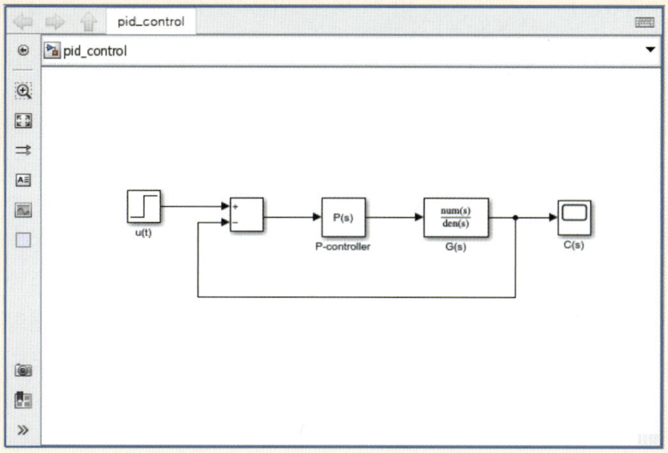

그림 17-30 완성된 시뮬링크 모델

❹ 설계 창의 메뉴 표시줄에서 [Simulation]-[Stop time]에 4.0을 입력한 후 [Simulation]-[Run] 메뉴를 클릭하여 시뮬레이션을 실행한다.

❺ Scope 블록을 더블클릭하여 스코프 창에서 실행 결과를 확인한다.

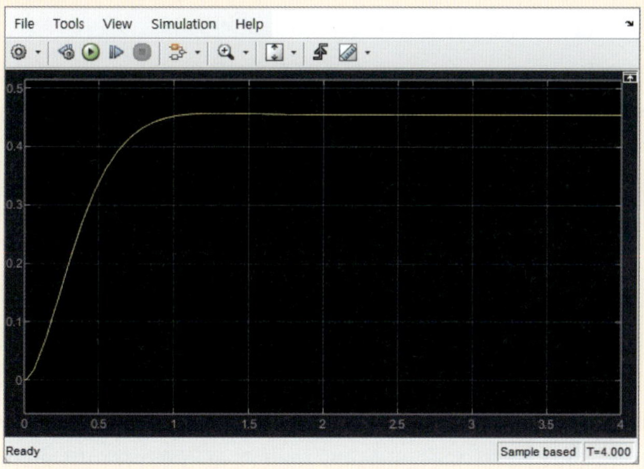

그림 17-31 스코프 창 결과

예제 17-10

계단 입력함수 $u(t) = 1$과 전달함수 $G(s) = \frac{1}{s^2 + 8s + 12}$ 일 때 비례-미분 제어기를 구현하는 시뮬링크 모델을 설계하고 그 결과를 스코프 창에 나타내라. 이때 $0 \le t \le 4$이고 비례 이득 $K_p = 100$, 미분 이득 $K_d = 10$이다.

배경지식

비례-미분 제어기는 시스템 응답의 미래 오류 예측이 가능하므로 제어 능력의 향상을 통해 시스템의 안정성을 증가시키는 데 사용할 수 있다. 갑작스럽게 변하는 오류 신호의 영향을 피하기 위해 미분은 오류 신호 대신 시스템 변수의 출력 응답에서 실행된다. 따라서 비례 모드(D 모드)는 출력변수의 변화에 비례하도록 설계되어 오류 신호의 갑작스러운 변화에 의한 제어 출력의 급격한 변화를 방지한다. 또한 D는 공정 소음을 직접 증폭하므로 D 모드 전용 제어가 사용되지 않는다. 비례-미분 제어기는 다음과 같이 정의한다.

$$\frac{K_d s + K_p}{s^2 + (8 + K_d)s + (12 + K_p)}$$

풀이

(a) PID Controller 블록을 사용하지 않는 경우

1. Step 블록을 설계 창에 생성하고([Sources]-[Step]) 블록의 이름을 u(t)로 바꾼다.
2. Add 블록 2개를 설계 창에 생성하고([Math Operations]-[Add]) 블록의 이름을 각각 Add1, Add2로 바꾼다. 블록 Add1을 더블클릭하여 [List of signs:]에 +-를 입력한다.
3. Gain 블록 3개를 설계 창에 생성하고([Commonly Used Blocks]-[Gain]) 블록의 이름을 각각 Kp, Kd, Filter-coef로 바꾼다. 블록 Kp, Kd, Filter-coef를 더블클릭하여 [Gain:]에 각각 100, 10, 100을 입력한다.
4. Sum 블록을 설계 창에 생성하고([Commonly Used Blocks]-[Sum]) 더블클릭하여 [List of signs:]에 |+-를 입력한다.
5. Integrator 블록을 설계 창에 생성한다([Commonly Used Blocks]-[Integrator]).
6. Transfer Fcn 블록을 설계 창에 생성하고([Continuous]-[Transfer Fcn]) 블록의 이름을 G(s)로 바꾼 후 더블클릭하여 [Numerator coefficients:]에 [1], [Denominator coefficients:]에 [1 8 12]를 입력한다.
7. Scope 블록을 생성하고([Sinks]-[Scope]) 블록의 이름을 C(s)로 바꾼다.
8. 생성된 블록을 연결한다.

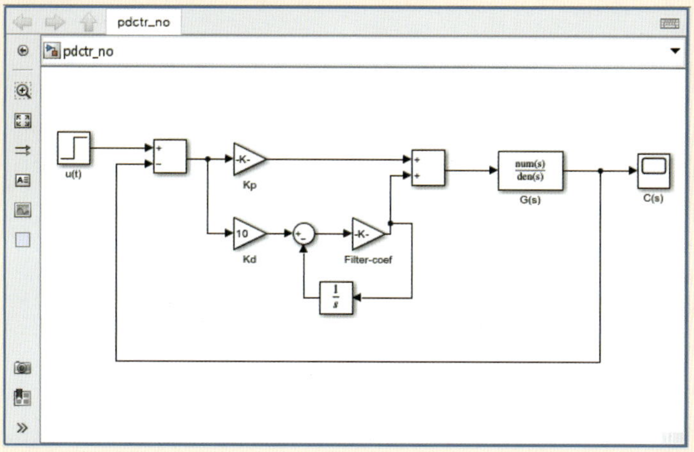

그림 17-32 완성된 시뮬링크 모델

❾ 설계 창의 메뉴 표시줄에서 [Simulation]-[Stop time]에 4.0을 입력한 후 [Simulation]-[Run] 메뉴를 클릭하여 시뮬레이션을 실행한다.

❿ Scope 블록을 더블클릭하여 스코프 창에서 실행 결과를 확인한다.

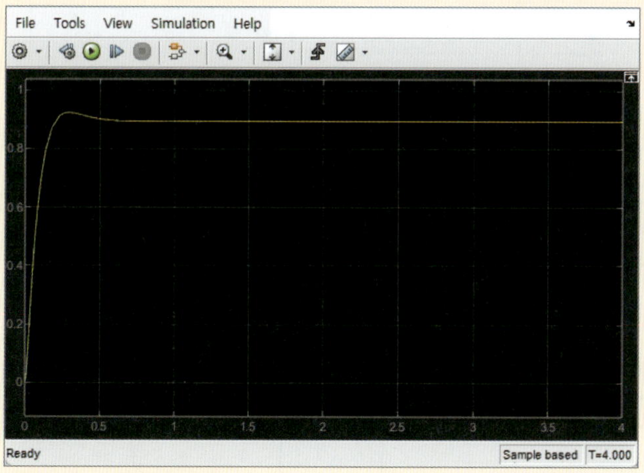

그림 17-33 스코프 창 결과

비례 제어기에서 비례 이득 K_p = 100을 사용한 [그림 17-28]과 비교했을 때 미분 제어기를 함께 사용한 비례-미분 제어기는 오버슈트와 정정 시간을 줄이고 상승 시간과 정상상태 오차에는 작은 영향을 미침을 알 수 있다.

(b) PID Controller 블록을 사용하는 경우

❶ [그림 17-32]에서 Gain 블록 3개, Sum 블록, Integrator 블록, Add2 블록을 제거한 후 PID Controller 블록을 생성하고([Continuous]-[PID Controller]) 블록의 이름을 PD-controller로 바꾼다.

❷ 블록 PD-controller를 더블클릭하여 [Controller:]를 PD로 설정하고 [Proportional(P):]에 100, [Derivative(D):]에 10을 입력한다.

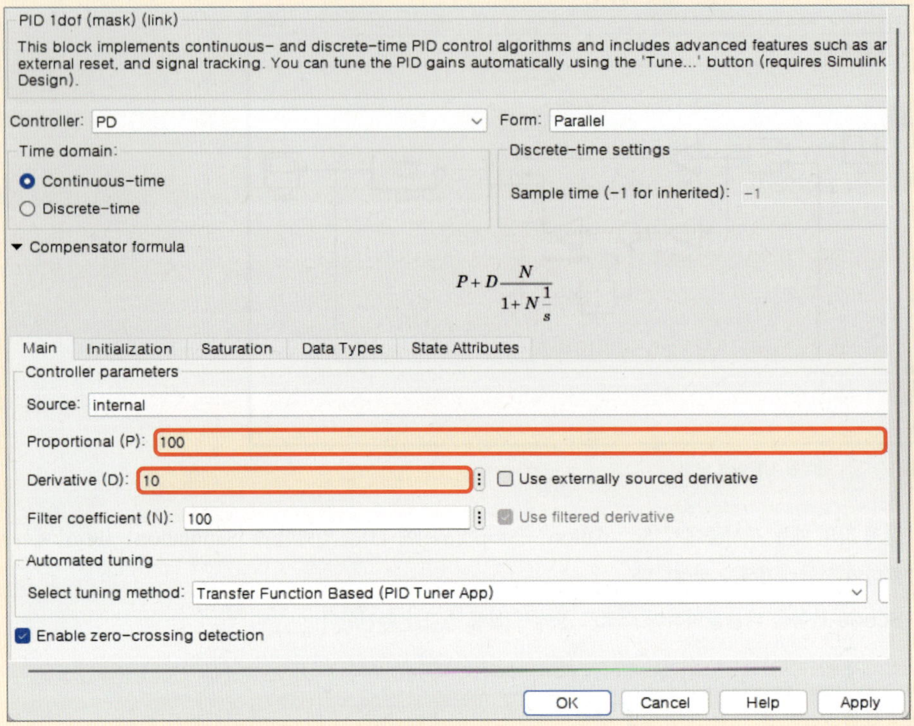

그림 17-34 블록 PD-controller의 비례 이득, 미분 이득 설정

❸ 생성된 블록을 연결한다.

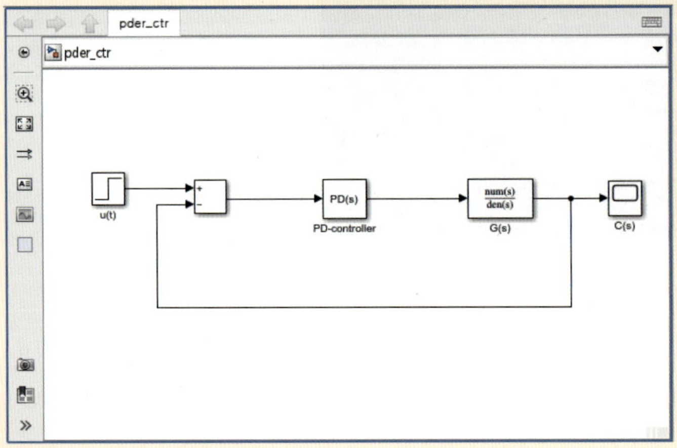

그림 17-35 완성된 시뮬링크 모델

❹ 설계 창의 메뉴 표시줄에서 [Simulation]-[Stop time]에 4.0을 입력한 후 [Simulation]-[Run] 메뉴를 클릭하여 시뮬레이션을 실행한다.

❺ Scope 블록을 더블클릭하여 스코프 창에서 실행 결과를 확인한다.

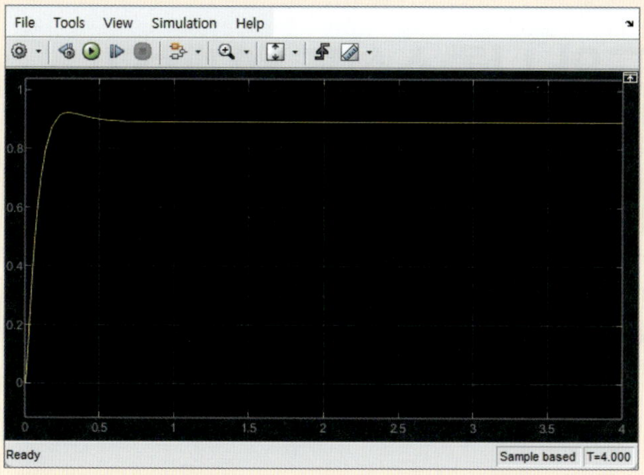

그림 17-36 스코프 창 결과

이렇게 하면 PID Controller 블록을 사용하지 않은 [그림 17-33]과 동일한 결과가 나타난다. [그림 17-32]의 시뮬링크 모델은 [그림 17-37]과 같이 설계할 수 있지만 이러한 설계는 측정 잡음을 증폭하므로 순수 Derivative 블록([Continuous]-[Derivative])을 직접 이용하는 것은 바람직하지 않으며, [그림 17-32]와 같이 저역 통과 필터를 사용하는 것이 좋다.

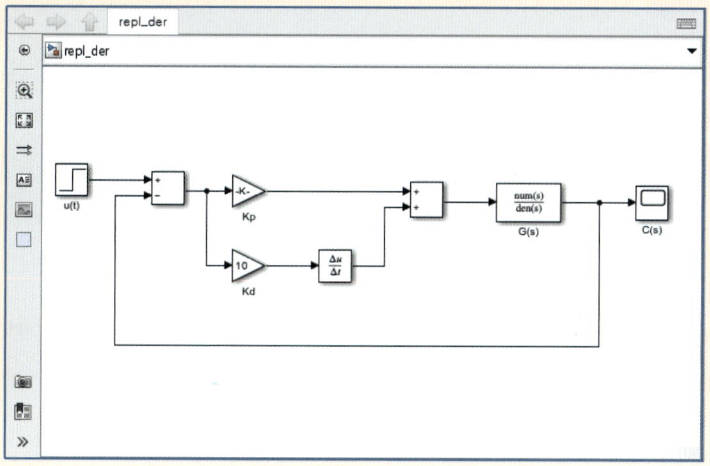

그림 17-37 Derivative 블록으로 대체한 [그림 17-32]의 시뮬링크 모델

LESSON 05

보드선도와 니콜스선도 설계하기

Bode Plot 블록을 이용한 보드선도 모델의 설계를 알아보자. 또한 Nichols Plot 블록을 이용하여 열린 주파수 전달함수가 주어졌을 때 닫힌 루프 주파수 전달함수의 이득과 위상각의 관계를 나타내는 니콜스선도 모델의 설계도 알아보자.

Keyword | 보드선도 | 니콜스선도 | Bode Plot 블록 | Nichols Plot 블록 |

보드선도

보드선도(Bode plot)는 가로축이 $\log\omega$, 세로축이 데시벨 값인 크기 $|G(j\omega)|$의 주파수 응답과 가로축이 $\log\omega$, 세로축이 위상각 $\angle G(j\omega)$인 주파수 응답을 그리는 선도를 말한다. 이때 이득은 데시벨(dB)로 나타낸다.

니콜스선도

니콜스선도(Nichols Chart)는 주파수 응답에 바탕을 둔 나이퀴스트선도와 보드선도를 응용한 방법으로, 귀환 시스템의 닫힌 루프 주파수 응답과 안정도를 결정하는 유용한 기술이다.

Bode Plot 블록

Bode Plot 블록을 이용하면 비선형 시뮬링크 모델에서 선형 시스템을 계산하고 보드선도에 이 선형 시스템을 나타낼 수 있다. 시뮬레이션을 실행하는 중에 지정된 선형화 입력과 출력 사이의 모델 부분을 선형화하고 선형 시스템의 크기와 위상을 동시에 나타낸다.

Nichols Plot 블록

Nichols Plot 블록을 이용하면 비선형 시뮬링크 모델에서 선형 시스템을 계산하고 니콜스선도에 이 선형 시스템을 나타낼 수 있다. 시뮬레이션을 실행하는 중에 지정된 선형화 입력과 출력 사이의 모델 부분을 선형화하고 선형 시스템의 열린 루프 이득과 위상을 동시에 나타낸다.

예제 17-11

전달함수가 $G(s)$인 시스템에 대한 주파수 응답의 보드선도를 그리는 시뮬링크 모델을 설계하고 그 결과를 보드선도 창에 나타내라.

$$G(s) = \frac{30(s+5)}{(s+2)(s+10)}$$

풀이

❶ Constant 블록을 설계 창에 생성하고([Commonly Used Blocks]–[Constant]) 블록의 이름을 Const로 바꾼 후 더블클릭하여 [Constant value:]에 0을 입력한다.

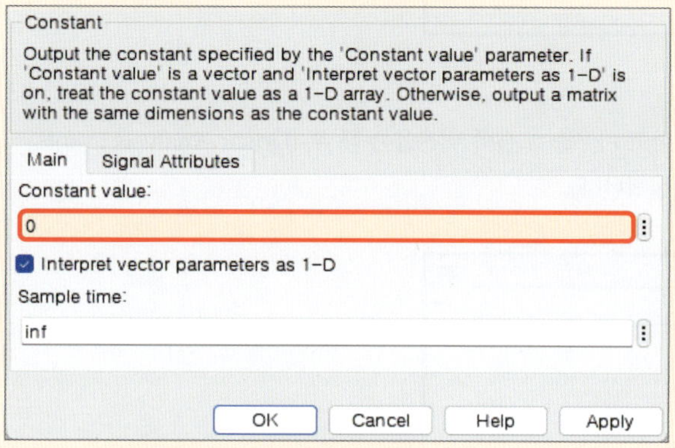

그림 17-38 블록 Const의 상숫값 설정

❷ Sum 블록을 설계 창에 생성하고([Commonly Used Blocks]–[Sum]) 더블클릭하여 [List of signs:]에 |+–를 입력한다.

❸ Gain 블록을 설계 창에 생성하고([Commonly Used Blocks]–[Gain]) 더블클릭하여 [Gain:]에 30을 입력한다.

❹ Transfer Fcn 블록을 설계 창에 생성하고([Continuous]–[Transfer Fcn]) 블록의 이름을 G(s)로 바꾼다.

❺ 블록 G(s)를 더블클릭하여 [Numerator coefficients:]에 [1 5], [Denominator coefficients:]에 [1 12 20]을 입력한다.

❻ Scope 블록을 설계 창에 생성하고([Sinks]–[Scope]) 블록의 이름을 C(s)로 바꾼다.

❼ 생성된 블록을 연결한다.

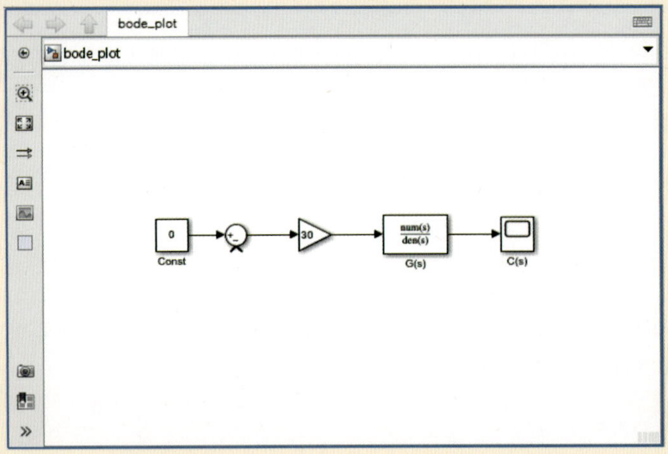

그림 17-39 연결된 시뮬링크 모델

❽ G(s) 블록과 C(s) 블록 사이의 화살표를 선택하고 마우스 오른쪽 버튼을 누른 후 [Linear Analysis Points]-[Output Measurement]를 선택하여 출력점을 설정한다.

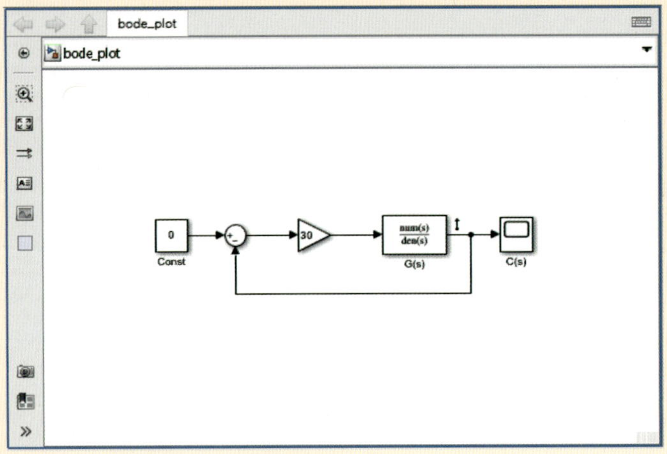

그림 17-40 출력점이 표시된 시뮬링크 모델

❾ Const 블록과 Sum 블록 사이의 화살표를 선택하고 마우스 오른쪽 버튼을 누른 후 [Linear Analysis Points]-[Input Perturbation]을 선택하여 입력점을 설정한다.

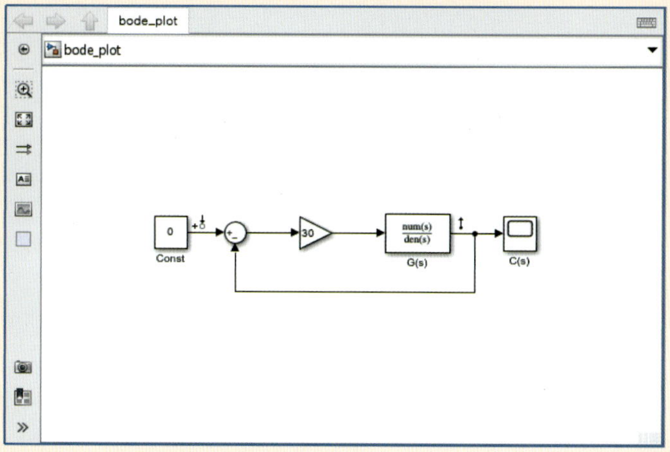

그림 17-41 입력점이 표시된 시뮬링크 모델

⑩ Bode Plot 블록을 설계 창에 생성하고([Simulink Control Design]-[Linear Analysis Plots]-[Bode Plot]) 더블클릭하여 'Show plot on block open'에 체크한 후 [Apply]-[OK] 버튼을 클릭한다.

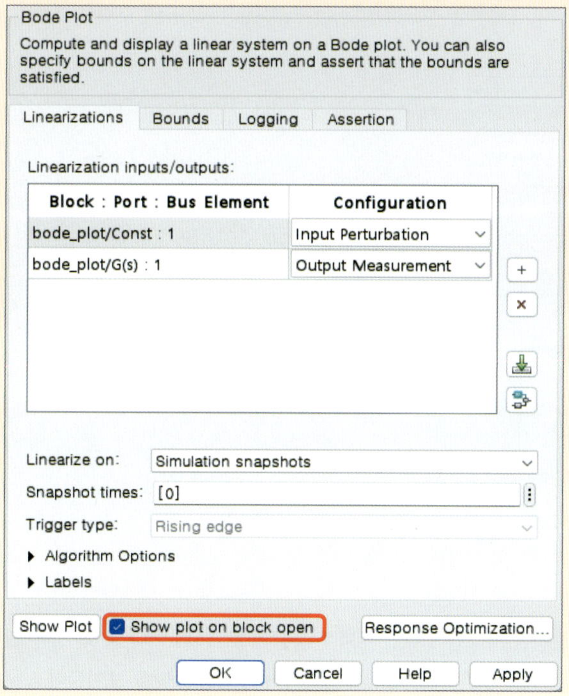

그림 17-42 Bode Plot 블록 설정

⓫ 완성된 시뮬링크 모델은 다음과 같다.

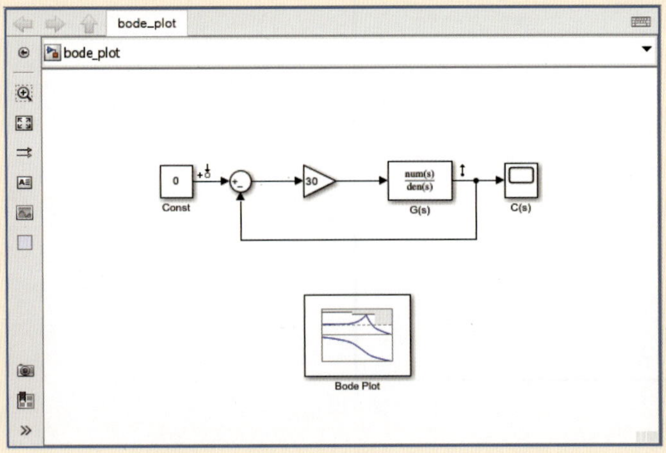

그림 17-43 완성된 시뮬링크 모델

⓬ Bode Plot 블록을 더블클릭하여 [Bode Plot] 창을 열고 시뮬레이션을 실행하는 [Run] 메뉴를 클릭한다.

⓭ 시뮬레이션 결과는 다음과 같다.

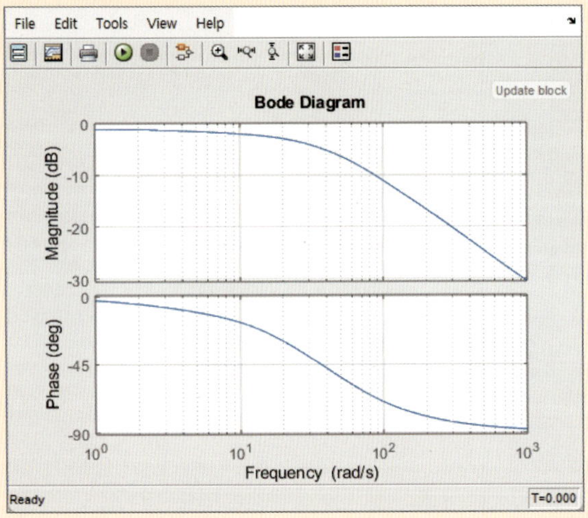

그림 17-44 보드선도 창 결과

[그림 17-44]는 주파수 범위와 점의 수를 자동으로 선택한 시스템에 대한 주파수 응답의 보드선도이다. 위쪽 창은 진폭(magnitude)으로 나타낸 위상 응답을 보여주고 아래쪽 창은 각도(phase)로 나타낸 위상 응답을 보여준다.

예제 17-12

단위 귀환 제어 시스템에서 열린 루프 전달함수 $G(s)=\dfrac{6}{s^3+4s^2+3s}$ 의 니콜스선도를 그리는 시뮬링크 모델을 설계하고 그 결과를 니콜스선도 창에 나타내라.

풀이

❶ Constant 블록을 설계 창에 생성하고([Commonly Used Blocks]-[Constant]) 블록의 이름을 Const로 바꾼 후 더블클릭하여 [Constant value:]에 0을 입력한다.

❷ Sum 블록을 설계 창에 생성하고([Commonly Used Blocks]-[Sum]) 더블클릭하여 [List of signs:]에 |+-를 입력한다.

❸ Transfer Fcn 블록을 설계 창에 생성하고([Continuous]-[Transfer Fcn]) 블록의 이름을 G(s)로 바꾼 후 더블클릭하여 [Numerator coefficients:]에 [6], [Denominator coefficients:]에 [1 4 3 0]을 입력한다.

❹ Scope 블록을 설계 창에 생성하고([Sinks]-[Scope]) 블록의 이름을 C(s)로 바꾼 후 생성된 블록을 연결한다.

❺ G(s) 블록과 C(s) 블록 사이의 화살표를 선택하고 마우스 오른쪽 버튼을 누른 후 [Linear Analysis Points]-[Output Measurement]를 선택하여 출력점을 설정한다. 또한 Const 블록과 Sum 블록 사이의 화살표를 선택하고 마우스 오른쪽 버튼을 누른 후 [Linear Analysis Points]-[Input Perturbation]을 선택하여 입력점을 설정한다.

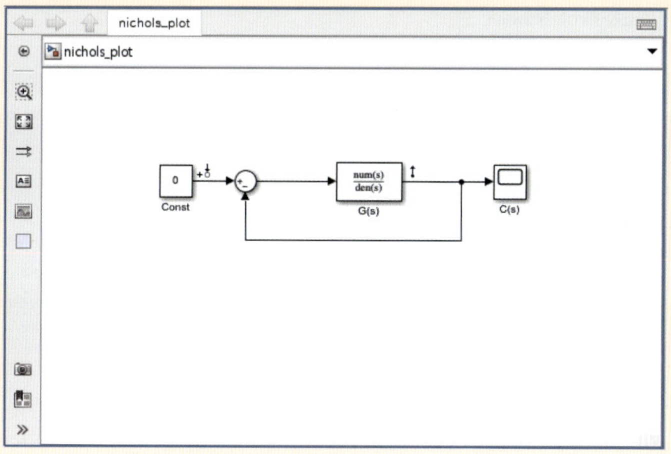

그림 17-45 입력점과 출력점이 표시된 시뮬링크 모델

❻ Nichols Plot 블록을 설계 창에 생성하고([Simulink Control Design]–[Linear Analysis Plots]–[Nichols Plot]) 더블클릭하여 'Show plot on block open'에 체크한 후 [Apply]–[OK] 버튼을 클릭한다.

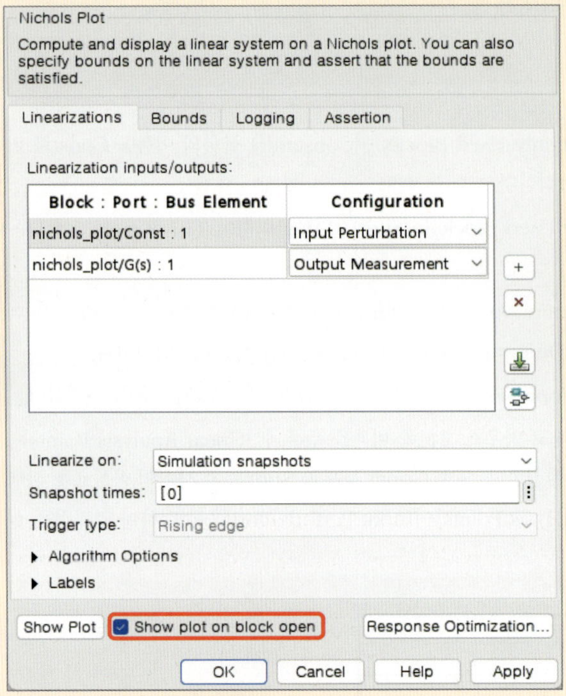

그림 17–46 Nichols Plot 블록 설정

❼ 완성된 시뮬링크 모델은 다음과 같다.

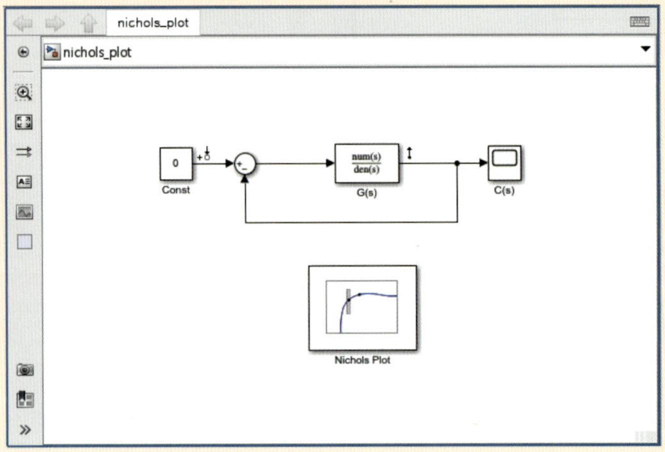

그림 17–47 완성된 시뮬링크 모델

❽ Nichols Plot 블록을 더블클릭하여 [Nichols Plot] 창을 열고 시뮬레이션을 실행하는 [Run] 메뉴를 클릭한다.

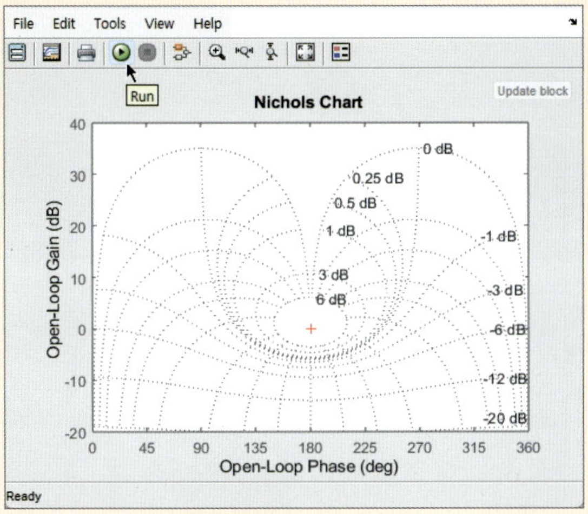

그림 17-48 Nichols Plot 블록 창

❾ 시뮬레이션 결과는 다음과 같다.

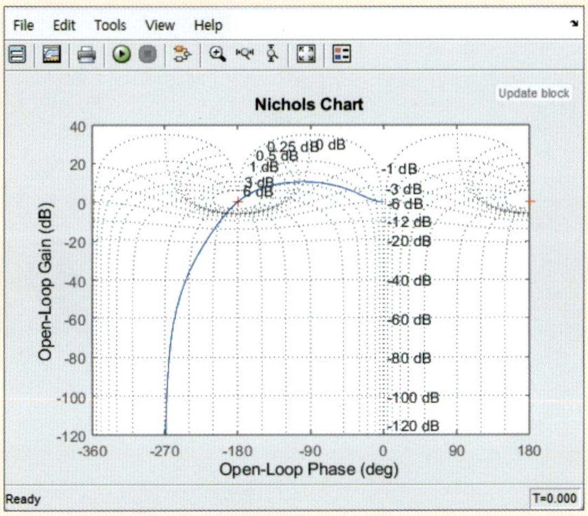

그림 17-49 니콜스선도 창 결과

❿ 니콜스선도의 X축, Y축 범위를 바꾸려면 마우스 오른쪽 버튼을 누르고 [Properties...]를 클릭하여 [Limits] 탭의 [X-Limits]와 [Y-Limits]를 설정하면 된다.

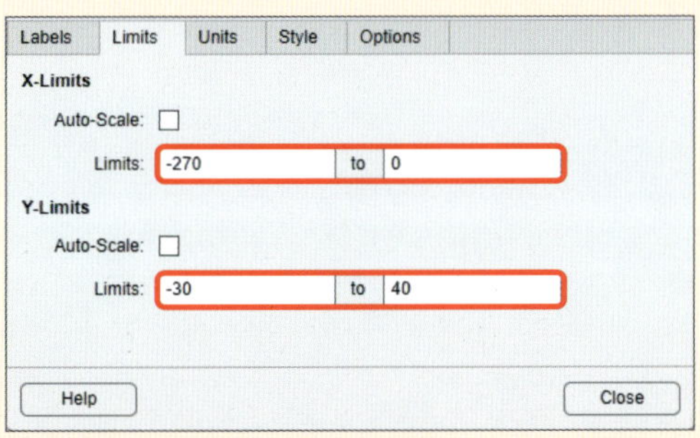

그림 17-50 Nichols Plot 창의 범위 설정

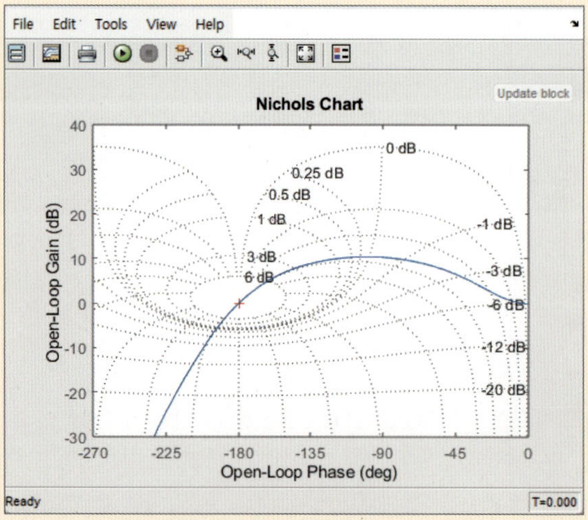

그림 17-51 새로운 범위의 니콜스선도 창 결과

CHAPTER

18

신호 및 시스템

CONTENTS

LESSON 01 다양한 함수의 신호 나타내기

LESSON 02 신호를 전달하는 모델 설계하기

LESSON 03 필터 설계하기

LESSON 01

다양한 함수의 신호 나타내기

연속 비주기 신호의 대표적인 함수인 싱크 함수와 이산 신호를 스코프 창과 그림 창에 나타내는 방법을 알아보자. 연속 신호에 대한 임펄스 응답 신호를 컨벌루션하는 모델도 알아보자.

Keyword | 단위계단함수 | 임펄스 함수 |

단위계단함수

연속 신호의 단위계단함수는 다음과 같이 정의된다.

$$u(t) = \begin{cases} 1 & (t \geq 0) \\ 0 & (t < 0) \end{cases}$$

임펄스 함수

연속 신호의 임펄스 함수(또는 델타 함수)는 다음과 같이 단위계단함수를 미분한 형태로 나타낼 수 있다.

$$\delta(t) = \frac{du(t)}{dt} = \begin{bmatrix} 0 & (t < 0) \\ \text{무정의} & (t = 0) \\ 0 & (t > 0) \end{bmatrix}$$

예제 18-1

다음과 같이 $\frac{\pi}{360}$씩 증가하는 싱크 함수의 시뮬링크 모델을 설계하고 그 결과를 스코프 창에 나타내라. 이때 시뮬레이션의 실행은 시간축 $-4\pi \leq t \leq 4\pi$에서 진행한다.

$$x(t) = \sin \pi t$$

풀이

❶ Sine Wave 블록을 설계 창에 생성하고([Sources]-[Sine Wave]) 블록의 이름을 x(t)로 바꾼다.

❷ 블록 x(t)를 더블클릭하여 [Amplitude:]에 1, [Frequency(rad/sec):]에 pi를 입력한다.

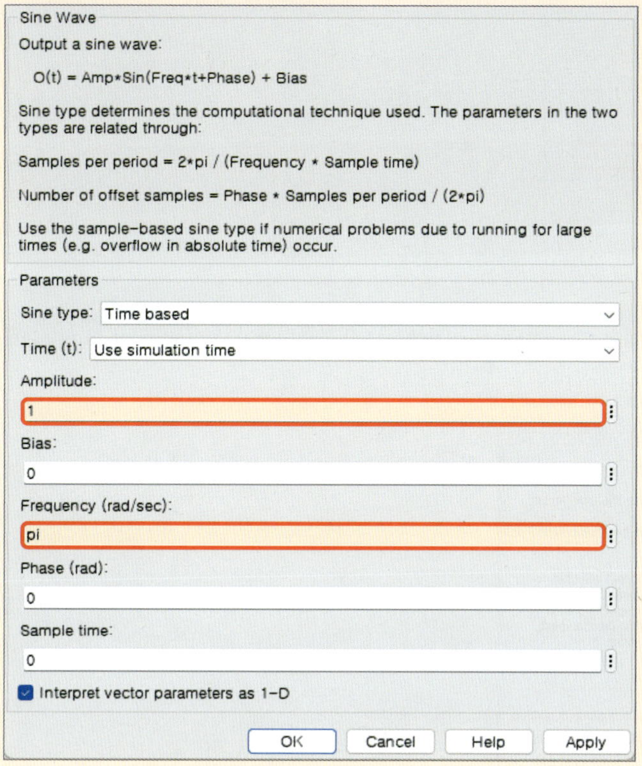

그림 18-1 Sine 블록의 진폭 및 각주파수 설정

❸ 사인 함수의 인수를 나타내는 **Constant** 블록을 설계 창에 생성하고([Commonly Used Blocks]-[Constant]) 블록의 이름을 Argument로 바꾼다.

❹ 블록 Argument를 더블클릭하여 [Constant value:]에 pi를 입력한다.

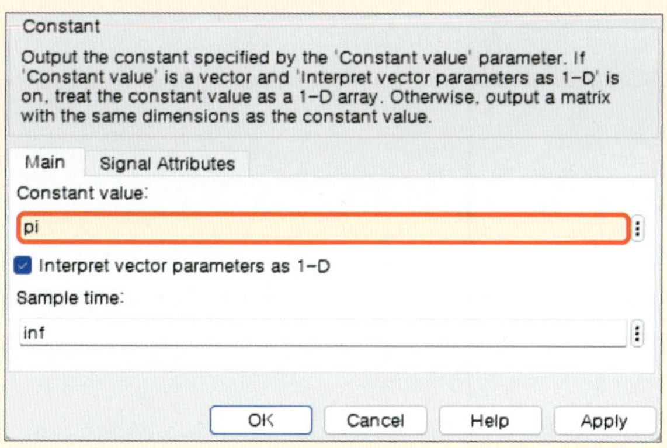

그림 18-2 Constant 블록의 진폭 및 각주파수 설정

❺ 시뮬레이션 단계에서 현재 시뮬레이션 시간을 출력으로 나타내는 **Clock** 블록을 설계 창에 생성하고([Sources]-[Clock]) 블록의 이름을 t로 바꾼다.

❻ 블록 t를 더블클릭하여 신호의 샘플링 비율을 줄이는 과정을 의미하는 [Decimation:]에 1을 입력한다(기본값은 10).

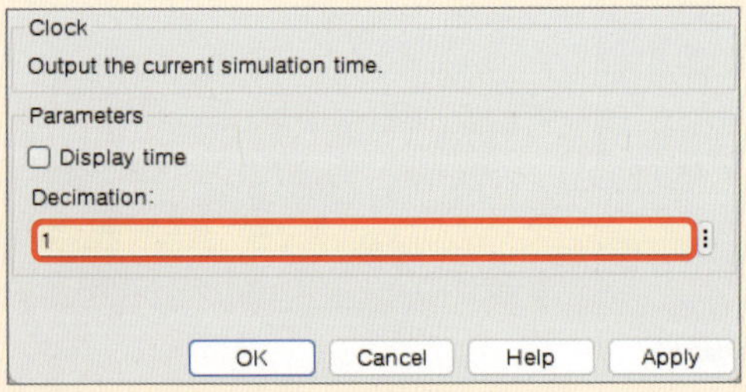

그림 18-3 Clock 블록의 Decimation 설정

❼ Divide 블록을 설계 창에 생성하고([Math Operations]-[Divide]) 더블클릭하여 [Number of inputs:]에 *//를 입력한 후 블록의 크기를 조절한다.

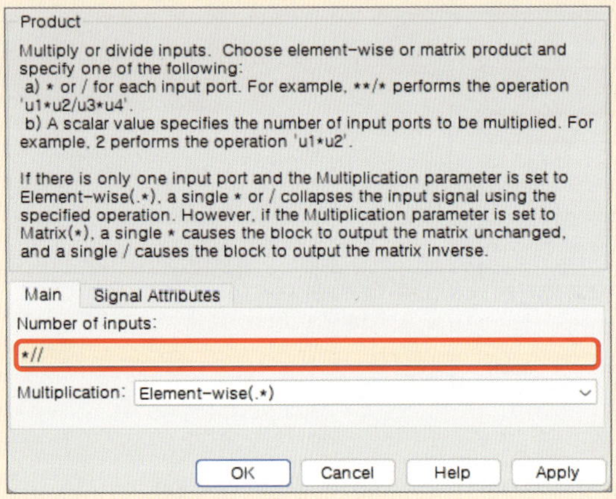

그림 18-4 Divide 블록의 부호 설정

❽ Scope 블록을 설계 창에 생성하고([Sinks]-[Scope]) 블록의 이름을 sinc(t)로 바꾼 후 생성된 블록을 연결한다.

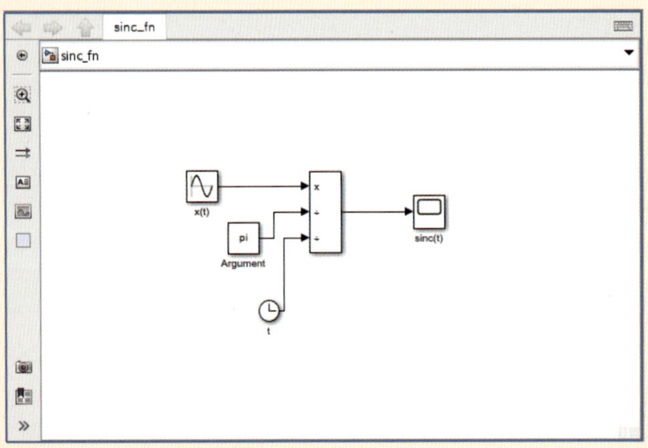

그림 18-5 완성된 시뮬링크 모델

❾ 설계 창에서 마우스 오른쪽 버튼을 눌러 [Model Configuration Parameters] 창을 열고 [Start time:]에 -4*pi, [Stop time:]에 4*pi, [Max step size:]에 pi/360을 입력한 후 [OK] 버튼을 누른다.

❿ [Simulation]-[Run] 메뉴를 클릭하여 시뮬레이션을 실행한다.

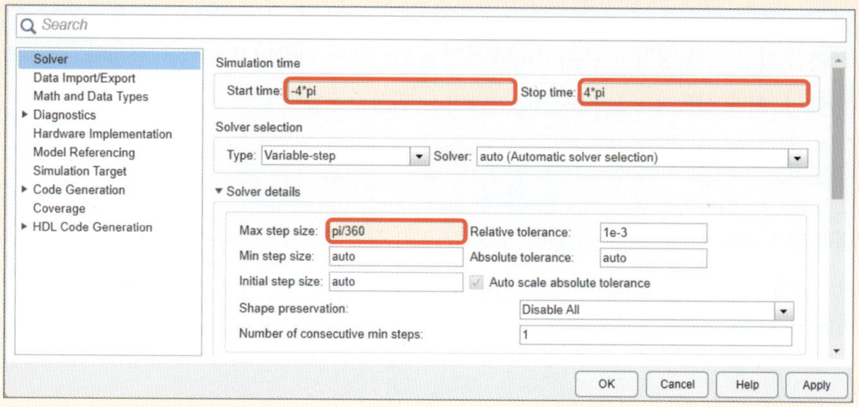

그림 18-6 시뮬레이션 매개변수 설정

⑪ 시뮬레이션을 실행한 후 Scope 블록을 더블클릭하면 스코프 창에서 싱크 함수를 확인할 수 있다. 스코프 창에서 마우스 오른쪽 버튼을 누르고 [Configuration properties...]를 클릭하여 창을 연 후 실행 결과를 최적화하기 위해 [Y−limits(Minimum):]에 −0.3, [Y−limits(Maximum):]에 1.2를 입력한다.

⑫ x축을 최적화하기 위해 열려 있는 [Configuration properties...] 창의 [Time]을 클릭하고 [Time span:]에 8*pi, [Time display offset:]에 −4*pi를 입력한다.

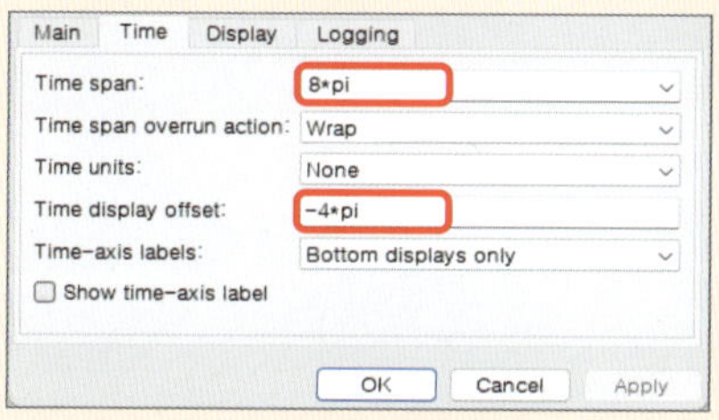

그림 18-7 스코프 창의 매개변수 설정

⑬ 최적화된 시뮬레이션 결과는 다음과 같다.

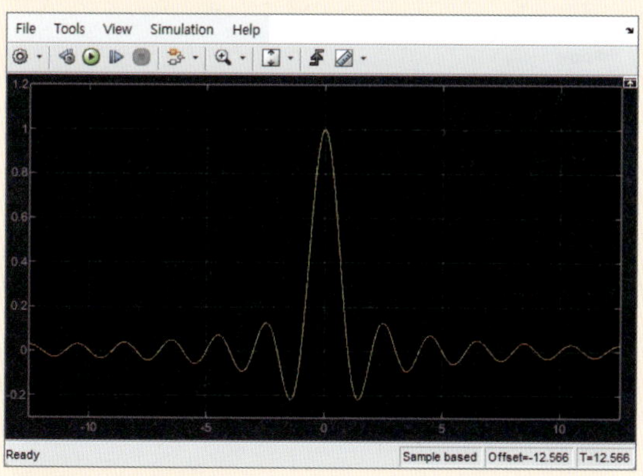

그림 18-8 스코프 창 결과

[그림 18-8]을 통해 싱크 함수는 정숫값에서 모두 0을 지나고 진폭이 점점 감쇠하는 진동함수를 나타냄을 확인할 수 있다.

예제 18-2

지속적인 21개의 표본을 가진 이산 정현파 함수 $x[n]$의 파형을 나타내는 시뮬링크 모델을 설계하고 그 결과를 그림 창에 나타내라. 이때 진폭 $A = 1$, 각주파수 $\omega = 0.5$, 위상 $\theta = 2$이다.

풀이

❶ **Sine Wave** 블록을 설계 창에 생성하고([Sources]–[Sine Wave]) 블록의 이름을 cos(0.5n+2)로 바꾼다.

❷ 블록 cos(0.5n+2)를 더블클릭하여 [Amplitude:]에 1, [Frequency(rad/sec):]에 0.5, [Phase(rad):]에 pi/2+2를 입력한다.

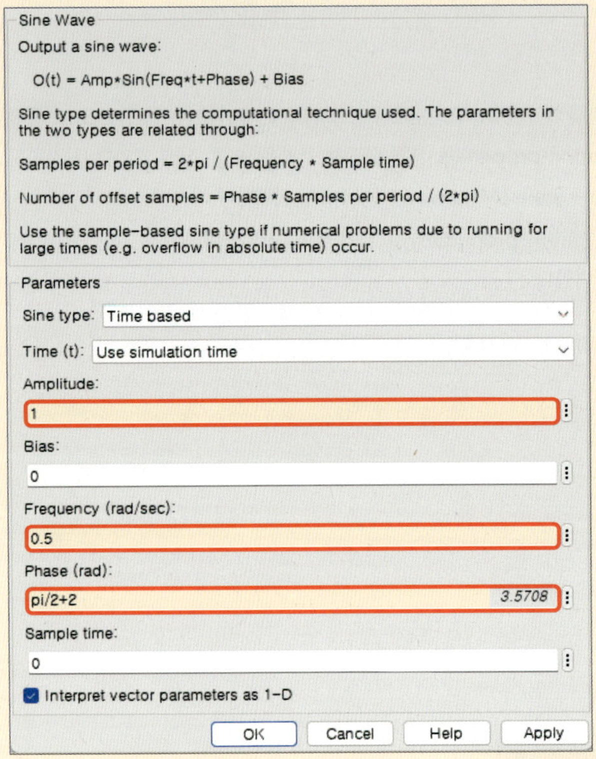

그림 18-9 Sine 블록의 진폭, 각주파수, 위상 설정

❸ 시뮬레이션 결과를 명령 창에 나타내기 위해 **To Workspace** 블록을 설계 창에 생성하고([Sinks]–[To Workspace]) 블록의 이름을 x[n]으로 바꾼다.

❹ 블록 x[n]을 더블클릭하여 [Variable name:]을 x_n으로 바꾸고 [Limit data points to last:]에 21, [Sample time(−1 for inherited):]에 −1을 입력한 후 [Save format:]에서 'Array'를 선택한다.

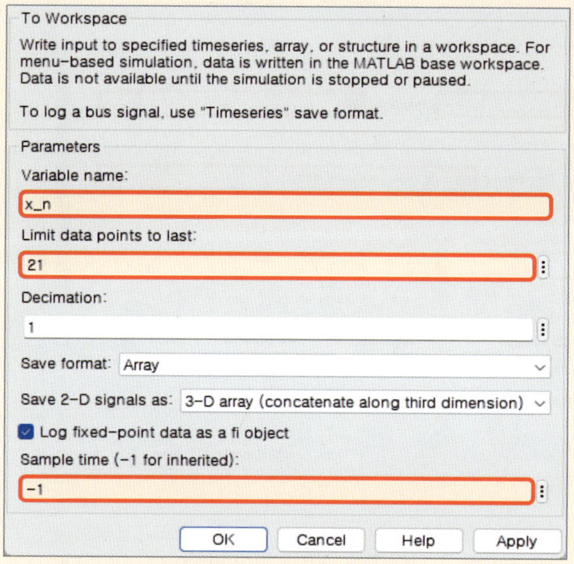

그림 18-10 블록 x[n]의 변수명, 자료점, 저장 형식 변환

❺ 생성된 블록을 연결한다.

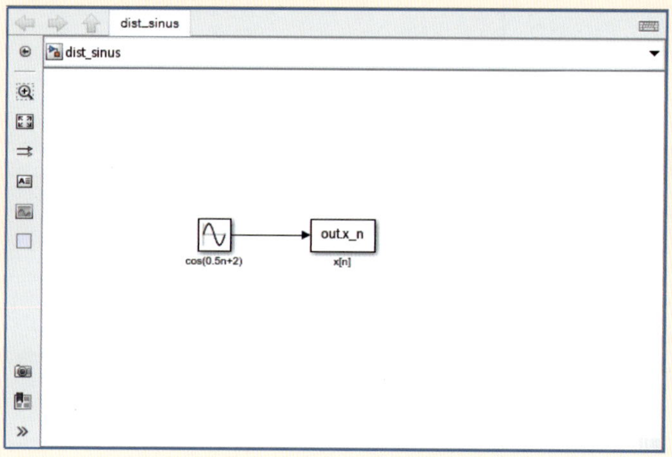

그림 18-11 완성된 시뮬링크 모델

❻ 설계 창에서 마우스 오른쪽 버튼을 눌러 [Model Configuration Parameters] 창을 열고 [Start time:]에 0, [Stop time:]에 20, [Max step size:]에 1을 입력한다. [Solver:]에서 'discrete(no continuous states)'를 선택한 후 [OK] 버튼을 누른다.

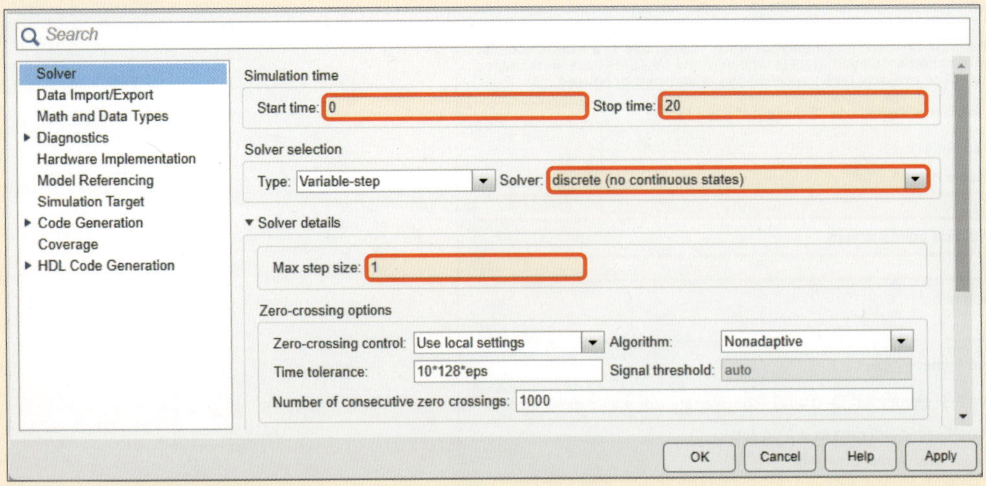

그림 18-12 시뮬레이션 매개변수 설정

❼ [Simulation]-[Run] 메뉴를 클릭하여 시뮬레이션을 실행한 후 명령 창에 다음과 같이 명령어를 입력한다.

Command Window

```
>> n = 0:1:20;
>> stem(n,out.x_n);
>> axis([-0.5 20.5 -1.2 1.2]);
>> grid on;
>> xlabel('[n]');
>> ylabel('x[n]','rot',360);
>> title('Discrete Sinus');
```

그림 18-13 시뮬레이션 결과를 나타내는 명령어 입력

❽ 이산 신호 정현파 그래프를 보여주는 그림 창의 결과를 확인한다.

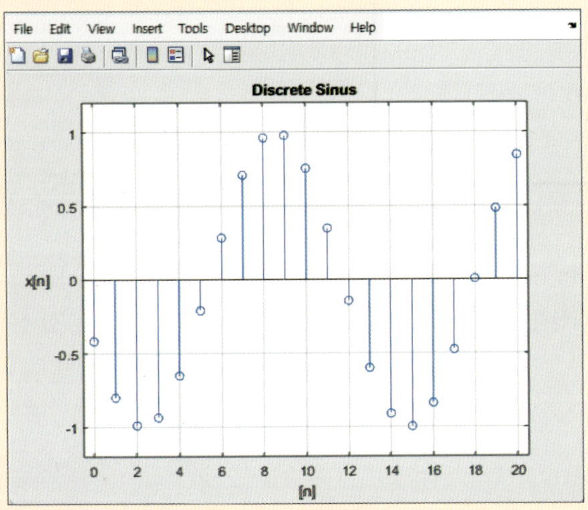

그림 18-14 이산 정현파 함수 그리기 실행 결과

MATLAB에서 제공하는 stem 함수는 21개인 기본 주기의 개수만큼 입력값 20을 지정하고 이 값에 의해 생성되는 출력 값 x[n]을 줄기 형태인 이산 신호 그래프로 보여준다.

예제 18-3

연속 신호에 대한 입력과 임펄스 응답은 다음과 같다. 신호 값이 발생하는 시간 $-6 \le t \le 6$에서 입력 신호와 임펄스 응답 신호, 입력 신호와 임펄스 응답 신호를 컨벌루션하여 생성된 출력 신호 $y(t)$ 파형의 시뮬링크 모델을 설계하고 그 결과를 그림 창에 나타내라.

$$x(t) = u(t+1) - u(t-1)$$
$$h(t) = (-t+2)[u(t) - u(t-2)]$$

풀이

❶ Step 블록 4개를 설계 창에 생성하고([Sources]−[Step]) 블록의 이름을 각각 u(t+1), u(t−1), u(t), u(t−2)로 바꾼다.

❷ 블록 u(t+1), u(t−1), u(t), u(t−2)를 더블클릭하여 [Step time:]에 각각 −1, 1, 0, 2를 입력한다.

❸ Sum 블록 3개를 설계 창에 생성하고([Commonly Used Blocks]−[Sum]) 더블클릭하여 [Icon shape:]에서 'rectangular'를 선택한 후 2개 블록의 [List of signs:]에는 +−, 1개 블록의 [List of signs:]에는 ++를 입력한다.

❹ 직선함수 $-t$를 나타내는 Ramp 블록을 설계 창에 생성하고([Sources]−[Ramp]) 더블클릭하여 [Slope:]에 −1, [Start time:]에 −6, [Initial output:]에 6을 입력한다.

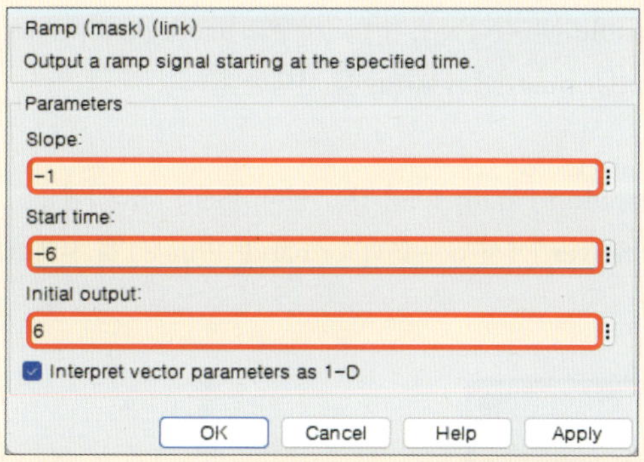

그림 18-15 Ramp 블록의 기울기, 시작 시간, 초기 출력 설정

❺ Constant 블록을 설계 창에 생성하고([Commonly Used Blocks]−[Constant]) 더블클릭하여 [Constant value:]에 2, [Sample time:]에 0을 입력한다.

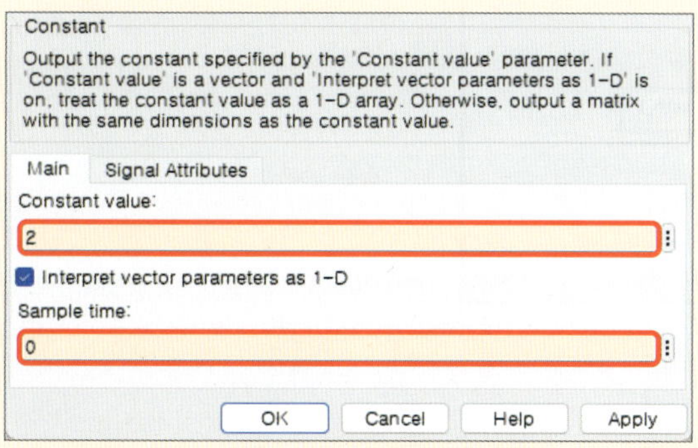

그림 18-16 Constant 블록의 상숫값, 샘플 시간 설정

❻ Product 블록을 설계 창에 생성하고([Commonly Used Blocks]–[Product]) 더블클릭하여 [Number of inputs:]에 2를 입력한다.

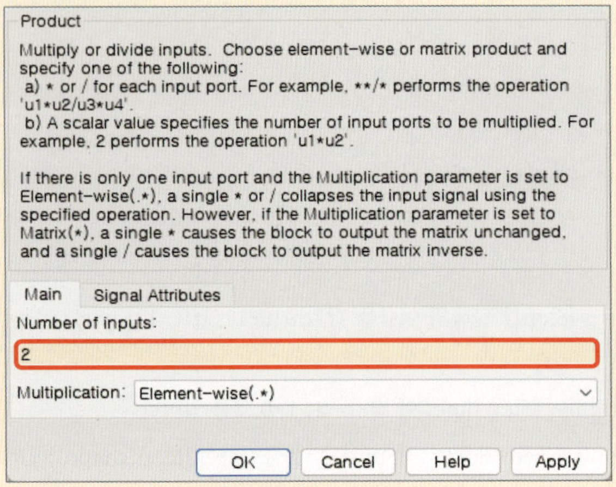

그림 18–17 Product 블록의 입력 단자 개수 설정

❼ To Workspace 블록 2개를 설계 창에 생성하고([Sinks]–[To Workspace]) 블록의 이름을 각각 input, impulse로 바꾼다.

❽ input 블록과 impulse 블록을 더블클릭하여 [Variable name:]을 각각 x_t, h_t로 바꾸고 [Limit data points to last:]에 1201, [Sample time]에 0.01을 입력한 후 [Save format:]에서 'Array'를 선택한다.

❾ 생성된 블록을 연결한다.

❿ 설계 창에서 마우스 오른쪽 버튼을 눌러 [Model Configuration Parameters] 창을 연다. [Start time:]에 –6, [Stop time:]에 6, [Max step size:]에 0.01을 입력한다. [Solver:]에서 'ode45(Dormand–Prince)'를 선택한 후 [OK] 버튼을 누른다.

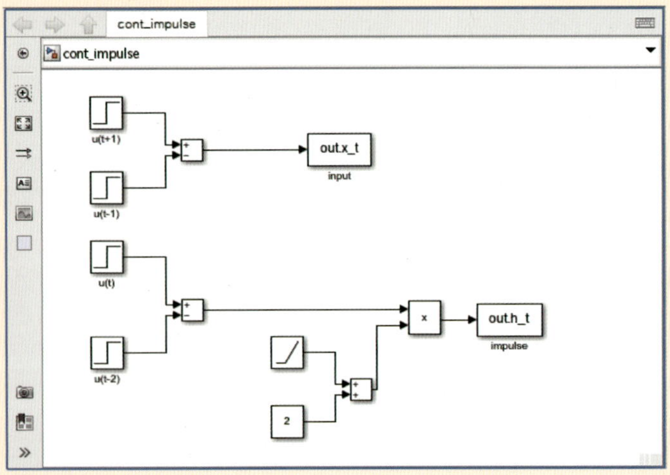

그림 18–18 완성된 시뮬링크 모델

⑪ [Simulation]-[Run] 메뉴를 클릭하여 시뮬레이션을 실행한 후 명령 창에 다음과 같이 명령어를 입력한다.

Command Window

```
>> t = -6:0.01:6;
>> y_t = conv(out.x_t,out.h_t)*0.01;
>> subplot(311);
>> plot(t,out.x_t);
>> axis([-6 6 0 3]);
>> ylabel('x(t)','rot',360);
>> subplot(312);
>> plot(t,out.h_t);
>> axis([-6 6 0 3]);
>> ylabel('h(t)','rot',360);
>> subplot(313);
>> plot(t,y_t(601:1801));
>> axis([-6 6 0 3]);
>> ylabel('y(t)','rot',360);
```

그림 18-19 시뮬레이션 결과를 나타내는 명령어 입력

⑫ 입력 신호, 임펄스 신호, 두 신호를 컨벌루션하여 생성된 출력 신호의 파형을 보여주는 그림 창의 결과를 확인한다.

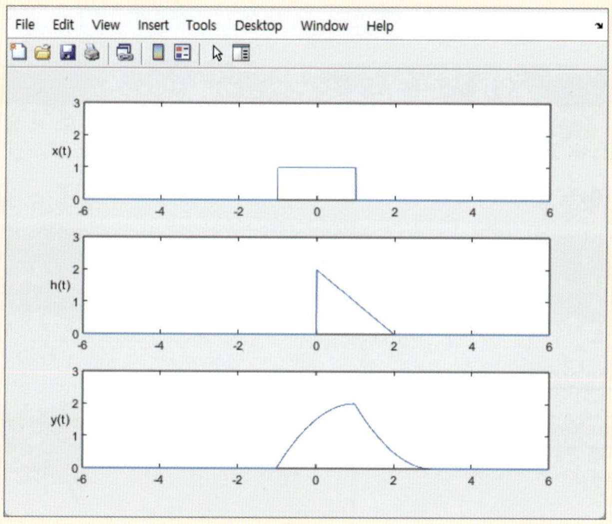

그림 18-20 연속 신호 컨벌루션 실행 결과

MATLAB에서 제공하는 conv 함수는 입력 벡터 신호와 임펄스 벡터 신호를 컨벌루션하여 새로운 다항식인 출력을 생성한다. 이때 컨벌루션 적분의 근삿값이 실젯값에 가깝도록 시간 간격을 충분히 작게 0.01로 잡았으며, 컨벌루션 후 시간 간격 0.01과 비례를 조절하기 위해 0.01을 곱한다.

0.01씩 나눈 시간 간격 1201개에 대한 입력 신호와 임펄스 응답 신호의 원소 수는 1201개이고 컨벌루션 연산 이후 출력 결과의 원소 수는 2401개이다. 이때 출력 결과를 그림으로 나타내려면 다른 배열의 원소 수와 같은 1201개로 맞춰야 한다. 출력 결과의 원소 수를 1201개로 조절하려면 2401개 원소의 중앙부터 좌우로 600개 원소를 배정하며, 출력 결과 원소 601부터 1801까지 1201개의 데이터를 이용한다.

LESSON 02

신호를 전달하는 모델 설계하기

Transfer Fcn 블록을 사용하거나 사용하지 않고 신호를 전달하는 모델을 설계하는 방법을 알아보자.

Keyword | 전달함수 |

전달함수

전달함수는 분수의 분모와 분자에 지정되는 매개변수에 전적으로 의존한다. 단일 입력에 대한 단일 출력 시스템에서는 상수 시간 영역에 대한 신호 모델을 설계하고 단일 입력에 대한 다중 출력 시스템에서는 상수 입력에 대한 벡터 출력 모델을 설계한다.

예제 18-4

$0 \le t \le 5$의 범위에 있는 방정식 $\ddot{y} + 3\dot{y} + 2y = 2u(t) - 3u(t-3)$을 푸는 시뮬링크 모델을 설계하고 그 결과를 스코프 창에 나타내라. 초기 조건은 $y(0) = 0$, $\dot{y}(0) = 0$이다.

풀이

❶ 2차 미분방정식의 시뮬링크 모델을 완성한다.

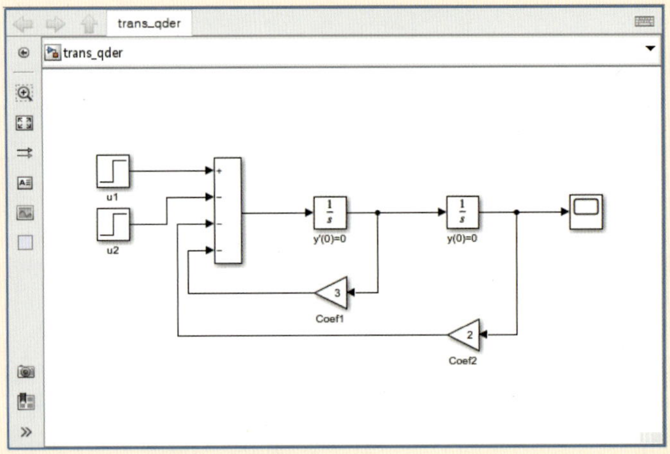

그림 18-21 2차 미분방정식을 이용한 시뮬링크 모델

❷ 이제 라플라스 영역변수 s를 사용하는 전달함수로 주어진 시스템 모델을 설계해보자. Step 블록 2개를 설계 창에 생성하고([Sources]-[Step]) 블록의 이름을 각각 u1, u2로 바꾼다.

❸ 블록 u1을 더블클릭하여 [Step time:]에 0, [Final value:]에 2를 입력하고($2u(t)$) 블록 u2를 더블클릭하여 [Step time:]에 3, [Final value:]에 3을 입력한다($3u(t-3)$).

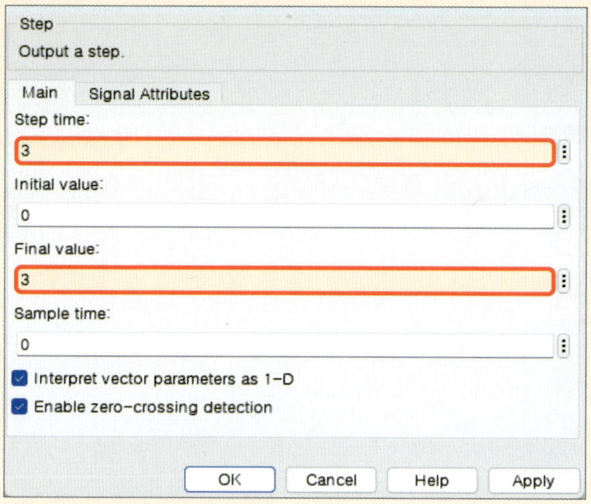

그림 18-22 블록 u2의 계단 시간과 계수 설정

❹ Sum 블록을 설계 창에 생성하고([Commonly Used Blocks]-[Sum]) 더블클릭하여 [Icon shape:]에서 'rectangular'를 선택한 후 [List of signs:]에 +-를 입력한다.

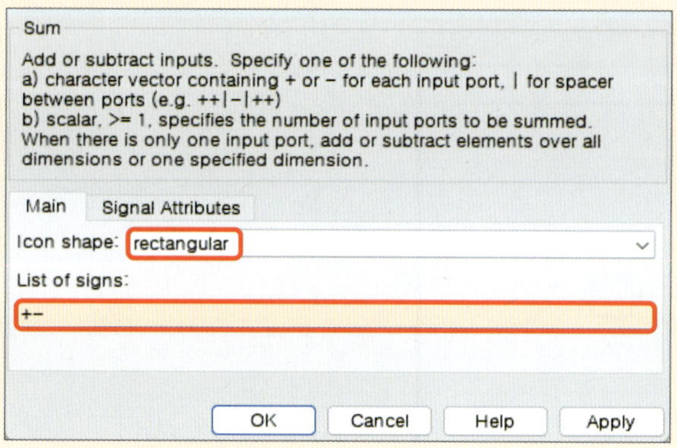

그림 18-23 Sum 블록의 형태와 부호 지정

❺ 직사각형으로 바뀐 Sum 블록의 크기를 확대한다.

❻ 전달함수를 나타내는 Transfer Fcn 블록을 설계 창에 생성하고([Continuous]-[Transfer Fcn]) 더블클릭하여 [Numerator coefficients:]에 단위계단함수의 라플라스 변환값 [1]을 입력하고 [Denominator coefficients:]에 출력의 라플라스 변환인 s^2+3s+2에 대한 계수 [1 3 2]를 입력한다.

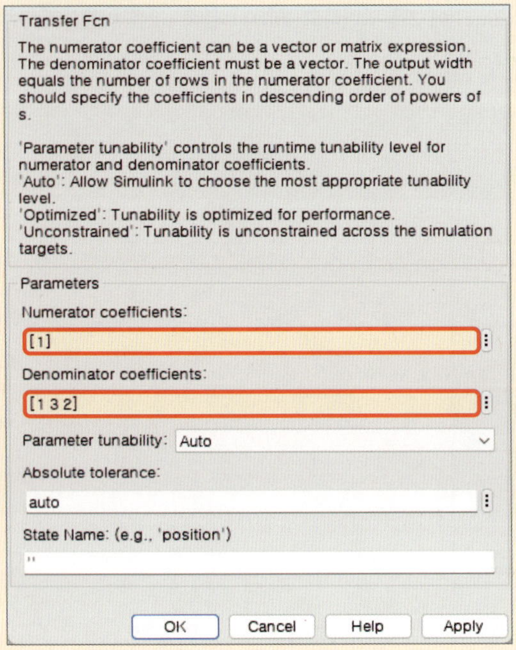

그림 18-24 Transfer Fcn 블록의 분자와 분모 계수 설정

❼ Scope 블록을 설계 창에 생성하고([Sinks]–[Scope]) 생성된 블록을 연결하여 모델을 완성한다.

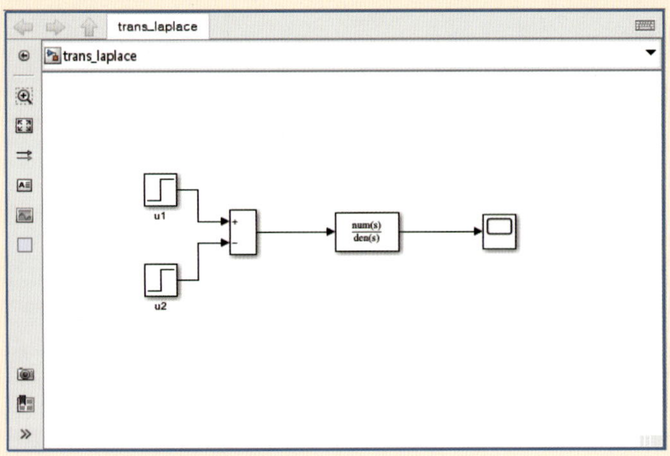

그림 18-25 완성된 시뮬링크 모델

❽ 설계 창에서 마우스 오른쪽 버튼을 눌러 [Model Configuration Parameters] 창을 연다. [Start time:]에 0, [Stop time:]에 5를 입력하고 [Solver:]에서 'ode45(Dormand–Prince)'를 선택한 후 [Simulation]–[Run] 메뉴를 클릭하여 시뮬레이션을 실행한다.

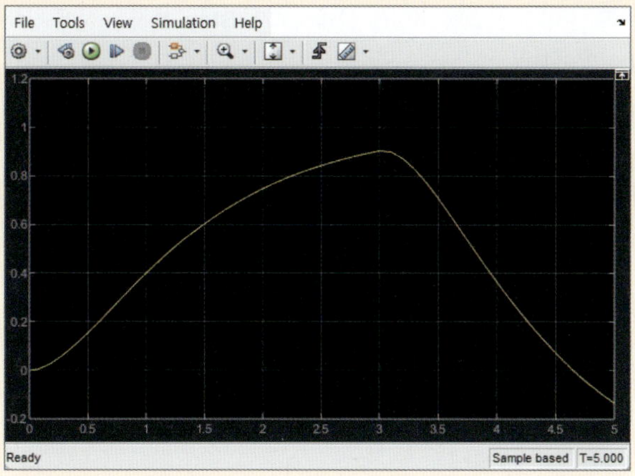

그림 18-26 스코프 창 결과

[그림 18-21]의 모델을 시뮬레이션하고 스코프 창을 클릭하면 [그림 18-26]의 결과와 정확히 일치함을 확인할 수 있다. 결국 [그림 18-26]에서 추가적으로 사용한 Integrator 블록과 Gain 블록을 Transfer Fcn 블록으로 대체해도 결과는 동일함을 알 수 있다.

예제 18-5

$0 \le t \le 3$의 범위에 있는 다음과 같은 방정식을 푸는 시뮬링크 모델을 설계하고 그 결과를 스코프 창에 나타내라. 이때 $f(t) = 20u(t)$이다.

$$\ddot{x} + 3\dot{x} + 2x = f(t), \quad x(0) = \dot{x}(0) = 0$$
$$\ddot{y} - 4\dot{y} + 15y = x(t), \quad y(0) = \dot{y}(0) = 0$$

풀이

❶ 2차 미분방정식의 시뮬링크 모델을 완성한다.

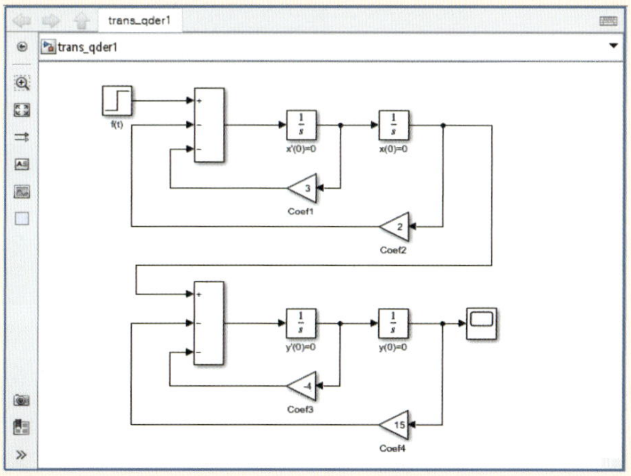

그림 18-27 2차 미분방정식을 이용한 시뮬링크 모델

❷ 이제 라플라스 영역 변수 s를 사용하는 전달함수로 주어진 시스템 모델을 설계해보자. **Step** 블록을 설계 창에 생성하고([Sources]−[Step]) 블록의 이름을 f(t)로 바꾼다.

❸ 블록 f(t)를 더블클릭하여 [Step time:]에 0, [Final value:]에 20을 입력한다($20u(t)$).

❹ 전달함수를 나타내는 **Transfer Fcn** 블록 2개를 설계 창에 생성하고([Continuous]−[Transfer Fcn]) 블록의 이름을 각각 Trans_fn1, Trans_fn2로 바꾼다.

❺ 블록 Trans_fn1을 더블클릭하여 [Numerator coefficients:]에 [1]을 입력하고 [Denominator coefficients:]에 출력의 라플라스 변환인 $s^2 + 3s + 2$에 대한 계수 [1 3 2]를 입력한다.

❻ 블록 Trans_fn2를 더블클릭하여 [Numerator coefficients:]에 [1]을 입력하고 [Denominator coefficients:]에 출력의 라플라스 변환인 $s^2 - 4s + 15$에 대한 계수 [1, −4, 15]를 입력한다.

TIP [1, −4, 15]와 [1 −4 15]는 입력 형태는 다르지만 동일한 결과가 도출된다.

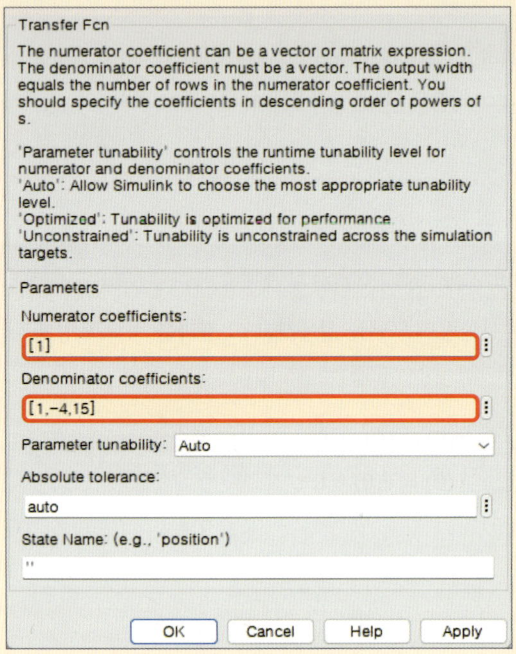

그림 18-28 블록 Trans_fn2의 분자와 분모 계수 설정

❼ **Scope** 블록을 설계 창에 생성하고([Sinks]−[Scope]) 생성된 블록을 연결하여 모델을 완성한다.

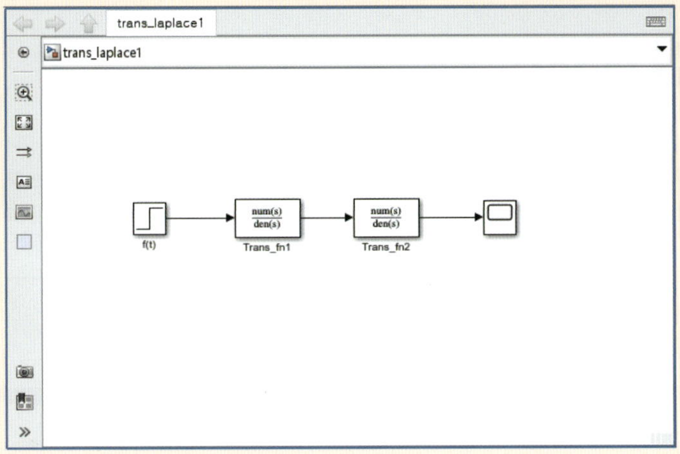

그림 18-29 완성된 시뮬링크 모델

❽ 설계 창에서 마우스 오른쪽 버튼을 눌러 [Model Configuration Parameters] 창을 연다. [Start time:]에 0, [Stop time:]에 3을 입력하고 [Solver:]에서 'ode45(Dormand-Prince)'를 선택한 후 [Simulation]-[Run] 메뉴를 클릭하여 시뮬레이션을 실행한다.

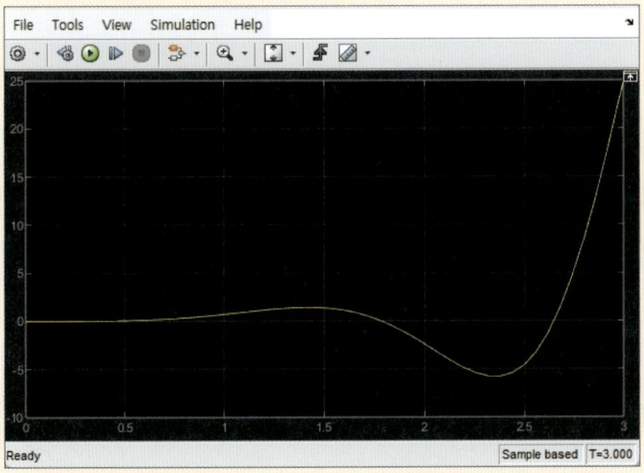

그림 18-30 스코프 창 결과

[그림 18-27]의 모델을 시뮬레이션하고 스코프 창을 클릭하면 [그림 18-30]의 결과와 정확히 일치함을 확인할 수 있다. 입력 $f(t)$를 가진 2차 미분방정식의 변수 x를 먼저 풀고 입력 x를 가진 2차 미분방정식을 풀면 변수 y를 찾을 수 있다. 따라서 변수 x를 사용한 2차 방정식의 라플라스 변환에 대한 각 계수를 Trans_fn1의 분모에 먼저 입력한 후 변수 y를 사용한 2차 방정식의 라플라스 변환에 대한 각 계수를 Trans_fn2의 분모에 입력한다.

LESSON 03

필터 설계하기

특정한 형태의 주파수 응답을 가진 필터를 이용하면 필요한 성분의 신호만 통과시키고 잡음 또는 회로의 동작을 방해하는 특정 주파수는 감쇠시키거나 제거할 수 있다. 다양하게 사용되는 필터 중 저역 통과 필터와 고역 통과 필터에 대한 시뮬링크 설계를 알아보자.

Keyword | 저역 통과 필터 | 고역 통과 필터 | Low Pass Filter 블록 | High Pass Filter 블록 | Spectrum Analyzer 블록 |

저역 통과 필터

저역 통과 필터(Low Pass Filter, LPF)는 낮은 주파수를 통과시키고 높은 주파수를 저지한다. 이때 통과 대역과 저지 대역을 구분짓는 경계주파수를 차단주파수(cutoff frequency)라고 한다. 즉, 저역 통과 필터는 차단주파수보다 낮은 주파수만 통과시키도록 설계한다.

고역 통과 필터

고역 통과 필터(High Pass Filter, HPF)는 높은 주파수를 통과시키고 낮은 주파수를 저지한다. 즉, 저역 통과 필터와 반대로 고역 통과 필터는 차단주파수보다 높은 주파수를 통과시키도록 설계한다.

Lowpass Filter 블록

입력 신호의 각 채널 중 독립적으로 낮은 주파수만 통과시키는 저역 통과 필터용 블록이다.

Highpass Filter 블록

입력 신호의 각 채널 중 독립적으로 높은 주파수만 통과시키는 고역 통과 필터용 블록이다.

Spectrum Analyzer 블록

신호의 주파수 스펙트럼을 나타내는 블록이다.

예제 18-6

주기 t가 $0 \le t \le 3.5$ 범위에 있고 샘플링률이 0.0001인 다음 세 정현파 신호 중 가장 낮은 주파수 100Hz만 통과시키고 300Hz와 500Hz는 저지하는 필터의 시뮬링크 모델을 설계하고 그 결과를 스코프 창에 나타내라.

$$x(t) = \sin(200\pi t) + \sin(600\pi t) + \sin(1000\pi t)$$

풀이

❶ Sine Wave 블록 3개를 설계 창에 생성하고([DSP System Toolbox]-[Sources]-[Sine Wave]) 블록의 이름을 각각 x1(t), x2(t), x3(t)로 바꾼다. 블록들을 더블클릭하여 [Frequency(Hz):]에 각각 100, 300, 500을 입력하고 [Sample time:]에는 모두 1/10000을 입력한다.

❷ Add 블록을 설계 창에 생성하고([Math Operations]-[Add]) 더블클릭하여 [List of signs:]에 +++를 입력한 후 [OK] 버튼을 클릭한다. 마우스를 이용하여 블록의 크기를 확대한다.

❸ Spectrum Analyzer 블록을 설계 창에 생성하고([DSP System Toolbox]-[Sinks]-[Spectrum Analyzer]) 블록의 이름을 X(f)로 바꾼다.

❹ 블록 X(f)를 더블클릭하여 스코프 창의 환경 설정을 위한 [CHANNEL MEASUREMENTS]-[FREQUENCY OPTIONS]-[Frequency Span]-[Start and Stop Frequencies] 버튼을 누르고 [Start Frequency(Hz):]에 0, [Stop Frequency(Hz):]에 600을 입력한다.

❺ Lowpass Filter 블록을 설계 창에 생성하고([DSP System Toolbox]-[Filtering]-[Filter Designs]-[Lowpass Filter]) 블록의 이름을 LPF로 바꾼다.

❻ 블록 LPF를 더블클릭하여 다음과 같이 매개변숫값을 지정한다.

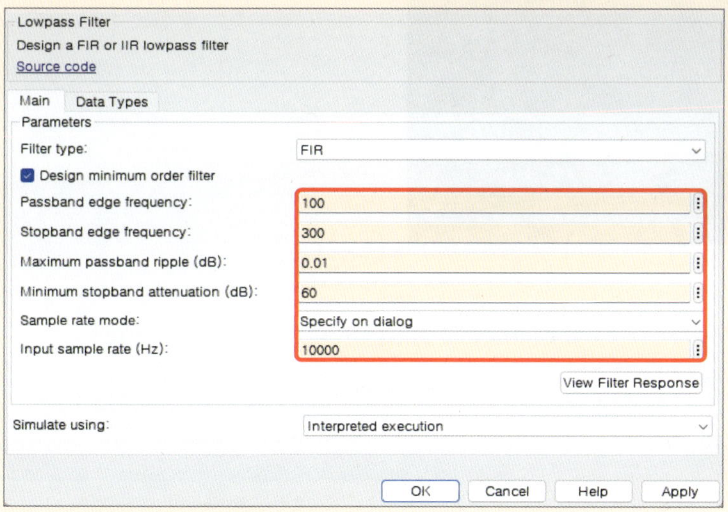

그림 18-31 블록 LPF의 매개변수 지정

❼ 생성된 블록을 연결하여 모델을 완성한다.

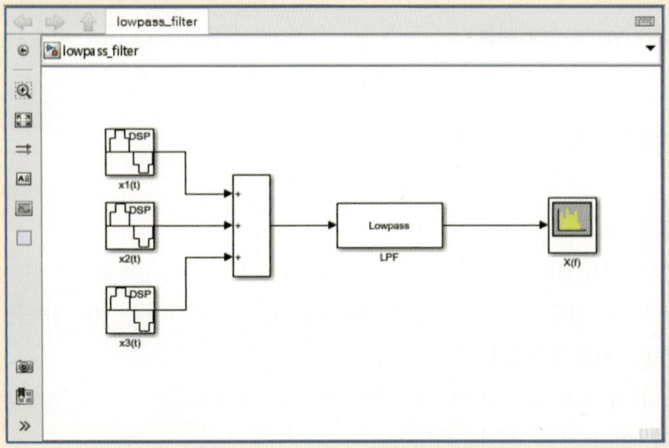

그림 18-32 완성된 시뮬링크 모델

❽ 설계 창에서 마우스 오른쪽 버튼을 눌러 [Model Configuration Parameters] 창을 연다. [Start time:]에 0, [Stop time:]에 3.5, [Max step size:]에 1/10000을 입력하고 [Solver:]에서 'discrete'를 선택한 후 [Simulation]-[Run] 메뉴를 클릭하여 시뮬레이션을 실행한다.

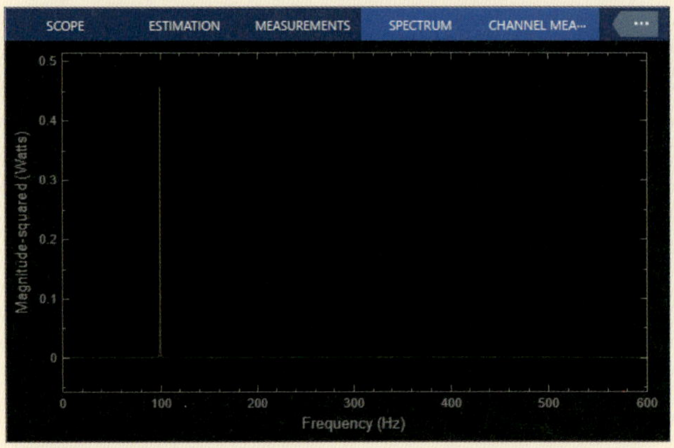

그림 18-33 스펙트럼 스코프 창 결과

저역 통과 필터를 사용했으므로 가장 낮은 주파수인 100[Hz]만 통과시킨 진폭 스펙트럼을 확인할 수 있다.

예제 18-7

주기 t가 $0 \le t \le 3.5$ 범위에 있고 샘플링률이 0.0001인 다음 세 정현파 신호 중 가장 높은 주파수 500[Hz]만 통과시키고 100[Hz]와 300[Hz]는 저지하는 필터의 시뮬링크 모델을 설계하고 그 결과를 스코프 창에 나타내라.

$$x(t) = \sin(200\pi t) + \sin(600\pi t) + \sin(1000\pi t)$$

풀이

❶ [예제 18-6]의 과정 ❶~❹를 반복한다.

❷ Highpass Filter 블록을 설계 창에 생성하고([DSP System Toolbox]-[Filtering]-[Filter Designs]-[Highpass Filter]) 블록의 이름을 HPF로 바꾼다.

❸ 블록 HPF를 더블클릭하여 다음과 같이 매개변숫값을 지정한다.

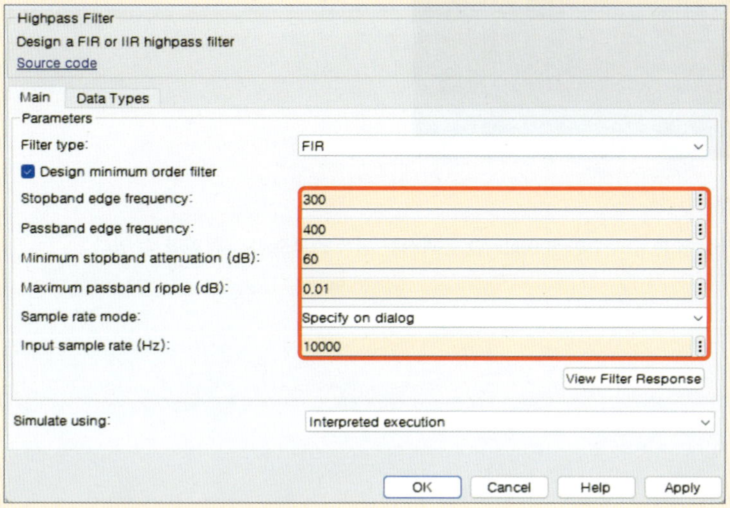

그림 18-34 블록 HPF의 매개변수 지정

❹ 생성된 블록을 연결하여 모델을 완성한다.

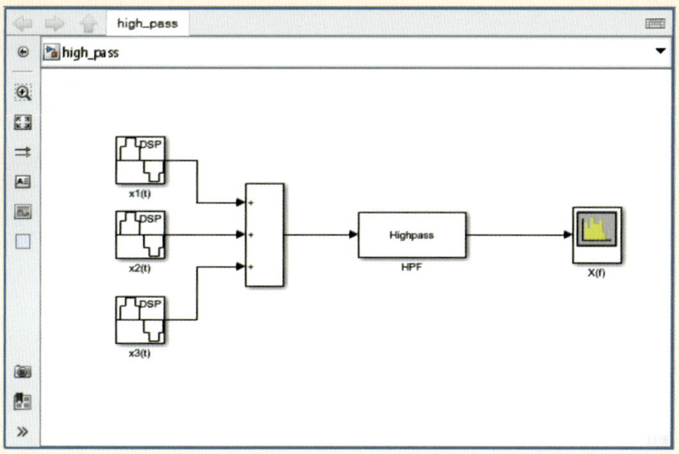

그림 18-35 완성된 시뮬링크 모델

❺ 설계 창에서 마우스 오른쪽 버튼을 눌러 [Model Configuration Parameters] 창을 연다. [Start time:]에 0, [Stop time:]에 3.5, [Max step size:]에 1/10000을 입력하고 [Solver:]에서 'discrete'를 선택한 후 [Simulation]-[Run] 메뉴를 클릭하여 시뮬레이션을 실행한다.

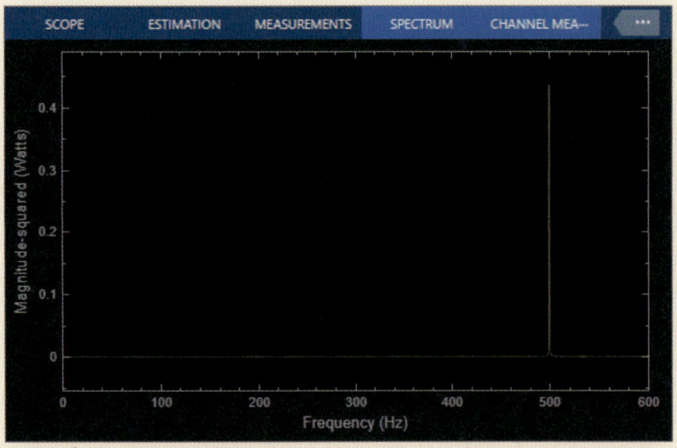

그림 18-36 스펙트럼 스코프 창 결과

고역 통과 필터를 사용했으므로 가장 높은 주파수인 500[Hz]만 통과시킨 진폭 스펙트럼을 확인할 수 있다.

CHAPTER

19

벡터

CONTENTS

LESSON 01 벡터와 행렬 연산하기

LESSON 02 벡터를 활용하여 설계하기

LESSON 01

벡터와 행렬 연산하기

시뮬링크를 이용하여 벡터와 행렬의 연산을 시각적으로 나타내보자. Math Function 블록을 사용하여 전치행렬의 모델을 설계하고 Determinant of 3×3 Matrix, Invert 3×3 Matrix 블록을 사용하여 행렬식과 역행렬의 모델을 설계해보자. Logical Operator 블록을 사용하여 논리 연산자를 이해하고 Matrix Concatenate 블록을 사용하여 크래머 법칙에 대해서도 알아보자.

Keyword | Math Function 블록 | 전치행렬 | Determinant of 3×3 Matrix 블록 | Invert 3×3 Matrix 블록 | 행렬식 | 역행렬 | Logical Operator 블록 | Matrix Concatenate 블록 | 크래머 법칙 |

Math Function 블록

Math Function 블록을 이용하면 다양한 수학함수를 계산할 수 있다.

전치행렬

행렬(matrix)은 실수나 복소수를 직사각형 배열로 나타낸 것이다. 행이 m개, 열이 n개인 행렬 $\mathbf{A}$를 $m \times n$ 행렬이라고 하며, 일반적으로 다음과 같이 나타낸다.

$$\mathbf{A} = \begin{bmatrix} a_{11} & \cdots & a_{1n} \\ \vdots & \ddots & \vdots \\ a_{m1} & \cdots & a_{mn} \end{bmatrix}$$

행렬 $\mathbf{A}$의 행과 열이 서로 바뀐 행렬을 전치행렬(transposed matrix)이라고 하고 $\mathbf{A}^T$로 표시한다. 전치행렬 $\mathbf{A}^T$의 크기는 $n \times m$이며, 일반적으로 다음과 같이 나타낸다. 위첨자 T는 행렬 $\mathbf{A}$의 행과 열을 서로 바꾸는 전치(transpose)를 의미한다.

$$\mathbf{A}^T = \begin{bmatrix} a_{11} & \cdots & a_{m1} \\ \vdots & \ddots & \vdots \\ a_{1n} & \cdots & a_{nm} \end{bmatrix}$$

예제 19-1

다음과 같은 두 행렬이 있을 때 새로운 행렬 $\mathbf{C} = \mathbf{A} \times \mathbf{B}^T$를 구하는 시뮬링크 모델을 설계하고 행렬 C를 구하라.

$$\mathbf{A} = \begin{bmatrix} -1 & 2 & 3 \\ 4 & -2 & 1 \end{bmatrix}, \quad \mathbf{B} = \begin{bmatrix} 1 & -1 & 4 \\ 2 & 0 & 1 \end{bmatrix}$$

배경지식

수학에서 2행 3열인 행렬 **A**와 행렬 **B**를 곱하는 것은 불가능하다. 수학에서는 앞 행렬의 열과 뒤 행렬의 행의 크기가 같아야만 곱셈이 가능하기 때문이다. 단, 이때 2행 3열의 행렬 **B**를 전치하면 3행 2열이 되므로 행렬 **A**와의 곱셈이 가능해진다.

풀이

❶ Constant 블록 2개를 설계 창에 생성하고([Commonly Used Blocks]−[Constant]) 블록의 이름을 각각 A, B로 바꾼다.

❷ 블록 A, B를 더블클릭하여 [Constant value:]에 각각 [−1 2 3; 4 −2 1], [1 −1 4; 2 0 1]을 입력한다.

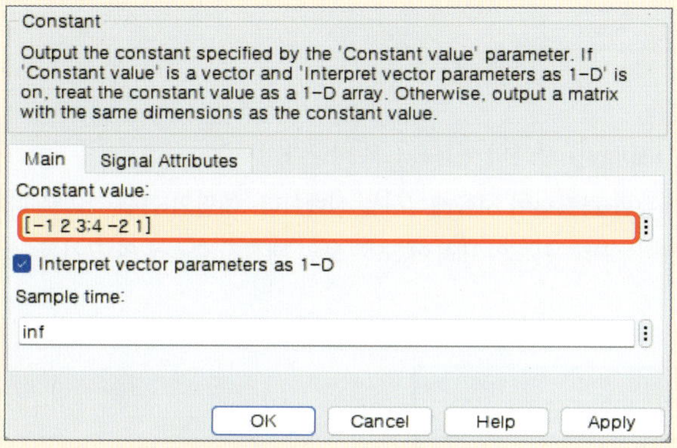

그림 19−1 블록 A의 행렬 설정

❸ 행렬 B를 전치하는 Math Function 블록을 설계 창에 생성하고([Math Operations]−[Math Function]) 블록의 이름을 Tr_B로 바꾼다.

❹ 블록 Tr_B를 더블클릭하여 [Function:]에서 'transpose'를 선택한다.

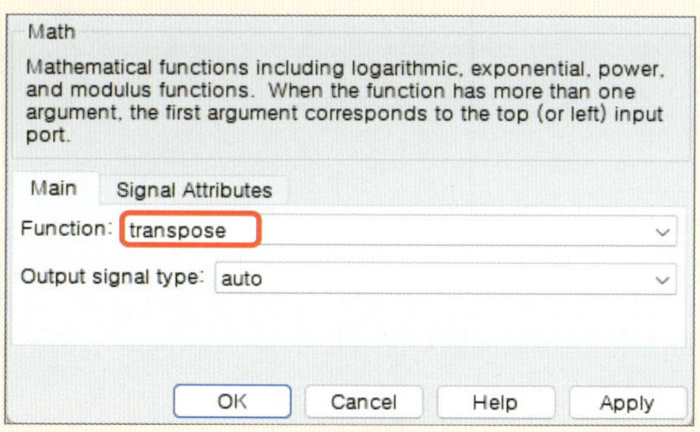

그림 19−2 블록 Tr_B의 transpose 함수 설정

❺ 두 행렬을 곱하는 Product 블록을 설계 창에 생성하고([Math Operations]−[Product]) 블록의 이름을 AB'으로 바꾼 후 더블클릭하여 [Multiplication:]에서 'Matrix(*)'를 선택한다.

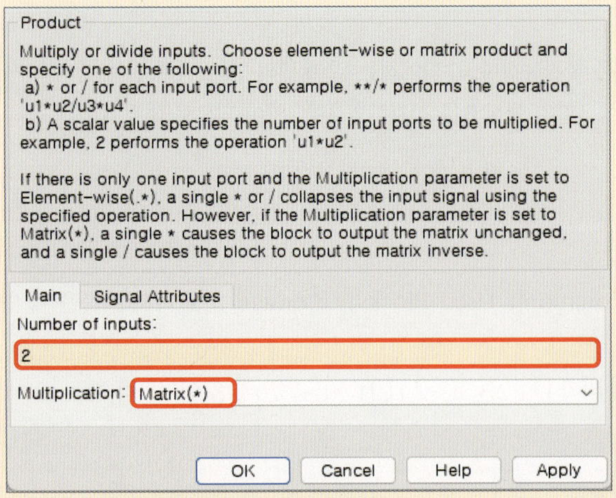

그림 19-3 블록 AB'의 곱셈 형태 행렬 설정

❻ Display 블록을 설계 창에 생성하고([Sinks]-[Display]) 블록의 이름을 C로 바꾼다.

❼ 생성된 블록을 연결하고 [Simulation]-[Run] 메뉴를 클릭하여 시뮬레이션을 실행한다. 행렬의 곱셈 결과로 나오는 네 원소를 나타내기 위해 마우스 왼쪽 버튼을 누르고 원소의 내용이 모두 보일 때까지 블록 C의 크기를 조절한다.

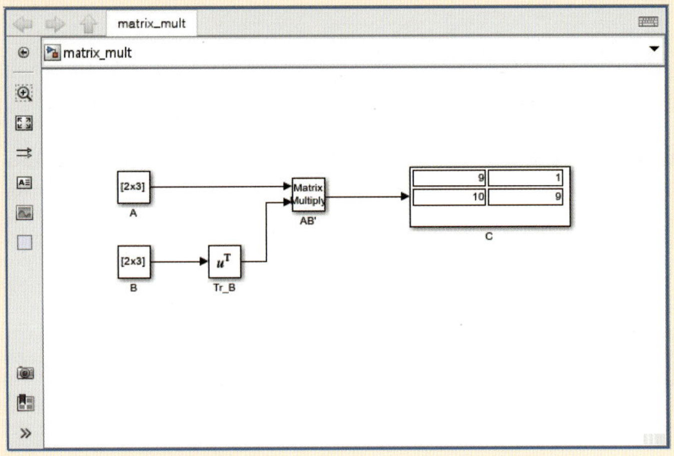

그림 19-4 완성된 시뮬링크 모델

즉, 행렬 **A**와 행렬 **B**에 대한 전치행렬 $\mathbf{B}^T$를 곱하면 다음과 같은 2행 2열 행렬 **C**를 얻을 수 있다.

$$\mathbf{C} = \begin{bmatrix} -1 & 2 & 3 \\ 4 & -2 & 1 \end{bmatrix} \times \begin{bmatrix} 1 & 2 \\ -1 & 0 \\ 4 & 1 \end{bmatrix} = \begin{bmatrix} 9 & 1 \\ 10 & 9 \end{bmatrix}$$

Determinant of 3×3 Matrix 블록

Determinant of 3×3 Matrix 블록을 이용하면 입력으로 주어지는 행렬의 행렬식을 계산할 수 있다.

Invert 3×3 Matrix 블록

Invert 3×3 Matrix 블록을 이용하면 3행 3열로 구성된 행렬의 역행렬을 계산할 수 있다.

행렬식

행렬식(determinant)은 행과 열의 수가 같은 정방행렬에 수를 대응시킨 함수로, 기호 $|\mathbf{A}|$ 또는 det($\mathbf{A}$)로 나타낸다. 행렬 $\mathbf{A}$의 역행렬 $\mathbf{A}^{-1}$이 존재하려면 행렬 $\mathbf{A}$는 반드시 정방행렬이어야 하고 행렬식의 값은 0이 아닌($|\mathbf{A}| \neq 0$) 정칙행렬(nonsingular matrix)이어야 한다. 행렬식의 값이 0인($|\mathbf{A}| = 0$) 비정칙행렬(singular matrix)은 역행렬을 가질 수 없다.

역행렬

행렬 $\mathbf{A}$의 역수 형태는 $\mathbf{A}^{-1}$로 표시하며, 행렬 $\mathbf{A}$의 역행렬이라고 한다. 행렬과 역행렬의 관계는 다음과 같이 단위행렬을 이용하면 쉽게 이해할 수 있다.

$$\mathbf{A}^{-1}\mathbf{A} = \mathbf{A}\mathbf{A}^{-1} = \mathbf{I}$$

예제 19-2

행렬 $\mathbf{A}$의 행렬식과 역행렬을 구하는 시뮬링크 모델을 설계하고 그 결과를 나타내라.

$$\mathbf{A} = \begin{bmatrix} -1 & 3 & 4 \\ -1 & 1 & 2 \\ 3 & -1 & 1 \end{bmatrix}$$

풀이

❶ Constant 블록을 설계 창에 생성하고([Commonly Used Blocks]-[Constant]) 블록의 이름을 A로 바꾼 후 더블클릭하여 [Constant value:]에 [-1 3 4; -1 1 2; 3 -1 1]을 입력한다.

❷ 행렬 $\mathbf{A}$의 행렬식을 구하는 Determinant of 3x3 Matrix 블록을 설계 창에 생성하고([Aerospace Blockset]-[Utilities]-[Math Operations]-[Determinant of 3×3 Matrix]), 행렬 $\mathbf{A}$의 역행렬을 직접 계산할 수 있는 Invert 3x3 Matrix 블록을 생성한다([Aerospace Blockset]-[Utilities]-[Math Operations]-[Invert 3×3 Matrix]).

❸ Display 블록 2개를 설계 창에 생성하고([Sinks]-[Display]) 블록의 이름을 각각 det(A)와 Inv(A)로 바꾼다.

❹ 블록을 연결하고 [Simulation]-[Run] 메뉴를 클릭하여 시뮬레이션을 실행한다.

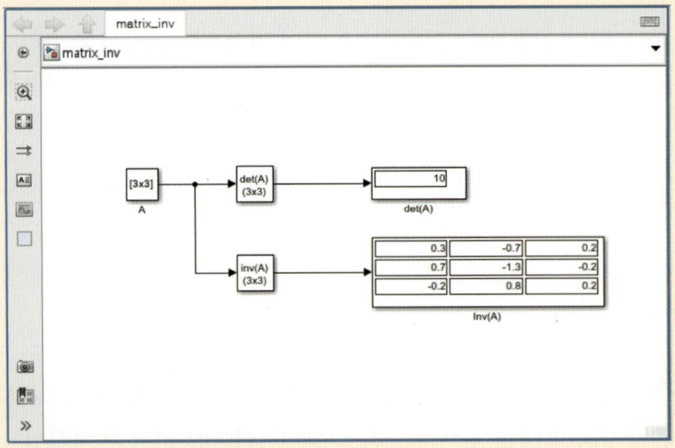

그림 19-5 완성된 시뮬링크 모델

행렬식이 $|\mathbf{A}| = 10$이므로 역행렬 $\mathbf{A}^{-1} = \begin{bmatrix} 0.3 & -0.7 & 0.2 \\ 0.7 & -1.3 & -0.2 \\ -0.2 & 0.8 & 0.2 \end{bmatrix}$의 계산이 가능하다. 만약 [그림 19-5]의 모델에서 주어진 행렬 $\mathbf{A}$를 행렬 $\mathbf{B} = \begin{bmatrix} 1 & 5 & 3 \\ 2 & 8 & 6 \\ 1 & 2 & 3 \end{bmatrix}$으로 바꾸면 다음과 같이 비정칙행렬 $\mathbf{B}$에 대한 역행렬 $\mathbf{B}^{-1}$은 존재하지 않게 된다.

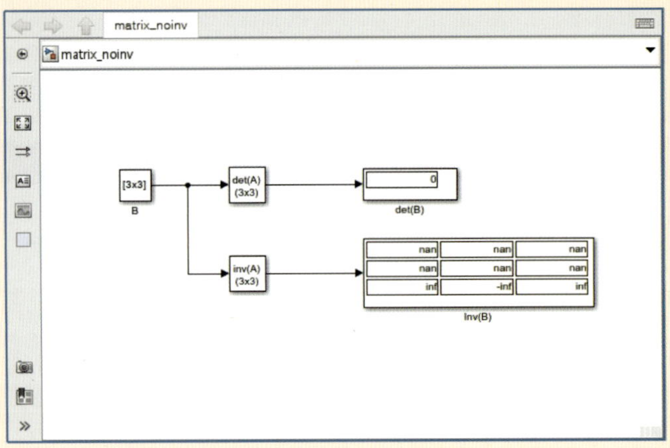

그림 19-6 역행렬이 존재하지 않는 시뮬링크 모델

또한 시뮬레이션 후 역행렬 값이 표시되지 않은 디스플레이 결과에 이어서 [그림 19-7]과 같은 오류 창이 열린다.

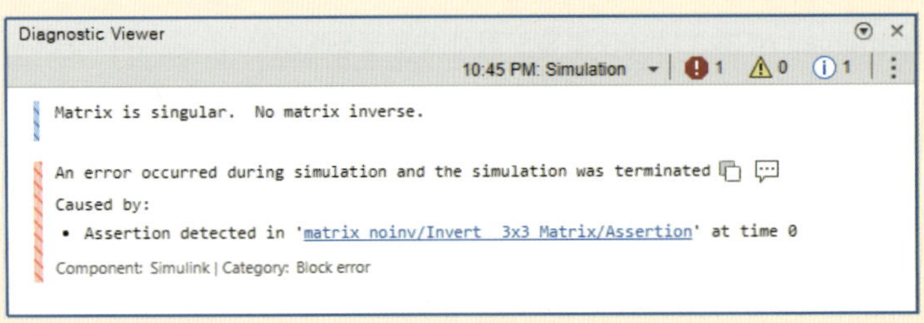

그림 19-7 오류 창 메시지

Logical Operator 블록

Logical Operator 블록을 이용하면 입력에 따라서 지정된 다양한 논리 연산 AND, OR, XOR 등을 수행할 수 있다.

예제 19-3

벡터 **x**와 **y**가 다음과 같을 때 논리 연산자 AND, OR, XOR을 이용하는 시뮬링크 모델을 설계하고 그 결과를 나타내라.

$$\mathbf{x} = [-4, -1, 0, 2]$$

$$\mathbf{y} = [-2, 0, 0, 1]$$

풀이

❶ Constant 블록 2개를 설계 창에 생성하고([Commonly Used Blocks]-[Constant]) 블록의 이름을 각각 x, y로 바꾼다.

❷ 블록 x, y를 더블클릭하여 [Constant value:]에 각각 [−4, −1, 0, 2], [−2, 0, 0, 1]을 입력한다.

❸ Logical Operator 블록 3개를 설계 창에 생성하고([Logic and Bit Operations]-[Logical Operator]) 블록의 이름을 각각 AND, OR, XOR로 바꾼다.

❹ 블록 AND를 더블클릭하여 [Operator:]는 'AND'로, [Icon shape:]는 'distinctive'로 바꾼다.

❺ 블록 OR을 더블클릭하여 [Operator:]는 'OR'로, [Icon shape:]는 'distinctive'로 바꾼다.

❻ 블록 XOR을 더블클릭하여 [Operator:]는 기본값 XOR을 유지하고 [Icon shape:]는 'distinctive'로 바꾼다.

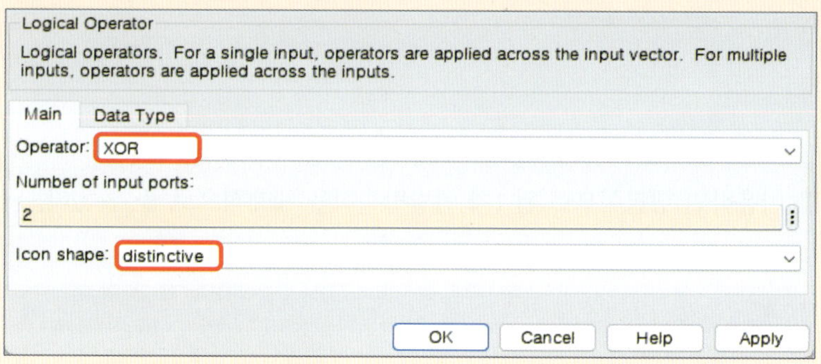

그림 19-8 블록 XOR의 아이콘 형태 변환

❼ Display 블록 3개를 설계 창에 생성하고([Sinks]-[Display]) 블록의 이름을 각각 x &y, x|y, x XOR y로 바꾼다.

❽ 블록을 연결하고 [Simulation]-[Run] 메뉴를 클릭하여 시뮬레이션을 실행한다.

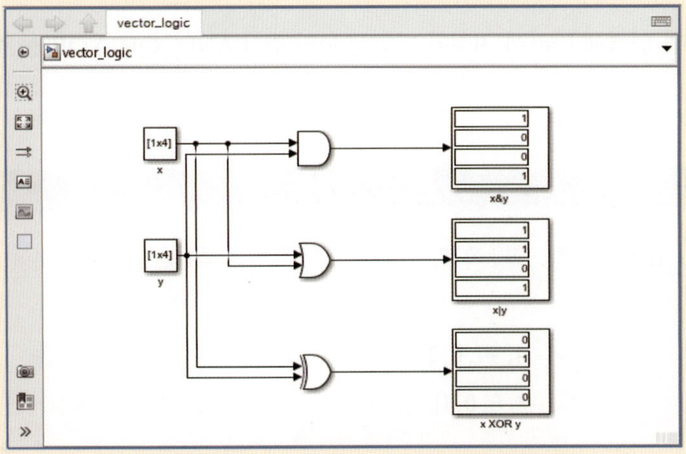

그림 19-9 완성된 시뮬링크 모델

주어진 벡터 **x**와 **y**의 같은 위치에 놓인 원소를 각각 비교한다. 0인 값과 0이 아닌 값을 비교하는데, AND 연산자의 경우 비교하는 두 값 중 하나라도 0이면 결과가 거짓값인 0으로 표시되고 OR 연산자의 경우 비교하는 두 값이 모두 0일 때만 거짓값인 0으로 표시된다. XOR 연산자는 (**x** or **y**)−(**x** and **y**)와 같은 결과가 나타난다. 즉, 두 값이 모두 0이거나 0이 아닐 때 결과가 거짓값인 0으로 표시된다.

Matrix concatenate 블록

Matrix Concatenate 블록을 이용하면 메모리와 인접한 위치에 있는 출력 신호의 원소를 생성하기 위한 입력 신호를 연결할 수 있다.

크래머 법칙

크래머 법칙(Cramer's rule)을 이용하면 행렬식으로 된 1차 연립방정식을 체계적으로 풀 수 있다.

예제 19-4

크래머 법칙을 이용하여 다음 선형연립방정식의 해를 구하는 시뮬링크 모델을 설계하고 그 결과를 나타내라.

$$\begin{cases} 6x_1 + 2x_2 - 7x_3 = 55 \\ 9x_1 + 5x_2 + 4x_3 = 43 \\ -5x_1 - 3x_2 + 6x_3 = -49 \end{cases}$$

배경지식

3개의 선형방정식과 3개의 변수(x_1, x_2, x_3)로 이루어진 선형 시스템 $\mathbf{Ax} = \mathbf{c}$를 배열 형태로 일반화하면 다음과 같다.

$$\mathbf{A} = \begin{bmatrix} 6 & 2 & -7 \\ 9 & 5 & 4 \\ -5 & -3 & 6 \end{bmatrix}, \quad \mathbf{x} = \begin{bmatrix} x_1 \\ x_2 \\ x_3 \end{bmatrix}, \quad \mathbf{c} = \begin{bmatrix} 55 \\ 43 \\ -49 \end{bmatrix}$$

풀이

❶ 행렬 **A**의 각 열을 입력할 수 있는 **Constant** 블록 3개를 설계 창에 생성하고([Commonly Used Blocks]–[Constant]) 블록의 이름을 각각 A_c1, A_c2, A_c3으로 바꾼다.

❷ 블록 A_c1, A_c2, A_c3을 더블클릭하여 [Constant value:]에 각각 [6 9 −5], [2 5 −3], [−7 4 6]을 입력한다.

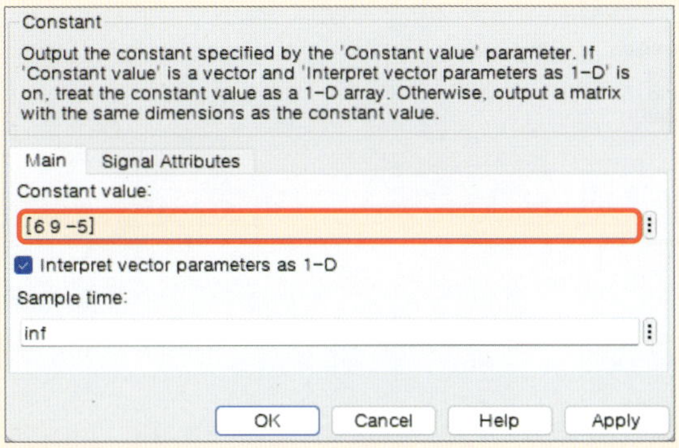

그림 19-10 블록 A_c1에 행렬 **A**의 첫 번째 열 입력

❸ 상수 벡터 **c**를 입력할 수 있는 **Constant** 블록을 설계 창에 생성하고([Commonly Used Blocks]–[Constant]) 블록의 이름을 c로 바꾼 후 더블클릭하여 [Constant value:]에 [55 43 −49]를 입력한다.

❹ 크기가 같은 두 행렬을 하나로 묶는 데 사용하는 **Matrix Concatenate** 블록 4개를 생성한다([DSP System Toolbox]–[Math Functions]–[Matrices and Linear Algebra]–[Matrix Operations]–[Matrix Concatenate]).

❺ **Matrix Concatenate** 블록 4개를 더블클릭하고 3개의 열을 입력받을 수 있도록 [Number of inputs:]를 모두 3으로 바꾼다.

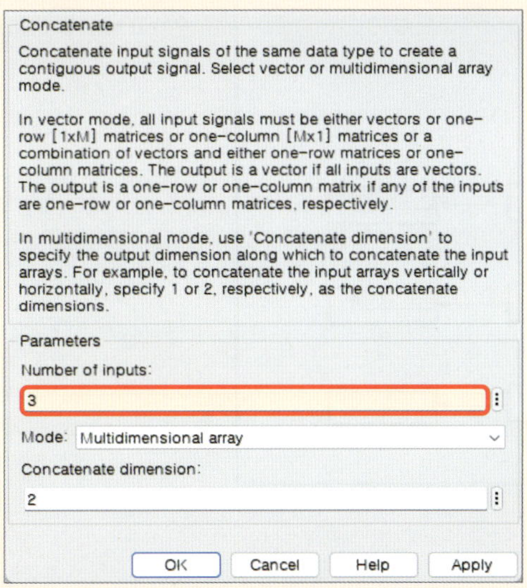

그림 19-11 Matrix Concatenate 블록의 입력 단자 3개 설정

❻ 행렬식을 구하는 **Determinant of 3×3 Matrix** 블록 4개를 설계 창에 생성하고([Aerospace Blockset]–[Utilities]–[Math Operations]–[Determinant of 3×3 Matrix]) 블록의 이름을 각각 det(A), det(A1), det(A2), det(A3)로 바꾼다.

❼ **Divide** 블록 3개를 설계 창에 생성하고([Math Operations]–[Divide]) 더블클릭하여 [Number of inputs:]에 모두 /*를 입력한다.

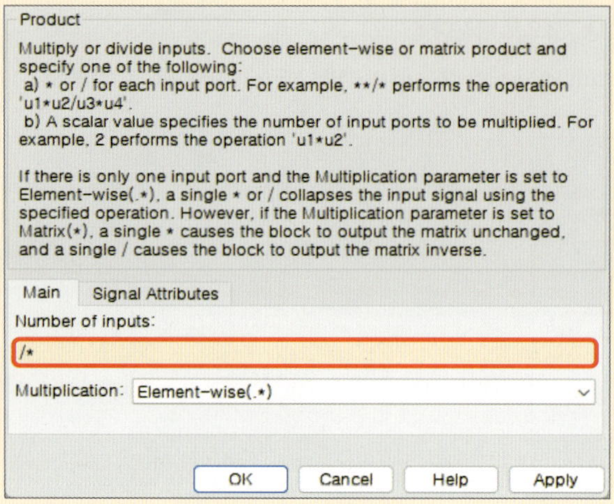

그림 19-12 Divide 블록의 새로운 부호 설정

❽ **Display** 블록 3개를 설계 창에 생성하고([Sinks]–[Display]) 블록의 이름을 각각 x1, x2, x3으로 바꾼다.

❾ 블록을 연결하고 [Simulation]–[Run] 메뉴를 클릭하여 시뮬레이션을 실행한다.

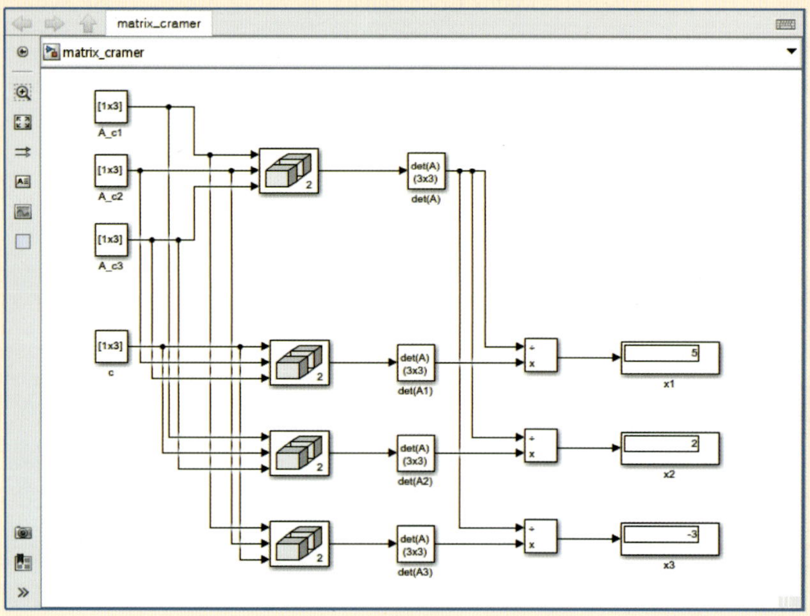

그림 19-13 완성된 시뮬링크 모델

블록 det(**A**)는 다음과 같이 계수행렬 **A**의 행렬식을 구한다.

$$\det(\mathbf{A}) = \begin{vmatrix} 6 & 2 & -7 \\ 9 & 5 & 4 \\ -5 & -3 & 6 \end{vmatrix} = 118$$

블록 det(**A1**)은 다음과 같이 행렬방정식의 오른쪽 상수 벡터 **c**를 계수행렬 **A**의 첫 번째 열에 모두 대치한 행렬의 행렬식을 구한다.

$$\det(\mathbf{A1}) = \begin{vmatrix} 55 & 2 & -7 \\ 43 & 5 & 4 \\ -49 & -3 & 6 \end{vmatrix} = 590$$

같은 방법으로 상수 벡터를 두 번째 열과 세 번째 열에 모두 대치한 행렬의 행렬식을 다음과 같이 구한다.

$$\det(\mathbf{A2}) = \begin{vmatrix} 6 & 55 & -7 \\ 9 & 43 & 4 \\ -5 & -49 & 6 \end{vmatrix} = 236\,, \quad \det(\mathbf{A3}) = \begin{vmatrix} 6 & 2 & 55 \\ 9 & 5 & 43 \\ -5 & -3 & -49 \end{vmatrix} = -354$$

대치한 행렬의 행렬식을 계수행렬의 행렬식으로 나누면 선형연립방정식의 미지의 해 3개를 구한 결과를 블록 x1, x2, x3에서 다음과 같이 확인할 수 있다.

$$x_1 = \frac{\det(\mathbf{A1})}{\det(\mathbf{A})} = \frac{590}{118} = 5\,, \quad x_2 = \frac{\det(\mathbf{A2})}{\det(\mathbf{A})} = \frac{236}{118} = 2\,, \quad x_3 = \frac{\det(\mathbf{A3})}{\det(\mathbf{A})} = \frac{-354}{118} = -3$$

LESSON 02

벡터를 활용하여 설계하기

Normalization 블록을 이용하여 벡터와 방향이 같고 크기가 1인 단위 벡터를 나타내는 시뮬링크 모델을 설계해보자. 또한 Dot Product 블록을 이용하여 벡터의 내적을 나타내고 Cross Product 블록을 이용하여 벡터의 외적을 나타내는 시뮬링크 모델을 알아보자.

Keyword | Normalization 블록 | Dot Product 블록 | Cross Product 블록 |

Normalization 블록

Normalization 블록을 이용하면 입력의 지정된 차원에 대한 각각의 행, 열, 또는 벡터를 독립적으로 정규화할 수 있다.

Dot Product 블록

Dot Product 블록을 이용하면 두 벡터의 내적을 생성할 수 있다.

Cross Product 블록

Cross Product 블록을 이용하면 두 벡터의 외적을 생성할 수 있다.

예제 19-5

다음 두 행렬을 곱하는 시뮬링크 모델을 설계하고 그 결과를 나타내라.

$$\mathbf{A}=\begin{bmatrix}-1 & 2\\ 5 & 4\end{bmatrix},\quad \mathbf{B}=\begin{bmatrix}3 & 0\\ 6 & 9\end{bmatrix}$$

풀이

❶ Constant 블록 2개를 설계 창에 생성하고([Commonly Used Blocks]-[Constant]) 블록의 이름을 각각 A, B로 바꾼다.

❷ 블록 A, B를 더블클릭하여 [Constant value:]에 각각 [-1 2; 5 4], [3 0; 6 9]를 입력한다.

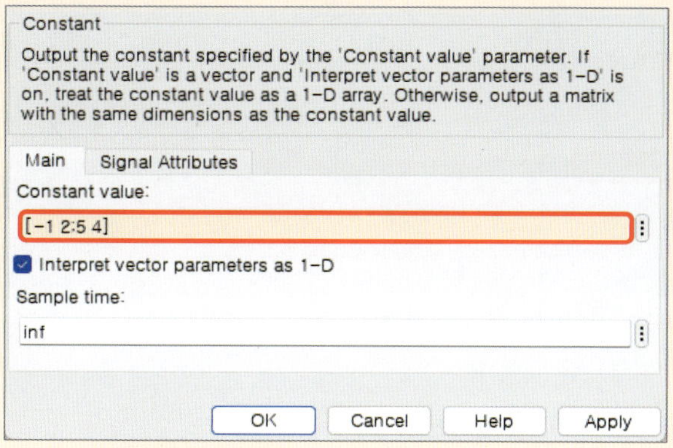

그림 19-14 블록 A의 행렬 설정

❸ 두 행렬을 곱하는 Product 블록을 설계 창에 생성하고([Commonly Used Blocks]-[Product]) 블록의 이름을 AxB로 바꾼다.

❹ 블록 AxB를 더블클릭하여 [Multiplication:]을 'Matrix(*)'로 바꾼다.

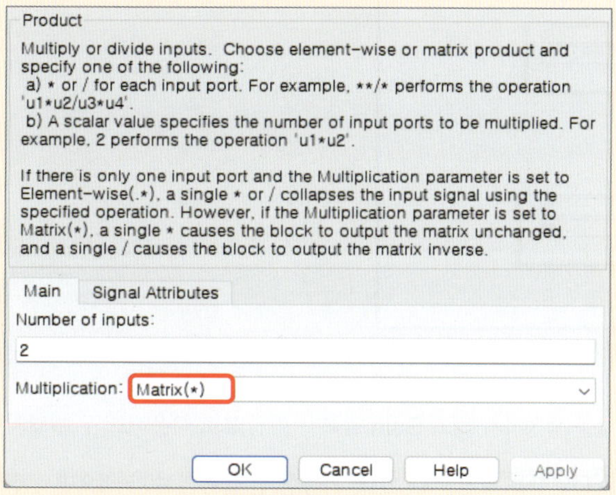

그림 19-15 블록 AxB의 곱셈 형태 행렬 설정

❺ Display 블록을 설계 창에 생성하고([Sinks]-[Display]) 블록의 이름을 C로 바꾼 후 생성된 블록을 연결한다.

❻ Product 블록 대신 Gain 블록을 사용하여 행렬을 곱할 수도 있다. 블록 A를 복사하여 붙여넣기를 실행한 후 블록의 이름을 A1로 바꾸고 블록 C를 복사하여 붙여넣기를 실행한 후 블록의 이름을 C1로 바꾼다.

❼ Gain 블록을 설계 창에 생성하고([Commonly Used Blocks]-[Gain]) 블록의 이름을 B1로 바꾼다.

❽ 블록 B1을 더블클릭하여 [Gain:]에 [3 0;6 9]를 입력하고 [Multiplication:]을 행렬 곱셈이 가능한 'Matrix(u*K)'로 바꾼 후 생성된 블록을 연결한다.

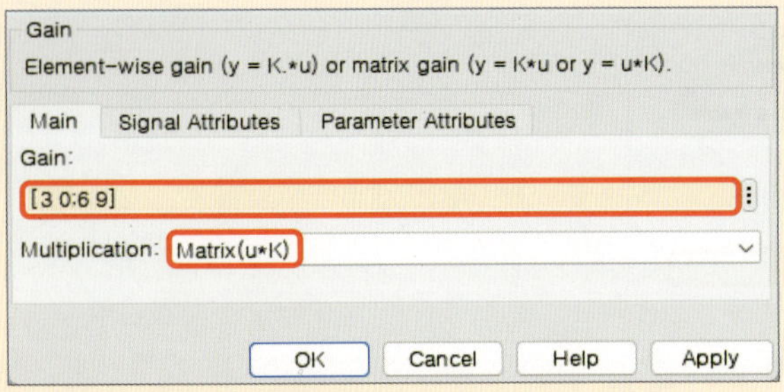

그림 19-16 블록 B1의 행렬 B 입력 및 곱셈 형태 행렬 설정

❾ 설계 창의 메뉴 표시줄에서 [Simulation]-[Stop time]에 0.0을 입력한다.

❿ [Simulation]-[Run] 메뉴를 클릭하여 완성된 두 모델의 시뮬레이션을 실행한다.

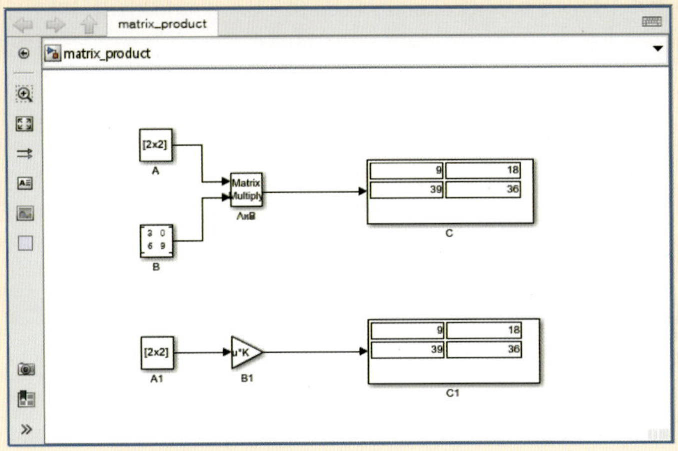

그림 19-17 완성된 시뮬링크 모델의 동일한 두 결과

[그림 19-17]의 두 모델을 통해 Product 블록 AxB를 생성하지 않고 Gain 블록을 행렬 **B**로 사용해도 두 행렬의 곱셈 결과 $C = \begin{bmatrix} -1 & 2 \\ 5 & 4 \end{bmatrix} \times \begin{bmatrix} 3 & 0 \\ 6 & 0 \end{bmatrix} = \begin{bmatrix} 9 & 18 \\ 39 & 36 \end{bmatrix}$으로 동일함을 확인할 수 있다. 가능한 한 블록의 수가 적으면서 정확한 결과를 얻는 모델을 이용하는 것이 최적의 설계라고 할 수 있다.

예제 19-6

벡터 $\mathbf{A} = \mathbf{a}_x + 2\mathbf{a}_y - 3\mathbf{a}_z$에 대한 단위 벡터를 구하는 시뮬링크 모델을 설계하고 그 결과를 나타내라.

풀이

❶ Constant 블록을 설계 창에 생성하고([Commonly Used Blocks]-[Constant]) 블록의 이름을 A로 바꾼 후 더블클릭하여 [Constant value:]에 벡터의 계수 [1 2 -3]을 입력한다.

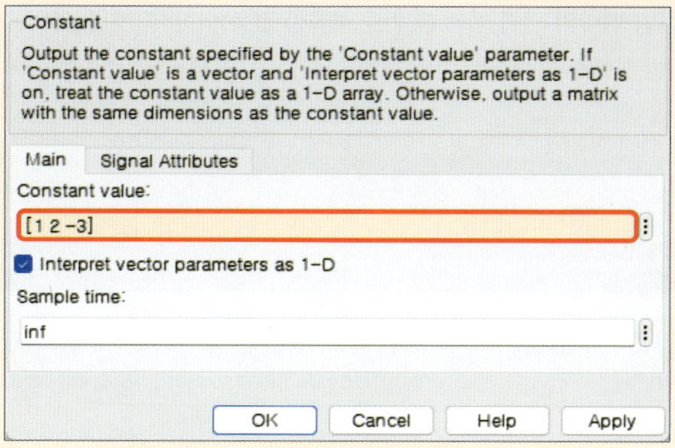

그림 19-18 블록 A의 단위 벡터 계수 입력

❷ 단위 벡터를 직접 계산할 수 있는 **Normalization** 블록을 설계 창에 생성하고([DSP System Toolbox]-[Math Functions]-[Math Operations]-[Normalization]) 더블클릭하여 [Norm:]에서 '2-norm'을 선택한다(기본값은 Squared 2-norm).

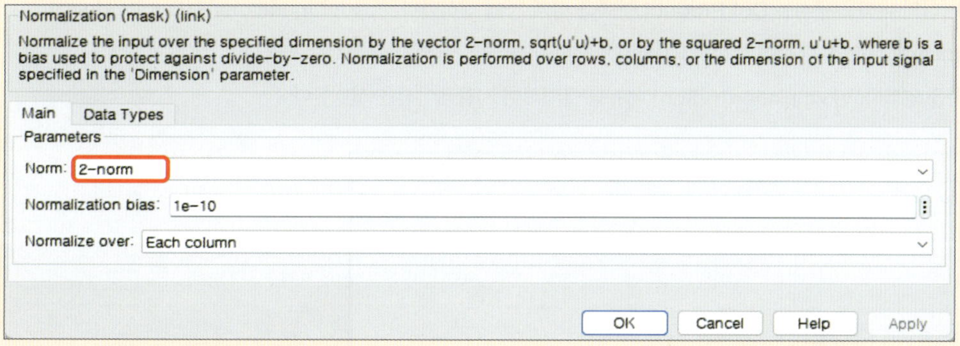

그림 19-19 Normalization 블록의 norm 설정

❸ **Display** 블록을 설계 창에 생성하고([Sinks]-[Display]) 블록의 이름을 a_A로 바꾼다.

❹ 생성된 블록을 연결하고 [Simulation]-[Run] 메뉴를 클릭하여 시뮬레이션을 실행한다.

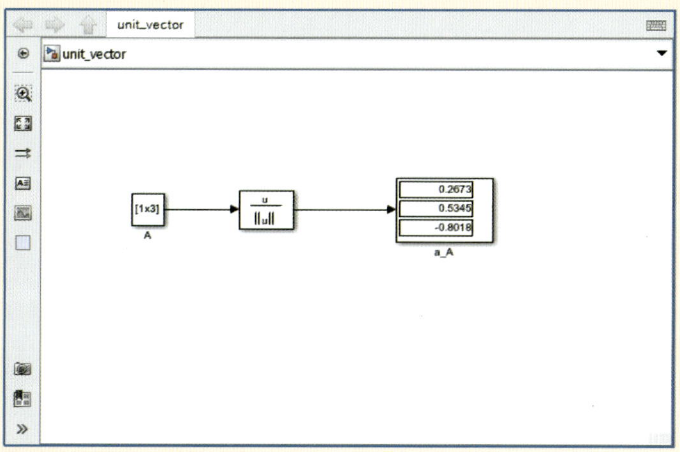

그림 19-20 완성된 시뮬링크 모델

시뮬링크에서 벡터 **A**의 크기를 구하는 norm은 3차원 벡터의 단위 벡터 계수를 제곱한 값을 더한 후 제곱근을 취한 값을 구하는 함수이다. [그림 19-20]의 디스플레이 창에서 보여주는 단위 벡터는 $\mathbf{a_A} = 0.2673\mathbf{a}_x + 0.5345\mathbf{a}_y - 0.8018\mathbf{a}_z$를 의미한다.

예제 19-7

벡터 $\mathbf{A} = \mathbf{a}_x + 2\mathbf{a}_y - 3\mathbf{a}_z$와 $\mathbf{B} = -4\mathbf{a}_y + \mathbf{a}_z$의 내적 $\mathbf{A} \cdot \mathbf{B}$를 구하는 시뮬링크 모델을 설계하고 그 결과를 나타내라.

풀이

❶ Constant 블록 2개를 설계 창에 생성하고([Commonly Used Blocks]-[Constant]) 블록의 이름을 각각 A, B로 바꾼다.

❷ 블록 A, B를 더블클릭하여 [Constant:]에 각각 [1 2 -3], [0 -4 1]을 입력한다.

❸ 두 벡터의 내적을 구하는 Dot Product 블록을 설계 창에 생성한다([Math Operations]-[Dot Product]).

❹ Display 블록을 설계 창에 생성하고([Sinks]-[Display]) 블록의 이름을 C로 바꾼다.

❺ 블록을 연결하고 [Simulation]-[Run] 메뉴를 클릭하여 시뮬레이션을 실행한다.

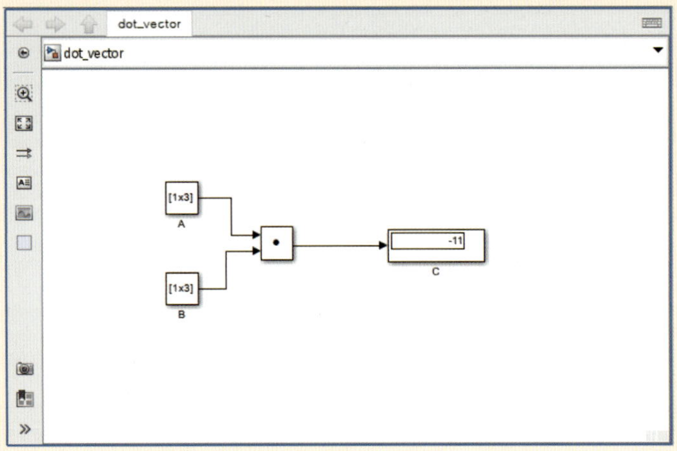

그림 19-21 완성된 시뮬링크 모델

방향이 서로 다른 두 단위 벡터의 내적은 0이므로 벡터의 내적은 다음과 같다. 벡터 내적의 결과는 방향 정보가 없는 스칼라 값 -11이며, 이로 인해 내적을 스칼라곱으로 부르기도 한다.

$$\mathbf{C} = \mathbf{A} \cdot \mathbf{B} = (1)(0) + (2)(-4) + (-3)(1) = -11$$

예제 19-8

벡터 $\mathbf{A} = -4\mathbf{a}_y + \mathbf{a}_z$와 $\mathbf{B} = 5\mathbf{a}_x - 2\mathbf{a}_z$의 외적 $\mathbf{A} \times \mathbf{B}$를 구하는 시뮬링크 모델을 설계하고 그 결과를 나타내라.

풀이

❶ Constant 블록 2개를 설계 창에 생성하고([Commonly Used Blocks]−[Constant]) 블록의 이름을 각각 A, B로 바꾼다.

❷ 블록 A, B를 더블클릭하여 [Constant:]에 각각 [0 −4 1], [5 0 −2]를 입력한다.

❸ 두 벡터의 내적을 구하는 Cross Product 블록을 설계 창에 생성한다([Matrix Operations]−[Cross Product]).

❹ Display 블록을 설계 창에 생성하고([Sinks]−[Display]) 블록의 이름을 C로 바꾼다.

❺ 블록을 모두 연결하고 [Simulation]−[Run] 메뉴를 클릭하여 시뮬레이션을 실행한다.

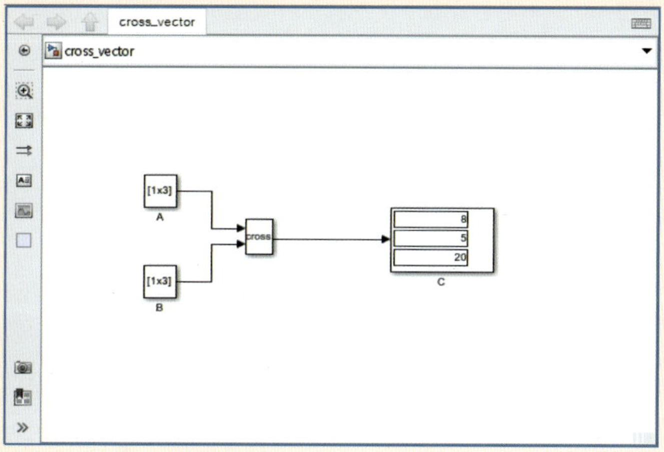

그림 19-22 완성된 시뮬링크 모델

방향이 동일한 두 단위 벡터의 외적은 0이므로 벡터의 외적은 다음과 같다. 벡터 외적의 결과는 크기와 방향을 계속 보여주며, 이로 인해 외적을 벡터곱으로 부르기도 한다.

$$\mathbf{C} = \mathbf{A} \times \mathbf{B} = \begin{vmatrix} \mathbf{a}_x & \mathbf{a}_y & \mathbf{a}_z \\ 0 & -4 & 1 \\ 5 & 0 & 2 \end{vmatrix} = 8\mathbf{a}_x + 5\mathbf{a}_y + 20\mathbf{a}_z$$

CHAPTER

20

통신

CONTENTS

LESSON 01 확률 나타내기
LESSON 02 아날로그 변조 및 복조 설계하기
LESSON 03 디지털 변조 설계하기

LESSON 01

확률 나타내기

12장에서 살펴본 [예제 12-1]과 [예제 12-2]에 대한 시뮬링크 모델을 사용하여 확률 및 확률에 대한 평균과 분산을 히스토그램으로 나타내보자.

Keyword | Uniform Random Number 블록 | Rounding Function 블록 | Random Number 블록 | MinMax 블록 |

Uniform Random Number 블록

Uniform Random Number 블록을 이용하면 지정된 구간에서 균일분포된 난수를 생성할 수 있다.

Rounding Function 블록

Rounding Function 블록을 이용하면 입력 신호에 반올림 함수를 적용하여 출력 신호를 생성할 수 있다.

예제 20-1

육면체 주사위를 50번 던졌을 때 나올 수 있는 주사위 눈의 빈도수를 보여주는 시뮬링크 모델을 설계하고 그 결과를 히스토그램으로 나타내라.

배경지식

확률은 실험에 의해 여러 가지 결과가 나올 수 있는 표본 공간에서 어떤 사건이 일어날 것인지를 실수로 변환하는 방법을 말한다. 주사위의 확률은 육면체 주사위를 한 번 던질 때 1부터 6까지의 주사위 눈이 나올 수 있는 모든 가능성을 지닌 표본 공간의 수로 나누어 구한다.

풀이

❶ 0부터 1 사이의 실수를 무작위로 생성하는 Uniform Random Number 블록을 설계 창에 생성하고 ([Sources]-[Uniform Random Number]) 더블클릭하여 [Minimum:]에 0을 입력한다.

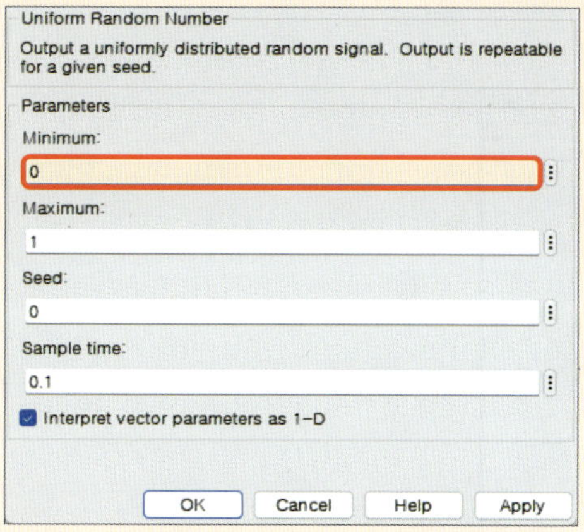

그림 20-1 Uniform Random Number 블록의 최솟값 설정

❷ 무작위로 생성된 0부터 1 사이의 실수에 6을 곱하는 Gain 블록을 설계 창에 생성하고([Commonly Used Blocks]-[Gain]) 더블클릭하여 [Gain:]에 6을 입력한다.

❸ 실숫값을 가까운 정숫값으로 반올림하는 Rounding Function 블록을 설계 창에 생성하고([Math Operations]-[Rounding Function]) 더블클릭하여 [Function:]에서 'ceil'을 선택한다.

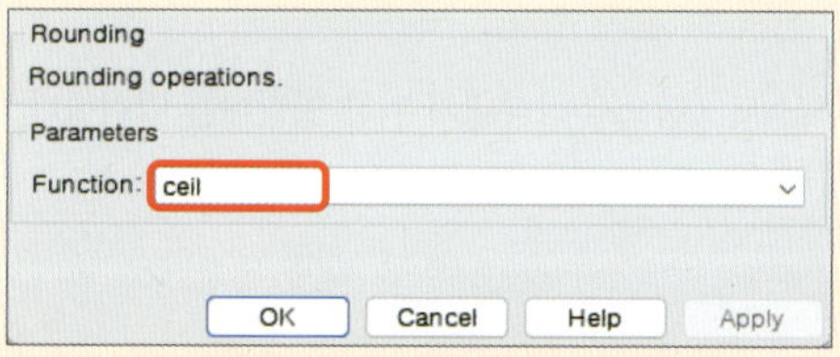

그림 20-2 Rounding Function 블록의 ceil 함수 설정

❹ 시뮬레이션 결과를 명령 창에 나타내기 위해 To Workspace 블록을 설계 창에 생성하고([Sinks]-[To Workspace]) 더블클릭하여 [Variable name:]을 x로 바꾼 다음 [Save format:]에서 'Array'를 선택한다.

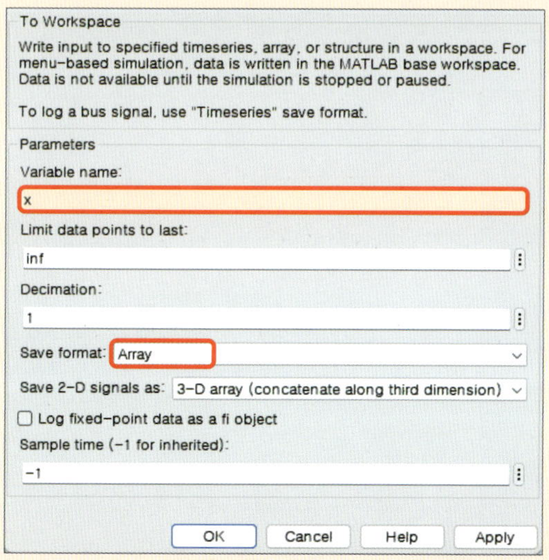

그림 20-3 To Workspace 블록의 변수명과 저장 형식 변환

❺ 생성된 블록을 연결한다.

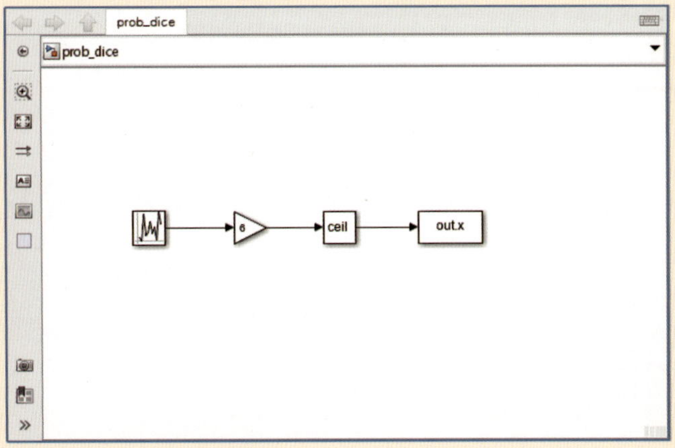

그림 20-4 완성된 시뮬링크 모델

❻ 설계 창에서 마우스 오른쪽 버튼을 눌러 [Model Configuration Parameters] 창을 열고 [Start time:]에 0.0, [Stop time:]에 10.0을 입력한다. [Solver selection]의 [Type:]을 'Fixed-step', [Solver:]를 'discrete(no continuous states)'로 설정하고 [Fixed-step size:]에 0.1을 입력한 후 [Simulation]-[Run] 메뉴를 클릭하여 시뮬레이션을 실행한다.

❼ 시뮬레이션을 실행한 후 MATLAB 명령 창에 생성된 확률을 히스토그램으로 나타내기 위한 명령어를 입력한다.

Command Window

```
>> histogram(out.x,50);
>> xlabel('Spots on a Die');
>> ylabel('Absolute Frequency');
>> title('Roll a Die Histogram');
```

그림 20-5 히스토그램을 그리는 명령어 입력

❽ 히스토그램 결과를 확인한다.

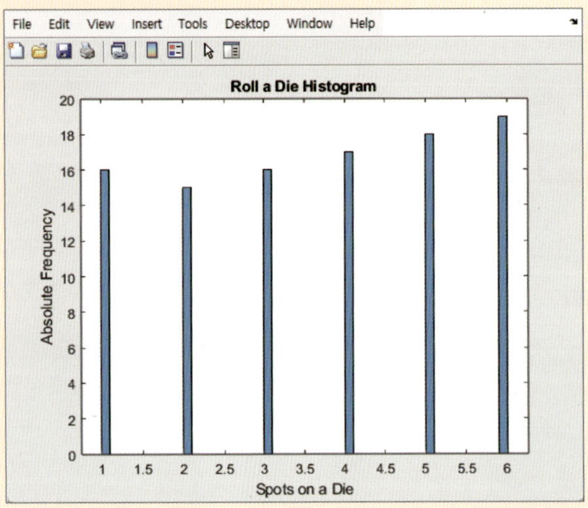

그림 20-6 그림 창 결과

주사위를 많이 던질수록 주사위의 각 눈이 나올 사건의 확률이 $\frac{1}{6}$에 근접할 것이다. Uniform Random Number 블록을 더블클릭하여 [Seed:]를 1로 바꾼 후 시뮬레이션을 실행하면 [그림 20-7]과 같이 다른 결과가 나타나는데, 이를 통해 무작위로 생성된 실숫값은 Seed 값을 바꿀 때마다 다른 결과가 나타날 것을 예상할 수 있다.

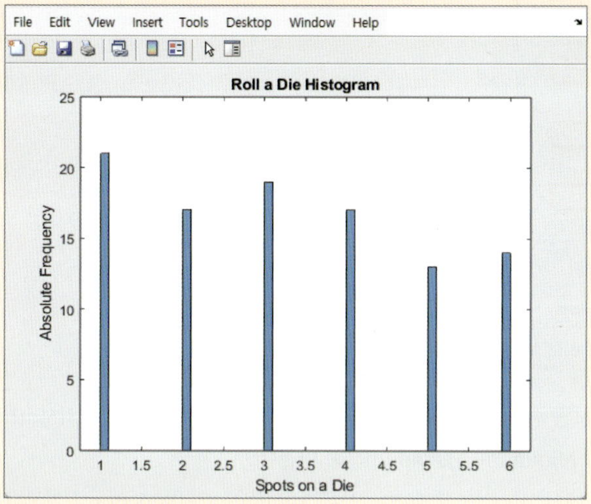

그림 20-7 다른 결과를 나타내는 그림 창 결과

Random Number 블록

Random Number 블록을 이용하면 정규분포된 난수를 생성할 수 있다.

MinMax 블록

MinMax 블록을 이용하면 최소 또는 최대 원소, 입력 원소를 출력할 수 있다.

예제 20-2

평균이 5, 분산이 4인 정규분포의 확률 1000개를 생성하는 시뮬링크 모델을 설계하고 그 결과를 히스토그램으로 나타내라.

풀이

1. 정규분포된 실수 1000개를 무작위로 생성하는 Random Number 블록을 설계 창에 생성하고([Sources]-[Random Number]) 더블클릭하여 [Mean:]에 10, [Variance:]에 9, [Seed:]에 3, [Sample time:]에 0.01을 입력한다.

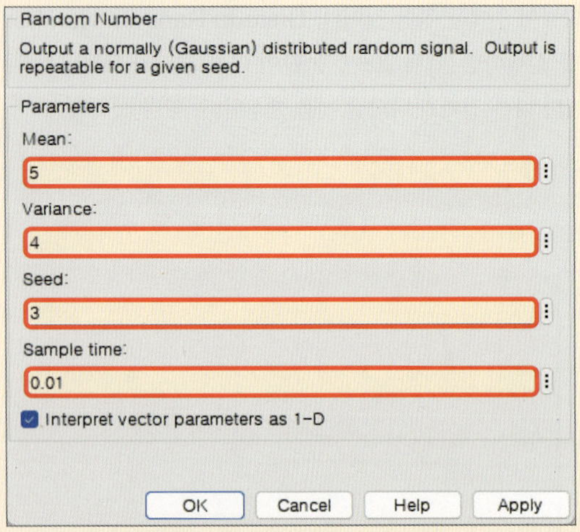

그림 20-8 Random Number 블록의 평균, 분산, 시드, 표본 시간 설정

❷ 무작위로 생성된 실수의 최솟값과 최댓값을 구하는 MinMax 블록 2개를 설계 창에 생성하고([Math Operations]-[MinMax]) 블록의 이름을 각각 Minimum, Maximum으로 바꾼다.

❸ 블록 Maximum을 더블클릭하여 [Function:]에서 'max'를 선택한다. 블록 Minimum은 [Function:] 기본값 'min'을 그대로 유지한다.

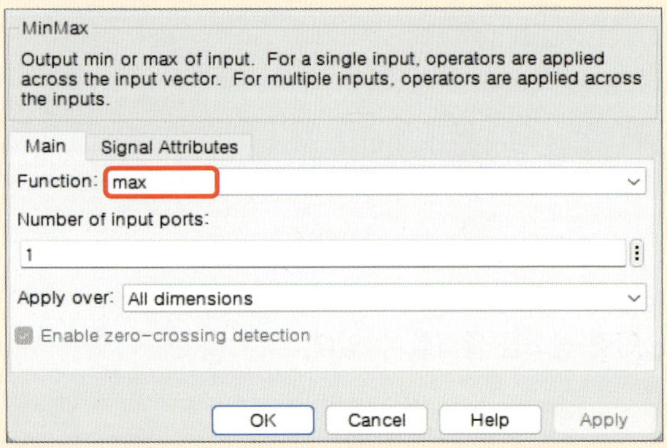

그림 20-9 블록 Maximum의 최댓값 함수 설정

❹ Rounding Function 블록 2개를 설계 창에 생성하고([Math Operations]-[Rounding Function]) 더블클릭하여 [Function:]을 'round'로 바꾼다. 블록의 이름을 각각 Round1, Round2로 바꾼다.

❺ 시뮬레이션 결과를 명령 창에 나타내기 위해 To Workspace 블록 3개를 설계 창에 생성한다([Sinks]-[To Workspace]).

❻ 블록을 더블클릭하여 [Variable name:]을 각각 x, ymin, ymax로 바꾸고 [Save format:]에서 'Array'를 선택한다.

❼ 생성된 블록을 연결한다.

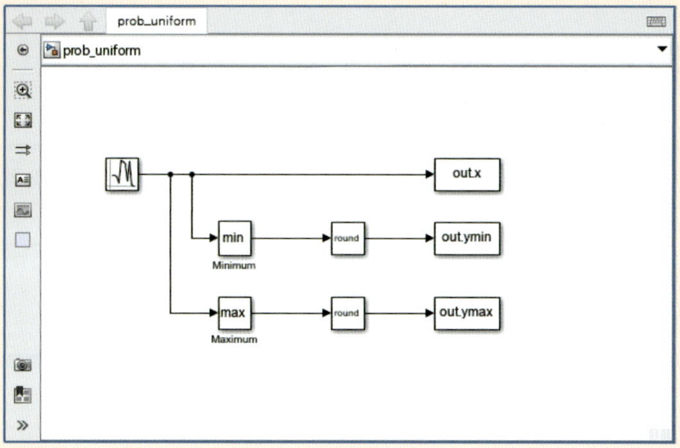

그림 20-10 완성된 시뮬링크 모델

8 설계 창에서 마우스 오른쪽 버튼을 눌러 [Model Configuration Parameters] 창을 열고 [Start time:]에 0.0, [Stop time:]에 9.99를 입력한다. [Solver selection]의 [Type:]을 'Fixed-step', [Solver:]를 'discrete(no continuous states)'로 설정하고 [Fixed-step size:]에 0.01을 입력한 후 [Simulation]-[Run] 메뉴를 클릭하여 시뮬레이션을 실행한다.

9 히스토그램 결과를 확인한다.

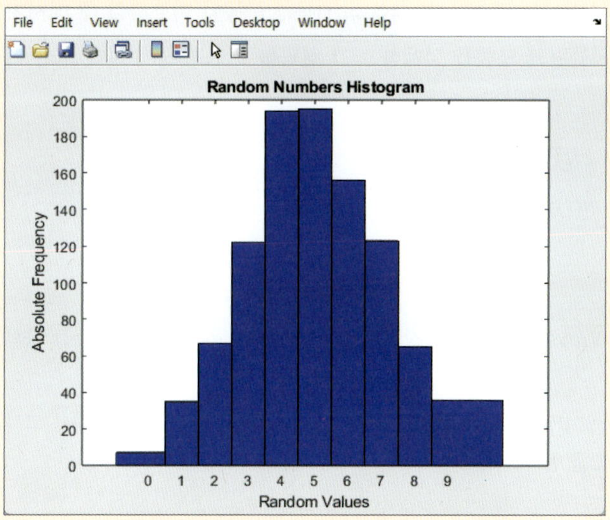

그림 20-11 그림 창 결과

TIP Random Number 블록의 Seed를 바꿀 때마다 그림 창의 실행 결과가 다르게 나타난다.

LESSON 02

아날로그 변조 및 복조 설계하기

시뮬링크 모델을 사용하여 양측파대 진폭 변조와 주파수 영역의 진폭 변조를 알아보자. 또한 시간 영역에서의 주파수 변조 방식을 구현하는 2개의 시뮬링크 모델을 설계하고 서로 비교해보자.

Keyword | 양측파대 진폭 변조 | 주파수 영역에서의 진폭 변조 | 시간 영역에서의 주파수 변조 | Zero-Order Hold 블록 | Trigonometric Function 블록 |

양측파대 진폭 변조(Double Side Band-Amplitude Modulation, DSB-AM)는 전송하려는 메시지 신호에 반송 신호인 코사인파를 곱해 주파수 영역에서 차지하는 대역폭이 신호 대역폭의 2배가 되는 변조 방식이다.

예제 20-3

양측파대 진폭 변조 방식을 이용하여 반송 신호 $c(t)$로 메시지 신호 $m(t)$를 2초 동안 변조시킬 때 메시지 신호, 반송 신호, 변조된 신호를 구현하는 시뮬링크 모델을 설계하고 그 결과를 스코프 창에 나타내라. 이때 반송주파수는 15[Hz]이다.

$$c(t) = 3\cos 2\pi f_c t$$

$$m(t) = \cos 2\pi t$$

풀이

❶ 코사인 파형의 반송 신호를 나타내는 Sine Wave 블록을 설계 창에 생성하고([Sources]-[Sine Wave]) 블록의 이름을 c(t)로 바꾼다.

❷ 블록 c(t)를 더블클릭하여 [Amplitude:]에 3, [Frequency(rad/sec):]에 2*pi*15를 입력하고 사인파를 코사인파로 변환하기 위해 [Phase(rad):]에 pi/2를 입력한다.

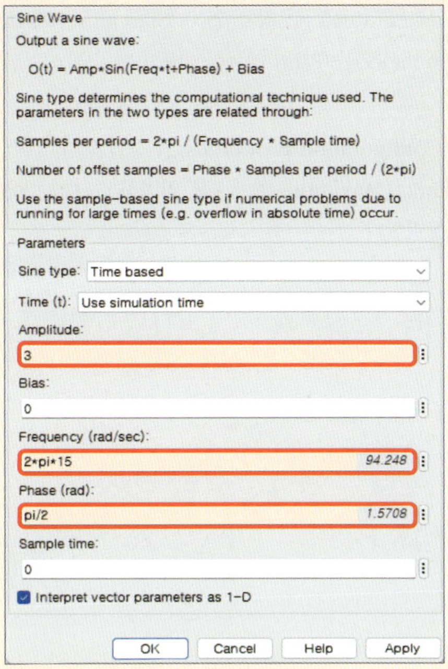

그림 20-12 블록 c(t)의 매개변수 설정

❸ 메시지 신호를 나타내는 Sine Wave 블록을 설계 창에 생성하고([Sources]–[Sine Wave]) 블록의 이름을 m(t)로 바꾼다.

❹ 블록 m(t)를 더블클릭하여 [Amplitude:]에 1, [Frequency(rad/sec):]에 2*pi를 입력하고 사인파를 코사인파로 변환하기 위해 [Phase(rad):]에 pi/2를 입력한다.

❺ 메시지 신호와 반송 신호를 동시에 받기 위한 Mux 블록을 설계 창에 생성한다([Commonly Used Blocks]–[Mux]).

❻ 메시지 신호와 반송 신호를 곱하는 Product 블록을 설계 창에 생성한다([Commonly Used Blocks]–[Product]).

❼ Scope 블록 2개를 설계 창에 생성하고([Sinks]–[Scope]) 메시지 신호와 반송 신호를 보여줄 Scope 블록의 이름은 c(t) & m(t)로, 변조된 신호를 보여줄 Scope 블록의 이름은 m_DSB(t)로 바꾼 후 생성된 블록을 연결한다.

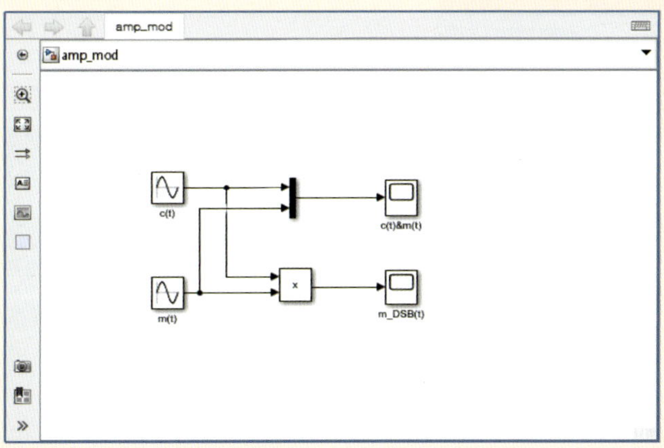

그림 20-13 완성된 시뮬링크 모델

❽ 설계 창에서 마우스 오른쪽 버튼을 눌러 [Model Configuration Parameters] 창을 열고 [Start time:]에 0, [Stop time:]에 2, [Max step size:]에 1/1000을 입력한 후 [Simulation]–[Run] 메뉴를 클릭하여 시뮬레이션을 실행한다.

❾ 블록 c(t)&m(t)를 더블클릭한 후 마우스 오른쪽 버튼을 눌러 [Configuration properties...] 창을 연다. 실행 결과를 최적화하기 위해 [Y-limits (Minimum):]에 −4, [Y-limits (Maximum):]에 4를 입력하고 [Title:]에 Message signal and carrier signal을 입력한 후 [OK] 버튼을 클릭한다.

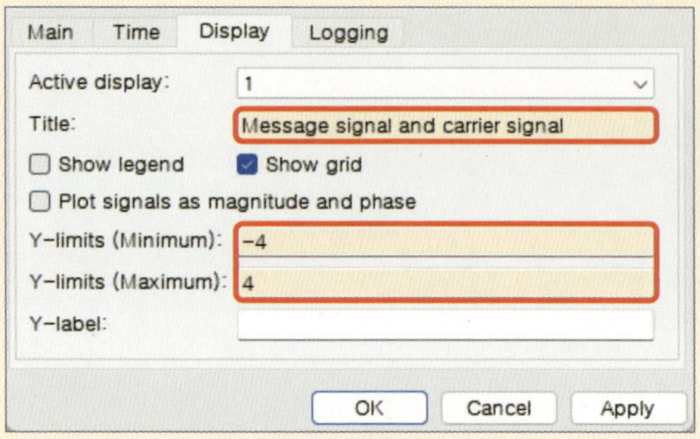

그림 20-14 스코프 창의 최솟값, 최댓값 설정 및 제목 지정

❿ 메시지 신호와 반송 신호를 보여주는 스코프 창을 확인한다.

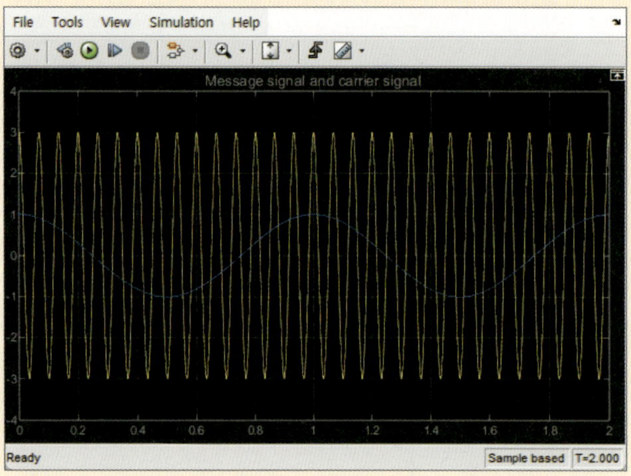

그림 20-15 블록 c(t)&m(t)의 스코프 창 결과

⓫ 블록 m_DSB(t)를 더블클릭한 후 마우스 오른쪽 버튼을 눌러 [Configuration properties…] 창을 연다. 실행 결과를 최적화하기 위해 [Y-limits (Minimum):]에 −4, [Y-limits (Maximum):]에 4를 입력하고 [Title:]에 Modulated signal을 입력한 후 [OK] 버튼을 클릭한다.

⓬ 양측파대 아날로그 진폭 변조 방식을 이용하여 메시지 신호와 반송 신호에 의해 변조된 신호를 보여주는 스코프 창을 확인한다.

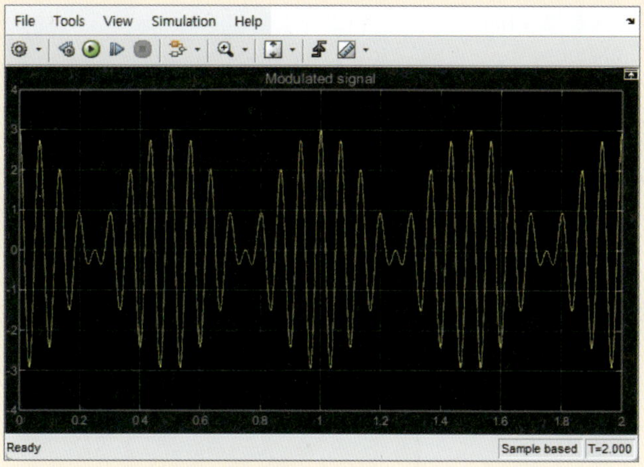

그림 20-16 변조 신호의 스코프 창 결과

Zero-Order Hold 블록

Zero-Order Hold 블록을 이용하면 한 샘플 주기의 영차 홀드를 실현할 수 있다. 이 블록은 하나의 입력을 받아서 하나의 출력을 생성한다.

예제 20-4

[예제 20-3]과 동일한 메시지 신호와 반송 신호를 사용하여 주파수 영역의 진폭 변조를 그리는 시뮬링크 모델을 설계하고 그 결과를 스펙트럼 분석기에 나타내라. 이때 주기 $0 \leq t \leq 4.5$이다.

풀이

❶ [예제 20-3]의 과정 ❶ ~ ❹를 반복한다.

❷ 샘플 주기의 영차 홀드를 실행하기 위한 Zero-Order Hold 블록 2개를 설계 창에 생성하고([Discrete]-[Zero-Order Hold]) 더블클릭하여 [Sample time:]에 1/1000을 입력한다.

❸ Product 블록을 생성한다([Commonly Used Blocks]-[Product]).

❹ Spectrum Analyzer 블록 2개를 설계 창에 생성하고([DSP System Toolbox]-[Sinks]-[Spectrum Analyzer]) 블록의 이름을 각각 M(f), M_DSB(f)로 바꾼다.

❺ 블록 M(f)를 더블클릭하여 [Spectrum Settings] 창을 열고 다음과 같은 환경을 설정한 후 스코프 창을 닫는다.

- [SCOPE]-[BANDWIDTH]-[Sample Rate(Hz):] → 'Inherited' 선택
- [ESTIMATION]-[FREQUENCY RESOLUTION]-[Window Length:] → 2048 입력
- [ESTIMATION]-[FREQUENCY OPTIONS]-[Start Frequency(Hz)]: −60, [Stop Frequency (Hz):] → 60 입력
- [WINDOW OPTIONS]에서 [Window]: Rectangular, [Overlap(%):] → 0 입력
- [SPECTRUM] – 'Two-Sided Spectrum'에 체크

⑥ 블록 M_DSB(f)를 더블클릭하여 과정 ⑤ ~ ⑥을 반복한다.

⑦ 생성된 블록을 연결한다.

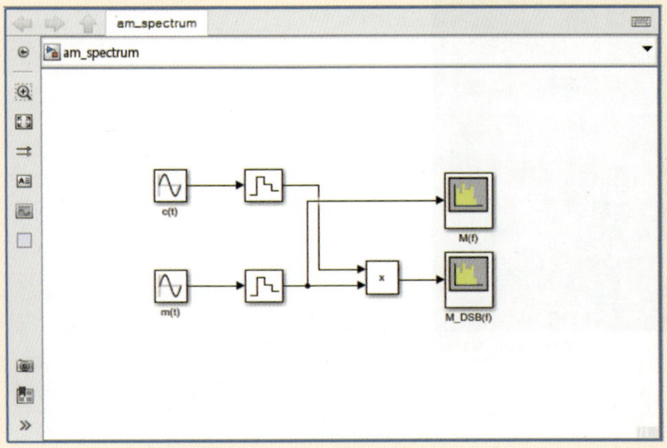

그림 20-17 완성된 시뮬링크 모델

⑧ 설계 창에서 마우스 오른쪽 버튼을 눌러 [Model Configuration Parameters] 창을 열고 [Start time:]에 0, [Stop time:]에 4.5, [Max step size:]에 1/1000을 입력한다. [Solver selection]의 [Solver:]를 'discrete(no continuous states)'로 설정하고 [Simulation]–[Run] 메뉴를 클릭하여 시뮬레이션을 실행한다.

⑨ 시뮬레이션을 실행하면 M(f) 창과 M_DSB(f) 창이 동시에 열리면서 다음과 같은 결과가 나타난다.

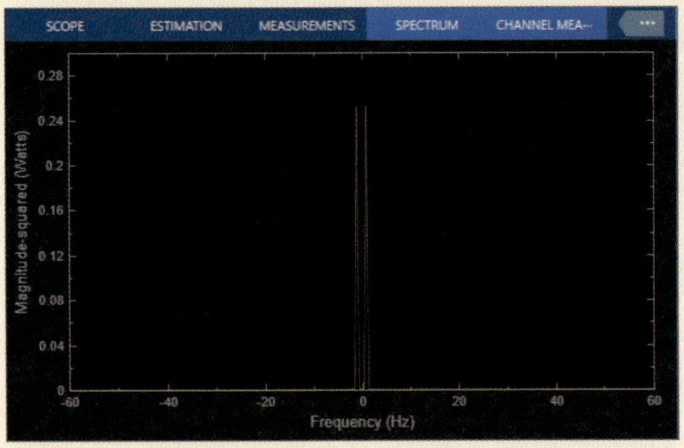

그림 20-18 스펙트럼 M(f)의 결과

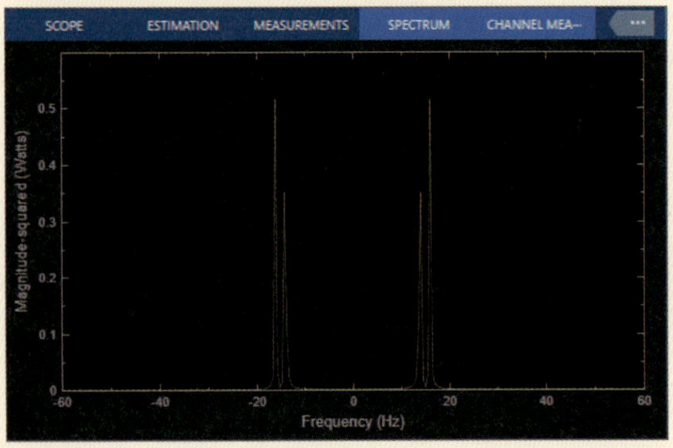

그림 20-19 스펙트럼 M_DSB(f)의 결과

Trigonometric Function 블록

Trigonometric Function 블록을 이용하면 일반적인 삼각함수를 실행할 수 있다.

예제 20-5

$0 \le t \le 0.2$[sec] 동안 주파수 감도 $k_f = 80\pi$이고 반송주파수 $f_c = 150$[Hz]이며, 반송 진폭 $A_c = 1$, 샘플링 주파수 $f_s = 10000$[Hz]인 메시지 신호 $m(t) = \cos(2\pi ft)$에 주파수 변조 방식을 구현하는 시뮬링크 모델을 설계하고 그 결과를 스코프 창에 나타내라. 이때 메시지 신호의 주파수 $f = 10$[Hz]이다.

풀이

주파수 변조 신호는 두 가지 방법으로 나타낼 수 있으며, 이를 통한 결과는 동일하다. 각각의 방법을 차례대로 살펴보자.

(a) 주파수 변조 신호를 $s(t) = A_c \cos\left\{2\pi[f_c t + k_f \int_0^t m(\tau)d\tau]\right\}$로 나타내는 경우

❶ 메시지 신호를 나타내는 Sine Wave 블록을 설계 창에 생성하고([Sources]–[Sine Wave]) 블록의 이름을 m(t)로 바꾼다.

❷ 블록 m(t)를 더블클릭하여 [Frequency(rad/sec):]에 2*pi*10을 입력하고 사인파를 코사인파로 변환하기 위해 [Phase(rad):]에 pi/2를 입력한다.

❸ Gain 블록 3개를 설계 창에 생성하고([Commonly Used Blocks]–[Gain]) 블록의 이름을 각각 k_f, 2pi, A_c로 바꾼다.

❹ 주파수 감도를 나타내는 블록 k_f를 더블클릭하여 [Gain:]에 80*pi를 입력한다.

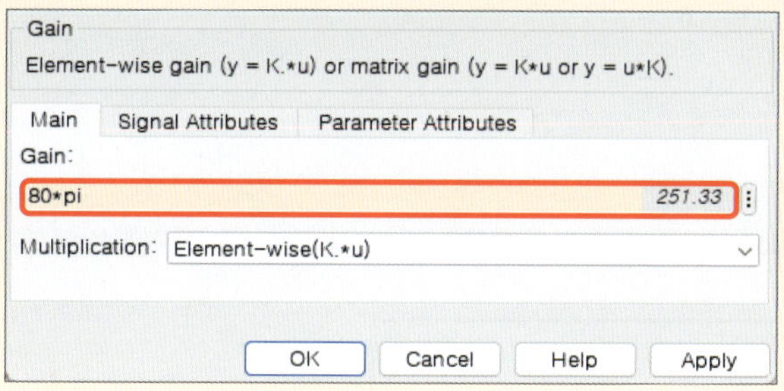

그림 20-20 블록 k_f의 주파수 감도 설정

❺ 블록 2pi를 더블클릭하여 [Gain:]에 2*pi를 입력하고 반송 진폭을 나타내는 블록 A_c의 [Gain:]은 기본값 1을 그대로 유지한다.

❻ Integrator 블록을 설계 창에 생성한다([Commonly Used Blocks]–[Integrator]).

❼ 기울기가 f_c인 입력변수 t에 대한 1차 함수를 나타내는 Ramp 블록을 설계 창에 생성하고([Sources]–[Ramp]) 블록의 이름을 (f_c)t로 바꾼 후 더블클릭하여 [Slope:]에 반송주파수 값인 150을 입력한다.

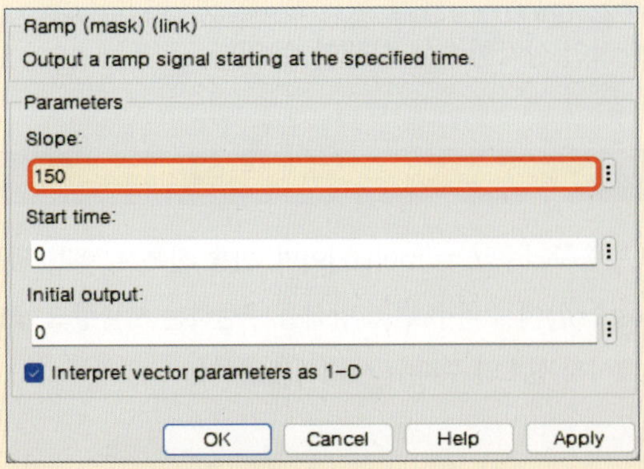

그림 20-21 블록 (f_c)t의 반송주파수 설정

❽ Add 블록을 설계 창에 생성한다([Math Operations]-[Add]).

❾ 일반적인 삼각함수의 실행을 위한 Trigonometric Function 블록을 설계 창에 생성하고([Math Operations]-[Trigonometric Function]) 블록의 이름을 cos[]로 바꾼 후 더블클릭하여 [Function:]에서 'cos'를 선택한다.

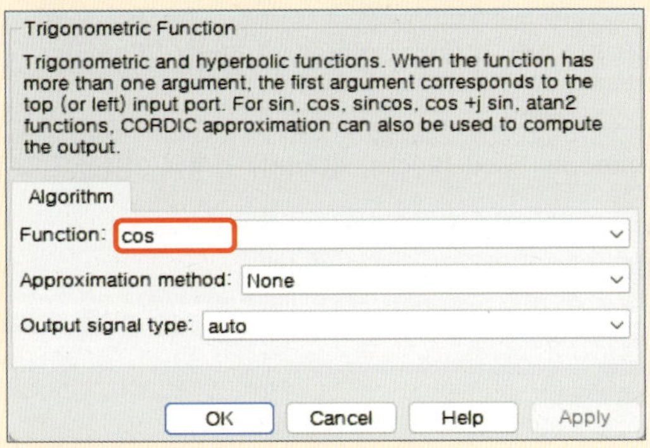

그림 20-22 블록 cos[ ]의 코사인 함수 설정

❿ Scope 블록을 설계 창에 생성하고([Sinks]-[Scope]) 블록의 이름을 s(t)로 바꾼 후 생성된 블록을 연결한다.

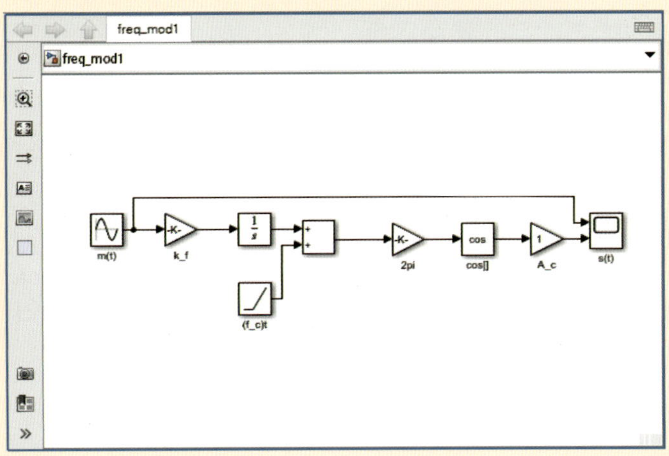

그림 20-23 완성된 시뮬링크 모델 1

⑪ 블록 s(t)를 더블클릭하고 [Configuration Properties···(⚙ ▾)]−[Layout(⊞)] 버튼을 클릭하여 두 스코프 창을 상하로 설정한다.

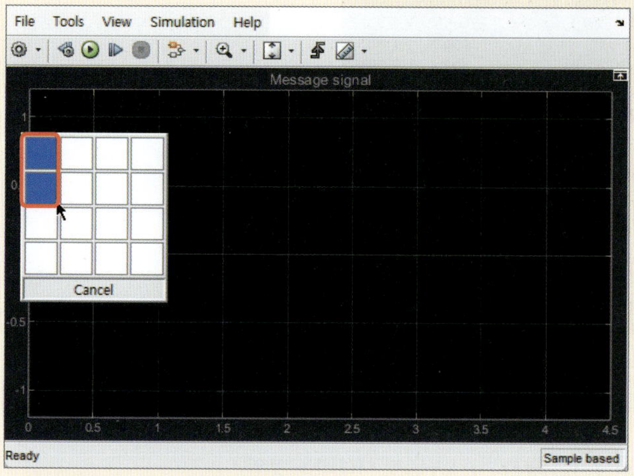

그림 20−24 2개의 상하 스코프 창 설정

⑫ 설계 창에서 마우스 오른쪽 버튼을 눌러 [Model Configuration Parameters] 창을 열고 [Start time:]에 0, [Stop time:]에 0.2, [Max step size:]에 1/10000을 입력한다. [Solver selection]의 [Solver:]를 'ode45(Dormand−Prince)'로 설정하고 [Simulation]−[Run] 메뉴를 클릭하여 시뮬레이션을 실행한다.

⑬ 블록 s(t)를 더블클릭한 후 위쪽 스코프 창에서 마우스 오른쪽 버튼을 눌러 Configuration properties...] 창을 연다. [Title:]에 Message signal을 입력하고 실행 결과를 최적화하기 위해 [Y−limits(Minimum):]에 −1.2, [Y−limits(Maximum):]에 1.2를 입력한 후 [OK] 버튼을 클릭한다.

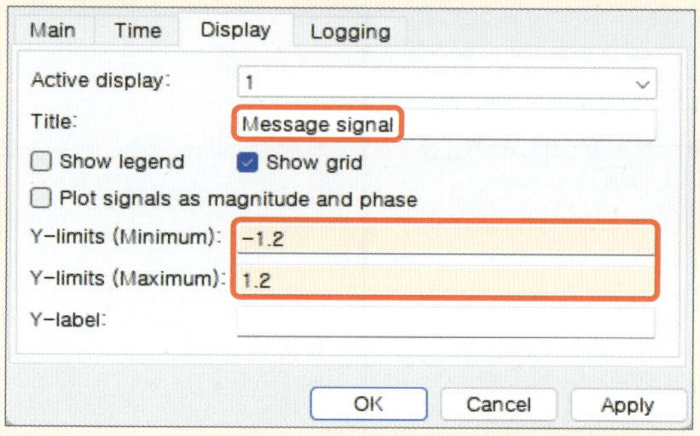

그림 20−25 위쪽 스코프 창의 최솟값, 최댓값 설정 및 제목 입력

⑭ 아래쪽 스코프 창에서 마우스 오른쪽 버튼을 눌러 [Configuration properties...] 창을 연다. [Title:]에 FM signal을 입력하고 실행 결과를 최적화하기 위해 [Y−limits(Minimum):]에 −1.2, [Y−limits(Maximum):]에 1.2를 입력한 후 [OK] 버튼을 클릭한다.

⑮ 메시지 신호와 반송 신호를 보여주는 스코프 창을 확인한다. 시간에 따른 메시지 신호를 스코프 창 위쪽에 그래프로 나타내고 시간에 따른 주파수 변조 신호를 스코프 창 아래쪽에 그래프로 나타낸다.

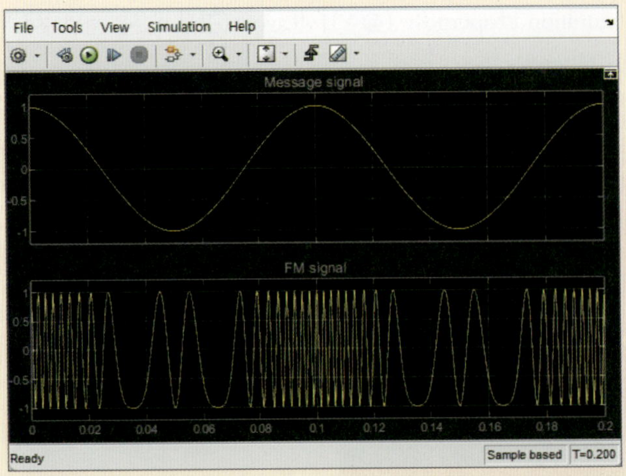

그림 20-26 스코프 창 결과

(b) 주파수 변조 신호를 $s(t) = A_c \cos\left[2\pi\left(\int_0^t [k_f m(\tau) + f_c] d\tau\right)\right]$로 나타내는 경우

❶ (a)의 ❼을 제외한 과정 ❶~❿을 반복한다.

❷ 반송주파수 f_c를 나타내는 Constant 블록을 생성하고([Commonly Used Blocks]-[Constant]) 블록의 이름을 f_c로 바꾼 후 더블클릭하여 [Constant value:]에 150을 입력한다.

❸ 생성된 블록을 연결한다.

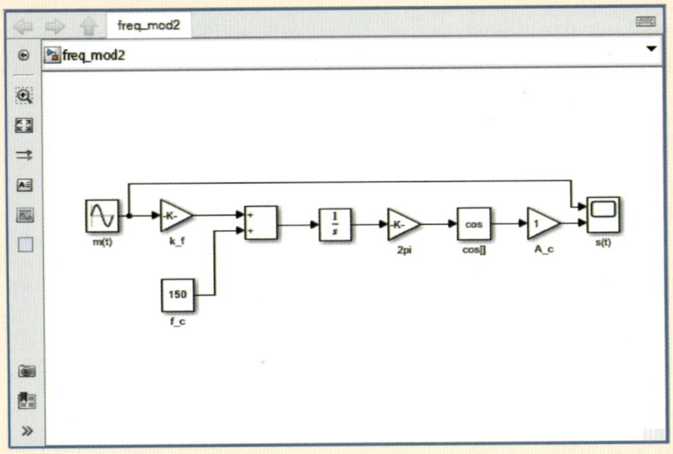

그림 20-27 완성된 시뮬링크 모델 2

❹ (a)의 과정 ⓫~⓮를 반복한 후 시뮬레이션을 실행하면 [그림 20-26]과 동일한 결과를 얻을 수 있다.

LESSON 03

디지털 변조 설계하기

시뮬링크 모델을 사용하여 기저 대역 신호 진폭 천이 변조, 주파수 천이 변조 및 기저 대역의 디지털 신호를 나타내보자.

Keyword | 진폭 천이 변조 | 주파수 천이 변조 |

진폭 천이 변조

진폭 천이 변조(Amplitude Shift Keying, ASK)는 반송파 진폭의 변동 형태로 디지털 2진 데이터를 나타내는 진폭 변조 방식이다.

주파수 천이 변조

주파수 천이 변조(Frequency Shift Keying, FSK)는 디지털 신호의 변경에 따라 반송파 신호의 주파수가 변하는 주파수 변조 방식이다.

예제 20-6

진폭 천이 변조의 통신 시스템을 이용하여 무작위로 생성되는 21개의 심벌(0 또는 1)을 연속으로 $0 \le t \le 10$초 동안 전송한다. 이때 반송파 $c(t) = \sin(2\pi t)$를 사용하여 기저 대역 신호와 진폭 천이 변조된 신호를 나타내는 시뮬링크 모델을 설계하고 그 결과를 스코프 창에 나타내라.

풀이

❶ 0부터 1 사이의 실수를 무작위로 생성하는 Uniform Random Number 블록을 설계 창에 생성하고([Sources]–[Uniform Random Number]) 블록의 이름을 b(t)로 바꾼다.

❷ 블록 b(t)를 더블클릭하여 [Minimum:]에 0, [Seed:]에 5, [Sample time:]에 0.5를 입력한다.

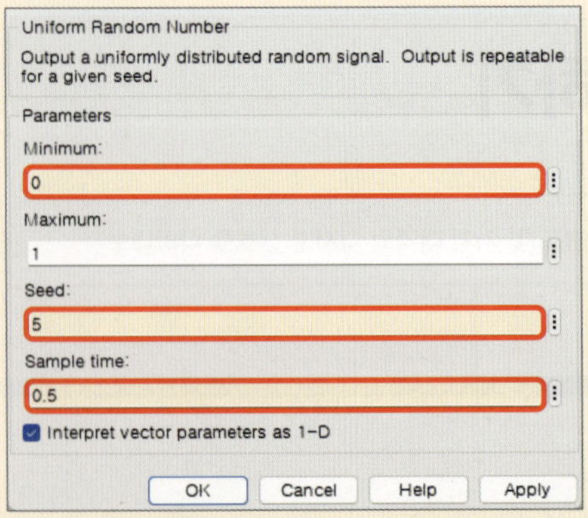

그림 20-28 Uniform Random Number 블록의 최솟값, 표본 시간 설정

❸ 실숫값을 가까운 정숫값으로 반올림하는 **Rounding Function** 블록을 설계 창에 생성하고([Math Operations]–[Rounding Function]) 더블클릭하여 [Function:]에서 'round'를 선택한다.

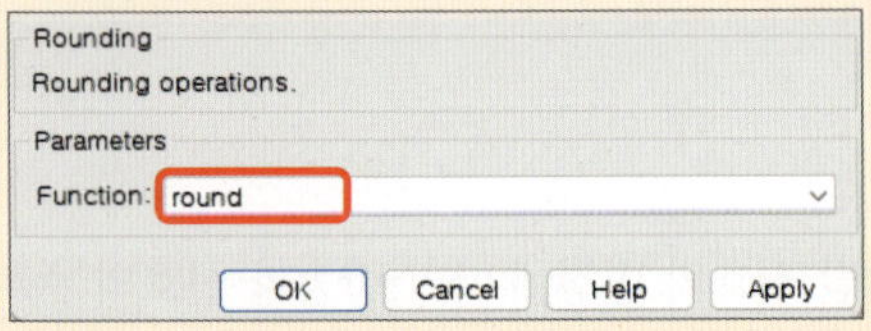

그림 20-29 Rounding Function 블록의 round 함수 설정

❹ 반송 신호를 나타내는 **Sine Wave** 블록을 설계 창에 생성하고([Sources]–[Sine Wave]) 블록의 이름을 c(t)로 바꾼 후 더블클릭하여 [Frequency(rad/sec):]에 2*pi를 입력한다.

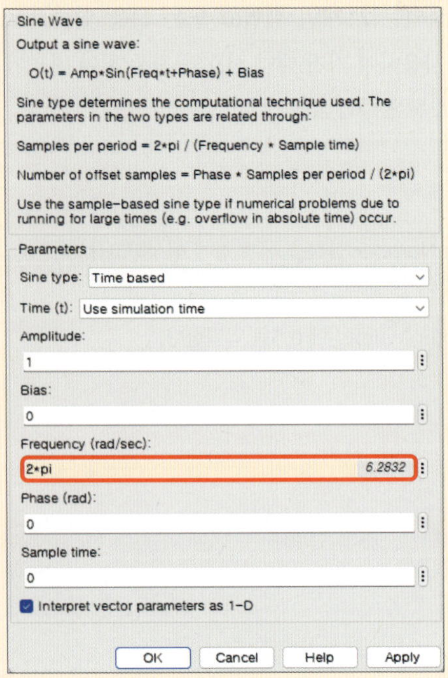

그림 20-30 블록 c(t)의 각주파수 설정

❺ Product 블록을 설계 창에 생성한다([Math Operations]-[Product]).

❻ Scope 블록을 설계 창에 생성하고([Sinks]-[Scope]) 블록의 이름을 s(t)로 바꾼다.

❼ 생성된 블록을 연결한다.

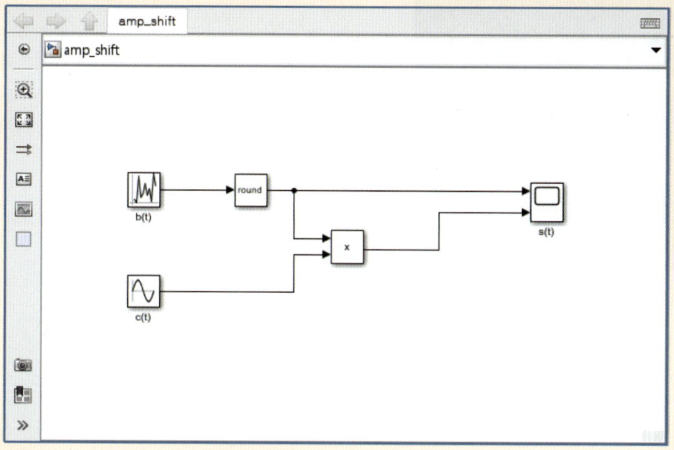

그림 20-31 완성된 시뮬링크 모델

❽ 블록 s(t)를 더블클릭하고 [Configuration Properties···(▾)]-[Layout( )] 버튼을 클릭하여 두 스코프 창을 상하로 설정한다.

❾ 설계 창에서 마우스 오른쪽 버튼을 눌러 [Model Configuration Parameters] 창을 열고 [Start time:]에 0, [Stop time:]에 10, [Max step size:]에 0.01을 입력한다. [Solver selection]의 [Solver:]를 'ode45 (Dormand-Prince)'로 설정하고 [Simulation]-[Run] 메뉴를 클릭하여 시뮬레이션을 실행한다.

❿ 블록 s(t)를 더블클릭한 후 위쪽 스코프 창에서 마우스 오른쪽 버튼을 눌러 [Configuration properties...] 창을 연다. [Title:]에 Baseband digital signal을 입력하고 실행 결과를 최적화하기 위해 [Y-limits(Minimum):]에 -1.5, [Y-limits(Maximum):]에 1.5를 입력한 후 [OK] 버튼을 클릭한다.

⓫ 아래쪽 스코프 창에서 마우스 오른쪽 버튼을 눌러 [Configuration properties...] 창을 연다. [Title:]에 Modulated ASK signal을 입력하고 실행 결과를 최적화하기 위해 [Y-limits(Minimum):]에 -1.5, [Y-limits(Maximum):]에 1.5를 입력한 후 [OK] 버튼을 클릭한다.

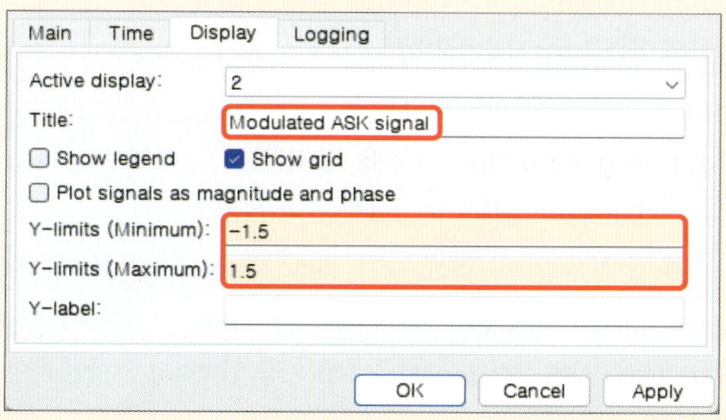

그림 20-32 아래쪽 스코프 창의 최솟값, 최댓값 설정 및 제목 지정

⓬ 기저 대역 신호와 진폭 천이 변조의 실행 결과를 보여주는 스코프 창을 확인한다.

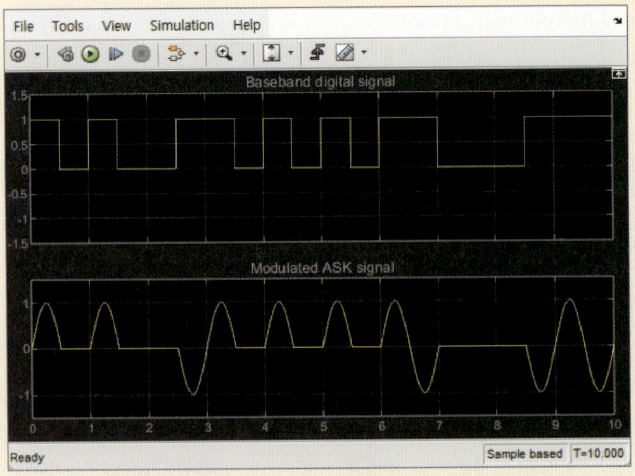

그림 20-33 스코프 창 결과

무작위 심벌을 이용한 기존 신호는 스코프 창 위쪽에 나타내고 진폭 천이 변조 신호의 그래프는 스코프 창 아래쪽에 나타낸다. 전송되는 심벌이 0인 파형은 0을 사용하고 심벌이 1인 파형은 $\sin(2\pi t)$를 사용한다.

예제 20-7

주파수 천이 변조의 통신 시스템을 이용하여 심벌 수가 21개인 디지털 데이터를 연속으로 전송하려고 한다. 디지털 데이터는 무작위로 동일한 확률을 가진 0과 1을 생성한다. 전송되는 데이터의 심벌 기간은 $T_b = 1$[sec]이고 비트당 전송된 신호에너지 $E_b = 1$[W/bit]라고 가정한다. 데이터를 변조하는 데 사용하는 2개의 반송파 중 부호 1을 전송하는 주파수 $f_1 = \frac{2}{T_b}$이고 부호 0을 전송하는 주파수 $f_0 = \frac{4}{T_b}$이다. 이때 기저 대역 신호와 주파수 천이 변조된 디지털 신호를 나타내는 시뮬링크 모델을 설계하고 그 결과를 스코프 창에 나타내라.

풀이

❶ 0부터 1 사이의 실수를 무작위로 생성하는 **Uniform Random Number** 블록을 설계 창에 생성하고 ([Sources]-[Uniform Random Number]) 블록의 이름을 b(t)로 바꾼다.

❷ 블록 b(t)를 더블클릭하여 [Minimum:]에 0, [Sample time:]에 0.5를 입력한다.

❸ 실숫값을 가까운 정숫값으로 반올림하는 **Rounding Function** 블록을 설계 창에 생성하고([Math Operations]-[Rounding Function]) 더블클릭하여 [Function:]에서 'round'를 선택한다.

❹ 반송 신호를 나타내는 **Sine Wave** 블록 2개를 설계 창에 생성하고([Sources]-[Sine Wave]) 블록의 이름을 각각 s0(t), s1(t)로 바꾼다.

❺ 블록 s0(t), s1(t)를 더블클릭하여 [Frequency(rad/sec):]에 각각 2*pi*4와 2*pi*2를 입력하고 코사인 파형으로 변환하기 위해 [Phase(rad):]에 pi/2를 입력한다.

❻ **Constant** 블록을 설계 창에 생성하고([Commonly Used Blocks]-[Constant]) [Constant value:]에 sqrt(2)를 입력한다.

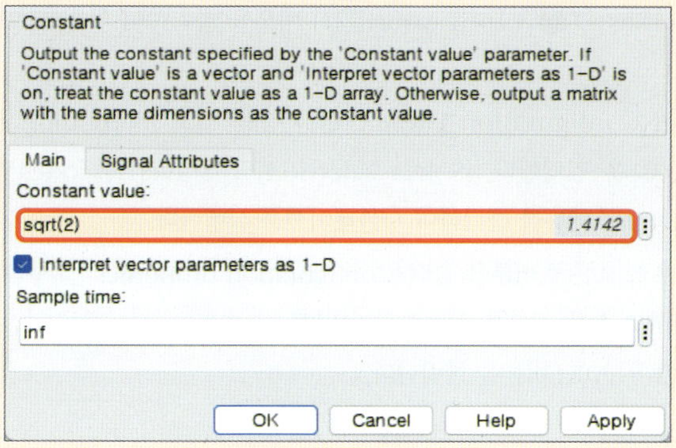

그림 20-34 Constant 블록의 상숫값 설정

❼ Product 블록 2개를 설계 창에 생성한다([Math Operations]-[Product]).

❽ 기저 입력 신호를 기준으로 두 반송파 사이의 출력을 전환하는 Switch 블록을 설계 창에 생성하고([Commonly Used Blocks]-[Switch]) 더블클릭하여 [Threshold:]에 0.5를 입력한다.

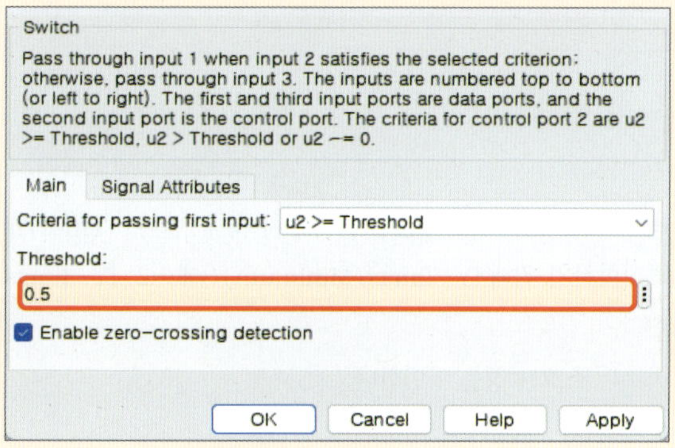

그림 20-35 Switch 블록의 한계치 설정

❾ Scope 블록을 설계 창에 생성하고([Sinks]-[Scope]) 블록의 이름을 s(t)로 바꾼다.

❿ 생성된 블록을 연결한다.

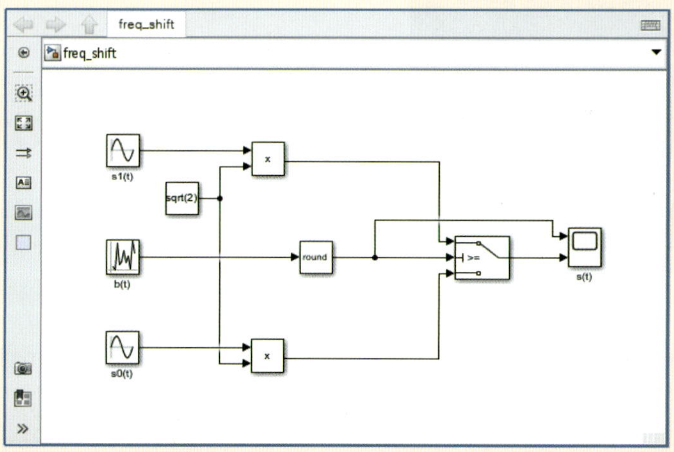

그림 20-36 완성된 시뮬링크 모델

⑪ 블록 s(t)를 더블클릭하고 [Configuration Properties…(⚙ ▾)]–[Layout(⊞)] 버튼을 클릭하여 두 스코프 창을 상하로 설정한다.

⑫ 설계 창에서 마우스 오른쪽 버튼을 눌러 [Model Configuration Parameters] 창을 열고 [Start time:]에 0, [Stop time:]에 10, [Max step size:]에 0.01을 입력한다. [Solver selection]의 [Solver:]를 'ode45(Dormand–Prince)'로 설정하고 [Simulation]–[Run] 메뉴를 클릭하여 시뮬레이션을 실행한다.

⑬ 블록 s(t)를 더블클릭한 후 위쪽 스코프 창에서 마우스 오른쪽 버튼을 눌러 [Configuration properties...] 창을 연다. [Title:]에 Baseband digital signal을 입력하고 실행 결과를 최적화하기 위해 [Y–limits(Minimum):]에 –0.2, [Y–limits(Maximum):]에 1.2를 입력한 후 [OK] 버튼을 클릭한다.

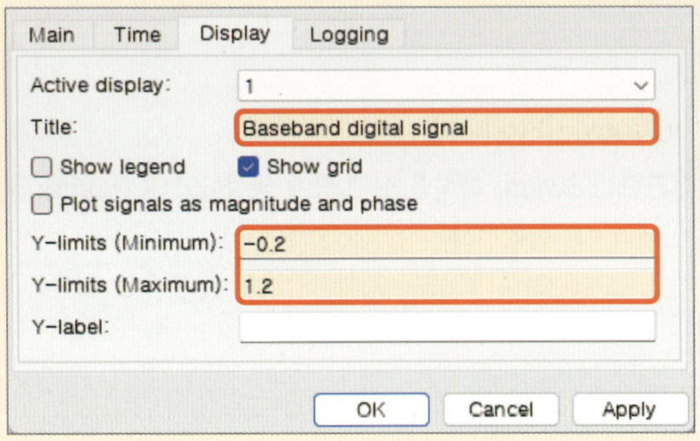

그림 20–37 위쪽 스코프 창의 최솟값, 최댓값 설정 및 제목 입력

⑭ 아래쪽 스코프 창에서 마우스 오른쪽 버튼을 눌러 [Configuration properties...] 창을 연다. [Title:]에 Modulated FSK signal을 입력하고 실행 결과를 최적화하기 위해 [Y–limits(Minimum):]에 –2, [Y–limits(Maximum):]에 2를 입력한 후 [OK] 버튼을 클릭한다.

⑮ 기저 대역 신호와 진폭 천이 변조의 실행 결과를 보여주는 스코프 창을 확인한다.

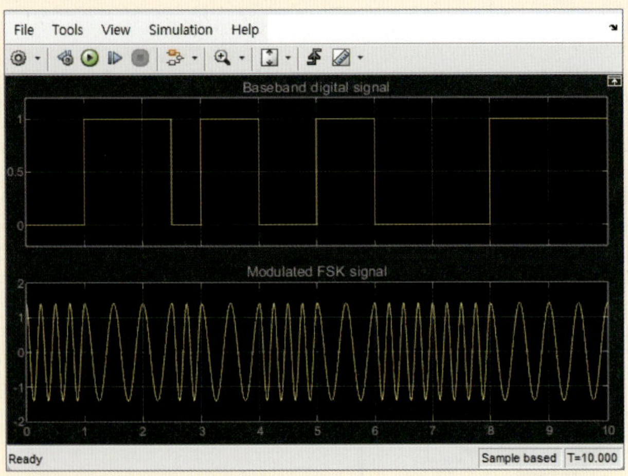

그림 20–38 스코프 창 결과

심벌이 0에 대한 부분은 반송주파수가 f_0인 정현파 형태로 변조되고 심벌이 1에 대한 부분은 반송주파수가 f_1인 정현파 형태로 변조됨을 확인할 수 있다.

CHAPTER

21

회로

CONTENTS

LESSON 01 회로의 기초 도입하기
LESSON 02 저항, 인덕터, 커패시터 조합하기
LESSON 03 연산 증폭기 이해하기
LESSON 04 전력 사용하기

LESSON 01

회로의 기초 도입하기

간단한 시뮬링크 모델을 설계하여 회로의 저항에 걸리는 전압과 전류를 저항의 비율을 이용하여 구하는 전압 분할 방법과 전류 분할 방법에 대해 알아보자.

Keyword | 그래픽 사용자 인터페이스 | powergui 블록 | DC Voltage Source 블록 | Series RLC Branch 블록 | Voltage Measurement 블록 | 전압 분할 법칙 | Current Measurement 블록 | 전류 분할 법칙 |

그래픽 사용자 인터페이스

MATLAB의 시뮬링크를 이용하는 회로를 설계할 때는 모든 상태변수(인덕터 전류와 커패시터 전압) 뿐만 아니라 전류와 전압의 정상값을 측정하여 그 결과를 나타내기 위해 그래픽 사용자 인터페이스(Graphical User Interface, GUI)를 사용한다.

powergui 블록

powergui 블록을 이용하면 그래픽 사용자 인터페이스를 사용할 수 있다.

DC Voltage Source 블록

DC Voltage Source 블록을 이용하면 이상적인 직류(DC) 전압원(voltage source)을 생성할 수 있다.

Series RLC Branch 블록

Series RLC Branch 블록을 이용하면 저항, 인덕터, 커패시터 중 하나 또는 모두를 직렬 조합으로 연결하여 선형 부하를 구현할 수 있다.

Voltage Measurement 블록

Voltage Measurement 블록을 이용하면 두 전기적 접점 사이에 있는 저항에 걸리는 순간 전압을 측정할 수 있다.

전압 분할 법칙

전압 분할 법칙(voltage divider rule)은 옴의 법칙과 키르히호프의 법칙을 기반으로 하는 회로 해석 방법이다. 주어진 입력 전압을 이용하여 회로의 저항에 걸리는 전압을 계산하는 방법으로, 회로의 저항 비율을 고려한다.

예제 21-1

다음 회로의 전압 v_1과 v_2를 구하는 시뮬링크 모델을 설계하고 그 결과를 나타내라. 여기서 $R_1 = 3[\Omega]$, $R_2 = 2[\Omega]$, $V_S = 5[V]$이다.

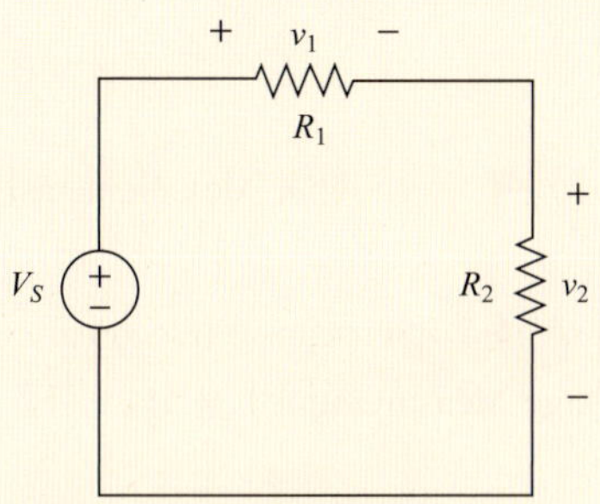

그림 21-1 전압 분할 법칙의 적용

풀이

❶ 그래픽 사용자 인터페이스를 사용하기 위해 **powergui** 블록을 설계 창에 생성한다([Simscape]-[Electrical]-[Specialized Power Systems]-[Utilities]-[powergui]).

❷ 이상적인 직류 전압원을 생성하는 **DC Voltage Source** 블록을 설계 창에 생성하고([Simscape]-[Electrical]-[Specialized Power Systems]-[Sources]-[Signal Generator Sources]-[DC Voltage Source]) 블록의 이름을 Vs로 바꾼 후 더블클릭하여 [Amplitude(V):]에 5를 입력한다.

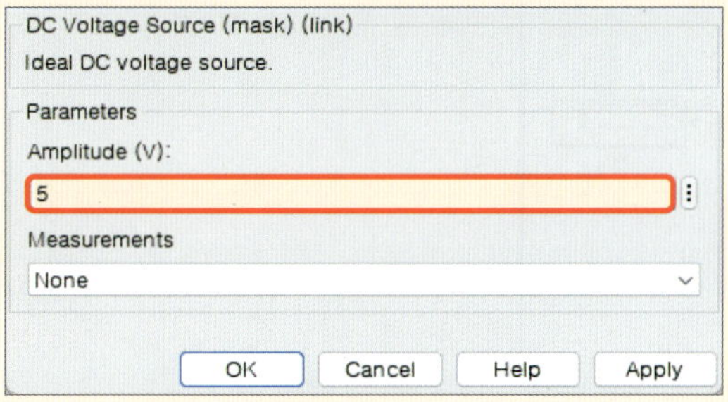

그림 21-2 블록 Vs의 전압 설정

❸ 선형 부하를 구현하기 위해 **Series RLC Branch** 블록을 설계 창에 생성하고([Simscape]-[Electrical]-[Specialized Power Systems]-[Passive]-[Series RLC Branch]) 블록의 이름을 각각 R1, R2로 바꾼다.

❹ 블록 R2를 클릭한 후 마우스 오른쪽 버튼을 누르고 [Format]-[Rotate Counterclockwise]를 클릭하여 시계 방향으로 회전시킨다.

❺ 블록 R1을 더블클릭하여 [Branch type:]은 저항을 나타내는 'R'로 바꾸고 [Resistance(Ohms):]에 3을 입력한 다음 [Measurements]는 'Branch voltage'로 설정한다.

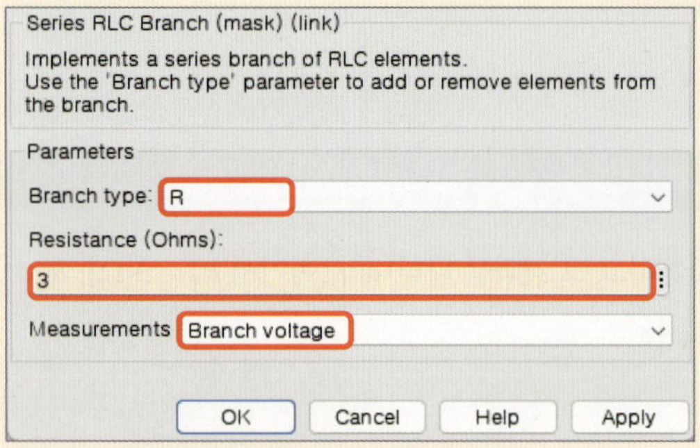

그림 21-3 블록 R1의 소자 변경 및 저항값 설정

❻ 블록 R2를 더블클릭하여 [Branch type:]을 'R'로 바꾸고 [Resistance(Ohms):]에 2를 입력한다. [Measurements]는 기존값을 유지한다.

❼ 순간 전압을 측정하는 **Voltage Measurement** 블록 2개를 설계 창에 생성하고([Simscape]−[Electrical]−[Specialized Power Systems]−[Sensors and Measurements]−[Voltage Measurement]) 블록의 이름을 각각 Measure1, Measure2로 바꾼다.

❽ 블록 Measure1을 클릭한 후 마우스 오른쪽 버튼을 누르고 [Format]−[Rotate Counterclockwise]를 클릭하여 시계 반대 방향으로 회전시킨다.

❾ **Display** 블록 2개를 설계 창에 생성하고([Sinks]−[Display]) 블록의 이름을 각각 v1, v2로 바꾼다.

❿ 생성된 블록을 연결한다.

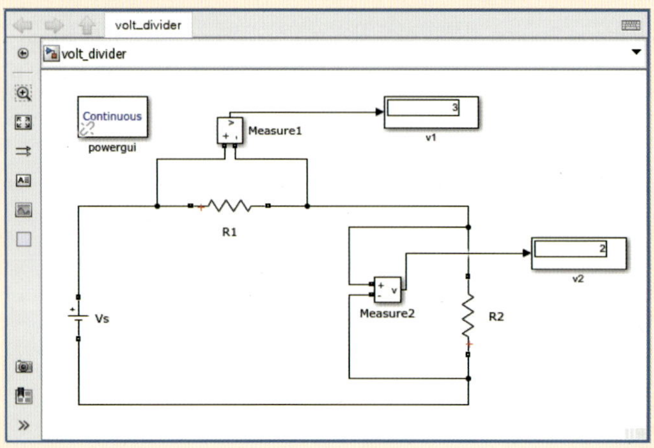

그림 21-4 완성된 시뮬링크 모델

전압 분할 법칙을 이용하여 주어진 입력 전압 $V_S = 5[V]$에 대한 출력 전압 v_1과 v_2을 구하려면 다음과 같이 분모에는 회로에 존재하는 저항 $R_1 = 3[\Omega]$, $R_2 = 2[\Omega]$의 직렬로 연결된 2개 저항의 등가 저항 $R_{eq} = R_1 + R_2 = 5[\Omega]$ 값을 대입하고 분자에는 찾으려는 출력 전압에 놓여 있는 저항을 대입한 후 주어진 입력 전압을 곱한다.

$$v_1 = \frac{R_1}{R_1 + R_2} V_S = \frac{3}{3+2} \times 5 = 3 \text{ [V]}$$

$$v_2 = \frac{R_2}{R_1 + R_2} V_S = \frac{2}{3+2} \times 5 = 2 \text{ [V]}$$

Current Measurement 블록

Current Measurement 블록을 이용하면 임의의 전기적 블록 또는 연결선에 흐르는 순간 전류를 측정할 수 있다.

전류 분할 법칙

2개의 저항이 병렬로 연결된 접점에 전류가 도달하면 두 저항의 비율에 따라 전류가 분할되어 흐르는데, 이 부분의 전류의 값을 결정하는 회로 해석 방법을 전류 분할 법칙(current divider rule)이라고 한다.

예제 21-2

다음 회로의 전압 I_S, i_1, i_2를 구하는 시뮬링크 모델을 설계하고 그 결과를 나타내라. 여기서 $R_1 = 3[\Omega]$, $R_2 = 2[\Omega]$, $V_S = 6[\text{V}]$이다.

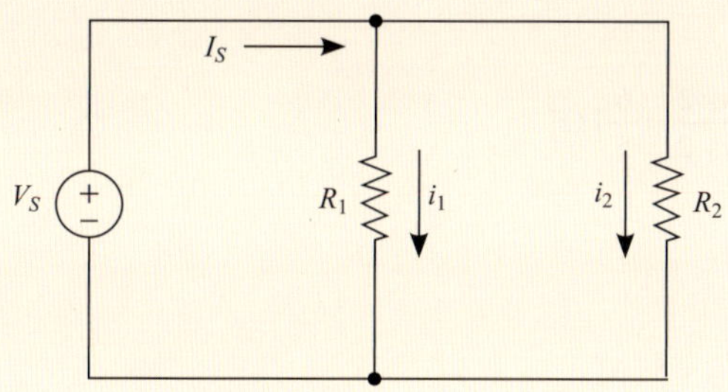

그림 21-5 전류 분할 법칙의 적용

풀이

❶ powergui 블록을 설계 창에 생성한다([Simscape]-[Electrical]-[Specialized Power Systems]-[Utilities]-[powergui]).

❷ DC Voltage Source 블록을 설계 창에 생성하고([Simscape]-[Electrical]-[Specialized Power Systems]-[Sources]-[Signal Generator Sources]-[DC Voltage Source]) 블록의 이름을 Vs로 바꾼 후 더블클릭하여 [Amplitude(V):]에 6을 입력한다.

❸ Series RLC Branch 블록을 설계 창에 생성하고([Simscape]-[Electrical]-[Specialized Power Systems]-[Passive]-[Series RLC Branch]) 블록의 이름을 각각 R1, R2로 바꾼다. 블록 R1, 블록 R2를 클릭한 후 마우스 오른쪽 버튼을 누르고 [Format]-[Rotate Counterclockwise]를 클릭하여 시계 반대 방향으로 회전시킨다.

❹ 블록 R1, R2를 더블클릭하여 두 블록의 [Branch type:]을 모두 'R'로 바꾸고 [Resistance(Ohms):]에 각각 3, 2를 입력한다.

❺ **Current Measurement** 블록 3개를 설계 창에 생성하고([Simscape]-[Electrical]-[Specialized Power Systems]-[Sensor and Measurements]-[Current Measurement]) 블록의 이름을 각각 Measure1, Measure2, Measure3으로 바꾼다.

❻ **Display** 블록 3개를 설계 창에 생성하고([Sinks]-[Display]) 블록의 이름을 각각 Is, i1, i2로 바꾼다.

❼ 생성된 블록을 연결한다.

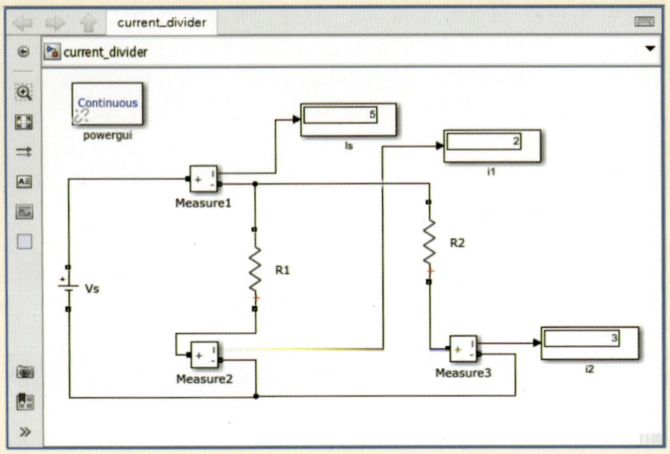

그림 21-6 완성된 시뮬링크 모델

병렬로 연결된 두 저항의 전체 등가 저항은 다음과 같다.

$$R_{eq} = \frac{R_1 R_2}{R_1 + R_2} = \frac{3 \times 2}{3 + 2} = \frac{6}{5}\ [\Omega]$$

옴의 법칙을 이용하면 다음과 같이 입력 전류를 구할 수 있다.

$$I_S = \frac{V_S}{R_{eq}} = \frac{6}{6/5} = 5\ [\text{A}]$$

전류 분할 법칙을 이용하여 주어진 입력 전류 $I_S = 5$[A]에 대한 부분 전류를 구하려면 다음과 같이 분모에는 구하려는 부분 전류가 흐르는 저항을 대입하고 분자에는 병렬 저항 연결의 등가 저항 R_{eq} 값을 대입한 후 주어진 입력 전류를 곱한다.

$$i_1 = \frac{R_{eq}}{R_1} I_S = \frac{6/5}{3} \times 5 = 2\ [\text{A}]$$

$$i_2 = \frac{R_{eq}}{R_2} I_S = \frac{6/5}{2} \times 5 = 3\ [\text{A}]$$

LESSON 02

저항, 인덕터, 커패시터 조합하기

저항은 자체적으로 에너지가 발생하지 않는 수동 소자이다. 저항과 함께 회로를 구성하는 데 반드시 필요한 수동 소자인 커패시터와 인덕터의 조합으로 이루어진 RL 회로, RC 회로, RLC 회로의 시뮬링크 모델을 설계하여 그 역할을 살펴보자.

Keyword | AC Voltage source 블록 |

AC Voltage source 블록

AC Voltage source 블록을 이용하면 이상적인 교류(AC) 전압원을 생성할 수 있다.

예제 21-3

다음 RL 회로의 전류 $i_L(t)$를 나타내는 시뮬링크 모델을 설계하고 그 결과를 스코프 창에 나타내라. 여기서 $R = 10[\Omega]$, $L = 1[\text{H}]$, $V_S = 10\sin(150t)[\text{V}]$이다.

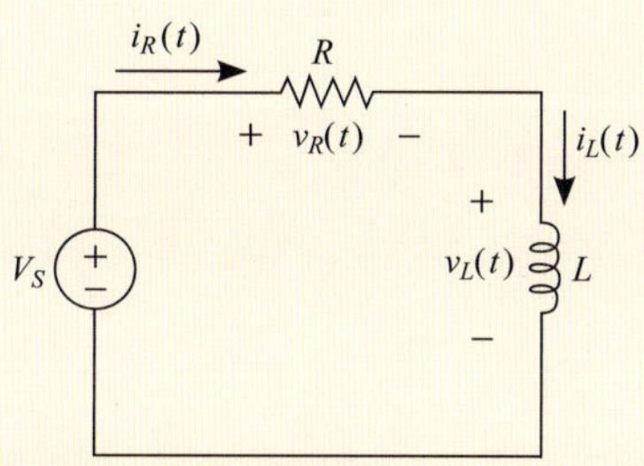

그림 21-7 RL 회로

풀이

❶ powergui 블록을 설계 창에 생성한다([Simscape]-[Electrical]-[Specialized Power Systems]-[Utilities]-[powergui]).

❷ 이상적인 교류 전압원을 생성하는 AC Voltage Source 블록을 설계 창에 생성하고([Simscape]-[Electrical]-[Specialized Power Systems]-[Sources]-[Signal Generator Sources]-[AC Voltage Source]) 블록의 이름을 Vs로 바꾼다.

❸ 블록 Vs를 더블클릭하여 [Peak amplitude (V):]에 10, [Frequency(Hz):]에 150/(2*pi)를 입력한다.

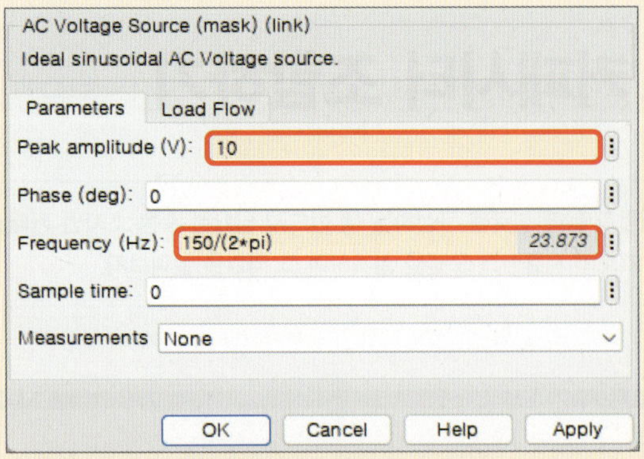

그림 21-8 블록 Vs의 진폭, 주파수 설정

❹ Series RLC Branch 블록 2개를 설계 창에 생성하고([Simscape]-[Electrical]-[Specialized Power Systems]-[Passive]-[Series RLC Branch]) 블록의 이름을 각각 R, L로 바꾼다.

❺ 블록 L을 클릭한 후 마우스 오른쪽 버튼을 누르고 [Format]-[Rotate Counterclockwise]를 클릭하여 시계 반대 방향으로 회전시킨다.

❻ 블록 R을 더블클릭하여 [Branch type:]을 'R'로 바꾸고 [Resistance(Ohms):]에 10을 입력한 다음 블록 L을 더블클릭하여 [Branch type:]을 'L'로 바꾸고 [Inductance(H):]에 1을 입력한다.

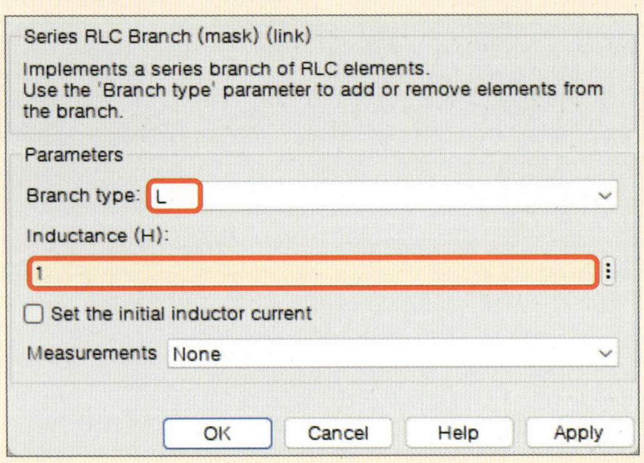

그림 21-9 블록 L의 소자 변경 및 인덕턴스 값 설정

❼ Current Measurement 블록을 설계 창에 생성하고([Simscape]-[Electrical]-[Specialized Power Systems]-[Sensor and Measurements]-[Current Measurement]) 블록의 이름을 Measure로 바꾼다.

❽ Scope 블록을 설계 창에 생성하고([Sinks]-[Scope]) 블록의 이름을 i_L로 바꾼 후 생성된 블록을 연결한다.

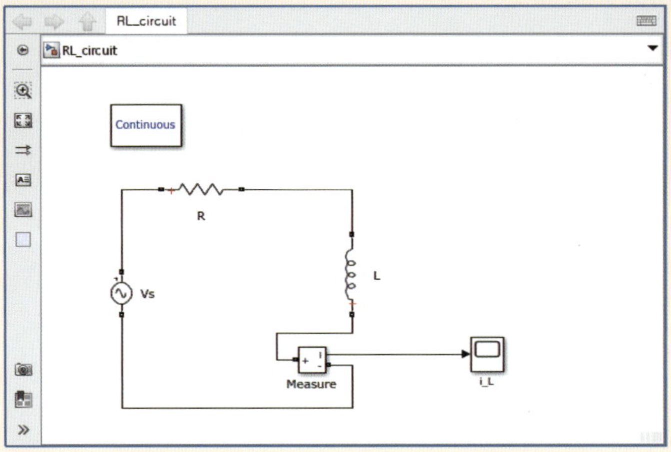

그림 21-10 완성된 시뮬링크 모델

❾ [Simulation]-[Run] 메뉴를 클릭하여 시뮬레이션을 실행한다.

❿ 시뮬레이션을 실행한 후 Scope 블록을 더블클릭하면 다음과 같은 결과를 얻을 수 있다.

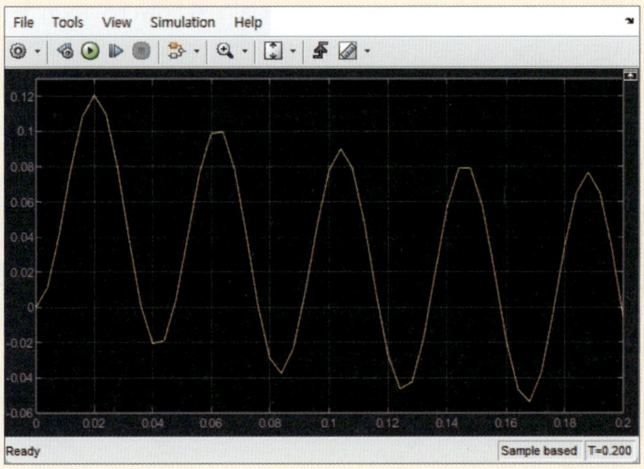

그림 21-11 스코프 창 결과

예제 21-4

다음 RC 회로의 전압 $v_C(t)$를 나타내는 시뮬링크 모델을 설계하고 그 결과를 스코프 창에 나타내라. 여기서 $R = 6[\Omega]$, $C = 10[\text{mF}]$, $V_S = 15\sin(150t)\,[\text{V}]$이다.

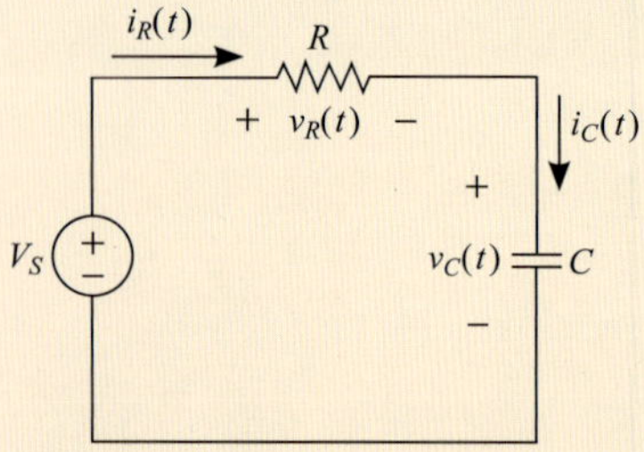

그림 21-12 RC 회로

풀이

❶ powergui 블록을 설계 창에 생성한다([Simscape]−[Electrical]−[Specialized Power Systems]−[Utilities]−[powergui]).

❷ AC Voltage Source 블록을 설계 창에 생성하고([Simscape]−[Electrical]−[Specialized Power Systems]−[Sources]−[Signal Generator Sources]−[AC Voltage Source]) 블록의 이름을 Vs로 바꾼다.

❸ 블록 Vs를 더블클릭하여 [Peak amplitude(V):]에 15, [Frequency(Hz):]에 150/(2*pi)를 입력한다.

❹ Series RLC Branch 블록 2개를 설계 창에 생성하고([Simscape]−[Electrical]−[Specialized Power Systems]−[Passive]−[Series RLC Branch]) 블록의 이름을 각각 R, C로 바꾼다.

❺ 블록 C를 클릭한 후 마우스 오른쪽 버튼을 누르고 [Format]−[Rotate Counterclockwise]를 클릭하여 시계 반대 방향으로 회전시킨다.

❻ 블록 R을 더블클릭하여 [Branch type:]을 'R'로 바꾸고 [Resistance(Ohms):]에 6을 입력한 다음 블록 C를 더블클릭하여 [Branch type:]을 'C'로 바꾸고 [Capacitance(F):]에 10e−3을 입력한다.

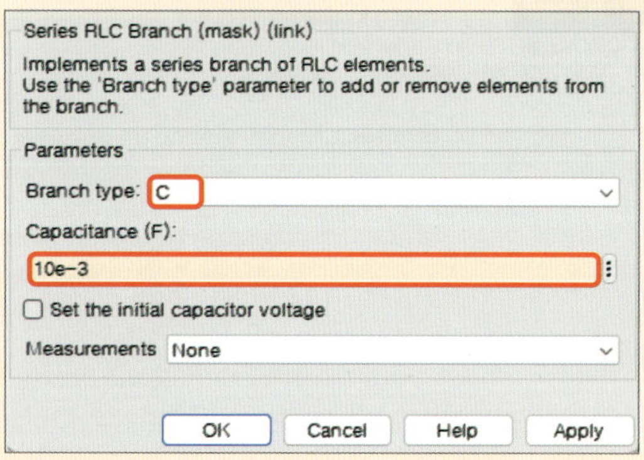

그림 21-13 블록 C의 소자 변경 및 커패시터 값 설정

❼ Voltage Measurement 블록을 설계 창에 생성하고([Simscape]−[Electrical]−[Specialized Power Systems]−[Sensors and Measurements]−[Voltage Measurement]) 블록의 이름을 Measure로 바꾼다.

❽ Scope 블록을 설계 창에 생성하고([Sinks]−[Scope]) 블록의 이름을 v_C로 바꾼 후 생성된 블록을 연결한다.

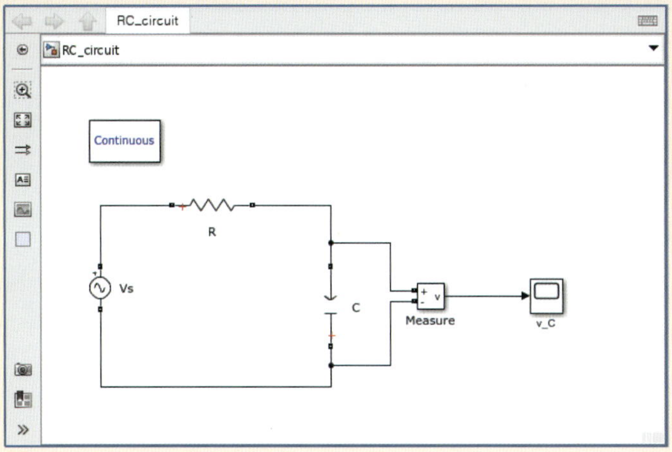

그림 21-14 완성된 시뮬링크 모델

⑨ [Simulation]-[Run] 메뉴를 클릭하여 시뮬레이션을 실행한다.

⑩ 시뮬레이션을 실행한 후 Scope 블록을 더블클릭하면 다음과 같은 결과를 얻을 수 있다.

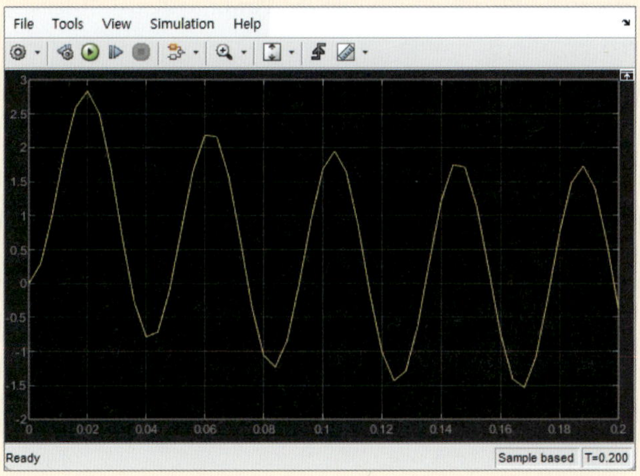

그림 21-15 스코프 창 결과

예제 21-5

다음 직렬 RLC 회로에서 $R = 5[\Omega]$, $C = 0.25[\mathrm{F}]$, $L = 1[\mathrm{H}]$일 때 인덕터에 흐르는 전류 $i_L(t)$를 구하는 시뮬링크 모델을 설계하고 그 결과를 스코프 창에 나타내라. 여기서 전압원 $V_S = 10\sin(2\pi t)[\mathrm{V}]$이고 초기 조건은 $i_L(0) = 1[\mathrm{A}]$, $v_C(0) = 5[\mathrm{V}]$이다.

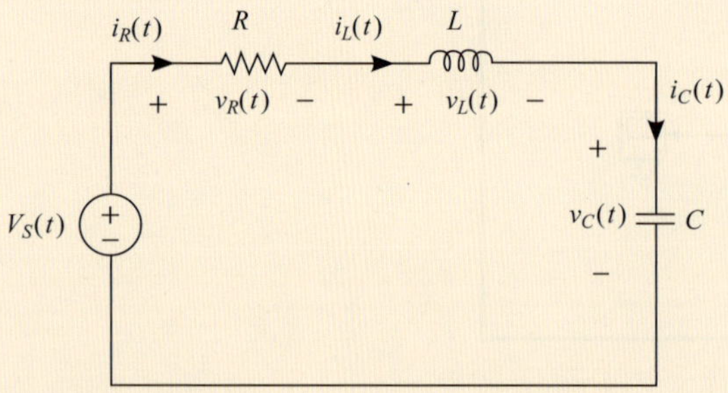

그림 21-16 직렬 RLC 회로

풀이

❶ powergui 블록을 설계 창에 생성한다([Simscape]-[Electrical]-[Specialized Power Systems]-[Utilities]-[powergui]).

❷ AC Voltage Source 블록을 설계 창에 생성하고([Simscape]-[Electrical]-[Specialized Power Systems]-[Sources]-[Signal Generator Sources]-[AC Voltage Source]) 블록의 이름을 Vs(t)로 바꾼다.

❸ 블록 Vs(t)를 더블클릭하여 [Peak amplitude(V):]에 10, [Frequency(Hz):]에 1을 입력한다.

❹ Series RLC Branch 블록 3개를 설계 창에 생성하고([Simscape]-[Electrical]-[Specialized Power Systems]-[Passive]-[Series RLC Branch]) 블록의 이름을 각각 R, L, C로 바꾼다.

❺ 블록 R을 더블클릭하여 [Branch type:]을 'R'로 바꾸고 [Resistance(Ohms):]에 5를 입력한 다음 블록 L을 더블클릭하여 [Branch type:]을 'L'로 바꾸고 [Inductor initial current(A):]에 1을 입력한다.

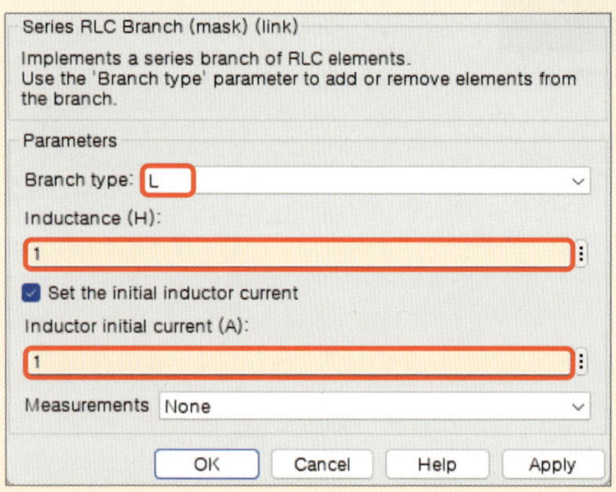

그림 21-17 블록 L의 소자 변경 및 인덕턴스 값, 인덕터 초기 전류 설정

❻ 블록 C를 클릭한 후 마우스 오른쪽 버튼을 누르고 [Format]-[Rotate Counterclockwise]를 클릭하여 시계 반대 방향으로 회전시킨다. 더블클릭하여 [Branch type:]을 'C'로 바꾸고 [Capacitance(F):]에 0.25, [Capacitor initial voltage(V):]에 5를 입력한다.

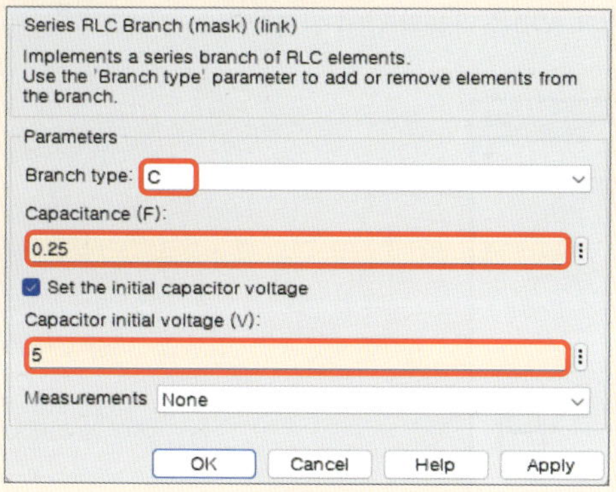

그림 21-18 블록 C의 소자 변경 및 커패시턴스 값, 커패시터 초기 전압 설정

❼ Current Measurement 블록을 설계 창에 생성하고([Simscape]-[Electrical]-[Specialized Power Systems]-[Sensor and Measurements]-[Current Measurement]) 블록의 이름을 Measure로 바꾼다.

❽ Scope 블록을 설계 창에 생성하고([Sinks]-[Scope]) 블록의 이름을 i_L(t)로 바꾼 후 생성된 블록을 연결한다.

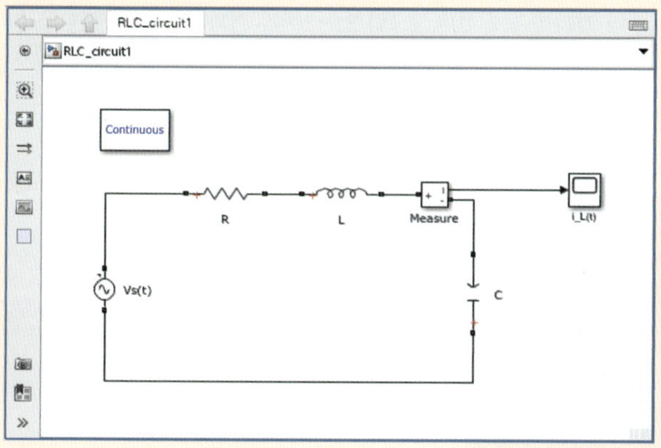

그림 21-19 완성된 시뮬링크 모델

❾ [Simulation]-[Run] 메뉴를 클릭하여 시뮬레이션을 실행한다.

❿ 시뮬레이션을 실행한 후 Scope 블록을 더블클릭하면 다음과 같은 결과를 얻을 수 있다.

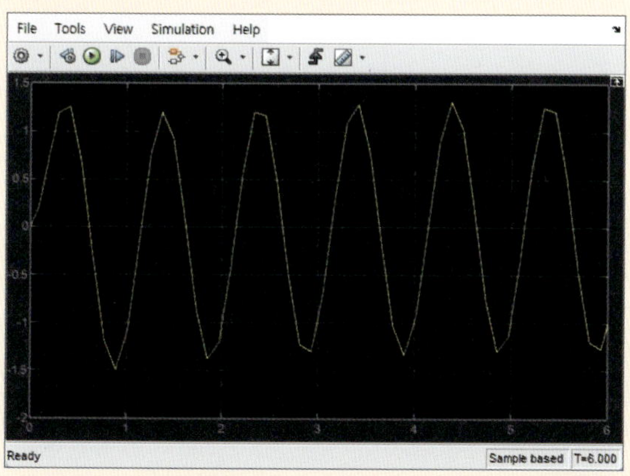

그림 21-20 스코프 창 결과

⑪ 미분방정식을 이용하여 동일한 직렬 RLC 회로에 대한 시뮬링크 모델을 다음과 같이 설계한다.

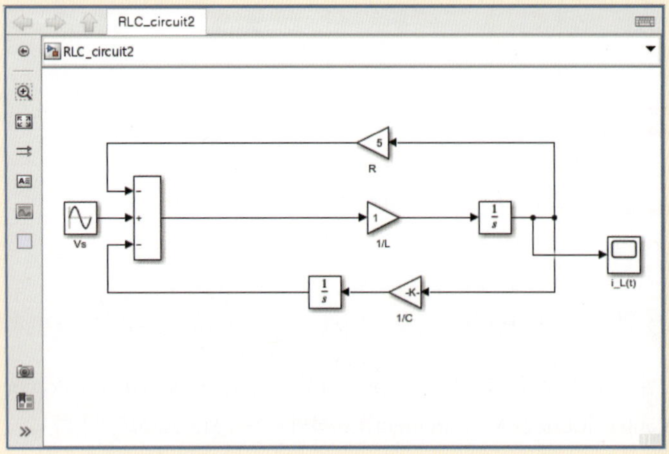

그림 21-21 미분방정식을 이용한 동일한 직렬 RLC 회로 모델

⑫ [그림 21-21]의 모델을 이용하여 측정한 i_L(t)의 결과를 확인한다. [그림 21-20]과 결과가 거의 동일함을 확인할 수 있다.

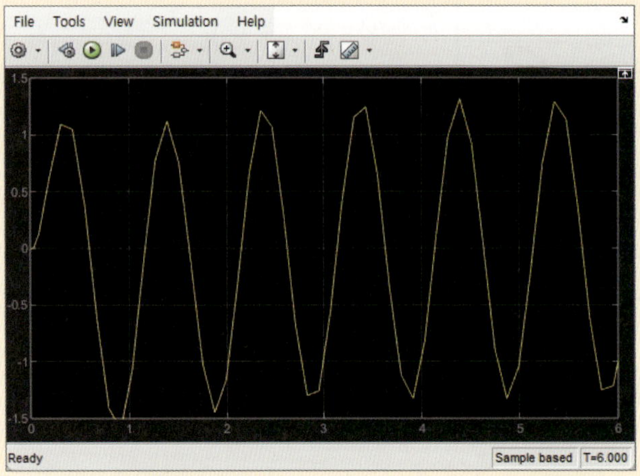

그림 21-22 스코프 창 결과

LESSON 03

연산 증폭기 이해하기

연산 증폭기(operational amplifier, op-amp)는 출력 전압을 제어하는 전압원으로 사용할 수 있는 전자장치로, 실제 회로를 구성하는 수동 소자와 함께 회로의 중요한 부품이다. 시뮬링크 모델을 통해 반전 증폭기와 비반전 증폭기의 기본 개념과 구성을 알아보자.

Keyword | 반전 증폭기 | Op-amp 블록 | Electrical Reference 블록 | Solver Configuration 블록 | Voltage Sensor 블록 | PS-Simulink Converter 블록 | 비반전 증폭기 |

반전 증폭기

반전 증폭기(inverting amplifier)를 사용하면 출력 전압이 증폭되는 동시에 연산 증폭기 내부에서 입력 신호의 부호 전환으로 인해 입력 신호와 반대되는 음의 극성을 갖게 된다.

Op-amp 블록

Op-amp 블록을 이용하면 이상 연산 증폭기의 모델을 생성할 수 있다.

Electrical Reference 블록

Electrical Reference 블록을 이용하면 전기적 접지를 생성할 수 있다.

Solver Configuration 블록

Solver Configuration 블록은 Simscape 라이브러리를 이용하여 연결되는 모든 블록을 시뮬레이션하는 데 항상 필요한 블록이다.

Voltage Sensor 블록

Voltage Sensor 블록을 이용하면 이상적인 전압 센서, 즉 회로의 두 지점 사이에서 측정된 전압을 전압에 비례하는 물리적 신호로 변환하는 장치를 생성할 수 있다.

PS-Simulink Converter 블록

PS-Simulink Converter 블록을 이용하면 회로의 물리적 신호를 시뮬링크의 출력 신호로 변환할 수 있다.

예제 21-6

다음과 같은 반전 연산 증폭기 회로의 출력 전압 v_o를 구하는 시뮬링크 모델을 설계하고 그 결과를 나타내라. 여기서 $v_S = 1[V]$이다.

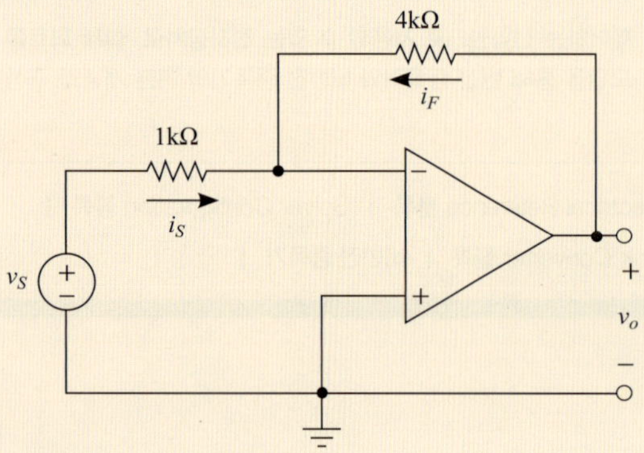

그림 21-23 반전 연산 증폭기

풀이

❶ 이상적인 직류 전압원을 생성하는 **DC Voltage Source** 블록을 설계 창에 생성하고([Simscape]-[Foundation Library]-[Electrical]-[Electrical Sources]-[DC Voltage Source]) 블록의 이름을 vs로 바꾼다.

❷ 블록 vs를 더블클릭하여 [Constant voltage:]의 기본값 1[V]가 잘 설정되어 있는지 확인한다.

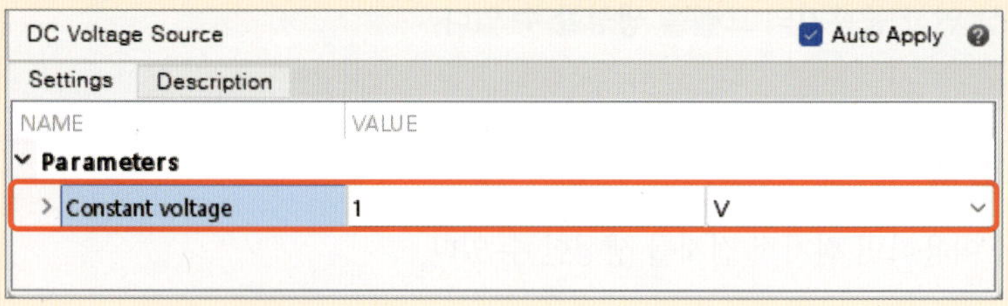

그림 21-24 블록 vs의 전압 설정 확인

❸ 저항을 나타내는 **Resistor** 블록 2개를 설계 창에 생성하고([Simscape]-[Foundation Library]-[Electrical]-[Electrical Elements]-[Resistor]) 블록의 이름을 각각 RS, RF로 바꾼다.

❹ 블록 RS를 더블클릭하여 [Resistance:]에 1을 입력하고 'kOhm'을 선택한다.

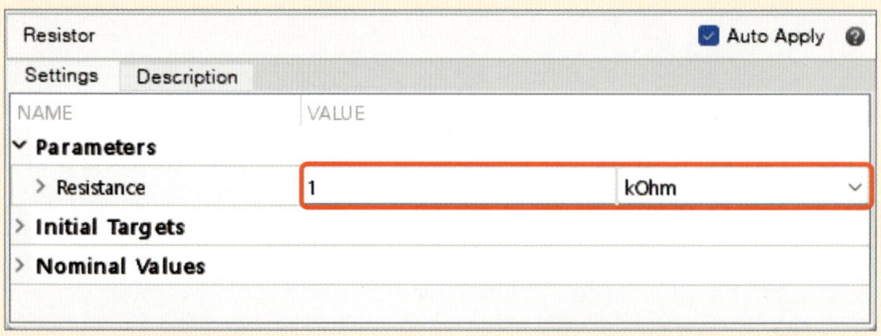

그림 21-25 블록 RS의 저항 설정

⑤ 블록 RF도 더블클릭하여 [Resistance:]에 4를 입력하고 'kOhm'을 선택한다.

⑥ 이상 연산 증폭기의 모델을 생성하는 **Op-Amp** 블록을 설계 창에 생성하고([Simscape]–[Foundation Library]–[Electrical]–[Electrical Elements]–[Op-Amp]) 마우스 오른쪽 버튼을 누른 다음 [Format]–[Flip Block]–[Up-Down]을 클릭하여 회전시킨다.

⑦ 연결되는 모든 블록을 시뮬레이션하는 데 항상 필요한 **Solver Configuration** 블록을 설계 창에 생성한다([Simscape]–[Utilities]–[Solver Configuration]).

⑧ 접지(ground)를 나타내는 **Electrical Reference** 블록을 설계 창에 생성하고([Simscape]–[Foundation Library]–[Electrical]–[Electrical Elements]–[Electrical Reference]) 블록의 이름을 GND로 바꾼다.

⑨ **Voltage Sensor** 블록을 설계 창에 생성하고([Simscape]–[Foundation Library]–[Electrical]–[Electrical Sensors]–[Voltage Sensor]) 마우스 오른쪽 버튼을 누른 다음 [Format]–[Flip Block]–[Left-Right]를 클릭하여 회전시킨다.

⑩ **PS-Simulink Converter** 블록을 설계 창에 생성한다([Simscape]–[Utilities]–[Network Couplers]–[PS-Simulink Converter]).

⑪ **Display** 블록을 설계 창에 생성하고([Sinks]–[Display]) 블록의 이름을 vo로 바꾼다.

⑫ 생성된 모델을 연결하고 [Simulation]–[Run] 메뉴를 클릭하여 시뮬레이션을 실행한다.

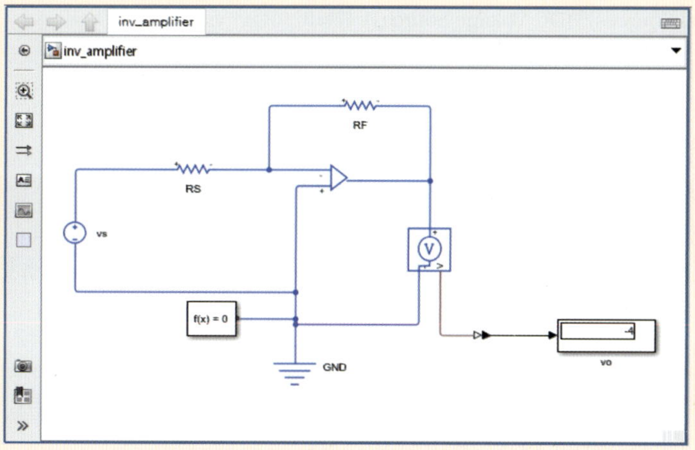

그림 21-26 완성된 시뮬링크 모델

즉, 반전 연산 증폭기 회로에서의 출력 전압은 다음과 같은 비율로 나타낼 수 있다.

$$v_o = -\frac{R_F}{R_S} v_S = -\frac{4}{1} \times 1 = -4 \text{ [V]}$$

비반전 증폭기

비반전 증폭기(noninverting amplifier)는 반전 증폭기에서 얻는 음의 이득값을 피하려고 할 때 사용하는 연산 증폭기이다. 비반전 증폭기를 사용하면 출력 전압이 증폭되는 동시에 입력 신호와 동일한 양의 극성을 갖게 된다.

예제 21-7

다음과 같은 비반전 연산 증폭기 회로의 출력 전압 v_o을 구하는 시뮬링크 모델을 설계하고 그 결과를 나타내라.

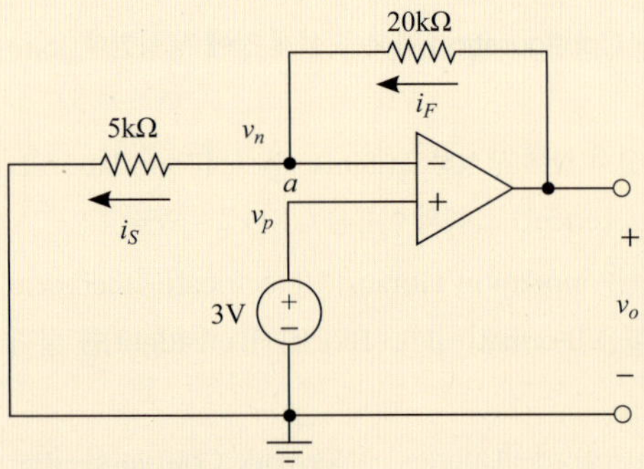

그림 21-27 비반전 연산 증폭기

풀이

1. 이상적인 직류 전압원을 생성하는 **DC Voltage Source** 블록을 설계 창에 생성하고([Simscape]-[Foundation Library]-[Electrical]-[Electrical Sources]-[DC Voltage Source]) 블록의 이름을 vs로 바꾼다.
2. 블록 vs를 더블클릭하여 [Constant voltage:]를 3V로 설정한다.
3. **Resistor** 블록 2개를 설계 창에 생성하고([Simscape]-[Foundation Library]-[Electrical]-[Electrical Elements]-[Resistor]) 블록의 이름을 각각 RS, RF로 바꾼다.
4. 블록 RS, RF를 더블클릭하여 [Resistance:]를 각각 5kOhm, 20kOhm으로 설정한다.
5. **Op-Amp** 블록을 설계 창에 생성하고([Simscape]-[Foundation Library]-[Electrical]-[Electrical Elements]-[Op-Amp]) 마우스 오른쪽 버튼을 눌러 [Format]-[Flip Block]-[Up-Down]을 실행하여 회전시킨다.
6. **Solver Configuration** 블록을 설계 창에 생성한다([Simscape]-[Utilities]-[Solver Configuration]).
7. **Electrical Reference** 블록을 설계 창에 생성하고([Simscape]-[Foundation Library]-[Electrical]-[Electrical Elements]-[Electrical Reference]) 블록의 이름을 GND로 바꾼다.
8. **Voltage Sensor** 블록을 설계 창에 생성하고([Simscape]-[Foundation Library]-[Electrical]-[Electrical Sensors]-[Voltage Sensor]) 마우스 오른쪽 버튼을 누른 다음 [Format]-[Flip Block]-[Left-Right]를 클릭하여 회전시킨다.
9. **PS-Simulink Converter** 블록을 설계 창에 생성한다([Simscape]-[Utilities]-[Network Couplers]-[PS-Simulink Converter]).
10. **Display** 블록을 설계 창에 생성하고([Sinks]-[Display]) 블록의 이름을 vo로 바꾼다.
11. 생성된 모델을 연결하고 [Simulation]-[Run] 메뉴를 클릭하여 시뮬레이션을 실행한다.

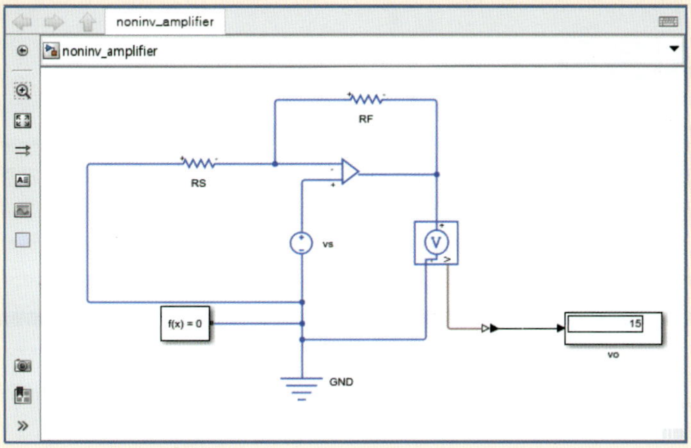

그림 21-28 완성된 모델의 결과

즉, 비반전 연산 증폭기 회로에서의 출력 전압은 다음과 같은 비율로 나타낼 수 있다.

$$v_o = \left(1 + \frac{R_F}{R_S}\right) v_S = \left(1 + \frac{20}{5}\right) 3 = 15 \text{ [V]}$$

LESSON 04

전력 사용하기

교류 회로에서는 시간에 따라 변하는 순간 전류와 순간 전압을 이용하여 순간 전력을 구한다. 그러나 순간 전력을 구하는 것은 쉽지 않으므로 순간 전력의 평균값인 평균 전력을 이용한다. 순간 전력과 평균 전력을 나타내는 시뮬링크 모델을 설계해보자.

Keyword | 순간 전력 | 평균 전력 |

순간 전력

순간 전력(instantaneous power)은 다음과 같이 시간에 의해 변화하는 순간 전압과 순간 전류의 곱으로 나타낸다.

$$p(t) = v(t)i(t)\,[\mathrm{W}]$$

예제 21-8

순간 전압 $v(t) = 165\cos(10t + 20°)\,[\mathrm{V}]$와 순간 전류 $i(t) = 20\sin(10t + 60°)\,[\mathrm{A}]$에 의해 생성되는 순간 전력을 5초 동안 보여주는 시뮬링크 모델을 설계하고 그 결과를 스코프 창에 나타내라. 이때 표본 시간(sample time)은 0.01[s]로 설정한다.

풀이

❶ Sine Wave 블록 2개를 설계 창에 생성하고([Sources]-[Sine Wave]) 블록의 이름을 각각 v(t), i(t)로 바꾼다.

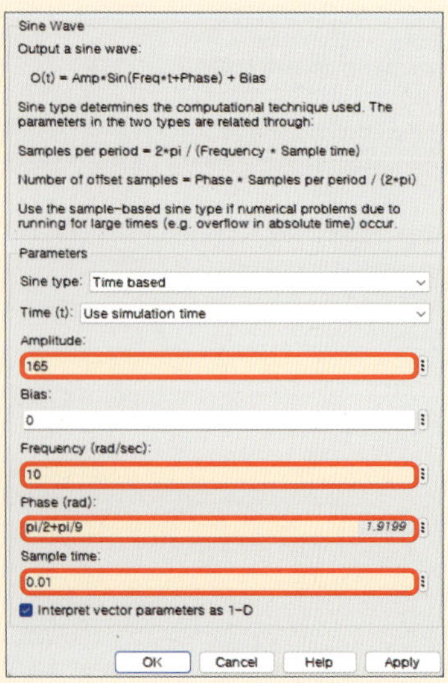

그림 21-29 Sine Wave 블록의 매개변수 설정

❷ 블록 v(t)를 더블클릭하여 [Amplitude:]에 165, [Frequency(rad/sec):]에 10, [Phase(rad):]에 pi/2+pi/9, [Sample time:]에 0.01을 입력한다.

❸ 블록 i(t)를 더블클릭하여 [Amplitude:]에 20, [Frequency(rad/sec):]에 10, [Phase(rad):]에 pi/3, [Sample time:]에 0.01을 입력한다.

❹ 순간 전압과 순간 전류를 곱하기 위한 Product 블록을 설계 창에 생성하고([Math Operations]–[Product]) 더블클릭하여 [Number of inputs:]에 2를 입력한다.

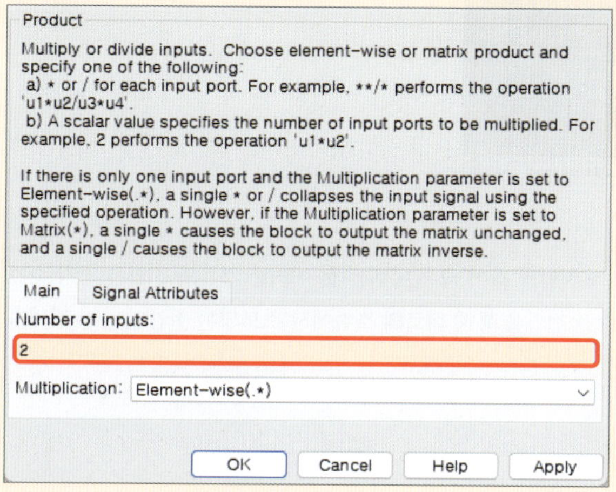

그림 21-30 Product 블록의 입력 단자 수 설정

❺ Scope 블록을 설계 창에 생성하고([Sinks]–[Scope]) 블록의 이름을 p(t)로 바꾼 후 생성된 블록을 연결한다.

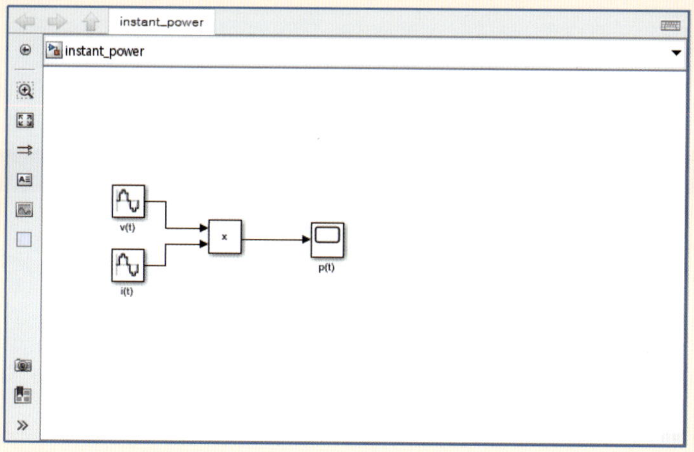

그림 21-31 완성된 시뮬링크 모델

❻ 설계 창의 메뉴 표시줄에서 [Simulation]–[Stop time]에 5.0을 입력한 후 [Simulation]–[Run] 메뉴를 클릭하여 시뮬레이션을 실행한다.

❼ 시뮬레이션을 실행한 후 Scope 블록을 더블클릭하면 다음과 같은 결과를 얻을 수 있다.

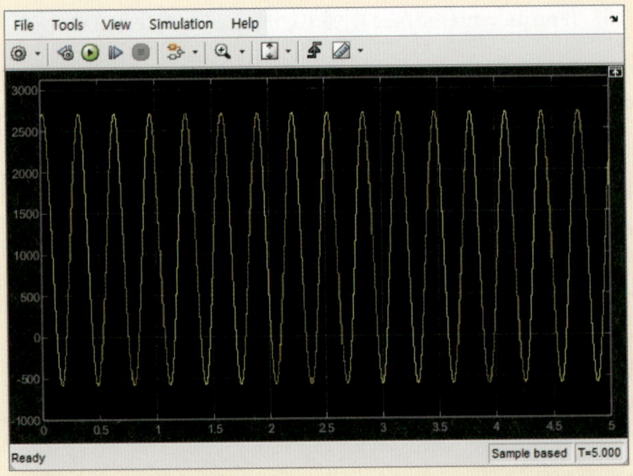

그림 21-32 스코프 창 결과

시간이 0 ~ 5초 동안 계속 변할 때 교류 회로는 전류와 전압의 값이 계속 바뀌는데, 이러한 전류와 전압을 각각 순간 전류와 순간 전압이라고 한다. 이러한 순간 전류와 순간 전압을 통해 회로의 소자에서 소모되는 전압인 순간 전력을 확인할 수 있다.

평균 전력

순간 전력을 1주기 T시간 동안 시간에 대해 적분하고 평균을 계산하는 평균 전력(average power)은 다음과 같이 나타낸다.

$$P_{avg} = \frac{1}{T}\int_0^T p(t)\,dt\ [\mathrm{W}]$$

예제 21-9

5초 동안 순간 전압 $v(t) = 165\cos(10t + 20°)$ [V]와 순간 전류 $i(t) = 20\sin(10t + 60°)$ [A]에 의해 생성되는 평균 전력을 보여주는 시뮬링크 모델을 설계하고 그 결과를 나타내라. 이때 표본 시간은 0.01[s]로 설정한다.

풀이

1. Sine Wave 블록 2개를 설계 창에 생성하고([Sources]-[Sine Wave]) 블록의 이름을 각각 v(t), i(t)로 바꾼다.
2. 블록 v(t)를 더블클릭하여 [Amplitude:]에 165, [Frequency(rad/sec):]에 10, [Phase(rad):]에 pi/2+pi/9, [Sample time:]에 0.01을 입력하고 블록 i(t)를 더블클릭하여 [Amplitude:]에 20, [Frequency(rad/sec):]에 10, [Phase(rad):]에 pi/3, [Sample time:]에 0.01을 입력한다.
3. Integrator 블록을 설계 창에 생성한다([Commonly Used Blocks]-[Integrator]).
4. Constant 블록을 설계 창에 생성하고([Commonly Used Blocks]-[Constant]) 블록의 이름을 주기를 나타내는 T로 바꾼다.

❺ 블록 T를 더블클릭하여 [Constant value:]에 5, [Sample time:]에 0.01을 입력한다.

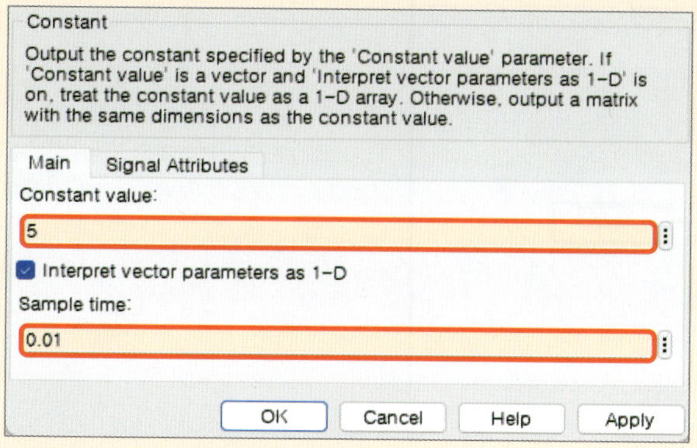

그림 21-33 Constant 블록의 상숫값 설정

❻ Divide 블록을 설계 창에 생성한다([Math Operations]-[Divide]). [Number of inputs:] 기본값 */는 그대로 유지한다.

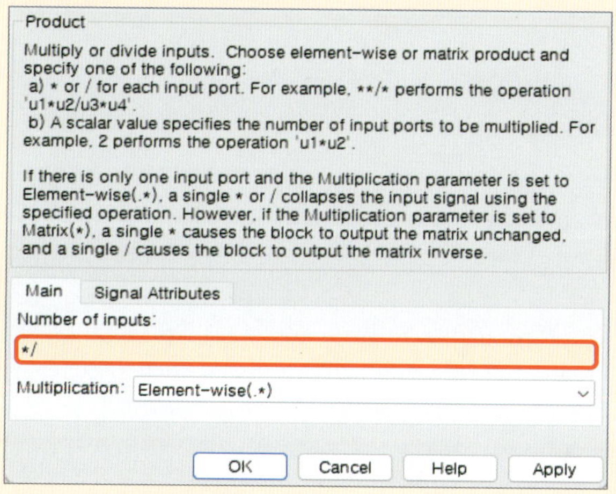

그림 21-34 Divide 블록의 입력 설정

❼ Display 블록을 설계 창에 생성하고([Sinks]-[Display]) 블록의 이름을 Pavg로 바꾼다.

❽ 생성된 블록을 연결하고 [Simulation]-[Run] 메뉴를 클릭하여 시뮬레이션을 실행한다.

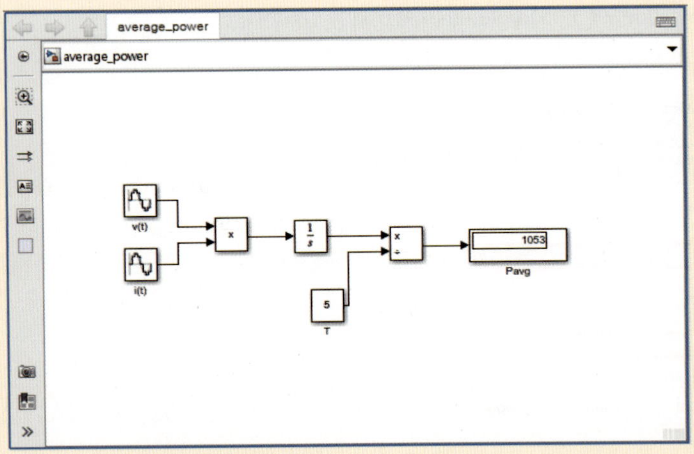

그림 21-35 완성된 시뮬링크 모델

순간 전력을 1주기 T = 5초 동안 시간에 대해 적분하고 평균을 계산하면 평균 전력 1053[W]를 얻을 수 있다. 이론적 계산으로 평균 전력을 구하면 약 1060[W]인데, 이는 시뮬레이션 결과와 미미한 차이다.

ㄱ

가우스 구적법 191
가우스 법칙 306
가우스 소거법 166, 170
가우시안 표면 322
가우시안 확률변수 338
가우시안 확률분포 354
가위치법 187
가제어성 표준형 214
가중치 375
가지 483
각주파수 240, 454
감쇠 단순 조화 진동자 442
감쇠비 217
감쇠 상수 450
강화학습 371
격자무늬 그래프 99
경계주파수 524
계단 응답 201
계단함수 473
계수 423
계수행렬 168
계층 375
계층적 학습 372
고역 통과 필터 524
고유 벡터 145
고유주파수 217
고윳값 145
과도 응답 219
관계 연산자 104
교류(AC) 전압원 575
구면좌표 294
구조 배열 133
구형 함수 242
귀환 경로 200
그래픽 사용자 인터페이스 570
그림 창 32
극점 275
극좌표 235
극한값 137
극 형식 430
근궤적 225
기댓값 330
기본 주기 243
기본파 262
기울기 423
기울기 하강 392
기하 확률변수 344

ㄴ

나이퀴스트선도 235
나이퀴스트율 256
내림차순 123, 145
내장함수 59
노드 374
논리 연산자 107
논리적 AND 382
논리적 OR 388
논리적 XOR 391
누적분포함수 334
뉴턴법 184
니콜스선도 237, 498

ㄷ

단순 조화 진동자 442
단위계단함수 244, 378, 472, 508
단위 귀환 시스템 200
단위 벡터 286
단위행렬 533
닫힌 루프 시스템 200
대괄호([ ]) 61, 71
대수방정식 132
덧붙이기 72
델 300
델타 함수 508
도 459
디버깅 45
디지털 신호 242
딥러닝 372

ㄹ

라디안 459
라이브러리 브라우저 403
라이브 스크립트(live script) 파일 43
라이브 편집 창 43
라플라스 변환 143, 205, 272, 477
라플라스 역변환 144, 272, 205
램프 함수 472, 473
레벤버그-마쿼트 최적화 방법 393
레이블 371
레이텍 프로그램 242, 268
로그 시그모이드 함수 379
로지스틱 회귀 분석 379
로지스틱 방정식 438
롬버그 적분 192
루스-후르비츠 판별법 222
룬게쿠타 197
리차드슨 외삽 192

ㅁ

마디 483
마침표(.) 69
매클로린 급수 136
맥스웰 방정식 324
머신러닝 370
메모장 42
멱승 122
명령 지시줄 28
명령 창 30
모델 브라우저 403
무어의 법칙 367
무제동 응답 218
무한 순환 113

ㅂ

반복법 183
반송 억압 348
반송주파수 357
반올림 함수 548
반전 증폭기 583
발산 정리 324
배열 61
배열 연산자 69
백분율 오버슈트 219
백색 잡음 353
범례 87
베르누이 확률변수 342
베이지안 방식 370
벡터 삼중적 290

벡터의 내적 288, 540
벡터의 발산 300
벡터의 외적 288, 540
벡터의 회전 303
벤 다이어그램 328
변수 56
보드선도 230, 498
복소수 426
복조 351
부가 백색 가우시안 잡음 353
부분 피버팅 174
부정적분 135
부족제동 응답 218
분류 370
분산 330
분석방정식 269
불안정 시스템 247
블록 삽입 405
블록 402
비례-미분 제어기 494
비례 제어기 490
비반전 증폭기 585
비선형방정식 184
비오-사바르 법칙 320
비인과 시스템 247
비정칙행렬 163, 533
비주기 신호 241
비지도학습 371
비트당 359
비트 신호 363

ㅅ

사건 328
사다리꼴 적분법 189
사용자정의함수 40, 115
사인 파형 409
산술 연산자 우선순위 55
삼각함수 항등식 467
상미분방정식 140
상삼각행렬 172
상쇄 필터 281
상승 시간 219, 490
상태공간 210
상태방정식 210, 483
상하행렬 분해 172
샘플링 255
샘플링 주기 255
샘플링 주파수 255
섀넌 256
선적분 296
선형 보간법 176
선형 시불변 시스템 201
선형연립방정식 166
선형 전달함수 377
소괄호( ) 55
소행렬식 163
수반행렬 164
수정된 오일러 방법 195
순간 전력 588
순간 전류 588
순간 전압 588
순수 가우스 소거법 170
순환변수 112
스칼라 삼중적 289
스크립트 파일 40
스토크스 정리 324
스플라인 보간법 178
시그모이드 함수 379
시뮬링크의 확장자 409
시뮬링크 402
시변 시스템 249
시불변 201
시불변 시스템 247
시스템행렬 210
신경망 374
신경세포 374
신호 대 잡음 비율 354
신호 스펙트럼 261
신호흐름선도 214, 483
심벌릭 툴박스 120
심슨 적분법 190
심화 구조 학습 372
싱크 함수 241
쌍곡선 탄젠트 시그모이드 전달함수 380

ㅇ

아날로그 신호 240
안정도 222
안정 시스템 247
암페리안 경로 322
암페어 법칙 322
양자화 363
양측파대 진폭 변조 346, 554
에너지 310
에너지 밀도 310
엑셀 파일 152
엘리엇 대칭 시그모이드 전달함수 381
여사건 328
여인자 164
역전파 392
역행렬 163, 167, 533
역 z 변환 278
연산 증폭기 583
연속 신호 240
연속 코사인 함수 261
연쇄 72
열린 루프 시스템 200, 488
열린 루프 전달함수 225
열벡터 61
영점 275
영차 홀드 259, 557
오버슈트 495
오일러 공식 261
오일러 방법 194
왼쪽 나눗셈(\) 166
원통좌표 292
위상 240, 454
위상각 428
위상변수 표준형 214
위상 스펙트럼 262
위상차 230
유한 순환 113
은닉 계층 376
이득 계수 225
이분법 183
이산 시간 푸리에 급수 267
이산 시간 푸리에 변환쌍 269
이산 시간 푸리에 변환 269

이산 시간 푸리에 역변환 269
이산 시스템 247
이산 신호 242
이산 신호에 대한 컨벌루션 253
이산 푸리에 변환 269
이항 확률변수 340
인공 신경망 372
인공지능 366
인과 시스템 247
인덕턴스 312
인덕터 312
인수분해 122
임계제동 응답 218
임펄스 함수 245, 508
입력 계층 376

ㅈ

자율주행 자동차 369
자율학습 371
작업 공간 창 31
재귀 신경망 382
저역 통과 필터 524
전기선속 306
전기선속 밀도 306
전달함수 201, 205, 518
전달함수 병렬 연결 481
전달함수 블록선도 207
전달함수의 병렬 연결 208
전달함수의 직렬 연결 207, 479
전력 스펙트럼 밀도 353
전류 분할 법칙 573
전압 분할 법칙 571
전압원 570
전위 314
전자상거래 368
전진 대입법 173
전치 530
전치 연산자(') 66
전치행렬 530
전하 306
절편 423
점 133
정규확률변수 337
정반대 신호 361
정상상태 오차 219
정상상태 응답 219
정자기장의 경계 조건 318
정적분 135
정전기장의 경계 조건 316
정정 시간 219, 490
정칙행렬 163, 533
정현파 함수 240
제어기 표준형 216
제어문 112
조판 129
주기 신호 241
주석 42
주파수 감도 349
주파수 겹침 256
주파수 변조 349
주파수 응답 230, 275
주파수 천이 변조 563
준지도학습 371
중단점 45
중심극한정리 339
지도학습 370
지수승(^) 53
지수함수 53
직교좌표 292
직교 형식 426
진폭 240, 454
진폭 변조 346
진폭비 230
진폭 스펙트럼 262
진폭 천이 변조 357, 563

ㅊ

차단주파수 524
첨둣값 시간 219
초월방정식 132
출력방정식 483
출력 서식 77
치환행렬 174

ㅋ

커패시턴스 308
커패시터 308
컨벌루션 신경망 382
컨벌루션 251
코사인파 410
콜론(:) 63
콜론 연산자 67
콤마(,) 63
크래머 법칙 168, 536
클러스터링 371

ㅌ

테일러 급수 135, 197
테일러 정리 135, 197
톤 주파수 270
특성 다항식 145
특성방정식 217
특징 371

ㅍ

패턴 인식 370
퍼셉트론 375
편각 428
편집 창 33, 40
편차 375
편향 각도 454
평균 330
평균 전력 590
표본 공간 328
표준편차 330
프로그램의 오류 45
피드포워드 208, 375, 481
피버팅 170
피보나치 수열 117
필터 281

ㅎ

하삼각행렬 172
할선법 185
합성방정식 269
해닝 창 함수 282
행렬 61, 530

행렬방정식 168
행렬식 163, 533
행벡터 61
허수 단위 426
허수 단위 변수 57
헤비사이드 계단함수 375
현재 폴더 창 30
화살표 483
확률 328
확률 공간 328
확률밀도함수 336
확률변수 334
확률분포함수 340
확률질량함수 340
활성화 함수 376
회귀 370
후진 대입법 170

A

activation function 376
Additive White Gaussian Noise 353
adjoint 164
AI 366
aliasing 256
AM 346
Ampere's law 322
Amperian path 322
Amplitude Modulation 346
amplitude ratio 230
Amplitude Shift Keying 357, 563
amplitude 454
analog signal 240
analysis equation 269
AND 535
ANNs 372
antipodal 361
aperiodic signal 241
append 72
array 61
arrow 483
Artificial Intelligence 366
Artificial Neural Networks 372
ASK 357, 563
average power 590
AWGN 353

B

Back Propagation 392
backward substitution 170
Bayesian 370
Bernoulli 342
BFSK 358
bias 375, 454
binomial 340
Biot–Savart's law 320
binary fractions 160
Binary Frequency Shift Keying 358
binary integer 158
Binary Phase Shift Keying 360
bisection method 183
block 402
block diagram 207
bode diagram 230
Bode plot 498
BP 392
BPSK 360
branch 483
breakpoint 45

C

capacitance 308
capacitor 308
central limit theorem 339
characteristic equation 217
characteristic polynomial 145
classification 370
closed–loop system 200
clustering 371
CNN 382
coefficient 423
cofactor 164
column vector 61
comment 42
complementary event 328
concatenate 72
continuous–time signal 240
controllability canonical form 214
controller canonical form 216
convolution 251
Convolutional Neural Network 382
Cramer's rule 168, 536
critically damped response 218
cumulative distribution function 334
curl 303
current divider rule 573
cutoff frequency 524

D

damped simple harmonicoscillator 442
damping constant 450
damping ratio 217
decimal fractions 160
decimal integer 158
debugging 45
Deep Learning 372
definite integral 135
degree 459
del 300
demodulation 351
determinant 163, 533
DFT 269
digital signal 242
Discrete Fourier Transform 269
Discrete Time Fourier Series 267
discrete–time signal 242
discrete–time system 247
divergence theorem 324
divergence 300
DL 372
dot 133
DSB–AM 346, 554
DTFS 267
DTFT 269

E

e–commerce 368
eigenvalue 145
eigenvector 145

electric flux 306
electric potential 314
Euler's Formula 261
Euler's Method 194
exp 53
expected value 330

F

false−position method 187
feature 371
feedback path 200
feedforward 208, 375, 481
Fibonacci series 117
filter 281
FM 349
forward substitution 173
Frequency Modulation 349
frequency response 230, 275
Frequency Shift Keying 563
FSK 563
fundamental period 243
fundamental wave 262

G

gain factor 225
Gauss elimination 166, 170
Gauss quadrature 191
Gauss's law 306
Gaussian random variable 338
Gaussian surface 322
geometric 344
gradient descent 392
Graphical User Interface 570
GUI 570

H

Hanning 282
Heaviside step function 375
hidden layer 376
Hierarchical Learning 372
High Pass Filter 524
HPF 524
hyperbolic tangent 380

I

IDTFT 269
imaginary unit 426
impulse function 245, 508
indefinite 135
inductance 312
inductor 312
input layer 376
instantaneous power 588
integral 135
intercept 423
inverse Laplace transform 144, 272, 205
inverse matrix 163, 167, 533
inverting amplifier 583
iterative method 183

K · L

k고조파 262
label 371
laplace transform 143, 205, 272, 477
layer 375
Levenberg−Marquardt 393
Library Browser 403
limit value 137
line integral 296
linear interpolation 176
live script 43
logical operator 107
logistic 438
log−sigmoid 379
loop variable 112
Low Pass Filter 524
lower triangular matrix 172
Lower−Upper 172
LPF 524
LU 172

M

M−파일 40
Machine Learning 370
Maclaurin 136
matrix 61, 530
Maxwell's equations 324
mean 330
minor 163
ML 370
Model Browser 403
Moore's law 367

N

natural frequency 217
neural network 374
newton method 184
Nichols chart 237, 498
node 374, 483
noninverting amplifier 585
nonsingular matrix 163, 533
nulling filter 281
Nyquist diagram 235
Nyquist rate 256

O

op−amp 583
open−loop system 200, 488
operational amplifier 583
OR 535

P

parallel connection 208
pattern 370
peak time 219
percent overshoot 219
perceptron 375
periodic signal 241
permutation matrix 174
phase difference 230
phase−variable canonical form 214
phase 240, 454
PID 제어기 488
pivoting 170
polar 235
polar form 430
pole 275
power 122

Power Spectral Density 353
probability 328
probability density function 336
probability distribution function 340
probability mass function 340
proportional controller 490
PSD 353

Q | R

quantization 363
radian frequency 240, 454
ramp function 472, 473
random variable 334
rectangular form 426
rectangular function 242
Recurrent Neural Network 382
regression 370
rogula falsi method 187
Reinforcement Learning 371
relational operator 104
Richardson extrapolation 192
rise time 219, 490
RL 371
RNN 382
Romberg 192
Routh–Hurwitz 222
row vector 61
Runge–Kutta 197

S

sample space 328
sampling 255
script 40
secant method 185
Semi–Supervised Learning 371
sensitivity 349
series connection 207
settle time 490
settling time 219
Shannon 256
sigmoid 379
signal flow graph 214, 483
Signal–to–Noise Ratio 354
simple harmonic oscillator 442
simpson 190
Simulink 402
sinc function 241
singular matrix 163, 533
sinusoidal function 240
slope 423
SNR 354
Spline Interpolation 178
stability 222
standard deviation 330
state equation 210
state–space 210
steady–state error 219
steady–state response 219
Stokes' theorem 324
structure array 133
suppressed carrier 348
Symbolic Math Toolbox 120
synthesis equation 269
system matrix 210

T

Taylor series 135, 197
Taylor's theorem 135, 197
time–invariant system 247
time–varying system 249
transient response 219
transpose 530
transposed matrix 530
trapezoidal 189

U

UL 371
undamped response 218
underdamped response 218
unit step function 244,378, 472, 508
unit vector 286
unity feedback system 200
Unsupervised Learning 371
upper triangular matrix 172

V | W | X | Z

variance 330
voltage divider rule 571
voltage source 570
weight 375
white noise 353
XOR 107, 535
z 변환(z–transform) 275

기호

|(OR) 107
~(NOT) 107
/(오른쪽 나눗셈 연산자) 52
\(왼쪽 나눗셈 연산자) 52
&(AND) 107

숫자

2진 소수 160
2진 위상 천이 변조 360
2진 정수 158
2진 주파수 천이 변조 358
5G 368
10진 소수 160
10진 정수 158

A

AC Voltage source 블록 575
Add 블록 423
addpath 47
angle 232, 263
awgn 354
axis 84

B

bin2dec 159
binocdf 341
bisect 183
bode 230

C

ceil 329
charpoly 145
Clock 블록 415
collect 123
Complex to Magnitude-Angle 블록 428
configure 383
Constant 블록 406
contour 98
conv 227, 251
Cosine Wave 블록 410
cumsum 350

D

Current Measurement 블록 573
DC Voltage Source 블록 570
dec2bin 159
Demux 블록 426
det 164
diff 134
dimpulse 278
Display 블록 421
Divide 블록 420
doc 36
double 126
dsolve 140

E

eig 145
Electrical Reference 블록 583
elliotsig 381
exit 27
exp 53
expand 122
eye 62
ezplot 130

F

factor 122
feedback 201
feedforwardnet 393
fft 261
fftshift 265
figure 92
filter 281
find 75
Flip 블록 436
fliplr 215
flipud 214
Format 기능 421
format long 78
format short 77
format short e 78
Fr_bin2dec 160
Fr_dec2bin 162
freqs 232
freqz 276
From File 블록 461
fzero 181

G

Gain 블록 434
Gauss 171
geopdf 344
grid 84
gtext 85

H

hann 283
hardlim 378
help 35
histogram 329
hold 81

I

ifft 265
ilaplace 144, 273
image 148
impulse 206
imread 148
int 135
Integrator 블록 412
interp1 176
interp2 176
inv 164
iztrans 279

L

laplace 143, 272
legend 87
length 76
limit 137
linspace 67
load 34
logsig 379
lookfor 37
lsim 202
lu 173

M

Magnitude-Angle to Complex 블록 430
max 331
mean 331
mesh 95
meshc 99
meshgrid 95
meshz 99
min 331
MinMax 블록 551
Mux 블록 415

N

net.b 385
net.iw 385
net.lw 393
newton 185
nextpow2 348
nichols 237
normcdf 336
normpdf 337
nyquist 236

O

ode23 197
ode45 197
ones 62
Op−amp 블록 583
openfig 93

P

parallel 208
perceptron 384
plot 80
plot3 94
plotpc 384
plotpv 384
poly2sym 128
powergui 블록 570
pretty 129
Product 블록 420
PS−Simulink Converter 블록 583
purelin 377
pzmap 276

Q

quad 191
quadl 191
quit 27

R

rand 329
randn 332
Random Number 블록 551
rands 384
Real−Imag to Complex 블록 426
regula 187
rlocfind 227
rlocus 226
rmpath 47
romberg 193
roots 180
round 332
Rounding Function 블록 548
routh 223

S

save 34
saveas 93
Scope 블록 406
secant 186
semilogx 82, 233
semilogy 82
series 208
Series RLC Branch 블록 570
sgrid 227
sim2poly 127
simplify 124
simpson 190
Sine Wave 블록 409
size 76
solve 132
Solver Configuration 블록 583
sort 335
spline 178
ss 212
ss2tf 212
stairs 259, 335
std 332
stem 243
step 201
stepfun 244
subplot 89
subs 125
Subtract 블록 434
sum 334
Sum 블록 418
surf 96
sym 120
syms 120
symsum 138

T

tansig 380
taylor 135
text 85
tf 201
tf2ss 210
title 84
To File 블록 461
To Workspace 블록 415
train 384
trainlm 393
trapz 189
Trigonometric Function 블록 559

U I V I W

Uniform Random Number 블록 548
Voltage Measurement 블록 570
Voltage Sensor 블록 583
waterfall 99

X I Y I Z

xlabel 84
xlsread 152
xlswrite 153
ylabel 84
Zero−Order Hold 블록 557
zeros 62
zplane 276